北京工业年鉴

BEIJING GONGYE NIANJIAN

2020

（总第30卷）

北京市经济和信息化局　编

北 京 出 版 集 团
北 京 出 版 社

图书在版编目（CIP）数据

北京工业年鉴．2020 / 北京市经济和信息化局编．— 北京：北京出版社，2020.12

ISBN 978-7-200-15898-4

Ⅰ．①北… Ⅱ．①北… Ⅲ．①地方工业经济—北京—2020—年鉴 Ⅳ．①F427.1-54

中国版本图书馆CIP数据核字（2020）第186760号

策　　划　白　珍

责任编辑　白　珍

特约编辑　杨秀珍

装帧设计　云伊若水

责任印制　武绽蕾

北京工业年鉴 2020

BEIJING GONGYE NIANJIAN 2020

北京市经济和信息化局　编

*

北　京　出　版　集　团
北　京　出　版　社　出版

（北京北三环中路 6 号）

邮政编码：100120

网　址：www.bph.com.cn

北京出版集团总发行

新华书店经销

北京华联印刷有限公司印刷

*

889毫米×1194毫米　16开本　24.25印张　插页20　785千字

2020年12月第1版　2020年12月第1次印刷

ISBN 978-7-200-15898-4

定价：280.00元

质量监督电话：010-58572393

本书附同版本 CD-ROM 一张，光盘内容以书面文字为准

《北京工业年鉴》编纂委员会

《北京工业年鉴》编辑部

《北京工业年鉴》组稿人员

（按姓氏笔画排序）

于凌燕（女）	马　晓	王　锦（女）	王善高
尹亚昌	代　蓉（女）	邢　蕊（女）	朱宝刚
朱紫辰	刘　莉（女）	杜金岗	李　健
李　婕（女）	李淑敏（女）	宋慧宇（女）	张　旭
张一鸣	张增惠（女）	陈　超	陈　静（女）
陈宗河	武智欣	范正廷	罗　骏
周　梅（女）	周燕平（女）	郑　鑫	赵爽辰（女）
姜学昆	贾岩琦（女）	徐　璐（女）	康　蕊（女）
葛　冰	葛顺顺（女）	蔡　琍（女）	

综　述

Overview

2019 年，北京经济和信息化系统坚持以习近平新时代中国特色社会主义思想为指导，贯彻落实习近平总书记对北京重要讲话精神，坚持新发展理念、坚持首都功能定位，以系统创新为引领，构建高精尖经济结构，推动实体产业高质量发展。

年内，北京市加快培育发展新动能，高精尖产业不断壮大；持续完善创新体系，产业辐射能力不断增强；有序推进跨界融合，产业转型升级步伐加快；统筹推进大数据建设，加快实现惠企便民；营造良好产业环境，有序推进各项工作完成。

1 月 24 日，北京市 2019 年经济和信息化工作会召开，总结 2018 年经济和信息化工作，部署 2019 年任务

微信公众号

科技创新

Technological Innovation

1 月 8 日，2018 年度国家科学技术奖励大会在北京召开。北京因特睿软件有限公司等 15 家软件企业参与项目获国家科学技术奖

4 月 26 日，北京市经济和信息化局召开智能制造标杆企业授牌仪式暨经验交流会。中芯北方集成电路制造有限公司等 12 家北京智能制造标杆企业及西门子（中国）有限公司等 19 家企业入选《北京市智能制造系统解决方案供应商推荐目录（2018）》

6 月 12 日至 8 月 14 日，2019 年“创客中国”北京市中小企业创新创业大赛暨“创客北京 2019”创新创业大赛举办

8月22日，北京市庆祝中华人民共和国成立70周年新闻发布会——科技创新专场举行。北京市在发展布局、产业创新能力、产业项目建设方面取得积极成就

11月5日，国家数字化设计与制造创新中心北京中心成立会议召开

在2019年制造业“双创”平台试点示范项目中，和利时科技集团有限公司等8家北京企业的10个项目被评为2019年制造业“双创”平台试点示范项目

北京市入选国家2019年制造业“双创”平台试点示范项目名单

编号	项目名称	申报单位	所属领域
1	企业级“双创”资源汇聚平台	和利时科技集团有限公司	基于工业互联网的智慧电厂平台
2		电信科学技术仪表研究所有限公司	NPI柔性智能制造成果转化公共服务平台
3	产业链级“双创”资源汇聚平台	中航联创科技有限公司	面向高端制造业的产业协同“双创”服务平台
4		北京华铁广通电信技术有限公司	广通云集成IVR通信系统
5	基于互联网的孵化能力开放平台	北京经开投资开发股份有限公司	北京经开产业园能源互联网“双创”平台试点示范
6		北京启迪数字科技集团有限公司	启迪工业互联网创新中心巩义项目
7	“双创”平台+生产制造模式变革	电信科学技术仪表研究所有限公司	NPI柔性智能制造成果转化公共服务平台
8		北京亚控科技发展有限公司	基于KingFusion的智能制造系统“双创”平台
9	“双创”平台+区域合作	北京机械工业自动化研究所有限公司	高端装备制造业云服务创新平台
10		北京华铁广通电信技术有限公司	广通云集成IVR通信系统

5 月 6 日，2019 年推动高精尖产业发展专题研讨班启动，围绕 5G、大数据应用、工业互联网、生物医药等高精尖重点领域进行深入全面的解读

7 月 17 日，融资中国 2019 股权投资产业峰会上，北京高精尖产业发展基金获 2018—2019 年度中国最佳政府产业引导基金 TOP20

8 月 18 日，全球首台“5G+8K”超高清视频全业务转播车启动

8 月 31 日，在 2019 年国际篮联篮球世界杯北京赛场上，“5G+8K”转播车进行赛事直播

行业发展

Industry Development

1 月 19 日，北京金风科创风电设备有限公司研制的国内首台低温型 6.45 兆瓦大容量风电机组在辽宁省大连市并网发电（经开区企业提供）

4 月 10 日，北京奔驰首款纯电动车 EQC 投产（岳政　摄）

8 月 20 日，首钢集团有限公司在北京园区三高炉举办以“继承光荣传统　再创首钢辉煌”为主题的建厂 100 周年庆祝活动（首钢提供）

12 月 16 日，北京 2022 年冬奥会和冬残奥会官方巧克力独家供应商发布会在北京冬奥组委举行。玛氏食品旗下品牌“士力架”成为北京 2022 年冬奥会和冬残奥会官方巧克力独家供应商

协同发展

Collaborative Development

5月28日至6月1日，北京市经济和信息化局组织相关区和企业赴新疆维吾尔自治区和田开展产业对接，围绕服装纺织企业扶持政策等问题进行座谈

8月26日，北京市经济和信息化局组织赴河北省雄安新区开展京津冀经信部门交流对接及联合产业调研，共同签署《进一步加强产业协同发展备忘录》

11月8日，京津冀中小企业服务一体化发展大会在北京举办，主题为“聚智聚力　携手共赢”

10月18日，《关于通过公共数据开放促进人工智能产业发展的工作方案》在2019中关村论坛发布

12月13日，北京市大数据中心揭牌成立

北京入选2019中国大数据企业50强企业名单（22家）

序号	企业名称
1	小米
2	美团
3	百度
4	滴滴出行
5	广联达科技股份有限公司
6	太极计算机股份有限公司
7	北京神州泰岳软件股份有限公司
8	北京久其软件股份有限公司
9	北京东方国信科技股份有限公司
10	拓尔思信息技术股份有限公司
11	北京思特奇信息技术股份有限公司
12	北京荣之联科技股份有限公司
13	北京亿信辰软件有限责任公司
14	北京百分点信息科技有限公司
15	北京东方金信科技有限公司
16	同方知网（北京）技术有限公司
17	北京新意互动数字技术有限公司
18	北京国双科技有限公司
19	北京智慧星光信息技术有限公司
20	北京偶数科技有限公司
21	北京明朝万达科技股份有限公司
22	集奥聚合（北京）人工智能科技有限公司

附注：资料来源于工信部、湖南省人民政府联合主办的2019年世界计算机大会上发布的榜单。

2019年世界计算机大会上，小米、美团、百度、滴滴出行等22家北京软件企业入选2019中国大数据企业50强名单

8月20日至25日，2019世界机器人大会在北京亦创国际会展中心举行。图为机械手操作场景

10月22日至25日，2019世界智能网联汽车大会召开。北京市智能网联汽车重点合作项目签约

11月21日至22日，首届世界5G大会在北京经济技术开发区召开。图为5G远程驾驶场景

服务保障

Service Assurance

7 月 12 日，2019 年永定河管架桥防汛应急演练完成

9 月 19 日，房山区开展民爆行业安全生产专项行动

9 月 26 日，北京市经济和信息化局召开国庆 70 周年庆祝活动服务保障工作再动员、再部署大会

4 月 29 日至 30 日，第三届京津冀经信（工信）系统青年交流活动举办

7 月 1 日，北京市经济和信息化局组织召开“不忘初心　牢记使命”主题教育专题党课报告会

7 月 23 日，第十八届北京市工业和信息化职业技能竞赛总结会在北京国际会议中心举行

12 月 19 日，中国共产党北京市经济和信息化局机关第一次代表大会召开，选举产生第一届机关党委委员 11 名和机关纪委委员 7 名

昌平区经济

1 月 7 日，2019 年昌平区企业家座谈会召开

1 月 11 日，昌平区工业大院工作例会召开

3 月 19 日，北京市中小企业公共服务平台培训会召开

3 月 25 日，昌平区经济和信息化局揭牌

3 月 29 日，以色列创新医疗项目合作座谈会在昌平区举办

5 月 9 日，小米智慧产业基地在昌平区启动

和信息化局

5 月 23 日，昌平区企联、信促会理事大会举办

6 月 5 日，昌平区联通 5G 智慧政务发布

6 月 17 日，昌平区 2019 年工业企业安全生产培训会召开

7 月 30 日，2019 年创新创业大赛颁奖典礼在昌平区举办

8 月 8 日，昌平区通讯保障与网络安全应急演练举办

11 月 20 日，昌平区第十期高级职业经理人资格评价培训班举办

北京汽车集团有限公司

1月2日，北京汽车集团越野车有限公司成立揭牌

1月15日，麦格纳卫蓝新能源技术有限公司在江苏省镇江市成立

1月28日，北汽新能源与华为签署全面业务合作协议，联合设立“1873戴维森创新实验室”

3月3日至5日，北汽福田为全国“两会”提供38辆客车，其中纯电动客车8辆

3月5日，高端智能新能源汽车品牌 ARCFOX 在日内瓦车展进行全球首次品牌发布

4月12日，北京现代第四代胜达发布会在海南省三亚市举办

4月16日，北汽福田发布智蓝新能源品牌等自主创新成果

4月17日，北汽福田与华为签署战略合作协议，在智能网联等领域开展战略合作

6月27日，北汽集团携右舵X25和右舵BJ40PLUS参加第一届中非博览会

7月17日，北汽集团城市新能源物流车专场推介会在江西省南昌市召开

7月22日，2019北汽蓝谷科技大会暨新能源汽车试验中心落成启用仪式在北汽新能源总部——“中国蓝谷”举行

7月22日，北汽新能源与戴姆勒、百度、英飞凌等14家合作伙伴共建联合试验室

北京汽车集团有限公司

7月26日，北京汽车智达X3上市仪式举行

8月14日，北京现代领动PHEV新车发布会在广东省深圳市、浙江省杭州市两地举办

8月26日，叙利亚SKD工厂首台新D50产品组装下线

9月16日，北京奔驰顺义工厂总装车间首车下线仪式举行

9月27日，北汽新能源与宁德时代共同打造出的全球首款无模组动力电池包揭幕仪式举行

10月1日，北汽福田承担并完成5个车型160余辆国庆用车服务任务

北汽集团
BAIC GROUP

行有道·達天下

Your Wish · Our Ways

10 月 15 日，北汽集团发布北汽自主乘用车 BEIJING 品牌

10 月 24 日，由北汽福田、清华大学、北京亿华通科技股份有限公司共同研发的“氢燃料电池客车关键技术及应用”项目获 2019 年中国汽车工业科技进步奖一等奖

11 月 8 日，北京奔驰全新纯电 SUV EQC 上市

11 月 16 日，北汽福田智蓝新能源 2025 战略发布会在工程研究总院举行

11 月 22 日，梅赛德斯 –AMG 首款国产车型全新梅赛德斯 –AMG A 35 L 4MATIC 在广东省广州市上市

12 月 3 日，北京奔驰年产突破 50 万辆暨 GLB SUV 亦庄 + 顺义工厂双投产仪式举行

首钢集团

1月24日至25日，首钢党委扩大会和职工代表大会相继召开

2月3日，北京冬奥会展示中心在首钢北京园区建成（袁德祥　摄）

9月16日，首届“首钢工匠”命名表彰座谈会召开（孙力　摄）

9月22日，百年首钢·城市复兴论坛系列活动在首钢北京园区三高炉报告厅举行（王京广　摄）

9月29日，新首钢大桥开通，标志着长安街西延线全线贯通

10月1日，北京首钢建设集团有限公司把庆祝中华人民共和国70周年活动的烟花树运抵天安门广场（袁德祥　摄）

10 月 31 日，首钢滑雪大跳台建成。这是 2022 年北京冬奥会北京赛区第一个完工的新建场馆，也是唯一的雪上比赛场地

11 月 6 日，首钢集团和中国宝武签署战略合作协议，标志着两大钢铁集团通过强强联合，共同带动钢铁行业高质量发展

2019 年，作为“一带一路”落地拉美的第一个项目——首钢秘铁 1000 万吨精矿扩建项目实现达产达效。图为精矿磨机车间

2019 年，首钢汽车板产品结构不断优化，高端产品进入国内先进行列

2019 年，首钢实现北京机场停车运营领域全覆盖。图为首钢承揽运营的北京大兴国际机场停车楼

2019 年，首钢集团附属公司获华晨宝马汽车板供应质量卓越奖

编辑出版

Editing and Publishing

4 月 23 日至 24 日，北京市经济和信息化局组织召开 2019 年北京工业和信息化志鉴培训会

9 月 24 日，为纪念首钢建厂 100 周年，《百年首钢》4 册丛书和《百年首钢世纪圆梦》画册出版发行（何志国　摄）

9 月 25 日，北京市首部全面展示产业经济发展著述《北京市产业经济发展蓝皮书（2018—2019）——聚焦高精尖》发布会在北京工艺美术出版社美联书院召开

11 月 16 日、12 月 12 日，由北京市经济和信息化局承编的《北京志 · 工业志（1999—2010）》及北京市首部《北京志 · 信息化志》通过终审。图为在丰台区北京市政务服务中心办公大楼召开的《工业志》终审会现场

编辑说明

一、《北京工业年鉴（2020）》由北京市经济和信息化局主编，北京市产业经济研究中心承编。

二、本年鉴编纂坚持以马克思列宁主义、毛泽东思想、邓小平理论、“三个代表”重要思想、科学发展观、习近平新时代中国特色社会主义思想为指导，全面贯彻落实党的十九大精神，遵循实事求是的原则，科学、客观地反映实际情况。

三、本年鉴是一部反映北京工业经济发展情况的资料性年刊。通过大量文字、数据、图片，较全面、系统、客观地记录了2019年度北京工业经济发展的基本情况以及年度新思路、新发展、新成就，为社会各界了解和掌握新动态，服务于政府科学决策，指导经济工作提供借鉴和依据。

四、本年鉴采用文章和条目两种体裁，以条目体为主。为读者查阅资料提供便利，为续修《北京工业志》积累资料，本年鉴在卷目上进行了调整，在内容上进行了归类，并增补了相关资料，辟有总述、特载与专文、大事记、电子信息产业、软件与信息服务业、汽车与交通设备产业、智能制造与装备产业、生物与医药产业、都市产业、材料与绿色环保产业、国防科技工业、特色产业、区域工业、协会组织、综合管理、产品、京工人物、工业数据、法规政策文件及附录，共20个一级栏目。为方便读者阅览，卷首设有中英文目录，卷尾设有主题词索引，后附光盘。

五、本年鉴选用资料时限为2019年1月1日至12月31日。刊载文字内容由相关部门和企业提供，并经主管负责人审核。工业数据经市统计局同意采用，因2019年经济普查原因，增补2018年工业数据。

六、本年鉴卷首专题图片除署名外，均由市经济和信息化局提供。随文图除需要说明外，不再附图注。凡2019年事项，除概况外，均直书月、日，不再另写年份。

七、本年鉴行文规范遵循国家、地方标准，如遇特殊事项，形式服从内容，局部统一。

八、《北京工业年鉴》自1991年起编辑出版，本年鉴为第30卷。一直得到全市工业系统及参编单位各级领导和编辑工作者的大力支持，我们深表感谢。

九、欢迎广大读者继续关注年鉴、收藏年鉴、使用年鉴，并对年鉴的不足之处给予指正，帮助我们进一步改进年鉴编纂工作，更好地为读者服务。

目 录

总 述

特载与专文

大事记

电子信息产业

软件与信息服务业

汽车与交通设备产业

智能制造与装备产业

生物与医药产业

都市产业

材料与绿色环保产业

国防科技工业

特色产业

区域工业

协会组织

综合管理

产 品

京工人物

工业数据

法规政策文件

附　录

索　引

卷首专题图片

Contents

Materials and Green Environmental Protection Industry

China Ordnance Industry

Characteristic Industry

Regional Industries

Associations and Organizations

Integrated Management

Products

Beijing Workers Selected

Industrial Data

Regulatory and Policy Documents

Appendix

Index

Special Pictures at the Beginning of the Volume

2020 北京工业年鉴

BEIJING GONGYE NIANJIAN

总　述

本栏目采用文章体，主要记述2019年北京市经信系统在推动高精尖产业发展、科技创新中心建设、新兴产业发展，以及加快转型升级，做强做大优势产业；加强区域协同，扩大国际交流，推进共享开放，盘活数据资源；完善信用体系，推动社会信用广泛应用；加强政策引导，持续优化环境等方面取得的成果。

2019年北京工业发展综述

2019年，北京市经济和信息化系统坚持以习近平新时代中国特色社会主义思想为指导，深入贯彻党的十九大和十九届二中、三中、四中全会精神，深入贯彻习近平总书记对北京重要讲话精神，迎难而上、扎实工作，加快推动全市经济和信息化创新发展、协同发展、高质量发展，顺利完成年度各项目标任务。

一年来，在复杂多变的发展形势下，市经济和信息化局努力克服经济下行压力，保持产业运行总体平稳、稳中提质的发展势头。年内，全市规模以上工业增加值同比增长3.1%。产业增长动力加快转换，高技术制造业和战略性新兴产业增加值分别增长7.8%和5.7%，高于规模以上工业增加值4.7个和2.6个百分点。产业发展效率稳步提高，万元工业增加值能耗同比下降2.7%，规模以上工业劳动生产率提升至48.9万元/人，比同期提高8.9%，约为全市平均水平的1.9倍。

聚焦政策落实，建立专班机制，推动重点项目加快落地。2019年，市经济和信息化局认真落实发展高精尖产业系列政策，编制稳定制造业投资加快项目落地的指导意见，出台促进5G、超高清视频、机器人等领域发展的行动方案。依托市、区两级工作专班，实行全市高精尖产业项目“一库式”管理，全面加强项目落地的统筹调度、服务保障和督导考核。各区围绕降成本、提速度，加大工作力度，顺义区通过信息系统在线跟踪服务项目建设，大兴区大幅压缩开工手续办理时限，房山区整合分散地块集中保障项目用地，密云区采取租赁方式盘活产业空间，等等。经过全系统共同努力，推动奔驰新能源汽车生产基地等47个重点项目落地，实现小米移动互联网产业园等52个项目竣工，完成重点产业建安投资110亿元任务。

搭建平台载体，整合要素资源，推动创新创业持续活跃。2019年，市经济和信息化局服务全国科技创新中心建设，完成创新型产业集群与制造业高质量发展年度建设任务。坚持创新与人才一起抓，积极支持引进和培养人才，举办推动高精尖产业发展研讨班。加快布局产业创新载体，组建国家智能网联汽车创新中心，新创建国家技术创新示范企业3家、全国质量标杆企业5家、国家级工业设计中心2家、高精尖产业设计中心23家、市级产业创新中心5家、市级企业技术中心45家。出台促进中小企业健康发展、融通发展、向“专精特新”发展的系列政策。完善公共服务网络，带动2000多家机构为中小企业提供9个大类、109个中类的服务，开展公共服务活动1600余场，线上线下服务企业超过180万次。提升金融服务能力，通过以奖代补方式，带动担保机构支持小微企业融资超过28亿元。中小基金新增投资项目103个，协议金额超过16亿元。

突破前沿领域，加快推广应用，推动新兴产业成长壮大。2019年，市经济和信息化局服务集成电路企业扩大产能、拓宽产品线，中芯北方12英寸生产线月产能达到4万片，电控燕东8英寸集成电路开始试生产，推进国联万众6英寸化合物芯片工艺平台建设。建设国家网络安全产业园，推动北京经开区信创园打造国家信息技术应用创新基地，已签约入驻项目总投资超过百亿元。成立鲲鹏联合创新中心，推动新一代信息技术应用创新。抢抓5G商用机遇，实施“一五五一”工程。集成制造全球首辆“5G+8K”超高清全业务转播车，在世园会、篮球世界杯期间实现“5G+8K”超高清视频转播。依托人工智能头部企业搭建深度学习框架和计算平台，带动垂直行业发展。制定全国首个自动驾驶车辆模拟仿真测试平台团体标准，率先启动车联网和自动驾驶地图应用试点，建设中国标准场景库，打造“场、路、区”测试环境。截至2019年年底，全市开放自动驾驶测试道路151条，共计503.68千米，向13家企业的77辆自动驾驶车辆发放测试牌照，安全测试里程达到104万千米，处于全国领先水平。

加快转型升级，夯实存量基础，推动优势产业做大做强。2019年，市经济和信息化局推动中国工业互联网研究院落户朝阳，工业互联网标识解析国家顶级节点落户顺义，标识注册量超过7000万个。开展制造业与互联网融合试点，完善工业软件产业链，支撑制造业数字化升级，全市“两化”融合贯标试点企业达到501家。深入实施“智造100”工程，遴选智能制造标杆企业，推广企业智能化改造经验。持续推进企业绿色化改造和疏解退出。新入选国家级绿色工厂18家，绿色供应链管理示范企业6家，绿色设计产品8项。退出一般制造业企业399家，涉及人口约2万人。支持开展国家高端装备制造业标准化试点。

推动国家有色新材料检测评价平台、国家卫星及空间探测材料生产应用平台在京落户。探索建立商业航天服务体系，支持两家民营航天企业成功发射火箭，支持民营卫星企业承担国家重大工程研制任务，20余家商业航天企业在京形成集聚态势。支持民营企业参与军工建设，在高温合金、保偏光纤等领域填补国内空白。

加强区域协同，扩大国际交流，推动产业加快开放发展。2019年，市经济和信息化局与津冀共同签署进一步加强产业协同发展备忘录、智能网联汽车道路测试互认合作协议。持续推动北京·曹妃甸现代产业发展试验区、北京·滦南大健康产业园、北京·张北云计算产业基地等共建园区建设，一批重点产业项目建成投产。会同河北完成国家智能汽车与智慧交通示范区一期建设。开展京津冀地区新能源汽车动力蓄电池回收利用试点。加强产业扶贫协作和对口支援合作，助力受援地区打赢脱贫攻坚战。实施互联网信息领域开放改革三年行动计划。布局建设中德、中日等国际产业园。推动法国施耐德电气在京成立智能制造研发创新中心，挂牌成立中英石墨烯成果孵化中心。在5G、软件、智能网联汽车等领域成功举办多项具有国际影响力的产业交流活动。

推进共享开放，盘活数据资源，推动大数据建设深入开展。2019年，市经济和信息化局推进52家市级部门的1028个政务信息系统迁入市级政务云，系统入云进度达到98.2%。打造目录区块链系统，组织市级部门、区、数据专区有序“上链”，53个市级部门基本完成“上链”，16个区开展三级目录体系建设，一批数据专区代表先行“上链”。市级目录区块链已正式“锁链”，线上数据共享流程同步开启。实施年度公共数据开放计划，发布公共数据开放促进人工智能产业发展工作方案，截至2019年年底，市级单位开放公共数据资源1416类8500余万条记录。在全国率先建设公共数据开放创新基地，探索以竞赛、授权方式开放一批特殊公共数据。面向社会征集大数据应用场景320个，推出第一批13个试点项目。打造“北京通”升级版，提供亮证、办事、查询等7类便民功能。大数据有效支撑了领导驾驶舱、城市规划管理、一网通办等重点领域应用。

完善信用体系，发展信用服务，推动社会信用广泛应用。2019年，市经济和信息化局加快推进社会信用条例立法，成立北京市社会信用标准化技术委员会。市公共信用信息服务平台归集信用信息量突破4亿条，东城、海淀、石景山等区建成区级公共信用平台。探索推进以信用为基础的新型监管机制建设，全市12个行业和领域建立了信用评价和分级分类监管制度，在优化营商环境等方面发挥了积极作用。信用联合奖惩系统与18家委办局的24个业务系统实现对接，完成红黑名单查询500余万次，上报奖惩执行结果5.2万条，34.5万人次列入失信被执行人“黑名单”，限制失信被执行人乘坐飞机154.91万人次，限制乘坐高铁13.37万人次，限制参加小客车摇号4.8万人次。在信用惩戒压力下，约5.5万名失信被执行人自动履行义务。信用服务行业持续发展，全市从事征信、评级、新型信用服务等业务的信用服务业机构超过1000家。遴选出首批35家“北京市社会信用联合咨询决策机构”。北京市信用工作总体水平保持全国领先。

加强政策引导，做好精细服务，推动发展环境持续优化。2019年，市经济和信息化局安排高精尖资金3.69亿元，支持项目40个。已确认高精尖产业基金合作子基金21支，科技创新基金高精尖产业阶段合作子基金4支，协议总规模约270亿元。进一步扩大和升级信息消费拉动产业发展，北京市获评国家首批综合型信息消费示范城市。深化简政放权，取消2项政务服务事项和1项涉企涉民证明，已无涉企涉民证明事项。参与市级12345平台建设，落实“接诉即办”制度。进一步提高办事效率，企业办事提供材料压减65%，办理时限减少56%，全部事项“最多跑一次”。当好行业服务管家，对“服务包”企业上门服务，103项服务事项全部办结。有效配置无线电频率资源，全力保障大兴国际机场等重点工程建设。完成无线电行政许可1087件，核发电台执照15055个。进一步减轻企业负担，开展行业协会商会涉企经营服务性收费自查。截至年底，全市清理拖欠民营企业中小企业账款86.8亿元，清偿进度为90.2%。对重点出口企业跟踪监测，帮助企业降低经营风险。修订完善安全生产工作制度，进一步夯实“党政同责、一岗双责、齐抓共管”的工作格局。

（市经济和信息化局）

2020

北京工业年鉴

BEIJING GONGYE NIANJIAN

特载与专文

本栏目采用文章体，刊载北京市2020年经济和信息化工作报告；2019年各区、开发区，企业主要领导的讲话和文章，以及庆祝中华人民共和国成立70周年专文。

狠抓统筹落实 决胜收官之年
奋力推动全市经济和信息化高质量发展
——在北京市2020年经济和信息化工作会上的报告

一、2019年工作回顾

过去一年，在市委、市政府的坚强领导下，全市经济和信息化系统坚持以习近平新时代中国特色社会主义思想为指导，深入贯彻党的十九大和十九届二中、三中、四中全会精神，深入贯彻习近平总书记对北京重要讲话精神，迎难而上、扎实工作，加快推动全市经济和信息化创新发展、协同发展、高质量发展，顺利完成年度各项目标任务。

一年来，在复杂多变的发展形势下，我们努力克服经济下行压力，保持了产业运行总体平稳、稳中提质的发展势头。2019年全市规模以上工业增加值同比增长3.1%，软件和信息服务业营业收入同比增长14.6%。产业增长动力加快转换，高技术制造业和战略性新兴产业增加值分别增长7.8%和5.7%，高于规模以上工业增加值增速4.7个和2.6个百分点。产业发展效率稳步提高，万元工业增加值能耗同比下降2.7%，规模以上工业劳动生产率提升至48.9万元/人，比同期提高8.9%，约为全市平均水平的1.9倍。

一年来，我们以实际行动庆祝新中国成立70周年，主要做了以下工作：

一是聚焦政策落实，建立专班机制，推动重点项目加快落地。认真落实发展高精尖产业系列政策，编制稳定制造业投资加快项目落地的指导意见，出台促进5G、超高清视频、机器人等领域发展的行动方案。依托市、区两级工作专班，实行全市高精尖产业项目“一库式”管理，全面加强项目落地的统筹调度、服务保障和督导考核。各区围绕降成本、提速度，加大工作力度，顺义区通过信息系统在线跟踪服务项目建设，大兴区大幅压缩开工手续办理时限，房山区整合分散地块集中保障项目用地，密云区采取租赁方式盘活产业空间，等等。经过全系统共同努力，推动奔驰新能源汽车生产基地等47个重点项目落地，实现小米移动互联网产业园等52个项目竣工，完成重点产业建安投资110亿元任务。

二是搭建平台载体，整合要素资源，推动创新创业持续活跃。服务全国科技创新中心建设，完成创新型产业集群与制造业高质量发展年度建设任务。坚持创新与人才一起抓，积极支持引进和培养人才，举办推动高精尖产业发展研讨班。加快布局产业创新载体，组建国家智能网联汽车创新中心，新创建市级产业创新中心5家、国家技术创新示范企业3家、全国质量标杆企业5家、国家级工业设计中心2家、高精尖产业设计中心23家、市级企业技术中心45家。出台促进中小企业健康发展、融通发展、向“专精特新”发展的系列政策。完善公共服务网络，带动2000余家机构为中小企业提供9个大类109个中类的服务，开展公共服务活动1600余场，线上线下服务企业超过180万次。提升金融服务能力，通过以奖代补方式，带动担保机构支持小微企业融资超过28亿元。中小基金新增投资项目103个，协议金额超过16亿元。

三是突破前沿领域，加快推广应用，推动新兴产业成长壮大。服务集成电路企业扩大产能、拓宽产品线，中芯北方12英寸生产线月产能达到4万片，电控燕东8英寸集成电路开始试生产，推进国联万众6英寸化合物芯片工艺平台建设。建设国家网络安全产业园，推动北京经开区信创园打造国家信息技术应用创新基地，已签约入驻项目总投资超过百亿元。成立鲲鹏联合创新中心，推动新一代信息技术应用创新。抢抓5G商用机遇，实施“一五五一”工程。集成制造全球首辆“5G+8K”超高清全业务转播车，在世园会、篮球世界杯期间实现“5G+8K”超高清视频转播。依托人工智能头部企业搭建深度学习框架和计算平台，带动垂直行业发展。制定全国首个自动驾驶车辆模拟仿真测试平台团体标准，率先启动车联网和自动驾驶地图应用试点，建设中国标准场景库，打造“场、路、区”测试环境。截至年底，全市开放自动驾驶测试道路151条，共计503.68千米，向13家企业的77辆自动驾驶车辆发放测试牌照，安全测试里程达到104万千米，处于全国领先水平。

四是加快转型升级，夯实存量基础，推动优势产业做大做强。推动中国工业互联网研究院落户朝阳区，工业互联网标识解析国家顶级节点落户顺义，标识注册量超过7000万个。开展制造业与互联网融合试点，完善工业软件产业链，支撑制造业数字化升级，全市“两化”融合贯标试点企业达到501家。深入实施“智造100”工程，遴选智能制造标杆企业，推广企业智能化改造经验。持续推进企业绿色化改造和疏解退出。新入选国家级绿色工厂18家、绿色供应链管理示范企业6家、绿色设计产品8项。退出一般制造业企业399家，涉及人口约2万人。支持开展国家高端装备制造业标准化试点。推动国家有色新材料检测评价平台、国家卫星及空间探测材料生产应用平台在京落户。探索建立商业航天服务体系，支持两家民营航天企业成功发射火箭，支持民营卫星企业承担国家重大工程研制任务，20余家商业航天企业在京形成集聚态势。支持民营企业参与军工建设，在高温合金、保偏光纤等领域填补国内空白。

五是加强区域协同，扩大国际交流，推动产业加快开放发展。与津冀共同签署进一步加强产业协同发展备忘录、智能网联汽车道路测试互认合作协议。持续推动北京·曹妃甸现代产业发展试验区、北京·滦南大健康产业园、北京·张北云计算产业基地等共建园区建设，一批重点产业项目建成投产。会同河北完成国家智能汽车与智慧交通示范区一期建设。开展京津冀地区新能源汽车动力蓄电池回收利用试点。加强产业扶贫协作和对口支援合作，助力受援地区打赢脱贫攻坚战。实施互联网信息领域开放改革三年行动计划。布局建设中德、中日等国际产业园。推动法国施耐德电气在京成立智能制造研发创新中心，挂牌成立中英石墨烯成果孵化中心。在5G、软件、智能网联汽车等领域成功举办多项具有国际影响力的产业交流活动。

六是推进共享开放，盘活数据资源，推动大数据建设深入开展。推进52家市级部门的1028个政务信息系统迁入市级政务云，系统入云进度达到98.2%。打造目录区块链系统，组织市级部门、区、数据专区有序“上链”，53个市级部门基本完成“上链”，16个区开展三级目录体系建设，一批数据专区代表先行“上链”。市级目录区块链已正式“锁链”，线上数据共享流程同步开启。实施年度公共数据开放计划，发布公共数据开放促进人工智能产业发展工作方案，截至2019年底，市级单位开放公共数据资源1416类8500余万条记录。在全国率先建设公共数据开放创新基地，探索以竞赛、授权方式开放一批特殊公共数据。面向社会征集大数据应用场景320个，推出第一批13个试点项目。打造“北京通”升级版，提供亮证、办事、查询等7类便民功能。大数据有效支撑了领导驾驶舱、城市规划管理、一网通办等重点领域应用。

七是完善信用体系，发展信用服务，推动社会信用广泛应用。加快推进社会信用条例立法，成立北京市社会信用标准化技术委员会。市公共信用信息服务平台归集信用信息量突破4亿条，东城区、海淀区、石景山区等区建成区级公共信用平台。探索推进以信用为基础的新型监管机制建设，全市12个行业和领域建立了信用评价和分级分类监管制度，在优化营商环境等方面发挥了积极作用。信用联合奖惩系统与18家委办局的24个业务系统实现对接，完成红黑名单查询500余万次，上报奖惩执行结果5.2万条，34.5万人次列入失信被执行人“黑名单”，限制失信被执行人乘坐飞机154.91万人次，限制乘坐高铁13.37万人次，限制参加小客车摇号4.8万人次。在信用惩戒压力下，约5.5万名失信被执行人自动履行义务。信用服务行业持续发展，全市从事征信、评级、新型信用服务等业务的信用服务业机构超过1000家。遴选出首批35家“北京市社会信用联合咨询决策机构”。我市信用工作总体水平保持全国领先。

八是加强政策引导，做好精细服务，推动发展环境持续优化。安排高精尖资金3.69亿元，支持项目40个，预计带动社会投资31亿元。已确认高精尖产业基金合作子基金21支，科技创新基金高精尖产业阶段合作子基金4支，协议总规模约270亿元。进一步扩大和升级信息消费拉动产业发展，我市获评国家首批综合型信息消费示范城市。深化简政放权，取消2项政务服务事项和1项涉企涉民证明，目前我局已无涉企涉民证明事项。积极参与市级12345平台建设，落实“接诉即办”制度。进一步提高办事效率，企业办事提供材料压减65%，办理时限减少56%，全部事项“最多跑一次”。当好行业服务管家，对“服务包”企业上门服务，103项服务事项全部办结。有效配置无线电频率资源，全力保障大兴国际机场等重点工程建设。完成无线电行政许可1087件，核发电台执照15055个。进一步减轻企业负担，开展行业协会商会涉企经营服务性收费自查。截至年底，全市清理拖欠民营企业中小企业账款86.8亿元，清偿进度为90.2%。对重点出口企业跟踪监测，帮助企业降低经营风险。修订完善安全生产工作制度，进一步夯实“党政同责、一岗双责、齐抓共管”的工作格局。

过去一年，我们认真贯彻全面从严治党部署要求，不断加强党风廉政和机关自身建设。高标准开展“不忘初心、牢记使命”主题教育，推动学习贯彻习近平新时代中国特色社会主义思想往深里走、往心里走、往实里走，激励党员干部不忘产业报国初心，担当产业强国使命。深化机构改革，开展处室、人员调整，顺利完成公务员职级套转晋升，组建北京市大数据中心。新成立机关33个党支部，完成13个事业单位党支部换届，成功召开局机关第一次党员代表大会，选举产生第一届机关党委和机关纪委。发挥党组织的战斗堡垒和党员先锋模范作用，圆满完成庆祝新中国成立70周年、第二届“一带一路”国际合作高峰论坛、世界园艺博览会、亚洲文明对话大会等重大活动期间应急通信、信息安全、无线电安全等保障工作。组织党员干部参加新中国成立70周年庆祝活动游行，展示了新时代北京经信人的良好精神风貌。切实履行全面从严治党主体责任，以抓责任、抓教育、抓制度、抓监督为重点，严明政治纪律和政治规矩。

过去一年取得的成绩，是市委、市政府正确领导和工信部悉心指导的结果，是各兄弟委办局大力支持帮助的结果，是各区政府、开发区、广大企业以及产业界同人共同奋斗的结果。我代表市经信局，对各界的支持和帮助，表示诚挚感谢！

在肯定过去一年成绩的同时，也要清醒看到发展中面临的困难和挑战。一是产业运行和投资下行压力加大。经济运行压力凸显，社会投资有待提振，新旧动能接续有待加快。二是产业创新生态发展不够充分，推动“科—技—产—业”接力发展的政策机制和配套能力不足，京津冀产业协作水平有待提升。三是产业链、供应链存在短板，在核心技术、高端装备、关键材料等方面需要增强防风险、抗风险的能力。四是大数据建设与首都高质量发展需求还存在差距，大数据在促进经济发展、服务保障民生、优化社会治理等方面的先导支撑作用有待进一步加强。我们一定要高度重视这些困难和挑战，切实采取措施加以解决。

二、2020年重点工作安排

2020年是全面建成小康社会和“十三五”规划收官之年，做好全市经济和信息化工作，具有里程碑、标志性意义。全年工作的总体要求是，坚持以习近平新时代中国特色社会主义思想为指导，深入贯彻党的十九大，十九届二中、三中、四中全会和中央经济工作会议精神，深入贯彻习近平总书记对北京重要讲话精神，认真落实市委、市政府工作部署，坚持稳中求进工作总基调，坚持创新发展理念，坚持以供给侧结构性改革为主线，立足首都功能定位，立足制造强国和网络强国建设，扎实落实发展高精尖产业系列政策，深入实施大数据行动计划，着力提升产业基础能力和产业链水平，着力提升数据治理能力和信息化水平，加快推进全市经济和信息化高质量发展，确保“十三五”规划圆满收官。

全年主要预期目标是：保持产业经济持续健康发展，规模以上工业增加值增长3%左右，软件和信息服务业营业收入增长12%左右，工业重点产业固定资产投资完成210亿元以上。质量效益不断提升，高技术制造业和战略性新兴产业增加值占比持续提高，规模以上工业全员劳动生产率提高3%左右。中小企业综合服务能力不断增强，创新创业持续活跃。大数据共享开放高水平推进，重点应用加快建设，市级政务网络系统安全平稳运行，社会信用体系建设、无线电管理等工作取得新成效。

围绕以上目标，将重点抓好以下工作：

（一）精准配套产业政策，保障重点产业项目落地

围绕高精尖产业，进一步分领域细化工作方案，探索采取公开招标、揭榜等方式，引导各区聚焦重点产业做大做强。发挥高精尖资金、基金对项目落地的带动作用，研究建设标准厂房服务项目落地的措施，进一步激发社会投资活力。开展产业链精准招商，重点围绕龙头企业延伸产业链，围绕生态短板补足产业链，围绕创新优势拓展产业链，不断扩大高精尖项目储备。推进国际合作产业园、国家网络安全产业园等特色园区建设，建立市场化、国际化的运营机制，加快引入产业项目。进一步发挥市、区两级专班作用，围绕重点项目挂图推进、精准服务。努力实现福田戴姆勒高端重卡、北汽新能源高端智能生态工厂、京东方生命科技产业基地一期等66个项目开工建设，长阳航天城电子科技园、中芯国际12英寸集成电路生产线、智飞绿竹疫苗新品种生产基地等74个项目竣工验收。

（二）建设创新平台载体，大力提升产业创新能力

加大服务和支持力度，推动国家制造业创新中心项目在京落地，争取国家级创新中心在京建设分中心，积极创建市级产业创新中心。聚焦产品研制、技术研发、升级改造，创建企业技术中心20家左右。加强高精尖产业设计中心建设。在智能网联汽车、5G、大数据等领域加快布局产业技术标准，促进标准国际化。示范推广知识产权管理应用先进模式。在新能源汽车、高档数控机床、电子元器件等细分领域组织攻坚长期困扰产品质量提升的关键共性技术。大力引进培养人才，举办高精尖产业发展研讨班，开展

第十九届工业和信息化职业技能竞赛。进一步强化统筹机制，推动修订《北京市促进中小企业发展条例》。继续设立中小企业创投引导基金子基金，开展中小基金绩效评价。用好中小资金和小微担保降费奖补资金，服务中小微企业融资。完善优质企业发现和培育机制，健全从初创型企业、“专精特新”中小企业、“小巨人”企业到“隐形冠军”企业的梯队培育体系。

（三）加快新兴产业布局，培育经济发展新动能

筹建国家集成电路技术创新中心，打造基础技术和战略产品研发服务平台，加快重大先进集成电路生产线布局。支持开展集成电路关键工艺装备和光刻机核心技术攻关，推动产品进入国内大生产线。推进数据湖产业园建设，支持北京鲲鹏联合创新中心培育应用生态，举办中国信息技术创新成果展。积极发展氢燃料电池汽车产业，建设国际氢能中心，推进氢燃料电池、发动机研发和产业化。推动日本丰田公司在京设立全球首个燃料电池汽车联合研发中心。组建车联网运营平台，完善上下游产业链，发展高可靠、低时延的车联网产业生态。创新智能网联汽车测试评价方式，建设模拟仿真与实车测试相结合的测试体系，逐步扩大自动驾驶测试区域和测试道路范围。加快5G商用步伐，深入实施“一五五一”工程，编制5G关键产品发展路线图，推动建设5G研究院，制定政策包，加快典型场景应用。推进创新辅料产业创新中心、中医药技术和装备协同创新中心建设，聚焦进入三期临床的创新品种，对创新药品转化项目加强精准服务。建设一批生物医药生产外包平台，推动创新成果与平台对接。围绕高精尖产业链布局发展关键核心新材料，建设检验检测和资源共享等公共服务平台，促进新材料企业和用户企业协同创新。创建国家北斗创新应用综合示范区。深入对接北京冬奥会、北京城市副中心等重点建设需求，推进5G、氢燃料电池汽车、超高清视频等示范应用。

（四）推动产业融合发展，加快产业转型升级

编制制造业企业提质升级行动方案，积极争取国家技改资金，加大市级产业资金对技改的支持力度，持续推动制造业数字化、智能化、绿色化升级。推进工业互联网标识解析国家顶级节点和二级节点建设。深入实施“智造100”工程，组织一批示范项目，遴选标杆企业，促进智能制造供需对接。实施绿色技术改造，支持专业机构提供绿色制造工艺、技术、装备等技改服务和节能节水诊断服务，鼓励园区和企业建设绿色制造体系。对接军民双向需求，推进航空航天、特种材料等领域军民融合项目建设，完善商业航天产业链。满足社会重大需求，围绕废弃电器电子产品回收处置、固废资源化利用，打造示范项目，培育龙头企业。引导工艺美术、食品、服装等产业配套北京冬奥会，支持特色企业“走出去”，打响国际品牌。组织一批新型信息消费示范项目，探索创建信息消费体验中心，扩大信息消费影响力。

（五）推进京津冀协同发展，扩大产业交流合作

进一步健全工作机制，有序退出一般制造业企业90家以上，阶段性完成集中退出工作。加大工业大院和镇村产业聚集区清理整治力度，全面完成挂账任务。筹备设立高精尖产业制造基金，支持龙头企业在京津冀范围内优化布局，完善产业配套能力。加强产业政策衔接，支持雄安新区与北京错位发展、协同发展，促进城市副中心与北三县联动发展。持续推进产业园区共建，支持北京（曹妃甸）现代产业发展试验区、北京·滦南大健康产业园、北京·张北云计算产业基地等园区建设。开展京津冀大数据实验区应用试点，探索三地数据开放共享。加强京津冀三地信用标准协同、信用监管和信用激励联动，创建国家守信联合激励示范区，支持三地机构联合打造“京津冀信用科技实验室”。根据支援合作地区的资源禀赋和发展需求，引导北京企业到扶贫协作和支援合作地区投资兴业。利用行业协会、国际活动等平台，推动企业参与“一带一路”建设，为企业“走出去”提供服务。进一步推动互联网信息领域扩大开放，加快推进一批海外新兴技术项目落地。办好2020世界机器人大会、世界智能网联汽车大会、世界5G大会、全球能源转型高层论坛等国际产业交流活动。

（六）深化大数据应用，推动城市治理现代化

深入实施大数据行动计划，以数据汇聚共享和开放应用为重点，着力补齐大数据基础设施和能力支撑短板，充分发挥大数据在经济、社会、民生和保障重大活动等方面的支撑作用。依托目录区块链系统，持续推进市级政务数据可靠、稳定、高效共享。推进区级目录区块链试点工作。开展市级大数据平台2.0版建设，不断强化基础库、主题库、数据融合分析、计算资源统筹等平台服务能力，支撑各部门数据共享及大数据应用。推进社会数据合作，按照“统采共用”原则，建立社会数据采购与使用机制，以“数据专区”为引领，积极探索政务数据和社会数据对接融合、开发利用。依托北京公共数据开放创新基地，开展交通、金融、医保、消费等领域数据有条件开放。通过公共数据开放促进人工智能产业发展，建设人工智能算力平台。推进《北京市公共数据管理办法》颁布实施，

加快大数据条例立项论证。完成市大数据中心搬迁至副中心，建设大数据管理展示中心。加快推进“北京通”App 3.0、冬奥“一个App”、网上12345等一批大数据应用项目建设。

（七）推进社会信用体系建设，不断强化“北京诚信”品牌

加快推进我市社会信用条例立法论证工作，完善公共信用信息、信用评价、信用分级分类监管、信用奖惩、权益保护等方面的信用制度和标准规范。开展市公共信用信息服务平台二期建设，实现与市级部门业务系统、各区公共信用系统一体化建设。围绕“放管服”改革、营商环境优化、社会治理创新，加快推进各行业领域建立完善以信用为基础、贯穿全监管环节的新型监管机制。支持各区开展信用体系试点示范。支持有条件的区建设信用产业园。鼓励企业运用区块链、大数据、人工智能等开发信用行业新技术、新模式、新产品，支持信用科技产业创新中心建设。支持开展“信用+金融、医疗、园区、商圈”等惠民便企示范项目，引领应用模式创新。积极筹备首届北京国际信用大会，持续开展诚信建设万里行宣传活动，营造重信守诺的社会氛围。

（八）提升服务企业能力，打造良好营商环境

制定本领域“服务包”企业的遴选标准，建立服务管家会商机制，推动承诺事项落地。探索以政策引导、企业承诺、监管约束为核心的项目审批管理模式，加强固定资产投资项目事中事后监管。落实军品市场准入管理改革，积极引导民营企业和社会资本参与国防建设。发挥全市减轻企业负担联席会议统筹作用，加强督促指导，协调做好全市清欠工作。全面推进我局与行业协会商会脱钩。细化安全生产工作措施，研究制定《武器装备科研生产属地监管实施意见》，组织开展新一轮民爆企业安全生产标准化创建工作，统筹推进安全与应急产业发展。协调5G基站规划建设，完善信息基础设施，确保网络安全稳定运行。认真落实秋冬季期间大气污染防治各项任务，做好空气重污染应急等重点工作。加强无线电管理，继续对“黑广播”“伪基站”保持高压打击态势，维护空中电波秩序和频率使用安全。做好重大活动的应急通信、政务信息安全和无线电安全保障工作。

（九）以政治建设为统领，推动全面从严治党向纵深发展

持之以恒用习近平新时代中国特色社会主义思想武装头脑，牢记“看北京首先要从政治上看”的要求，切实增强“四个意识”、坚定“四个自信”、做到“两个维护”。进一步压实管党治党主体责任，牢固树立抓好党建是最大政绩的理念，充分发挥“关键少数”的示范引领作用，以上率下，层层落实责任。进一步巩固和拓展“不忘初心、牢记使命”主题教育成果，将学习教育融入日常、抓在平常，化为推动经信事业发展的强大动力。结合事业单位改革，加强领导班子和干部队伍建设，选优配强各级领导班子，强化干部教育管理，激励干部奋斗新时代。进一步加强基层党组织规范化建设，推动党建工作与业务工作深度融合、相互促进。持之以恒正风肃纪反腐，严格执行中央八项规定精神，坚决克服形式主义、官僚主义，营造风清气正的干事创业环境。

同志们，事业催人奋进，实干铸就辉煌。让我们更加紧密地团结在以习近平同志为核心的党中央周围，全面贯彻落实市委、市政府的部署要求，迎难而上、开拓进取，努力完成全年发展目标任务，以优异成绩迎接全面建成小康社会。

中关村：从京郊小村到创新高地

中关村科技园区管理委员会主任　翟立新

中关村——新中国成立前一个不起眼的京西小村庄，现在已是家喻户晓的国家自主创新示范区、高科技的代名词，成为我国创新发展的一面旗帜和世界知名的“创新名片”。中关村的成长及发展历程，生动展现了新中国成立70年来推进科教兴国、创新发展的历史轨迹。

新中国科技创新的出发地

中关村之名，清末已有，村小民少，没有名人名

事可记。金勋先生在《成府村志》里写道，“豆儿张”因卖盐花豆进宫吃皇粮，成为中关村里最著名的人。解放前，中关村作为籍籍无名的小村，只有农舍和田地，但其西北部和北部紧靠燕京大学（今北京大学）和清华大学，科技文化底蕴比较丰厚。新中国建立初始，中关村只有40多户人家，归“第十六区”（后改为海淀区）保福寺村，东至蓝旗营西门外，南至北保福寺北头，西至燕京大学东墙果园以东（今中关村大街以东），北至成府村南头。

新中国成立以后，国家对科教资源进行战略布局，为中关村的突变提供了肥沃土壤。1950年5月，北京市城市规划与建设方案同意西北郊为文教区，开始大规模建设高等学校和科研机构。1951年年初，中国科学院副院长竺可桢向中央汇报工作时，提出在农业研究所与燕京大学之间年内开工建设近代物理、应用物理、地球物理大楼等基建规划，得到中央批准。同年11月，中科院物理所在蓝旗营南破土动工。1952年，中科院早期的研究所在规划区内全面开工。1953年，北京航空学院、北京钢铁学院、北京石油学院等院校陆续竣工上课，形成“八大学院”区；同年10月，中关村地区一批科研机构部分基建工程竣工，中科院地理所、物理所等单位陆续迁入。科教资源日益密集，中关村科学城的雏形越来越明晰。

1956年，中共中央发出“向科学进军”的号召。中关村以实际行动，响应时代的最强音。从坐落于中关村的近代物理研究所大楼里，走出了7位“两弹一星”功勋奖章获得者、近30位中科院院士，“孵化”出一批新的核科学研究机构。在中关村，诸多国际尖端科技和新兴科技，如原子弹、洲际运载火箭、半导体、激光、电子计算机等研究工作都曾起步或筹划。老一辈科技工作者以中关村为起点，爱国奉献、攻坚克难、开拓创新，取得巨大科技成就。

改革开放大潮中科技体制改革的领头羊

改革开放以来，中关村积极响应党中央改革科技体制号召，率先开展“发展高科技、实现产业化”的探索，由“电子一条街”起步，经历了北京市新技术产业开发试验区、中关村科技园区、中关村国家自主创新示范区等发展阶段。

中关村“电子一条街”逐步形成。1978年3月，邓小平同志在全国科学大会上指出，科学技术是生产力，知识分子是工人阶级的一部分。中关村地区广大科技人员感受到了“春天”的到来。1980年10月，中科院物理研究所研究员陈春先等人，开办第一个民营科技实体——北京等离子体学会先进发展技术服务部。这种从商行为在当时备受争议，但在1983年1月得到中央领导同志的鼓励和支持，探索科技成果转化为直接生产力的行为被充分肯定。由科技人员和高校院所创办的企业如雨后春笋般诞生，如四通、信通、京海、科海、联想等。到1987年年底，中关村地区有各类科技企业148家，被称为“电子一条街”。

北京市新技术产业开发试验区建设与发展。1985年，《中共中央关于科学技术体制改革的决定》印发，中关村地区因智力密集而备受关注。1988年年初，中央联合调查组形成《“中关村电子一条街”调查报告》。在此基础上，国家科委、北京市政府向国务院呈送《关于在中关村地区建立北京市新技术产业开发试验区的请示》，经中央财经领导小组讨论通过。1988年5月，国务院批准《北京市新技术产业开发试验区暂行条例》，决定以中关村地区为中心，在海淀区划出100平方公里左右的区域建立试验区。中关村成为我国第一个国家级高新技术产业开发区。试验区经历两次规划调整，形成了“一区五园”的空间格局。

中关村科技园区建设与发展。1995年5月，中共中央、国务院颁布《关于加速科学技术进步的决定》，提出实施科教兴国战略。1999年2月，中央领导在北京考察工作时强调指出，中关村地区要成功地创建有我们自己特色的科技园区。同年5月，国务院批复北京市政府和科技部报送的《关于实施科教兴国战略加快建设中关村科技园区的请示》，指出要从中国的国情和中关村地区的实际出发，借鉴国外建设科学城的有益经验，创建有中国特色的中关村科技园区。2005年，国务院出台支持做强中关村科技园区的8条政策措施。同年12月，中关村科技园区调整规划范围，总面积变为232.5平方公里，形成“一区十园”的格局。

中关村国家自主创新示范区建设与发展。《国家中长期科技发展规划纲要（2006—2020年）》提出“自主创新、重点跨越、支撑发展、引领未来”科技方针。2008年，国务院联合调研组对中关村进行深入调研。2009年3月，国务院批复同意建设中关村国家自主创新示范区，目标是成为具有全球影响力的科技创新中心。国务院陆续做出政策安排，支持中关村实施“1+6”系列先行先试政策，批复中关村示范区中长期规划纲要，同意调整示范区空间规模和布局，规划面积488平方公里，形成“一区十六园”发展格局。2013年9月30日，十八届中央政治局第九次集体学习在中关村举行，习近平总书记指出，中关村已经成为我国创新发展的一面旗帜，面向未来，要加大实施创新驱动发展战略力度，加快向具有全球影响力的科技创新中心进军。习近平总书记的重要讲话赋予了中关村在新时代新的历史使命，为中关村的创新发展提供了强大动力，指引中关村开创了新的发展局面。

改革开放以来，中关村在自主创新、人才集聚、企业成长、市场拉动、平台协同等方面一直领跑全国。中关村在深化改革上，发挥着“试验田”作用；在自主创新上，发挥着“主阵地”作用；在新兴产业发展上，发挥着“排头兵”作用；在构建创新生态上，发挥着“引领者”作用；在扩大开放上，发挥着“桥头堡”作用。

新时代高质量发展的引领区

踏上新征程，实现新作为。从国际看，国际科技竞争凸显了掌握关键核心技术、实现自主可控的极端重要性。从国内看，我国经济已转向高质量发展阶段，必须强化高质量的科技供给，推动传统产业转型升级，实现新旧动能转换。从北京发展阶段看，减量发展是特征，高质量发展是根本要求，创新发展是唯一出路。从科技园区发展趋势看，科技园区的空间形态、创业形态、人文形态发生深刻变化，科技回归都市、产城深度融合、国际化要素充分集聚、注重宜居宜业等新特征显现。

在关键核心技术攻关上有新作为。坚持以科技创新工作面向世界科技前沿、面向国家重大需求、面向国民经济主战场“三个面向”为主攻方向，着力突破关键核心技术，大力发展引领产业变革的原创与颠覆性技术，推动建设企业为主体、产学研一体化的创新联合体，促进产学研用深度融合和大中小企业融通创新，加快国产替代和变道超车。实行领军企业培育计划，完善创新型企业服务机制，打造国际一流的营商环境，加快培育世界级领军企业、独角兽、行业龙头企业和隐形冠军企业，形成2~3个具有技术主导权和国际竞争力的创新型产业集群。

在引领高质量发展上有新作为。进一步做好“高”和“新”两篇文章，在高质量发展上作表率，在培育新技术、新产品、新业态上当主力。制定实施集成电路、工业智脑、生物医药、医疗器械等重点产业政策，促进互联网、大数据、人工智能与各行业深度融合。着力推动一区多园统筹协同发展，优化示范区空间布局，制订实施十六园优化提升三年行动计划，推动分园高端化、特色化、协同化发展。

在深化改革和开放合作上有新作为。针对制约创新驱动发展的体制机制障碍，加快打造中关村先行先试改革升级版。以最大限度释放科教人才资源潜力为重点，在促进科技成果转化、加强知识产权保护、促进科技金融结合、支持新技术新产品进入市场等方面深化改革，建立适应创新驱动发展的政策体系，完善政策落实落地机制，形成更多可复制可推广的改革经验。进一步提升国际化发展水平，实施“一带一路”科技创新北京行动计划，打造具有国际影响力的“中关村论坛”。

科技创新从来没有像今天这样深刻影响着国家前途命运和人民生活福祉。党的十九大绘就了实现中华民族伟大复兴的宏伟蓝图。中关村示范区将坚持以习近平新时代中国特色社会主义思想为指导，服务建设创新型国家、世界科技强国和首都高质量发展的需要，以全球视野谋划和推动创新，肩负起新时代赋予的新使命，到2022年将初步建成具有全球影响力的科技创新中心，到2035年建成世界一流的科技创新中心，到2050年成为世界主要科学中心和创新高地。

70年风雨兼程，中关村与新中国同行，为国家和首都创新发展做出了重要贡献。特别是党的十八大以来，中关村深入落实创新驱动发展战略，改革创新全面提速，取得了全方位、开创性的历史成效。

70年来，中关村始终坚持以服务国家战略为使命，带头落实科教兴国战略、人才强国战略、创新驱动发展战略，以及党中央国务院有关决策和市委、市政府关于中关村的工作部署。始终坚持以促进科技与经济结合为主线，秉持“发展高科技、实现产业化”的初心，不断强化自主创新能力，加快科技成果转化为现实生产力。始终坚持以深化改革、扩大开放为动力，打破体制机制束缚，营造良好政策环境，有效激发科技人员活力，积极融入国际化进程。始终坚持以发挥市场配置资源的决定性作用为导向，与更好发挥政府作用相结合，发挥高校院所的创新源头作用，企业的创新主体作用，投资机构、服务机构的专业化服务作用，推动形成要素集聚、互动融通的创新生态系统。

站在新中国成立70周年新的历史起点上，中关村示范区将积极响应习近平总书记号召，进一步强化使命担当，以更大力度的改革营造创新创业生态，以更加开放的胸怀参与国际创新合作，以更高水平的创新促进高质量发展，为北京建设全国科技创新中心，为建设创新型国家和世界科技强国贡献更大的力量。

（摘自2019年第7期《前线》杂志）

强党建　筑根基
助推房山区工业高质量发展

房山区经济和信息化局党组书记　陈　水

房山区经信局始终以“围绕中心，服务大局，主动作为，靠前助推”为工作理念，强化党建引领，充分发挥经信局党组领导核心作用和党员先锋模范作用，切实做到融入中心抓党建，抓好党建促履职。党的建设与经济社会建设是辩证统一的关系，对经济和信息化工作而言，区经信局党组为使机关党建与经济运行、重大项目、疏解整治、信息化、中关村房山园等工作实现同频共振和互促共赢做出了积极努力。

一、党建引领方向，靠前助推转型发展

区经信局党组认真贯彻落实新时代党的建设的总要求，把加强政治建设作为根本要求，把完善党的建设作为工作重点，把改进作风作为重要抓手，服从区委、区政府总体部署，强化“一线”意识和责任担当，在产业协同发展中全力助推转型突破。

一是高定位出台发展规划和产业政策，明确产业发展方向。认真贯彻落实市委、市政府关于加快科技创新构建高精尖经济结构系列文件，立足我区“三区一节点”功能定位，明确了房山区“2+2+1”的高精尖产业发展方向，即重点发展现代交通和新材料产业，积极培育智能装备和医药健康产业，加快发展科技金融、会议会展等生产性服务业。落实分区规划，着手开展《中关村国家自主创新示范区房山园空间优化调整方案》《中关村国家自主创新示范区房山园发展规划》的编制工作，优化重点园区功能布局。编制《房山区重点产业项目准入标准》，重点从资源消耗、投入产出、创新发展等方面规范产业准入与管理，科学配置资源要素。推进低效工业用地盘活利用。起草完成《房山区低效工业用地盘活利用工作方案》，将园区外分散的低效工业用地指标向重点园区定向整合集中，促进产业用地减量集聚发展。

二是高效能提升工业和产业园区运行水平。2019年上半年，规模以上工业总产值预计实现456亿元，完成全年任务的44.3%。59个重点产业项目预计可完成固定资产投资8.5亿元，完成建安投资6亿元，完成全区11亿元双挂账建安投资任务的54.6%。房山园规模以上企业实现总收入209.9亿元，同比增长18.8%，实缴税费10.2亿元，同比增长20.3%；在收入稳步增长的同时，产业结构不断优化，新材料及应用技术、先进制造技术、生物工程与新医药3个产业领域实现总收入126.6亿元，约占房山园总收入的60.3%。

二、党建促成共识，合力推动产业提升

区经信局党组围绕“发展第一要务”，靠前助推重大项目建设。始终做到“到位不越位、到位不缺位、到位不失位”，始终保持一线的事业干劲，练就扎实的工作本领，争创一流的工作业绩。

一是实施重大项目带动战略，围绕“2+2+1”产业方向，打造高精尖产业体系。在现代交通领域，重点发展新能源汽车、智能网联汽车、先进轨道交通装备等细分领域，天仁道和高速列车基础摩擦材料项目即将竣工投产，驭势科技无人驾驶汽车研发及测试工作深入推进，卫蓝科技固态锂离子项目建成中试生产线，高端基地5G自动驾驶示范区投入运营；在新材料领域重点发展新型显示材料、石墨烯等细分领域，八亿时空液晶显示材料项目正式投产，石墨烯种子企业孵化加速器项目用房主体结构已封顶；在智能装备领域，达闼科技云端智能机器人产业化项目即将投产，龙源绿色环保型智能配电设备制造、岳式高科技安防设备研发基地项目年内开工建设；在医药健康领域，京东方生命科技产业基地项目一期生命科技创新中心地块7月18日完成供地；此外，国家“智慧广电”产业园项目规划方案已编制完成。

二是实施创新引领战略。积极承接中心城区和三大科学城优质创新资源，推进校地、校企融合发展，加速科技成果落地转化，北理工分子智能材料技术中心、无人飞行器研发中心、先进材料与结构制造技术产学研融合高端研究院、北航医工交叉创新研究院等一批科技成果转化项目陆续签约落地并投入运营。加快推进创新要素聚集，众创空间蓬勃发展。1月至6月，全区24家众创空间共入驻企业4146家，实现税金7.3亿元，累计已有11家众创空间获得国家、北京市和中关村授牌，孵化出碳能科技、慧安金科等数十家创新型企业。

三、党建激发优势，一线参与宣传督导

围绕“营商环境第一要事”，区经信局党组、党员活跃在宣传和督导工作一线。

一是优化提升营商环境。成立5支共产党员先锋队，建立企业联系机制，落实好定期走访联系企业、重点企业“服务包”等制度举措，认真兑现服务承诺，用心做事、用情服务，真诚当好服务企业的“店小二”，一对一帮助企业解难题、减负担、促发展，做到“有求必应、无事不扰”，构建“亲”“清”新型政商关系。优化对企服务，精简行政审批事项，缩短审批时限，备案项目从原来的5个工作日缩短到0.5个工作日。上半年办理工业和信息化固定资产投资项目备案33件，其中工业类30件、信息化类3件，同比增长18%，接待各类咨询100余人次。充分发挥“服务管家”职能，积极推进服务事项落实，与19家重点企业统筹对接需求，涉及17家区直部门的53个服务事项正在逐步落实。加强政策宣传，确保政策落地。组织区内200余家创新创业主体开展集中培训4次，邀请市级部门专家进行政策解读，发放政策汇编500余册，为企业提供政策咨询、项目申报等全链条服务。

二是积极推进疏解整治、安全生产和空气重污染督导检查。持续推进一般制造业疏解工作。上半年，全区疏解退出一般制造业企业75家，其中市级30家任务已全部完成，涉及城关街道、大石窝镇、拱辰街道、琉璃河镇、阎村镇和张坊镇等乡镇。开展镇村产业聚集区清理工作。上半年已拆除镇村产业聚集区10处，完成全年任务的77%。持续做好空气重污染应急和错峰运输工作。制订并完善空气重污染应急分预案，细化完善应急减排措施清单，应急措施做到可操作、可检查、可考核。上半年开展工业企业安全生产指导和迎检，并通过国务院督导检查。上半年，做好民营企业中小企业账款清理拖欠工作，清偿拖欠账款6167.64万元，其中优先清偿农民工工资144.87万元。

四、党建汇聚力量，主动融入信息化工作

区经信局党组着力将党建引领与“跟进助推”融为一体，为推动全区信息化工作精诚出力。

一是推进大数据工作开展。启动编制《房山区政府投资信息化项目数据资源管理办法（试行）》《房山区社会数据采购和使用管理暂行办法》《房山区目录链管理规则（试行）》《房山大数据行动计划2019年重点工作任务》等，积极申报大数据试点示范项目，完善区级信息资源共享服务体系。

二是持续推进社会信用体系建设。更新调整双公示等信用信息数据归集公示标准，“信用房山”专栏在区政府网站上运行，下发2019年信用体系建设重点工作任务，1月至12月共计公示行政许可信息5642条、行政处罚信息3479条。联合奖惩平台已开发完成，并与市级平台建立链接，达到试运行条件。

三是积极实施两化融合，开展两化融合企业贯标及区域两化融合发展水平评估工作，与北京两化融合服务联盟联合举办培训交流会。

四是认真推进信息化建设项目评审工作，共审核信息化项目86个。

五是加强政务网络管理与应用，开展信息化行政执法36次，圆满完成信息化服务保障工作。积极推进电子政务外网升级改造工程，为优化营商环境提供信息化设备支撑。加强政府门户网站建设与管理，高质量打造政府与人民群众联系的平台及政府服务群众平台。

（摘自2019年区直机关工会调研报告）

深刻认识和把握外部形势变化
着力构建北京电控改革发展新格局

北京电子控股有限责任公司董事长　王　岩

2019年年底，中央相继召开党的十九届四中全会和中央经济工作会议，这是共产党站在“两个一百年”奋斗目标历史交汇点，从政治上、全局上、战略上全面考量，分别回答了在中国国家制度和国家治理体系上应该坚持和巩固什么、完善和发展什么，当前和今后一个时期的经济形势怎么看、怎么干等问题，具有十分重大的现实意义和深远影响。

北京电控作为首都高新技术产业发展的领军企业，始终坚持以习近平新时代中国特色社会主义思想为指导，积极应对中美贸易摩擦和国内经济下行带来的不利影响，坚持发展第一要务不动摇，统筹改革发展稳定和党的建设各项重点工作，顶住外部压力，保持战略定力，较好地完成了当期经济指标，积蓄了长远发展的新动能，为国家和北京市经济高质量发展做出了积极贡献。当前，北京电控改革发展进入新的历史阶段，面临的外部形势发生了深刻变化，既需要正视挑战和困难，增强忧患意识，做好工作预案，争取更大的战略主动；又需要看到具备的有利条件，抢抓机遇，主动作为，把握工作节奏和力度，持续推动产业高质量发展。

第一，准确认识和把握外部宏观形势带来的新挑战，重在居安思危。新中国成立 70 年来，共产党领导人民创造了世所罕见的经济快速发展奇迹和社会长期稳定奇迹，中华民族迎来了从站起来、富起来到强起来的伟大飞跃。中国特色社会主义进入新时代，当今世界正经历百年未有之大变局，面临的风险和挑战前所未有，既有来自于美国全方位遏制打压的考验，也有中国社会主要矛盾变化所产生的影响。在新的时代，中国经济社会的发展理念、发展模式和发展方式将会发生深刻变化。

北京电控所处的电子信息行业是国家重点发展的高新技术产业领域，相关战略性新兴产业的发展，带动了产业链与区域协同发展，从而呈现出大量高端人才集聚、国际资本密集的特点，高新技术产业领域已逐渐成为全球竞争的主战场。在当前中美贸易摩擦等不确定性因素的影响下，北京电控作为参与全球产业竞争的市场主体，将面对新的产业体系、产业链的竞争，随着全球竞争态势的日益变化，各种风险和挑战不可回避，对此必须有清醒的认识，切实增强危机感和紧迫感。要从战略层面认识中美贸易摩擦的长期性和复杂性，采取有效措施，着力解决好科技创新过程中底层技术、关键零部件和材料受制于人的问题，在提升技术研发能力的同时加强知识产权管理，打造自主、安全、可控的产业创新生态体系，有效防范重大系统性、颠覆性风险；要充分认识到在激烈的国际竞争中谋发展犹如逆水行舟，不进则退，必须把新发展理念作为行动指南，突出抓重点、补短板、强弱项，着力在转型发展、创新发展、融合发展和开放发展上下功夫，解决好产业发展中各种不平衡、不充分的问题，不断提升企业核心竞争力和可持续发展能力。

第二，准确认识和把握全球科技革命带来的新机遇，重在守正创新。当前，世界正处在新一轮科技革命和产业革命的交汇点上，以 5G、人工智能、区块链和量子通信为代表的新一代信息技术加速突破，成为推动产业技术路线变革和商业模式创新的重要力量。随着新技术、新业态、新模式层出不穷，科技创新活动也不断突破地域、组织和行业的界限，无论是对一个国家还是一个企业而言，既面临着千载难逢的历史机遇，又面临着差距拉大的严峻挑战。习近平总书记曾经指出，“新科技革命是最难掌控但必须面对的不确定因素之一，抓住了就是机遇，抓不住就是挑战”。

北京电控坚持把创新作为引领高质量发展的第一动力，在高科技产业发展上拥有先天优势，也积累了良好基础。2019 年，电控累计研发资金支出突破 115 亿元，同比增长 6.5%，占营业收入的比重达到 9%，处于国内同行业领先水平；全年申请专利突破 1 万件，授权专利约 6000 件，累计可使用专利超 7 万件，所属京东方集团、北方华创集团跻身“全球半导体技术发明专利 100 强”；成功建设一批重大科技创新项目，相关产品技术指标达到国内领先水平。在此基础上，北京电控必须抢抓机遇，加大创新力度，要坚持以市场为导向推进技术创新，找准市场定位，大力开拓技术发展催生的新的市场需求，积极与行业领先企业构建战略合作关系，共同开发满足市场需要的新产品，提升行业影响力；要聚集资源推进技术创新，面向全球整合创新资源，加大战略性、前沿性技术研发投入，充分发挥科技服务业对技术创新的推动作用，运用新技术加快产品的升级换代，促进产品与服务的融合创新；要坚持以人才引领技术创新，大力引进具有全球视野、站在国际技术前沿的创新型领军人才，解决好技术带头人和专家型管理人才短缺的问题，依托高素质专业化的人才队伍推动产业形成创新突破。

第三，准确认识和把握高质量发展提出的新要求，重在苦练内功。当前，中国正处在转变发展方式、优化经济结构、转换增长动力的攻关期，结构性、体制性、周期性问题相互交织，“三期叠加”影响持续深化。中央明确提出应对经济持续下行压力，一定要坚持质量第一、效益优先，深化供给侧结构性改革，加快建设现代经济体系，推动高质量发展。正如习近平总书记在中央经济工作会议上所强调的，“决不能再回到简单以国内生产总值增长率论英雄的老路上去，决不能再回到以破坏环境为代价搞所谓发展的做法上去，更不能回到粗放式发展的模式上去”。

北京电控持续加强提质增效，不断完善经营管理体系，积极拓宽融资渠道、降低财务成本，深化内外部协同发展，持续提高基础管理水平，通过近几年的努力，在改善经济运行质量、推动价值创造、完善管理体系等方面均取得了较大幅度的提升和优化。在此基础上，北京电控必须进一步克服惯性思维，认清高质量发展的大逻辑和本质要求。要坚持价值思维、效益导向，不能单纯追求规模的增长，不能简单铺摊子、上项目，不能随意扩大经营范围，要把有限的创新资源聚集到优势领域，由外延式发展向内涵集约化发展方向转变；要遵循产业和企业发展规律，通过调整优化产业格局来促进资源合理有效配置，加大市场化改革力度，着力解决体制机制与产业特点不相适应的问题，不断激发企业创新创业的活力；要以提高资产价值和盈利能力为重点，持续优化经营管理格局，找准管理过程中的短板瓶颈和薄弱环节，提升基础管理能力，着力解决部分产业经营管理水平与企业发展地位不相匹配的问题。

第四，准确认识和把握国家治理现代化带来的新考验，重在依规治企。党的十九届四中全会围绕推进国家治理现代化，用13个“坚持和完善”系统描绘了中国特色社会主义制度的图谱，全面部署了推进制度建设的重大任务，既是对党的十八届三中全会以来全面深化改革理论成果、制度成果和实践成果的系统集成，又对新时代全面深化改革做出了更加清晰的顶层设计，这意味着国家治理将随着实践的发展而进一步优化完善，在固根基、扬优势的过程中补短板、强弱项，推动各方面制度更加成熟、更加定型，逐步实现国家治理体系和治理能力现代化。

公司治理是国家治理体系的重要组成部分，加强和完善国有企业公司治理，也是全面深化国企改革、培育世界一流企业的核心内容，大力推进国资国企治理体系和治理能力现代化，是坚持和完善中国特色社会主义制度、推进国家治理体系和治理能力现代化的必然要求。因此，企业各项经营活动都必须遵从于国家的法律法规。这就要求企业强化制度意识，增强法治观念，坚持依法经营、依规办事，注重加强合规管理体系建设，严格按照国家法律法规和各项规章制度开展经营活动，自觉规范企业的经营管理行为，有效规避经营活动中各种潜在的风险；注重加强内控管理，围绕党的领导、法人治理、战略管控、运营管理和风险控制等领域，进一步补齐制度建设短板，优化总部和企业两级管理权限，建立健全系统完备、科学规范、运行有效的制度体系；注重强化制度的刚性约束，完善权威高效的制度执行机制，加强对制度执行的监督，坚决杜绝做选择、搞变通、打折扣等现象，不断提高制度执行效能，真正做到用制度管权管事管人。

2020年是国家全面建成小康社会和“十三五”规划的收官之年，也是着眼第二个百年目标，为“十四五”良好开局奠定基础的关键之年。面对新形势新变化，北京电控将深入学习贯彻党的十九届四中全会和中央经济工作会议精神，认真落实市委、市政府决策部署，坚持转型发展、创新发展、融合发展、开放发展，深化落实科技兴企、改革活企、人才强企、管理优企和党建立企“五大行动”，统筹抓好“十三五”收官决胜和“十四五”谋篇布局两大任务，为实现中长期规划目标打好基础，为首都经济高质量发展持续贡献力量。

（摘自北京电控2020年度工作会议上的讲话）

深入推进管控体系和管理能力建设 争当新时代高质量发展排头兵

首钢集团有限公司董事长、总经理　张功焰

2019年，对首钢人来说是一个特殊的历史年份，在迎来新中国成立70周年的同时，也迎来了首钢建厂100周年。我们以习近平总书记在首钢北京园区视察慰问时的重要指示为动力，深入学习贯彻党的十九大和十九届四中全会精神，认真落实市领导“双调研”讲话要求，面对复杂严峻的外部环境，保持战略定力，坚持保生存求发展，坚持改革创新，团结带领广大党员干部职工攻坚克难、奋发有为，全年营业收入达2015亿元，实现利润51.2亿元，处理历史遗留问题后报表利润26亿元。

一年来，重点抓了以下几件大事：

一、深入学习贯彻习近平总书记在首钢园区视察慰问时的重要指示精神

2月1日，习近平总书记到首钢北京园区视察慰问，给首钢干部职工拜年，对园区的规划建设、产业转型、风貌保护、生态建设等方面给予肯定，做出重要指示，这是对首钢的亲切关怀和巨大鼓舞，全首钢干部职工倍感温暖、倍感振奋、倍感自豪。我们召开十八届五次全体（扩大）会议，深入学习、深刻领悟、系统安排，组织广大干部职工以更加饱满的热情、更加奋发有为的精神状态，把总书记的亲切关怀和重要指示转化为推动首钢改革发展的强大动力，牢记总书记嘱托，高标准服务保障冬奥；落实总书记要求，推动首钢高质量发展。我们更加深刻认识到，必须始终坚持以习近平新时代中国特色社会主义思想为指导，不断谱写百年首钢发展新篇章。

二、圆满完成庆祝新中国成立70周年重大活动保障任务

以高度的政治责任感加强组织领导，以“精精益求精，万万无一失”的态度履行承诺，以“最高标准、最严要求、最好状态”做到极致，全力以赴完成庆祝新中国成立70周年重大活动10多项服务保障任务。在举世瞩目的国庆盛典上，由首钢制作、安装、运行的巨幅网幕“五星红旗”、七棵特效光影“烟花树”让世人震撼；在阅兵预备役方队、群众游行“艰苦奋斗”方阵、彩车驾驶、联欢文艺演出、高空焰火阵地围挡以及广场大型花坛等保障任务中，首钢干部职工以对党和国家的忠诚，展示了新时代首钢人的风采。同时，首钢股份有限公司（简称股份公司）、首钢京唐钢铁联合有限责任公司（简称京唐公司）、首钢长治钢铁有限公司（简称长钢公司）、首钢集团有限公司矿业公司（简称矿业公司）等单位严格落实政府要求，精心做好安全环保保障工作。我们更加深刻认识到，荣耀的背后是奉献，成功的底色是担当，只有讲政治、讲奉献、讲担当，才能不负党和国家信任，市委、市政府重托，才能为百年首钢发展营造更好环境。

三、扎实开展“不忘初心、牢记使命”主题教育

按照“守初心、担使命，找差距、抓落实”总要求，精心制订方案，严密组织实施，派出巡回指导组加强督促指导，全过程抓思想认识、检视问题、整改落实、组织领导“四个到位”。首钢领导班子坚持以上率下，带头学习研讨讲党课；深入基层调研发现解决问题94个；全力抓好“8+1”专项整治；对照党章党规和职工期盼开好专题民主生活会，查摆解决问题11个，推动主题教育不断深入，首钢党员干部取得了理论学习的收获，经受了思想政治的洗礼，锤炼了干事创业的担当。我们更加深刻认识到，不忘初心、牢记使命是永恒的主题，必须始终在百年首钢强企报国的担当中践行初心使命，不断增强思想自觉和行动自觉。

四、精心组织首钢建厂100周年系列纪念活动

北京市委、市政府高度重视首钢建厂百年，市委书记蔡奇、市长陈吉宁来首钢“双调研”，慰问“首钢工匠”，做出重要讲话，表示热烈祝贺，给予高度评价，指明发展方向。我们以“继承光荣传统、再创首钢辉煌”为主题，在隆重热烈俭朴的氛围中，突出职工参与、形式多样，突出厚重历史、文化传承，突出使命践行、筑梦奋斗。从上万人参与的主题LOGO征集、3万次厂史PK排位赛、6万职工“健步走”、10万人次“首钢挚友App”答题，到分批组织劳模先进、多业多地和退休职工“回家看看”，极大增强了首钢“大家庭”凝聚力；从“风华正茂”书画摄影展、百年厂史巡展、《百年首钢》丛书、《世纪圆梦》画册、《世纪征程》宣传片、主题原创话剧，到百个历史事件、科技成果、珍贵档案、专题版面，深度诠释了百年首钢精气神；从迁建的厂东门广场开放、“城市复兴”论坛，到中宣部“壮丽70年·奋斗新时代”大型主题蹲点采访、央视《百炼成钢》5集专题片等，充分展示了百年首钢的新风采。我们更加深刻认识到，百年首钢最根本的内在优势是坚持强根固魂，最强大的动力引擎，是坚持改革创新，最可靠的力量源泉，是坚持以人为本。

在抓好几件大事的同时，我们坚持把方向、管大局、保落实，统筹推进各项重点工作。

一、坚持主动加压，产业发展不断加快

钢铁业在做优做强上取得新进展。围绕打造五大优势，不断提高经营能力，持续激发内生动力，取得了来之不易的经营成果，为首钢发展做出重大贡献。汽车板实现上汽大众和日系品牌供货量倍增，进入丰田供应体系，1000兆帕级酸洗复相高强汽车板国内独家供货奔驰；取向电工钢超薄产品连续两年国内市场占有率第一；镀锡板DR材同比增长54%。滑雪大跳台和新首钢大桥全部使用首钢耐火耐候钢和桥梁板。获华晨宝马“质量卓越奖”、西门子全球最佳供应商等奖项。钢铁业研发投入比例达3%，获行业及省部级以上科技奖励 17 项。在股份公司、京唐公司推进“一院多中心”改革，首钢贵阳特殊钢有限责任公司（以下简称贵钢公司）等 5 家企业通过国家高新技术企业认定。股份公司实现全炉役碳氧积均值 0.0016，京唐公司特大型高炉大比例球团冶炼突破 56%，达到国际先进水平。积极落实环保停限产要求，经济安排 6 座高炉大中修，克服工期紧、项目多、难度大的挑战，精心组织高炉恢复和快速达产达效。坚持“挂图作战、做大蛋糕”，开展小指标竞赛，铁钢材全面超产，多次刷新生产纪录。坚持“三个跑赢”、对标找差，深挖降本增效潜力，京唐公司生铁成本首次排名行业第二；4 个专项成本有效控制，股份公司、长钢公司等多项指标创历史最好水平。首钢京唐二期一步工程参战单位主动加压、协同作战，特别是围绕项目合规日夜盯办，确保工程顺利建成投产，再次展现了首钢人当年搬迁调整时的精气神。MCCR、高强镀锌、高强酸洗等产线相继投产，3 号高炉一个月即达到设计产能。首钢秘鲁铁矿股份有限公司（以下简称首钢秘铁）二期抢抓市场机遇，快速达产并满负荷生产，资源保障能力不断提升。首钢矿业公司马城铁矿破解矿权政策变化难题，取得采矿许可证，顺利通过项目核准。

新产业在拓展外部市场中取得新成绩。坚持市场导向，发挥自身优势，抢抓机遇，积极作为。首钢股权平台进一步发挥平台作用，整体销售收入和利润超计划、超同期，外部市场份额首次超过内部市场。首钢建设投资有限公司合同签约额历史性突破 100 亿元，首钢自动化信息技术有限公司自主研发的智能仓储系统在马钢、莱钢等企业推广。首钢环境产业有限公司生活垃圾处理量及发电量创历史最高水平，长治生物质项目点火试运行，建筑垃圾处理技术推广到江苏张家港等项目，自主创新的电磁波污染土处理技术实现工程化应用。矿业公司固废资源综合利用产能突破 1000 万吨，绿色建材产品打入京津冀鲁等区域市场。静态交通大兴国际机场停车楼投入运营，获首都国际机场停车楼经营权，业务覆盖京沪四大国际机场。建成二通公交立体停车楼，形成具有自主知识产权的立体车库控制系统，大兴明月湾公交场站项目有序推进。房地公司产业推进土地盘活，加快资金周转，深耕北京、贵阳、重庆、成都等区域市场，取得近年来最好的经营结果。体育产业公司加强篮球、冰球等俱乐部建设，举办首届中国棒球职业联赛，首钢体育品牌影响力不断提升。产融结合在体现价值中取得新突破。积极对接资本市场，发挥金融服务功能，为首钢集团产业发展和整体效益提供有效支撑。通化钢铁集团股份有限公司（以下简称通钢公司）债务优化取得突破性进展，12 月 11 日，司法裁定批准重整计划，进入重整执行阶段，创近 10 年来企业司法重整最快纪录，实现“快进快出、年内完成”的目标。股份公司资本运作取得实质性进展，引入战略投资者，实现交叉持股，优化股权结构，为后续资本运作创造有利条件。首钢集团财务有限公司（以下简称财务公司）资金归集与结算功能进一步完善，搭建票据池和境外资金归集平台，对首钢集团综合贡献达 18 亿元，为首钢提高资金使用效率和首钢京唐二期一步工程建设发挥重要作用。基金公司深入总结发展历程、系统谋划发展战略，进一步明确投资方向，完善风险评级和管控机制，加大投后管理力度。药明康德、北汽新能源等投资项目顺利退出，获得良好收益。成功引入全国社保基金，助力国际人才社区建设。首钢控股（香港）有限公司与基金公司协同运作，突出主业，5 家上市公司首次全面实现盈利，首长国际企业有限公司、首钢福山资源集团有限公司市值双破百亿。

二、坚持统筹推进，园区开发建设提速

首钢北京园区积极实施三年行动计划。开发建设取得新进展，首钢厂东门开放，新首钢大桥通车，长安街西延线全线贯通，首钢北京园区以开放的姿态融入首都城市发展。滑雪大跳台成为首个正式投用的北京冬奥会比赛设施。基础设施和生态环境明显改善，山—水—工业遗存特色景观初步形成。冬奥广场等 3 个片区已开工项目全部取得前期手续，正加快建设。产业生态逐步建立，中关村智能创新应用产业园、AI 产业应用研究院等落地运行，开展 5 个系列、23 家企业参与的 AI 示范应用。泰山体育、腾讯体育视频等一批符合园区产业定位的重点企业落地。圆满完成中芬冬季运动年开幕式、冬奥吉祥物发布、沸雪世界杯等重大活动服务保障，进一步扩大了园区国际影响力。首钢北京园区北区规划成果获“国际城市与区域规划卓越奖”。首钢曹妃甸园区稳步推进，开展资产盘活、资金回笼。推动公共服务落地，中科院幼儿园开园授课。配合地方政府推动招商引资，举办钢铁产业链招商推介会，产业先行启动区累计引入项目 23 个，发挥了京津冀协同发展的载体作用。首钢首秦园区迈出转型发展第一步。首钢赛车谷开园试运营，坚持“高端、特色、集成”，完成核心区规划调整，钢铁赛道、卡丁世界、直线竞速等项目投入使用，“华家班”“恩佐超跑”入驻园区。成功举办多场国际、国家级汽摩赛事，初步形成了赛车谷的品牌和社会影响力。

三、坚持市场化改革方向，企业活力不断释放

组织体系进一步优化。规范首钢集团法人单位公司章程，完善党委会、董事会、经理层议事规则和“三重一大”决策实施办法，实现决策事项清单化，进一步明确党组织在法人治理结构中的法定地位和决策程序。

全面梳理存量资产，开展资本运营顶层设计，完善经营计划评价体系。完成6家单位管理关系优化。建立首钢集团资产评估体系，承接国有资产评估管理权限下放，完成评估备案176项，防范资产流失风险。业务体系进一步完善。推动权力清单、规章制度、风控体系和信息化建设的有机结合。首钢集团权力清单升级为3.0版，进一步向平台公司下放权力、向培育产业扩大授权。制度建设实现提质减量，全年颁发制度34项，废止43项。完善风控体系建设，简化风控手册，建立评价体系，开展内控检查。加快信息化建设，坚持业务引领，推动管理流程优化。经过两年努力，产销一体化项目在股份公司、京唐公司上线，实现与首钢集团管控信息系统集成，业务处理效率大幅提升，订单评审时间从24小时缩短为10秒，热轧排产时间由1小时缩短到20分钟。财务一体化系统在首钢367家单位上线，初步实现投资计划—预算管理—资金支付的业务集成。内部市场化机制逐步形成，建立投资回报机制，坚持正向激励，在中首公司、基金公司、财务公司和地产公司开展试点。严格落实工资总额决定机制，突出效率效益导向，强化工资是挣出来的理念，发挥薪酬分配制度激励作用，激发企业活力。

提质增效持续推进。坚持与工效挂钩机制结合、与企业退出工作联动、与人员结构优化协同，深入推进转型提效，首钢钢铁业实物劳产率820吨/人·年，同比提高9.3%，股权平台在岗职工销售收入劳产率123万元/人·年，同比提高7.7%。持续推进企业退出，统筹谋划、加强协同，敢啃“硬骨头”，全年完成54家，首钢连续3年被评为市国资委专项工作成绩突出单位。北京地区“三供一业”完成实物和管理移交；12家京外企业签订移交协议，6家完成移交。完成首钢医院改制，形成矿业公司矿山医院、特钢公司泰康医院改革方案。

四、坚持国企担当，切实履行社会责任

强化安全主体责任。党委常委会定期研究安全生产工作，完成8个单位双重预防机制和49个本质化安全试点区域建设。针对老工业区改造的特点和边施工边组织重大活动的管理难度，多措并举，压实园区安全管理责任。组织内部专家对北京地区5家重点单位进行安全检查调研，促进责任体系、制度体系、考核体系不断完善和有效落实。持续提高环保水平。绿色发展和精细化管理水平不断提高，绿色行动计划持续推进。在重大活动期间，各单位领导带班值守，干部职工放弃节假日休息，既圆满完成环境质量保障任务，又保证了生产的安全顺稳。在唐山市重污染天气钢铁行业应急减排绩效分级评比中，股份公司被评为唯一A类企业，成为钢铁行业超低排放标杆。京唐公司获全国绿化模范单位。北京首钢冷轧薄板有限公司获国家级绿色工厂称号。

大力加强信访维稳。贯彻“积案化解年”各项要求，认真落实主体责任，下大力气提升信访办理质量，强化排查化解、预警预控、会商调处、应急处置全方位管理。首钢信访总量同比降低14%，得到上级部门充分肯定。落实“接诉即办”要求，制订实施方案，狠抓责任落实，确保事事有着落、件件有回音。

积极开展扶贫帮困。响应党中央打赢脱贫攻坚战要求，落实市委和市国资委党委决策部署，在对口帮扶的贫困地区推进产业扶贫项目，带动当地300人就业。首钢技师学院深入贫困地区招收45名学生。广泛开展消费扶贫和多种形式的公益捐赠活动，持续做好“一企一村”结对帮扶工作。技术研究院青年党员张侠洲参加北京市援藏任务。各单位深入开展“送温暖”活动，累计筹集拨付资金1802万元，为困难职工雪中送炭。

承载着百年首钢文化积淀和改革创新基因，首钢开启了高质量发展的新征程。勇做国企改革先行者、争当高质量发展排头兵，是我们这一代首钢人肩负的历史使命。我们要始终不忘初心、牢记使命，志存高远、脚踏实地，全力做好2020年各项工作，奋力开创新时代首钢改革发展新局面，为我国全面建成小康社会做出新贡献！

[摘自2020年1月9日中共首钢第十八届委员会第六次全体（扩大）会议上的报告]

百年首钢“凤凰涅槃”

——首钢转型发展的变革之路

在北京永定河畔的首钢老厂区，高炉矗立但不再烟尘滚滚，厂房依旧却不见机器隆隆。这里已是会展走秀场所，冬奥会的冰球、冰壶、花样滑冰、短道速滑场馆，创业公社空间……

百年首钢，经历“凤凰涅槃”般史无前例的搬迁调整、转型升级。首钢资产规模从1978年的16.9亿元，增长到2018年的2937亿元；钢铁板块的利润从2.99亿元增长到62.8亿元，创造了一个又一个奇迹，写下辉煌篇章。

紧扣时代脉搏

作为世界500强，首钢的发展紧扣时代脉搏，在新中国的怀抱中不断成长壮大。

1919年，承载着国人工业梦想的首钢呱呱坠地。在军阀战乱的困苦与惊扰、日本侵略者的压榨与欺辱、国民党统治的腐败与昏庸中，首钢在生死线上苦苦挣扎、举步维艰，30年累计只生产了28.6万吨生铁。

中华人民共和国成立后，首钢获得新生。1958年建起中国第一座侧吹转炉，结束了首钢有铁无钢的历史。1964年建成中国第一座30吨氧气顶吹转炉，在中国最早采用高炉喷吹煤技术。20世纪70年代末，首钢二号高炉成为当时中国最先进的高炉。1978年，钢产量达到179万吨，成为全国十大钢铁企业之一。

改革开放后，首钢进入大发展时期。从1979年开始，国家对国有企业进行了一系列“放权让利”的改革，首钢被列为第一批国家经济体制改革试点单位。1981年至1995年，实行上缴利润递增包干，扩大企业经营自主权，有力地促进了首钢的发展。1992年，国务院批准赋予首钢投资立项权、资金融通权和外贸自主权。首钢承包制成为当时全国国有企业改革的典型之一、中国工业企业改革的一面旗帜。

1995年，首钢承包制到期后，进入以建立现代企业制度为目标、实行集团化改革的新阶段。把单一法人企业高度集中的管理体制，转变为多法人、以资本为纽带的母子公司管理体制。1996年，首钢集团成立。1999年，首钢股份在深交所上市。

在生产经营上，首钢相继进行了一系列建设和技术改造，新上一批重点项目，生产规模迅速扩大。1994年，首钢钢产量达到824万吨，位列当年全国第一。2006年12月，首钢轧制出发展史上第一卷热轧卷板，实现了由低端产品向中高端产品的历史性跨越。

在钢铁主业发展的同时，首钢的跨业经营也迈出坚实的步伐，涉猎采矿、机械、电子、建筑、房地产、服务业、海外贸易等多种行业，兼并长治钢铁、通化钢铁、贵阳钢铁、水城钢铁、伊犁钢铁，在香港收购4家上市公司，收购秘鲁铁矿，成立华夏银行等。首钢从一个单纯生产型的钢铁企业，逐步发展成为以钢铁业为主，跨地区、跨行业、跨所有制、跨国经营的特大型联合企业，综合实力从中国钢铁行业第八位上升到前三位。

进入21世纪，首钢积极落实国家钢铁工业布局和产业结构调整战略，率先实施钢铁业搬迁调整。2005年2月18日，国家发展改革委经报请国务院批准，正式批复，同意首钢实施压产、搬迁、结构调整和环境治理的方案，并同意在河北省唐山地区曹妃甸建设一个具有国际先进水平的钢铁联合企业作为首钢搬迁的载体。

首钢，从此开启了新时代。

创新时代高度

中国钢铁企业都建在内陆铁矿资源富集地区，随着工业化的快速发展以及钢铁产能的扩张，钢铁企业所需的各种资源严重短缺，生产成本愈发加大。

首钢是大型钢铁企业整体搬迁的探路者。如何搬迁？原址怎么办？首钢人选择做好科学的顶层设计，创新时代高度。

首钢搬迁选定从山到海之路，虽然远离首都，却成为国内首家临海靠港建造的千万吨级大型钢铁企业。

钢铁是耗水大户，华北地区水资源奇缺，由于采水量大，已形成偌大的地下漏斗。而曹妃甸有独特的地理优势，深水港可满足25万吨级以上大型船舶进出，有利于大幅度降低原料和产品运输成本。钢铁厂建设用地可以用滩涂围海造地，不占用耕地资源。可充分吸收和借鉴国内外建厂经验，优化总图布置和工艺流程，各生产工序紧密衔接，最大限度地缩短物流运距。

在编制建设方案大纲、可行性研究报告和初步设计阶段，广泛开展调查研究和技术交流，学习国内外先进企业的建厂经验，广泛征求、充分听取各方面专家的意见和建议，不断优化可行性研究报告和初步设计。

2005 年 2 月初，国家发展改革委、国家环保总局、水利部、中国国际工程咨询公司、北京市先后召开综合性的专家咨询论证会和审查会 9 次，首钢和唐钢召开内部专家综合性审查会 14 次，对首钢京唐钢铁厂建设方案大纲、可行性研究报告、初步设计方案等反复论证，不断优化和完善。同时，成立由 15 名有关方面专家组成的“首钢京唐钢铁项目国内专家委员会”，为首钢京唐钢铁厂建设进行审查把关。

经过反复论证，设计不断优化，确定建设目标，坚持高起点、高标准、高要求，实现产品一流、管理一流、环境一流、效益一流，成为科学发展、自主创新、循环经济的示范企业。

国家发展改革委由此批准首钢“按照循环经济的理念，结合首钢搬迁和唐山地区钢铁工业调整，在曹妃甸建设一个具有国际先进水平的钢铁联合企业”。

2007 年，首钢京唐钢铁厂在曹妃甸拉开建设序幕。2009 年，集 220 项国内外先进技术的钢铁厂一期工程投产，被誉为中国钢铁人的“梦工厂”。

首钢搬迁，老厂区留下 8.63 平方千米的开发空间，成为北京市城六区内唯一可大规模、连片开发的区域。该区域交通便捷，环境优美，景致独特，紧邻北京母亲河永定河，背靠西山山脉，拥有石景山、群明湖、秀池、高炉等工业和自然景观。

首钢的搬迁调整，党中央高度重视，北京市大力支持，首钢人更是夜不能寐。首钢人明白，如果开发房地产，会获得大笔收益，有助于新钢铁企业建设，但会破坏工业遗产，伤害未来城市空间。首钢人组织团队对英国、德国、美国等国家的工业遗产进行考察，在强调保护的同时，开启了首钢人保护 + 开发利用的智慧，对首钢遗产进行规划设计。

北京市政府在国务院批准“首钢实施搬迁、结构调整和环境整治”方案的基础上，规划设计经反复优化调整，2012 年完成《新首钢高端产业综合服务区控制性详细规划》，开展绿色生态、城市风貌、地下空间、交通、市政 5 个方面 10 余个专项规划研究。

首钢联合中国工程院、清华大学，由 5 位院士共同开展城市风貌专题研究，有针对性地借鉴和参考国内外老工业基地改造案例。2014 年，首钢就园区的发展定位、资源保护、空间形象、建设模式和起步区示范开展工作，并将织补城市、海绵城市、城市复兴等理念运用到规划中，研究成果达到国际先进水平。

根据北京市发展要求，首钢北京园区规划不断完善，以高标准、高水平完成北区“多规合一”规划方案。明确“传统工业绿色转型升级示范区、京西高端产业创新高地、后工业文化体育创意基地”的功能定位。

巨人企业的搬迁，牵扯到庞大队伍的切身利益，首钢遇到的是 6 万名职工面对从首都到 200 多公里外荒芜海滩的选择。如何解决职工安置这个最大的问题？首钢设计 11 种安置方案，请职工选择。最终，8000 名怀揣钢铁情怀的职工赶赴京唐钢铁，达到平稳搬迁。

创造时代精品

百年工业遗存闪耀着首钢人的智慧与汗水，光彩夺目；新城市奇迹在老厂区茁壮成长，首钢人在不断创造时代精品。

首钢园区作为全国首批城区老工业区搬迁改造试点，以冬奥组委入驻首钢园区为契机，加快老工业园区转型升级。已完成的西十筒仓区域 10 万平方米工业遗存改造，变身为北京 2022 冬奥组委办公地。建设国家队冰上运动训练场馆，与国家体育总局共建国家体育产业示范区，成为工业遗存再利用和城市复兴新地标。

2017 年 8 月，国际奥委会主席巴赫看到首钢的工业遗存，称赞首钢工业园区的保护性改造是很棒的一个想法，这个理念在全世界是领先的，做出了一个极佳的示范。在秘鲁利马召开的国际奥委会第 131 次全体会议上，巴赫再次称赞“北京首钢园区工厂改建是奇迹”，是一个“惊艳世人”的城市规划和更新的范例。

首钢北京园区厚积薄发，北区中部，挖掘高炉、干法除尘等工业主流程的遗存价值，3 号高炉改造为创意展示空间。厂房内的柱子、天车梁和剪刀撑等工业遗存都原貌保留，呈现出前所未有的“工业特色冰雪场馆”风貌。结合区域工业管道，在其工业素颜值基础上形成高绿颜值、高棕颜值的城市更新范例，传承京西百年历史独有的“铁色记忆”城市风貌。园区规划获英国皇家城市规划学会颁发的国际卓越规划奖，获国际绿色建筑大会的绿色建筑先锋大奖，获住建部的中国人居环境范例奖。

海外院士专家北京工作站落户园区，建设首都国际人才社区。运用“城市织补”理念，高起点遴选支撑首都科技创新中心、文化中心、国际交往中心的高端产业及业态，实现研发创新平台、企业办公、人才公寓等公共服务有机组合的城市功能。

按照搬迁规划，京唐公司技术装备达到一流水平。为此，首钢组织技术人员规划、攻关，采用了220余项国内外先进技术，自主创新和集成创新达到2/3，被列入国家科技支撑计划“新一代可循环钢铁流程工艺技术”重大专项。

京唐公司焦化A、B焦炉工程获得国家2009年度“鲁班奖”，是中国焦化工程建筑史上获此殊荣的第二个工程。中国冶金协会一位会长参观焦炉后，感慨良多，称这是他见过的最洁净的焦化厂。自主研发高炉—转炉界面“一罐到底”技术，为世界300吨级大型转炉钢铁企业首家使用；自主创新“全三脱”炼钢工艺，打造出国内第一个高效率低成本的洁净钢生产平台。

京唐公司的高炉到炼钢的运输距离只有900米，成为运距最短的大型钢铁厂。转炉到热轧实现了工艺零距离衔接，1580毫米热轧成品库到1700毫米冷轧原料库只隔一条马路。吨钢占地0.9平方米，达到国际先进水平，被业内国际专家评价为目前世界上大型钢铁企业最佳流程。

京唐公司产品定位于高档次的精品板材，产品结构实现了从长材向板带的转型升级，发展到汽车板、镀锡板等高端板材产品。其家电板、桥梁钢、车轮钢国内占有率第一，汽车板国内占有率第二，镀锡板实现高端客户全覆盖。

京唐公司按照循环经济构建的全流程能源转换体系，实现了余热、余压的高效能源转换，构成循环经济产业链，正在发挥出显著的经济效益和社会效益。

在国内首次应用热法低温多效海水淡化技术，建成日产5万吨淡水的海水淡化工厂，节省大量淡水资源。遵循“能源梯级利用”原则，实现汽—电—水的大循环，年发电量3.4亿千瓦时，是循环经济的最好体现。海水淡化与下游制盐产业形成产业链。

通过对全流程废渣、尘泥等固体废弃物高效回收、再资源化和产品化技术集成，实现零排放，并通过深加工提升固废再资源化产品的价值，实现100%循环利用。通过回收生产过程中产生的余热资源，除满足企业自用外，还向周边企业供应，实现了为社会服务功能。

京唐公司被列入第一批钢铁行业资源节约型、环境友好型企业创建试点名单。各项环保指标全面达到《清洁生产标准——钢铁行业》中的一级标准，建成了名副其实的绿色工厂。

京唐公司始终坚持在改革中发展，在发展中改革。通过瘦身健体，钢铁实物劳动生产率提高60%，呈现出职工人数和人工费双下降、职工收入和劳动生产率双上升的良好势头。

2014年，首钢搭建钢铁、股权、园区、金融4个平台，明晰管理界面，制定权力清单，推进决策重心下移。为适应新产业发展，加快形成市场化经营机制；完善选人用人机制，引进职业经理人；建立中长期激励机制。首钢深化改革综合试点方案获北京市批准。

2017年年底，经北京市政府批准，首钢成为北京市唯一一家国有企业深化改革综合试点单位，首钢又踏上新一轮改革征程。

（摘自2019年5月14日《中国改革报》）

2020

北京工业年鉴

BEIJING GONGYE NIANJIAN

大事记

本栏目采用条目体、纪事本末体，以月为序，主要记载北京工业领域发生的大事、要事。

1月

8日 2018年度国家科学技术奖励大会在北京召开，北京因特睿软件有限公司、北京汉能华科技股份有限公司等15家北京软件领域企业参与项目获国家科学技术奖。

同日 百度发布全球首个面向自动驾驶的开源计算框架Apollo Cyber RT。

9日 朝鲜最高领导人金正恩参观北京同仁堂股份有限公司同仁堂制药厂亦庄分厂，听取企业负责人的汇报，实地考察有关传统工艺及现代化中药加工生产线。

10日 由北京市经济和信息化局、天津市发展改革委、河北省人民政府政务公开办公室共同主办的京津冀全国守信联合激励试点建设工作会召开。

同日 小米公司举行全新独立品牌红米（Redmi）发布会，公布红米全新品牌标识。

同日 北京紫光展锐科技有限公司推出全球、首批支持新一代北斗三号系统定位芯片。

14日 工业通信业百项团体标准应用示范项目推进会在北京召开，市经济和信息化局推荐的《自动驾驶车辆道路测试能力评估内容与方法》等4项团体标准入选工信部2018年度“百项团体标准应用示范项目”名单。

15日 百济神州（北京）生物科技有限公司宣布，在研的布鲁顿氏酪氨酸激酶抑制剂泽布替尼获美国食品药品监督管理局（FDA）授予的突破性疗法认定，是第一个获得FDA突破性疗法认定的中国自主研发抗癌新药。

15日至16日 北京星河亮点技术股份有限公司完成5G终端射频一致性测试和协议一致性测试用例认证，成为全球首批和中国唯一成功完成用例认证的5G测试仪表设备企业。

19日 北京金风科创风电设备有限公司研制的国内首台低温型6.45兆瓦大容量风电机组在辽宁省大连市完成并网发电。

21日 《北京市5G产业发展行动方案（2019年—2022年）》发布，《方案》提出到2022年的网络建设目标、技术发展目标和产业发展目标。

同日 国家网络安全产业园区揭牌并开展入园签约仪式。产业园位于海淀区四季青镇、通州区西集镇，占地面积约4.887平方千米，建筑面积约440万平方米。

同日 北京零重空间技术有限公司的“灵鹊”遥感星座首颗技术验证星——灵鹊一号A星，搭载长征十一号运载火箭在酒泉卫星发射中心发射升空并送入预定轨道，成为中国首个由商业航天公司发布的自主可控高时间分辨率遥感应用星座。

22日 首届中关村武器装备军民融合创新发展论坛暨成果展在海淀区“蓝海智谷”中关村军民融合无人智能创新基地举办，“蓝海智谷”军民融合特色园区启动运行。

23日 市经济和信息化局在北京城市副中心5号楼举行首批社会机构数据合作签约仪式，共同推进北京大数据行动计划实施。

24日 利亚德光电集团在北京召开产品及战略发布会，宣布智能显示研究院成立。

28日 由中国电科电子科学研究院牵头，联合石景山区政府、太极公司、北京东土科技公司、北京百分点信息科技公司共同发起成立的北京城市大数据研究院发布会暨揭牌仪式举行。

1月 北京巴布科克·威尔科克斯公司设计制造的世界首台大容量、高参数褐煤锅炉投入运行。

同月 首钢集团有限公司牵头的“超大型水电站用金属结构关键材料成套技术开发应用”项目获国家科学技术进步奖二等奖。

同月 北京首钢城运控股有限公司自主研发的国内首个公交立体停车楼项目——第二通用机械厂公交立体停车楼机械车库进入带车联动试运行阶段。

同月 同方威视与清华大学共同拥有的发明专利“用于自动校准拉曼光谱检测系统的方法及拉曼光谱检测系统”获第二十届中国专利优秀奖。

2月

20日 中共中央总书记、国家主席、中央军委主席习近平在北京人民大会堂接见探月工程嫦娥四号任务参研参试人员代表。他强调，太空探索永无止境。我国广大科技工作者、航天工作者要为实现探月工程总目标乘胜前进，为推动世界航天事业发展继续努力，为人类和平利用太空、推动构建人类命运共同体贡献更多的中国智慧、中国方案、中国力量。

21日至22日 由工业和信息化部指导，中国信息通信研究院、工业互联网产业联盟、中国通信学会联合主办的2019工业互联网峰会在北京国家会议中心召开，会议主题为“智联赋能　融通创新”。

25日 市经济和信息化局在中关村国家自主创新示范区展示中心组织召开北京工业互联网发展推进工作会。

26日 北京市京津冀协同办、河北省京津冀协同办、廊坊市人民政府、通州区人民政府共同举办的北京市与廊坊北三县项目推介洽谈会在河北省廊坊市大厂回族自治县举行。北京市与廊坊北三县签署52个项目，意向投资超过300亿元。

同日 北京紫光展锐科技有限公司发布5G通信技术平台——马卡鲁及其首款5G基带芯片。

同日 京东数字科技集团推出“JT^2智管有方”，是中国首个一站式、全方位、智能化的资管科技系统。

28日 北京市金融科技促进民营小微企业融资工作会召开。北京金融控股集团启动“北京小微企业金融综合服务平台”，宣布发起设立全国首家普惠型金融大数据公司。

同日 北京市第一中级人民法院设立的北京市工商联民营企业产权保护调解室挂牌。

2月 国务院批复《全面推进北京市服务业扩大开放综合试点工作方案》，同意在北京市继续开展和全面推进服务业扩大开放综合试点，期限为自批复之日起3年。

3月

1日 中车北京南口机械有限公司所属中车福伊特传动技术（北京）有限公司、上海中车福伊特传动技术有限公司投入运营。

12日 京津两地经信部门就产业协同发展对接交流，进一步深化京津两地经信部门合作。

17日 北京工业互联网技术创新与产业发展联盟成立大会在海淀园举行。

19日 怀柔区经济和信息化委员会更名为怀柔区经济和信息化局，加挂中关村科技园区怀柔园管理委员会牌子。

25日 以“首都经济开门红　携手共创北京蓝”为主题的北京公交集团 & 福田汽车2790台新能源客车大单交车仪式在北汽福田汽车股份有限公司总部举行。至此，福田汽车已经向北京公交集团交付近万辆新能源客车，助推北京城市交通加速新能源化发展。

同日 房山区经济和信息化局挂牌成立。

26日 小米科技有限责任公司在海南省组建全国首例5G远程医疗急救解决方案。

27日 北京翎客航天科技有限公司第五代可回收火箭原型机RLV–T5在山东龙口的火箭试验基地首飞成功，是国内进入到工程试验阶段最大体量的可回收火箭。

30日 在第17届中国介入心脏病学大会上，乐普（北京）医疗器械股份有限公司宣布其自主研发的国内首款生物可吸收支架“生物可吸收冠状动脉雷帕霉素洗脱支架系统”（Neo Vas）获批上市。

同日 北京智造技术技能人才培养基地揭牌暨北京城市学院施耐德工程学院成立仪式在北京城市学院顺义校区举行。

同日 和利时科技集团有限公司发起，组织边缘计算相关科研院所、高等院校和工业企业，联合设立的北京信息化和工业化融合服务联盟边缘计算专委会成立。

3月 新首钢高端产业综合服务区北区规划获国际城市与区域规划2018年度规划卓越奖，是国际规划学界的最高奖项。

同月 北京智能网联汽车示范运行区在首钢北京园区启动。

4月

9日 牛栏山酒厂院士专家工作站揭牌成立，是继2013年牛栏山酒厂设立博士后科研工作站后又一国家级科研平台，也是白酒企业首次成立双院士专家工作站。

12日 北京市东城区人民法院民营企业产权保护调解室和北京市东城区人民法院驻北京投融资商会民营企业产权保护调解工作站揭牌，是首个基层法院民营企业产权保护调解室。

15日 市经济和信息化局启动大数据地方立法，阿里巴巴、美团、商汤、旷视、数据堂、大数据国家工程实验室等22家企业和机构参加相关会议。

23日 京东方科技集团股份有限公司和中国联合网络通信集团有限公司共同推出"5G+医疗"和"5G+交通"创新应用解决方案。

26日 市经济和信息化局在博世力士乐（北京）液压有限公司召开智能制造标杆企业授牌仪式暨经验交流座谈会，12家2018年度北京智能制造标杆企业，19家入选《北京市智能制造系统解决方案供应商推荐目录（2018）》的供应商及北京智能制造联盟等单位代表共50余人参加会议。

30日 全球首款应用国产自主SoC芯片高精度导航定位联想手机发布。

4月 北京巴布科克·威尔科克斯有限公司设计制造的全球设计最低能耗火电机组——华润电力河北唐山曹妃甸2×1050兆瓦超超临界燃煤锅炉（3号锅炉）完成168小时满负荷试运行，标志着全球范围内设计能耗最低的煤电机组顺利投产。

5月

1日 小米智慧产业示范基地在昌平区开工建设。

6日 市委组织部、市经济和信息化局、市委党校三分校联合举办的推动高精尖产业发展专题研讨班启动。研讨班围绕5G、大数据应用、工业互联网、生物医药等高精尖重点领域进行深入全面的解读。

13日 北京京运通科技股份有限公司子公司北京天能运通晶体技术有限公司拉制出首个6英寸P型高阻区熔气掺单晶。

14日 在美国举行的联想Accelerate大会上，联想首次对外展示其全球首款折叠屏电脑ThinkPad X1系列原型机。

15日 施耐德智能制造研发创新中心——施耐德智能技术有限公司在北京经济技术开发区注册成立并揭牌。

17日 蓝箭航天空间科技股份有限公司自主研发的国内首台80吨液氧甲烷火箭发动机"天鹊"（TQ-12）试车成功，成为世界上第三台完成全系统试车考核的大推力液氧甲烷火箭发动机。

同日 通用电气医疗集团北京影像设备制造基地举行GE医疗新型乳腺X射线机全球首发仪式。

19日 海淀区政府发布《关于支持中关村科技城智能网联汽车产业创新引领发展的十五条措施》。

19日至22日 市经济和信息化局组织对口帮扶区和企业赴西藏自治区拉萨市开展产业对接活动，与当地经信部门和企业进行深入的交流探讨。

20日 北京合众思壮科技股份有限公司发布全球首个全面支持北斗三号民用导航信号体制的高精度基带芯片"天琴二代"。"天琴二代"是全新一代GNSS（全球导航卫星系统）多模多频高精度基带芯片，可实现对全星座全频点支持。

22日至25日 第十届中国卫星导航年会在北京举行。会议期间举办战略合作现场签约活动，召开北斗融合创新发展论坛、"北斗+智慧冬奥"论坛，发布《北京市北斗导航与位置服务产业发展与应用白皮书（2019）》。

同日 北京市首个最高级别自动驾驶测试场——国家智能汽车与智慧交通（京冀）示范区亦庄基地测试场开放。

28日至6月1日 市经济和信息化局组织相关区和企业赴新疆维吾尔自治区和田开展产业对接，就当地产业发展情况、服装纺织企业扶持政策等问题进行交流讨论。

31日 北京兆易创新科技股份有限公司完成收购上海思立微电子科技有限公司，持有100%股权。

5 月 首钢与一汽联合成立的汽车用钢联合实验室挂牌。

同月 《北京市超高清视频产业发展计划（2019—2022 年）》发布。

同月 北京市工商业联合会组织实施的全国首家民营企业产权保护社会化服务体系建立。

6 月

1 日 在 2019 年中国国际服务贸易交易会“北京主题日”活动上，北京电子城投资开发集团股份有限公司与中国铁塔股份有限公司签署 5G 共建共享战略合作协议，国内首个“5G 创新生态示范园区”项目启动。

12 日 2019 年“创客中国”中小企业创新创业大赛暨“创客中国 2019”创新创业大赛开赛。本届大赛以“围绕产业链，部署创新链，配置资金链”为主旨，为中小企业和创客群体提供交流展示、产融对接、项目孵化的平台。

15 日至 20 日 在美国电气和电子工程师协会国际计算机视觉与模式识别会议（CVPR）上，百度在线网络技术（北京）有限公司相关视觉团队获得 10 项 CVPR 竞赛任务的冠军，涵盖视觉领域下的视频理解与分析、目标检测、图像超分辨、智能城市车辆识别、人脸 & 人体检测等领域。

17 日 北京奔驰汽车有限公司动力电池交付暨工厂落成仪式举行，这是戴姆勒在亚洲投产的首个动力电池工厂。

18 日 百济神州（北京）生物科技有限公司与美国斯普沃克斯治疗公司共同成立 Mapkure 公司。

19 日 四环医药控股集团有限公司宣布其与北京锐业制药有限公司共同开发的国内首个双室袋头孢注射液——非 PVC 粉液双室袋注射用头孢呋辛钠—氯化钠注射液获国家药监局颁发的药品注册批件。

20 日 由市经济和信息化局、朝阳区政府共同主办的 2019 全国信息消费城市行北京站活动在北京启动。美团、京东、小米、腾讯等 10 余家知名信息消费企业聚力打造的信息消费共同体宣布成立。

21 日 奇安信科技集团股份有限公司发布针对工业场景研发的专用安全产品——奇安信网神工业控制安全网关系统和奇安信网神工业安全隔离与信息交换系统。

27 日 北京积水潭医院机器人远程手术中心成功实现世界首次利用 5G 技术，同时远程操控 2 台天玑骨科手术机器人为不同地区医院的两名患者同时手术。

同日 市经济和信息化局组织召开 2019 北京数字丝绸之路产业对接会，落实第二届“一带一路”峰会精神，推进共建数字丝绸之路。

同日 市经济和信息化局在海淀区互联网金融中心组织召开北京高精尖产业设计中心授牌会，为第一批 10 家北京高精尖产业设计中心授牌。

28 日 市经济和信息化局联合各区经信部门、北京食品协会，共同举办食品工业企业诚信管理体系建设国家标准、食品质量安全从业人员综合能力提升宣贯培训会。

6 月 安川首钢机械厂有限公司的 YSR- 生产管理系统开发成功。

7 月

1 日 百度拿到 5 张北京市首批 T4 级别自动驾驶测试牌照，成为国内唯一获此级别牌照的企业。T4 牌照是目前全国最高技术等级、最高标准、测试场景最难的开放道路测试资格认证。

2 日 市经济和信息化局对永定河跨河管线进行汛期安全检查，逐一排查 4 座管架桥上的 9 条管线的坚固程度、管线及金属部件的防腐处理情况和其他安全隐患。

3 日 美国国家标准与技术研究院公布全球人脸识别算法测试结果，北京格灵深瞳科技有限公司获 1 项全球第一（非约束自然环境下人脸照片）、2 项全球第四（嫌疑人照片、非约束环境下儿童照片）及 1 项全球第五（签证照片）。

同日 由北京加科思新药研发有限公司自主设计开发、具有全球知识产权的小分子口服抗肿瘤药 JAB-3312 获美国食品药品管理局（FDA）新药临床试验许可。

5日 中国电信集团北京市电信公司联合中国信息通信研究院、中国电信股份有限公司北京研究院和华为技术有限公司共同成立的亦庄5G云端创新中心在北京经济技术开发区挂牌。

同日 同仁堂集团接收华润医药所属北京医药党校等5家事业单位。

7日 市经济和信息化局完成纪念全民族抗战爆发82周年纪念活动通信保障任务。

9日 位于上地信息产业基地的小米科技公司新总部——小米科技园启用。

12日 启迪数字集团与北京邮电大学共建的北邮—启迪边缘计算与网络安全联合实验室挂牌成立。

16日 大北农科技集团股份有限公司所属的大北农生物农业创新园开工建设。

17日 在融资中国2019股权投资产业峰会上，北京高精尖产业发展基金进入2018—2019年度中国最佳政府产业引导基金TOP20。

18日 高端汽车及新能源汽车关键零配件产业园（N12地块）建成并投入使用。

22日 北京航天宏图信息技术股份有限公司等3家北京软件企业成功挂牌科创板。

25日 北京星际荣耀空间科技有限公司双曲线一号遥一长安欧尚号运载火箭（SQX-1 Y1）在酒泉卫星发射中心成功发射。

26日 市经济和信息化局公布2019年北京市绿色制造示范名单。其中，绿色工厂21家、绿色供应链9家、绿色园区1家、绿色产品8个。

同日 北京博奥生物有限公司自主研发高通量恒温扩增核酸分析仪获国家医药器械注册证。

30日 市经济和信息化局制定并发布《北京市中小企业公共服务示范平台评价管理办法》和《北京市小型微型企业创业创新示范基地评价管理办法》，示范平台和示范基地由认定改为告知承诺制。

7月 第一批10家北京高精尖产业设计中心在海淀区互联网金融中心授牌。

同月 首钢环境产业有限公司投资建设的全球首个可移动式电磁波修复有机类土壤示范项目在贵州省贵定县一次性试产成功并投运。

8月

9日 北京市春立正达医疗器械股份有限公司的“不可吸收带线锚钉”获国家药品监管局颁发的注册证。

12日 北京高精尖产业发展基金金融服务“进园区”系列活动启动，高精尖基金第五批合作机构签约。

14日 北京市举办2019年中国互联网企业100强发布会暨百强企业高峰论坛，31家软件企业入选百强，8家企业入选2019年中国互联网成长型企业20强，数量居全国首位。

17日 海淀区冠名的“海创千乘”号卫星在酒泉卫星发射中心入轨成功。

18日 由北京信息化和工业化融合服务联盟与石景山区政府联合主办的智能制造产业发展论坛暨北京两化融合服务联盟智能制造平台专委会成立大会举行。

同日 全球首辆5G+8K转播车启动仪式在海淀园举行。在8月31日北京篮球世界杯赛事上，“5G+8K”转播车投入使用。

20日至25日 2019世界机器人大会在北京亦创国际会展中心举行，大会主题为“智能新生态　开放新时代”。世界机器人博览会、世界机器人大赛同时拉开序幕。

23日 北京博奥生物有限公司自主研发的全自动生化分析仪和糖脂三项检测试剂盒获国家医疗器械注册证。

25日 2019年（第36届）全国医药工业信息年会发布医药工业百强榜，中国医药集团有限公司等13家北京医药企业上榜。

26日 市经济和信息化局组织赴河北省雄安新区开展京津冀经信部门交流对接及联合产业调研活动，共同签署《进一步加强产业协同发展备忘录》。

同日 博邦芳舟医疗科技（北京）有限公司与清华大学共同开发的“无创血糖仪”获国家药品监管局颁发的首张“无创血糖仪”医疗器械注册证。

8月 第45届世界技能大赛在俄罗斯喀山举行，北京化工集团所属北京市工业技师学院作为该届世赛数控车、数控铣、水处理技术项目牵头国家集训基地获3枚金牌，机电一体化项目获银牌。

同月 同方威视毫米波人体安检仪在日本市场

取得重要突破，该设备已同时通过中国民用航空局A级（最高级）许可认证和欧洲民航会议（ECAC）SSc A类标准2（最高级）测试。

9月

1日 北京万泰生物药业股份有限公司投资建设的万泰创新药物生产基地在昌平园开工建设。

2日 长江存储宣布开始量产基于Xtacking® 架构的64层3D NAND闪存，以满足固态硬盘、嵌入式存储等主流市场应用需求。

3日 由市委宣传部、市总工会、市科委、市经济和信息化局、市文化和旅游局、市国资委为指导单位，北京服装纺织行业协会、北京时尚控股有限公司、《时尚北京》杂志主办的2019北京时装周在国家游泳中心开幕。

5日 第三届全国工业机器人技术应用技能大赛北京选拔赛启动，选拔出8名选手组成北京代表队参加全国比赛。10月20日，在全国大赛中，北京代表队获得职工组二等奖1名、三等奖1名，教师组二等奖1名，学生组三等奖1名的佳绩。

11日 北京市大数据培训基地签约授牌。

截至17日 昊华能源公司京西生产煤矿全部实现停产。

19日 市经济和信息化局深入推进国庆期间安全生产保障工作，局领导带队赴房山区开展民爆行业安全生产专项行动。

同日 位于海淀区安宁庄路的小米科技园落成并开园。

20日至21日 第三届全国工业机器人技术应用技能大赛北京选拔赛在北京轻工技师学院开展，来自北京多家职业院校和企业的选手参加此次选拔赛。

25日 《北京市产业经济发展蓝皮书（2018—2019）——聚焦高精尖》对外发布，蓝皮书共收录文稿24篇，20余万字，从产业、区域、专家视角等多角度全方位解读北京高精尖产业的发展情况。

同日 北京金风科创风电设备有限公司研制的国内首台具有完全自主知识产权的国产8兆瓦风电机组揭幕仪式在福建三峡海上风电国际产业园的新疆金风科技股份有限公司福建装备制造基地举行。

26日 北京信息技术应用创新工作委员会成立。

28日 北京首座、中国第7座速滑馆在北京二七机车有限公司完成并投入使用。

29日 北京市工艺美术大师示范工作室揭牌仪式在北京市珐琅厂有限责任公司举行。

同日 长安街西延道路工程的重要节点工程——新首钢大桥开通。

9月 由北京电子控股有限责任公司主导、北京经济技术开发区以及北方华创集团共同出资30亿元打造的北京集成电路装备创新中心有限公司投入运营。

同月 京东方研发的BD CELL显示技术获2019 IFA创新显示技术金奖。

10月

15日 中国重卡行业首个世界级验证中心——福田戴姆勒汽车验证中心启动使用。

16日 北京同仁堂医养产业投资集团有限公司在北京雍贵中心揭牌。

18日 国家智能制造系统创新研究院在海淀区揭牌。

同日 北京鲲鹏联合创新中心揭牌成立，落地朝阳区。

同日 国家智能制造系统创新研究院在海淀区揭牌。

22日至25日 由市政府、工信部、公安部、交通运输部、中国科学技术协会联合主办，中国电子信息产业发展研究院（赛迪研究院）、顺义区政府等机构承办的2019世界智能网联汽车大会在顺义新国际展览中心举行。

27日至11月2日 在2019国际计算机视觉大会上，北京旷视科技有限公司旷视研究院在COCO挑战赛物体检测、人体关键点和全景分割3个项目上获冠军。

28日 2019年“创客中国”中小企业创新创业

大赛全国总决赛在四川省成都市举行，北京星际荣耀空间科技有限公司的“双曲线二号可重复使用小型液体运载火箭”项目获全国总决赛企业组一等奖，巍然华创智能科技（北京）有限公司的“灵巧仿生机械臂和机器人”项目获全国总决赛创客组三等奖。

31 日　由工信部主办，中国信息通信研究院等单位承办的 2019 工业互联网网络创新大会在北京国家会议中心举办。大会以“加快高质量工业互联网网络建设，促进‘5G+ 工业互联网’融合创新发展”为主题。

10 月　同方威视 FG9000DE 货物 / 车辆 CT 检查系统交付广东省深圳莲塘海关。该系统是世界首创的以电子直线加速器为辐射源、采用 CT 技术的大型货物车辆检查系统。

同月　市经济和信息化局与北京中医药大学开始筹建中医药技术装备创新平台，创建产业创新中心。

同月　中车北京二七机车有限公司的 1897 科创园开园。

11 月

1 日　北京首家中英石墨烯成果孵化中心在房山区挂牌成立，北京石墨烯产业创新中心种子孵化园在房山区启动。

2 日　位于中关村软件园的联想未来中心开幕。

5 日　国家数字化设计与制造创新中心北京中心成立大会在北京清华科技园召开。

7 日　市经济和信息化局参加中印电动汽车发展研讨会并出席北汽福田汽车股份有限公司交车仪式。此次新能源汽车交付，使以福田汽车为代表的北京新能源客车产品在印度的运营数量超过百辆。

8 日　京津冀中小企业服务一体化发展大会在北京中关村软件园国际会议中心举办。大会主题为“聚智聚力　携手共赢”，旨在推动京津冀服务协同再创新，实现京津冀以及周边地区创新创业服务资源的互联互通、互动互助、共享共赢。

12 日　北京市社会信用标准化技术委员会成立大会召开。

16 日　紫光展锐发布全球首款 LTE Cat.1 bis 芯片平台——新一代物联网芯片平台春藤 8910DM。

20 日至 23 日　首届世界 5G 大会在北京经济技术开发区举办。北京经济技术开发区发布《北京经济技术开发区 5G 产业规划》和相关的“5G 产业政策十条”。

28 日至 30 日　2019 北京微电子国际研讨会暨 IC WORLD 大会在北京经济技术开发区举行。大会以“打造芯生态　共促新跨越”为主题，由学术会议和博览会两部分组成。

11 月　北京中电科电子装备有限公司研发出国内首台具有自主知识产权并满足规模生产的 300 毫米减薄抛光一体机。

同月　顺鑫控股集团、福通互联集团、北京联通 3 家企业联合成立 5G 联合开放实验室。

同月　京东方集团和华为合作的国内首款折叠屏手机 MATE X 发售。

同月　北京红星股份有限公司怀柔厂区升级改造项目完成。

12 月

3 日　在中国首届工业互联网大赛上，北京东土科技股份有限公司的“基于软件定义控制与流程的工业互联网解决方案”获一等奖。

5 日　北京市大数据中心取得事业法人登记证书，并正式成立运行。13 日，北京市大数据中心揭牌仪式在通州区副中心行政办公区举行。

同日　市高级人民法院联合市经济和信息化局在市高院召开首届北京“AI+ 司法服务”创新竞赛颁奖仪式，竞赛共评选出 5 支获奖团队。

6 日　金隅集团与中国二十二冶集团有限公司、中冶京诚工程技术有限公司联合成立的河北雄安容西混凝土有限公司投产。

7 日　由北京市政府、国务院发展研究中心主办，市经济和信息化局、昌平区政府、国务院发展研究中心资源与环境政策研究所承办的“2019 全球能源转型高层论坛”在昌平未来科学城举办，论坛主题为“能源技术革命引领产业发展新生态”。

9 日　由工信部、北京市政府共同指导，工信部网络安全产业发展中心、北京市经济和信息化局、北京市通信管理局、海淀区人民政府联合主办的2019年中国网络安全产业高峰论坛在北京召开。论坛以“共建网络安全生态、保障网络强国建设”为主题，共同研讨中国网络安全产业发展趋势，为网络安全产业发展和网络强国建设建言献策。

12日 市政府办公厅印发《北京市进一步扩大和升级信息消费持续释放内需潜力的行动计划（2019—2022年）》。

13日 “北京通”App 2.0版全新升级，具备亮证、办事、查询、缴费、预约、投诉、通信七大类实用功能。

16日 玛氏食品（中国）有限公司成为北京2022年冬奥会和冬残奥会官方巧克力独家供应商。

同日 中国北京同仁堂（集团）有限责任公司等17家单位被商务部、国家中医药管理局认定为首批国家中医药服务出口基地。

同日 商务部、国家中医药管理局认定中国北京同仁堂（集团）有限责任公司等17家机构为首批国家中医药服务出口基地。

19日 中国共产党北京市经济和信息化局机关第一次代表大会召开，选举产生第一届机关党委11名委员和机关纪委7名委员。

24日 机械工业仪器仪表综合技术经济研究所与华为技术有限公司在仪综所亦庄基地举行5G工业应用联合创新实验室启动会。

30日 海创产业技术研究院所属北京海创科学仪器有限公司在怀柔科学城创新中心揭牌。

31日 国家智能网联汽车创新中心建设启动会暨车联网（智能网联汽车）和自动驾驶地图应用试点签约活动在北京经济技术开发区举行。

12月 北京星际荣耀空间科技有限公司完成“焦点一号”（JD−1）可重复使用液氧甲烷发动机500秒全系统长程试车，是国内首台突破单机全系统试车500秒、转入可靠性增长试车阶段的液氧甲烷发动机。

同月 北京奔驰顺义工厂项目实现安装投产。

2019年 北汽新能源试验中心建成启用。

同年 国创中心—福田汽车新能源智能物流汽车实验室成立，为国家首家新能源智能物流车实验室。

同年 利亚德智慧显示（深圳）有限公司成立。

同年 利亚德光电集团的LED显示产品通过中国电子技术标准化研究院严格测试，获首张LED显示行业HDR认证证书。

同年 北京市公共服务领域首家工控系统网络安全实验室初步建成。

同年 小米集团获科技部授予“智能家居国家新一代人工智能开放创新平台”称号并授牌。

同年 荣盛盟固利新能源科技有限公司率先引进全气候单体电池（ACB）技术，创新开发出可在低温下快速自加热的锂离子动力电池系统。

同年 甘李药业股份有限公司自主研发生产的重组甘精胰岛素注射液和重组赖脯胰岛素注射液获市科委等六部门颁发的2019年第二批北京市新技术新产品认定。

同年 顺鑫控股集团所属鹏程食品分公司获2019年全国生猪屠宰标准化示范厂称号，是北京市唯一一家获此殊荣的单位。

同年 工业互联网标识解析国家顶级节点（北京）项目上线运行。

2020

北京工业年鉴

BEIJING GONGYE NIANJIAN

电子信息产业

本栏目采用条目体，主要记述电子信息产业年度发展情况，以及部分企业选介。

行业发展

【概况】2019 年，全市电子信息制造业呈 V 形走势，年初增速 12.9%后逐月减速，至 8 月底增速跌至 0.6% 的最低点，9 月开始回升，10 月底全行业累计实现产值 1981.1 亿元，同比下降 5.9%，增速升至 3.5%。截至年底，累计实现产值 2600.52 亿元，比上年同期增长 4.4%；全年完成固定资产投资 82 亿元，比上年同期增长 5.9%。

（市经济和信息化局）

【市科委与利亚德等企业签订协议】1 月 2 日，在市科委、市国资委组织召开的企业技术创新中心建设的现场推进会上，市科委与利亚德集团等企业签署《加强企业技术创新中心建设协议书》，将重点支持企业围绕共性关键性技术研发、专业化平台搭建等方面开展的工作。

（罗　蜜）

【小米公司启动红米独立品牌】1 月 10 日，小米公司举行全新独立品牌红米发布会，宣布红米从小米旗下的产品系列变为独立品牌，定位仍然是“国民手机”，将继续坚持高品质和高性价比。发布会上还公布了红米全新品牌标识。

（郑　雪）

【全球首批支持新一代北斗三号系统定位芯片推出】1 月 10 日，北京紫光展锐科技有限公司推出春藤 2651 四合一芯片，这是国内公开市场唯一一款同时支持 Wi-Fi 2X2 802.11ac、蓝牙 5、GNSS 五模（GPS/GLONASS/Galileo/ 北斗、北斗三代）、FM 的四合一芯片，也是全球首批支持新一代北斗三号系统的高精度导航定位芯片。

（宋慧宇）

【星河亮点公司完成 5G 终端一致性测试】1 月 15 日至 16 日，在全球认证论坛联合认证组第五十七次工作组会议上，北京星河亮点技术股份有限公司完成 5G 终端射频一致性测试和协议一致性测试用例认证，成为全球首批和中国唯一成功完成用例认证的 5G 测试仪表设备企业。星河亮点公司的 5G 终端测试解决方案可支持芯片及终端设备完成符合 3GPP 标准要求的全部协议一致性测试、射频一致性测试和无线资源管理一致性测试，并可扩展支持功耗、业务、卡接口等测试。

（中关村管委会）

【大唐完成第三阶段 5G 核心网安技术测试】1 月 17 日，大唐移动通信设备有限公司完成中国 5G 技术研发试验第三阶段 5G 核心网安全技术测试。大唐移动公司使用其端到端产品，包括 5G 核心网、5G 无线接入网和 5G 测试终端，完成 IMT-2020 推进组制定的 5G 独立组网和非独立组网架构下的低频基站 2.6G 设备基本功能和室外单用户吞吐量用户面时延、单小区平均吞吐量等用例，测试结果满足预期。测试表明，其在网络架构、功能特性和网络接口等方面符合 3GPP R15 协议标准和 5G 技术研发试验的技术要求。

（中关村管委会）

【小米深化国际布局】1 月 18 日，小米法国香榭丽舍大街店开业，标志小米入驻国际顶级商圈。小米在西欧智能手机的出货量排名第四，发展实力强劲。小米与微软、TCL、宜家等国际战略合作伙伴共同成长。小米已进入 90 余个国家。

（郭　静）

【《北京市 5G 产业发展行动方案（2019 年—2022 年）》出台】1 月 21 日，北京市经济和信息化局出台《北京市 5G 产业发展行动方案（2019 年—2022 年）》，提出在智能交通、智慧医疗、工业互联网、智慧城市、超高清视频领域开展五大类典型场景应用的“一五五一”工程。同时，根据北京市 5G 产业链现状，制定“1+5+N”总体发展思路和“1+5+N”发展目标。即“建成一个移动和信息网络创新中心，支持在测试仪表、关键器件、计算平台、无线设备、产品终端等 5 个细分领域产业聚集，推动 5G 在多个行业领域实现规模应用”的总体发展思路；“到 2022 年，北京市 5G 产业重点领域实现总收入 2000 亿元，建成 1 个市级以上 5G 技术或应用创新平台，形成一批国家级 5G 产业应用集聚区和 5G 融合应用示范区”的发展目标。此外，方案针对网络支撑层、关键器件层、核心网与传输层、无线设备层、终端与运营层、场景应用层 6 个主要环节，结合北京市在 5G 产业链环节的基础优势，对各细分领域提出发展思路。

（市经济和信息化局）

【利亚德成立智能显示研究院】1 月 24 日，利亚德光电集团在北京召开产品及战略发布会，宣布智能显示研究院成立，并与合作伙伴 AliOS、群创光电结成智能会议产品技术合作联盟，共同打造办公新引擎，助力企业会议智能化改造。

（罗　蜜）

【小米公司 2018 年印度市场份额排名第一】 1 月 29 日，IDC 发布《2018 年印度智能手机报告》，小米以 28.9% 的市场份额领跑印度智能手机市场，三星以 22.4% 的市场份额紧随其后，vivo 市场份额为 14.2%，位列第三。在出货量方面，小米手机在印度 2018 年全年出货量达 4100 万台，位列印度智能手机出货量第一。

（郑　雪）

【利亚德获评国家文化和科技融合示范基地】 2 月 15 日，由科技部、中宣部、文旅部等五部共同拟认定的 21 家第三批国家文化和科技融合示范基地名单公示发布，利亚德和旗下励丰文化双双获单体类“国家文化和科技融合示范基地”认定。9 月授牌。

（罗　蜜）

【春藤 510 发布并完成 5G 通话测试】 2 月 26 日，在 2019 世界移动通信大会上，北京紫光展锐科技有限公司发布 5G 通信技术平台——马卡鲁及其首款 5G 基带芯片——春藤 510。春藤 510 是一款高集成、高性能、低功耗的 5G 基带芯片，支持多项 5G 关键技术，可实现 2G/3G/4G/5G 多种通信模式，符合 3GPP R15 标准规范，并可同时支持独立组网和非独立组网两种组网方式，满足不同通信及组网需求，可支持智能手机、家用客户终端设备、物联网终端等多种产品。4 月 18 日，北京紫光展锐科技有限公司宣布春藤 510 芯片在上海完成符合 3GPP R15 新空口标准的 5G 非独立组网和独立组网通话测试。测试在 3.5 吉赫兹频段下进行，通话测试结果稳定。

（中关村管委会）

【小米手机实现利用 5G 现网在线播放 8K 视频】 3 月 5 日，小米科技有限责任公司使用小米“MIX3” 5G 版手机在上海市实现利用联通 5G 现网在线播放 8K 超高清视频，完成全国首个异厂商基于 3.5 吉赫兹频段的 5G 现网通信案例。

（中关村管委会）

【小米公司 2018 年营业收入同比增长 52.6%】 3 月 19 日，小米公司发布 2018 年全年业绩公告。公告显示，截至 2018 年 12 月 31 日，小米公司营收 1749.15 亿元，同比增长 52.6%，其中小米智能手机部分营收 1138 亿元，同比增长 41.3%；IoT 与生活消费产品作为小米的第二大业务板块，收入 438 亿元，同比增长 86.9%；互联网服务收入 160 亿元，同比增长 61.2%。海外市场方面，小米国际市场收入 700 亿元，同比增长 118.1%，占总收入比例由 2017 年度的 28% 提升至 2018 年度的 40%。

（郑　雪）

【联想集团制造基地实现智能化转型】 3 月 28 日，联想集团制造基地实现智能化转型。在联想合肥智能制造基地联宝科技公司，每一秒钟就有一台电脑下线。一年来，联想合肥智能制造基地的出货量超过 2000 万台 / 套，达到 5 年前的 4 倍。同时，一线工人的数量却有减无增。联想合肥智能制造基地承载着 ThinkPad、YOGA 等系列的生产制造任务，出货量的大幅提升和稳定的品质控制离不开产线的“智能化”转型。

（郑　雪）

【利亚德获 4 项新技术新产品】 3 月，利亚德光电集团获 4 项新技术新产品，分别是 LED 显示单元——VVM 系列产品，LED 全彩显示面板——TVF 系列产品，高清 LED 显示面板——TS 系列产品，高清 LED 显示面板——TF 系列产品。

（罗　蜜）

【启迪之星（芜湖）孵化器开业】 4 月 12 日，启迪之星（芜湖）孵化器开业仪式举办，是启迪之星首个微电子新材料领域的产业垂直孵化器。

（宋慧宇）

【天府新区紫光芯城项目开工】 4 月 21 日，四川省天府新区紫光芯城项目开工仪式举行，将建设紫光集成电路产业研究院、紫光大数据研究院、紫光智慧城市研究院、紫光天府工业云研发应用中心、紫光工业云四川基地。

（宋慧宇）

【国科微与龙芯中科战略合作签约】 4 月 22 日，由国科微电子股份有限公司和龙芯中科技术有限公司主办的国科微 & 龙芯中科战略合作签约暨全国产固态硬盘控制芯片发布仪式在北京人民大会堂举行。工业和信息化部、中国工程院、国家集成电路产业投资基金股份有限公司等单位有关负责人和专家及企业、咨询机构的代表等近 200 人参加。根据战略合作协议，双方将建立长期稳定的业务合作伙伴关系，共同打造关键信息基础设施国产化生态，龙芯中科公司将在后续主板方案上将国科微公司作为首选国产固态硬盘供应商，国科微公司则在后续芯片产品中将龙芯中科公司作为嵌入式处理器 IP 核首选供应商。作为首个战略合作成果，国科微发布双方合作的首个成果——GK2302 系列固态硬盘控制芯片。芯片搭载龙芯嵌入式处理器 IP 核，单芯片容量最大支持 4 太字节，读写速度 500 兆字节 / 秒。

（中关村管委会）

【京东方与联通共同推出 5G 创新应用解决方案】 4 月 23 日，在 2019 年中国联通合作伙伴大会上，京东方科技集团股份有限公司和中国联合网络通信集团有限公司共同推出“5G+ 医疗”和“5G+ 交通”创新应用解决方案。京东方集团推出的 12 导联动态心电记录仪可使用户通过移动终端应用实时采集心电波形，并上传到远程心电平台，医生对报告进行解读，让用户准确获得心电监测结果。京东方集团推出的电子公交站牌解决方案搭载彩色电子墨水显示屏，通过 5G 网络能及时更新车辆所处位置，实时显示公交车路程图，让候车乘客准确掌握路线信息。

（中关村管委会）

【全球首个应用国产自主 SoC 芯片高精度导航定位联想手机发布】 4 月 30 日，全球首款搭载国产双频北斗高精度导航定位 SoC 芯片 HD8040 的联想手机诞生。HD8040 是全球首款支持新一代北斗三号信号体制的多系统多频高精度 SoC 芯片，同时还是一款拥有完全自主知识产权的国产基带和射频一体化 SoC 芯片。该款芯片率先支持北斗三号服务信号 B1C、B2a，支持 BDS、GPS、GLONASS、GALILEO、IRNSS、QZSS、SBAS 等全球所有民用导航系统，同时还支持 BDS：B1/B2/B3，GPS：L1/L2/L5，GAL：E1/E5a/E6，GLO：L1OF/L1OC/L2OF/L2OC，IRNSS：SPS–L5 多频点信号。HD8040 还集成浮点运算单元，计算能力实际跃升 40% 以上。HD8040 在标准单点定位的情况下便可实现亚米级的定位精度，在地基增强或星基增强辅助情况下更可实现厘米级 / 毫米级的定位精度。

（郑　雪）

【SP9500 进驻中国联通研究院】 4 月，北京星河亮点技术股份有限公司研发的 5G 终端测试系统 SP9500 进驻中国联通集团研究院，开展关于 5G 终端协议一致性、射频一致性、发热测试等方面的合作，为中国联合网络通信集团有限公司首轮 5G 手机内场测试提供测试验证环境。SP9500 是星河亮点公司研发的 5G NR 射频 /RRM/ 协议 /NS–IOT 测试平台，可以同时支持 5G 独立组网和非独立组网两种模式，一台仪表就可以完成 5G 终端测试中所需要的协议互联、射频、无限资源管理及功耗、吞吐量等各种测试的应用场景。

（中关村管委会）

【小米 5G 手机在瑞士首发】 5 月 2 日，瑞士运营商 Sunrise 率先发售小米 MIX3 5G 版手机。小米 MIX3 5G 版整体维持小米 MIX3 的设计和规格，处理器从骁龙 845 升级为骁龙 855 并搭配骁龙 X505G 基带，结合小米智能天线切换技术，下载速度最高可达 2Gbps。同时，电池容量从 3300mAh 增大至 3800mAh。

（郑　雪）

【中国电子公司战略入股奇安信公司】 5 月 10 日，打造世界一流网络安全企业——中国电子战略入股奇安信发布会在北京钓鱼台国宾馆举行。中国电子信息产业集团与北京奇安信科技有限公司签署战略合作协议。根据协议，中国电子公司以 37.31 亿元持有奇安信公司 22.59% 的股份，成为奇安信公司第二大股东。双方将在技术创新、资源整合、重大项目建设等方面开展合作，推进央企网络安全响应中心、现代数字城市网络安全响应中心和“一带一路”网络安全响应中心三大中心建设。

（中关村管委会）

【天能运通拉制出首颗 6 英寸 P 型单晶】 5 月 13 日，北京京运通科技股份有限公司子公司北京天能运通晶体技术有限公司拉制出首颗 6 英寸 P 型高阻区熔气掺单晶，电阻率整体大于 10000 欧姆厘米，各项参数符合客户要求。P 型气相掺硼区熔硅单晶是国际上前沿的生产技术，增加了公司的产品品类。产业化生产这类硅单晶不仅能满足国内市场需求，提高国内半导体材料行业的整体生产水平，也能够为中国电力电子产业提供新型材料。

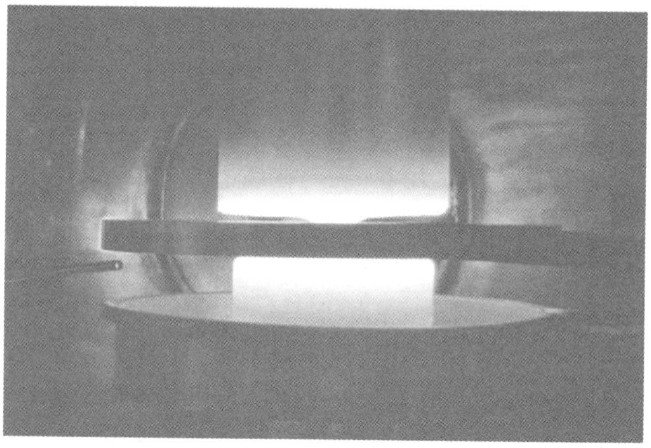

天能运通拉制出首颗 6 英寸 P 型高阻区熔气掺单晶（孟磊磊 摄）

（开发区管委会）

【联想推出全球首款折叠屏电脑】 5 月 14 日，在美国举行的联想 Accelerate 大会上，联想首次对外展示其全球首款折叠屏电脑 ThinkPadX1 系列原型机。

（郑　雪）

【全球首颗支持北斗三号全信号芯片诞生】5月20日，全球首颗全面支持北斗三号民用导航信号体制的高精度基带芯片“天琴二代”由北京合众思壮科技股份有限公司发布。“天琴二代”作为全新一代GNSS（全球导航卫星系统）多模多频高精度基带芯片，可实现对全星座全频点支持，使搭载“天琴二代”芯片的高精度产品能接收到北斗三号系统的所有导航信号。该芯片已于4月实现量产，未来将助推北斗三号的产业化应用与落地。同时，合众思壮还正式发布了搭载天琴二代GNSS基带芯片以及天鹰宽带射频芯片的Phantom与Vega两个系列的高精度板卡新品。基于全新的Cygnus天鹅抗干扰技术，新款板卡产品在复杂环境下的抗干扰性能将得到大幅提升。

（郑　雪）

【中国移动公司与清华大学签署战略合作框架协议】5月30日，中国移动、清华大学战略合作框架协议签约仪式在清华大学举行。清华大学与中国移动通信集团有限公司签署战略合作框架协议。根据协议，双方将在面向6G的未来移动通信网络、下一代互联网和移动互联网、工业互联网、人工智能等重点领域开展科研合作，共同成立联合研究院，打造领先技术、解决方案和产品，推动科技成果的转化和应用。

（中关村管委会）

【兆易创新公司收购思立微公司】5月31日，北京兆易创新科技股份有限公司发布《关于发行股份及支付现金购买资产并募集配套资金之标的资产过户完成的公告》，宣布其完成上海思立微电子科技有限公司100%的股权过户手续及相关工商变更登记，持有思立微公司100%的股权。思立微公司主营业务为智能移动终端传感器SoC芯片和解决方案的研发与销售，提供包括电容触控芯片、指纹识别芯片、新兴传感及系统算法在内的人机交互全套解决方案。

（中关村管委会）

【《北京市超高清视频产业发展行动计划（2019—2022年）》发布】5月，北京市经济和信息化局联合北京市广播电视局发布《北京市超高清视频产业发展行动计划（2019—2022年）》。组建超高清视频（北京）制作技术协同中心，整合北京市乃至国内超高清显示产业和创新资源，共同打造全国超高清显示产业协同创新平台，带动国内广播电视技术向8K超高清迈进。完成国内首台国际先进的“5G+8K”全业务转播车集成制造，首次实现转播车国产化试产试装设备占比达到15%。自4月起，组织各方企业陆续完成2019世园会“5G+8K”技术验证测试、2019年男篮世界杯北京赛区和2019年中国网球公开赛全球首例国际顶级赛事“5G+8K”直播实验，技术支持新华通讯社实施“十一”国庆24小时“5G+8K”直播，实现迄今为止全球最大规模、技术密集度最高的“5G+8K”示范应用。在8K转播车设计制造、8K慢动作收录和制作、8K图文字幕、8K专业编解码器、8K专业监视器、8K数据中心等方面形成一批产业化成果，验证“5G+8K”技术路线的可行性，标志着北京市在“5G+8K”示范应用方面占据全球领先地位。

（市经济和信息化局）

【国内首个5G生态示范园项目启动】6月1日，在2019年中国国际服务贸易交易会“北京主题日”活动中，北京电子城投资开发集团股份有限公司与中国铁塔股份有限公司签署5G共建共享战略合作协议，国内首个“5G创新生态示范园区”项目启动。根据协议，中国铁塔公司将为电子城高科技产业园区提供5G信息基础设施建设及技术创新、业务发展、应用推广，电子城集团将整合技术、运营、应用等5G产业链相关资源，支持5G基础设施在协议区域内的共建共享，促进5G项目开发、孵化，实现行业应用标杆示范及规模推广。“5G创新生态示范园”是国内首个以区域重点产业发展为核心，以中国铁塔整合中国移动通信集团有限公司、中国联合网络通信集团有限公司、中国电信集团有限公司3家电信运营商搭建，以联合主要5G行业资源和应用资源的生态示范园。项目将率先在电子城IT产业园、电子城国际电子总部两大产业园区开展。

（中关村管委会）

【小米集团首次跻身最具价值全球品牌100强】6月11日，全球最大的传播服务集团WPP及全球领先调研机构凯度共同发布《2019年BrandZ ™最具价值全球品牌 100 强》。小米集团凭借其稳健的品牌资产及强劲的增长潜力，首度入围全球百强，在全球品牌排名位列第 74 位，品牌价值高达 198 亿美元。小米作为极具发展潜力的"互联网 +"创新型企业代表，依靠"硬件 + 新零售 + 互联网"的独特商业模式以及"手机 +AIoT（人工智能物联网）"的双引擎战略，在众多品牌中脱颖而出，展现出良好的消费者品牌价值以及强劲的增长潜力。

（郑　雪）

【云端人工智能芯片思元 270 发布】6 月 20 日，北京中科寒武纪科技有限公司宣布推出云端人工智能芯片中文品牌——思元、第二代云端人工智能芯片思元 270 及板卡产品。思元 270 芯片采用台湾积体电路制造股份有限公司 16 纳米工艺，集成寒武纪公司自主研发的 MLUv02 指令集，可支持视觉、语音、自然语言处理及传统机器学习等人工智能应用，处理非稀疏深度学习模型的理论峰值性能提升至 MLU100 的 4 倍，达到 128TOPS。思元 270 训练版板卡可通过 8 位或 16 位定点运算提供人工智能训练性能。

（中关村管委会）

【《5G 业务应用白皮书 2.0》发布】6 月，大唐移动通信设备有限公司发布《5G 业务应用白皮书 2.0》。《白皮书》围绕增强型移动宽带、低功耗大连接和低时延高可靠 5G 三大典型应用场景，选取融合传媒、智慧教育、智慧旅游、智能安防、智能网联汽车、智能制造、智慧电力、智慧医疗、智慧城市和产业园区与 5G 结合点较强的十大应用领域进行研究，形成"定制化"端到端 5G 解决方案。

（中关村管委会）

【图像传感器 OV48B 推出】6 月，北京豪威科技有限公司推出 4800 万像素图像传感器 OV48B，实现 1/2" 光学尺寸高分辨率。产品采用豪威科技公司的 PureCel Plus 晶片堆叠技术，集成 4-cell 彩色滤光片阵列和硬件 re-mosaic 算法，可实时提供高质量的 4800 万像素拜耳格式输出，单像素 0.8 微米，支持 4800 万全像素输出、四合一输出 1200 万像素，可为智能手机提供静态图像和视频捕捉功能。

（中关村管委会）

【小米公司新总部启用】7 月 9 日，位于上地信息产业基地的小米科技公司新总部——小米科技园启用。小米科技园共 8 栋楼，34 万平方米，可容纳 1.6 万个工位，规划用途分别为小米科技有限责任公司研发办公楼、北京多看科技有限公司研发办公楼和北京小米移动软件有限公司研发办公楼。

（郑　雪）

【深腾 X9000 融合计算平台发布】7 月 12 日，在 2019 联想全球超算峰会上，联想集团有限公司发布深腾 X9000 融合计算平台。平台集合分布式训练、人脸识别、语义识别等基本能力，支持国产服务器 HG680X、HG690X 和 SR650、SR670、SE350 等产品，可应用在智慧金融、智慧物流、智慧供应链、智慧医疗等多种行业场景。

（中关村管委会）

【京东方第 6 代柔性 AMOLED 生产线量产】7 月 15 日，京东方科技集团股份有限公司绵阳第 6 代柔性 AMOLED 生产线量产出货，这是继成都第 6 代柔性 AMOLED 生产线后，京东方在柔性显示领域又一重要成果。该生产线是全球领先的触控一体化柔性显示生产线，通过采用触控一体化解决方案，能更好地降低模组厚度，使柔性显示屏更加轻薄。同时，京东方将成熟的蒸镀工艺和柔性封装技术应用于绵阳柔性生产线，为全球用户带来更高品质的全屏手机、折叠手机、折叠笔记本等柔性显示产品。

（开发区管委会）

【紫光展锐携手华为完成 5G 互通测试】7 月 18 日，紫光展锐携手华为完成 5G 互通测试，并在中国信息通信研究院 MTNet 实验室实现 1.38Gbps 的下载速率。

（宋慧宇）

【京东方集团与平安集团签署战略合作协议】8 月 5 日，京东方与平安集团战略合作协议签署仪式举行。京东方科技集团股份有限公司与中国平安保险（集团）股份有限公司签署《战略合作框架协议》，双方将在智慧端口、金融科技、医疗健康等领域建立长期的战略合作。根据协议，双方将加强在人工智能、区块链、云技术、大数据等领域的开发合作，实现软件与硬件优势互补，探索新技术的应用。京东方物联网解决方案将应用于平安集团"金融服务、医疗健康、汽车服务、房产金融、城市服务"五大生态圈，为平安银行智慧零售网点改造、云平台、智慧办公等服务平台、大数据平台、安防等领域提供一体化的整体解决方案。同时，双方还将共同开拓医疗健康产业，在远程医疗、数字医院等领域展开合作，共同开发银医通系统解决方案。

（中关村管委会）

【利亚德打造全球首个"5G 数字影视中心"】8 月 16 日，利亚德集团与《哪吒》背后的设计团队——成都黑焰联动科技有限公司，四川省成都市青羊区政府签订合作协议，三方将共同打造全国首个“5G 数字影视中心”。

（罗　蜜）

【全球首辆“5G + 8K”转播车启动】 8 月 18 日，全球首辆“5G + 8K”转播车启动仪式在海淀园举行。“5G + 8K”超高清视频全业务转播车由超高清视频（北京）制作技术协同中心主导设计、集成建造，具有传统的拍摄、制作、传输、存储等功能，同时借助 5G 和 8K 两项技术，实现超高清视频的制作和传播。全车设备共计约 24 类 2000 余台（套），包括 8K 编解码设备、8K 国产慢动作收入系统和 8K 字幕包装系统、车载计算中心等，在 8K 模式下最多可以使用 12 台 8K 摄像机制作直播节目，应对复杂的体育赛事转播。

（中关村管委会）

【《关于促进中关村顺义园第三代半导体等前沿半导体产业创新发展的若干措施》印发】 8 月 21 日，中关村科技园区管理委员会、顺义区人民政府联合印发《关于促进中关村顺义园第三代半导体等前沿半导体产业创新发展的若干措施》，提出充分发挥北京市创新资源优势和第三代半导体产业基础，聚焦支持中关村顺义园，围绕关键核心技术和产业链协同创新，发挥产业集聚效应，加快构建产业生态，实现北京市第三代半导体产业快速突破，逐步将顺义区建设成为全球领先的第三代半导体集聚区。

（市经济和信息化局）

【京东方 8K 广播级监视器应用】 8 月 31 日，2019 年国际篮联篮球世界杯在北京开幕，首次采用“5G+8K”超高清视频转播车进行篮球世界杯转播实验。在这台全球视音频规模最大、技术水平最先进的转播车上，搭载了京东方科技集团股份有限公司 75 英寸 8K 广播级监视器产品。京东方推出的 75 英寸 8K 广播级监视器是全球业内首款可以支持 4 通道 12G-SDI 和 HDMI2.0 两种输入方式的 8K 监视器，具有 7680 × 4320 超高清分辨率，可适配多种 HDR 标准。通过搭载自主研发的 8 轴色域增强技术，该监视器内建算法可真实还原来自不同色域影像信号的色彩，让画面显示效果更加震撼；内嵌 BOE 智能图像引擎技术可以呈现出细节更加丰富的 8K 影像，为人们带来更加极致的超高清视觉体验。该监视器具有高可靠性和稳定性，可为各类重大活动、大型演出、国际赛事提供领先、安全的 8K 直播支持，在广播电视及商用显示等领域有广泛的应用空间。

（开发区管委会）

【全球首款基于 Xtacking® 的闪存产品量产】 9 月 2 日，紫光集团旗下长江存储科技有限责任公司宣布开始量产基于 Xtacking® 架构的 64 层 3D NAND 闪存，以满足固态硬盘、嵌入式存储等主流市场应用需求。长江存储 64 层 3D NAND 闪存是全球首款基于 Xtacking® 架构设计并实现量产的闪存产品，拥有同代产品中最高的存储密度。

（宋慧宇）

【第三届“芯动北京”中关村 IC 产业论坛举行】 9 月 11 日，由中国半导体协会、北京市科学技术委员会、北京市经济和信息化局、中关村科技园区管理委员会、海淀区人民政府等单位联合指导，中关村集成电路设计园主办的第三届“芯动北京”中关村 IC 产业论坛在北京举行。市经济和信息化局副巡视员姜广智出席并发表“北京市集成电路产业生态体系建设实践”主题演讲。论坛邀请了国家集成电路产业投资基金总裁丁文武、中国半导体协会 IC 设计分会理事长魏少军、璞华资本陈大同、SEMI 中国区总裁居龙，及兆易创新、豪威科技、通富微电、兆芯半导体等知名专家、机构、企业进行专题演讲，围绕中国集成电路产业的发展对策、人才培养、企业发展等内容展开交流与研讨。会上，分别举行中关村芯学院揭牌仪式、芯创空间与企业签署入孵协议仪式、中关村集成电路设计园认股权合作签约仪式、中关村集成电路设计园人才产业化联盟设立仪式。

（市经济和信息化局）

【小米科技园落成并开园】 9 月 19 日，小米科技园落成并开园。小米科技园位于海淀区安宁庄路，建筑面积 34.8 万平方米，共 8 栋办公楼。园区最多可容纳 1.6 万名员工。从 2015 年 7 月启动建设到 2019 年 4 月完工，共投入 52 亿元。

（郭　静）

【北京电控发展成就展举办】 9 月 26 日，北京电控发展成就展举办。本次展览以“礼赞新中国 共筑电控梦”为主题，分为中央大厅、工业脊梁、砥砺前行、时代先锋和筑梦未来 5 个展区，集中展示了具有代表性的图片 2000 余张、实物 300 余件，全面回顾中华人民共和国成立以来北京电子工业从无到有、从小到大、从大到强的发展变迁，系统总结北京电控技术创新、改革发展稳定和党的建设等方面的突出成绩，是北京电控干部职工献给新中国 70 华诞的一份礼物。

（北京电控）

【全球首款 BD Cell 8K TV 获大奖】 9 月，在柏林国际电子消费品展览会（2019 IFA）上，北京电控所属京东方最新研发的 BD Cell 显示技术获 2019 IFA 创新显示技术金奖。BD Cell 技术搭载独有的 ADSDS 硬屏技术，实现显示屏全方位可视角度均可达到 178°。同时采用黑白和彩色双层 Cell 设计，可以实现百万分区微米级控光，拥有百万级超高对比度。该技术是京东方在显示领域的全新突破，与传统显示技术相比，在功耗和成本方面也更具优势，可广泛应用于高端电视产品、笔记本电脑、显示器等诸多领域。

（北京电控）

【全球首发最高分辨率 Micro—OLED 产品】 9 月，京东方在微显示行业论坛上推出多款面向 VR/AR 领域的微显示（Micro Display）产品及解决方案。京东方采用全球领先的 Micro—OLED 技术，以单晶硅作为有源驱动背板，产品分辨率超过 2000PPI，响应速度小于 0.5 毫秒，对比度超过 100000 : 1，厚度小于 1.3 毫米，具有高分辨率、高对比度、高集成、低功耗、体积小、重量轻等优势，在教育培训、游戏、家装和工业应用等方面都有广阔的市场前景。

（北京电控）

【北京集成电路装备创新中心有限公司投入运营】 9 月，为助力北京市构建高精尖产业结构，由北京电控主导，北京经济技术开发区及北方华创共同出资 30 亿元打造的北京集成电路装备创新中心有限公司（简称创新中心）投入运营。根据市领导在多次专题会上关于落实北方华创 30 亿元集成电路装备研发费用的指示，年内三方股东首笔 13 亿元资金已经到位。北京电控制订《北京集成电路装备创新中心有限公司运营管理方案》，从整体上筹划未来创新中心的运营管理。根据北方华创集成电路装备业务的发展规划，明确创新中心研究开发项目清单，并编制项目可研报告、项目任务书和《委托开发协议》草案，明确项目管理基本方案。基于创新中心的定位和精简高效、必要监督的运营原则，明确基本管理架构，目前董、监、高等相关管理人员已全部配备到位。北京集成电路装备创新中心有限公司定位于助力北方华创发展集成电路装备产业的专用资金运作平台，将围绕实现“14 纳米具备全面能力、7 纳米实现个别突破”的目标要求，不断加大创新研发力度，推动北方华创打造千亿级集成电路装备产业平台。

（北京电控）

【集创北方芯片点亮天安门广场巨屏】 10 月 1 日，在中华人民共和国 70 华诞庆祝盛典上，北京集创北方科技股份有限公司自主研发的 1000 万颗 ICND2055 LED 显示驱动芯片，以优异的视觉效果和卓越的产品品质点亮天安门广场东西两侧、总面积 3000 平方米的 6 块巨型 LED 大屏幕。“集创芯”不仅是本次盛典的见证者，也成为接受检阅的一支“科技尖兵”队伍，展现出中国强大的 LED 显示驱动芯片科研技术实力，向祖国 70 华诞献礼。庆祝群众游行方阵中的彩车搭载了集创北方的多款 LED 显示驱动芯片，高清晰、高均匀度、全彩色 LED 大屏幕，让彩车在烈日下依旧色彩明亮、五彩斑斓。

（开发区管委会）

【利亚德助力 70 周年国庆大典】 10 月 1 日，庆祝中华人民共和国成立 70 周年活动结束，日场庆典与晚场联欢的部分 LED 显示屏技术由视效服务提供商利亚德集团完成。据不完全统计，利亚德为庆典活动提供 1.4 万平方米的多种类显示产品及显示系统，包括广场红飘带 LED 显示屏（6 块）、阅兵指挥中心 0.9 毫米微间距显示屏、游行彩车车体显示产品、人民大会堂晚会 1400 平方米的超高清碳纤维屏、联欢晚会 5400 平方米巨型网幕、7 棵 2200 平方米烟火树显示屏，以及 3290 块可折叠的手持光影屏（与京东方智慧物联科技有限公司团队合作）。光影屏每块高 80 厘米，宽 85 厘米，重 2.85 公斤，组合到一起面积达 2237 平方米。这是继服务中华人民共和国成立 50 周年、60 周年庆典后，利亚德又一次参与国庆庆典活动。

（郑　雪）

【北京鲲鹏联合创新中心揭牌成立】 10 月 18 日，在 2019 中关村论坛重大成果发布会上，北京鲲鹏联合创新中心举行揭牌仪式，市长陈吉宁出席揭牌仪式，市经济和信息化局副局长孔磊、朝阳区区长文献、华为北京分公司总经理刘阳现场揭牌。习近平总书记在 2018 年两院院士大会上的重要讲话中指出，只有掌握关键核心技术，才能从根本上保障国家经济安全、国防安全和其他安全。为深入贯彻落实党中央关于加强关键核心技术攻关，保障国家经济安全、国防安全的指示精神，北京市与华为公司发布鲲鹏产业发展计划并策划成立的北京鲲鹏联合创新中心（以下简称创新中心）应运而生，旨在建设开放共赢的产业生态，利用北京独有的产学研优势，充分发挥北京在集成电路和软件开发等领域的技术水平和产业规模优势，重点打造芯片、操作系统、数据库等关键核心产品，满足聚集在北京部委、国资企业、金融机构总部等行业场景的需求，解决长期以来中国电子信息产业“缺芯少魂”的问题。

（市经济和信息化局）

【世界智能网联大会举办】 10 月 22 日至 25 日，由北京市人民政府、工业和信息化部、公安部、交通运输部、中国科学技术协会联合主办，中国电子信息产业发展研究院（赛迪研究院）、北京市顺义区人民政府等机构承办的 2019 世界智能网联汽车大会在北京顺义新国际展览中心举行。该次大会以“共建生态　智领未来——开启汽车新时代”为主题，呈现组织机构广、参与国家广、论坛内容广、5G 场景新、跨界融合新五大亮点。闭幕式上集中发布 7 项研究成果，分别为：《北京市智能网联汽车白皮书（2019）》、《世界智能网联汽车产业发展指数（顺义指数）》、《C-V2X 产业化路径和时间表研究》白皮书、《电动汽车安全指南（2019 版）》、《智能网联汽车操作系统标准体系》、《智能网联汽车信息物理系统参考架构 1.0》、《北京市自动驾驶车辆模拟仿真测试平台技术要求》。

（顺义区经信局）

【11 款产品入选“中国芯”优秀产品名单】 10 月 25 日，在 2019 第十四届“中国芯”集成电路产业促进大会上，第十四届“中国芯”优秀产品揭晓，包括优秀技术创新产品、优秀市场表现产品、优秀技术成果转化项目、年度重大创新突破产品四大类。其中，中关村示范区内紫光同芯微电子有限公司的高性能安全芯片 THM36 等 5 款产品入选优秀技术创新产品，北京君正集成电路股份有限公司视频处理器芯片 T20 等 5 款产品入选优秀市场表现产品，北京清微智能科技有限公司的语音智能芯片 TX210 入选优秀技术成果转化项目。

（中关村管委会）

【电控重大保障任务完成】 10 月，北京电控完成庆祝中华人民共和国成立 70 周年重大活动服务保障任务，北电科林彩车、797 音响系统、京东方光影屏亮相国庆典礼，彰显了北京电控技术创新实力和产品研发水平，各单位积极参与群众游行活动，展现北京电控人良好的精神风貌。

（北京电控）

【国内首个 5G 信号覆盖的科技园区】 10 月，由北京电控所属电子城集团、中关村朝阳园管委会主办的 5G@all 三网联合开通测试活动在北京电子城·国际电子总部举行，标志着电子城高科技产业园区成为国内首个 5G 三网室内外信号覆盖的科技园区。作为北京市重点打造的 5G 生态示范项目，电子城集团积极响应国家战略及北京市号召，着力推进 5G 网络集约化建设，挖掘 5G 应用创新和促进技术进步，携手中国铁塔，联合中国移动、中国联通、中国电信三大运营商，统一设计、统一施工，仅 3 个月便完成电子城酒仙桥区域科技空间室内外的 5G 基建覆盖一期工作。

（北京电控）

【电控“9+1”产业平台首次整体亮相科博会】 10 月，北京电控持续加大产业平台建设力度，进一步明确半导体显示、半导体装备、集成电路制造等 9 大产业平台和 1 个产业投资平台，形成“9+1”产业格局。北京电控携所属 14 家二级企业参展中国北京国际科技产业博览会，这是北京电控首次以“9+1”产业平台的整体形象进行对外展示。

（北京电控）

【联想未来中心开幕】 11 月 2 日，位于中关村软件园的联想未来中心开幕。未来中心总面积近 6500 平方米，由联想集团耗时两年打造完成。未来中心场馆共 3 层，分别为“智能生活之旅”、“智能行业之旅”和“NEXT 空间”，兼备消费场景体验、行业智能展示、观点碰撞交流 3 种功能，将前沿科技以场景化的形式展示，将人工智能和物联网的融合以可视化的方式呈现。

（郑　雪）

【思元 220 芯片发布】 11 月 14 日，在第二十一届中国国际高新技术成果交易会上，北京中科寒武纪科技有限公司发布边缘人工智能系列产品思元 220 芯片。芯片架构采用寒武纪智能处理器 MLUv02，实现最大 32TOPS 算力，可提供 16/8/4 位可配置的定点运算，客户可以根据实际应用灵活地选择运算类型来获得人工智能推理性能。

（中关村管委会）

【小米开发者大会召开】 11 月 19 日，小米开发者大会在北京国贸大酒店召开，共同探索和开启了全新的智能时代。来自全球 3000 余位开发者参会。大会设 1 场主论坛和 12 场分论坛，呈现“AIoT+5G”等多个领域的最新技术，成效显著，赢得社会广泛关注，展示了小米未来 3 年的技术布局和之前的技术积淀。会上，明确“5G+AI+IoT= 超级互联网”，发布了一系列硬核黑科技及解决方案。

（郭　静）

【世界 5G 领域首个国际性科技和产业大会举办】 11 月 20 日至 23 日，世界 5G 领域首个国际性科技和产业大会在北京经济技术开发区举办。大会由市经济和信息化局负责组织筹备工作，国际电信联盟等 12 个国际组织机构主席，以及 40 余个国家和地区 400 余位重要嘉宾出席会议。大会举办 1 场主论坛和 14 场高峰论坛，每个论坛由院士级别专家或原国家部委副部级领导担任主席，约有 150 位代表行业领域最高水平的专家在论坛发表讲演。70 余家 5G 企业参展，其中北京知名企业 37 家。近 200 家企业达成近 80 项合作签约项目。同期举办的 5G 创新应用大赛有 200 余支队伍，千余名选手参赛，7.5 万余人次现场参会、观展。

（市经济和信息化局）

【北京微电子国际研讨会举行】 11 月 28 日至 30 日，由市经济和信息化局主办，北京经济技术开发区管委会、中关村集成电路产业联盟等单位承办的 2019 北京微电子国际研讨会暨 IC WORLD 大会在亦庄举行。大会以“打造芯生态　共促新跨越”为主题，来自国内外高校、研究机构和集成电路企业的代表等 1000 余人参加。大会由学术会议和博览会两部分组成。学术会议部分由高峰论坛及九大分论坛构成，与会代表围绕国产 EDA 与架构、先进 IC 制造、汽车半导体、集成电路装备、材料与零部件行业趋势发展与集成电路产业投融资等专题，就集成电路产业发展现状和趋势进行解读与交流。博览会部分展示集成电路设计、制造、装备、材料、零部件等领域的成果及应用，近 200 家单位参展。

（中关村管委会）

【国内首款折叠屏手机 MATE X 发售】 11 月，由北京电控所属京东方集团与华为合作的国内首款折叠屏手机 MATE X 发售，京东方为 MATE X 供应柔性 AMOLED 屏幕。该产品创新采用鹰翼式外折设计，可实现 180 度翻折，兼具手机和平板两种形态。产品全屏展开尺寸高达 8 英寸，分辨率可达 2480×2200，厚度仅 5.4 毫米，支持两个 App 应用同步使用；折叠后形成 6.6 英寸主屏和 6.38 英寸副屏，厚度 11 毫米。该产品可折叠超过 20 万次，并可实现沉浸式大屏、电脑级双屏多任务交互，为娱乐、生活、商务带来全新体验。

（北京电控）

【全球首发超高亮度及对比度 Mini-LED】 11 月，京东方集团展示了全球领先的 Mini-LED 显示技术，实现超薄、超高亮度、超高分区的一体化解决方案。其中，75 英寸 8K　Mini LED 背光显示能够实现精细度超过万级的 HDR 分区，具有 1500nit 超高亮度，动态对比度高于 100 万∶1，让用户体验到更纯真自然的显示效果；另一款 1.6 毫米像素间距 Mini-LED 玻璃基拼接显示产品，采用全球领先的表面黑化处理解决方案，使低亮度画面更黑更纯净，在暗态环境下每个画面细节都分毫毕现。

（北京电控）

【京东方获国际顶级赛事第一名】 11 月，由世界顶级学术会议 ICCV（国际计算机视觉大会）发起的 2019 年 AIM 图像超分竞赛成绩揭晓，京东方集团从丰田、清华大学等 52 支参赛队伍中脱颖而出，斩获全球第一。京东方自主研发的 16 倍超分算法技术，是一种基于深度学习的图像处理算法，可以对低分辨率图像进行 16 倍数级提升，将其转化为高分辨率图像；同时通过添加噪声来生成新的细节，兼顾从宏观到微观的效果，使生成的图像更加逼真、自然。图像超分算法技术在视频播放、医疗影像、安防等领域有广阔应用前景。截至当日，京东方基于该技术已与多家电视台、知名视频媒体平台开展合作。

（北京电控）

【电控高端集成电路装备项目开工建设】 11 月，北京电控高端集成电路装备项目开工建设，项目定位于前沿技术代装备的研发及核心零部件的合作开发，搭建 28 纳米以下集成电路装备产业化工艺验证环境，开展 5/7 纳米及以下前沿技术装备的研发和验证，同时与战略供应商进行核心零部件合作开发与验证，加快定制化战略核心部件的开发进度。项目建成后将为公司技术研发奠定坚实基础，推动北京经济技术开发区进一步发挥集成电路产业集聚效应，完善产业布局，助推中国集成电路产业快速发展。

（北京电控）

【国内首台具有自主知识产权减薄抛光一体机研发成

功】11月，北京中电科电子装备有限公司研发出国内首台具有自主知识产权并满足规模生产的300毫米减薄抛光一体机。该一体机历经α、β、γ机型3个阶段，攻克超薄晶圆减薄的核心技术、压力控制技术、亚微米清洗技术以及薄片传输等关键技术，取得上百项国内发明专利、3项国际发明专利。该产品具备晶圆粗磨、精磨、非接触测量、抛光、清洗、传输、保护膜处理等全自动流片能力，主要技术指标达到国际同类设备水平。

（开发区管委会）

【海创研究院举行科学仪器有限公司揭牌暨高端项目签约仪式】12月30日，海创产业技术研究院在怀柔科学城创新中心举行北京海创科学仪器有限公司揭牌仪式，并签署质子治疗、科学仪器等4个高端项目合作协议。

（姜学昆）

【电控研制两款自主知识产权交换机】12月，北京电控所属兆维集团推进交换机设备国产化替代，推动构建安全可控的信息技术体系，加大国产化设备研发力度，围绕系统稳定性、安全性需求，完成24千兆电口+4千兆光口、24千兆电口+4万兆光口两款具有自主知识产权的交换机设备研制。该两款设备是基于国产交换芯片、CPU和操作系统软件的网络交换设备，能够满足网络的接入、汇聚、核心等应用需求场景，为客户提供从硬件到软件的网络信息安全传输交换服务，实现核心技术全面自主可控。

（北京电控）

【重大项目建设】年内，市经济和信息化局推动积水潭医院成立北京医疗机器人创新中心并启动建设临床数据管理平台和数据网，推动北京市电力公司“工业互联网企业5G网络化改造及推广服务平台”、江河集团“5G与工业互联网在建材行业的示范应用”等项目建设，推动建设“通州大脑”，用人工智能技术赋能生态环境治理。

（市经济和信息化局）

【华为供应链保障工作】年内，市经济和信息化局对华为在北京供应链企业开展逐一走访调研，并部署进一步加大对华为供应链保障工作。加大对北方华创、信而泰、圣邦微等华为供应链企业支持力度，支持华为海思与中芯北方、华大九天等加强合作。支持华为在京建设鲲鹏生态，推动华为与太极、首信、神州数码、航天信息等系统集成商合作，在京建设鲲鹏联合创新中心，围绕构建鲲鹏服务器开源生态，加快服务器CPU、存储等芯片升级迭代，引入基础软件、数据库、中间件以及应用领域主流供应链厂家，补齐鲲鹏生态关键技术能力，拓展鲲鹏生态应用市场，加速鲲鹏生态技术提升和产业升级。

（市经济和信息化局）

【电控全新设备远销海外】年内，北方华创集团新上线12英寸集成电路设备80余台，实现对国际知名厂商的销售。

（北京电控）

【电控提升研发成果产业化速度】年内，北京电控继续保持高强度研发投入，全年累计研发资金突破115亿元，同比增长6.5%，占营业收入比重达到9%，处于同行业领先水平。年内，申请专利突破1万项，授权专利约6000项，累计可使用专利超7万项，京东方集团、北方华创集团跻身“全球半导体技术发明专利100强”。

（北京电控）

【电控价值创造能力显著提升】年内，北京电控不断完善经营管理体系，运营质量和盈利能力持续改善。有效控制“两金”规模，应收增幅低于收入增幅6个百分点，存货增幅低于成本增幅17个百分点。年内，京东方集团300亿元永续债获批，首期80亿元成功发行；电子城集团发行7亿元超短期融资券，获批25亿元公司债；电控公司归集资金突破25亿元，内部资金拆借超9亿元。

（北京电控）

【电控疏解整治专项任务提前完成】年内，北京电控提前完成“疏解整治促提升”专项行动任务，拆除违法建设3处，疏解区域性专业市场1处，整治总面积近7000平方米；疏解退出中心城区企业3家。

（北京电控）

【小米手机创新突破】年内，小米集团在手机创新突破方面取得新成绩。MIX Alpha手机是小米探索的一款颠覆性新品，机身正面、侧面、背面都被一整块屏幕所环绕，高达180.6%的屏占比，就像来自未来的手机；两侧的边界消失，完全由屏幕代替，带来极致震撼的视觉体验。小米 CC9 Pro 是为年轻人打造的最酷的拍照旗舰机，1 亿像素是其最大突破，DXOMARK 手机相机总分第一。1 亿像素主摄，独家定制的超大感光元件，带来出色的解析力和画面表现；2 倍 50 毫米经典人像，拥有更接近人眼的自然视角；10 倍混合变焦超长焦镜头，远景能力极强，就像给手机加上望远镜；搭配 117° 超广角镜头及微距镜头，满足用户不同场景的使用需求。手机支持 30 瓦极速闪充，65 分钟即可充满 5260 毫安时大电池；搭载双曲面屏及四曲面机身，配色优雅大气，握感观感绝佳。小米 9 Pro 5G 版是对小米 9 的再一次进化，是一部全面成熟的 5G 性能旗舰机。它不仅 5G 网络快，还有 VC 液冷散热快、三重快充充电快，更有原色屏专业显示、超大定制横向线性振动马达、特有磨砂玻璃后盖，带来旗舰级体验。首发 30 瓦无线快充技术，是小米自研核心技术，是无线快充所支持的最大充电功率。

（郭　静）

【小米构建人工智能先进平台】年内，科技部授予小米集团“智能家居国家新一代人工智能开放创新平台”称号并授牌。小米在智能家居领域有多年的耕耘和积累，小米人工智能开放平台是一个以智能家居需求场景为出发点，深度整合 AI 和 IoT 能力，为用户、软硬件厂商和个人开发者提供智能场景及软硬件生态服务的开放创新平台，让更多厂家的产品接入小米人工智能开放平台。

（郭　静）

【小米勇创行业荣誉】年内，小米集团首次入榜美国《财富》世界 500 强，居全球第 468 位、全球互联网公司第 7 位；首次以 198 亿美元品牌价值入选 Global BrandZ 全球最具价值品牌 100 强，居第 74 位；连续两年上榜福布斯年度最具创新力企业 50 强；入选全球数字经济 100 强(Digital 100)榜单,居全球第 56 位。同时，还获得全国企业优秀文化成果特等奖、中国电子信息行业百强（小米第 4 名）、年度互联网百强（小米第 15 名）。8 月 28 日，小米集团董事长兼首席执行官雷军获评 2019 年中国杰出质量人，是互联网行业唯一获奖者。年内，雷军获评第五届全国非公有制经济人士优秀中国特色社会主义事业建设者。

（郭　静）

【利亚德智慧显示（深圳）有限公司成立】年内，利亚德光电集团成立利亚德智慧显示（深圳）有限公司，全面发力智能会议一体机、激光投影、透明显示、租赁显示、LED 家庭电视，及电影院等业务。

（罗　蜜）

【利亚德新技术突破及落地】年内，利亚德光电集团采用自主研发的巨量转移技术率先推出可小批量生产的 Mini/Micro LED 显示产品。利亚德光电集团与台湾晶元光电合资的无锡量产基地主要研发 Mini/Micro LED 的巨量转移技术，及基于该技术衍生的 Mini/Mirco LED POB 产品与 COG 产品，同步基于对 Mini/Mirco LED 全产业链的整合，生产 Mini/Mirco LED 自发光与背光模组，将成为全球首个 Mirco LED 显示量产基地。利用 Mini/Micro LED 的显示产品具有优异的对比度和色彩表现力及成本优势，后续将重点开发 POB 产品，实现真正意义的 Micro LED 显示器。利亚德 LED 显示产品通过中国电子技术标准化研究院赛西实验室的严格测试及认证程序，获首张 LED 显示行业 HDR 认证证书。经授权的认证产品可使用“HDR 认证标识”。

（罗　蜜）

企业选介

【北京电子控股有限责任公司】简称北京电控，是北京市国资委授权的国有特大型高科技企业集团，旗下拥有 21 家二级企事业单位（包括京东方、北方华创、电子城 3 家上市公司）。主营产业分布在高端电子元器件（含半导体显示器件、集成电路、特种元器件）、高端电子工艺装备、高效储能电池及系统应用和电子信息产业融合服务四大板块。

2019 年，北京电控资产总额 3946 亿元，同比增长 13%；营业收入 1282 亿元，同比增长 17%，产业规模稳居市管企业前列；实现利润总额 11.8 亿元；资产负债率 58.2%，同比降低 1.3%，债务结构持续优化。其中，半导体显示平台营业收入同比增长 19%，产品利润率、应收账款和存货周转天数处于行业优秀水平，市场占有率、研发投入同比实现双提升；其他平台营业收入 121 亿元，利润总额 6.5 亿元。半导体装备平台营业收入和利润总额同比增长均超过 20%，保持良好发展势头。年内，北京电控体制机制创新取得新突破。进入国家发展改革委第四批国企混改试点名单，混改思路框架方案初步成型；京东方集团市场化改革方案获批实施；北方华创集团“双百行动”试点基本完成，市场化改革方案上报市政府审批；燕东公司市场化改革方案基本确定并上报市国资委。北京电控职业经理人选聘管理办法发布实施，京东方集团、北方华创集团、电子城集团、电控产投启动职业经理人试点；北方华创集团实施第二期股权激励计划取得市国资委批复，电子城集团首期股权激励完成授予，兆维集团、益泰集团、大华公司分红权激励试点方案获批实施。年内，“产业＋资本”发展模式取得新成果。北方华创集团定向增发获批并完成资金募集；燕东公司上市工作整体方案初步形成；电控产投发起设立北京集成电路装备产业投资并购基金，电子城集团联合中国人寿、电控产投发起设立科技服务产业发展基金。年内，北京电控完成飞宇微电路、首钢微电子等资产增资至燕东公司，高可靠器件业务整合路径基本确定。兆维集团、北广集团、大华公司所属医疗机构无偿划转至同仁堂集团。北京京电完成公司制改制。

（北京电控）

【利亚德光电集团】是全球视听科技产品及应用平台的领军企业。利亚德光电股份有限公司是其母公司，于1995年成立，2012年3月在深交所上市（股票代码300296）。集团旗下29家国内控股企业、21家海外企业、4000余家经销伙伴、9个生产基地及7个国际营销中心遍布全球，拥有员工近5000人（其中外籍700余人），专利超1500项；业务布局覆盖智能显示、夜游经济、文旅新业态及VR体验技术四大板块，先后参与中华人民共和国成立50周年、60周年、70周年庆典，2008年北京奥运会，第七届世界军人运动会开闭幕式等重大国事活动。利亚德以提升人类视听享受为愿景，专注视听科技及应用市场，致力于搭建文化科技融合发展平台。根据美国权威市场调查机构Futuresource发布的2018年最新全球显示行业市场调查报告：利亚德连续3年蝉联全球LED显示市场占有率、小间距市场占有率和户内LED市场占有率第一。

2019年，利亚德光电集团研发超薄高性价比LED高清显示器，强势发力会议显示系统，并进军大尺寸家用电视市场，视效服务于春晚、澳门回归及中日韩成都会议。作为军运会开闭幕式总制作（总承包），开辟立体演艺新纪元。年内，利亚德光电集团获LED显示全球三连冠（工信部单项冠军），营收实现逆势增长（8亿可转债发行成功）。获五部委颁发的文化科技融合示范企业（首批16家中利亚德和励丰文化获批），锦江夜游获赞，黄山亿元文旅项目启动。年内，利亚德光电集团先后获2019（第33届）电子信息百强企业、2019中国软件和信息技术服务综合竞争力百强企业、第十二届中国电影电视技术学会科学技术进步奖一等奖、2019—2021年北京市知识产权示范单位、北京民营企业百强、北京民营企业科技创新百强、北京民营企业社会责任百强、国家文化和科技融合示范基地（单体10强）、工信部颁发的制造业单项冠军（产品LED小间距）等多项荣誉。

（罗 蜜）

【小米集团】2010年4月在北京成立，是以手机、智能硬件和人工智能物联网平台为核心的互联网企业。2018年，小米作为香港资本市场第一家“同股不同权”企业上市，并以1749亿元首次跻身《财富》世界500强榜单。

2019年，小米全年总收入2058亿元，同比增长17.7%；调整后净利润115亿元，同比增长34.8%；研发费用达75亿元，同比增长29.7%，集团员工超过2万名。年内引领手机创新方向。收入1221亿元，同比增长7.3%，销量1.25亿台，稳居全球手机品牌第一阵营。积极研发小米9（5G版）、1亿像素小米CC9 pro手机等前沿科技，力争为消费者提供更好的智能终端设备及服务。打造IoT智联网络。收入621亿元，同比增长41.7%；小米可穿戴设备出货量在中国和全球均位列第一；人工智能物联网平台连接智能设备超过2.35亿元，全球领先、发展迅速。其中智能电视全球出货量约1280万台，同比增长51.9%；居国内电视第一，是首个年出货量破千万台的电视品牌。深耕国际化发展。2019年，小米境外收入912亿元，占年度总营收的44%，同比增长30.4%；小米手机已经在全球90多个国家和地区销售，在40余个国家和地区智能手机市场占有率排名前五；小米手机和小米电视在印度市场均位于市场首位，在西欧市场份额持续扩大，小米国际化征途持续迈进。赋能企业高质量发展。小米生态已涵盖290余家生态链企业，其中包含100+家智能硬件企业，作为行业颠覆者，小米以“创新＋金融”全方位赋能中小企业，涌现出一批以华米、云米、石头科技为代表的具备自主核心技术的创新企业。多元的互联网服务快速增长：互联网服务收入达到198亿元，同比增长24.4%；MIUI月活跃用户数达到3.1亿，同比增长27.9%。其中，第四季度中国大陆智能手机广告及游戏以外的互联网服务收入，占互联网服务收入的 43%，同比增长 112.6%。

（郭　静）

【清华控股有限公司】 旗下产业涵盖科技产业、创新服务、科技金融、创意产业、在线教育五大集群。截至 2019 年年底，清华控股所投资企业包括紫光集团、启迪控股、诚志科融、清控人居集团、清华大学出版社、博奥生物集团、慕华教育等 42 家控参股企业。清华控股及成员企业累计转化 56 项国家级重大科技成果，实现 62 项重大技术突破，推动实施 3 项国家科技重大专项的项目转化，取得一批具有国际影响力的标志性成就。年内，清华控股集团资产总额 4877.01 亿元，营业总收入 1364.76 亿元，净利润 34.22 亿元，向国家缴纳各项税款（不含个人所得税）113.1 亿元。

（宋慧宇）

软件与信息服务业

本栏目采用条目体，主要记述软件与信息服务业年度发展情况，以及部分企业选介。

行业发展

【概况】2019 年，软件和信息服务业围绕“创新引领、统筹推进、融合发展”总基调，完善落实产业规划政策，稳步推进高端领域建设，精准开展企业对接服务等事项，产业发展迈入新阶段，对全市高精尖经济结构的构建发挥基础性、支撑性作用，将北京打造成为具有世界影响力的软件产业创新高地。

产业运行。2019 年，北京市完成地区生产总值 35371.3 亿元，按可比价格计算，同比增长 6.8%。北京市完成新经济增加值 12765.8 亿元，按现价计算，同比增长 7.5%，占全市地区生产总值的 36.1%，比上年提高 0.2 个百分点。

重大项目。年内，加速推进工业互联网、北斗导航与位置服务、网络安全、人工智能等领域重点项目，东方国信、用友和航天云网等 3 个工业互联网平台入选工信部 2019 年跨行业跨领域工业互联网平台；加速落地国家数字化设计与制造创新中心北京中心、北斗产业创新中心、阿里巴巴北京杭州双中心双总部战略等重大项目；Zoom 云视频会议项目、苹果人工智能中心、西门子工业物联网赋能中心项目等一批互联网领域扩大开放项目取得阶段性进展。

人工智能。年内，举办 2019 年北京人工智能产业高峰论坛，以“无限场景”为主题，吸引医疗、教育、金融、5G、融媒体等不同领域企业参会；编制《2019 北京人工智能产业发展白皮书》，截至 2019 年年底，北京有人工智能相关企业 1084 家、获风险投资企业 442 家，继续以企业数量和质量优势领跑全国人工智能产业；持续推动北京前沿国际人工智能研究院建设，汇聚人工智能产业创新要素，吸引人工智能自主创新技术企业及支撑机构 100 家，近两年募集资金市值前五的企业估值合计超过 100 亿元；推动百度、旷视、寒武纪建设人工智能深度学习框架和计算平台。

信息消费。年内，京东之家、美团等 10 个项目入选 2019 年全国新型信息消费示范项目，推进新一代信息技术向消费领域广泛渗透；举办全国信息消费城市行北京站活动，推动美团、京东、小米、腾讯等 14 家知名信息消费企业成立“信息消费共同体”；梳理汇集 40 个新型信息消费产品、信息消费支撑平台市级示范项目典型案例，编制《北京市信息消费案例集（2019）》；开展信息消费示范城市申报，争取北京市率先获评为国家首批综合型信息消费示范城市。

企业服务。年内，举办第二十三届中国国际软件博览会，积极推广北京市营商环境和开放政策；举办第十届中国卫星导航年会，吸引来自卫星导航领域国内外 3000 余位代表参与，为北斗系统技术创新、应用推广和国际交流合作建言献策；加强企业精准服务；当好对口 5 家企业“服务管家”；做好科技领军人才和创新型企业人才引进培养，建立软件人才库；遴选企业已签约科技领军人才 33 名，创新型企业人才 249 名；落实完成 358 家软件企业享受企业所得税优惠政策。做好行业运行监测。重点企业监测和调度。与市统计局联合召开一季度和三季度产业运行分析暨发展趋势座谈会；加强产业分析与研究，发布《北京软件和信息服务业发展报告（2019 版）》；组织编写《2019 北京软件和信息服务业资源工具书》及《北京软件企业服务指南（2019 版）》，编辑出版《北京软件视点（2019）》共 21 期。

两化融合。年内，普及推广两化融合管理体系。组织开展贯标试点企业征集，累计遴选 2019 年市级贯标试点企业 111 家；全市共有两化融合管理体系贯标试点企业 432 家，其中国家级贯标试点企业 165 家、市级贯标试点企业 267 家，累计 100 家贯标试点企业通过评定，提前 1 年完成“贯标 100”工程中的贯标达标企业任务；指导北京两化融合服务联盟与海淀区经信办、密云区经济和信息化局、房山区经济和信息化局、北京经济技术开发区企业发展服务局、怀柔区经济和信息化局和市国资委，举办两化融合培训交流会，累计培训 3000 余人次。持续开展两化融合水平评估，组织开展 2019 年北京市企业信息化及电子商务发展状况调查培训会。组织开展试点示范征集，遴选推荐制造业“双创”平台试点示范项目和制造业与互联网融合试点示范单位。

（市经济和信息化局）

【15 家北京软件企业参与项目获国家科学技术奖】1 月 8 日，2018 年度国家科学技术奖励大会在北京召开，北京 15 家软件领域企业参与项目获国家科学技术奖。其中，北京因特睿软件有限公司参与的项目获国家技术发明奖一等奖，北京汉能华科技股份有限公司、北京华云星地通科技有限公司、北京海鑫

科金高科技股份有限公司参与的3个项目获国家技术发明奖二等奖，北京清大高科系统控制有限公司、北京合众思壮科技股份有限公司、北京北斗星通导航技术股份有限公司、民航数据通信有限责任公司以及北京民航天宇科技发展有限公司参与的2个项目获国家科学技术进步奖一等奖，北京人大金仓信息技术股份有限公司、鸿合科技股份有限公司、民航数据通信有限责任公司、北京民航天宇科技发展有限公司、北京四通智能交通系统集成有限公司、国网信息通信产业集团有限公司、北京恒华伟业科技股份有限公司以及北京航天泰坦科技股份有限公司参与的6个项目获国家科学技术进步奖二等奖。获奖的软件企业主要集中在新一代信息技术、行业应用、导航与位置服务、地理信息等领域。

（市经济和信息化局）

【2019工业互联网峰会举行】 2月21日至22日，由中国信息通信研究院、工业互联网产业联盟、中国通信学会主办的2019工业互联网峰会在北京国家会议中心举行。会议以“智联赋能 融通创新”为主题。工业和信息化部部长等领导及来自政府、企业、科研院所和高校的专家、代表等5000余人参加。与会代表围绕工业互联网技术创新与产业发展、工业互联网网络体系建设、工业互联网标识解析体系建设等方面探讨工业互联网技术、产业发展方向及应用创新模式。峰会还举办工业互联网展览。展览主要围绕工业互联网网络、平台、安全三大功能体系，展示工业互联网测试床、优秀应用案例、工业互联网试点示范项目、产品及解决方案等。

（中关村管委会）

【国内首个一站式资管科技系统推出】 2月26日，京东数字科技集团推出“JT^2智管有方”，是中国首个一站式、全方位、智能化的资管科技系统，帮助机构投资者提升产品设计能力、销售交易能力、资产管理能力和风险评估能力。在产品设计方面，该系统的证券化服务体系利用区块链技术，能帮助投资人看清底层资产状况，提高投资效率。在销售交易方面，该系统的智能销售交易一站式解决方案（FICC）可以将报价、询价、聊天工具集合在同一界面上，助力机构打通内部系统与外部网络，提升交易效率，降低合规成本。在资产管理方面，该系统通过将京东数字科技的大数据分析能力与机器学习技术等有机整合，构建了自我迭代升级的智能研究体系、资产评价工具和基于算法的FOF及MOM的投资配置体系。在风险评估方面，该系统可以从信用风险、市场风险、操作风险等方面，为机构投资者提供资产风险分析工具，提升资产风险管理效率。

（开发区管委会）

【京东区块链底层引擎JD Chain开源】 3月，京东数字科技控股有限公司宣布其开发的区块链底层引擎JD Chain对外开源并同步上线开源社区。JD Chain面向企业应用设计，适用于通用业务场景，具有简单易用、灵活高效的特点，向企业提供积木化按需定制的能力，在数据账本、共识协议、密码算法、存储等方面引入新的研究成果和工程架构，能够解决处理性能、伸缩性、扩展性、安全性等基础和关键的技术问题，让企业快速接入区块链领域。

（中关村管委会）

【新华三集团产品获最高级别证书】 3月，新华三集团全系列防火墙获得防火墙最高级别证书——EAL4增强级，成为国内首家全系列防火墙获得EAL4增强级测评及认证的安全厂商。

（宋慧宇）

【2019年信息技术服务标准（ITSS）宣贯会召开】 为加快推进信息技术服务标准（ITSS）工作，市经济和信息化局于4月26日组织召开“2019年信息技术服务标准（ITSS）北京市宣贯培训会”，工信部信软司、ITSS分会、市经济和信息化局、各委办局及企业220余人参加会议。ITSS经过10年不断的积累和沉淀，形成政府引导、企业主体的标准化管理工作机制和工作模式，为行业的发展提供了有力支撑。下一步将持续完善标准体系，加大标准应用推广，推动成立ITSS研究院，支持ITSS开展国际标准化合作。北京市下一步工作思路是：树立一批ITSS贯标获证试点示范企业，加大支持服务力度；把已有的联盟、协会团结起来，共同推进ITSS创新发展，培养一批创新引领人才；推动企业上云，促进人工智能、工业互联网、物联网、车联网与现代服务业、优势制造业融合发展。

（市经济和信息化局）

【百度区块链品牌发布】5 月 28 日，在 2019 中国国际大数据产业博览会上，百度在线网络技术（北京）有限公司发布区块链品牌——Xuper，并宣布其研发的底层区块链技术 XuperChain 开源。Xuper 包括底层技术 XuperChain、司法解决方案 XuperFair、知识产权解决方案 XuperIPR、数据协同解决方案 XuperData、边缘计算解决方案 XuperEdge 和开放平台 XuperEngine 六大核心产品。XuperChain 是拥有自主知识产权的中国开源技术，可为国内区块链创业者和开发者提供基础设施，其技术特点包括提供多组件、可实现定制化开发，智能合约、共识机制等能力被拆解成单个模块，开发者根据场景应用需求进行灵活调用；支持全球部署，可在广域网进行数据交换；采用链内并行技术，实现单链系统吞吐量 6.5 万，整体网络系统吞吐量 20 万。

（中关村管委会）

【2019 京交会智慧服务峰会在北京召开】5 月 30 日，2019 京交会智慧服务峰会暨第七届软件与信息服务国际企业对接会在北京国家会议中心召开。本次峰会吸引了国内外重要的软件与信息服务企业和大健康领域的 300 余位嘉宾参会。软件与信息服务企业和大健康领域的企业在峰会上共同探讨智慧服务如何助力行业数字化转型，开创“AI+ 大健康”产业的新局面。

（郑　雪）

【同方威视拓展海外业务】6 月，同方威视技术股份有限公司中标葡萄牙海关两套车载移动式集装箱 / 车辆检查系统，实现在葡萄牙市场零的突破。至此同方威视安全解决方案和设备的销售国家和地区已超过 160 个。

（宋慧宇）

【2 家企业的产品入选物联网智能产品白名单】6 月 19 日，在全国性建筑智能化及居住小区智能化规范化技术性联合会 2019 年工作会议暨“智能化”环保生活绿色生态高峰会上，全国性智标委发布入选第一批物联网智能家居产品白名单，共有 5 家企业的产品入选。其中，中关村示范区内大唐微电子技术有限公司的安全芯片控制模块和大唐半导体科技有限公司的控制模组产品入选。

（中关村管委会）

【奇安信工业防火墙和网闸发布】6 月 21 日，在 2019 年中国工业信息安全大会上，奇安信科技集团股份有限公司发布针对工业场景研发的专用安全产品——奇安信网神工业控制安全网关系统（奇安信工业防火墙）和奇安信网神工业安全隔离与信息交换系统（奇安信工业网闸）。其中，奇安信工业防火墙是专用于工业网络边界安全产品，其硬件采用全封闭、无风扇、双电源冗余，支持硬件 BYPASS 功能；软件支持分布式网络协议 3 等工业协议的解析和访问控制，并利用白名单访问控制机制，实现工业边界最小授权管理控制，同时还具备传统防火墙的所有功能。奇安信工业网闸是不同安全级别网络间进行安全数据交换的专用产品，其通过链路阻断、协议转换的方式实现信息摆渡，可解析 MODBUS 协议等工业协议，集安全隔离、实时信息交换、协议分析、内容检测、访问控制、安全防护等功能于一体，在实现网络安全隔离的同时，提供高速、安全的数据交换能力和信息交换服务。

（中关村管委会）

【2019 软件名人论坛举办】6 月 27 日，由工信部、北京市人民政府主办，北京软件和信息服务业协会承办的 2019 软件名人论坛举办。工信部信息化和软件服务业司副司长李冠宇、市经济和信息化局主要领导出席并发表主旨演讲，论坛由北京软件和信息服务业协会会长刘淮松主持。2019 软件名人论坛作为第二十三届中国国际软件博览会的核心论坛，旨在为软件行业搭建聚合政产学研用各界的高端对话交流平台。2018 年，北京市软件产业规模达 10913.3 亿元，全行业实现增加值 3859 亿元，占全市 GDP 比重达 12.7%，为全市 GDP 增长贡献 36.7%，软件产业已成为北京经济增长的动力引擎。

6 月 27 日，市经济和信息化局与香港软件行业协会及企业家代表团座谈交流

（市经济和信息化局）

【2019 第二十三届中国国际软件博览会在北京召开】 6 月 28 日，由工信部、北京市人民政府共同主办的 2019 第二十三届中国国际软件博览会在北京展览馆举行。工信部党组书记、部长苗圩，北京市委副书记、市长陈吉宁出席，并在全球软件产业发展高峰论坛上代表主办方致辞。工信部党组成员、副部长陈肇雄主持高峰论坛，北京市委常委、副市长殷勇出席，中国工程院副院长、院士陈左宁和日本科学院院士、中国科学院外籍院士福田敏男发表主旨报告。工信部相关司局、部属高校、直属单位、协会以及北京市政府及相关委办局负责人，近 15 个国家 40 余位政府官员和使馆代表，30 余个地方政府及行业主管部门负责人，300 余家企业代表，100 余家媒体记者参加高峰论坛。软博会以“融合网络世界 驱动数字未来”为主题，展出面积 2 万平方米，参展企业共计 328 家。软博会设置七展区、五峰会、两大赛、17 场平行论坛以及新品发布会、“软件之夜”盛典、软件创新邀请赛系列活动，首次举办全国青少年软件编程创意大冲关活动。市经济和信息化局在第六展区特别设置小微企业展台，集中展示一批源自北京，具有创新潜能的初创公司，旨在帮助小微企业能够站在软博会平台上，向业内外展示自身的品牌和成果，助力新锐创新。市经济和信息化局发布《2019 北京软件和信息服务业发展报告》，全面展现北京软件破万亿的产业发展成就，以及产业优质生态和政策环境，给予业内一份重要的发展参考依据；具备服务行业、支撑投资决策功能的《2018 年度政府投资信息化交易数据分析报告》发布。同期还有《2019 北京人工智能产业发展白皮书》《中国数据库产业发展白皮书》等多项成果在此期间与公众见面。

（市经济和信息化局）

【45 家北京软件企业入选 2019 年度软件与信息技术服务综合竞争力百强企业】 6 月 28 日，在 2019 第二十三届中国国际软件博览会期间，2019 年度软件与信息技术服务综合竞争力百强企业揭晓。本届百强企业的引领作用进一步体现，呈现出规模效益不断提升、研发创新成效显著、新兴领域加速成长、国际布局全面深化、支撑作用持续增强五大特点，全面贯彻创新、协调、绿色、开放、共享的新发展理念，推动国内软件和信息技术服务业实现高质量发展。北京共 45 家软件企业入选，数量居全国首位，比去年增长 3 家企业。北京共有百度、中国通信、京东、中软国际 4 家软件企业入选前十名。

（市经济和信息化局）

【格灵深瞳公司获全球人脸识别算法测试 1 项第一】 7 月 3 日，美国国家标准与技术研究院公布全球人脸识别算法测试结果。北京格灵深瞳科技有限公司获 1 项全球第一（非约束自然环境人脸照片）、2 项全球第四（嫌疑人照片、非约束环境下儿童照片）及 1 项全球第五（签证照片）。

（中关村管委会）

【高精尖基金获 2018—2019 年度中国最佳政府产业引导基金 TOP20】 7 月 17 日，由融资中国主办的融资中国 2019 股权投资产业峰会上，揭晓 2018—2019 年度中国最佳政府产业引导基金 TOP20 榜单。融资中国设立并发起 2018—2019 年度中国最佳政府产业引导基金 TOP20 榜单评选，依托融中母基金研究院平台，通过问卷调研、数据核实、采访，客观的排名标准，对过去一年中，中国最为活跃、优秀之产业引导基金进行调研梳理，以期促进行业发展。本次评选从政府产业引导基金基本情况、基金运作、基金效益、对产业发展的带动效应等几方面进行调查，包括基金总规模、设立基金个数、投资基金总数、2018 年新增投资基金数量、投资产业领域、直投比例、返投比例、累计退出金额、累计回报水平、撬动社会资金量等具体指标为评价体系，以求客观展现政府产业引导基金的当前业绩。北京高精尖产业发展基金获 2018—2019 年度中国最佳政府产业引导基金 TOP20。北京高精尖产业发展基金于 2015 年 8 月，由市经济和信息化局联合市财政局设立。高精尖基金计划到 2020 年实现总规模 200 亿元，其中母基金财政资金出资规模 50 亿元。高精尖基金按照中央及北京市重点产业领域发展要求，重点瞄准世界科技前沿，围绕国家战略需求，聚焦新兴领域、高端环节和创新业态，初期聚焦新能源智能汽车、智能制造系统与服务、自主可控信息系统、云计算与大数据、新一代移动互联网、新一代健康诊疗与服务、集成电路、通用航空与卫星应用、节能环保、新能源、新材料、智慧城市、融合创新、现代都市、应急产业等领域。

（市经济和信息化局）

【航天宏图等 3 家北京软件企业成功挂牌科创板】 7 月 22 日，科创板正式在上交所开市交易，首批 25 家企业挂牌并开盘。北京有 5 家企业首批挂牌科创板，其中 3 家为软件企业，分别是北京航天宏图信息技术股份有限公司、中国铁路通信信号股份有限公司和交控科技股份有限公司，主要聚焦北斗导航与位置服务、轨道交通控制系统集成等领域。航天宏图以遥感、地理信息系统以及北斗导航技术为核心，技术力量雄厚；中国通号属于大型央企，拥有轨道交通控制系统设计研发、设备制造及工程服务于一体的完整产业链；交控科技则是国内第一家掌握自主 CBTC 信号系统核心技术的高科技企业。科创板是习近平总书记在首届中国国际进口博览会上宣布设立的，并试点注册制。科创板亮相对激活市场活力、促进中国多层次资本市场建设意义重大。据统计，首批 25 家科创板上市企业合计拟募集资金达 370 亿元，覆盖新一代信息技术、高端装备、新材料、生物产业等范畴。

（市经济和信息化局）

【京东物流与北京科技大学签署合作协议】 7 月 24 日，北京科技大学、京东物流战略合作协议签约仪式在北京科技大学举行。北京京邦达贸易有限公司（京东物流）与北京科技大学签署战略合作协议，双方将在科学研究、人才培养、社会服务、创新创业等方面开展合作。根据协议，双方将共建联合研究院，针对物流领域的新技术、新装备和新模式开展研究；共建协同创新平台，成立联合实验室，带动校企双方理念创新、技术创新、模式创新、机制创新。签约仪式后还举行北京科技大学—京东物流智能物流研究中心揭牌仪式。

（中关村管委会）

【国内首个商用 400G 以太网项目】 7 月，新华三集团成功实施国内首个商用 400G 以太网项目，标志着中国以太网建设迈入 400G 时代。

（宋慧宇）

【31 家北京软件企业入选 2019 年中国互联网企业 100 强】 8 月 14 日，中国互联网协会、工信部网络安全产业发展中心（工信部信息中心）在 2019 年中国互联网企业 100 强发布会暨百强企业高峰论坛上联合发布 2019 年中国互联网企业 100 强榜单。北京市百度公司、京东集团等 31 家企业入选，数量居全国首位。其中，榜单排名前十的企业中来自北京的企业占据 5 家。2019 年互联网百强企业聚焦创新引领、产业融合、工业互联网等方面，主要呈现出六大特点：整体规模跨越式提升，成为数字经济新引擎；研发投入强度突破 10%，打造中国核心技术；应用场景多元化，“智能 +”打造生活消费新模式；工业互联网进入实践深耕，赋能传统产业高质量发展；“独角兽”企业快速增长，国际行业地位再创新高；覆盖地域实现新扩展，网络扶贫取得新成效。2019 年互联网百强企业的互联网业务收入高达 2.75 万亿元，占中国数字经济的比重达 8.8%，成为带动中国互联网产业发展的重要支撑。2019 年新增中国互联网成长型企业 20 强榜单，聚焦高成长性、投融资活跃、多元化业态等方面。北京市医渡云、农信互联等 8 家企业上榜，数量同样居全国首位。

（市经济和信息化局）

【2019 年北京市企业信息化及电子商务发展状况调查培训会举办】 8 月 20 日至 22 日，市经济和信息化局组织开展 6 场 2019 年北京市企业信息化及电子商务发展状况调查培训会。北京市规模以上工业、农业、软件和信息服务业、电子商务平台和科教文卫体等共计 1200 余家企业的代表参加培训。这次培训为进一步落实《北京市推进两化深度融合推动制造业与互联网融合发展行动计划》《北京工业互联网发展行动计划（2018—2020 年）》等文件精神，全面了解企业信息化及电子商务发展状况，更好地引导企业深化信息技术在产业中的应用，帮助企业打造新型能力，提升核心竞争力。培训会上，信息化与软件服务业处和软促中心重点解读了北京市软件和信息服务业政策，与会专家进行企业信息化及电子商务发展状况调查指标解读和填报培训，同时分享两化融合管理体系和工业互联网典型案例。

（市经济和信息化局）

【奇安信集团与以色列 Cyberbit 公司签约】 8 月 23 日，在 2019 北京网络安全大会上，奇安信科技集团股份有限公司与以色列 Cyberbit 公司签约，双方在网络空间安全教育领域达成战略合作，共同为国内政企客户和高等院校定制网络空间安全人才培养和网络攻防靶场解决方案。双方将开放适合中国政企用户和高校的高端网络攻防靶场产品及高端网络攻防人才培养解决方案，以实现在真实攻防场景和攻防过程中的攻防能力实际演练与攻防人才能力的提升。

（中关村管委会）

【22家北京软件企业入选2019年度中国大数据企业50强】 9月10日，在工信部、湖南省人民政府联合主办的2019世界计算机大会上，公布2019年度中国大数据企业50强榜单，北京市小米、美团、百度等22家软件企业入选，占全国44%，数量居全国首位。

（市经济和信息化局）

【地平线公司与嬴彻公司签署战略合作协议】 9月24日，在干线物流联合创新中心新成员加入仪式上，北京地平线信息技术有限公司与嬴彻科技（上海）有限公司签署量产战略合作协议。根据协议，双方依托各自优势，在产品、技术层面开展合作，共同推动自动驾驶卡车的研发和量产应用。

（中关村管委会）

【工业互联网平台与未来产业发展论坛举办】 10月16日，由国家工业信息安全发展研究中心、中关村管委会、石景山区政府和中关村发展集团股份有限公司主办的2019中关村论坛——工业互联网平台与未来产业发展论坛在中关村示范区展示中心举办。论坛以“平台驱动　赋能未来”为主题。相关领域专家学者、企业、社会组织的代表等近200人参加。与会代表从工业互联网平台总体工作部署、国内外工业互联网平台对比、主要工业互联网平台建设应用情况等方面就工业互联网平台与未来产业发展的现状与趋势进行探讨。

（中关村管委会）

【旷视研究院获COCO挑战赛3项冠军】 10月27日至11月2日，在2019国际计算机视觉大会上，旷视研究院获COCO挑战赛物体检测、人体关键点和全景分割3个项目的冠军。

（中关村管委会）

【2019工业互联网网络创新大会举办】 10月31日，由工业和信息化部主办，中国信息通信研究院等单位承办的2019工业互联网网络创新大会在北京国家会议中心举办。大会以“加快高质量工业互联网网络建设，促进‘5G+工业互联网’融合创新发展”为主题。来自基础电信企业、工业企业、网络技术提供商、科研机构的代表等800余人参加。相关专家介绍工业互联网网络发展情况，解读相关政策，分享企业内、外网络改造实践经验。大会还发布《5G与工业互联网融合发展白皮书》等工业互联网网络研究成果，并展示工业互联网网络改造、网络应用、技术发展及企业网络化建设的解决方案、实践案例和测试床等应用成果。

（中关村管委会）

【2019北京智源大会举行】 10月31日至11月1日，由北京智源人工智能研究院主办的2019北京智源大会在北京国家会议中心举行。副市长殷勇等领导及国内外人工智能领域的专家、学者和企业的代表等参加。与会代表围绕人工智能基础研究现状及面临的机遇和挑战、人工智能技术未来发展的核心方向等话题展开交流和讨论。大会围绕人工智能基础理论研究的前沿学术问题举办包括“数据、知识与认知推理”“智能体系架构与芯片”“自然语言处理”等9场专业论坛，并设置北京人工智能前沿成果和智能应用场景体验展区，来自北京中科寒武纪科技有限公司等人工智能企业展示人工智能芯片、智能交通、智能教育等领域的研究成果和解决方案。

（中关村管委会）

【东方国信等3家公司入选“2019年跨行业跨领域工业互联网平台”】 10月，为深入贯彻《国务院关于深化“互联网+先进制造业”发展工业互联网的指导意见》，加快跨行业跨领域工业互联网平台建设，根据《工业和信息化部办公厅关于组织申报跨行业跨领域工业互联网平台的通知》要求，历时1年半，经企业自主申报、地方推荐、材料审查、专家评审，工信部2019年跨行业跨领域工业互联网平台名单最终确定。全国共10个工业互联网平台成为国家级跨行业跨领域工业互联网平台，北京东方国信科技股份有限公司、用友网络科技股份有限公司、航天云网科技发展有限责任公司3家公司的工业互联网平台入选。工业互联网平台是工业互联网的核心，是制造业全要素连接的枢纽，是实现数字化、智能化、网络化制造的依托。大力发展工业互联网平台，是北京市推进工业互联网创新发展的工作重点，也是北京市推进工业转型升级，建设全国科创中心的重要抓手。上述平台的入选表明北京市工业互联网平台发展已在全国占据先发优势，后续将围绕落实《北京工业互联网发展行动计划2018—2020年》，大力营造产业生态，培育工业互联网高端供给优势，打造国家级工业互联网产业高地。

北京市入选 2019 年跨行业跨领域工业互联网平台名单

平台名称	单位名称
东方国信 Cloudiip 工业互联网平台	北京东方国信科技股份有限公司
用友精智工业互联网平台	用友网络科技股份有限公司
航天云网 INDICS 工业互联网平台	航天云网科技发展有限责任公司

（市经济和信息化局）

【北京信息化专家委 2019 年高峰论坛举行】 11 月 12 日，市信息化专家咨询委员会 2019 年高峰论坛在北京举行。本次高峰论坛由北京市信息化专家咨询委员会、北京市经济和信息化局共同主办，围绕“筑数据之基　赋智慧之能　共建北京数字经济新生态”主题，聚焦大数据的汇聚共享、开放应用和数字经济发展 3 个重点方向，分设“筑基、赋能、共荣” 3 个环节，邀请行业权威专家、行业主管部门和典型企业代表共同探讨，为北京市大数据的创新应用和发展建言献策。北京市 40 余个委办局、10 余个区、管委会的信息化主要负责人和有关同志，以及相关研究机构、事业单位、高校和企业等 200 余人参加会议。市信息化专家咨询委员会主任杨学山、市经济和信息化局副局长潘锋出席论坛并讲话。论坛“筑基”环节以基础创新为主线，围绕“筑牢数据之基”从行业、政府以及企业 3 个角度展开讨论。中国工程院院士倪光南以“人才是第一资源，创新是第一动力”为题，结合人才资源和当前软件行业发展趋势，提出在当前形势下如何坚持创新、驱动数字中国建设的有关策略建议；市经济和信息化局大数据建设处处长刘旭系统阐述当前北京市筑基工程的主要建设思路；华为 Cloud& AI 产品与服务副总裁黄瑾围绕鲲鹏应用生态的构建，介绍集技术支持、知识共享和产业互助于一体的鲲鹏社区，推动鲲鹏产业化进程加速发展、打造开放共赢的鲲鹏生态环境。北京市信息化专家咨询委员会是市信息化工作领导小组的决策咨询机构，成员由市长（市信息化工作领导小组组长）聘任，主要职责是就北京市信息化发展战略、政策和重大问题向市信息化工作领导小组提出建议。第一届专家委成立于 2006 年 10 月，由市长王岐山颁发聘书的 16 位专家组成；第二届专家委成立于 2011 年 6 月，由市长郭金龙颁发聘书的 45 位专家组成。作为北京市信息化行业的一次高端交流盛会，自 2014 年起连续举办 6 届。该论坛通过搭建一个政产学研用的交流平台，围绕当年信息化热点问题或重点工作，邀请不同领域的知名专家、学者进行权威解读、深度培训和系统交流，为北京市信息化建设者、服务者、参与者，打造引领时代、开创未来的年度思想盛会，成为北京市信息化领域一个高端智库建言献策的渠道和品牌。

（市经济和信息化局）

【全球首款 LTE Cat.1 bis 芯片平台发布】 11 月 16 日，紫光展锐发布新一代物联网芯片平台——春藤 8910DM，是全球首款 LTE Cat.1 bis 芯片平台，填补低功耗窄带物联网与传统宽带物联网间的蜂窝通信空白，加快物联网领域 2G/3G 向 4G 网络的迁移。

（宋慧宇）

【H3C SecPath 产品获国际最高级别检测证书】 11 月，紫光旗下新华三集团 H3C SecPath 全系列防火墙产品凭借高可靠的硬件架构、卓越的软件平台、专业的安全特性等特质，通过国际权威安全检测机构 ICSA 实验室的严格测试，满足企业级防火墙安全测试标准，获安全领域国际最高级别检测证书——ICSA 认证。

（宋慧宇）

【北京市 10 个项目入选国家 2019 年制造业“双创”平台试点示范】 为贯彻落实《国务院关于深化制造业与互联网融合发展的指导意见》，加快推进制造企业互联网“双创”平台建设和“双创”服务平台支撑能力提升，工信部围绕要素汇聚、能力开放、模式创新、区域合作等 4 个领域共 9 个方向组织开展 2019 年制造业“双创”平台试点示范项目。北京市的和利时科技集团、中航联创、北京经开投资开发股份有限公司等 8 家企业的 10 个项目被评为 2019 年制造业“双创”平台试点示范项目。

北京市入选国家 2019 年制造业“双创”平台试点示范项目名单

编号	方向	企业	项目
1	企业级“双创”资源汇聚平台	和利时科技集团有限公司	基于工业互联网的智慧电厂平台
2		电信科学技术仪表研究所有限公司	NPI 柔性智能制造成果转化公共服务平台
3	产业链级“双创”资源汇聚平台	中航联创科技有限公司	面向高端制造业的产业协同双创服务平台
4		北京华铁广通电信技术有限公司	广通云集成 IVR 通信系统
5	基于互联网的孵化能力开放平台	北京经开投资开发股份有限公司	北京经开产业园能源互联网“双创”平台试点示范
6		北京启迪数字科技集团有限公司	启迪工业互联网创新中心巩义项目
7	“双创”平台＋生产制造模式变革	电信科学技术仪表研究所有限公司	NPI 柔性智能制造成果转化公共服务平台
8		北京亚控科技发展有限公司	基于 KingFusion 的智能制造系统“双创”平台
9	“双创”平台＋区域合作	北京机械工业自动化研究所有限公司	高端装备制造业云服务创新平台
10		北京华铁广通电信技术有限公司	广通云集成 IVR 通信系统

（市经济和信息化局）

【东土科技公司获首届工业互联网大赛一等奖】 12 月 3 日，在中国首届工业互联网大赛上，北京东土科技股份有限公司的“基于软件定义控制与流程的工业互联网解决方案”获一等奖。方案通过基于 IPv6/TSN 的宽带实时总线实现工业控制现场通信协议的统一；通过软件定义控制工业服务器，实现平台控制器硬件架构的统一；通过工业互联网操作系统实现工业应用软件承载平台的统一。通过软件定义工业控制，系统实现机器世界的互联互通，为 5G 在工业领域的应用创造条件。

（中关村管委会）

【“北京通”App2.0 版全新升级】 12 月 13 日，“北京通”App 2.0 版全新升级亮相，以身份通、数据通、应用通和民心通为理念，进行信息化应用的诸多改革创新尝试，具备亮证、办事、查询、缴费、预约、投诉、通信七大类实用性功能，用户一次注册即可享受北京市政府相关部门提供的 650 项有特色的重点政务和公共服务。打通的场景包括电子亮证、残联专版及残疾人一键呼救服务、社保公积金等信息一键查询、教育缴费、路侧停车缴费、预约挂号等。“北京通”App 2.0 版作为市经济和信息化局、市政务服务局和相关部门协同共建共支撑的惠民体系化工程，横向打通数据，纵向穿透应用，在提升能力、丰富数据的同时，进行服务的丰富与优化，并与以此为基础内容的百度、微信、支付宝等相关小程序一起，构建以百姓为中心的集首都之窗网站、App、小程序为一体的“互联网＋政务服务”体系。

（市经济和信息化局）

【2019 区块链开发者大会举行】 12 月 20 日，由北京创新乐知信息技术有限公司主办的 2019 区块链开发者大会在海淀园举行。大会以“破局 · 自主创新！”为主题，来自国内外企业、技术专家的代表参加。与会代表围绕供应链金融、多位信任系统基础设施、区块链 3.0 等议题，就技术、应用、技术融合、行业解决方案等几个方面的创新维度进行交流。

（中关村管委会）

【27 家企业入选 2019 年度中国区块链企业百强榜】 12 月 28 日，在 2019 年第二届中国区块链产业经济年会北京国际金融博物馆上，链塔智库公布 2019 年度中国区块链企业百强榜单。其中，中关村示范区内北京百度网讯科技有限公司、京东数字科技控股有限公司、北京比特大陆科技有限公司等 27 家企业入选。

（中关村管委会）

【2019 北京软件与信息服务业发展报告发布】 年内，《2019 北京软件和信息服务业发展报告》编制完成，用全新可视化模式展现北京软件和信息服务业产业全景，并在软博会上发布，实现网络阅读量近 10 万人次。编写 2019 年《北京软件视点》22 期，累计完成 110 期。编制《2019 北京软件和信息服务业资源工具书》和《北京市规模以上软件和信息服务业企业名录（2019）》。开展《互联网信息领域开放改革三年行动计划》，软件和服务业领域“十四五”规划前期研究等项工作。修订完成地方标准《软件产品登记测试通用技术规范》（DB11/T1012—2013），并于 10 月 1 日正式实施《软件产品备案测试技术规范》。

（软促中心）

【工业互联网标识解析国家顶级节点落户顺义】 年内，工业互联网产业生态体系加速形成。工业互联网标识解析国家顶级节点（北京）落户顺义区，已上线试运行并提供标识注册、解析等服务；接入 10 个标识解析行业二级节点，标识注册量超 7000 万个；完成工业互联网标识解析数据同步系统、解析系统和查询系统建设；建成工业互联网标识解析国家顶级节点指挥运营中心，实现对 5 个国家顶级节点的监控和管理。建成北京工业大数据创新中心、工业技术软件化（北京）创新中心。中国工业互联网研究院落户朝阳区，北京市工业互联网技术创新与产业发展联盟揭牌成立。

（市经济和信息化局软件处）

【网络安全产业园】 年内，国家网络安全产业园区建设取得阶段性突破，信创产业亮点突出。顶层设计主体框架方面，修订《国家网络安全产业园区发展规划》，编制《国家网络安全产业园区总体规划建设方案》，研究起草园区产业扶持政策。工作机制方面，成立市、区两级组织机构，通州区组建通州园运营公司，海淀区整合海淀园运营公司，北京经济技术开发区已明确信创园的运营主体；园区建设方面，国家网络安全产业园区揭牌、海淀园核心区主体大楼建设启动挂牌、通州园起步区年底前开工建设、北京经济技术开发区信创园年底全面投入运营，并举办2019年中国网络安全产业高峰论坛。信息技术应用方面，推进北京经济技术开发区信创园建设成为国家信息技术应用创新基地，构建信息技术应用创新的“四梁八柱”；国家统一操作系统公司、整机企业、芯片企业等10余家国家核心项目与园区进行对接；北京信息技术应用创新工作委员会成立，覆盖操作系统、CPU、数据库等信息技术应用创新产业各环节典型企业。北斗导航与位置服务产业打造示范引领。发布全国首个全面介绍区域北斗产业发展和应用的《北京市北斗导航与位置服务产业发展与应用白皮书(2019)》；组织编制《北京市关于促进北斗技术创新和产业发展的实施方案（2019—2022年）》，加强战略引导与前瞻部署；北斗卫星导航应用示范项目完成验收，成为全国第一个同时完成任务验收和财务验收的区域示范项目。

（市经济和信息化局软件处）

【领军人才项目】 年内，市软件中心起草《北京市软件和信息服务业领军人才支持办法（初稿）》和北京市软件和信息服务业领军人才支持思路，已征集签约领军人才33名和意向引进人才2名，创新型人才累计遴选上报249名。通过中心领军人才工作，有16人获得北京户口。

（软促中心）

【重大活动保障】 年内，市经济和信息化局组织开展重大活动保障工作。保障5月22日至25日在北京召开的第十届中国卫星导航年会，组织开展会议策划、领导文稿、会议宣传、会议保障、人员接待等项工作。陈吉宁等市领导出席并讲话。为期4天的年会，吸引国内外3000余位代表参加。支撑6月28日至30日在北京召开的2019中国国际软件博览会，包括会议策划、组织企业家座谈会、香港团政策推介会、软件之夜活动、软件名人论坛、小微企业展台等，指导完成北京软件产业宣传片、新媒体宣传等，组织人员接待、会务保障等工作。市长陈吉宁、副市长殷勇等出席软博会并讲话，3万余名观众参观软博会。支撑2019中国网络安全产业高峰论坛，包括会议策划、签约仪式、软件园区发展论坛等项活动。副市长殷勇出席并讲话，1000余人参加。

（软促中心）

企业选介

【同方威视技术股份有限公司】 简称同方威视，于1997年成立，源于清华大学。是全球领先的安全检查解决方案供应商。同方威视立足于自主创新，紧贴客户需求，为全球160多个国家和地区的客户提供安检领域先进的创新技术、品质卓越的产品以及综合的安检解决方案和服务。同方威视系列安检产品及服务已进入民航、海关、铁路、公路、城市轨道交通、邮政物流、公安司法、环保、核电、辐照质检、冶金、金融、重大活动赛事等领域，助力客户保护国境安全和人民生命财产安全，得到世界各国用户的广泛认可，已成为国际业界的知名品牌。

2019年1月，同方威视与清华大学共同拥有的发明专利“用于自动校准拉曼光谱检测系统的方法及拉曼光谱检测系统”获第二十届中国专利优秀奖。2月，同方威视与清华大学共同申请的专利“CT系统和用于CT系统的探测装置”获北京市发明专利奖一等奖。3月，同方威视与清华大学共同申请的“双能CT动植物检疫智能查验系统关键技术开发及应用”项目获北京市科学技术奖一等奖。10月，同方威视华沙公司及本地化生产的XT2100HS和Kylin2款产品获2019年度波兰最佳实体公司奖、波兰最佳产品奖。年内，同方威视为第二届“一带一路”国际合作高峰论坛、日本G20峰会、秘鲁泛美运动会、国际篮联篮球世界杯等国际重大活动及体育赛事提供技术支持。

（张婉琪）

2020
北京工业年鉴
BEIJING GONGYE NIANJIAN

汽车与交通设备产业

本栏目采用条目体，主要记述汽车与交通设备产业年度发展情况，以及部分企业选介。

行业发展

【概况】2019 年，北京汽车及交通运输设备制造业工业总产值 4253.7 亿元，比上年增长 1.5%。汽车制造业实现产值 3990.7 亿元，比上年增长 1.2%。累计生产汽车 164.1 万辆，同比增长 0.5%。其中，北汽越野车全年完成 3.6 万辆产销量，同比增长 10.5%，实现产值 62.63 亿元，同比增长 37.8%。北汽福田生产整车 53.8 万辆，同比增长 16.8%，实现产值 728.4 亿元，同比增长 6.1%。北京奔驰生产整车 56 万辆，同比增长 15.3%，实现产值 1778.6 亿元，同比增长 14.6%。北京现代生产整车 49.4 万辆，同比下降 20.3%，实现产值 454.5 亿元，同比下降 16.1%。2019 年，汽车交通产业固定资产投资累计完成 52 亿元，建安投资累计完成 9.6 亿元。

（市经济和信息化局）

【百度 Apollo3.5 版本在美国发布】1 月 8 日，百度 Apollo3.5 发布。百度 Apollo3.5 版本技术可以支持复杂城市道路自动驾驶，加载了该技术的车辆可以适应包括市中心和住宅小区等在内的复杂城市道路包含窄车道、无信号灯路口通行、借道错车行驶等多种路况。同时百度还发布全球首个面向自动驾驶的开源计算框架 Apollo Cyber RT。

（郑　雪）

【欧曼 EST 超级重卡获 2018 年最受关注的旗舰重卡奖】1 月 10 日，由提加商用车举办的商用车新媒体共生大会在北京召开，福田戴姆勒汽车的欧曼 EST 超级重卡获 2018 年最受关注的旗舰重卡奖项。

（姜学昆）

【宝沃汽车推出汽车新零售平台】1 月，神州优车联合宝沃汽车在北京发布全新战略，宣布推出神州宝沃汽车新零售平台，通过产业链改造和平台赋能，全面实现产销分离、渠道重塑，重构汽车消费。主要特点是实现汽车产销分离，主机厂将专注于产品研发、生产及售后服务，神州宝沃汽车新零售平台将在品牌、金融、库存、流量、场景、信息化等方面为经销商赋能，经销商则回归销售本质。神州宝沃新零售平台将启动“千城万店”渠道下沉计划，将原 4S 店模式改变为品牌旗舰店、授权专营店和特约销售点等多样化的零售网点，无限贴近用户。基于神州优车覆盖全国的“租车 + 专车”汽车共享网络，借助大数据分析，推出 0 首付、深度试驾、90 天无理由退换车和全透明售后维修等创新服务，实现先享后买、可退可换的汽车轻型消费模式。

（王喜悦）

【南口公司新成立的合资公司投入运营】3 月 1 日，新成立的合资企业中车福伊特传动技术（北京）有限公司（南口公司控股）、上海中车福伊特传动技术有限公司投入运营，包括既有合资企业北京南口斯凯孚铁路轴承有限公司、克诺尔 · 南口供风设备（北京）有限公司，分别承担着公司原有制造业务发展、全新高端业务拓展等方面工作。截至年底，南口公司已经形成以投资监管和服务合资企业为主的小集团管理模式。其中，中车福伊特传动技术（北京）有限公司现有员工 378 人，全年获得市场订单 1.74 亿元。

（陈宗河）

【智能网联汽车信息安全报告发布】3 月 20 日，北京奇虎科技有限公司发布《2018 年智能网联汽车信息安全年度报告》。报告梳理智能网联汽车在信息安全方面的进展，内容涵盖行业发展、安全标准规范、安全事件及 2019 年发展建议等。《报告》指出，智能网联汽车信息安全主要面临的风险来自智能网联服务供应商本身对于信息安全认识的不到位，导致在 2018 年出现多起数据泄露事件，并且由于开发流程和管理规范上的不到位，导致出现多起汽车被破解的事件。《报告》预测，在 2019 年智能网联汽车将持续面临敏感数据泄露和未授权控车的风险。

（中关村管委会）

【宝沃汽车获得德国 VDA6.1 认证】3 月，宝沃汽车获德国汽车工业联合会 VDA6.1 认证。 VDA6.1 是由德国汽车工业联合会（VDA）制定的德国汽车制造业质量体系标准，以 ISO 9001 为基础，并增加汽车工业实践的特殊要求，对设计、研发、制造、流通、服务等多个维度进行标准认证，已成为德国主要汽车生产厂商及零部件供应商的质量认证标准，也是汽车行业最严苛的质量标准之一。宝沃汽车工厂拥有全球首条八车型智能生产系统，涵盖冲压、车身、油漆、总装、检测、物流、IT 等完整的整车生产工艺，具备年产 36 万辆整车的生产能力。工厂以“柔、精、严”为生产核心理念，满足欧盟、北美、中国标准对于智能驾驶辅助、车联网的检测要求及未来的拓展空间。此次通过 VDA6.1 认证意味着宝沃汽车在各环节具备高效、严密的质量管控体系，其“德国工业 4.0”智能制造体系受到权威认可。

（王喜悦）

【北京奔驰电池新产品 PT1 下线】 4 月 10 日，北京奔驰汽车有限公司“绿满奔驰　走向卓越”第五届员工植树节暨电池新产品 PT1 下线仪式在北京奔驰电池工厂举办。首款在北京奔驰本土化生产并采用国产电芯的梅赛德斯－奔驰纯电动车型 EQC 在年内投入生产。而该次下线的电池新产品 PT1 正是用于北京奔驰首款纯电动新能源车型，该产品已进入首轮小批量试生产阶段。

梅赛德斯－奔驰纯电动车型 EQC 投产（岳政　摄）

（开发区管委会）

【宝沃汽车创新试驾模式】 4 月，宝沃汽车在全国百余个城市上线免费试驾活动。用户可通过“神州租车”App 体验免费试驾活动，点击导航栏的“试驾”标签，或者扫描宝沃汽车试驾车型车身二维码，领取“免费试驾”产品体验券，然后自由选择宝沃汽车任意一款 SUV 车型，即可享受 1 小时 +20 公里以内免费试驾，全面深入感受宝沃汽车舒适的驾乘体验。

（王喜悦）

【媒体走进宝沃汽车工业 4.0 智能工厂】 4 月，来自全国各地近 30 位媒体人走进位于密云区的宝沃汽车工业 4.0 智能工厂，参加“鉴宝 · 宝沃汽车工厂探秘”活动。整洁的厂区，自动智能化的生产线，严密人性化的管理，给参观者留下深刻印象，刷新众人对现代化汽车制造流程的认知。作为拥有全球首条八车型智能生产系统的智能工厂，宝沃汽车工厂在达到高效生产及满足个性化需求的同时，在智能化领域深入推进中德技术产业合作方面起到桥头堡的作用。

（王喜悦）

【智能网联汽车产业创新引领发展十五条措施发布】 5 月 19 日，海淀区政府发布《关于支持中关村科学城智能网联汽车产业创新引领发展的十五条措施》，提出推进智能网联汽车产业创新发展，加快建设中关村自动驾驶创新示范区，构建世界领先的智能网联汽车产业创新高地；支持一批共性技术基础平台建设，支持一批智能网联汽车领域关键技术创新突破；打造功能齐全、特色突出的自动驾驶封闭测试场，营造智能网联汽车与智能交通全面融合的测试环境；构建技术先进、体系完备的开放测试区域，支持智能网联先进技术应用；加大创新企业孵化培育，对智能网联汽车专业孵化器、加速器给予支持，对初创企业开展自动驾驶相关测试给予补贴；提升示范区市场化运营能力，突出自动驾驶场景应用，对短途接驳、物流配送、智能清扫、智能公交等自动驾驶示范应用给予支持；打造国际创新新名片，对具有国际影响力和行业带动力的高端交流平台和自动驾驶汽车赛事活动予以支持，推动中关村科学城成为国际领先的智能网联汽车产业创新高地。

（郑　雪）

【北京市首个最高级别自动驾驶测试场开放】 5 月 31 日，市经济和信息化局发布 2019 年第 1 号公告，北京智能车联产业创新中心有限公司提出申请的国家智能汽车与智慧交通（京冀）示范区亦庄基地（地址在大兴区笃庆堂路 1 号）通过专家论证，符合《北京市自动驾驶车辆封闭测试场地技术要求（试行）》（T1—T5 级）条件，可作为北京市自动驾驶车辆封闭测试场地（T1—T5 级），标志着开发区形成仿真测试、封闭试验场测试、开放道路测试的智能网联汽车测试闭环。该测试场地占地面积为 43.3 万平方米，包含京津冀地区 85% 以上城市交通场景，是全市首个 T5 级别的自动驾驶封闭测试场（复杂程度最高），其中潮汐车道、砂石路、环路、高速公路、公交专用道等典型北方复杂路况，都是取得不同级别自动驾驶牌照的必经环节。封闭场地的测试场景不断增加，车路协同（V2X）、服务型电动自动行驶轮式车的行驶场景已完善，可为自主式和网联式两种技术路线的智能网联汽车提供测试服务，同时也可为封闭园区内运行的服务型电动自动行驶轮式车提供测试服务。

（开发区管委会）

【北京奔驰 M282 发动机投产】 6 月 17 日，北京奔驰汽车有限公司发动机第二工厂落成暨 M282 发动机投产及出口仪式举行。M282 的整机出口，标志着北京奔驰在核心零部件加工、整机装配与测试等方面的全流程品质已经完全满足梅赛德斯－奔驰的全球统一标准，意味着其诞生地发动机第二工厂融入戴姆勒全球生产体系，代表梅赛德斯－奔驰在动力系统上的最新技术。

北京奔驰发动机第二工厂落成暨M282发动机投产及出口仪式 （岳政 摄）

（开发区管委会）

【北京奔驰动力电池交付暨工厂落成】 6月17日，北京奔驰汽车有限公司动力电池交付暨工厂落成仪式举行。作为戴姆勒在亚洲投产的首个动力电池工厂，该工厂围绕“数字化、柔性化、绿色”的制造理念，基于大数据分析、物联网等技术，引入智能生产、智能物流、数字化运营、智能能源管理等系统，保证生产全过程的高效、准确与灵活。同时，为确保动力电池的品质，该工厂还通过Blue Sky、光伏发电、太阳能等清洁能源，打造“绿色厂房”，为动力电池提供恒温恒湿的生产环境。

（开发区管委会）

【百度获北京市首批T4级别路测牌照】 7月1日，百度拿到了5张北京市首批T4级别自动驾驶测试牌照，成为国内唯一获得此级别牌照的企业。T4牌照是目前全国最高技术等级、最高标准、测试场景最难的开放道路测试资格认证。

（郑　雪）

【高端及新能源汽车关键零配件产业园投用】 7月18日，高端汽车及新能源汽车关键零配件产业园（N12地块）项目用时156天建成并投入使用。N12地块建筑面积为7.72万平方米。该项目位于北京经济技术开发区路南区，包括N12、N19、N20三个地块，建成后占地面积为26.5万平方米，总建筑面积为28.3万平方米。该产业园重点对绿色交通、低碳能源、固体废弃物利用、雨水利用、低碳管理、生态展示等方面进行整体的规划和生态专项设计，并且配套倒班宿舍、餐饮服务等生活服务设施，将成为区域最有活力的绿色示范园区。12月10日，高端汽车及新能源汽车关键零配件产业园项目举行落成仪式，标志着高端轻量化车身部件智能工厂启用。该工厂位于N20地块，占地面积为7.79万平方米，建筑面积为5.77万平方米，包括一个单层厂房、一个多层配套楼和其他附属建筑，主要为北京奔驰汽车有限公司、北汽新能源汽车股份有限公司等整车企业配套生产零部件。该工厂于4月30日开工，历时7个月完成项目整体建设和各项验收工作。截至年底，首批零部件企业麦格纳汽车系统（北京）有限公司入驻园区，生产产品供给奔驰汽车整车厂，助力高端汽车及新能源汽车产业链再升级。

高端汽车及新能源汽车关键零配件产业园 （方针 摄）

（开发区管委会）

【新一代梅赛德斯—奔驰长轴距GLC SUV投产】 7月26日，北京奔驰汽车有限公司国产新一代梅赛德斯—奔驰长轴距GLC SUV投产仪式在总装二工厂举行。长轴距GLC SUV轴距2973毫米，为同级别最长，还搭载了北京奔驰发动机工厂生产的全新M264发动机，经历了零号线、ET和PT等多轮试装，直至实现投产，比原计划提前了40天。

北京奔驰国产新一代梅赛德斯—奔驰长轴距GLC SUV下线 （岳政 摄）

（开发区管委会）

【2020 款宝沃 BX5 上市】7 月，2020 款宝沃 BX5 上市，新车共有 4 款车型，售价由 12.98 万元到 15.58 万元不等。新款 BX5 外观方面延续老款车型的设计特点，大面积的直瀑式中网具有很高的辨识度，车身尺寸变化不大，轴距为 2685 毫米。配置方面新车搭载 8 英寸悬浮式中控大屏，新增 B-Link 智能互联系统。主动安全和便利性配置方面，新车全系标配主动式胎压监测，中高配车型增加电动尾门、360° 全景影像系统和前泊车雷达等配置。动力系统，新车搭载 1.4T 涡轮增压发动机，其最大功率为 150 马力，峰值扭矩为 250 牛·米，并且符合国六排放标准。传动系统方面，与发动机匹配的是 6 速手自一体变速箱。

（王喜悦）

【北汽李尔汽车座椅生产基地二期项目投产】8 月，北京北汽李尔汽车系统有限公司汽车座椅生产基地二期联合厂房项目投产，总建筑面积为 9513 平方米，包含生产附属用房和主厂房，工程于 2018 年开工建设。12 月，该厂房的 V213 后座椅骨架国产化项目投产，设计最大产能可达 20 万台套骨架 / 年。

（开发区管委会）

【宝沃汽车与北理工共建车辆工程实践基地】8 月，宝沃汽车与北京理工大学签订战略合作协议，共建车辆工程实践教育基地，促进创新型汽车人才培养。通过科技创新平台，双方将深入研究汽车智能网联、自动驾驶、智慧交通等先进技术，推动科研成果落地。根据协议，宝沃汽车将基于“德国工业 4.0”智能制造体系，进行针对性地开放，为北京理工大学车辆工程、能源与动力工程、机械工程、工业工程等专业学生提供全方位、多层次的专业人才培养支持。双方共建的工程实践教育基地涵盖生产实习、认知实习、拆装实习的实践活动以及课程综合设计、毕业设计等教学环节研究课题。北京理工大学优秀硕士、博士研究生可进入宝沃汽车进行短期研究、专业硕士企业实践实习。北京理工大学将根据宝沃汽车的需要，组织技术难题攻关。双方将在车辆制造、发动机工艺，以及汽车智能化等前沿技术领域保持技术交流，共同建立开放、协同、资源互补的产学研合作机制，强化科研成果转化应用。

（王喜悦）

【宝沃汽车获评“绿色工厂”】9 月，市经济和信息化局网站公布 2019 年北京市绿色制造示范名单，北京宝沃汽车有限公司获评“绿色工厂”。

（王喜悦）

【北汽自主乘用车 BEIJING 品牌发布】10 月 15 日，北汽集团在中华世纪坛发布北汽自主乘用车 BEIJING 品牌。BEIJING 品牌通过整合北汽新能源和北京汽车的产品和技术资源，代表着北汽“高、新、特”战略中的“新”字主力军，以新能源、新技术为核心，推动北汽自主乘用车业务全面创新发展，开启北汽集团自主发展新篇章。

（张　旭）

【福田戴姆勒汽车验证中心启动】10 月 15 日，中国重卡行业首个世界级验证中心——福田戴姆勒汽车验证中心启动使用，标志着福田戴姆勒汽车产品验证能力进入世界先进水平。

（姜学昆）

【2019 智能网联汽车大会举办】10 月 22 日至 25 日，2019 世界智能网联汽车大会在顺义区中国国际展览中心（新馆）举办。大会由工信部、公安部、交通运输部、中国科学技术协会及北京市政府共同主办，工信部装备工业发展中心、北京市经济和信息化局、中国电子信息产业发展研究院、北京市顺义区人民政府、中国国际贸易促进委员会机械行业分会、中国电工技术学会等单位共同承办。本次大会以“共建生态　智领未来——开启汽车新时代”为主题，呈现组织机构广、参与国家广、论坛内容广、5G 场景新、跨界融合新五大亮点。闭幕式上集中发布 7 项研究成果，分别为《北京市智能网联汽车白皮书（2019）》《世界智能网联汽车产业发展指数（顺义指数）》《C-V2X 产业化路径和时间表研究白皮书》《电动汽车安全指南（2019 版）》《智能网联汽车操作系统标准体系》《智能网联汽车信息物理系统参考架构 1.0》《北京市自动驾驶车辆模拟仿真测试平台技术要求》。大会参会人数达 1 万人次。同期举办的展览面积共 5 万平方米，比上年增长 43%。参展商 200 余家，参展车辆 170 余辆。共有来自 50 余个国家和地区的嘉宾和观众参展，总人数超过 10 万人次，比上年增长近 30%。中共中央政治局委员、北京市委书记蔡奇，全国政协副主席、中国科学技术协会主席万钢，工信部部长苗圩，北京市市长陈吉宁，工信部副部长王江平，公安部副部

长杜航伟，交通运输部党组成员兼总规划师王志清、交通运输部总工程师周伟等出席大会并致辞。

（市经济和信息化局）

【紫光集团与北汽集团签署战略合作框架协议】 10月25日，紫光集团有限公司与北京汽车集团有限公司在北京2019年世界智能网联汽车大会闭幕式上签署战略合作框架协议。根据协议，紫光集团和北汽集团将在汽车和芯云科技领域开展深度合作，共同推进芯云科技在汽车行业的应用，持续带动相关产业发展。在芯片板块，双方将在车载芯片、下一代汽车电子创新、车载终端解决方案、标准与认证等领域开展深入合作；在云网板块，双方将在工业互联网及企业云、大数据及信息化等方面进行全面合作。

（郑　雪）

【二七机车公司1897科创园开园】 10月，中车北京二七机车有限公司通过与青旅文化产业发展（北京）有限公司的合作，基本完成二七厂1897科创园建设并开园。二七机车公司与青旅文化产业发展（北京）有限公司签订租赁合同，出租面积约1.6万平方米。

（周燕平）

【宝沃汽车首批50个城市展厅同步开业】 10月，北京宝沃汽车全国首批城市展厅50城同步开业，覆盖长春、上海、苏州、成都、西安、太原、桂林等重点城市。

（王喜悦）

【福田戴姆勒汽车获汽车物流行业大奖】 11月19日，福田戴姆勒汽车在2019全国汽车物流行业年会上获2019年度汽车物流行业优秀技术装备供应商奖项。

（姜学昆）

【京礼高速、奥林匹克中心区智能网联汽车示范项目顶层设计工作启动】 11月22日，由市经济和信息化局和北京冬奥组委组织的京礼高速、奥林匹克中心区智能网联汽车示范项目顶层设计工作启动会在国家智能网联汽车创新中心召开。北京冬奥组委新闻宣传部部长常宇、市经济和信息化局副局长孔磊出席会议。国家智能网联汽车创新中心、清华大学、北汽集团、一汽集团、东风汽车、郑州宇通、首发集团、招商公路、中国移动、中国联通、华为、大唐、百度、滴滴、京东、四维图新、高德地图17家单位的50余位人员参会。启动会上，常宇和孔磊介绍了北京2022年冬奥会和冬残奥会智能网联汽车示范项目的背景，提出技术先进性、系统安全性、项目展示性、商业可行性4方面的总体要求。会议宣布国家智能网联汽车创新中心作为示范项目顶层设计咨询单位组织方案设计工作。创新中心简要介绍了项目前期工作，包括韩国平昌冬奥会和日本东京奥运会有关示范项目情况、北京京礼高速和奥林匹克中心区智能网联汽车示范项目初步方案。参会各企业单位结合自身业务情况，对2022年冬奥会展示的技术内容提出设想和建议。孔磊宣布智能网联车示范项目正式启动，并对后续工作提出5项具体要求：项目是一个开放性平台，请各单位积极参与，共同把工作做实；立足冬奥，超越冬奥，要站在承担国家战略实施的高度，完成具体的项目任务；要强调开放，建立滚动项目机制，不断更新项目内容和应用场景；通过各参与单位的碰撞讨论，达成新的共识，实现新的商业模式；通过项目的组织和推进，促进一批企业的成长或成立新的实体。

（市经济和信息化局）

【宝沃汽车获“最佳智能工厂”奖项】 11月，由21世纪经济报道主办，以“革新·破局”为总主题的2019中国汽车产业峰会在广东省广州康莱德酒店举行。宝沃汽车北京工厂获2019年度最佳智能工厂奖项。

（王喜悦）

【智能网联汽车创新论坛举办】 12月7日，以“构建创新生态，推动产业创新发展”为主题的智能网联汽车创新论坛举办。来自清华大学、中国电动汽车百人会、国家智能网联汽车创新中心、英特尔中国研究院智能网联汽车领域的专家，围绕中国标准、产业发展机遇、国际发展趋势等内容进行演讲分享，共同探讨如何把握智能网联汽车产业时代机遇，提升智能网联汽车产业竞争力。美团网、禾多科技、仙途智能、小马智行、白犀牛、北科天绘、中科慧眼、亮道科技、北醒光子等一批自动驾驶汽车相关领域的创新企业家，围绕如何把握智能网联汽车产业的时代机遇，构建产业的创新生态，推动产业创新发展，加快自动驾驶商业落地等议题进行演讲。

（郑　雪）

【中关村科学城自动驾驶汽车嘉年华活动】 12月7日至8日，为期2天的中关村科学城自动驾驶汽车嘉年华活动在中关村环保园举办。活动由中关村海淀园管委会主办，实创股份、翠湖网联公司承办，分为科技mini马拉松、智能网联汽车创新论坛、智能网联汽车科技展3个环节，展示智能网联汽车产业最新技术成果，搭建自动驾驶应用场景。

（郑　雪）

【宝沃全新车型BX3上市】 12月，宝沃汽车宣布宝沃全新车型BX3上市，售价为9.68万~13.08万元。新车采用双色动感车身设计，整车尺寸4410毫米/1830毫米/1670毫米（长宽高）；动力上采用1.4T涡轮增压发动机，匹配爱信6速手自一体变速箱，最大功率110千瓦，最大扭矩250牛·米，支持ECO、运动和雪地3种驾驶模式。

（王喜悦）

【北京奔驰顺义工厂项目总装投产】12月，北京奔驰顺义工厂项目实现总装投产，总装车间已具备产品下线能力。该项目是市委、市政府深入贯彻落实“腾笼换鸟，构建高精尖产业经济结构”重要指示精神的具体体现。项目总投资119.39亿元，工厂集“数字化、柔性化、绿色”三大核心于一身，可实现电动车、前驱车和后驱车的混线生产。

（市经济和信息化局）

【星际荣耀完成“焦点一号”发动机500秒全系统试车】12月，北京星际荣耀空间科技有限公司完成“焦点一号”（JD-1）可重复使用液氧甲烷发动机500秒全系统长程试车。这是国内首台突破单机全系统试车500秒、转入可靠性增长试车阶段的液氧甲烷发动机，意味着该型发动机突破产品交付应用的重大节点，为实现2020年国内首次可重复使用液体运载火箭百公里垂直起降试验奠定技术基础。

星际荣耀“焦点一号”可重复使用液氧甲烷火箭发动机500秒全系统试车完成（昆阳 摄）

（开发区管委会）

【京津冀道路测试互认】年内，为解决京津冀三地道路测试工作在测试机构和结果上实现互认，为测试企业提供便利，市经济和信息化局会同天津市工信局、河北省工信厅共同拟定《京津冀区域智能网联汽车道路测试互认合作协议》，并在10月25日世界智能网联汽车大会闭幕式上由三地工信部门领导共同签署。

（市经济和信息化局）

【北汽新能源试验中心建成启用】年内，达到国内领先、具备国际水平的北汽新能源试验中心建成启用。北汽新能源试验中心拥有400余台试验设备，能够覆盖全车164类零部件共计4774项验证项目、15个子系统407项系统级匹配验证试验、21个技术领域378项整车验证等，具备电池、电机、电控、智能网联、轻量化、整车应用六大领域的试验能力。

（张　旭）

【北汽新能源及智能网联汽车项目】年内，北汽新能源全年销量突破15万辆，连续7年位居中国纯电动汽车市场销量第一；智能纯电产品EU5成为市场畅销车型，智能纯电SUV EX3、高端纯电轿车EU7等重磅产品密集上市，产品向上战略平稳推进；换电模式扎实推广，北京、厦门等全国15个城市运营北汽换电出租车1.6万辆，累计建站187座；智能网联产业化发展提速，远程代客泊车、队列自动驾驶、5G-V2X等先进技术在世园会、世界智能网联汽车大会、世界5G大会等重大活动中成功示范运营；服务北京冬奥会的燃料电池客车、换电出租车等重点项目稳步推进，北汽集团成为北京冬奥会测试赛钻石合作伙伴。

（张　旭）

【北汽集团合资合作项目取得新进展】年内，北汽集团与战略合作伙伴戴姆勒股份公司加深股权层面融合，进一步深化“北戴合”；与韩国现代自动车株式会社强化全产业链合作，围绕新能源等方向深植中国本土；与麦格纳、华为技术有限公司等合作的全球新能源高端品牌ARCFOX项目有序推进，智能工厂建设落地，旗舰产品正式亮相；与宁德时代新能源科技股份有限公司共同开发的全球首款无模组动力电池包正式搭载应用；与北京电子控股有限责任公司、SK合作开发生产的BEST高端电池产品项目稳步推进；还与紫光集团有限公司、滴滴出行科技有限公司、中国邮政集团有限公司、北京京东世纪贸易有限公司等企业紧密联手，开放合作不断增质扩容。

（张　旭）

【北汽为重大活动提供保障】年内，北汽集团充分发挥国企担当，为经济社会健康发展持续贡献力量。完成庆祝中华人民共和国成立70周年活动保障工作，提供阅兵方队引导车、礼炮牵引车、主题彩车等2500余辆各类车辆；顺利完成北京世园会服务保障工作，提供411辆工作用车服务近300天，园内运营总里程超过500万千米，服务总人数超过500万人次；打造大兴国际机场出行一站式解决方案，提供新能源物流车、出行服务等全方位保障。

（张　旭）

【北汽零部件产业】年内，北京海纳川汽车部件股份有限公司围绕产品转型、市场转型、合作伙伴转型、人才及团队转型四大领域成效显著，并通过开源与节流并举，进一步提高公司整体盈利能力，全年实现营业收入651.3亿元，同比增长10.1%，位列全球百强零部件61位，国内排行第3位。

（张　旭）

【华夏全出行产业链初具雏形】年内，华夏出行有限公司全出行产业链初具雏形，实现大小交通、定制化出行等出行服务场景全覆盖，全年营收突破12亿元，运营城市达到49座，运营车辆总数3.9万台，注册会员达到460万人。

（张　旭）

【国内首家新能源智能物流车实验室成立】年内，由北汽福田汽车股份公司投资，联合国家新能源汽车技术创新中心组建的国内首家新能源智能物流车实验室——国创中心—福田汽车新能源智能物流车实验室成立，以实验室的落成为起点，北汽福田正式加入国家级技术创新中心的建设，进一步提升新能源实验技术水平及三电研发能力，推动商用车新能源及智能技术的研发落地，完善北汽商用车新能源领域的布局。

（张　旭）

【二七机车旧房改建成国家冰雪运动训练科研基地】年内，二七机车公司根据中车集团与国家体育总局达成的合作框架协议，双方合作在二七机车公司利用原有厂房改建国家冰雪运动训练科研基地。基地总建筑面积约6万平方米，由速滑馆、轮滑馆、运动员公寓、康复医疗中心、风洞实验室、六自由度训练馆等训练科研场馆以及锅炉房、总配电室等辅助设施组成。8月，二七机车公司与北京体育大学签订房屋租赁协议，租赁面积约6万平方米。9月28日，北京首座、中国第7座大道速滑馆在二七机车公司原备料车间改建完成并投入使用。10月10日至12日，速滑国家队直通国际比赛选拔赛在此举行。北京电视台冬奥频道对赛事全程进行了直播。

（周燕平）

【二七机车两个子公司申请破产清算】年内，二七机车公司加强亏损企业治理，在下属子公司重机公司和二七康库得公司依靠经营无法实现扭亏为盈的情况下，为避免亏损继续加大，制订两个子公司破产清算方案，报集团公司立项批复并向法院提出破产清算申请。截至年底，法院已立案裁定并指定管理人，完成与两个管理人的移交。

（周燕平）

【二七机车加强危化管理】年内，二七机车公司持续强化公司污水站设备、设施运行监管，对相关方日常巡查及监管。完成制造业遗留危废化学品处置0.8吨；全年公司氨氮排放量0.01吨；化学需氧量排放量0.46吨；二氧化硫排放量与氮氧化物排放量均为0，无环保事件发生。

（周燕平）

【二七机车推动股权划转】年内，二七机车公司推动完成二七机车厂公司股权由大连实业公司划转至中车集团公司；根据改制企业的实际情况，推动参股改制企业的股权处置工作，完成宏泰公司的疏解注销工作，实现股权处置并收回投资成本。

（周燕平）

【二七机车完成员工分流安置】年内，二七机车公司完成员工分流安置的收尾工作，完成1016名员工档案（含445名特殊工种作业人员档案）的人工核实、信息统计及人员分类等整理工作，确保转档工作的高效性及准确性；完成公司定岗定编定员工作，开展竞聘上岗工作，分俩批次聘用待岗员工174人，基本实现人岗匹配，保证了公司的用工需求；以培训中心为基础，依托国家和地方政府的政策及资源，在公司内部实施第二技能转岗培训工作，为待岗人员的劳务输出打好基础。

（周燕平）

【中车轨道交通装备产业园建设】年内，中车轨道交通装备产业园（窦店产业园）项目累计完成总投资16.2亿元。其中，调试联合厂房、组装联合厂房、零部件加工厂房、涂装加工厂房、钢结构厂房、备料厂房等六大厂房完成封闭，锅炉房、水泵房、开闭站等配套设施完成施工。

（周燕平）

【南口公司基建与技改】年内，南口公司严格控制设备维修、基建工程整体费用指标，年度设备维修及更新费用实际发生71.88万元，完成克诺尔供电系统增容改造、110千伏变压器维护、办公楼及主马路监控设备安装工作。完成公司家属区天然气入户改造，已投入使用。修缮公司主干道800米。合理供电，提高功率因数获供电局奖励20万元，年度节省电费409万元。

（陈宗河）

【南口公司推进铁路市场运行】年内，南口公司机车业务平稳交付，供货资质由南口公司转到控股合资公司。时速250千米标准动车组CR300齿轮箱在中车长客公司完成30万千米在线运营考核，测试结果良好，通过CRCC现场审核。新开辟的地铁齿轮加工业务，为厦门3号线、北京22号线、深圳6号线、成都9号线和洛阳1号线项目配套齿轮产品。

（陈宗河）

【南口公司开通境外风电市场】年内，南口公司控股合资公司与芬兰美闻达公司确立合作关系，引进先进风电齿轮箱技术，提升开发能力，在中车系统内部企业形成批量订单，并取得风电齿轮箱关键部件出口订单。

（陈宗河）

【南口公司加强压缩机配件研发】年内，南口公司控股合资公司转子业务继续保持稳定发展态势，正在进行铸件转子试制。南口公司控股合资公司重点开发具有竞争优势的新型主机产品，产品技术含量不断提升。

（陈宗河）

【南口公司获中车四星HR荣誉】年内，南口公司完成员工二次分流安置，协议解除劳动合同32人，内部退养6人，荣誉岗内退15人、中层干部退二线21人、自愿申请及未被南口公司聘用的待岗人员24人。完成公司定岗定编和人员重新招聘工作。完成聘入福伊特合资公司人员三方协议签订243人。开展人力资源信息系统基础数据维护工作，完成员工基本数据的审核、维护等工作，共630人（包括公司本部204人、中车福伊特合资公司246人、劳务市场180人）。完成职称评审工作，中级工程师7人、助理工程师1人通过审核，推荐高级政工师1人、高级会计师2人、正高级工程师1人、高级工程师3人参加中车职称评审。完成公司内外部培训89项，其中内部培训47项、委外培训42项，参培员工505人次。完成7名入职大学生转正定职答辩及竞聘上岗工作；招聘入职15名高校毕业生。针对公司外方合资企业较多的实际，开展全员英语培训。年内，公司获中车四星HR荣誉。

（陈宗河）

【盟固利全国首创全气候电池】年内，盟固利率先引进全气候单体电池（ACB）技术，创新开发出可在低温下快速自加热的锂离子动力电池系统。该系统可在−40℃超低环境温度下使车辆正常运行，电池自加热速度达到5~7℃/分钟，是已市场化产品自加热速度的10倍以上，每升温10℃耗电量仅为2%的额定电量。在−40℃环境下加热8分钟后可实现30分钟快速充电，充电后的续驶里程达到常温下的90%以上，解决电动车低温难运行问题。相关产品已经在河北省张家口市试运行，并与福田、北汽奔驰完成应用开发。

（李　星）

【福田康明斯获绿色供应链示范企业称号】年内，福田康明斯获工信部颁发的F/X两个系列产品“绿色产品”认证，及北京市绿色供应链示范企业、北京市高精尖企业设计中心称号，进一步夯实公司在同行业中的引领地位。年内，公司首次发布绿色发动机设计行业标准。

（毛易飞）

【通用航空尖端领域电池首次亮相】年内，盟固利与沈阳航空航天大学杨凤田院士团队经联合攻关，搭载盟固利动力电池系统的增程电动四座RX4E−A型飞机于10月实现首飞，续航时长可达150分钟。航空尖端领域电动飞机的首次亮相，标志着中国在电动通用航空领域取得重大突破。

（李　星）

企业选介

【北京汽车集团有限公司】简称北汽集团，成立于1958年，是中国主要的汽车集团之一，在国内汽车行业排名第四位。经过60余年的发展，北汽集团已拥有“北京”“BEIJING”“ARCFOX”“昌河”“福田”等自主品牌，先后引进“现代”“梅赛德斯·奔驰”等国际品牌，汽车整车产品覆盖轿车、越野车、商用车和新能源汽车门类。北汽集团拥有包括乘用车、越野车、商用车、新能源汽车和动力总成技术的专业研发机构，建立了涵盖汽车零部件、汽车服务贸易、进出口和汽车金融的完整产业链，实现产业向新能源、智能网联等领域的战略延伸，已发展成为涵盖整车（包括新能源汽车）研发与制造、通用航空产业、汽车零部件制造、汽车服务贸易、移动出行、投融资等业务的国有大型汽车企业集团。

2019年，北汽集团实现整车销量226.1万辆，同比下降5.9%，居于全国行业第四名；实现营业收入5012.3亿元，同比增长4.3%，成为北京市首家年营收突破5000亿元的国有企业。连续7年入围《财富》

全球500强，2019年排名第129位。年内，北汽集团获2019年中国品牌年度大奖NO.1、2019中国品牌强国盛典榜样100品牌等荣誉。年内，北汽集团战略发展全面推进，“高、新、特”产业机构升级加速。在“高”方面，北京奔驰实现销售56.7万辆，同比增长17.0%，继续领跑豪华品牌；在“新”方面，北汽新能源全年销量突破15万辆，连续7年保持国内纯电动乘用车销量冠军；在“特”方面，北汽越野车在圆满完成国庆70周年阅兵任务的同时，实现销售3.6万辆，同比增长10.4%。

（张　旭）

【北汽福田汽车股份有限公司】 简称福田汽车，于1996年8月28日成立，是中国品种最全、规模最大的商用车企业。1998年6月在上海证券交易所上市，股票代码为600166，是一家跨地区、跨行业、跨所有制的，上交所上市的国有控股上市公司。旗下拥有欧曼、欧辉、欧马可、奥铃、时代、萨瓦纳、拓陆者、萨普、图雅诺、风景、蒙派克、伽途、瑞沃等产品品牌，生产车型涵盖轻型卡车、中型卡车、重型卡车、轻型客车、大中型客车以及核心零部件发动机。

2019年，福田汽车实现从规模扩展型发展模式向精益式价值增长型模式的转变，完成整车销售54万辆（不含宝沃乘用车），实现同比增长5.4%的业绩，收入、利润等各项指标同比2018年均有大幅改善。年内，福田汽车继续保持中国商用车品牌第一：福田汽车在23年的发展中积累了雄厚的品牌资产，品牌形象逐渐丰富，品牌溢价能力持续提升，年内品牌价值达到1529亿元，位居商用车行业第一、汽车行业第四，连续多年领跑商用车行业。福田汽车经过近2年深入调整，完成北京宝沃企业有限公司、北京中车信融融资租赁有限公司、北京福田商业保理有限公司、河北北汽福田汽车部件有限公司等股权重组，为公司聚焦主营业务发展奠定扎实的基础。在测试验证能力建设、国VI、新能源、智能网联化等领域的研发力度持续加大，一批亮点突出的“拳头”产品有力拉动公司全年销量增长，时代事业部销量同比增长17.6%，奥铃事业部销量同比增长22.4%，高端城市配送、冷链物流等细分市场取得突破，图雅诺、欧辉等产品都保持正增长，市场占有率实现不同程度的提升。福田汽车受全球经济增速放缓及中美贸易摩擦影响，虽然出口销量实现4.7万辆，同比下降18.6%，但仍保持中国商用车出口领先优势，且在产品结构调整、属地化运营等方面取得新的实质性进展。同时，福田汽车通过与戴姆勒股份公司、美国康明斯公司、德国采埃孚股份公司等世界知名企业横向一体化的战略合作，完成商用车全系列发动机、变速箱等核心零部件的布局升级。

（张　旭）

【北京现代汽车有限公司】 简称北京现代，于2002年10月18日成立，由北京汽车投资有限公司和韩国现代自动车株式会社共同出资设立，注册资本20.36亿美元，中韩双方各占50%，合资期限为30年。北京现代坐落于顺义区北京汽车生产基地，拥有3座整车生产工厂、3座发动机生产工厂和1座技术中心。北京现代先后建立河北沧州工厂和重庆工厂项目，已形成“三地五厂”的全国产能布局。

2019年，北京现代紧随市场变化，注重产品品质，及时调整策略，全年实现整车销售70.5万辆，保持了业绩相对平稳。年内，北京现代围绕“品牌技术年”，从新产品、新技术、新品牌、新体验多维度集中发力。通过推出6款新品，包括第四代胜达、新一代ix25两款SUV，新领动、新一代悦纳两款轿车，以及领动PHEV（插电式混动）、昂希诺EV（纯电动）两款新能源车型，实现产品线的全面升级焕新。特别是随着PHEV、EV产品的推出，北京现代成为国内首个覆盖“纯电动、混动、插电式混动”全动力总成的合资品牌。

（张　旭）

【北京奔驰汽车有限公司】 简称北京奔驰，于2005年8月8日成立，是北京汽车股份有限公司与戴姆勒股份公司、戴姆勒大中华区投资有限公司共同投资，集研发、发动机与整车生产、销售和售后服务于一体的中德合资企业。北京奔驰业已建立起全球面积最大、综合性最强的梅赛德斯－奔驰乘用车生产制造基地，拥有戴姆勒股份公司首个德国本土以外的梅赛德斯－奔驰汽车发动机制造工厂、戴姆勒股份公司合资公司里最大的研发中心，并成为戴姆勒全球唯一同时拥有前驱车平台、后驱车平台、电动车平台和动力系统平台的豪华汽车合资企业。截至年底，北京奔驰生产的产品主要有梅赛德斯－奔驰长轴距E级轿车、长轴距与标准轴距C级轿车、长轴距A级轿车、长轴距GLC SUV、GLA SUV、GLB SUV、EQC纯电动SUV及AMG A 35L等多款车型。

2019年，北京奔驰延续高速度、高质量增长，全年实现整车销售56.7万辆，同比增长17.0%，增速稳居合资豪华品牌前列。北京奔驰对梅赛德斯－奔驰产品在华销量的总贡献度已经超过75%。年内，北京奔驰成功投产一系列新产品，包括新一代GLB

SUV、首款AMG产品AMG A 35L，以及全新梅赛德斯－奔驰品牌首款纯电动乘用车——EQC纯电动SUV。同时，北京奔驰质量建设持续推进，在2019年中国质量协会举办的汽车用户满意度测评中，获两项第一名；在2019年度J.D.Power中国新车质量评比中，梅赛德斯－奔驰E级轿车再次获中型豪华车新车质量第一名。年内，北京奔驰通过纯电动新能源企业准入审批，获纯电动车型批量生产资质；动力电池工厂于6月全面落成，首块动力电池成功交付；发动机二工厂、顺义工厂相继投产，整车及发动机产能进一步优化。

（张　旭）

【北京福田康明斯发动机有限公司】简称福田康明斯，于2008年成立，是全球最大的独立发动机制造商康明斯公司与中国商用车企业北汽福田汽车股份有限公司以50∶50比例合资组建，生产轻型和重型柴油发动机的企业。总投资逾49亿元，注册资本22.88亿元，设计产能52万台，员工总人数超过1800人。福田康明斯是国家高新技术企业，产品包括ISF/QSF（公路/非公路）系列2.8升和3.8升、ISF系列4.5升轻型以及X系列（原ISG系列，2018年更名为X系列）11升、12升重型柴油发动机，发动机全部达到欧六/国六标准，技术水平属国内领先，并达到国际主流产品水平。中国内燃机工业协会数据统计，公司F系列产品销量位居全国前三，据企业内部核算细分市场占有率，F系列产品在2.5T、3T&4T细分市场占有率行业第一。福田康明斯是全球最先进的柴油发动机生产基地之一，ISF和ISG工厂拥有按照世界领先的技术标准和质量控制标准设计的发动机制造系统。车间生产线包括缸体和缸盖机加线、装配线、试验线、喷漆线和附装线。设备自动化程度高，预防性防错技术应用广泛。工厂运营严格遵循康明斯运营系统。福田康明斯已通过TS 16949质量管理体系、ISO 14000环境管理体系以及OHSAS 18001职业健康安全管理体系认证。

2019年，福田康明斯获工信部颁发的F/X两个系列产品“绿色产品”认证，并获得北京市绿色供应链示范企业、北京市高精尖企业设计中心称号。年内，公司首次发布绿色发动机设计行业标准。

（毛易飞）

【北京汽车股份有限公司】简称北汽股份，股票代码1958.HK，于2010年9月成立，是北京汽车集团有限公司乘用车整车资源聚合和业务发展的平台，是北京市政府重点支持发展的企业。2014年12月19日完成首次公开发行H股并在香港联交所主板挂牌上市。北汽股份的主要业务涵盖乘用车研发、制造、销售与售后服务，乘用车核心零部件生产、汽车金融以及其他相关业务。

2019年，北汽股份各板块呈现稳定发展态势，全年实现整车销售142.5万辆，同比下降2.4%，下降幅度低于行业整体降幅，跑赢整体市场。其中，自主品牌全面完成2.0时代产品布局，实现整车批发销售16.7万辆，同比增长6.9%；纯电动新能源产品销售10.4万辆，同比增长133.2%；同时完成从“绅宝”到“BEIJING”的品牌升级工作，推进品牌向上突破。北京奔驰全年实现整车销售56.7万辆，同比增长17.0%，增速稳居合资豪华品牌前列，助力梅赛德斯－奔驰品牌在华销量再次实现突破。北京现代持续稳定经营，全年实现销售70.4万辆，并围绕新产品、新技术、新品牌、新体验等多维度集中发力，持续推出全新主力产品。福建奔驰全年实现销售2.8万辆，同比下降1.5%，但跑赢整体市场；其中，梅赛德斯－奔驰V级车、新威霆等产品，在各自细分市场受到认可，销量表现持续良好。年内，北汽股份通过拓展北京奔驰产能及产品结构、加大对奔驰租赁投资、增资北汽南非、入股国家新能源汽车技术创新中心等措施，进一步延伸产业链，增强竞争实力。

（张　旭）

【北汽蓝谷新能源科技股份有限公司】简称北汽蓝谷，于2009年成立，2018年9月在上海证交所正式完成重组更名暨上市，股票代码为600733，是由北汽集团发起并控股，是中国首家独立运营、首个获新能源汽车生产资质、首家进行混合所有制改革、首批试点国有企业员工持股改革的新能源汽车企业。公司主要业务为新能源纯电动汽车与核心零部件的研发、生产、销售和服务。截至年底，北汽蓝谷已在研发、制造、市场、服务等方面建立了具有一定领先性的完整运营体系，连续7年保持国内纯电动乘用车市场销量第一。

2019年，北汽蓝谷实现销量15.06万辆，连续7年保持中国纯电动汽车销量第一。年内推出“全智能长续航纯电SUV”——EX5、EX3和B级轿车EU7三款新品，搭载“达尔文系统”的新一代智能家轿EU5获市场认可，成为畅销车型。推进产品平台化与零部件模块化开发，加速“三电”、智能网联等核心技术掌握，并发挥试制试验中心作用、提升新车型及核心零部件验证质量，企业自主创新能力不断提升。年内，北汽蓝谷与麦格纳合作成立技术和制造两大合资公司，ARCFOX品牌首款车型已于12月30日在镇江合资工厂完成试生产的首车下线；与华为技术有限公司合作开发面向下一代的世界级智能网联电动汽车技术，相关成果将集中搭载于ARCFOX后续产品；与宁德时代新能源科技股份有限公司围绕产业链稳定、新技术研发等环节继续深化战略合作；与滴滴出行科技有限公司合资成立京桔公司，推进新能源汽车在出行服务市场的规模化应用。

（张　旭）

【北京宝沃汽车股份有限公司】简称宝沃汽车，于2016年1月18日成立，隶属于神州优车集团，是宝沃汽车在中国唯一的整车制造基地。公司位于密云经济开发区，厂区总面积110万平方米。宝沃汽车秉承“品质为宝，匠心有沃”的制造理念，按照平台化、模块化的规划策略，建设高度柔性化、自动化、智能化的生产线，承担宝沃汽车全系列产品（含新能源汽车）的生产任务。北京宝沃汽车作为密云区骨干企业，带动密云属地就业3000余人，2018年实现纳税2.23亿元。

2019年全年产量4.97万辆，主营业务收入53.2亿元，实现税收2.17亿元。年内，北京宝沃汽车股份有限公司以工业4.0为指导，联合全球顶级制造资源，实现设备一流、绿色环保、工艺先进的无接触自动化生产线，自动化程度高，多种车型、多种配置同时混线生产。最大年产能达到36万辆。高速伺服、全封闭、自动化的冲压生产线可实现五大工序整线同步控制，保证冲压件的制作精度；国际先进的激光焊接技术、100%中频自适应焊接、机器人绲边和自动螺柱焊技术，大大提升车身刚度和表面质量；双面镀锌钢板、先进的免中涂水性漆喷涂工艺和自动喷涂设备，节能环保，实现车身出色的防腐性能；模块化、柔性化的装配生产线，关键质量特性在线监控及追溯系统，确保装配质量稳定可靠。传承家族基因的宝沃产品采用纯正德国造型风格以及前瞻性的设计语言，凸显动感与大气的时尚品质；轻量化结构设计，大量采用高强度钢板，产品的主被动安全性能达到中国/欧洲五星水平；发动机采用涡轮增压和缸内直喷技术，配合先进的燃烧系统，实现噪声小、动力强和油耗低的结合。以B-link为依托，利用互联网手段整合产业、消费资源，打造智能化汽车产品，为用户实现人、车、生活无缝融合的智能化用车新形态。

（王喜悦）

【中车北京二七机车有限公司】简称二七机车公司，隶属于中国中车集团有限公司，前身是始建于1897年的邮传部卢保铁路卢沟桥机厂。百年二七，历经风雨洗礼，孕育了北京近代工业产业，是在中国共产党领导下“二七”工人运动的主要策源地，新中国第一台内燃机车从这里诞生。二七机车公司主要经营的项目是开发、设计、销售铁路及城市轨道交通运输设备、电子设备、机械电器设备；技术咨询、技术服务；技术进出口、代理进出口、货物进出口；供暖服务；仓储服务；劳务分包；机械设备租赁；机动车公共停车场管理服务；施工总承包；专业承包。2018年开始，按照国家疏解非首都功能工作及中车集团公司发展战略和业务重组规划的相关要求，二七机车公司已全面退出制造业，由中车股份转入中车集团。二七机车公司按照北京市“四个中心”定位要求，结合中车集团业务发展需要，在实施老厂区保护再利用的基础上，围绕文化创意产业和体育产业开展相关业务，打造“中车二七厂1897”文化科技创新城和二七厂国家冰雪运动训练科研基地，未来将围绕科技、文化和体育等服务型产业开展相关业务。

2019年，二七机车公司员工数量764人，资产约22.5亿元。下属参控股公司4家，分别为北京中车长客二七轨道装备有限公司、天津二七康库得曲轴有限公司、北京中车二七重型机械有限公司及北京中车二七达诺巴特机床制造有限公司。年内，二七机车公司开展费用支出清理，杜绝一切非必要开支，对必须支出的费用严格控制支出。全年可控期间费用同比下降27.29%，两金占用下降7148万元，降幅21.5%。全年基本完成低效无效股权处置2户（重机公司、二七康库得公司）；完成低效无效设备处置1465项，净值8429万元。全年实现营业收入1.32亿元，利润总额−2.69亿元。年内，国家冰雪运动项目训练基地落户二七机车公司本部所在的长辛店厂区，1897科技园业初步体现“文化”的特点，二七机车公司将继续围绕冰雪基地和文化创业，对公司未来产业发展进行深入探索，不断开拓市场。年内，二七机车公司结合实际围绕安全、环保、消防、保卫、维稳等工作中的变化，修订完善安全管理制度，制定治安应急管理机制，组织完成对危险源和环境因素进行重新梳理识别，做好制造业遗留危险源处置准备工作，全年公司安全管理有效控制，安全生产状况有序可控，总体稳定。全年公司无死亡；无新增现岗职业病；发生轻伤1起，轻伤率为1.29‰；无重大盗窃案件和重大火灾事故。加强相关方管理，严审相关方安全生产资质，定期日常巡查及监管；强化动火、有限空间作业等审批管理，配置有限空间作业应急物资，做好应急处置预案准备。全年安全检查共下达3张相关方不符合整改通知单；相关方专项安全检查下达检查结果通知函3次，督促完成对不符合项进行整改，切实履行安全主体责任。

（周燕平）

【中车北京南口机械有限公司】简称南口公司，隶属于中国中车股份有限公司，前身为由铁路先驱詹天佑于1906年创办的第一家国有铁路工厂。南口公司拥有各类设备1146台，其中大型高精尖数控设备84台，包括海科特、BW和格里森数控加工中心，龙门三坐标检测中心，西门子7.2兆瓦齿轮箱试验中心以及大型箱式、井式渗碳炉，形成系统集成产品加工、检测、组装、试验专业化生产线。具备年产轨道齿轮箱2000台、风电齿轮箱1000台、螺杆压缩机整机1000台的生产能力。公司秉承“自主创新、追求卓越”的詹天佑精神和“培育机械传动系统世界一流企业”的发展愿景，始终坚持技术创新，形成齿轮传动系统和压缩机系统两大主导产品板块，涉及轨道交通、风力发电、石油机械和压缩风源四大市场领域，完全具备自主研发制造能力。自主成功开发时速350千米中国标准动车组齿轮箱，配套出口孟加拉、阿根廷城轨动车齿轮箱，适应低风速大速比运行工况、完全满足陆地风机配套需要1.5~2.5兆瓦功率等级15种系列产品，兆瓦级石油机械齿轮箱系列产品以及120立方以下螺杆压缩机主机、整机全系列产品。特别是国内独家成功开发恒转速输出VRS风电齿轮箱，为改善风力发电品质提供了新的技术途径；完全自主成功开发一级能效、两级压缩主机产品，引领压缩机行业高效节能新方向。公司具有国际化的文化视野和技术平台，拥有分别与瑞典斯凯孚、德国克诺尔、中国铁科院、德国福伊特组建的5家（其中德国福伊特2家）生产制造型合资企业，已经成为同国内外知名企业合资合作的典范。

2019年，南口公司固定资产原值7099万元，净值376万元，长期股权投资5.9亿元。设置行政部室8个、党群部门1个、经营实体单位1个（转供服务），合资合作企业5个。全年实现营业收入1.87亿元，归属母公司净利润6.03亿元。完成不动产权由南口公司转移至南口科创公司登记办理工作，土增税、契税两项税费共6亿元获得减免。在岗员工总数175人，其中硕士及以上学历24人、本科学历106人、专科学历24人、中专及以下学历21人。年内，南口公司推进混合所有制改革，新成立的合资企业——中车福伊特传动技术（北京）有限公司（南口公司控股）、上海中车福伊特传动技术有限公司于3月1日投入运营。南口公司本部以资产管理与处置、投资监管与服务、业务规划与发展作为主要业务，重新调整组织机构，管理部门由17个精简为9个，按照现有业务重新划分职能分工；根据公司经营机制调整，完成规章制度“废改立”工作；废止规章制度82项、修订126项、新立8项，完成公司规章制度“废改立”整改销号上报工作。年内，南口公司与德国莱茵认证公司签署轨道交通产品及延伸产业合作意向协议，为后续轨道装备、风电以及其他工业产品试验、检测、认证等领域进一步合作奠定基础。通过与中车研究院深入交流，确定“超级铜”项目在南口建立中试实验室初步设想。加强全面预算管理，有效降低“两金”占用。存货处置方面：南口公司存货期初账面金额4.46亿元，截至年底，减少存货共计5531万元。应收账款方面：公司应收账款期初账面金额3.16亿元，截至年底，应收账款减少共计3210万元，清户42家。完成集团公司“两金”占用净值压降指标。通过法律手段清欠应收账款，共起诉7家公司，胜诉5家公司，并已申请强制执行；还有2起诉讼正在审理中。公司《中国北车整体信息化建设工程项目南口机械公司子项目》通过中车验收。向市环保局提报相关资料，南口公司不再列入北京市重点排污单位名录。

（陈宗河）

【荣盛盟固利新能源科技有限公司】简称盟固利，是一家专业从事新能源汽车锂离子动力电池技术研发和产业化推广应用的国家级高新技术企业，于2002年5月27日成立，注册资本4.45亿元，是中国动力电池行业的重点骨干企业。截至2019年已累计承担国家重点研发计划项目、国家发展改革委战略性新兴产业专项、北京市科委新能源汽车产业培育专项等国家和省部级重大研发及产业化项目40余项，参与制定国家、行业标准17项，申请专利260余项，获国家科技进步奖二等奖、北京市科技进步奖一等奖等省部级以上科技奖项15项，获北京市企业技术中心、北京市工程技术研究中心、北京市企业研发机构、博士后科研工作站、院士专家工作站等资质。作为高功率型动力电池国家“十三五”重大科技专项的唯一承担单位，先后为北京奥运会、上海世博会、杭州G20峰会等一系列国际盛会提供绿色出行服务。产品遍布全国31个省140余个城市，累计安全行驶里程突破70亿千米，是国内商用车功率型快充电池第一品牌。

2019年，盟固利引进全气候单体电池（ACB）技术，创新开发出可在低温下快速自加热的锂离子动力电池系统。盟固利作为国际上首家引进全气候单体电池技术的企业，是首家实现全气候电池技术工程化、产业化的动力电池企业，首创全气候电池系统集成技术，技术水平国际领先。年内，盟固利在国家新能源汽车产业政策引领下，专注于新能源汽车动力电池领域，形成完备的自主创新研发体系，在先进材料分析、快速充电、高能量电池、高功率电池、长寿命电池等多项技术领域行业领先，技术实力雄厚。年内，盟固利推进新动力电池以及先进材料技术研发向高精尖方向发展，打造“三横五纵”战略布局。“三横”包括新能源汽车动力电池工程技术研究中心、轨道交通动力电池系统工程技术研究中心、民用航空电动飞机动力电池系统工程技术研究中心；“五纵”包括建立新材料创新研发平台、动力电池设计开发平台、电池系统设计开发平台、可靠性设计与验证平台、应用技术研究平台。在国内新能源汽车、轨道交通、民用航空电动飞机三大领域打造动力电池核心技术竞争力，占领技术领先高地，发挥企业在北京的技术、行业聚集和人才优势，完成对接北京“科技中心”定位和国家技术创新战略的使命。

（李　星）

2020

北京工业年鉴

BEIJING GONGYE NIANJIAN

智能制造与装备产业

本栏目采用条目体，主要记述智能制造与装备产业年度发展情况，以及部分企业选介。

行业发展

【概况】2019 年，北京装备产业实现产值 2478.7 亿元，同比增长 2.6%，其中重点监测的 42 家装备企业完成工业总产值约 935.2 亿元，同比增长 2.9%。智能制造装备板块中，13 家重点企业实现产值 273.5 亿元，同比下降 8.7%。高端能源装备板块中，16 家重点企业实现产值 379.3 亿元，同比增长 17.1%。特色智能专用装备板块中，13 家重点企业实现产值 282.4 亿元，同比下降 0.9%。

年内，智能装备产业新开工 4 个，分别是嘉寓门窗幕墙及光伏清洗机器人生产基地项目，总投资 5.18 亿元；万科智慧节能产业园项目，总投资 13.7 亿元；三一集团南口产业园项目，总投资约 28 亿元；桑普新源智能制造项目，总投资 6.5 亿元。储备重点项目 4 个，分别是极智嘉智能机器人总部项目，总投资 10 亿元；小乔机器人智能药师服务机器人项目，总投资 1.4 亿元；智殷机器人模块化定制机器人项目，总投资 0.8 亿元；极限人工智能公司手术机器人产能建设项目，总投资 5 亿元。

（市经济和信息化局）

【ABB 传动新品发布】年初，北京 ABB 电气传动系统有限公司发布两款全新的传动产品，包括能量回馈型传动 ACS880、ABB 工业传动 DCS880。能量回馈型传动 ACS880 能够回收电机制动能量的超低谐波变频器，提高客户收益，保证工艺稳定，同时实现最优化的系统集成成本和安装空间。DCS880 是 ABB 新一代直流传动产品，内置 STO，使用方便，安全可靠，可满足石油天然气、采矿、冶金、起重、水泥、非电机应用、制浆造纸、橡胶和塑料、水处理等行业的精准控制需求。

（ABB 传动公司）

【金风科创低温大容量风电机组并网】1 月 19 日，北京金风科创风电设备有限公司研制的国内首台低温型 6.45 兆瓦大容量风电机组在辽宁省大连市庄河海域上电 5 小时内即完成并网发电，标志着金风科创 6S 系列机组进入规模化商业运行，也标志着中国北方地区首个海上风电项目规模化投入商业运行。该项目为中国探索北方严寒海域开发海上风电新技术积累了经验，支持了国家首个智慧能源城市和海岛（镇）微网试点城市——庄河的建设工作，把东北地区海上风电资源优势转化为发展优势、产业优势和竞争优势，缓解能源、环境压力，促进能源利用方式转变，推进产业结构转型升级。

（开发区管委会）

【《北京市智能制造关键技术装备供应商推荐目录（2018）》印发】为贯彻落实《北京市加快科技创新发展智能装备产业的指导意见》和《“智造 100”工程实施方案》，加快推动北京市智能装备产业发展，提升智能制造关键技术装备供给能力，经企业申报、专家评审、网上公示，1 月，市经济和信息化局制定印发《北京市智能制造关键技术装备供应商推荐目录（2018）》。

（市经济和信息化局）

【精雕集团入选智能制造两个推荐目录】1 月，市经济和信息化局印发《关于印发北京市智能制造关键技术装备供应商推荐目录（2018）的通知》，北京精雕集团的高速高效精密五轴加工中心入选高档数控机床与机器人分项。11 月，市经济和信息化局公布《北京市智能制造系统解决方案供应商推荐目录（2019）名单》，北京精雕集团名列其中。北京精雕集团已具备从咨询规划、方案设计、项目实施到运维服务的整体解决方案供应能力，在智能制造关键技术装备、软件、成套装备、工艺和关键零部件的集成优化等方面拥有核心技术，能够有效解决行业智能制造面临的关键问题。

（徐　萍）

【世界首台大容量、高参数褐煤锅炉投入运行】1 月，北京巴布科克 · 威尔科克斯有限公司设计制造的世界首台大容量、高参数褐煤锅炉——京能内蒙古五间房 2×660 兆瓦超超临界 2 号锅炉完成 168 小时试运行；公司设计制造的世界首台高参数“W”火焰超临界锅炉——贵州中电普安 2×660 兆瓦超超临界锅炉 1 号机组通过 168 小时试运行，两项高新锅炉技术产品均实现世界首台运行。

京能内蒙古五间房电厂

（南英杰）

【四方继保产品在轨道交通领域新突破】1 月，四方继保电力电子核心产品 SVG 相继中标埃塞俄比亚亚吉铁路无功补偿项目和浙江省绍兴地铁 110 千伏万秀变变电站新建 SVG 项目，在海外铁路和国内城市地铁领域双双获得重大突破。

（嵇　涵）

【四方继保智慧能源示范项目新突破】3 月 15 日，四方继保参与承建的“互联网 +”智慧能源示范项目首批首个通过国家能源局验收。该项目攻克柔性直流配网关键技术与核心装备，建设了国际首个工程化水平的柔性直流配网示范项目，已作为特色项目纳入国家能源互联网发展白皮书。四方继保为该项目通过了多个核心设备，包括交叉钳位电路可实现微秒级故障电流自清除的换流阀、四端集成极控的站级控保、协调控制系统、能量管理系统、高精度直流测量系统等，涵盖测、控、执行多环节。

（嵇　涵）

【四方继保 9 项科技成果国际领先】4 月，四方继保 12 项科技成果通过科技鉴定，9 项成果整体技术处于国际领先水平，3 项成果整体技术处于国际先进水平，多项为首创技术。全年共获得省部级科技奖项 12 项。

2019 年北京四方继保自动化股份有限公司 12 项获省部级科技奖项一览表

序号	项目名称	获奖情况	成果奖等级
1	集成多能源系统的主动配电网关键技术研究及应用	2019 年中国电力科学技术进步奖	一等奖
2	继电保护系统智能运检技术体系研究与工程化应用	2019 年中国电力科学技术进步奖	二等奖
3	超 / 特高压大型并联无功补偿设备保护技术研究及应用	2019 年中国电力科学技术进步奖	二等奖
4	配用电一体化信息交互总线与互操作关键技术研发与应用	2019 年中国电力创新奖（信息化）	一等奖
5	面向智能运检的继电保护技术体系研究与实践	2019 年中国电力创新奖（技术类）	二等奖
6	电网一体化数据同步平台关键技术研究及应用	2019 年中国电力创新奖（信息化）	二等奖
7	大水电送端异步电网频率精确实时仿真与多直流协调控制技术	第五届中国电源学会科学技术奖	二等奖
8	柔性直流智能配电自主化核心技术及成套装备	2019 年度中国电工技术学会科学技奖	三等奖
9	柔性直流配电网紧凑化控制保护关键技术、装备研发与应用	2019 年中国能源研究会能源创新奖（技术创新奖）	一等奖
10	中压电网电压稳定与电能质量治理关键技术研究与应用	2019 年度北京市科学技术奖	二等奖
11	我国高压柔性直流输电核心技术完全自主化攻关及重大工程应用	广东省科学技术奖科技进步奖	一等奖
12	直流配电关键技术研究、成套装备研发与应用	广东省科学技术奖科技进步奖	二等奖

（嵇　涵）

【北京巴威全球最低能耗火电机组投运】4 月，北京巴威公司设计制造的全球设计最低能耗火电机组——华润电力河北唐山曹妃甸 2×1050 兆瓦超超临界燃煤锅炉（3 号锅炉）完成 168 小时满负荷试运行，标志着全球范围内设计能耗最低的煤电机组投产。

（南英杰）

【金风科创 GW136-3.4 兆瓦机组吊装完成】5 月 15 日，北京金风科创风电设备有限公司研制的 GW136-3.4 兆瓦机组在新疆维吾尔自治区达坂城区的天润风电场完成吊装，是中国首台使用单叶片吊装技术的陆上直驱风电机组。该机组叶轮直径 136 米、容量 3.4 兆瓦。金风科创将单叶片吊装技术应用于陆上直驱风电机组，提升吊装场地的适应能力，缩短机组吊装周期，节约吊装成本，有效降低风电场的建设成本，推动中国陆上机组步入大叶轮（直径135米以上）、大容量（3兆瓦以上）时代。

（开发区管委会）

【施耐德智能制造研发创新中心落户北京经济技术开发区】5月15日，在市经济和信息化局、北京经济技术开发区管委会的大力推动下，施耐德智能制造研发创新中心——施耐德智能技术有限公司在北京经济技术开发区注册成立并举行揭牌仪式，市经济和信息化局主任助理王兰出席揭牌仪式。施耐德智能制造研发创新中心落地是继3月施耐德电气公司与北京城市学院联合成立北京城市学院施耐德工程学院后，市经济和信息化局等相关部门贯彻落实市委书记蔡奇指示、服务施耐德电气公司在京发展的实质性举措。创新中心将整合施耐德公司在全球的软硬件、物联网和大数据创新资源，以工业智能技术研发和应用为核心，为中国企业量身提供本土化的智能制造系统解决方案，助力北京乃至全国制造业智能化转型升级。

（市经济和信息化局）

【国内首台80吨液氧甲烷火箭发动机试车成功】5月17日，蓝箭航天空间科技股份有限公司自主研发的国内首台80吨液氧甲烷火箭发动机“天鹊”（TQ–12）试车成功，实现中国民营航天企业大推力液体火箭发动机产品“零的突破”，成为世界上第三台完成全系统试车考核的大推力液氧甲烷火箭发动机。“天鹊”发动机在一周时间内共进行4次试车，最长试车时间为20秒，启动关机平稳迅速，正常工作段参数稳定，各项性能均达到设计要求。“天鹊”发动机是中国推力最大的双低温液体火箭发动机，具有无毒环保、高可靠、高性能、低成本、易操作、可重复使用等特点，代表了航天主动力技术的发展方向。在推力方面，此款发动机的地面型发动机的海平面推力为67吨，真空推力为76吨；真空型发动机的真空推力为80吨。本轮试车的成功，宣告中国民营企业首次掌握百吨级液体火箭发动机的全部关键技术并具备发动机研制所需的全部保障能力，成功验证了中国商业航天大推力发动机从设计、研发、制造、生产、装配、试验的完整流程。

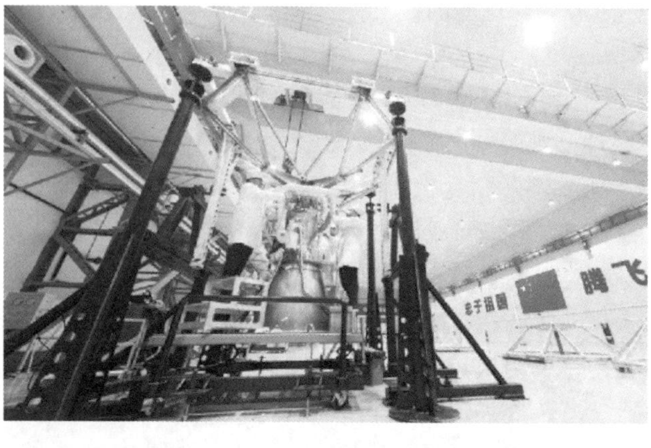

（开发区管委会）

【全球单体容量最大的柔性直流换流站商运】7月1日，渝鄂直流工程北通道宜昌站正式投入商业运行，作为世界上电压等级最高、单体容量最大的柔性直流换流站，其直流电压达到±420千伏、单元额定功率1250兆瓦。其中，换流站的“大脑”——直流控制保护系统由四方继保供货。

（嵇　涵）

【2019年北京市绿色制造示范名单公布】7月26日，为加快推动北京市绿色制造体系建设，打造绿色制造先进典型，发挥示范带动作用，根据《北京绿色制造实施方案》和《北京市经济和信息化局关于开展2019年度北京市绿色制造示范企业申报工作的通知》的有关要求和工作程序，经申报单位自评价、第三方评价机构评价、市经济和信息化局组织专家评估论证、公示等环节，确定2019年北京市绿色制造示范名单。其中，绿色工厂21家、绿色供应链9家、绿色园区1家、绿色产品8个。

2019年北京市绿色制造示范企业名单

一、绿色工厂		
序号	企业名称	行业
1	施耐德（北京）中低压电器有限公司	机械
2	博世力士乐（北京）液压有限公司	机械
3	SMC（中国）有限公司	机械
4	SMC（北京）制造有限公司	机械
5	同方威视技术股份有限公司	机械
6	北京利德华福电气技术有限公司	机械
7	三一重能有限公司	机械
8	中煤北京煤矿机械有限责任公司	机械
9	北京亚宝生物药业有限公司	医药
10	扬子江药业集团北京海燕药业有限公司	医药
11	北京百奥药业有限责任公司	医药
12	北京生物制品研究所有限责任公司	医药
13	北京四环制药有限公司	医药
14	金果园老农（北京）食品股份有限公司	食品
15	今麦郎饮品股份有限公司（北京厂区）	食品
16	北京牵手果蔬饮品股份有限公司	食品
17	北京宝沃汽车有限公司	汽车
18	北京京东方光电科技有限公司	电子
19	安泰科技股份有限公司	新材料
20	北京雅昌艺术印刷有限公司	印刷

（续表）

21	曲美家居集团股份有限公司		家具
二、绿色供应链			
序号	企业名称		行业
1	三一重工股份有限公司		机械
2	施耐德电气（中国）有限公司		机械
3	北京汽车股份有限公司		汽车
4	北京福田戴姆勒汽车有限公司		汽车
5	北京福田康明斯发动机有限公司		汽车
6	联想（北京）有限公司		电子
7	北京黎明文仪家具有限公司		家具
8	北京金隅北水环保科技有限公司		建材
9	北京金隅琉水环保科技有限公司		建材
三、绿色园区			
序号	园区名称		区
1	北京兴谷经济开发区		平谷
四、绿色产品			
序号	产品名称	企业名称	行业
1	塑料外壳式断路器	施耐德电气（中国）有限公司	机械
2	家用及类似场所用过电流保护断路器	施耐德电气（中国）有限公司	机械
3	内燃机 F 系列	北京福田康明斯发动机有限公司	汽车
4	内燃机 X 系列	北京福田康明斯发动机有限公司	汽车
5	便携式计算机 ThinkPad L480	联想（北京）有限公司	电子
6	便携式计算机昭阳 K43c-80	联想（北京）有限公司	电子
7	微型计算机启天 M520 系列	联想（北京）有限公司	电子
8	微型计算机启天 M425 系列	联想（北京）有限公司	电子

（市经济和信息化局）

【2019 世界机器人大会举办】 8 月 20 日至 25 日，2019 世界机器人大会在北京亦创国际会展中心举办。大会由北京市人民政府、工业和信息化部、中国科学技术协会主办，中国电子学会、北京市经济和信息化局、北京经济技术开发区管委会共同承办。大会以“智能新生态，开放新时代”为主题，设置论坛、博览会、大赛三大板块，集学术、展览、竞技、科普和交易等功能于一体。300 余位全球顶尖专家学者、企业精英在大会论坛上交流机器人领域前沿趋势。20 余个国家 180 余家单位参展、700 余款新锐产品亮相博览会，博览会首次设置物流机器人和医疗机器人创新成果展区。近 10 场项目路演活动促进了产、学、研、用、金深度融合，达成意向签约金额近 100 亿元，现场观众 30 万人次，各项数据均创历年之最。中共中央政治局委员、北京市委书记蔡奇，全国政协副主席、中国科协主席万钢，北京市委副书记、市长陈吉宁，工业和信息化部部长苗圩等出席开幕式。近 30 家省部级单位领导参观大会博览会和大赛。

（市经济和信息化局）

【世纪金光推出全 SiC 模块新品】 8 月底，北京世纪金光半导体有限公司推出自主研发的可满足大功率转换应用的 1200 伏 /600 安培全 SiC 模块新品。该产品采用全新的模块内部结构及散热设计，实现 600 安培额定电流，可应用于工业设备用大容量电源等更大功率产品中。1200 伏全 SiC 模块系列产品，其电流分为 600 安培和 300 安培两个等级，导通电阻分别为 2.2 毫欧和 4.7 毫欧，拥有 L 封装（兼容 Econo DUAL 封装）和 K 封装（兼容标准 62 毫米封装）两种半桥封装形式。SiC 模块 MOS 芯片采用可靠性较高的平面栅工艺，SBD 芯片采用第二代 JBS 工艺，有效降低损耗，保障运行中的高可靠性。该系列产品的推出，将满足功率转换应用（比如电机驱动器、逆变器、DC/DC 变换器等）对于高能效 SiC 解决方案不断快速增长的需求。

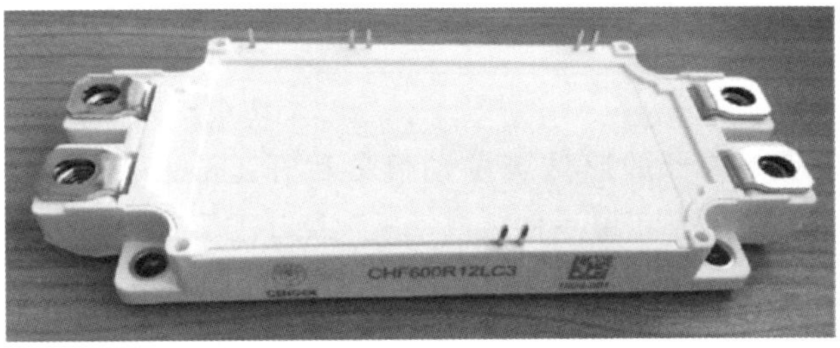

（开发区管委会）

【北京冬奥服务型机器人创新产品测评大赛启动】 9 月 24 日，“‘智慧奥运 · 智享未来——迈进智能机器人新时代’2019 年北京冬奥服务型机器人创新产品测评比选大赛”启动活动在中关村软件园国际会议服务中心举办。本次活动由市科委联合市经济和信息化局、中关村管委会、海淀区政府共同主办。测评比选大赛以应用带动北京服务机器人产业高质量发展，为冬奥会挖掘服务型机器人应用的新模式，培育北京市服务型机器人的产业新生态。

（郑　雪）

【四方继保柔性互联配电网产学研示范工程通过验收】 9 月 24 日，四方继保负责实施的国内外高校首个柔性互联配电网产学研示范工程“城市配电网柔性互联关键设备及技术的研究示范工程”通过南网科技部组织的专家验收。该项目是典型的校企产学研协同研发项目，其中配网多电平故障自阻断型换流器、高升压比紧凑型直流变压器和五端协调控制保护系统等核心产品全部由四方继保研制。

（嵇　涵）

【金风科创研制的8兆瓦风电机组发布】9月25日，北京金风科创风电设备有限公司研制的8兆瓦风电机组揭幕仪式在福建省三峡海上风电国际产业园的新疆金风科技股份有限公司福建装备制造基地举行，是国内首台具有完全自主知识产权的国产8兆瓦风电机组。该机组基于成熟的金风科创6S平台设计，零部件通用度超过80%；在叶片前缘腐蚀防护技术的基础上，可根据气象状态，通过叶片雨蚀控制技术提高叶片寿命实时调整叶轮转速，有效降低叶片前缘侵蚀，提高叶片寿命和可靠性，从而减少运维费用；通过E-TOP自主研发技术，减少塔筒动力电缆数量，解决大功率机组扭缆系统的布局和磨损问题；应用叶片净空监测技术，获得机组的净空距离，基于实时净空监控实现机组的智能降载，从而放宽叶片的柔性指标等参数要求，保障机组的运行安全，同时降低机组载荷和叶片成本；当环境温度低于24℃时，基于环境感知和智能控制技术，实施E-Plus超发策略，8兆瓦机组可超发至8.5兆瓦，保证整场发电量，充分保障收益。

（开发区管委会）

【三一重卡暨道依茨发动机项目开工】9月28日，三一智联重卡暨道依茨发动机项目开工，成为三一重工首个投资规模过千亿元的智慧园区。同步落地的道依茨柴油机项目，将推动中国制造产业链由低端迈向高端。

（李俐璋）

【国家智能制造系统创新研究院揭牌】10月18日，国家智能制造系统创新研究院揭牌。研究院由清华大学、中国信息通信研究院、机械工业仪器仪表综合技术经济研究所、国机智能技术研究院、中电科电子装备集团有限公司和中冶赛迪信息技术有限公司6家单位联合在海淀区落地建设，以智能制造共性技术、核心关键装备和标准研制及工程化应用为重点，兼具系统集成、战略咨询、技术评价、检测验证、产品认证等功能。

（市经济和信息化局）

【华海D级紧凑链研制成功并试产】10月，北京华海基业机械设备有限公司48×152-D矿用高强度紧凑链研制成功并试产，经国家安全生产太原矿用设备检测检验中心检验和评价，各项指标符合煤矿井下安全规定及工作性能要求，取得煤矿矿用产品安全标志。大规格D级链条适用于煤矿井下刮板输送机、转载机、刨煤机等运输设备和其他机械设备，可作为输送链和牵引链。

（开发区管委会）

【安川首钢打造国内最先进的洁具智能工厂】10月，安川首钢机器人有限公司承接的东陶（福建）有限公司马桶机器人智能工厂项目投产，具有极高的智能化、自动化水平，是国内最先进的洁具生产智能工厂。该项目安川首钢与东陶日本总部进行技术对接，研发的机器人洁具自动生产线集成29台各类型机器人，涉及马桶成型、卫生检测、施釉三大生产环节，涵盖泥浆涂布、开孔、填孔、施釉、搬运等12道工序的智能化生产，使用了激光扫描、激光测距、视觉跟踪、流量监控、压力监测、液位检测和温度检测等智能传感器，引导机器人完成工件的抓取搬运、泥浆涂布、开孔填孔等一系列任务。其中，喷釉工艺采用机器人自动喷釉模式，实现机器人自动送釉，智能调控釉料温度，稳定输出压力和高精度喷釉效果。

（开发区管委会）

【同方威视产品获国际认可】10 月，同方威视技术股份有限公司生产的无源台式痕量爆炸物毒品探测仪通过欧盟民航委员会（ECAC）旅检类和货检类两项技术标准测试。同方威视成为唯一达到 ECAC 标准的国内企业。

（宋慧宇）

【首款自主开发的真密度分析仪上市】11 月 19 日，北科分析检验公司首款自主开发的真密度分析仪上市。

（宋慧宇）

【北京数字化设计与制造创新中心通过市级产业创新中心专家评审】11 月 25 日，由市经济和信息化局组织的北京数字化设计与制造创新中心评审会在中关村东升国际科学园召开。与会评审专家就创新中心的建设思路、建设目标、组建方式、运营机制、风险控制等方面进行了深入讨论，并一致同意北京数字化设计与制造创新中心建设方案通过专家评审。

（郑　雪）

【ABB 传动与北科大签署合作协议】11 月，北京 ABB 电气传动系统有限公司与北京科技大学签署合作协议，共同研究优化伺服电机控制性能。

（ABB 传动公司）

【华海泵站系统入选工信部指导目录】12 月 31 日，工信部发布《关于印发〈首台（套）重大技术装备推广应用指导目录（2019 年版）〉的通告》，确定《首台（套）重大技术装备推广应用指导目录》自 2020 年 1 月 1 日起生效。在第 4.9 项千万吨级井工综采综掘成套装备中，北京华海基业机械设备有限公司自主研发和生产的 4.9.11 大流量矿用泵站系统入选。该泵站系统单台泵最大流量⩾ 1350 升 / 分，工作压力⩾ 42 兆帕，多项技术指标处于业内领先水平。该泵站系统服务于国家能源投资集团有限责任公司神东上湾 8.8 米超大采高综采工作面。

（开发区管委会）

【安川首钢耐火砖机器人搬运系统投入使用】12 月，安川首钢机器人有限公司开发的耐火砖机器人搬运系统在辽宁奥镁有限公司投入使用。该系统针对耐火砖产品种类繁多、码垛方式多样等特点，进行全自动自适应智能化定制。全线由耐火砖输送、砖型定位、机器人取放、抓手快换、窑车输送、安全防护和 PLC 控制等系统组成。通过采用先进的编程理念、机器人搭载激光传感器等手段，实现耐火砖的适应取放任务，保证码放垛位相对窑车的位置精准，同时垛型与码砖位置也能随砖的外形尺寸自动调整，提高了系统兼容性和生产效率。

安川首钢开发的耐火砖机器人搬运系统投入使用（刘剑盟 摄）

（开发区管委会）

【北京巴威海外百万等级锅炉完成试运行】12 月，北京巴布科克 · 威尔科克斯有限公司设计制造的“一带一路”走出去项目——印度尼西亚爪哇 7 号 1050 兆瓦超临界锅炉 1 号机组（锅炉）完成 168 小时试运行。该项目的运行标志着印度尼西亚电力史上装机容量最大、参数最高、技术最先进、指标最优的高效环保型电站投产，为印度尼西亚这一“海上丝绸之路”首倡之地再添能源新地标。

印度尼西亚爪哇电厂

（南英杰）

【《北京市机器人产业创新发展行动方案（2019—2022 年）》印发】12 月，为贯彻《北京市加快科技创新发展智能装备产业的指导意见》，推动北京市机器人产业高质量发展，市经济和信息化局印发《北京市机器人产业创新发展行动方案（2019—2022 年）》。

（市经济和信息化局）

【三一重工挖掘机全球总销量位列前三】年内，三一重工挖掘机全年实现销售超 6 万台，创历史新高，连续 9 年成为国内市场销量冠军，全球总销量累计达到 25 万台，挺进行业前三位。

（李俐璋）

【三一重工 6 座“灯塔工厂”启动建设】年内，三一重工将核心业务全部转移线上，在行业率先启动 6 座“灯塔工厂”建设，全面引入三现数据集控、柔性生产岛等新生产方式。其中，三一 18 号智能车间经改造，生产效率提升 50%。

（李俐璋）

【京城机电完成国庆 70 周年庆典彩车制作任务】年内，北京京城机电控股有限责任公司承担的庆祝中华人民共和国成立 70 周年大会“开天辟地”“众志成城”“民族团结”“民主法治”“北京彩车”“美好生活”“祖国万岁”7 辆彩车的制作和全部 70 辆彩车的监理工作，成立专项领导小组和协调组，高效整合人力物力财力完成任务。

（京城机电）

【京城机电工程机械板块全面退出市场】年内，京城机电工程机械板块全面退出市场，相关企业转型调整进入收尾阶段。北京京城重工机械有限责任公司与现代京城韩方股东签订《股东协议书》，启动资产处置分离、债权债务清理等事项；北起多田野（北京）起重机有限公司完成资产处置和人员安置，进入工商注销阶段；意大利 TGF 和安锐高空作业平台退出完成审计评估，启动在全球范围内市场化寻找受让方；北京京城长野工程机械有限公司完成与京城智能吸收合并。

（京城机电）

【京城机电全面完成企业退出任务】年内，京城机电完成市国资委下达的 11 户企业退出任务，“2017—2019 三年压减退出计划”收官，累计退出企业 32 户，进一步实现减亏，聚焦主业；北京北一机床股份有限公司所属意大利萨福普公司按意大利法院最终裁定方式清算退出，开始执行破产程序。

（京城机电）

【北一机床中小型飞机机身大部件复合加工机床项目】年内，北京北一机床股份有限公司“中小型飞机机身大部件复合加工机床”项目投入应用，为航天航空制造业提供整套飞机机身大部件加工高精度、高效率技术装备。

（京城机电）

【北一机床 2 产品获奖】年内，北京北一机床股份有限公司“高精超大尺寸重型车铣复合机床精准制造关键技术及应用”项目获 2018 年度北京市科学技术奖，“XKA28105 × 300 数控桥式动梁龙门铣床”被评为改革开放 40 周年机械工业杰出产品。

（京城机电）

【机电院与中欧合作创新孵化平台】年内，北京市机电研究院有限责任公司与 InnoEU 联合建立中欧合作创新孵化平台，举办中欧合作创新项目对接峰会，与 30 家优质欧洲科技企业和 10 家科技创新机构对接。

（京城机电）

【浆叶式干燥机完成调试】年内，北京京城环保股份有限公司自主研发的浆叶式干燥机在兴化项目中完成调试，具有安全、环保、节能、适用性广等技术性能。

（京城机电）

【70 兆帕高压储氢气瓶产品取得认证许可】年内，北京天海工业有限公司研制的氢燃料电池汽车用大容积 70 兆帕高压铝内胆碳纤维全缠绕复合储氢气瓶产品率先取得符合国家标准的认证许可，在国内商用客车整车企业配套应用。

（京城机电）

【大型压水堆高温气冷堆核电站氦气辅助系统压缩机应用】年内，北京京城压缩机有限公司的“大型先进压水堆高温气冷堆核电站氦气辅助系统压缩机研发”项目应用。

（京城机电）

【623℃褐煤高参数超超临界锅炉运行】年内，北京巴布科克 · 威尔科克斯有限公司设计的全球最低能耗火电机组曹妃甸 2 × 1050 兆瓦超超临界锅炉、世界首台褐煤 623℃高参数超超临界锅炉均投入运行。

（京城机电）

【北一机床引进五轴摆角铣头技术】年内，北京北一机床股份有限公司引进科堡公司五轴摆角铣头技术，完成法拉利五轴机床国内本土化装配及用户验收。

（京城机电）

【精雕集团推出一批新技术】年内，北京精雕集团推出以 JD180SH 主轴、换刀机械手及新型刀库等新型设备，增加精雕 CAM 软件虚拟加工、数控功能扩展、主轴中空内冷、立卧转换摆头等新技术，丰富精雕机产品的类型及功能，增强了机床的刚性及主轴切削能力、冷却效果及加工环境适用性，增强精雕机市场竞争力。

（徐　萍）

【ABB 传动服务于杭州亚运会博奥隧道建设项目】年内，2022 年杭州亚运会博奥隧道掘进施工使用 ABB 水冷多生产的传动变频器。在中国自行研制的“拥江号”和“亚运号”两台 11.7 米大直径泥水平衡盾构机中，主刀盘变频控制系统、冲洗泵变频器控制系统和排浆泵变频控制系统，均使用 ABB 的变频器进行控制。

（ABB 传动公司）

【ABB 传动推动智能工厂建设】年内，ACS510 机器人包装生产线采用 5 台 ABB 工业机器人，实现从附件准备、标签粘贴、泡沫包装、折箱、装箱到堆垛整个过程全自动化。IGBT 机器人压接工序实现装配自动化，光学检测和物料 AGV 搬运智能集成，明显提高效率和质量。中压模块半导体装配工序实现半导体和散热器全自动化装配，以光学视觉系统进行过程质量检测，是全球第一条实现此工序全自动化生产线。物流无线射频识别技术（RFID）项目实现工厂、运输车辆、外部库房整体物流体系物料的无接触自动进出库，减除人员点检操作，大大提高了物流的效率和质量。

（ABB 传动公司）

【纵横机电强化科技攻关立项】年内，纵横机电新立自主投入科研项目 56 项，集团公司科研开发基金项目 19 项。年内，纵横机电获中国铁道学会科学技术奖特等奖 1 项，获铁科院科学技术奖特等奖 1 项、一等奖 2 项、二等奖 1 项，另有 1 项通过北京市科学技术一等奖初审。知识产权方面：年内纵横机电共申请专利 69 项，其中发明专利 40 项、实用新型专利 29 项。获得专利授权 33 项，其中发明专利 11 项、实用新型专利 22 项。首次申请国际专利 1 项。共获得软件著作权 11 项。

（李晓霞）

【“复兴号”平台系列品牌的建设及维护】年内，纵横机电落实国铁集团“复兴号”品牌战略部署，深化核心技术攻关。牵头研制国铁集团时速 400 千米高速动车组，编制完成顶层技术条件；参与科技部项目，研制满足跨国互联互通需求的关键子系统。推进京张高铁“复兴号”智能动车组和时速 250 千米“复兴号”动车组样车的试验验证、调试和安全保障工作。开展时速 200 千米动力集中动车组技术方案研究和京雄动车组方案评审。推进世界领先综合检测试验列车研制项目，加快涡流制动系统、碳陶制动盘、永磁牵引系统、以太网控车网络系统、智能安全监测系统等研发设计。针对“复兴号”系列动车组做好现场运用考核、京张智能高铁、时速 250 千米“复兴号”动车组等项目的调试和安全保障工作，完成中华人民共和国成立 70 周年售后包保工作。发布售后质量问题处置管理办法，成立售后质量问题领导小组，推进售后质量问题分析处理进度，定期通报。2019 年“复兴号”动车组百万公里故障率为 0.34，较 2018 年全年的 0.37 降低了 8%。

（李晓霞）

【纵横机电研发试验平台建设】年内，纵横机电推进实验中心各项目建设，启动轨道车辆 1 : 1 制动力试验台、传动系统调试试验台、电磁兼容实验室屏蔽吸波系统等新平台建设，对环境可靠性实验室进行基础设施改造，进一步强化试验手段建设。

（李晓霞）

【纵横机电构建高质量生产制造体系】年内，纵横机电完成永丰向天津市武清的产能转移和永丰内部搬迁，顺利实现复产、达产及产能提升。成立工艺管理部，强化工艺体系建设，促进设计与生产高效协同。推进智能制造和柔性生产，针对“复兴号”关键产品建立自动化产线，探索智能化设备和工艺工装。组建试制中心，优化产品试制的组织管理。优化采购组织机构设置，实现采管分离。对单一来源进行风险管控，提质降本增效。完善供应商管理制度，建立供应商业绩考核机制。落实生产效率提升改进计划，推行精益配送。强化大计划管理，促进产销协同。推动一岗多能，注重工匠培养。实施售后专项保障，推进现场整改和产品升级，提升应急处置能力，保障列车运行安全，提升顾客满意度。

（李晓霞）

【纵横机电拓展新市场】年内，纵横机电在时速 350 千米“复兴号”平台上，公司在制动、牵引、网络、安全 4 个产业平台上，持续占有较高份额并继续扩大市场占有率，为客户提供优质可靠的产品。印度尼西亚雅万高铁项目基础制动中标 11 列，最高运行时速 350 千米，是公司首个“走出去”的高铁项目。在时速 160 千米动力集中动车组平台上，推进 CAB 机车制动系统、6A 系统、控制车和拖车的 TCDS、拖车防滑器、地板布等多种产品的装车。在北京市、广州市、深圳市、天津市、重庆市、成都市、南京市、杭州市、太原市等城市新中标 1200 余辆。实现多项市场突破，牵引系统首次进入天津市场，制动系统拓展太原市场，铝合金制动盘在北京 19 号线获得批量业绩，并在广州进行装车考核，推动液压制动系统装车；网络控制系统正在积极争取批量化项目；安全监测系统完成京投智能市域供货；铁科纵横（天津）轮缘润滑和地板布产品进一步推广。

（李晓霞）

【纵横机电抓生产质量安全】年内，纵横机电将“复兴号”安全稳定运营作为首要政治任务，严把产品质量安全关，强化源头质量问题整治，提升产品的可靠性和安全性。圆满完成国庆期间“复兴号”运营保障和大兴机场线售后安全保障任务。组织开展安全生产标准化建设工作，整体策划安全标准化工作，对安全风险进行评估研判，健全安全生产预防机制、安全生产责任制，完善安全管理制度。先后组建标准化推进工作组，组织安全标准化宣贯，修订安全管理制度，落实现场诊断，监督安全管理体系运行，完善应急预案，融入信息化管理手段，已通过安全生产标准化评审验收，初步建立完整、规范、科学、有效的安全生产管理体系，实现全面依法管理。改善车间环境和劳动条件，定期开展安全培训和消防培训。开展“安全生产月”活动，定期巡查排除安全隐患，动态识别安全风险源。

（李晓霞）

【纵横机电加强信息网络安全】年内，纵横机电全面加强网络安全和信息保密工作，组织全员签订《网络安全责任承诺书》，做好互联网群组的管理监督。发布《网络安全管理办法》，开展网络攻防演练，启动网络安全规划。建立纵横机电产品大数据平台，完善基础数据。运用管理、PHM 健康管理等功能。远程视频会议系统投入运行。铁科纵横（天津）ERP、MES、BPM 等信息化系统上线，融入母公司统一管理。

（李晓霞）

【纵横机电加快经营管理改革创新】年内，纵横机电强化制度体系梳理和重点工作任务督办。发布全面预算管理暂行办法，形成定期更新机制，保障时效性。加强成本控制、提升成本意识，做好风险债权清理。落实大计划管理，紧密贴合市场需求变化，促进产销协同。修订完善合同管理办法，确保依法合规。启动档案管理实体库建设及数字化建设工作。

（李晓霞）

【纵横机电推进品牌策划与宣传】年内，纵横机电参加了 2019 北京国际城市轨道交通展览会、第十五届中国国际现代化铁路技术装备展览会、2019 年第五届中国（长春）轨道交通博览会、中国铁路科技创新成就展等多个行内外展会，着重宣传纵横机电在轨道交通领域的研发成果和既有业绩，为观众展示企业整体实力和发展愿景，提升企业形象。

（李晓霞）

【远东有限成功研发油气回收在线监测系统】年内，北京远东仪表有限公司研发一种具有远程监视和控制的加油站油气回收在线监测系统，实现对加油站油气回收过程和排放浓度的在线监测与控制，以减低油气排放，减少对空气的污染。该系统国内技术领先，一个油气回收控制器可同时支持多达 6 把加油枪，针对传统的一枪一个流量计的改造缺点，提出基于加油车位的改造方案，同一侧的气体回路共用一个流量计，提高设备使用效率。设计基于模糊算法的油气回收控制器，实现自动气液体比调整，以保证油气回收控制器在离线情况下也能尽可能地保证合格的气液体比，减少油气排放，避免环境污染。设计基于 BS 架构的站级服务平台，具有显示全站信息、数据查询、图表导出等功能，并可将数据推送至相关环保部门。根据现场应用，不断优化测量算法。同时补充了标准的“一枪一机”测量方案。完成了简化版环境采集系统，降低系统成本，根据现场需求持续优化算法。

（远东有限）

【远东仪表首个危废处理项目运行】年内，远东仪表承建的首个危废处理项目系统一次点火成功，标志着远东仪表具备独立承担危废处理的自控解决方案能力。该项目日处理规模 70 吨，年运行时间不低于 300 天，已进入运行阶段。

（远东有限）

【远东仪表电磁流量计口径实现全覆盖】年内，远东仪表获取 DN25、DN32、DN40、DN350、DN400、DN500、DN600 共 7 个口径电磁流量计型式评价批准证书。电磁流量计为远东仪表重点产品，准确度等级达到 0.5%，取得最新 7 个口径后，产品规格达到 16 种，实现从 DN25~DN600 口径型评资质全覆盖。

（远东有限）

【京仪孵化器打造专业化全周期物理空间】年内，京仪孵化器布局海淀区、西城区、朝阳区及大兴区，分别设立孵化器子公司，组建专业服务团队，形成依托“苗圃 + 孵化器 + 加速器 + 产业园”创新创业平台，建设覆盖企业成长周期的全方位一体化创业孵化链条。建立了“京仪创新港”“融咖啡”“融创汇”等国家级和北京市级众创空间，建立了大钟寺 9 号、西城百万庄 16 号、朝阳电子城等 2 个国家级孵化器、2 个北京市级众创空间和 1 个区级众创空间，在大兴创新区建设了加速器，形成了创新不同阶段和全生态孵化网络。京仪孵化品牌在不同地区创新创业发展中发挥了重要推动作用。

（京仪孵化器）

【京仪孵化器构建一体化创业服务体系】年内，京仪孵化器通过搭建创业导师科技咨询服务平台、新兴特色创业服务平台、建立项目库、搭建产业对接市场推广服务平台、搭建关键共性技术服务平台、搭建投融资服务平台、重塑企业文化，形成一套完整的创业服务体系，推动草根创业与国有大型集团间的技术转移与成果化，进而推动产业转型升级和高端发展，助力“双创”服务实体经济。

（京仪孵化器）

企业选介

【北京京城机电控股有限责任公司】简称京城机电，前身是北京市机械工业管理局，1997年6月转制为企业，是首都大型装备制造与服务公司，2019年列中国机械工业百强企业第30位。公司现有重要装备制造企业14家、科研院所和学校6所，其中合资公司8家、上市公司1家，员工1.2万余人。京城机电拥有“京城”“北一”“北人”“华德”“天海”等知名企业和品牌，产品销往美国、法国、德国、意大利、澳大利亚、日本、瑞士、新加坡、印度、越南等70余个国家和地区。

2019年，京城机电实现营业收入91.94亿元。全年累计申报国家级、省部级高精尖专项12项，承担工信部、科技部及北京市重大专项、科技计划项目23项。北京巴布科克·威尔科克斯有限公司、北京锅炉厂、北京北重汽轮电机有限责任公司西厂项目完成详细规划及经济测算编制，获石景山区政府认可，与城建股份签订合作协议，成立合资公司。华德液压尚德项目调整改造方案完成，园区已租面积近1.2万平方米。天海科技广场项目完成大部分建筑、工商注册登记和二期主体设计。北重东厂产业园项目列入北京市老旧厂房拓展文化空间试点项目。探矿家园中心项目完成规划实施方案编制。京城机电老旧小区加装电梯项目获专项资金支持，胜古北里10号、13号楼电梯运营，怡乐园一期工程11部电梯试运营，北重西厂小区6部电梯启动前期工作。年内，京城机电外部、内部融资均为近几年最低水平，外部融资余额比年初减少18.3亿元，财务费用下降1.5亿元；内部融资规模与年初基本持平。按期偿还到期债务本息27.8亿元，未出现逾期。拓展新融资机构，获批华夏银行40亿元、北京信托30亿元、新一期公司债20亿元、债券融资计划10亿元额度。严控资产负债率，剔除京城置地专项贷款，负债率下降约66%。完成民营企业逾期无分歧欠款年底清零目标。年内制定《法律、合规、风险、内控一体化管理制度》，构建“1+N”风险一体化管理制度体系，风险一体化管控获北京市第二十四届管理创新成果一等奖。针对企业改制退出过程中潜在的风险，制定企业退出事项审核清单，对风险事项逐一核查，将风险管控融入业务流程。加大法律纠纷案件管控，北重其亚案、新能源大重案、西安天虹案、环保万全案以及物流浙商案等案件取得重大突破，为公司避免和挽回经济损失7亿元。与朝阳区检察院举行“检企共建”活动，组织开展宪法宣传教育，增强全员法治意识，全年开展法治宣传及培训17次。制定、修订《境外企业管理办法》《资产评估管理办法》《资产处置管理制度》《担保管理制度》，健全关键领域、关键业务制度风险防控体系。推动阳光采购平台建设，累计注册供应商6654家，完成交易18519笔，总采购额49亿元。强化落实安全生产主体责任，制定《安全生产责任制》《生产安全事故应急救援预案》，修订《安全生产年度综合考核办法》，印发《关于全面加强相关方安全生产管理工作的通知》。完善安全双重预防机制，推动落实《城市运行安全隐患治理三年行动实施方案》，开展“安全月”活动和危化品安全管理等专题培训。加强重点单位、重点场所和重点部位安全检查，确保重大活动、重大节日无事故。严格执行《北京市空气重污染应急预案》规定，做好空气质量保障工作。

（京城机电）

【北京巴布科克·威尔科克斯有限公司】简称北京巴威公司，于1986年创立，是一家拥有世界领先的锅炉及相关产品技术的高端装备制造商及整合服务提供商。北京巴威公司动态引进美国巴威公司的先进技术，采取合作研发、自主研发等模式，形成电站锅炉、工业锅炉、锅炉岛成套、电站环保、电站高端服务以及可再生能源产品等业务板块，打造集产品开发设计、生产制造、试验检测、系统集成、售后服务于一体的业务体系。北京巴威公司的电站锅炉产品体系包括中高压电站及动力锅炉（6~125兆瓦等级）、超高压及亚临界电站锅炉（100~800兆瓦等级）、超临界电站锅炉（300~1000兆瓦等级）、超超临界电站锅炉（350~1300 兆瓦等级）等锅炉产品；工业锅炉产品体系中包括 35~130 吨 / 小时等级中压 / 次高压、220~410 吨 / 小时等级高压、超高压，670 吨 / 小时等级超高压等系列燃煤锅炉，4~363 吨 / 小时等级燃油、燃气快装锅炉等；锅炉岛成套业务基于美国巴威公司的锅炉岛整套设计及管理技术，可为国内外用户提供锅炉岛全套设计、供货和项目管理解决方案；环保业务包括烟气脱硫、脱硝、湿式电除尘、脱汞、碳捕集等相关环保技术和产品；电站高端服务业务包括系统低氮改造、锅炉整体提效改造、智能吹灰、火焰诊断、寿命诊断、锅炉检测调试等相关业务；可再生能源产品包括太阳能光热发电的吸热器研发生产（塔式水工质、塔式熔盐）、熔盐蒸汽发生器，垃圾焚烧锅炉、生物质燃烧耦合等新能源产品。2019 年 2 月，北京巴威公司与内蒙古京科科右中电厂签订 1 × 350 兆瓦超临界锅炉及脱硝设备采购合同，科右中项目的取得为拓宽公司产品线，保持企业持续稳步增长奠定了坚实的基础。3 月与江苏国信扬州第二发电有限责任公司签订 2 号锅炉加装尾部高温烟道旁路 EPC 改造工程，该项目是公司首次独立签订的高温烟道旁路实现宽负荷脱硝改造的 EPC 项目工程。同月与国电双维内蒙古上海庙能源有限公司签订 2 × 1000 兆瓦超超临界燃煤锅炉设备采购合同。该项目采用高参数、大容量、高效率、高度节水的超超临界空冷机组，将打造具有全球竞争力、世界一流的智慧火电工程。4 月，北京巴威公司《大型电站锅炉大板梁结构设计软件开发》项目获中国钢结构协会电厂钢结构科学技术奖一等奖。6 月与优尼科东海有限公司签订 35 吨快装炉项目合同；与黑龙江鼎旭农业发展有限公司签订 7 兆瓦生物质分布式能源供暖锅炉总承包合同。两个项目的签订拓宽公司小型锅炉和生物质工程的产品线。同月，北京巴威公司在第十二届中国管理科学大会上“两化融合助推装备制造企业战略转型”成果评比中获中国最佳管理创新成果奖。7 月，与北京中科润宇环保科技有限公司签订晋城 2 × 400t/d 余热锅炉供货合同，余热锅炉通过生活垃圾焚烧产生高温烟气释放热量，经过炉膛和余热回收等装置，产生蒸汽供汽机发电。12 月，北京巴威公司设计制造的“一带一路”走出去项目——印度尼西亚爪哇 7 号 1050 兆瓦超临界锅炉 1 号机组（锅炉）完成 168 小时试运行。年内，北京巴威公司通过北京市企业技术中心年度评定工作，获得授权实用新型专利 6 项，计算机软件著作权 2 项。申报知识产权 5 项，其中实用新型专利 3 项，计算机软件著作权 2 项；太阳能光热发电产品和生物质气化耦合燃煤机组技术得到应用，垃圾焚烧锅炉和二次再热塔式锅炉等新产品的开发均取得阶段性成果。

（南英杰）

【三一重工股份有限公司】 简称三一重工，1994 年由三一集团投资创建。三一重工是全球装备制造业领先企业之一，产品包括混凝土机械、挖掘机械、起重机械、桩工机械、筑路机械、建筑装配式预制结构构件，其中，泵车产量居世界首位，泵车、拖泵、挖掘机、履带起重机、旋挖钻机、路面成套设备等主导产品成为中国第一品牌，混凝土输送泵车、混凝土输送泵和全液压压路机市场占有率居国内首位。三一重工 2003 年 7 月 3 日在上海 A 股上市（股票代码为 600031）；2005 年 6 月 10 日成为首家股权分置改革成功并实现全流通企业，载入中国资本市场史册；2011 年 7 月以 215.84 亿美元市值入围 FT 全球 500 强；2012 年并购混凝土机械全球第一品牌德国普茨迈斯特。截至 2019 年 12 月 12 日，三一集团装备板块终端销售额突破 1000 亿元，成为国内首家“破千亿”工程机械企业。

2019 年，三一重工营业收入 756.65 亿元，同比增长 35.55%；实现归属于上市公司股东净利润 112.07 亿元，同比增长 83.23%；经营活动产生现金流 132.65 亿元，同比增长 26.01%。实现销售收入、净利润升至行业全球第三位，公司经营效率、人均产值大幅提升，盈利能力持续提升，经营风险控制处于历史最好水平。全年人均产值近 500 万元 / 年，迈入国际一流行列。相继获得《人民日报》中国品牌 100 强、CCTV“70 周年 70 品牌”、中央广播电视总台“榜样 100”品牌、全国工商联 2019 中国民企 500 强、《财富》2019 最受赞赏中国公司第二名等荣誉。海外销售创历史最好业绩，国际化事业沿“一带一路”走深走实，出口规模、增速稳居行业头名，出口复合增长率、年利润增长率近3年均在30%以上，销售额连续6年过百亿，在24个国家和地区占市场份额第一。年内，三一重工编制的“CECS规程”发布施行；西安产业园奠基；三一重能与国电投签订23亿元采购协议，创三一集团单笔最大订单纪录；树根互联完成B轮5亿元融资，为工业互联网领域最高；三一重装、三一港机的新一代S级宽体车、“无人集卡”等产品引领行业新趋势。截至年底，累计申请专利9151项，授权专利7298项，申请及授权数居国内行业第一。

（李俐璋）

【北京精雕科技集团有限公司】 简称北京精雕集团，于1994年成立，从事高精度数控机床的研发、制造、销售与服务，年产中等规格的精雕数控机床10000台(套)。以JDGR系列精雕高速加工中心为代表的五轴加工中心产品，稳定实现“0.1微米进给，1微米切削，纳米级表面效果”精细加工，产品性能媲美国际高端数控机床产品，处于行业领先地位。总部位于中关村门头沟科技园区，公司员工4800人，现已形成以北京为管理、研发、市场总部，河北省廊坊市为生产、制造、装配基地，且辐射全国的研发、生产、销售、服务和技术支持网络体系，包括40余个分公司和10余家全资子公司。北京和廊坊两个基地占地22万平方米。

2019年获国家发展改革委、科技部、财政部、海关总署、国家税务总局国家企业技术中心资格认定。工业产值超过21.36亿元，实现销售收入20.63亿元，利润总额1.42亿元，上缴税金2.08亿元，总资产达到53.38亿元。精雕机产品的销售收入在全国100多家重点联系企业中连续6年排名前四。在中国机械工业联合会、中国汽车工业协会根据2018年机械、汽车工业企业主要统计指标数据做出的2018年机械工业百强、汽车工业30强企业排名中名列第81位，连续2年入围中国机械100强。入选北京市智能制造系统解决方案供应商推荐目录（2019）名单，通过高精尖设计中心认定。年内，北京精雕集团相继参加在马来西亚、美国、德国、越南、泰国等国举办的Metaltech、Amerimold、EMO、MTA、Intermold、Metalex等国际机床展，展示其先进的精雕高速加工技术。

（徐　萍）

【北京ABB电气传动系统有限公司】 简称ABB传动公司，于1994年成立，是ABB集团在中国的交直流传动产品生产厂商。公司生产1200瓦至10万千瓦电机调速传动产品，广泛应用于冶金、造纸、石油天然气、风力发电、纺织、橡胶塑料等众多行业的金属轧机、起重机、石油钻机、压缩机、挤出机、拉丝机、风机、泵类机器设备中，起着提高精度控制、实现高效节能的作用。公司向亚洲市场出口标准传动，提供相应的支持与服务。拥有认真敬业、充满活力、不断创新的员工团队，建立了由系统集成商与分销商组成的遍及全国的渠道销售网络，以及专业传动服务中心网络。

2019年，ABB传动公司获得多项奖项，包括2019中国电气工业100强排名第17位；第十九届百强报告中国电气工业100强领军企业；2019年度MM《现代制造》中国自动化与驱动领域年度创新产品——传动在线；2019年度MM《现代制造》中国自动化与驱动领域智能方案奖——ABB AbilityTM运动控制数字化中心；2019中国自动化产业年会年度最具竞争力创新产品——DCS880。

（ABB传动公司）

【北京四方继保自动化股份有限公司】 简称四方继保，于1994年成立，创始人是中国工程院首批院士杨奇逊教授。主要从事变电站自动化系统、继电保护、配网自动化系统、调度自动化系统、发电厂自动控制系统、电力安全稳定控制系统、广域测量与保护系统、微网控制系统、储能控制系统、电能质量管理系统、高压直流输电控制系统、电力仿真培训系统、能源管理系统、轨道交通自动化系统、工业控制系统、风电及光伏等新能源综合控制系统、金融安全等领域的研究、开发、生产和销售，是为电力行业、公共事业及大型行业客户（石化、铁路、冶金、轨道交通等）提供电力及综合自动化整体解决方案、优质产品和倾力服务的高新技术企业，于2010年12月在上海证券交易所挂牌上市。

2019年，四方继保在水电行业，中标世界上单机最大水电机组白鹤滩水电站保护项目，中标杨房沟水电站保护项目，国际上中标刚果金布桑加水电站监控保护项目。1月，四方继保获评2018年度北京市非公有制企业履行社会责任综合评价百家上榜单位、2018年度北京市非公有制企业履行社会责任参与扶贫协作和支援合作突出贡献奖。4月，四方继保获2019年中国电气工业100强企业和电气工业领军企业2项荣誉称号。11月，四方继保获2019北京软件和信息服务业综合实力百强企业和北京市软件企业核心竞争力评价—创新型企业2项荣誉称号并领取奖牌。

（嵇　涵）

【北京纵横机电科技有限公司】原名北京纵横机电技术开发公司，2018 年 12 月改制变更公司名称，简称纵横机电，于 1988 年由中国铁道科学研究院集团有限公司（简称铁科院）投资成立，是由机车车辆研究所负责管理的独立法人单位。初始注册资金为 32 万元，2017 年增至 29255.5 万元。公司位于海淀区永丰产业基地，厂区内涵盖行政办公、研发试验及生产制造等区域，总占地面积 58693.45 平方米。重点承担轨道交通移动技术装备制动、牵引、列控、安全系统产品研发、科研成果转化和产业化生产工作，坚持“创新与管理并举、追求产品卓越、持续满足顾客期望”的质量管理方针和 IRIS 质量体系要求。2010 年被认定为北京市高新技术企业，2012 年被授予中关村“十百千工程”企业，2013 年当选中国城市轨道交通协会技术装备专业委员会理事单位，被认定为国家火炬计划重点高新技术企业，2014 年被授予北京市企业技术中心。

2019 年，公司员工近千人，营业总收入为 88.06 亿元，利润总额 19.21 亿元。下设分公司铁科纵横（天津）科技发展有限公司，位于天津市武清开发区，员工 200 余人，主要从事摩擦材料、防火阻燃材料等高新材料的研发和生产。

（李晓霞）

【北京京仪集团有限责任公司】简称京仪集团，隶属于北京控股集团有限公司。京仪集团是集科研、设计、生产制造、销售服务、工程设计和系统工程成套于一体的集团公司，注册资金 12.9080 亿元。截至 2019 年年底，京仪集团及所属国有及国有控股企业共 61 户，其中二级企业 1 户、三级企业 22 户、四级企业 23 户、五级企业 15 户（以北控为一级），职工人数 3027 人（不含返聘、事业单位），其中大专及以上学历职工占职工总人数的 61.88%。

2019 年，京仪集团实现工业总产值 21.03 亿元，增加值 5.70 亿元，营业收入 32.93 亿元，利润总额 3.66 亿元。科技支出 1.21 亿元，占比营业收入 3.69%（国有及国控企业的汇总口径）。年内，京仪集团在北控系统内率先完成“资金池”建设。目前，入池企业达 22 户，资金归集规模达 5 亿元，有效归集率达 85%，完成北控集团下达的年度归集目标；调剂内部资金超 8000 万元，实现综合收益 660 万元，增值收益已全额分享至入池企业。年内，京仪集团组织开展智能制造、视觉识别、半导体装备、环境监测、爆炸物检测、高端传感器等技术调研和对接。科技创新平台加快构建。持续推进集团内外部科技协同创新机制建设，全年实现科技投入 1.05 亿元，占高端装备制造业务主营业务收入比重达 5.38%；新引进博士 2 名，新入站博士后 1 名；获省部级及行业协会科学技术奖 2 项；新增专利授权 28 项，其中发明专利 8 项、实用新型专利 20 项。年内，国内光伏市场依然以深度调整为主，电费补贴发放严重滞后给企业健康经营带来较大影响。京仪集团在深入开展光伏行业政策和市场研究的基础上，结合自身发展实际确定了“审慎”发展光伏业务的投资原则，主动停止超 400MWp 光伏电站的并购工作；大力推进应收账款催收，唐山海泰项目完成银行贷款，平山项目收回全部应收账款，回款超 1.6 亿元；优化光伏装备业务结构，退出了铸锭、切片、光伏逆变器等不适合持续发展的业务，提升组件业务运营质量，实现收入水平和应收控制的双改善。通过主动调整，光伏业务风险得到有效控制，为业务长期稳健发展奠定了基础。年内，京仪集团盘活存量土地房产资源达 2.4 万平方米，释放低效利用房产资源超 9000 平方米，房租收入同比增长 9.28%；大力推进大兴仪器仪表基地经营权与所有权分离试点工作，完成方案编制；京仪工贸持续优化以项目运营为核心的矩阵式扁平化管理架构，实现效率与效益双提升；京仪孵化器持续完善孵化培育平台建设，中关村京仪海归人才创业园被授予第二批“中国留学人员创业园区孵化基地”称号；京仪大酒店不断提升特色酒店收益水平，开展了北配楼及 B1 层升级改造；京仪世纪兴东南大厦业务独立核算实现自负盈亏；仪表技校教育办学水平不断提高，连续第二年实现招生专业订单培养全覆盖。

年内，京仪集团加速推动体制机制创新，围绕高精尖产业布局，推进了混合所有制改革和“1+N”绩效考核体系改革等工作，持续激发企业活力。在北控集团的大力支持下，启动了京仪科技混合所有制改革。参照现行的各项国资国企改革政策，结合北控集团的战略要求和京仪集团高端制造的产业特点，制订《北京京仪科技股份有限公司混合所有制改革方案》，已报北控集团审批。年内，京仪集团制订《京仪集团控亏减亏工作方案》，亏损企业及长期亏损企业户数均完成北控集团下达的年度控制目标，亏损数额实现有效改善；鑫龙创等 5 户企业实现退出，近 3 年累计退出企业 21 户，超额完成北控集团下达的“压减疏退”3 年工作目标；经过集团上下共同努力，霍营及圆满公寓近 1.8 万平方米违建全部拆除；系统内 1.3 万名退休人员社会化工作平稳有序推进，年内均取得了社保复函。

（京仪集团）

【北京北分瑞利分析仪器（集团）有限责任公司】简称北分瑞利，隶属于北京京仪集团有限责任公司，是中国分析仪器专业制造商之一，前身是北京分析仪器厂和北京瑞利分析仪器有限公司。业务领域涵盖实验室分析仪器、侦检仪器和流程分析仪器等，集研发、生产和销售于一身，致力于打造高端分析仪器产品，提供专业分析解决方案。

2019 年，北分瑞利国有及国控合并口径营业总收入 4.84 亿元，利润总额 3900 万元，工业总产值 4.57 亿元，工业增加值 9912 万元，科技投入 3790 万元。年内，北分瑞利为落实非首都功能疏解工作，与园区内的相关租户进行沟通，推进园区内加工类外租户腾退工作，完成 6 家加工类租户腾退，共计腾退面积 2728 平方米。同时，结合北分瑞利“十三五”规划以及聚焦高端制造的发展需要，与北交所密切配合以产权转让的方式，快速稳步推进传统加工业务退出工作，完成传统加工业务企业鑫龙创公司退出工作。年内，北分瑞利申请知识产权 13 项，其中发明专利 7 项。截至年底，北分瑞利有效专利 107 项，其中发明专利 26 项。年内，北分瑞利获得中国仪器仪表行业协会分析仪器分会“重大贡献奖”。

（北分瑞利）

【北京远东仪表有限公司】简称远东有限，隶属北京京仪集团自动化仪表业务板块，是在原国有企业基础上经过多次技术引进和股权结构调整后形成的国有控股的面向自动化仪器仪表领域的中外合资的高新技术企业。主要从事工业过程测量仪表、自动化控制系统研发、制造和销售，为石油、化工、电力、冶金、制药等流程工业自动化提供服务，为节能减排、绿色环保、安全、物联网、水处理、热计量等市政领域提供行业解决方案，北京市仪器仪表行业的明星企业。公司注册资本 2.12 亿元，占地面积 3 万平方米，现有员工 389 人，其中工程技术和技术管理人员占比 30% 以上。

2019 年，远东有限经营业绩保持平稳，本部及控股子公司实现工业总产值 4.91 亿元、工业增加值 7330 万元，营业收入 6.16 亿元，利润总额 320 万元；研发投入 1635 万元，占营业收入的 2.7%。年内，远东有限在和平里园区、延庆厂区、大兴厂区三地开展各级各类安全检查 113 次，排查整改安全隐患 135 项。年内，持续加强人才队伍培养，全年共开展各种培训近 1200 人次，强化绩效管理考核，提高人均效率组织效能，2019 年人均利润同比上升 20%。截至年底，共培养高级职称 12 人、中级职称 48 人、高级技师 5 人、技师 9 人。年内，远东有限当选为中国仪器仪表行业协会第八届理事会（2019—2023）理事单位，当选为中国仪器仪表行业协会自动化仪表分会第八届理事会（2019—2023）理事单位，自主产品“高稳定性宽量程智能流量装置”“质量流量计的研发与产业化应用”项目获中国仪器仪表学会科学技术奖三等奖，“智能型电磁流量计产品”获北京市新技术新产品（服务）证书。年内，远东有限获得 6 项发明专利，3 项软件著作权，1 项实用新型专利。其中，电磁流量计获北京市新技术新产品（服务）认证。

（远东有限）

【北京京仪敬业电工科技有限公司】简称敬业科技，隶属于北京京仪集团有限责任公司，是 2010 年 3 月由北京京仪敬业电工集团有限公司主辅分离，采用存续分立方式分立新设的有限责任公司。当时注册资本 5009 万元，2010 年京仪集团组建北京京仪科技股份有限公司。敬业科技股东于 2011 年 8 月 10 日变更为京仪科技，注册资本增加 1318 万元，变更后注册资本为 6327 万元。敬业科技致力于提供节能、环保、智能化的电气自动化领域综合解决方案。分别从德国、法国、瑞典、日本等国引进多项先进技术，与 ABB 公司建立合作关系，生产低压电器、低压无功功率补偿装置、谐波滤波设备、配电设备自动化集中监控、智能型变频节电设备、节能高效电机等机电一体化节能、智能产品。产品广泛应用于智能配电、节能、环保、军工等领域。敬业科技总资产 2.84 亿元，员工 123 人，其中研发、工程技术人员占 21.9%。本科及以上学历 51 人，其中硕士 9 人。

2019 年，敬业科技实现工业总产值 7293 万元，工业增加值 1.01 亿元，营业收入 1.41 亿元，销售收入 1.24 亿元，利润总额 330 万元，科技投入 690 万元，占营业收入的 4.9%。年内，敬业科技建立了统一的领导班子和统一的经营管理组织架构，实现了对业务、资产、人员的统一管理，并实施了生产场地的优化整合和集中管理，制定并实施敬业科技与椿整公司整合搬迁方案，实现房产资源的有效利用。

（敬业科技）

【北京京仪椿树整流器有限责任公司】简称京仪椿整，前身是 1960 年成立的北京椿树整流器厂，企业性质为集体企业。2002 年，企业改制为京仪椿整，隶属于北京京仪集团有限责任公司，注册资金 7284 万元，资产总额 5512.7 万元，是中国最早生产电力电子器件和电力电子变流装置的高新技术企业。京仪椿整致力于开关电源、风电逆变器、APF、PWM 整流器、直流斩波器电源等产品领域的研究与开发，为客户提供集设计、研发、制造、服务于一体的最佳解决方案。京仪椿整拥有一个北京市优秀创新工作室。截至年底，拥有 53 名员工，电力电子相关专业的工程技术人员占 36%，为产品技术创新奠定了专业基础；本科及以上学历 35 人，其中硕士学历 14 人，本科以上学历人员占 66%。

2019 年，京仪椿整实现工业总产值 612 万元，工业增加值 −339 万元，营业收入 3425 万元，销售收入 951 万元，利润总额 393 万元，科技投入 213 万元，占营业收入的 6.2%。年内，京仪椿整科技投入达到主营业务收入的 22%，其中 1 项发明专利、1 项实用新型专利获得授权。同时，以“效益”和“效率”为核心，调整业务布局，退出不盈利产品，集中力量研发传统优势产品的升级方向，确定 1 项公司新产品，填补公司产品空白，为企业未来发展提供技术保障。

（京仪椿整）

【北京北仪创新真空技术有限责任公司】简称北仪创新，隶属于北京京仪集团有限责任公司。北仪创新拥有 41 名员工，其中高级工程师 2 人。2019 年，北仪创新实现工业总产值 7598.7 万元，工业增加值 7218.8 万元，营业收入 11083.1 万元，销售收入 7965.2 万元，利润 38.6 万元，科技投入 596.4 万元。年内，北仪创新实现深度优化资源配置，提高资源收益水平，提高物业服务水平。围绕精益化管理，全面改善企业运营效率，加快运营质量提升，进一步推动“提质、增效、控风险”专项工作步入精益化，助力企业持续提升盈利水平。

（北仪创新）

【北京京仪北方仪器仪表有限公司】简称京仪北方，隶属于北京京仪集团有限责任公司。注册资本 5329.96 万元，主要经营范围是设计研发制造、加工工业自动化仪表、计量仪表、电工仪表、智能电能表及民用计量仪表。截至 2019 年年底，京仪北方拥有从业人员 107 人，其中在岗职工 103 人、其他从业人员 4 人。中层以上管理人员 20 人，专业技术人员 17 人，一线生产人员 58 人，销售人员 4 人，其他人员 8 人；大学本科以上人员 17 人；高级工 10 人，中级工 7 人；高级工程师 3 人，工程师 9 人。

2019 年，工业总产值 1.21 亿元，工业增加值 2380.5 万元，营业收入 1.05 亿元，销售收入 1.01 亿元，利润总额 360.8 万元，科技投入 592.86 万元。

（京仪北方）

【北京京仪绿能电力系统工程有限公司】简称京仪绿能，隶属于北京京仪集团有限责任公司，是北京控股集团有限公司下属三级子公司。京仪绿能是最早从事光伏领域研究和应用的企业之一，是北京市高新技术企业、中关村高新技术企业及市级专利试点企业。公司作为智慧清洁能源解决方案供应商，10 余年不断积累国内外各类型项目实施经验，具有丰富的项目设计、采购管理、组织实施和工程服务能力，可为客户提供高效的智慧清洁能源解决方案。

2019 年，京仪绿能实现工业总产值 1039 万元，工业增加值 −7329 万元，营业收入 1543 万，利润 −9414 万元，科技投入 115 万元。

（京仪绿能）

【北京京仪科技孵化器有限公司】简称京仪孵化器，隶属于北京京仪集团有限责任公司，是依托北控、京仪集团雄厚实力和资源建立的产业驱动型国家级专业孵化器，国家级众创空间，同时是中关村管委会认定的中关村“京仪海归人才创业园”，总孵化面积近 10 万平方米。秉承“支持创新创业，培育高新企业，整合产业资源，加速成果转化，促进产业发展”的宗旨，重点集聚人工智能、智慧城市、智能制造等领域创新创业要素，落实北控、京仪“双创”政策窗口的同时，肩负服务创新创业、培育新兴产业的平台使命，服务京津冀协同一体化平台，服务“丝路创业”之路。截至 2019 年年底，孵化器公司共有员工 50 人，专科以上学历占总数的 80%，40 周岁以下员工占 50%，孵化服务从业资格人员占比达到 70% 以上。

2019 年，京仪孵化器劳动生产总值 3570 万元，全年实现主营业务收入 1.17 亿元，实现利润总额 1137 万元，净利润 905 万元，净资产收益率为 25.2%，总资产报酬率为 9.4%。全年在园企业销售收入达 32.3 亿元，研发投入总额达 2.5 亿元，占企业总收入的 7.7%；企业申请知识产权 300 余项，获批 170 项；帮助 30 家创业企业获得融资或政府政策性扶持，融资额度达到 3.4 亿元。指导 20 余家企业获得申请高新技术企业认定，累计为社会提供 3200 余个就业机会。年内，京仪孵化器首次在国家级孵化器考核评级中获得 A 级（优秀），申报的“新时期国企‘双创’孵化器建设的实践探索”课题获得 2019 年北京第三十四届管理创新成果（二等奖），京仪海创园被中国技术创业协会留学人员创业园联盟授予中国留学人员创业园区孵化基地。京仪融科孵化器被科技部火炬中心认定为国家级科技企业孵化器。

（京仪孵化器）

【北京京仪仪器仪表研究总院有限公司】简称研究总院，于2007年成立，注册资本1.17亿元，隶属于北京京仪集团有限责任公司，主要致力于仪器仪表行业的科研与技术支持，是京仪集团设立的高新技术研发、行业技术发展预测的研究机构。研究总院集中科技资源，打造科技创新管理体系，打造京仪集团的科技创新中心。2019年年末研究总院人员总数31人，其中博士4人、硕士9人、大学本科18人。

2019年，研究总院工业总产值781.44万元，工业增加值1161.24万元，实现主营业务收入781.44万元，实现利润总额601.2万元，科技投入508.2万元。年内，研究总院实施组织机构调整及员工职业化改革工作，基本形成了以技术创新体系为目标，以推动技术创新与市场需求、提升企业竞争力为抓手，扎实推进产业结构和产品结构调整，进一步明确了高端智能制造的发展方向，确定了以机器视觉、图像处理、智能安防、自动化生产线改造、苹果智能分拣、物联网传感器及信息技术等为核心的技术研发工作。继续加强技术储备及人才储备，努力打造成为基于机器视觉的智能生产线产品关键功能模块的提供商及系统集成商。年内，研究总院围绕打造科技协同创新体系的目标，创新组织机构，深化与高校院所、其他国有企业、产业链上下游企业的战略合作，积极探索适应于不同需求的协同创新，构建产学研协同创新平台与模式。

（研究总院）

【北京京仪工贸有限公司】简称京仪工贸，前身是1955年由北京市电子仪表工业局成立的北京电表厂，按照京仪办〔2006〕253号文件要求，以北京远东仪表公司为基础组建北京京仪工贸公司，注册资本为9215.7万元，2016年1月15日京仪工贸主体改制名称变为北京京仪工贸有限公司，股东为北京京仪集团有限责任公司，其职责也由京仪集团辅业管理平台转型为现代服务业管理平台。截至2019年年底，拥有及管理的资产总额6.77亿元，固定资产6559.8万元，投资性房地产1.96亿元。公司下设7个职能部室、3家分公司、2家子公司、5家托管单位，工贸所属及管理的企业全员人数为223人（其中从业人员187人、不在岗人员36人），管理的离退休人员8894人（其中退休人员8824人，离休人员70人）。

2019年，京仪工贸实现营业收入1.94亿元，完成年度预算的106.5%；利润总额6318.8万元，完成年度预算的154.8%；经营活动现金净流量5085.6万元，完成年度预算的177.8%，运营成果显著。全年净资产收益率实现9.5%，较年度预算增加3.6个百分点，实现人均利润28.3万元，较年度预算增加12万元。主营业务方面，房产资源及物业管理均实现统一管理，全年房租收入实现1.6亿元，较年度预算增加6.7%，同比增长6.2%。房租平均单价同比增长9%。物业服务成本与年度预算相比下降683万元，利润实现了正向增长。年内，京仪工贸开展2019年行政类规章制度建设，开展信息化系统建设，加大风险防控力度，配合房地集团完成三供一业移交清册的核对，完成本部及所属10家单位38个地块22.14万平方米房屋现场移交。年内，构建激励与约束相结合的绩效考核体系，制定京仪工贸员工绩效考核管理办法，京仪工贸共减员75人。年内，京仪工贸全面开展平台及所属10家单位退休人员社会化工作，仅用时两周就完成首批试点企业1200余名退休人员的签约工作。截至12月底共完成签约6041人，达到退休人员总量的85.05%，并在12月底前全部取得所在区劳服移交复函，超额完成目标要求。

（京仪工贸）

【北京雪迪龙科技股份有限公司】简称雪迪龙，于2001年创立，注册资金6亿元；下设10家全资及控股子公司，员工2000余人；是集研发、设计、生产、综合服务于一体的高新技术企业，主营业务涵盖环境监测、环境大数据、环境综合服务、污染治理与节能、工业过程分析领域等生态环境综合服务与环境质量改善解决方案。2012年3月9日在深交所中小板A股上市，股票代码为002658。雪迪龙总部在北京，生产基地位于中关村昌平园，建筑面积3.8万平方米，设备年产量6000台/套，产品和服务覆盖欧美、东南亚、中东、非洲的多个国家和地区。

2019年，雪迪龙营业收入12.43亿元，期末总资产30.53亿元。公司现有研发人员300余名，拥有中国、英国、比利时3个技术研发中心及光谱、色谱、质谱、能谱、电化学传感器等技术创新平台。设有北京市工程实验室和博士后科研工作站，通过自主研发、技术引进等方式保持核心竞争力，不断增强研发实力。取得专利技术195项、计算机软件著作权205项。多次承担国家重大科学仪器开发专项，多项产品入选国家重点新产品、生态环境部百强环保技术、水利部先进实用技术推广目录，或被评为国家科学技术进步奖二等奖等。年内，公司以提升环境质量为目标，持续巩固污染源排放监测、大气环境监测、水环境监测、环境信息化“3+1”核心业务，拓展工业过程分析、第三方检测和环境治理业务；以专业感知技术结合物联网、大数据、智能化手段，构建天地空一体化生态环境监测网络，形成全要素、全产业链覆盖的智慧环保综合解决方案，协助管理部门及排污企业实施精准高效环保管理决策，以及环境咨询、规划设计、监测监管、治理运营等一站式综合服务。

（赵春芳）

生物与医药产业

本栏目采用条目体，主要记述生物与医药产业年度发展情况，以及部分企业选介。

行业发展

【概况】 2019年，北京生物医药产业完成工业总产值约1410.3亿元，其中医药制造业完成工业总产值约1209亿元，同比增长约5.5%，增加值同比增长6.2%，医疗仪器设备及器械制造业完成工业总产值约201.3亿元，同比增长约18.6%。年内，受国家多项政策的调整影响，全国医药工业增速放缓，北京医药工业运行增速放缓主要原因是受终端医药市场控费降价因素影响，相继实施的带量采购、重点监测目录、医保目录调整等市场政策推进企业调整发展战略。从细分领域看，化学药主要受带量采购等市场政策影响整体增速放缓，泰德、嘉林产品出厂价大幅下降；中药企业同仁堂因工厂搬迁，2019年完成产值70.07亿元；生物药领域疫苗监管趋严，批签发速度放缓、产品注册周期延长，疫苗企业产值有所下滑。

（市经济和信息化局）

【百济神州公司抗癌新药获突破性疗法认定】 1月15日，百济神州（北京）生物科技有限公司宣布其在研的布鲁顿氏酪氨酸激酶抑制剂泽布替尼获美国食品药品监督管理局（FDA）授予的突破性疗法认定。产品是第一个获FDA突破性疗法认定的中国自主研发抗癌新药，用于治疗先前至少接受过一种治疗的成年套细胞淋巴瘤患者。11月16日，百济神州公司宣布泽布替尼以突破性疗法的身份通过FDA“优先审评”获准在美国上市。

（中关村管委会）

【重组开发15价人乳头瘤病毒疫苗项目】 1月16日，北京康乐卫士生物技术股份有限公司与辽宁成大生物股份有限公司宣布，双方签署《重组15价人乳头瘤病毒疫苗产业化技术开发合同》，共同开发重组15价人乳头瘤病毒疫苗。疫苗可预防6、11、16、18、31、33、35、39、45、51、52、56、58、59、68型人乳头瘤病毒感染，以及由其引发的90%以上的宫颈癌等相关疾病。

（中关村管委会）

【新固体制剂生产车间投产】 1月，北京嘉林药业西集生产基地新固体制剂生产车间通过北京市药品监督管理局的药品GMP认证，投产使用。西集生产基地一期建筑主体主要包括高架库、固体制剂车间、化学品库、变电站、锅炉房、污水处理站等。其中，新建的固体制剂生产车间，可用于片剂、胶囊剂的生产，建筑面积约1.18万平方米。自2013年引进全自动外包生产线之后，北京嘉林药业再一次全面采用高新科技医药生产设备，为扩大产能提高效率加足马力。

（杨　阳）

【脊髓刺激器进入临床试验阶段】 2月2日，由清华大学李路明教授团队研发的脊髓刺激器在中日友好医院完成手术植入，进入临床试验阶段。脊髓刺激器以脉冲电流刺激特定区段的脊髓神经产生酥麻感以取代疼痛，从而有效缓解不同原因引起的慢性顽固性疼痛。产品还带有远程程控功能的同类产品，医生端使用电脑，患者端使用智能手机，通过网络即可实现刺激参数的调整。

（中关村管委会）

【利用新型生物传感器筛查唐氏综合征】 2月13日，北京大学信息科学技术学院电子学系、纳米器件物理与化学教育部重点实验室张志勇教授课题组在美国《纳米快讯》杂志在线发表题为“针对唐氏综合征筛查的单层二硫化钼场效应晶体DNA传感器”的论文，介绍其利用新型生物传感器对唐氏综合征筛查取得的进展。课题组利用基于二硫化钼场效应晶体管的生物传感器对新型唐氏综合征筛查方案展开探索。其采用化学气相沉积生长的大面积/高质量/均一的单层二硫化钼薄膜做沟道材料，所制备的场效应晶体管阵列电学性能优越（电流开关比106，亚阈值摆幅70毫伏/倍频程）。检测方法是在唐氏综合征检测领域中具有快速、准确率高等特点的新型筛查方式。

（中关村管委会）

【空间生物实验服务平台建设】 2月15日，中国航天科技集团有限公司宣布华润（集团）有限公司将注资8亿元到其所属航天神舟生物科技集团有限公司，以推进空间生物实验服务平台建设。空间生物实验服务平台是航天生物集团为开展空间生物实验服务建设的具备空间资源配置、实验装置研制、实验过程服务、安全认证、科技创新、成果推广与产业化等功能的开放式平台，可为全国生物创新机构提供的新品种创制服务。

（中关村管委会）

【3D打印全降解血管支架入选市重点工程计划】 2月22日，市发展改革委、市住房和城乡建设委印发《关于印发北京市2019年重点工程计划的通知》，公布

2019年重点工程名单，北京阿迈特医疗器械有限公司的生物全降解血管支架3D打印重大技术突破及产业化项目入选。项目位于中关村医疗器械园，将重点建设3类植入医疗器械生产和研发基地，建成后可实现年产10万套可降解冠脉支架、5万套可降解外周血管支架。

（中关村管委会）

【非洲猪瘟病毒检测平台捐赠计划启动】3月8日，在国农动植物疫控工作委员会成立会议上，卡尤迪生物科技（北京）有限公司宣布针对非洲猪瘟检测需求高的省份或地区捐赠100余套非洲猪瘟病毒检测系统。卡尤迪非洲猪瘟病毒快速检测系统是基于实时荧光定量聚合酶链式反应技术的便携式检测系统，主要由Mini8便携式荧光定量聚合酶链式反应仪和非洲猪瘟病毒免核酸提取核酸检测试剂组成，可对生猪、白条猪及猪肉制品中是否带有非洲猪瘟病毒进行现场检测。

（中关村管委会）

【EV71疫苗联合免疫研究完成】3月9日，北京科兴生物制品有限公司与广东省疾病预防控制中心、东莞市疾病预防控制中心在美国《传染病》杂志在线发表其合作完成的EV71疫苗与乙肝疫苗及A群流脑疫苗联合免疫研究的结果。研究共招募775名6月龄婴儿按1∶1∶1比例随机分为3组，组1为联合免疫组，6月龄联合接种EV71疫苗第1剂和乙肝疫苗，7月龄联合接种EV71疫苗第2剂和流脑疫苗；组2为EV71疫苗组；组3为乙肝疫苗+流脑疫苗组。EV71疫苗全程免疫后联合免疫组EV71抗体、乙肝抗体、流脑抗体阳转率分别为100%、44.84%和27.83%，均非劣效于两个对照组，不良反应发生率3组差异均无统计学意义。结果表明，联合免疫不会影响疫苗的免疫原性和安全性。

（中关村管委会）

【博晖创新捐赠宫颈癌筛查仪器】3月23日，在“百姓生殖健康促进工程进天水”捐赠活动上，北京博晖创新生物技术股份有限公司为甘肃省天水市卫生健康委捐赠微流控全自动核酸检测系统、核酸芯片检测仪及试剂盒，用于宫颈癌筛查。系统采用微流控技术进行基因分型检测，可整合反向斑点杂交技术实现分型检测，也可整合实时荧光定量聚合酶链式反应技术实现定量检测，满足不同项目需求。平台实现全部的分子诊断实验室功能，节省实验室空间，降低分子诊断的应用门槛。

（中关村管委会）

【小米科技组建全国首例5G远程医疗急救解决方案】3月26日，小米科技有限责任公司使用小米“MIX3”5G版手机在海南省组建全国首例5G远程医疗急救解决方案。方案让转运过程中的实时救护与医疗专家的远程诊疗实现无缝对接，为急救状态下患者的护理和抢救提供保障。

（中关村管委会）

【同仁堂高质量咨询项目启动】3月27日，同仁堂集团高质量发展战略咨询项目启动。通过对同仁堂系统种植、采购、生产、销售、质量、战略、医疗、零售终端的全面梳理，形成企业发展现状研究报告、战略执行情况评估报告、资源配置和创新与研发优化建设方案、品牌管理建设方案、集团管控与总部定位优化建设方案、内控与风控优化建设方案、质量管理优化建设方案。

（葛　冰）

【博奥生物集团HBV试剂盒获国家医疗器械注册证】3月29日，由博奥生物集团有限公司研发的乙型肝炎病毒（HBV）基因分型和耐药突变位点检测试剂盒（微阵列芯片法）获国家医疗器械注册证（国械注准20193400211）。试剂盒具有快速、高效、准确、灵敏等特点，可用于定性检测乙型肝炎患者血清样本中的乙型肝炎病毒HBV/B、HBV/C和HBV/D三种基因型，以及rtL180M、rtM204I、rtM204V、rtA181T、rtA181V和rtN236T六种突变型。试剂盒通过对乙肝病毒基因分型检测，可明确HBV感染者基因型，进一步揭示基因型与病情进展与转归的关系，从而拟订针对性的治疗方案；通过检测抗乙肝病毒药物（拉米夫定、替比夫定、阿德福韦、替诺福韦）的耐药相关基因的不同突变型，可得知HBV感染者的耐药情况，从而辅助临床制定个体化用药方案。

（中关村管委会）

【首个国产生物可吸收支架上市】3月30日，在第十七届中国介入心脏病学大会上，乐普（北京）医疗器械股份有限公司宣布其自主研发的“生物可吸收冠状动脉雷帕霉素洗脱支架系统”（NeoVas）获批上市。NeoVas是国内首款获准上市的生物可吸收支架，其在实现与金属药物支架相同的疏通堵塞血管、支撑狭窄血管功能后，可在3年左右被人体完全吸收，患者体内再无异物留存，能避免金属支架永久留存体内带来的极晚期安全性风险，使血管的弹性舒缩功能得到恢复。

（中关村管委会）

【嘉林药业获中国医药行业十大影响力品牌称号】3月，由中国消费经济高层论坛组委会、消费日报社主办的第十三届中国消费经济高层论坛暨 3·15 消费行业影响力品牌峰会在北京举行。北京嘉林药业获中国医药行业十大影响力品牌称号。论坛对多个重点行业中重视企业信用、关注产品质量、珍惜企业品牌、勇于主动发布信用承诺的企业和品牌进行宣传表彰。北京嘉林药业以“不断提供更有效的药物，持续改善人类的生命质量”的企业使命，“以质量求生存，以质量求发展”的管理理念，获得“3·15 健康中国医药行业十大影响力品牌奖”。

（曹淑芬）

【中医药企业赴兴安盟开展产业帮扶对接】按照京蒙扶贫协作三年行动框架协议要求，4 月 9 日至 12 日，市经济和信息化局领导组织中国中药材基地共建共享联盟农委会、北京医药行业协会和北京同仁堂科技、北京康仁堂药业、辰风农业科技等 7 家企业赴内蒙古自治区兴安盟开展产业扶贫对接活动。考察团一行先后调研了科右前旗索伦镇苍术种植基地、井泉中药材种植有限公司中药材前处理加工工厂建设基地和联丰中草药育苗基地；扎赉特旗新林镇新丰村内蒙古九禾农业苍术基地、新立村中草药种植基地；农场局呼和马场野生黄芪种植基地。在扎赉特旗立新村中草药种植基地，同仁堂科技集团负责人就 2019 年扶贫采购计划、采购要求及中草药选种、育种等情况与当地负责人进行沟通交流。在乌兰浩特经济技术开发区调研了内蒙古白医制药、奥特奇蒙药、森辉印务和科右前旗工业园区的蒙奥药业等企业，听取各企业发展需求及与北京医药行业的合作意愿。在兴安盟期间，市经济和信息化局分别与科右前旗、扎赉特旗和兴安盟政府座谈，了解当地旗县政府通过流转土地种植务工政策及帮助建档立卡户实现脱贫致富的情况，并就当地贫困旗县围绕地域优势开展中草药种植产业布局，以及中医药产业发展需求进行探讨。为支持当地贫困家庭实现脱贫致富，同仁堂科技集团、北京康仁堂药业、辰风农业科技计划在兴安盟采购苍术、赤芍、防风、黄芩等品种中草药材，通过采购的方式助力当地贫困家庭增收。陈志峰对北京医药企业积极参与兴安盟中草药种植和收购，带动贫困家庭实现脱贫致富的做法给予鼓励和肯定。希望兴安盟方面围绕北京医药企业提出的中药材品种和采购需求制订方案，并与北京企业建立联系机制，紧密沟通合作，借助北京市医药行业技术、科研优势，通过培训、监管、溯源跟踪等技术手段，逐步提升兴安盟道地药材产地种植质量，通过龙头企业带动、北京企业市场收购的方式，增强农户踏实种植的信心，双方实现互惠共赢，共同推进兴安盟中药材产业高质量发展。市纪委市监委驻局纪检监察组参加此次对接活动，并对此行调研对接的企业和具体项目，以及产业扶贫对接工作进行现场监督指导。

（市经济和信息化局）

【紫杉醇脂肪乳注射液获批开展临床研究】4 月 16 日，北京五和博澳药业有限公司与中国医学科学院药物研究所联合申报的紫杉醇中 / 长链脂肪乳注射液（胆固醇结合型）获得国家药品监管局核发的药物临床试验通知书。该药品是以 LipEmul 脂质乳技术平台支撑，突破油溶性差对水包油亚微乳制备的限制，富含脂质、类似脂蛋白结构的水包油乳剂，基于纳米尺寸和脂蛋白受体介导，改变药物的体内药代动力学特征，实现肿瘤组织靶向聚集和细胞主动摄取，降低血浆暴露和心脏药物分布，提高耐受剂量，降低毒副作用，并去除聚氧乙基蓖麻油过敏，临床治疗过程中不再需要激素预处理，对乳腺癌、胃癌具有疗效。

（中关村管委会）

【胃癌和食管癌基因甲基化检测产品推出】4 月 28 日，在 2019 中国整合医学大会上，博尔诚（北京）科技有限公司推出胃癌和食管癌基因甲基化检测产品。其中，胃癌基因甲基化检测试剂盒具有无创、安全、便捷、更早发现等特点，胃癌的总检出率高于传统肿瘤标志物，可辅助临床医生进行准确判断，帮助患者早期发现早期治疗；食管癌基因甲基化检测试剂盒（PCR 荧光探针法）对 I 期食管癌的检测灵敏性可达到 50% 以上。

（中关村管委会）

【ICP—022 通过美国新药临床研究审评】5 月 9 日，由北京诺诚健华医药科技有限公司研发的 1 类创新药奥布替尼 ICP—022 通过美国食品药品管理局的临床审评。ICP—022 是具特异选择性的不可逆小分子布鲁顿酪氨酸激酶抑制剂，用于治疗肿瘤及自身免疫性疾病。

（中关村管委会）

【万里云公司完成战略融资】5月16日，北京万东医疗科技股份有限公司发布《关于公司控股子公司万里云医疗信息科技（北京）有限公司引入战略投资者的公告》，宣布其引入杭州裕桦投资合伙企业（有限合伙）、上海盛宇股权投资基金管理有限公司对万里云公司进行增资，投资额1亿元。增资将进一步增加万里云公司的研发与经营实力，加大其在医学影像人工智能项目的研发投入。

（中关村管委会）

【GE医疗投产新型乳腺X射线机产线】5月17日，通用电气医疗集团北京影像设备制造基地在厂区内举行其全新下线的Senographe Crystal Nova乳腺X射线机全球首发仪式，标志着针对该款乳腺X射线机搭建的生产线投产。该乳腺X射线机的核心硬件是24厘米×29厘米平板探测器，可以满足多种乳腺类型的成像需求；评价图像质量的核心指标——量子检出效率（DQE）达73%，对比传统设备提高10%。该乳腺X射线检查设备以其高性能、高性价比为国内外各级医院带来乳腺疾病影像检查的利器，尤其是针对中国女性乳腺癌高发的现状，协助提高乳腺癌早期筛查检出率，以及乳腺疾病精准诊断。

（开发区管委会）

【百放孵化器百放公司签约落户海淀】5月19日，在海淀区中关村科学城创新发展发布会上，百放孵化器百放公司与中关村海淀园管委会签署合作备忘录。作为百放孵化器的运营主体，百放公司依托北京良好的医药健康创新生态环境，吸引世界顶尖医药管理人才、知名科学家，在京搭建面向全球的医药创新与转化平台，建立针对原始创新项目引进的筛选和评价机制，吸引优质的研究阶段IP进入孵化器，采取“2+1模式（项目孵化2年后决定成功或终止，对少数有潜力且需要时间研发的项目延长孵化1年）”孵化项目至产业化初期，并在此模式上，培育孵化出“百放衍生公司”。目前，已初步遴选出涵盖小分子、蛋白、抗体3个方向的创新性可转化项目，达成了合作开发意向。支持百放孵化器落地贝伦产业园，并在运营资金、仪器设备平台等政策方面给予支持。

（郑　雪）

【SNG1005获批开展临床试验】5月29日，国家药品监管局批准北京盛诺基医药科技有限公司在中国开展“一项化药1类新药注射用SNG1005治疗既往全脑放疗后脑实质进展的HER2阴性乳腺癌脑转移患者的多中心、随机对照、开放标签临床试验”。SNG1005是盛诺基公司研发的国内首个能将紫杉醇特异性递送至脑部的1类新药。药品是由紫杉醇分子与化学合成的氨基酸多肽结合形成的偶联物，可跨过血脑屏障（BBB）和血脑脊液屏障（BCB），进入颅内发挥抗肿瘤作用。

（中关村管委会）

【第二届国际智能医疗与知识产权峰会在海淀举办】5月30日，由中关村东升科技园和北京“一带一路”国际孵化联合体（ICI）联合举办的第二届国际智能医疗与知识产权峰会暨ICI年会在中关村东升国际科学园召开。本次活动在北京市国际科学技术合作协会、北京技术市场协会的支持与指导下，邀请来自比利时、芬兰、韩国、加拿大、日本、瑞典等14个国家的知名专家学者和企业家就国际智能医疗与知识产权等议题进行深度交流探讨。活动现场，北京“一带一路”国际孵化联合体（ICI）与东升宏泰（北京）科技有限公司进行国际智能医疗产业加速平台签约。

（郑　雪）

【甘李药业参加第十九届世界制药原料中国展】6月18日至20日，第19届世界制药原料药中国展在上海新国际博览中心举办。展会汇聚3200余家国内外优质供应商，其中包括来自20余个国家和地区的海

外公司，囊括制药原料、药用辅料、制剂、生物制药、制药机械、医药物流等 13 个细分板块，超过 7 万人次专业观众参展。甘李药业参加该届展会，并以视频投放、样品展示、宣传手册介绍等多种方式向参观者介绍公司产品。

（郭瑞亮）

【中美共同开发新抑制剂】 6 月 18 日，百济神州（北京）生物科技有限公司与美国斯普林沃克斯治疗公司宣布，双方共同成立专注于为患有重大疾病患者开发精准治疗药物的企业 MapKure 公司。MapKure 公司的创立旨在开发针对特定单聚体和二聚体 B–RAF 激活突变型的在研口服高选择性小分子抑制剂 BGB–3245。

（中关村管委会）

【国内首个双室袋头孢注射液获批】 6 月 19 日，四环医药控股集团有限公司宣布，其与北京锐业制药有限公司共同开发的“非 PVC 粉液双室袋注射用头孢呋辛钠—氯化钠注射液”获国家药监局颁发药品注册批件。产品是国内首个双室袋头孢注射液，采用特定的工艺及采用非聚氯乙烯多层共挤膜为包装材料，将药物和注射用溶剂装于同一包装袋的两个腔室内，在输液前，只需要轻轻挤压，打通两个制剂室的隔阂即可达到药液混匀，避免配药过程中所造成的二次污染，排除配制输液过程中高致敏性药物等对医护人员造成的潜在危害等，在紧急突发事件或极端环境下的应用方面优势显著。头孢他啶为半合成的第三代头孢菌素类抗生素，主要用于敏感革兰阴性杆菌所致的败血症、下呼吸道感染、腹腔和胆道感染、复杂性尿路感染和严重皮肤软组织感染等疾病。

（中关村管委会）

【腾盛博药入驻、签约仪式及突破性创新洞察论坛举办】 6 月 23 日，清华大学医学院、市科委、海淀区政府、腾盛博药医药技术（北京）有限公司（简称腾盛博药）联合举办腾盛博药入驻、签约仪式及 2019 突破性创新洞察论坛。会上，市领导为腾盛博药全球创新药物研发中心大楼揭牌，并见证腾盛博药与 8 家院校、医院和企业分别签署合作协议。腾盛博药引进的治疗乙肝的新型免疫疗法和新型小干扰 RNA 治疗药物，有望为慢性乙肝病毒携带者提供功能性治愈疗法。腾盛博药与首都医科大学附属北京友谊医院、首都医科大学附属北京地坛医院、首都医科大学附属北京佑安医院签署成立“北京市肝病创新药物临床试验联盟”；与清华大学医学院、清华大学工业研究院分别签署合作协议，共同推进清华大学建立临床试验中心和创新药物转移转化中心建设。

（郑　雪）

【全球首例 5G 天玑骨科手术机器人多中心远程手术成功】 6 月 27 日，北京积水潭医院机器人远程手术中心成功实现世界首次利用 5G 技术，同时远程操控两台天玑骨科手术机器人为不同地区医院的两名患者同时手术。天玑骨科手术机器人由北京天智航医疗科技股份有限公司自主创新研制，是国际上唯一能够开展四肢、骨盆以及颈、胸、腰、骶脊柱全节段手术的骨科手术机器人系统，突破多模影像配准、患者实时跟踪、路径自动补偿等关键技术，填补了上颈椎机器人手术的国际空白。

（郑　雪）

【甘李药业参展第 79 届美国糖尿病科学年会】 6 月，甘李药业作为中国糖尿病胰岛素行业的领军企业之一，受邀参加在美国旧金山市召开的第 79 届美国糖尿病协会科学年会。

（郭瑞亮）

【同仁堂集团 5 单位交接签约】 7 月 5 日，同仁堂集团举办接收华润医药所属北京医药党校等 5 家事业单位的交接签约仪式。5 家单位的移交，与同仁堂集团打造“国际知名、国内领先的以中医中药为核心的健康产业集团”的发展愿景相统一，与“做精、做优、做强、做长”的理念相一致。同仁堂集团将充分发挥 5 家单位的培训优势及自身中医药文化的专业优势，在干部职工培训、技艺技能传承、继续教育、中医药及医养护理等方面，为社会各界提供更多的教育服务，培养更多的专业技术人才。

（葛 冰）

【JAB-3312获FDA新药临床试验许可】7月3日，由北京加科思新药研发有限公司自主设计开发、具有全球知识产权的小分子口服抗肿瘤药JAB-3312获美国食品药品管理局（FDA）新药临床试验许可。JAB-3312可以阻断KRAS-MAPK信号通路，用于治疗非小细胞肺癌、结直肠癌、胰腺癌等实体瘤患者，同时也可解除肿瘤免疫抑制微环境，增强现有肿瘤免疫疗法的功效。

（中关村管委会）

【思派公司与同仁汇公司达成战略合作】7月4日，北京思派健康技术有限公司与同仁汇（湖北）保险代理有限公司达成战略合作协议。根据协议，双方将在医疗服务模式创新、肿瘤特药服务网络等方面展开合作，思派健康公司将在湖北省及全国范围内为同仁汇公司的客户提供定制化医疗服务，用高质医疗服务赋能保险代理业务。

（中关村管委会）

【NextSeq CN500基因测序仪进入更多疾病领域】7月7日，在贝瑞基因“技术至臻 未来无限”产品发布会上，北京贝瑞和康生物技术有限公司宣布其NextSeq CN500基因测序仪的适用范围已完成变更，成为可以落地医疗机构，且可以即刻开展大规模临床基因检测的二代测序技术通用型平台。测序仪变更后的适用范围为“用于人脱氧核糖核酸测序，以检测基因序列，这些基因序列变化可能导致存在疾病或易感性”。该仪器在临床上可用于与国家药品监督管理部门批准的体外诊断试剂及仪器配套的随机软件配合检测，且不用于人类全基因组的测序或从头测序。

（中关村管委会）

【生物医药企业知识产权运用与保护专题讲座举办】7月10日，由海淀区知识产权局、海淀区律师协会联合主办的生物医药企业知识产权运用与保护专题讲座在中关村知识产权保护中心成功举办。活动邀请资深知识产权法律专家就企业知识产权管理、生物医药企业知识产权保护、商业秘密保护等问题进行了专题讲解与案例分析。活动还设置了一对一法律咨询环节，由专业律师组成“法律体检团”，为企业遇到的知识产权问题进行逐一把脉，获得了参会单位的好评。

（郑 雪）

【优纳公司参展中国医学装备大会】7月18日至21日，在中国医学装备大会暨2019医学装备展览会上，北京优纳科技有限公司展示自动数字切片扫描系统PRECICE 600及冰冻切片机M630。PRECICE 600采用智能泊片系统，实现360°全视野智能监控，切片可自动、准确到达扫描载台特定位置。医务人员通过计算机或网络快速浏览，可进行远程病理会诊、科内数字化切片管理、智能辅助分析等，并可取代传统光学显微镜，可应用在形态学教学、临床病理诊断、科学研究等领域。

（中关村管委会）

【共建国家肿瘤区域医疗中心】7月25日，北京大学肿瘤医院与昆明市卫生健康委员会、昆明市第一人民医院医疗合作签约仪式在云南省昆明市举行。三方将合作共建国家肿瘤区域医疗中心。根据协议，北京大学肿瘤医院将从学科建设、人才培养、医疗技术推广、科研教学等方面对昆明市卫生健康委进行指导，并借助“互联网+信息化”建设等,实现双方的互联互通。首批开展的合作项目包括共建肿瘤防治远程医疗协同平台，利用信息化、网络化技术开展远程会诊、远程MDT、远程教学及互联网医院合作；建立双向转诊机制，接收临床及管理人员进修等。

（中关村管委会）

【博奥生物自主研发产品获国家注册证】7月26日，北京博奥生物有限公司自主研发的高通量恒温扩增核酸分析仪获国家医疗器械注册证。该次获证的高通量“恒温扩增核酸分析仪”，是在已有技术平台升级完善和技术创新的基础上开发的新一代高通量核酸分析检测仪，及时有效地满足当前大中型医院实现“精准医学诊断”规模化的临床应用需求。8月23日，自主研发的全自动生化分析仪和糖脂三项检测试剂盒获国家医疗器械注册证。

（宋慧宇）

【嘉林药业位列中国化药企业百强榜第44名】7月，米内网与《医药经济报》联合发布2018年度中国医药工业百强系列榜单，北京嘉林药业凭借扎实的研发生产实力和稳健的市场推广能力，荣登2018年度中国化药企业TOP100排行榜，位列百强榜第44位。中国医药工业百强系列榜单已连续发布10余年，是国内最受关注、最具权威的医药排行榜之一。该次评选聚焦医药工业企业创新驱动力和专业推广力，创新驱动力主要从企业研发投入综合指标进行评判，专业推广力则重点根据临床医生和患者的最终选择需求所决定的终端定量数据来评定。

（曹淑芬）

【春立公司获“不可吸收带线锚钉”注册证】8月9日，

北京市春立正达医疗器械股份有限公司宣布收到国家药品监管局颁发的“不可吸收带线锚钉”注册证。不可吸收带线锚钉用于运动医学领域，由锚钉、缝线、插入器组成，适用于软组织从骨性结构撕脱或撕裂的修复手术，将软组织与骨性结构固定在一起。

（中关村管委会）

【13家北京医药企业入选2019全国医药工业百强榜】 8月25日，2019年（第36届）全国医药工业信息年会发布医药工业百强榜，中国医药集团有限公司等13家北京医药企业上榜。根据中国医药工业信息中心的统计和分析，2018年度百强榜上榜企业延续一贯的强劲增长动力，主营业务收入规模达到8395.5亿元，增速达11.8%。全国医药工业已形成以华东、华北、东北为主的区域格局，产业集聚效应明显，其中华东地区汇聚43家百强企业，华北地区汇聚25家，东北地区上榜10家。

（市经济和信息化局）

【博邦公司获国内首张“无创血糖仪”注册证】 8月26日，由博邦芳舟医疗科技（北京）有限公司与清华大学共同开发的“无创血糖仪”获由国家药品监管局颁发的首张“无创血糖仪”医疗器械注册证。无创血糖仪运用多传感器集成技术采集人体的生理指征数据，通过核心算法计算得出人体血糖值，可降低糖尿病患者血糖管理的综合成本，也为血糖的连续检测提供可能。

（中关村管委会）

【甘李药业产业化项目获中关村资金支持】 8月，甘李药业的“门冬胰岛素注射液大规模产业化”项目经过中关村科技园区通州园管理委员会初评、中关村管委会形式审查及现场专家评审等环节，进入2019年中关村示范区重大高精尖成果产业化项目支持名单，并获中关村管委会对产业化项目的1000万元资金支持。

（郭瑞亮）

【万泰创新药物生产基地建设】 9月1日，万泰创新药物生产基地建设项目开工建设，位于昌平园西区创新路7号，由注册在昌平园的国家高新技术企业北京万泰生物药业股份有限公司投资建设。项目建设用地面积2.04万平方米，用地性质为M1工业用地，规划总建筑面积约3.92万平方米，总投资约3.7亿元。项目将建设GMP标准生产车间、研发中试车间，用于溶瘤病毒药物、水痘疫苗的研发和生产。

（魏清华）

【智飞绿竹生物盟威克®上市】 9月9日，北京智飞绿竹生物制药有限公司ACYW135群脑膜炎球菌多糖疫苗（盟威克®）预灌封包装产品上市销售。使用预灌封注射器包装分装疫苗稀释剂，操作简单，提高预防接种工作效率，减少差错事件，同时采用美国BD公司5切面注射针头，减少接种儿童注射疼痛，减少接种部位出血。

（开发区管委会）

【甘李药业京外生产基地项目签约】 9月19日，甘李药业山东省临沂生产基地项目签约仪式举行。该基地是甘李药业国内第二大药品生产基地，主要用于小分子化学肿瘤药及降糖药的生产。

（郭瑞亮）

【凯因科技产品安博司®获药品注册批件】 9月，北京凯因科技股份有限公司研制的吡非尼酮片（安博司®）获药监局颁发的药品注册批件。该药是一种具有纤维化、抗炎、抗氧化作用的小分子化合物，用于特发性肺间质纤维化（IPF）的治疗。

（开发区管委会）

【甘李药业荣登优秀产品品牌榜】 10月10日，2019中国化学制药行业年度峰会在江西省南昌市举办。会上，甘李药业生产的长秀霖（重组甘精胰岛素注射液）获2019中国化学制药行业生物生化制品优秀产品品牌、2019中国化学制药行业内分泌及激素类优秀产品品牌称号；重组甘精胰岛素工艺项目获2019中国化学制药行业环保、绿色制药特设奖。

（郭瑞亮）

【同仁堂医养投资集团成立】 10月16日，北京同仁堂医养产业投资集团有限公司（简称同仁堂医养投资）在北京雍贵中心举行揭牌仪式。同仁堂医养投资是按照平台化、强管控的组织架构设计，整合同仁堂内外部医疗资源组建；结合医养产业特色，重点发展医疗、养老、内购、培训、药膳等业务；通过发行养老产业基金，推出同仁堂中医健康养老品牌——粹和，并不断实现养老产业链上各种业务模式逐步落地；完成医疗基金注册，募集资金近2亿元。

（葛　冰）

【同仁堂参加战略合作大会】 10月26日，由市国资委主办的手拉手、肩并肩，开创合作发展新局面——深化国企战略合作大会在北京举行。同仁堂集团与绿地集团、华夏银行分别签署战略合作协议框架。在“推动企业创新发展、带动产业转型升级”分论坛环节中，同仁堂集团表示，北京同仁堂作为市属中医药老字号国有企业，深入学习贯彻党中央关于发展中医药事业的决策部署，牢牢把握首都城市战略定位，坚持把人民对美好健康生活的向往作为奋斗目标，以传承为根基，以创新为动力，全力推动企业迈向高质量发展。

（葛　冰）

【中医药技术和装备协同创新中心筹建】 10月，为推进中医药创新发展，促进中医药传统智慧与新一代信息技术、大数据技术融合，市经济和信息化局与北京中医药大学开始筹建中医药技术装备创新平台、创建产业创新中心。该中心对标“5G+8K”模式，联合产业链上下游单位，凝聚技术、创新、人才、资金四大链条，共同开展关键共性技术攻关，打造充满创新活力的产业化运营实体，为引领全市中医药产业发展提供新动能。

（市经济和信息化局）

【嘉林药业获新中国成立70周年医药产业标杆企业】 10月，由中国医药20家行业协（学）会共同举办的“壮丽70年，奋斗新时代”新中国成立70周年优秀企业推选活动颁奖典礼在北京雁栖湖举行，发布和表彰多年来为祖国医药事业做出贡献的医药企业。北京嘉林药业在近500家企业中脱颖而出，获新中国成立70周年医药产业标杆企业称号。该次颁奖活动从医药产业的角度梳理和展示中华人民共和国成立70年光辉历程，反映医药行业的历史性变革和取得的成就。北京嘉林药业通过建立完善的药品质量管理体系，为千百万患者提供高品质的放心药品，为百姓健康保驾护航。

（曹淑芬）

【嘉林药业进入2019中国化学制药企业百强榜】 10月，由中国化学制药工业协会、中国医药商业协会、中国非处方药物协会、中国医药企业发展促进会和国药励展展览有限责任公司共同主办的2019中国化学制药行业年度峰会在江西省南昌市举行。该次峰会以“质量·诚信·品牌”为主题，发布2019年度中国化学制药行业优秀企业和优秀产品品牌榜单。北京嘉林药业股份有限公司获双项荣誉，进入2019年度中国化学制药行业工业企业综合实力百强榜单，名列第51位。公司产品“阿乐”获2019中国化学制药行业调血脂类优秀产品品牌称号。北京嘉林药业连续7年被评为2019中国化学制药行业工业企业综合实力百强，产品“阿乐”连续7年被评为“2019中国化学制药行业调血脂类优秀产品品牌”。

（曹淑芬）

【嘉林药业重点品种完成补充研究】 10月，苯磺酸氨氯地平阿托伐他汀钙片根据补发要求向国家食品药品监督管理局药品审评中心提交了补充研究资料。该品为新型的心脑血管系统用药复方制剂（抗高血压药＋调脂及抗动脉粥样硬化药），北京嘉林药业于2017年底按照新的药品注册分类提交3类及4类化学药品申请，2019年6月19日收到补发通知，要求提交补充研究资料。补充资料提交后，有望成为该品种国内首家仿制单位。另外，开发过程中提交《阿托伐他汀钙和氨氯地平片剂的制备方法》（专利申请号201510475031.7）的发明专利并获得授权。

（周泽健）

【中关村示范区全国生物医药园区综合竞争力排名第一】 11月4日，在2019中国生物技术创新大会上，中国生物技术发展中心公布2019年度中国生物医药园区竞争力排行榜，并对全国排名前十位的生物医药产业园区颁奖。排行榜分为园区综合竞争力排名和园区单项竞争力排名，单项竞争力分为环境竞争力、产业竞争力、技术竞争力、人才竞争力及龙头竞争力。其中，中关村示范区在园区综合竞争力排名中位列第一；在园区单项竞争力排名中，技术竞争力排名第一，龙头企业竞争力、人才竞争力、产业竞争力排名第二，环境竞争力排名第三。

（中关村管委会）

【第四届北京国际医药健康创新展览会举行】 11月27日至29日，由北京医药行业协会、大兴区人民政府联合主办的第四届北京国际医药健康创新展览会暨2019首届中国药谷高峰论坛举行。市经济和信息化局总工程师顾瑾栩出席展会开幕式并在北京中医药健康产业发展论坛上致辞，介绍市经济和信息化局在推动中药产业智能化、绿色化技术改造方面出台的政策和采取措施，以及在中医诊疗设备现代化等领域的工作重点和工作计划。北京中医药大学生命学院教授在论坛上做主题报告，介绍中医智能装备的研发基础、先进技术、当前进展、发展方向等方面内容。

（市经济和信息化局）

【甘李药业项目获科技部立项支持】 11 月，甘李药业的“生物类似药重组赖脯胰岛素高标准的欧美临床研究和国际化认证”项目获中国科技部 2019 年“重大新药创制”国家科技重大专项立项支持。

（郭瑞亮）

【嘉林药业进入 2019 年度北京民营企业双百强】 11 月，市工商联发布 2019 年度北京民营企业百强榜单及专项调研分析报告。北京嘉林药业进入 2019 年度北京民营企业百强和 2019 年度北京民营企业社会责任百强双榜。2019 年度北京民营企业百强指标体系门槛进一步提高，新增人均生产总值、全员劳动生产率、大专以上学历人口占比等 7 个加分项，强化“百强”而非“百大”的入围理念，同时增加重大生态破坏、重大环境污染事项、重大生产安全事故等 7 个一票否决项，强化首善标准，更加突出高质量发展导向。

（曹淑芬）

【药品上市许可人注册申报与 GMP 认证工作】 11 月，北京嘉林药业武清生产基地接受天津市药品监督管理局认证管理中心对阿托伐他汀钙品种和门冬氨酸钾、门冬氨酸镁品种的先后两次药品上市许可人注册现场检查和 GMP 认证生产现场检查（二合一），两次抽检样品经天津市药品检验研究所检测，结果均符合标准要求，并获药品 GMP 证书或批件。

（韩海刚）

【首批国家中医药服务出口基地认定】 12 月 16 日，商务部、国家中医药管理局认定中国北京同仁堂（集团）有限责任公司等 17 家单位为首批国家中医药服务出口基地。该次认定是商务部、国家中医药管理局落实《中共中央国务院关于促进中医药传承创新发展的意见》和关于推动中医药“走出去”的一系列文件精神而开展，旨在扩大中医药服务出口，加快推进中医药服务贸易实现高质量发展。

（葛　冰）

【同仁堂参加“一带一路”中医药论坛】 12 月 18 日，由国家药品监督管理局指导，中国人民对外友好协会、北京市政府、丝路规划研究中心、中国中医科学院共同主办的第三届“一带一路”中医药发展论坛在北京举行。该届论坛以“让世界了解中医药，让中医药走向世界”为主题，旨在促进中医药传承、创新与发展，提升中医药国际影响力，推动中医药国际合作，增进“一带一路”沿线国家人民健康福祉。同仁堂集团以“让中华传统医药为世界人民健康服务”为主题作主旨报告。

（葛　冰）

【同仁堂创立 350 年系列庆祝活动举办】 12 月 26 日，同仁堂集团召开质量管理提升工作总结暨同仁堂品牌创立 350 年庆祝会。对质量管理提升工作进行总结，并表彰先进模范。

（葛　冰）

【搭建“5G+ 智慧医疗”应用场景】 12 月，市经济和信息化局指导中关村医学工程转化中心，联合北京康乃心科技有限公司、倍肯科技、中国移动顺义分公司等相关企业在顺义区中关村医学工程转化中心搭建“心脑血管重大疾病防控应用场景”，包括疾病监测预警、急救诊疗、术后康复的全链条防控体系等。

（市经济和信息化局）

【嘉林药业承担的市科委项目按期完成】 12 月，北京嘉林药业的盐酸胺碘酮片一致性评价项目按照课题任务书完成。盐酸胺碘酮片为抗心律失常药，属于国家基本药物。近些年非药物治疗手段如除颤、起搏、消融、手术迅速发展，对心律失常的治疗虽然具有一定作用，但是药物疗法仍然是防治快速心律失常的重要手段，能较好地改善与房颤相关的并发症，关键是降低心肌梗死猝死率。

（周泽健）

【NL003II 期临床研究结果公布】 12 月，北京诺思兰德生物技术股份有限公司在美国《分子治疗》杂志公布研发的基因治疗药物“重组人肝细胞生长因子裸质粒注射液”（NL003）治疗严重肢体缺血的 II 期临床研究结果。结果表明，药物具有较高的安全性，且对严重下肢动脉缺血性疾病具有良好的治疗效果。NL003 是利用新型肝细胞生长因子基因和高效的 pCK 载体构建的一种裸质粒基因治疗药物，可有效促进患者缺血部位的血管新生，形成血管“分子搭桥”机制，可用于下肢动脉缺血性疾病、冠心病、糖尿病周围神经病变等适应证的治疗。

（中关村管委会）

【中检院化学标准物质原料采购合同履行完成】 12 月，北京嘉林药业的阿托伐他汀杂质对映异构体 30 克和阿托伐他汀杂质非对映异构体 30 克交付中检院。阿托伐他汀钙是一款全球销售额过百亿的重磅级调血脂药物，北京嘉林药业为国内阿托伐他汀钙原料药及阿托伐他汀钙片首家获批的生产企业，也是该品种制剂（阿托伐他汀钙片）国内首家通过“仿制药质量和疗效一致性评价”的企业，在国家“4+7”首轮集采中独家中标。3 月 25 日，中国食品药品检定研究院发布“化学标准物质原料采购项目变更招标公告”，北京嘉林药业投标第四包（包括阿托伐他汀杂质对映异构体 30 克和阿托伐他汀杂质非对映异构体 30 克）并中标。

（周泽健）

【产业政策】年内，北京市提出努力打造新一代信息技术与医药健康产业双轮驱动的发展格局，针对医药健康产业发展采取多项措施。围绕医药健康产业链各环节研究制定一系列政策。在临床研究方面，市卫健委、市科委等相关部门联合发布《北京市关于加强研究型病房建设的意见》；在资金投入方面，市财政局发布《财政支持首都医药健康协同创新发展的若干政策措施》；在产品市场应用方面，中关村科技园区管理委员会、北京经济技术开发区管理委员会、海淀区政府、昌平区政府、大兴区政府共同编制、出台《关于促进中关村国家自主创新示范区药品医疗器械产业创新发展的若干措施》，有效解决产业发展的瓶颈问题。

（市经济和信息化局）

【产业布局】年内，按照新的北京城市总体规划，医药健康产业的布局进一步明确，将着重打造高端医疗器械研发创新集群、生物制药产业集群、中医药现代化产业集群、智慧健康产业集群 4 个产业细分集群。在北京经济技术开发区、大兴区、昌平区、海淀区 4 个主导产业区的基础上，新增布局房山区和顺义区作为产业拓展区，强化空间资源。

（市经济和信息化局）

【重点项目】年内，生物医药产业重点建设一批高水平生产外包平台（CMO）项目。共布局 CMO 项目 5 个，实现 10 万升规模的北京亦昭生物医药中试基地项目落地。市经济和信息化局牵头推进北京疫苗产业专班，推动疫苗产业做优做强，储备疫苗项目 8 个、总投资近 100 亿元，支持民海生物在现有生产线扩产的基础上，实施新型疫苗国际化产业基地建设项目；推动 5G 在智慧医疗领域应用场景建设，以北京医疗机器人产业创新中心、中药技术和装备协同创新中心、中关村医学工程转化中心为抓手，打造基于 5G 的智慧化医疗使用场景，推动医药和医疗器械产品的创新发展，提供更加便捷的医疗服务。北京亦昭生物医药中试研发生产基地项目位于经开区，总投资 13 亿元，2019 年落地，2020 年开工。主要建设联合创新实验、中试生产服务平台、成果产业化服务平台、国际互动平台、资本引导平台五大服务平台，打造以专业化合同生产服务为核心的专业 CDMO 生物医药产业“一站式”服务体系。民海生物新型疫苗国际化产业基地建设项目（一期）位于大兴区，总投资 24.4 亿元，2019 年项目手续办理中，计划 2020 年 6 月开工。项目占地 135 亩，建设新型疫苗研发及生产基地，主要研发、生产菌苗类疫苗、病毒类疫苗及多联多价联合疫苗等疫苗，扩大企业在北京的生产规模。

（市经济和信息化局）

【嘉林药业推行环保生产工艺】年内，北京嘉林药业股份有限公司响应国家环保政策，在不涉及新增工业用地和大规模基础设施建设及建筑条件下，为武清生产基地购置 VOCs 废气处理设备，总投资 800 余万元，通过调整废气处理工艺，最终实现 VOCs 排放浓度要求小于 40 毫克 / 立方米，且排气速率满足相应排气筒对应要求；粉尘排放浓度小于 120 毫克 / 立方米，排气速率满足相应排气筒对应要求，使污染物颗粒物排放量减少，嘉林药业为减少污染物排放，做到环保超前于生产，实现经济和社会效益双赢。

（韩海刚）

【甘李药业自主研发产品获认证】年内，甘李药业股份有限公司自主研发生产的重组甘精胰岛素注射液和重组赖脯胰岛素注射液获市科委、市发展改革委、市经济和信息化局、市住建委、市市场监督管理局和中关村管委会等 6 部门联合颁发的 2019 年第二批北京市新技术新产品认定。

（郭瑞亮）

【同仁堂全面落实精准扶贫】年内，同仁堂集团从产业、就业、消费、公益 4 个方面开展扶贫工作，全系统共计采购北京市对口支援五省区产品 2013 万元。向河北省张家口市捐赠 10 辆“流动卫生室”中型救护车和价值 100 万元的中成药。“一企一村”结对帮扶房山区十渡镇卧龙村，实现 346 名低收入户全部脱低。承担内蒙古自治区兴安盟扎赉特旗新林镇 864 万元中药材采购扶贫工作，实现 302 人脱贫摘帽，超额完成任务。

（葛　冰）

【海淀布局大健康产业】年内，海淀区政府对照《北京市加快医药健康协同创新行动计划（2018—2020 年）》，组建医药健康产业工作专班，梳理 23 个大健康领域的高精尖重大项目，细化医药健康重点企业分类，明确推进措施。海淀区政府已联合中关村管委会、昌平区政府、大兴区政府和北京经济技术开发区管委会联合印发《关于促进中关村国家自主创新示范区药品医疗器械产业创新发展的若干措施》，共计 25 条举措。海淀区政府联合市级部门发起设立 10 亿元的首发展天玑生物医药原始创新基金，储备了 10 余个重大技术突破项目。持续跟踪腾盛博药全球研发总部项目已投入使用，同时推动引进的 2 个治疗乙肝的重组蛋白免疫疗法（VBI–2601）和新型研究性 RNA 干扰治疗药物在北京开展临床研究；重点引进了联影、百放创新孵化加速器"头部企业"，已与百放签订了关于海淀区生物医药专业研发设备仪器平台建设和运营管理协议，海淀区政府会同市科委研究关于联影的支持方案；同时聚焦全球健康药物研发中心打造的医疗机器人技术协同创新平台、纳通集团牵头组建的智能外科医疗器械产业创新中心、波士顿科学牵头设立的 T3 创库孵化平台等一批平台建设。梳理大健康产业空间，海淀园管委会会同北部办讨论实创大健康产业园（J 地块）的产业定位和产业规划。参与市级"AI+ 云 + 医疗"工作专班组建，围绕智慧医疗，联合海淀医院等推出人工智能医学影像分析中心、智慧医疗、智能辅助中医诊断等科技应用场景示范项目，鼓励医疗及人工智能领域新技术新产品示范应用。

（郑　雪）

企业选介

【中国北京同仁堂（集团）有限责任公司】简称同仁堂集团，1992 年 7 月 3 日成立，是市政府授权经营国有资产的国有独资公司，以中药为主业，集科工贸、产供销于一体的大型中药企业集团。拥有 7 个二级集团、2 个院、1 家党校、3 个直属单位。其中，北京同仁堂股份有限公司（同仁堂股份）、北京同仁堂科技发展股份有限公司（同仁堂科技）和北京同仁堂国药（香港）集团（同仁堂国药）是上市公司，北京同仁堂健康药业集团、北京同仁堂商业投资集团、北京同仁堂药材参茸投资集团（同仁堂药材参茸）、北京同仁堂医养产业投资集团（同仁堂医养投资）等 10 家为国有独资、中外合资及股份制公司。业务涉及中药材种植及饮片加工，中成药、普通营养食品、保健食品、传统滋补品、生物制品及化妆品的生产销售、科研开发、出口贸易等。

2019 年，同仁堂集团整体实现营业收入 174.76 亿元，同比下降 8.23%；实现利润总额 20.55 亿元，同比下降 26.49%；资产总额 311.50 亿元，同比增长 5.44%。

（葛　冰）

【北京费森尤斯卡比医药有限公司】1994 年成立，是德国费森尤斯卡比股份公司在中国的全资子公司。公司致力于将费森尤斯卡比集团的优质药品、先进技术以及治疗理念引进中国。2019 年生产和销售的主要产品系列包括代血浆——万汶、贺斯，延缓肾衰药物——开同，静脉麻醉剂——静安、竟安，以及 17 种、18 种氨基酸常规输液等。除国内生产销售外，同时出口多个国家。

（刘　莉）

【北京同仁堂股份有限公司】简称同仁堂股份，是同仁堂集团旗下的首家上市公司。1997 年成立，并在上海证交所上市，注册资本 13.71 亿元。经过 20 余年的发展，规模逐渐扩大。2012 年，根据同仁堂集团的整体部署，在原同仁堂股份的基础上，组建北京同仁堂股份（集团）。同仁堂股份是集生产、销售、科研、配送于一体的现代化企业，总占地面积约百万平方米。在大兴、昌平、通州、亦庄分别建有 6 个现代化的生产基地（大兴分厂、亦庄分厂、北分厂、通州分厂、药酒厂、前处理分厂），1 个经营单位（经营分公司），1 个研究单位（科研所），1 个配送单位（配送中心）。拥有天然药物公司、吉林人参公司、陵川党参公司、内蒙古中药材发展有限公司、安国中药材加工公司、安国中药材物流配送公司等多家子公司。同仁堂股份以生产和销售传统中成药为主业，常年生产的中成药超过 400 个品规，产品剂型丰富，涵盖丸剂、散剂、酒剂及胶囊剂、口服液、滴丸剂等 20 余个产品剂型，形成了以安宫牛黄丸、同仁牛黄清心丸、同仁大活络丸为代表的心脑血管系列，以同仁乌鸡白凤丸、坤宝丸为代表的妇科系列，以国公酒、骨刺消痛液为代表的酒剂系列等 12 个不同系列品种群。自主研发了中药新药巴戟天寡糖胶囊。为了适应日益增长的市场需求，提高劳产率，同仁堂股份在加强工商沟通，科学排产的基础上，大力推进生产机械化进程，先后进行了蜜丸自动蘸蜡机、扣壳机、金戳移印技术、玻璃纸自动包装机等项目的研发推广，引进了"丸剂数粒充填技术"袋包装生产线，使公司中药自动化生产水平迈上了新的台阶。其中，蘸蜡机应用项目获得第 27 届北京市企业管理现代化创新成果二等奖。面对经济发展新常态，结合京津冀协同发展规划、非首都功能疏解及企业自身发展实际，同仁堂股份在北京大兴区医药生物产业基地及河北省安国市分别投资建立现代化产业园，以适应企业"十三五"的发展要求。大兴产业园项目已于2016年建成并投入使用,安国产业园中药材加工项目于2015年11月建成,2016年通过新版GMP认证投产。

2019年,同仁股份实现营业收入29.4亿元,营业利润10.46亿元。

年内,同仁堂股份全面加强党的领导,大力推进子公司党建进章程,发挥党组织在公司法人治理结构中的领导核心作用,完成下属9家子公司章程修订。坚持夯实基础管理,全面梳理了制度体系,全年共新建、修订制度92个,初步完成制度体系搭建;统筹平衡产能布局,推进精细化管理,优化供应链各环节;理顺渠道,持续强化市场秩序管控,提升产品获利能力;持续加强工装创新攻关,降本增效,全年共开展创新项目25个,立项9个,整体提升企业生产经营效能。完成两次现金分红,共计派发现金红利10.42亿元,稳定了投资者对公司未来发展的信心,维护了公司证券市场的良好形象。

(葛　冰)

【北京嘉林药业股份有限公司】 简称北京嘉林药业,于1998年12月成立,是市科委认定的高新技术企业,是上市公司德展大健康股份有限公司(简称德展健康,股票代码为000813)的全资子公司。2000年12月,经市政府批准进行股份制改造。2005年10月,由北京红惠生物制药股份有限公司名称更名为北京嘉林药业股份有限公司。2011年,在通州区西集投资建设西集生产基地,注册成立嘉林药业有限公司(简称西集生产基地),总占地面积4.14万平方米,总建筑面积4.30万平方米,工程建设分为两期进行,截至2019年一期已建成并投入使用。2018年度跻身中国制药工业百强榜前50名。北京嘉林药业重点产品相继列入国家重点火炬计划、国家重点新产品计划、北京市重大新技术成果转化项目。参与研发的"化学药物晶型关键体系的建立与应用"获得国家科学技术进步奖二等奖。主打产品阿乐®是北京市著名商标,上市20年,其品质和疗效受到广大医生和患者的一致认可。为响应国家"京津冀一体化"的战略规划,北京嘉林药业在天津武清经济技术开发区投资建设武清生产基地,注册成立天津嘉林科医有限公司(简称武清生产基地),负责原料药生产。

2019年,嘉林药业响应国家环保政策,推行环保生产工艺,做到环保超前于生产。年内,嘉林药业按期完成市科委项目。在2019年中国化学制药行业工业企业综合实力百强榜单位列第51位,获新中国成立70周年医药产业标杆企业、中国医药行业十大影响力品牌称号。

(北京嘉林药业)

【甘李药业股份有限公司】 简称甘李药业,于1998年成立,是一家集药物研发、药品制造、营销和专业服务于一体、在生物合成人胰岛素及类似物等研究方面均处于国内外领先地位的高科技生物制药公司。甘李药业是国家高新技术企业、中关村高新技术企业和北京市G20企业,连续获得政府支持及团体嘉奖。2008年12月获市科委授予的高新技术企业证书,2009年5月获中关村高新技术企业证书,2011年7月获中关村高成长企业TOP100称号,2012年10月获"G20工程杰出成长企业"称号,2015年12月获中关村高新技术企业证书。20余年来,甘李药业一直专注于胰岛素及其类似物的研发和生产,已上市的产品包括甘精胰岛素、赖脯胰岛素、赖脯胰岛素25R、门冬胰岛素和门冬胰岛素30。2005年上市至2019年累计销售额超100亿元,累计利税总额超50亿元。2018年12月,甘李药业与全球第三大制药公司诺华—山德士签订战略销售合作协议,标志着甘李药业成为首家进军欧美胰岛素市场的中国生物制药企业。甘李药业的胰岛素类似物已销往全球20余个国家,截至2019年年底,甘精胰岛素、赖脯胰岛素和门冬胰岛素的欧美临床试验已基本完成。

2019年,甘李药业项目分别获科技部立项支持和中关村资金支持。9月19日,甘李药业国内第二大药品生产基地在山东省临沂市生产基地项目签约。年内,甘李药业自主研发的重组胰岛素注射液和重组赖脯胰岛素获市科委等6部门认定。

(郭瑞亮)

【北京同仁堂科技发展股份有限公司】 简称同仁堂科技,是中国北京同仁堂(集团)有限责任公司旗下集产供销于一体的高科技现代化中药企业。2000年3月22日成立,同年10月在香港联交所创业板挂牌上市，2010 年 7 月 9 日正式转入香港联交所主板上市。同仁堂科技依托现代制药技术，所有生产车间均严格按照 GMP 标准设计、改造和运行，以生产潜力大、剂型储备多、产品质量好而著称，所有生产线均通过国家 GMP 认证，同时还拥有多条通过澳大利亚 TGA 认证、日本厚生省认证、欧盟 GMP 认证的生产线，公司 2003 年通过了 ISO 9001 质量体系认证。同仁堂科技的产品涉及 20 余个剂型 200 余个品种，并有丰富的已开发新产品和在开发新产品的储备。根据市场需求和变化，同仁堂科技提高了产品科技含量，注重二次科研，采用无糖制作、全提取浓缩丸技术和片剂薄膜包衣、大孔树脂吸收、喷雾干燥、流化床造粒、全提取浓缩、超微粉碎等新工艺新技术，推出了无糖感冒清热颗粒、六味地黄浓缩丸、多种薄膜包衣片、片剂、软胶囊剂型等新产品，拥有先进的片剂、软胶囊、浓缩丸、蜜丸、颗粒生产线，以满足患者的不同需求。体现出同仁堂务实求新，患者至尊的经营理念。同仁堂科技在以中医药产品为主业的基础上，不断拓展发展领域，加强子公司建设，涉足药材种植养殖、保健品、保健食品、化妆品、日化产品和医疗服务等，丰富了企业产品新的品种群，开辟了企业发展的新领域，迈开了企业进军大健康产业的新步伐，拓宽了企业增效的新途径。

2019 年，同仁堂科技实现营业收入约 27.98 亿元，利润总额约 6.27 亿元。年内，同仁堂科技全面贯彻落实党建经营双考核，开展“不忘初心、牢记使命”主题教育活动，加强基层党支部建设，持续抓好党风廉政建设、意识形态工作。按照“规范管理、深化分销、拓展终端”的指导思想，坚持以品种为核心，充分发挥品牌与品种优势，精耕细作各级渠道，全年实现 7 个品种过亿元。两个新建项目大兴分厂、科技唐山公司顺利通过 GMP 现场认证检查并取得证书，完成组织架构及管理体系搭建，正式组织生产，工业板块新布局初见规模。完善法人治理结构，健全重要事项决策程序，新成立法务部、投融资管理部、技术管理委员会，同时强化子公司管理力度，提升全员品牌意识，推动企业高质量发展。圆满完成对口兴安盟扎赉特旗新林镇扶贫任务，帮扶贫困户 300 余人，践行社会责任。

（葛　冰）

【北京同仁堂健康药业股份有限公司】简称同仁堂健康，于 2003 年 4 月 14 日注册成立，拥有同仁堂、总统及悦活力 3 大品牌，是北京同仁堂集团 7 家二级子集团之一的健康集团核心单位，产品覆盖滋补养生、营养保健、天然草本、健康酒、中成药、健康饮品六大品类，集研发、生产、物流、销售，以及医疗服务于一体的大型国有控股企业。同仁堂健康经批准，属于高新技术企业、国家火炬计划重点单位、国家自主创新示范区“十百千工程”企业，并拥有 CNAS 认证资格。公司主要生产颗粒剂、片剂、胶囊剂、口服液等现代中药及营养保健品。

2019 年，同仁健康实现营业收入 41.4 亿元，营业利润 3.14 亿元。年内，同仁堂健康取得新产品批件 16 项，已上市产品延续注册 10 项；获得国家发明专利 3 项，科研项目“海洋活性肽的集成研究与应用”获得海南省科学技术进步奖，荣获“食品安全示范企业”“高质量发展百强企业”等荣誉称号。探索新零售业务模式。成功孵化壹号店，完善产业链布局，宁夏生产基地项目顺利落地，成为支撑企业未来发展的重要战略生产基地之一。

（葛　冰）

【北京本草方源药业集团有限公司】2004 年成立，是一家大型中药饮片加工销售企业，于 2005 年、2010 年、2015 年 3 次通过国家 GMP 认证，2008 年获得产品进出口权。2019 年，该公司经营饮片 1200 余种，产品主要供应北京各大医疗机构和同仁堂集团。

（刘　莉）

【北京同仁堂制药有限公司】简称同仁堂制药，是由中国北京同仁堂（集团）有限责任公司与香港泉昌企业有限公司合资组建，位于中关村科技园大兴生物医药产业基地，总占地面积 3.68 万平方米，于 2005 年底通过 GMP 认证并于 2006 年 5 月开业，2012 年 5 月通过了新版 GMP 认证。同仁堂制药一期建筑面积 1.30 万平方米，二期建筑面积 2.76 万平方米，总建筑面积 4.06 万平方米。建有厂房、自动高架库房，以及检验室和研发中心等设施。引进了先进的丸剂生产线，实现了丸剂机制及微波干燥的流水线生产。在建设中考虑了环保节能及未来发展，建成具备多种能力、技术先进、环保节能、管理科学的新型生产基地。同仁堂制药拥有 90 余个品种，包括丸剂、颗粒剂、片剂、胶囊剂、浓缩丸及散剂；主要产品有皮肤病血毒丸、久强脑立清、参苓白术丸、清肺抑火丸、香砂和胃丸、龙胆泻肝丸、木香顺气丸、加味保和丸、清心明目上清丸。根据市场需求逐步开发新药产品、新剂型。同仁堂制药将同仁堂名牌产品和高新技术结合起来，有着十分广泛的发展前景，其较先进的设备、生产工艺及管理系统的信息化、网络化，提高了中药生产的自动化水平，从而保证了产品质量的稳定可控性，增强了企业的核心竞争力。

2019年，同仁堂制药实现营业收入1.99亿元，实现利润2607万元。年内，同仁堂制药贯彻落实同仁堂集团质量管理提升年工作要求，建立专项对接工作领导机构，确保各项工作部署落地，责任到人。积极适应药政法规新常态监管，修订质量管理、安全生产、环境保护等公司内部相关制度，完善药品质量管理体系。获得国家高新技术企业认定并取得证书，获评北京市诚信创建企业。

（葛 冰）

【北京康仁堂药业有限公司】简称康仁堂药业，是天津红日药业全资子公司。公司专业从事中药配方颗粒研究和生产20余年，坚持以中医理论为根本，认真研究中药汤剂的剂型改革，形成“全成分”的改革理念，并在“全成分”理念的指导下建立一套完整的中药配方颗粒的工艺体系和标准体系，形成行业内第一个质量控制体系。公司获得工艺发明专利近40项，奠定康仁堂“传承中医文化精髓，享受中药科技创新”的企业特色。康仁堂药业位于顺义区牛栏山开发区，2008年产品正式上市销售。2011年，康仁堂药业在顺义区牛栏山工业开发区建立新厂，2012年国家级非物质文化遗产“中药炮制”传承基地落户北京康仁堂药业；北京中医药大学“康仁堂班”招收首届学生，北京康仁堂药业成为北京中医药大学教学和实习基地，专门培养高水平的中药炮制人才。2014年成立中华中医药学会中医药文化教育基地。康仁堂药业通过对产地和主产区大批量药材的整体质量考察、研究和统计学处理，根据药材的质量波动范围，确定高品质药材产地、基原，强化采收、初加工、运输、储存等环节的质量控制，选择原料药稳定的生产基地，建立药材采购控制体系。在全国建立123个主要品种的药材种植基地和采购基地。产品和服务遍及全国23个省区市场，并进入北美、欧洲、澳洲等国际市场，2019年中药配方颗粒产值约21.65亿元，同比增长33%，是行业中增长速度较快的企业。

2009年起，康仁堂药业连续4次通过国家高新技术企业认定，2013年被北京市经济和信息化委员会认定为北京市企业技术中心，被北京市科学技术委员会认定为北京市中药配方颗粒工程技术研究中心。2015年被北京市科学技术委员会授予中药生产过程控制与质量评价北京市重点实验室称号，2016年被北京国医国药国乐国际医学论坛组委会授予中医药学术发展贡献奖。2017年获北京市人民政府颁发的北京市科学技术奖一等奖。2016年至2019年连续4年获北京市诚信创建企业称号，2019年获北京市信用AAA企业称号。康仁堂药业先后被国家发展和改革委员会认定为国家级企业技术中心；被北京市科学技术委员会认定为北京市中药配方颗粒工程中心和中药过程控制的重点实验室；被北京市经济和信息化局认定为北京市企业技术中心。

（康仁堂药业）

都市产业

本栏目采用条目体，主要记述都市产业年度发展情况，以及部分企业选介。

行业发展

【概况】2019年，市经济和信息化局支持重点企业升级改造，通过高精尖产业发展资金累计支持项目3个，涉及曲美家居、康比特、凯达恒业3家企业，累计支持资金额度2567万元。年内，金果园老农（北京）食品股份有限公司、今麦郎饮品股份有限公司（北京厂区）、北京牵手果蔬饮品股份有限公司、曲美家居集团股份有限公司、北京雅昌艺术印刷有限公司5家企业获年度北京市级绿色工厂称号。

（市经济和信息化局）

【工美基金招募】1月，“第四批工美基金合作机构的征集通知”对外发布，经过管理机构初审、专家评审，确定拟合作机构1家。年内已完成对拟合作机构——北京首创创业投资有限公司的尽职调查工作，并进行社会公示。拟新设立的工美子基金首创工艺美术产业发展基金总规模3亿元。截至年底，工美基金已设立子基金共决策项目6个。

（市经济和信息化局）

【红星产品多次获奖】3月，43度红星二锅头（大金奖酒）获2018年青酌奖。9月，52度红星高照获2019年布鲁塞尔国际酒类大奖赛金奖奖牌。同月，红星二锅头获第九届北京影响力十大品牌北京人奖。

（彭明建）

【奥瑞金再获国际包装行业大奖】3月，奥瑞金科技股份有限公司凭借差异化创新金属小茶叶罐在泰国曼谷举办的“Asia CanTech Awards”颁奖典礼上，获两片食品罐金奖。

（姜学昆）

【Keith Haring x AIMER 爱慕快闪店亮相】3月，Keith Haring x AIMER 爱慕快闪店先后亮相北京市、上海市，联名单品传递“艺术即生活，生活即艺术”的理念，街头艺术邂逅高水准设计，让潮流更有魅力。

（秦菽泽）

【2.0版爱慕生活馆新升级】3月，爱慕股份有限公司为适应提出的去品牌化概念和生活场景陈列需求，2.0版爱慕生活馆新形象发布，打造全新的品牌零售体验空间，提升消费者体验。截至年底共建成30余家2.0版爱慕生活馆。

（秦菽泽）

【燕京科研项目通过科技成果鉴定】4月3日，中国酒业协会技术委员会组织专家在燕京啤酒科技大厦对“啤酒酿造酵母絮凝机理研究及精准调控技术体系的开发与应用”项目，及与中国食品发酵研究院、国家酒类品质与安全国际联合研究中心合作完成的“基于SNP−KASP技术的啤酒花品种快速鉴定及纯度检测关键技术的研究与应用”项目进行科技成果鉴定。鉴定专家委员会一致认定，2个项目均已达到国际领先水平，建议继续扩大应用规模。

（燕京啤酒）

【牛栏山酒厂院士专家科研工作站成立】4月9日，牛栏山酒厂院士专家工作站揭牌成立，是继2013年牛栏山酒厂设立博士后科研工作站后又一国家级科研平台，也是白酒企业首次成立双院士专家工作站。2位科研领域专家院士入驻，推动院企多层次、全方位的技术合作，助力牛栏山酒厂继续开展“牛栏山白酒风味与品质提升”项目，提升牛栏山白酒健康价值体系。

（顺鑫控股集团）

【爱慕环保行动】4月，“爱慕以旧换新”小程序上线；7月22日至8月11日，爱慕官网11周年“以旧换新”活动举行。爱慕携手消费者共同参与到环保行动中，通过绿色低碳生活，改善地球的整体环境。

（秦菽泽）

【“工美杯”创新设计大赛启动】5月23日，由北京工美行业发展促进中心、北京工艺美术行业协会、北京工艺美术学会共同主办的2019“工美杯”北京工艺美术创新设计大赛在北京工艺美术博物馆启动。评审委员会对480件（套）作品进行两轮评审，共评出获奖作品226件（套），其中金奖作品22件（套）。

本届创新设计大赛是历届参评作品最多的一届，推动了工艺美术与相关行业跨界融合，明确工美生活化、实用化的创作方向，促进行业创新设计人才的培养。

（市经济和信息化局）

【“燕京八景”文创新品上市】5月24日，燕京啤酒“燕京八景”文创精酿产品发布会在中关村召开。发布会由燕京啤酒、创业博物馆、中关村创业大街联合主办，来自社会各界的200余名嘉宾受邀出席。“燕京八景”文创精酿产品选取“燕京八景”中的四景进行延伸，分别匹配春夏秋冬四季，在京东平台销售。

（燕京啤酒）

【70余件获奖作品首次亮相第十四届北京文博会】5月29日，由市经济和信息化局主办，北京工艺美术行业发展促进中心、北京工艺美术行业协会共同承办的第十四届北京文博会2019年北京工艺美术展在中国国际展览中心2号馆开幕。展览共有60余家北京工艺美术品牌企业、创意企业、个人工作室等单位参展，会集国家级、北京市级工艺美术大师40余人，集中展示作品2000件（套），其中2019年“工美杯”北京工艺美术创新设计大赛获奖作品70余件首次亮相。展会上，观众可现场体验雕漆、绢人、刻瓷、花丝镶嵌、点蓝及其他北京特色技艺的制作过程，感受北京工艺美术技艺特色和深厚文化底蕴。

（市经济和信息化局）

【爱慕迪拜mall店开业】5月，爱慕迪拜mall店开业，通过更加丰富、多元化的营销手段，加快品牌国际化营销网络的建设，使全球的消费者能够享受到爱慕高品质的内衣产品并感受到爱慕品牌美好的文化内涵。

（秦菽泽）

【燕京啤酒品牌价值位列中国500最具价值品牌排行榜第41位】6月26日，由世界品牌实验室主办的第16届世界品牌大会在北京中国大饭店举行，发布2019年度中国500最具价值品牌排行榜。其中，燕京啤酒品牌价值1216.97亿元，位列榜单第41位。旗下漓泉啤酒品牌价值181.62亿元，惠泉啤酒品牌价值136.52亿元，雪鹿啤酒品牌价值75.36亿元，九龙斋品牌价值135.39亿元。

（燕京啤酒）

【食品工业企业诚信管理体系建设国家标准培训会举办】6月28日，市经济和信息化局联合各区经信部门、北京食品协会，共同举办食品工业企业诚信管理体系建设国家标准、食品质量安全从业人员综合能力提升宣贯培训会。这次培训目的是结合实际工作进一步深化“不忘初心 牢记使命”主题教育活动，落实习近平总书记关于对食品安全工作作出的“牢固树立以人民为中心的发展理念，落实‘四个最严’的要求，切实保障人民群众‘舌尖上的安全’”的重要指示精神，进一步加强食品工业企业诚信管理体系制度建设，促进规范管理，开展标准宣贯，提升业务能力，加强从业人员培训，确保产品质量安全。通过宣贯夯实企业食品安全主体责任。北京市各区、各控股公司的90余家食品工业企业的110余名质量安全管理人员参会。国家市场监督管理总局认证认可技术研究中心李桂芝宣贯《食品工业企业诚信管理体系》（GB/T 33300—2016）国家标准，市经济和信息化局就北京市食品工业发展相关产业政策进行解读。国家市场监督管理总局认证认可技术研究中心、各区经信部门、北京食品协会等相关负责人员共同参加学习培训。

（市经济和信息化局）

【北京国际燕京啤酒文化节举办】6月28日至7月8日，第28届北京国际燕京啤酒文化节在顺义奥林匹克水上公园举办。顺义区委、区人大、区政府、区政协领导出席开幕仪式。本届啤酒节延续以“啤酒+”理念，加入美食、音乐、旅游、体育、文化、扶贫等元素。燕京U8新品发布亮相。11天时间，主会场及祥云小镇、国门一号等4个分会场共接待游客40余万人次，消费啤酒20余万升。

（燕京啤酒）

【碧水源引入中交战略伙伴】6月，北京碧水源科技股份有限公司引入国资战略投资者——中交集团全资子公司中国城乡，依托碧水源在水处理膜科技领域的核心技术优势和行业领先地位，以及中国城乡在融资、工程建设及项目资源上的优势，双方协同创新、融合发展，快速打造中国领先的水处理产业平台，共同服务国家战略。

（秦国强）

【顺鑫控股与北工商签署战略合作协议】7月10日，顺鑫控股集团与北京工商大学签署战略合作协议，双方围绕国家科技创新规划和顺鑫控股集团战略目标，通过项目合作、科技人员培养、科技人才建设等方式进行全方位、多领域、深层次的合作，共享优质资源，共同提升产业人才培养、科技平台建设的专业化水平，以实现“以高新科技引领，提升民生服务能力”的目标。

（顺鑫控股集团）

【大北农生物农业创新园开工建设】 7月16日，大北农科技集团股份有限公司所属的大北农生物农业创新园开工建设。大北农项目位于中关村科学城北区翠湖科技园3-2-011地块，项目东至创新园经四西路，西至创新园经三路，南至创新园纬一路，北至创新园绿地，占地面积5.5万平方米，总建筑面积16.15万平方米，其中地上面积8.28万平方米。创新园以生物育种、生物饲料、农业生物制剂、农业大数据、农业人工智能等现代农业关键核心技术为主，建立大型企业开放创新创业生态圈。

（郑　雪）

【爱慕举办第六届小小设计师大赛】 7月，爱慕儿童主办的第六届小小设计师大赛在爱慕时尚工厂举行。该次活动以“旅行家”为主题，结合“五大洲”元素，让孩子们通过设计制作走秀服饰提高动手能力和创造能力，激发孩子们的内在潜能，促进亲子间的情

感交流，同时借助探知工厂、解密内衣制造的过程，为孩子们提供展示自我的平台。

（秦菽泽）

【燕京多款产品获国际大奖】 燕京10度鲜啤在8月举办的世界啤酒大奖赛中获“中国最佳”；燕京原浆白啤在9月举办的亚洲啤酒锦标赛中获金奖；燕京U8在10月举办的国际啤酒杯、11月举办的比利时布鲁塞尔啤酒挑战赛中获银奖；燕京10度白啤在10月举办的国际啤酒杯、11月举办的欧洲啤酒之星中获银奖；“燕京八景”文创精酿产品在世界啤酒大奖赛、2019CBC中国国际啤酒挑战赛、亚洲啤酒锦标赛、世界啤酒锦标赛4项赛事中获8个单项大奖；燕京日日鲜在2019CBC中国国际啤酒挑战赛中获银奖。

（燕京啤酒）

【2019年北京工艺美术行业培训会举办】 为深入贯彻落实《北京市传统工艺美术保护办法》，进一步提升北京工艺美术行业人才素质，大力加强行业人才梯队建设，推动工艺美术行业的创新跨界与产业升级，由北京工艺美术行业发展促进中心主办的2019年北京工艺美术行业培训于9月3日至5日举办。北京工艺美术行业的行业大师、设计技艺人员、企业管理人员共计300余人参加培训。市经济和信息化局总经济师张晶出席结业式并讲话。张晶强调，北京工艺美术行业要紧跟首都文化中心建设和京津冀协同发展的国家战略，进一步推进行业转型升级，以文化力创造新经济。并对工美行业提出两点希望，一要具备全新视野，要善于借鉴先进技术手段、营销模式、管理思维，推动企业发展，打造品牌价值；二要谋求创新发展，实现工艺创新、产品创新、模式创新，加速工艺美术的产业化和配套服务建设。本届培训共计安排了《中国文化的系统认知与产业发展》《工艺美术的基本理论与创新实践》《工艺美术的法律保障及商业思维》等5门课程。邀请从事工艺美术领域研究多年，具有深厚理论基础与行业经验的专家学者讲授工艺美术技艺创作研究、创新和跨界融合的思路与实践，

通过审美层面挖掘工艺美术的文化技艺之美和产业创新道路；邀请其他领域专家就产业发展问题、知识产权保护问题、金融资本合作等问题进行讲解。

（市经济和信息化局）

【2019 北京时装周举办】 9 月 3 日至 10 日，由市委宣传部、市总工会、市科委、市经济和信息化局、市文化和旅游局、市国资委等单位指导，北京服装纺织行业协会、北京时尚控股有限公司、《时尚北京》杂志主办的 2019 北京时装周在国家游泳中心（水立方）、方恒国际中心、清华大学、铜牛张家湾园区等地举办，连续举办 32 场品牌流行趋势发布、20 余场时尚活动、5 场专业赛事、4 场时尚展览及 2 场高峰论坛，在规模和内容上进行全面升级，以“跨界 融合 消费”为主题，汇聚国内外 200 余个品牌华美亮相，打造出具有北京特色兼具国际化影响力的时尚创意展示平台，为城市时尚美学和时尚之都建设，逐渐成为彰显北京时尚文化发展水平的重要标志性活动。

（市经济和信息化局）

【北京市工艺美术大师示范工作室揭牌】 9 月 29 日，北京市工艺美术大师示范工作室钟连盛大师工作室揭牌仪式在北京市珐琅厂有限责任公司举行，市经济和信息化局总经济师张晶出席并参加庆祝中华人民共和国成立 70 周年艺术精品红色主题展系列活动启动仪式。为贯彻落实《北京市传统工艺美术保护办法》《北京市工艺美术大师示范工作室管理暂行办法》，市经济和信息化局于年内组织首批北京市工艺美术大师示范工作室的征集、评审相关工作，经局党组会审议研究，钟连盛大师工作室、张铁城大师工作室被评审为北京市工艺美术大师示范工作室。钟连盛大师工作室在推动景泰蓝技艺的传承创新、产品的创作研发、人才培养等方面做出了突出贡献，下一步将在服务首都功能、弘扬北京工艺美术文化、引领校企合作方面发挥引领带头作用。市经济和信息化局都市产业处、北京工艺美术行业发展促进中心相关负责同志共同参加揭牌仪式。

（市经济和信息化局）

【顺鑫控股与方智远院士专家团队签约】 10 月 25 日，顺鑫控股集团与方智远院士专家团队在第二十二届中国北京国际科技产业博览会上签署战略合作框架协议。双方将从加强科研合作和项目开发、联合打造协同创新平台、建立高端智库三方面开展深度合作。

（顺鑫控股集团）

【爱慕倾情支持 70 周年阅兵式】 10 月，在庆祝中华人民共和国成立 70 周年阅兵式上，爱慕集团倾情提供女民兵方队的贴身衣物，守护阅兵最美风景线的飒爽英姿。

（秦菽泽）

【两化融合标杆企业深度行（CIO 走进飞美家具）活动举办】 为进一步落实《北京市推进两化深度融合推动制造业与互联网融合发展行动计划》工作部署，推进北京市两化深度融合，发挥贯标示范、服务型制造、“双创”平台等两化融合相关试点示范项目和企业的示范引领作用，加快以新一代信息技术改造提升传统产业，帮助企业培育发展新动能，市经济和信息化局与北京两化融合服务联盟围绕两化融合相关示范企业，策划开展“两化融合标杆企业深度行”系列活动。11 月 15 日，两化融合标杆企业深度行走进飞美家具，来自北京市都市产业及两化融合贯标试点企业信息化工作负责人共 30 余位代表参加活动。活动中，与会代表实地走访飞美家具现代化流水生产线。在座谈环节，飞美家具以家具产品个性化定制的设计、生产一体化管控能力建设为例，重点分享如何在两化融合管理体系指导下，从前端设计的产品方案，直接导入到生产系统进行数字化生产，真正实现了前后端打通，解决为客户全屋量身打造、按单生产并快速交货、生产零库存的难题，并实现生产效率提升30%，生产出错率控制到0.5%以内，15天交货周期的目标。与会企业代表与市、区经信主管部门、长子营镇相关负责人和专家交流了两化融合工作的经验体会，并提出相关困难和疑惑，相关负责人逐一进行精准解答。市经济和信息化局信息化与软件服务业处，大兴区经济和信息化局、大兴区长子营镇相关负责同志参加会议。

（市经济和信息化局）

【大华时尚挂牌“北京老字号”】11月19日，北京大华时尚科技发展有限公司被认定为“北京老字号”企业。市经济和信息化局、市商务局、北京老字号协会等有关部门参加授牌仪式。北京大华时尚成立于1954年（前身为北京市大华衬衫厂），是北京时尚控股有限责任公司旗下的全资二级企业，北京市重点企业，是集品牌运营、商贸服务和文创服务于一体的综合性企业。其经典品牌“天坛”曾先后获国家质量金奖、中国名牌产品、北京市名牌产品等几百余项荣誉，“天坛”商标连续多次被评为北京市著名商标。大华时尚除“天坛”等经典品牌外，还在运营PURE TOUCH和无咎两个新的品牌，涉足服装高端定制领域，形成多品牌差异化经营的品牌格局。

（市经济和信息化局）

【红星股份怀柔厂区升级改造项目完成】11月，北京红星股份有限公司怀柔厂区升级改造项目完成。该项目集智能化、信息化、现代化、自动化于一体，包括联合厂房、立体库以及相关附属设施，改善了厂区的环境，优化资源配置，降低能源消耗，提高生产效率。

（彭明建）

【中国国际时装周闭幕式】11月，LA CLOVER之夜——中国国际时装周闭幕式暨2019年度中国时尚大奖颁奖典礼在北京国家游泳中心（水立方）举办，展现LA CLOVER品牌15年的蜕变与升级，以国际化、多元化、时尚化和潮流化的形式进行新品发布，为一年一度的时尚盛事圆满落下帷幕。

（秦菽泽）

【爱慕获企业标准“领跑者”证书】截至12月6日，爱慕主导或参与制定2项国家标准、19项行业标准、7项团体标准、18项企业标准，并于2019年11月6日获得企业标准“领跑者”证书。技术和标准的双重结合，夯实了爱慕在行业技术标准的地位，引领行业发展。

（秦菽泽）

【玛氏食品成为北京2022年冬奥会和冬残奥会官方巧克力独家供应商】12月16日，北京2022年冬奥会和冬残奥会官方巧克力独家供应商发布会在北京冬奥组委举行，玛氏食品旗下品牌“士力架”成为北京2022年冬奥会和冬残奥会官方巧克力独家供应商。北京冬奥组委专职副主席、秘书长韩子荣为“士力架”颁发北京2022年冬奥会和冬残奥会官方巧克力独家供应商铭牌。北京冬奥组委运动会服务部部长于德斌表示，“士力架”为北京2008年奥运会提供优质的巧克力产品，士力架“横扫饥饿、快速补充能量”的品牌形象深入人心，此次与北京冬奥会再次合作，彰显“士力架”的奥运热情。希望“士力架”继续投身于北京冬奥会的服务中，用能量充分激活青年人的体育热情，共建健康、包容、和谐的良好运动氛围，让冰雪运动融入亿万民众并惠及生活。玛氏食品需求总经理李斗表示，玛氏食品进入中国26年来，已经成长为中国巧克力市场领军企业，旗下“士力架”品牌将为北京2022年冬奥会和冬残奥会提供可靠的产品和支持。玛氏食品总部位于美国弗吉尼亚州麦克莱恩（McLean），旗下拥有宠物护理、糖果、食品、饮品和系统生物科学等业务，总销售额超过350亿美元。1993年，玛氏食品（中国）有限公司在北京成立，是最早的外商独资企业之一。1996年巧克力糖果工厂落户怀柔区，同时投资建立宠物食品工厂，产品行销全中国并出口日本和东南亚地区。

（市经济和信息化局）

【食品行业新产品和高端产品开发】年内，和路雪旗下的梦龙系列冰激凌位居高端冰激凌产品网络销量第一位，推出双重脆层流心酱红覆盆子口味梦龙、迷你梦龙等多种新产品。汇源果汁名列2019年第五届中国顾客推荐度指数品牌排名100%纯果汁推荐度排行榜第一位，红牛名列功能饮料推荐度排行榜第一位，好利来名列速冻食品推荐度排行榜第一位。三元食品获2019大健康产业消费者满意品牌奖，三元奶粉在国家统计局中国统计信息服务中心最新发布的《2018中国品牌口碑年鉴》中，位居2018年度中国婴幼儿奶粉口碑榜首，获“金口碑”殊荣。三元食品携手故宫，在2019年1月推出首款官方认证的宫标牛奶——“宫藏·醇享”系列纯牛奶，营养价值和文化内涵体现牛奶中的“宫廷标准”。北冰洋食品公司主打产品北冰洋汽水销量实现连续7年高速增长，北冰洋袋淋、双棒、碗淋、大瓷罐酸奶等老字号产品逐步恢复中。

（市经济和信息化局）

【北京“老字号”企业产品发展】年内，北京东方艺珍花丝镶嵌厂（北京花丝厂）、北京制帽厂（北京制帽厂）、北京二锅头酒业股份有限公司（永丰）、北京京工服装集团有限公司（雷蒙）、北京大顺斋食品有限责任公司（大顺斋）、北京集珍斋工艺品有限公司（集珍斋）6家企业被认定为第四批北京老字号企业；北京三元食品股份有限公司（国营北京市牛奶站）、北京大华时尚科技发展有限公司2家企业被认定为第五批北京老字号企业。截至年底，六必居、王致和、红螺、龙门、大红门、月盛斋、天福号、红星、牛栏山、永丰等老字号企业产品入驻阿里零售平台和京东平台，实现线上线下融合发展。市经济和信息化局与市商务局等相关委办局加强协调配合，支持环境友好型、配套首都城市功能、经济贡献较大、为国家重大活动提供保障的老字号企业在原址进行技术改造、产品生产工艺创新和绿色环保升级，通过增品种、提品质、创品牌，向高精尖迈进，实现示范引领效应，做大做强老字号品牌。

（市经济和信息化局）

【燕京全力服务保障系列重大活动】年内，作为庆祝中华人民共和国成立70周年阅兵服务保障单位，北京燕京啤酒股份有限公司为两次阅兵演练及庆典当日提供保障用水27万瓶，分装观礼台服务包7万个。完成北京市“两会”、全国“两会”、第二届“一带一路”国际合作高峰论坛、世界园艺博览会、亚洲文明对话等重大活动用水服务保障任务。

（燕京啤酒）

【燕京落实国家扶贫政策】年内，燕京啤酒集团继续与内蒙古自治区赤峰市巴林左旗的2个贫困村——十三敖包镇的五星村、花加拉嘎乡的石旅村签订对口帮扶协议，与顺义区大孙各庄镇西辛庄村结对，年提供帮扶资金60万元，实施产业帮扶、技术帮扶、特色帮扶，资助贫困大学生和留守儿童，为残疾人提供购买轮椅、适配助听器所需资金，在保证食品安全的前提下职工食堂优先采购来自左旗的农牧产品。燕京啤酒节期间，为左旗农产品设立专门的展销柜台。

（燕京啤酒）

【牛栏山酒业营业收入破百亿】年内，牛栏山酒业营业收入突破百亿，跻身全国白酒百亿俱乐部行列，主要经济指标全面超额完成。营销层面，在“深分销、调结构、树样板”营销目标的指引下，进一步布局山西吕梁基地，开拓西北市场，实现北京销售占比23.63%，外埠销售占比76.63%，全国化市场格局基本形成，为牛栏山后百亿时代转型发展夯实基础。品牌层面，牛栏山品牌价值达到434.1亿元，同比增长132.27亿元，助力顺义区获“世界美酒特色产区”称号。

（顺鑫控股集团）

【鹏程食品获评标准化示范厂】年内，顺鑫控股集团所属鹏程食品分公司是非洲猪瘟疫情暴发后北京市内唯一保持生产的屠宰企业，年内承担北京市储备冻肉总量的70%，加强疫情防控的督导以及市场供应的调度，保障首都猪肉价格稳定和重大活动猪肉供应，并获2019年全国生猪屠宰标准化示范厂称号，是北京市唯一一家获此殊荣的单位。

（顺鑫控股集团）

【顺鑫控股保障全国两会食品及食品原材料供应】 年内，顺鑫控股集团完成第十三届全国人民代表大会第二次会议和全国政协第十三届二次会议期间食品及食品原材料供应保障，分别供应生鲜产品48个品种28844千克；供应熟食制品9个品种1517.5千克。

（顺鑫控股集团）

【顺鑫控股为北京世园会提供服务】 年内，顺鑫控股集团完成北京世园会基础设施建设、农产品供应、场馆运营等服务保障工作。按期完成主责承建的顺鑫控股企业展园、援助非洲展园项目、世园会植物馆景观绿化工程、世园会配套设施项目工程，项目建设金额近亿元，其中顺鑫企业展园占地面积2800平方米，建筑面积480平方米，接待游客达16万人次，并荣获“2019北京世园会组委会特等奖”。截至闭园，顺鑫控股集团为北京世园会赞助矿泉水、果蔬汁及酒类产品7万箱，为30万人次提供餐饮服务。

（顺鑫控股集团）

【顺鑫控股保障中华人民共和国成立70周年庆祝活动】 国企庆典活动期间，顺鑫控股集团所属鹏程食品分公司组织1480名企业员工，为55个驻地伙食单位生产配送猪肉及肉制品180.53吨，完成活动服务保障工作，并获阅兵联勤保障兵站颁发的庆祝中华人民共和国成立70周年阅兵保障先进单位称号，以及“聚力阅兵，共铸辉煌”荣誉锦旗。323名顺鑫人参与首都国庆联欢活动，用自己的方式送上对祖国的祝福。

（顺鑫控股集团）

【顺鑫控股推进冬奥会、冬残奥会各项工作】 年内，鹏程食品统筹规划冬奥备选猪场，提前部署产品技术检测周期等工作；鑫源食品升级改造冬奥保障供应屠宰加工生产线，有序推进冷库及冷链物流等相关工作；顺鑫农品按照国际标准，筹备扩建创新食品生鲜加工车间，完善石门市场检测中心软硬件条件，确保满足奥运要求。

（顺鑫控股集团）

【京工、大华两公司被认定老字号】 年内，时尚控股公司聚焦品牌运营，以品牌项目资金为牵引，实施品牌项目化管理，形成一批提升企业品牌形象、推动企业品牌销售增长和加强企业核心竞争力的品牌项目，实现企业的可持续发展。重视老字号传承发展工作，旗下京工服装有限公司、大华时尚科技发展有限责任公司被认定为“北京老字号”。

（时尚控股）

【“雪莲”等3个品牌登品牌价值榜】 年内，由世界品牌实验室（World Brand Lab）发布的2019年《中国500最具价值品牌》分析报告中，时尚控股公司旗下的“雪莲”品牌以150.87亿元的价值位列品牌价值榜第336位，“天坛”品牌、“雷蒙”品牌均登品牌价值榜。

（时尚控股）

【时尚控股重建羊绒产业链】 年内，时尚控股公司所属雪莲集团主动疏解不符合首都城市战略定位的产业，建设内蒙科技园区，设立内蒙古仁立雪莲羊绒有限公司，经营原绒收购和分梳业务，重建羊绒产业链。

（时尚控股）

【时尚控股盘活京外资源】 年内，时尚控股公司盘活新疆京和纺织科技有限公司土地资源，确保京和公司资产完整性，经京和公司与和田市政府友好协商，完成新疆厂房回购。

（时尚控股）

【时尚控股完成疏解任务】 年内，时尚控股公司全力推进企业疏解退出及压减工作，时尚控股公司所属3户企业列入市国资委疏解退出考核计划，9户企业列入市国资委压减企业户数考核计划。截至年底，疏解退出及压减工作全部完成。有序推进疏解整治促提升考核任务，与相关企业签订专项行动目标责任书，已于2月底提前完成本年度“疏解整治促提升”专项行动工作任务，拆除违法建设1处，面积810平方米。

（时尚控股）

【毛纺集团仿3S热风技术获专利授权】 年内，毛纺集团仿3S热风非织造布技术的研发与产业化项目获得专利授权，技术水平明显提升。仿3S热风非织造布是由皮芯结构的ES纤维经过机械梳理相互搭接形成纤维网，通过热风工艺使得搭接处ES纤维的皮层熔融黏合在一起形成。制备得到的仿3S热风非织造布不仅能够保持本身绵柔、蓬松的触感，还可以兼具3S非织造材料的丝柔、爽滑的触感。

（时尚控股）

【爱慕研发石墨烯智能发热服】 年内，爱慕股份有限公司研发石墨烯智能发热服，发热服采用石墨烯发热技术、App智能温控设计和人性化“随意贴”设计。发热石墨烯的贴片通电数秒，随即发热；Hinave光波转化增强技术是利用宽频谱高能量光波与水分子振动频率相近的特点，引起共振，释放热能，由内而外形成热反应，能够使环境变暖；手机 App 智能温控设计符合消费者使用习惯、科技感强、安全性强、随时随地调温；任意位置“随意贴”设计，可应用于更多应用场景和人群。

（秦萩泽）

【爱慕研发天然防蚊家居服】 年内，爱慕股份有限公司采用天然植物中提取的物质作为防蚊原料，添加到纺丝溶液中拉伸成纤维，再经过特殊的纺纱、织造、染整及缝制工艺制备而成。该产品能有效驱避蚊虫，减少夏日蚊虫叮咬的困扰，且兼具防螨的功能，减少螨虫滋生对敏感人群的影响。此外防蚊原料取自自然，天然安全，载体使用天然纤维素纤维，柔软亲肤，可满足婴幼儿及成人不同消费群体。

（秦萩泽）

【爱慕产品获评年度十大类纺织创新产品】 爱慕股份有限公司生产的高强运动文胸 AS116C61 被中国纺织工业联合会评为 2019 年度十大类纺织创新产品，是基于爱慕运动机能服装研究中心从人体工学的角度对产品的形态和功能不断测试、验证、反馈的基础上，持续升级打造的一款集舒适性、功能性与美观性于一体的高强度跑步文胸。

（秦萩泽）

【爱慕品牌色彩规划工作行业领先】 年内，爱慕集团建立色彩平台，品牌色彩规划工作行业领先。爱慕色彩趋势研究室通过和流行色协会专家、日本色彩机构专家等合作，学习先进色彩管理知识，在企业内部搭建起色彩平台，主控集团 7 个品牌的色彩规划管理，提升各品牌的色彩规划意识。色彩趋势团队努力将产品色彩管理的专业知识通过项目合作、培训宣讲、品牌色盘规划、设计色彩辅导跟进等手段，把色彩管理的知识变成品牌设计企划团队的工作常识，让产品从企划到设计、生产、陈列、推广的各个环节统一认识，共同改进产品色彩应用和店铺色彩陈列。

（秦萩泽）

【爱慕全自动成衣包装设备】 年内，爱慕以智能替代人工，从而实现产品稳定、连续、高质量的自动化生产。全自动包装设备可以按照提供服装样品及视频完成自动铺放纸板，自动折叠、装袋、封口包装工作，且能实现产品的连续、高效高质量的自动化生产。该设备提升生产效率 6 倍以上，大幅降低人工成本。

（秦萩泽）

【北京工美产业“三品”创建】 年内，市经济和信息化局支持北京工美集团做强品牌、开发高端产品。围绕第二届“一带一路”国际合作高峰论坛、亚洲文明对话大会、中俄建交 70 周年等国家重大活动，工美集团打造“吉祥中国 · 福禄尊”等国礼，高水平、高质量完成重大活动服务保障任务。工美集团参展第 54 届全国工艺品交易会，获 2019“金凤凰”创新产品设计大奖赛 3 金 5 银 2 铜 4 优奖。5 月，工美集团设计开发的“大国国礼精品系列”“景泰蓝银胎手镯”等五大类数十款精品通过“北京礼物”首批认证。工美集团被评为中国轻工业行业十强企业之中国礼品用品行业十强企业、中国工艺美术行业十强企业。

（市经济和信息化局）

【工美行业 300 余人参加专业培训】 年内，市经济和信息化局组织百余家单位，行业大师、企业高管及技术骨干共计 300 余人参加培训。培训邀请国内工艺美术及相关领域学者讲授，课程内容包括中国传统文化和产业发展、工艺美术领域的法律保障及商业思维、基金投资促进中小企业的发展、新时代工艺美术发展、工艺美术的基本理论与创新实践。

（市经济和信息化局）

【工美资金重点聚焦国家级重大礼品等领域】 年内，工美资金项目重点聚焦国家级重大礼品设计开发、大师示范工作室、挖掘整理技艺资料等领域，有 11 个项目已获市政府批复，安排支持资金 1000 万元。本批项目将支撑服务国家级重大活动，推动北京工艺美术大师工作室建设，促进技艺资料的挖掘整理，收购收藏工艺美术精品，宣传北京工艺美术品牌价值。

（市经济和信息化局）

【保健品产业京津冀协同发展】 年内，市经济和信息化局对北京 · 滦南大健康产业园已签约企业加强跟踪服务，继续推进保健品产业京津冀协同发展。其中，首批疏解转移保健食品生产企业中已有 13 家在当地取得分公司或子公司营业执照，16 家企业开工建设。

入园企业北京航洋健康科技有限公司已获首张保健品异地监管许可证，一期工程已竣工投产，新建蜂胶、沙棘油、大豆等物料提取生产线3条。为推进北京保健品产业有序疏解转移，市经济信息化委于2017年6月在滦南县举办北京·滦南大健康产业园24个项目集中签约活动，计划总投资150亿元。该园区以“组团入驻，统一规划、集中监管”的方式建设，是京冀保健品产业区域合作和协同创新示范园区。

（市经济和信息化局）

【家具产业京津冀协同发展】年内，为推进北京家具产业有序疏解转移，在实地调研唐山、沧东、深州3个开发区的基础上，市经济和信息化局对入驻的50余家北京家具企业建立台账，跟踪进展情况，做好摸底工作，为企业在疏解转移过程中提供精准服务。截至年底，深州（北京）家具产业园已经初具规模，有27家北京家具企业入驻园区。时代文仪2栋车间已完工并开始试生产，世纪京洲5栋车间和时代新筑4栋车间已完工，全德隆3栋车间已基本建成，东方宏业2栋车间主体已完工，日出天沐1栋车间已建成；黎明、澳玛特已办结所有手续，进场施工；科宝博洛尼签订入区协议，对原孵化园的改造方案已确定，正在加紧实施。

（市经济和信息化局）

【市经济和信息化局开展安全生产指导】年内，市经济和信息化局先后赴二商集团、康比特、华都酿酒、曲美家居等70余家企业开展安全生产检查和指导，通报部分企业存在的安全突出问题及防范工作建议，要求企业加强落实安全生产主体责任，做好安全管理工作，杜绝抢工期、重效益、轻安全等现象，全力防范各类事故发生。

（市经济和信息化局）

【重点企业参与2022年北京冬奥会】年内，北京顺鑫农业股份有限公司成为北京2022年冬奥会和冬残奥会官方农副产品赞助商。北京燕京啤酒集团公司成为北京2022年冬奥会和冬残奥会官方啤酒赞助商，并发布3款带有双方联合Logo、2022冬奥元素的燕京啤酒冬奥定制款新产品。北京华江文化集团有限公司获北京2022年冬奥会和冬残奥会特许经营计划特许生产商资格。北京工美集团获北京冬奥会“特许商品旗舰店”和特许商品零售商、生产商资质，并开设3家零售店，推出特许商品几十款，包括应季服饰、系列徽章、贵金属制品、丝绸和陶瓷制品。其中，二十四节气徽章是北京冬奥推出的宣传世界非物质文化遗产“二十四节气”概念的限量收藏类商品，每款节气徽章限量2022枚，在每月的特许上新日按照当月节气推出对应的徽章。

（市经济和信息化局）

【产业扶贫项目建设】年内，北京秋实农业股份有限公司在内蒙古自治区乌兰察布市成立内蒙古秋实生物有限公司，建设胶原蛋白生产基地，项目总投资22亿元，在新疆维吾尔自治区和田市投资1.6亿元，建设天然羊肠衣及其副产品深加工项目。北京凯达恒业农业技术开发有限公司在乌兰察布市察右前旗的“京蒙合作产业园”建立马铃薯加工产业化基地，一期投资5亿元，二期投资3亿元，预计2020年建成。北京大北农科技集团股份有限公司与乌兰察布市卓资县的内蒙古龙珠生物科技公司合资成立马铃薯品种繁育公司，开展种薯研发、繁育工作，大北农集团出资4000万元，占40%的股份。北京首农食品集团月盛斋公司在内蒙古自治区锡林郭勒正镶白旗建立现代畜牧业产业园项目。北京时尚控股公司在新疆维吾尔自治区和田地区成立京和纺织公司，生产具有自主知识产权的节能保温篷房及相关制品。呷哺呷哺餐饮管理有限公司在河北省张家口地区开设餐厅7家，吸纳当地就业人员360余人。北京首农食品集团裕农优质农产品种植有限公司与河北省张北县丰茂农业开展合作，由裕农投入1500万元购买设备，丰茂农业提供土地和建设厂房，建设净菜加工项目，一期工程已经建成投产，年可加工马铃薯5万吨、净菜3万吨。北京工美集团对口支援内蒙古兴安盟手工艺品落户工美大厦民间工艺专柜。

（市经济和信息化局）

【工美集团完成世园会项目】年内，北京工美集团以专业、周到的工作态度，经过870天的艰苦奋斗，再次完成世园会重大特许经营任务。世园会项目总收入423万元。

（朱紫辰）

【工美冬奥会项目取得突破性进展】年内，北京工美集团利用冬奥项目“3+1资质”，整体实现销售过亿。全年已开设8家冬奥特许零售店，获北京冬奥组委批准上市销售的产品有41款，发行北京冬奥玉徽宝、金徽宝，成为集团公司冬奥产品中的最大亮点和收益。

（朱紫辰）

【工美完成国礼设计制作】年内，北京工美集团完成第二届“一带一路”国际合作高峰论坛、亚洲文明对话大会国礼任务，完成国家勋章、国家荣誉称号奖章设计制作任务；全年北京工美集团送出双边国礼和随团礼品106套；分批次向外交部提供中华人民共和国成立 70 周年产品、使馆日常产品、定制设计产品。

（朱紫辰）

【碧水源研发形成新型双膜 UF–DF 给水处理技术】 年内，碧水源研发形成新型双膜 UF–DF 给水处理技术，应用于江苏太仓市第二水厂深度处理工程，该项目是“十三五”国家科技重大专项“水体污染控制与治理”的饮用水安全保障示范工程，于年内实现通水并投入运营，为中国解决饮水安全与健康问题提供了坚实的技术保障，开创中国市政给水领域提标升级改造的绿色技术路线先河。

（秦国强）

【良业股份创 3 项吉尼斯世界纪录】 年内，碧水源控股的北京良业环境技术股份有限公司，定位于城市和景区的光影创意与新业态运营相结合的核心业务，先后实施完成了国内外 91 项典型项目，温州瓯江夜游、塘河夜游项目相继运营，树立了中国夜游新典范，获世界最大山体灯光秀、世界最大光瀑布、世界最大的永久性水幕投影 3 项吉尼斯世界纪录。

（秦国强）

【中兴仪器获生态环境部认可】 年内，碧水源参股的中兴仪器（深圳）有限公司发布 1 平方米微型水质自动监测站，AQMS 微型空气站完成设计定型并获得环保认证，LNMS 实验室管理系统成功完成产品化交付。中标国家发展改革委长江经济带水质自动监测能力建设项目，6 家水质自动监测站入选生态环境部推选出的全国首批 100 家“最美水站”。

（秦国强）

企业选介

【北京一轻控股有限责任公司】 简称一轻控股，前身为 2000 年 9 月 26 日改制的北京一轻控股有限责任公司。由北京国有资本经营管理中心出资，2019 年 11 月与隆达控股公司合并重组，现有企事业单位 15 家、中外合资企业 8 家。拥有红星、龙徽、义利、星海 4 个“中华老字号”及 1 个国家级非物质文化遗产。在 2018 年度全国轻工行业百强榜上，一轻控股综合能力排名第 28 位，科技能力排名第 24 位。

2019 年，一轻控股全年工业产值完成 106.4 亿元，营业收入完成 175.5 亿元，利润总额完成 28.9 亿元，在岗职工人均工资同比增长超过 12.83%。年内，一轻控股重点项目取得新进展。“疏解整治促提升”专项行动取得积极进展，拆除违建 1.79 万余平方米，完成市国资委下达的年度拆违任务；一轻大厦部分办公用房改造、红星股份山西白酒产业园、食品集团昌平和川渝基地项目等一批重点建设项目有序推进；利乐包装实施废气治理，星海钢琴集团河北基地建设等一批节能减排项目取得新成果；加强折子工程管理，2019 年折子工程从 8 个方面确定 30 个项目，进一步细化为 264 个任务节点，推进项目有效实施；规范重大投资项目的论证审批程序，加强重点项目前期论证和全过程管理；完成有关混合所有制改革、“一带一路”重大项目等系列报表的填报工作；推进优势产业对接资本市场，提高资本证券化率；加强要素市场体系建设，推进商业模式创新，北酒所成功承办 2019 山西 · 杏花村布鲁塞尔国际烈性酒大奖赛和 2019 宁夏 · 银川“一带一路”国际葡萄酒大赛。

（一轻控股）

【北京红星股份有限公司】 简称红星，是著名中华老字号企业。前身是始建于 1949 年 5 月 6 日的华北酒业专卖公司实验厂，是中央税务局筹建的中国第一家国营酿酒厂，当时收编北京城近郊的龙泉、永和成等 12 家老字号酒作坊，汇集酿酒人才和技术。1949 年 9 月，首批“红星二锅头酒”投放市场，成为迎接新中国诞生的献礼酒。1953 年企业更名为东郊酿造厂，1955 年更名为国营北京酿酒厂。1965 年，在国营北京酿酒厂的基础上成立北京酿酒总厂，成为全国最大的酒厂之一。1965 年以后，北京实行行业归口管理，由北京酿酒总厂统一管理北京市酒类生产，输出酿酒技术，扶持各郊区县组建酒厂，对 5 个县属归口酒厂实行“七管两不变”的管理，即除人事、财政不变外，计划、生产、技术、粮食、能源、定价、供应等均由酿酒总厂管理。在北京酿酒总厂的技术和人才扶持下，北京郊县包括顺义牛栏山酒厂、大兴酒厂、昌平酒厂在内共有十几家酒厂扩大生产，促进北京酿酒行业的发展。2000 年 8 月，“红星”通过改制重组设立北京红星股份有限公司，注册资本 4.6 亿元，注册地为怀柔区红星路 1 号。有 2 家分公司、6 家全资子公司、1 家海外控股公司、1 家参股公司。主营“红星”“古钟”“六曲香”品牌白酒及“夜光杯”牌果露酒、营养保健酒、白酒，年自主生产能力 10 万吨。“红星二锅头酒”连续多年居全国清香型白酒销量第一位。

“红星”注重研发创新、营销创新、产品创新，既有物美价廉的大众酒，也有高档的青花瓷系列酒，已发展为普通、特制、精品、珍品、珍藏五大系列产品群。“红星二锅头酒”是中国历史上第一个以工艺命名的白酒，全面继承北京二锅头传统酿制技艺，是宝贵的非物质文化遗产。2007 年 4 月，“北京二锅头酒酿制技艺”入选“北京市级非物质文化遗产名录”；2008 年 6 月，“蒸馏酒传统酿造技艺 · 北京二锅头酒传统酿造技艺”入选“国家级非物质文化遗产名录”；被认定为北京二锅头传统酿制技艺的正宗传承人。“红星二锅头酒”被认定为“中国白酒清香型（二锅头工艺）代表酒”，是唯一入选 2008 年奥运菜谱的北京产白酒。2014 年，新一代明星产品蓝瓶系列获布鲁塞尔国际烈性酒大赛金奖。2015 年，红星 50 度千尊产品获布鲁塞尔国际烈性酒大赛金奖。2017 年，“红星蓝瓶 12 年”产品在布鲁塞尔国际烈性酒大奖赛中获中国唯一最高奖项，也是全场最高奖项——大金奖；红星旗下的“红星百年”“女娲酒”分别获金奖、银奖。2019 年，公司实现工业总产值 9.97 亿元，销售收入 26.37 亿元，上缴税金 6.15 亿元。

（彭明建）

【北京燕京啤酒集团公司】简称燕京啤酒，1980 年建厂，1993 年组建集团。拥有 41 家啤酒酿造基地、2 家原料基地和 8 家相关附属企业，遍布全国 18 个省市，拥有职工 3 万余名，是中国大型啤酒企业集团中没有外资背景的民族企业代表，始终保持中国啤酒行业第一集团军的位置。

2019 年，啤酒总产销量 381 万千升，销售收入 118 亿元，实现经营性利润 5 亿元，“燕京”驰名商标品牌价值 1216.97 亿元。10 月，北京燕京啤酒股份有限公司被市委、市政府授予北京市筹备和服务保障中华人民共和国成立 70 周年庆祝活动先进集体称号。同月，北京燕京啤酒股份有限公司矿泉水厂被北京市庆祝活动领导小组观礼台服务指挥部授予观礼台服务保障先进单位称号。同月，北京燕京啤酒股份有限公司被中国轻工业联合会评为 2018 年度中国轻工业酿酒行业十强企业。

（燕京啤酒）

【北京顺鑫控股集团有限公司】简称顺鑫控股集团，于 1994 年 9 月 7 日成立，是集生物酿造、营养肉食、安全农品、健康地产、生态建筑、科技种植等产业于一体的综合性大型企业集团，拥有“顺鑫”“牛栏山”“鹏程”“牵手”“宁诚”“小店”6 个中国驰名商标、“顺鑫农业”“牛栏山”“鹏程”“牵手”“宁诚”“小店”“华灯”“鑫大禹”“佳宇”9 个省级著名商标、“北京二锅头酒传统酿造技艺”1 个国家级非物质文化遗产。其中，顺鑫控股集团发起设立的北京顺鑫农业股份有限公司（简称顺鑫农业）于 1998 年 11 月 4 日在深圳证券交易所挂牌上市，是北京市第一家农业类上市公司。

2019 年，顺鑫控股集团发挥作为农业产业化国家重点龙头企业具有的产业化经营、农产品品牌建设、农业科技以及首都市场辐射等优势，先后为扶贫扶低地区投入或代销帮扶资金 1.1 亿元。其中，对顺义区低收入村提供产业帮扶，助力下营村美丽乡村建设；对内蒙古自治区科左中旗及巴林左旗、河北省沽源及万全、西藏自治区尼木等地进行“立体式”产业帮扶。获北京市扶贫协作和支援合作工作领导小组办公室、市人力资源和社会保障局颁发的北京市扶贫协作社会责任奖。截至年底，顺鑫控股集团完成各项生产经营及第二届“一带一路”国际合作高峰论坛、亚洲文明对话大会、非洲论坛等重大活动服务保障任务。各产业板块资产总额 340 亿元，销售收入 314 亿元，利润总额 10 亿元，上缴税金 32 亿元。先后获农业产业化国家重点龙头企业、2019 中国品牌影响力 100 强、2019 中国品牌影响力十大消费者满意品牌、中国 500 强、中国制造业企业 500 强和中资食品上市公司 50 强等称号。

（顺鑫控股集团）

【北京时尚控股有限责任公司】前身为北京纺织工业总公司，1996 年更名为北京纺织控股（集团）有限责任公司，成为按《中华人民共和国公司法》组建的国有独资公司，由行政性管理公司转变为生产经营性控股公司。1999 年，市政府授权北京纺织控股集团公司改制为北京纺织控股有限责任公司，由生产经营性公司转变为国有资产经营性公司。2016 年 6 月变更为北京时尚控股有限责任公司，简称时尚控股公司，注册资本 16.55 亿元，经营主要涉及高端服装纺织业和现代都市服务业等。2019 年，时尚控股公司拥有北京铜牛集团有限公司、北京雪莲集团有限公司、北京光华纺织集团有限公司、北京京棉纺织集团有限责任公司、北京京工服装集团有限公司、北京清河三羊毛纺集团有限公司、北京大华时尚科技发展有限公司及北京方恒集团有限公司等 109 家全资及控股企业，职工总数 8549 人。

2019 年，时尚控股公司工业企业经济运行基本稳定，现价工业总产值完成 13.93 亿元，主营业务收入完成 27.07 亿元，主营业务利润完成 1.57 亿元。工业企业产品销售收入完成27.31亿元。完成出口创汇2.71亿美元。全年生产服装2057万件、无纺布5121吨、毛纱76.3吨、棉纱14.6吨、布32万米、篷盖布403万平米、保温大棚1319套、帐篷14368顶、手提油囊1853个、软质输油管10.9万米、护油池44.3吨。年内，时尚控股公司主要生产企业科技投入1.38亿元，实现新产品销售收入6.91亿元。申请专利27项，其中发明专利15项；授权专利10项，其中发明专利3项。大华天坛公司通过中关村"高新技术企业"认定，雪莲羊绒有限公司"防静电羊绒衫"获2019年度十大类纺织创新产品"安全防护类纺织创新产品"称号，京工集团"京工1961"社区服务项目获第34届北京市企业管理现代化创新成果项目一等奖。截至年底，万元产值综合能耗为0.028吨/标煤，万元产值水耗为0.673吨，公司为进一步强化节能环保工作，将重点生产企业能耗和水耗指标纳入企业领导人年薪制考核当中。

（时尚控股）

【爱慕股份有限公司】简称爱慕股份，前身为1981年成立的朝阳区属集体企业——华美时装厂。自1994年起先后经历3次企业改制，爱慕股份成为中国内衣行业的领军品牌，是国家高新技术企业和工信部授予的重点跟踪培育的中国服装家纺自主品牌企业。公司位于朝阳区，专业从事高品质贴身服饰及用品的研发、制造和品牌运营。爱慕股份自1993年创建"爱慕"（AIMER）品牌，持续建设品牌和品类，旗下拥有12个品牌和产品线。爱慕股份是中国千家万户内衣服饰解决方案的提供者，产品研发一直坚持"科技融于产品、文化融于产品、创意融于产品、健康融于产品"的理念，先后投资成立北服·爱慕内衣研究院及首体·爱慕运动机能服装研究中心，研发适合消费者生活状态的好内衣。爱慕股份是品牌营销的创新者，销售业务遍及中国（含港澳）及亚洲的近300个城市，爱慕股份构建了富有活力的全渠道销售体系，创新做强实体零售终端；在大数据应用、人工智能、物联网等智慧新零售领域不断探索实践；爱慕股份从消费者出发，跨界整合资源，持续为消费者提供个性化的新型购物体验和服务。

2019年，爱慕股份推出新零售业务——云店，是爱慕股份新增长战略的关键布局。其中云客服是为一线导购提供在线运营会员的工具；AIMER CLUB小程序为爱慕股份会员提供增值服务和原创内容；官方商城小程序帮助一线导购为爱慕股份会员提供在线关联服务的产品。通过这3种工具，为传统线下门店提供更多的时间和空间，便于多维度高深度的服务会员，将线上线下的销售、服务全面打通，让导购与会员联系更加紧密。年内，爱慕股份被评为北京高精尖产业设计中心、2018年度标准化工作先进单位，获能源管理体系认证证书、纺织质量管理创新奖，爱慕股份苏州生态工厂获国家级绿色工厂称号。

（秦菽泽）

【北京工美集团有限责任公司】简称北京工美集团，始终坚持以工艺美术为主业，以传承与弘扬中华民族工艺美术文化、发展文化创意产业为己任，是集工艺美术品设计开发、商业经营、国际贸易、检测鉴定、职业教育、文化交流、基金投资、会展博览等于一体的文化创意产业集团，是全国工艺美术行业的领军企业。2019年，北京工美集团营业收入103亿元，利润4086万元。

2019年，北京工美集团发挥国企担当，完成第二届"一带一路"国际合作高峰论坛国礼的设计制作任务、亚洲文明对话大会国礼设计制作任务。同时作为联合设计制作团队成员，完成国家勋章、国家荣誉称号奖章、友谊勋章的设计制作任务。2019年是北京工美集团"平台建设年"，"国礼、黄金珠宝玉石、检测、物业、展示展销"五大业务平台坚持"务实开放，共享共赢"的理念，统筹规划，分步推进，各业务平台资源整合初见成效，平台集聚效能逐步显现。同时，北京工美集团继续积极稳妥推进所属企业混合所有制改革工作，通过体制机制改革创新，使企业的经营管理和产品结构更好地适应市场需求和产业发展方向，切实提升增收创效能力。年内，北京工美集团完善品牌管理体系建设，制定并颁布了《品牌管理制度》和《品牌授权管理办法》；研究并确定工美产品品牌架构，通过制定使用标准、注册商标等手段进行品牌保护；落实品牌架构管理，开展集团公司及相关下属单位以及自主产品品牌的品牌架构视觉设计（VI），制定品牌背书标准；搭建了兼具产品质量检测、产品防伪、防伪查询等功能的北京工美产品防伪平台，实现以把控产品质量为前提的，以标准化、数据化、自动化管理方式为基础的，高效、便捷的北京工美产品防伪体系。

（朱紫辰）

【北京碧水源科技股份有限公司】简称碧水源，于2001年成立，注册资本31.71亿元，总部位于海淀区，是国家首批高新技术企业、国家创新型企业，创立以来坚持以自主研发的膜技术解决中国"水脏、水少、饮水不安全"三大问题，为城市生态环境建设提供整体解决方案。碧水源是一家集膜材料研发、膜设备制造、膜工艺应用于一体的高科技环保企业，已发展为全球一流的膜设备生产制造商和供应商之一。公司在怀柔区建有膜研发、制造基地，核心技术包括微滤膜（MF）、超滤膜（UF）、超低压选择性纳滤膜（DF）和反渗透膜（RO），以及膜生物反应器（MBR）、双膜新水源工艺（MBR–DF）、智能一体化污水净化系统（ICWT）等膜集成城镇污水深度净化技术。年生产能力为微滤膜和超滤膜1000万平方米、纳滤膜和反渗透膜600万平方米，及100万台以上的净水设备。已形成市政污水和工业废水处理、自来水处理、海水淡化、民用净水、湿地保护与重建、海绵城市建设、河流综合治理、黑臭水体治理、市政景观建设、城市光环境建设、固废危废处理、环境监测、生态农业和循环经济等全业务链。公司建有"博士后工作站""院士专家工作站""国家院士–David Waite教授工作站""李锁定创新工作室""国家环保部工程技术中心""北京市工程研究中心"，先后与清华大学、浙江大学、澳大利亚新南威尔士大学等成立联合研发中心，落户中国境外首个火炬创新园区——澳大利亚新南威尔士大学火炬创新园，并牵头组建膜生物反应器（MBR）产业技术创新战略联盟、水处理膜材料及装备产业技术创新战略联盟等，成功实现公司研发方向与国家科研规划的完美融合。碧水源通过原创性创新、自主研发等方式，填补国内外多项空白，"低能耗膜—生物反应器污水资源化新技术与工程应用"和"膜集成城镇污水深度净化技术与工程应用"分别于2009年、2017年获国家科技进步奖二等奖，另外获省部级科技奖多项，多项产品装备获国家自主创新产品、国家战略性创新产品、国家重点新产品等称号。

2019年，中国交通建设集团全资子公司中国城乡控股集团有限公司战略性入股碧水源。截至年底，碧水源全资、控股、参股企业235家，共参与编制国家标准18项、行业标准17项、团体标准14项。授权专利575项、其中发明专利134项、实用新型393项、外观设计48项，专利申请和授权数量居中关村企业前列。年内，碧水源资产总额673.87亿元，负债总额442.75亿元，净资产231.12亿元。营业收入122.55亿元，同比增长6.40%，研发投入2.40亿元，研发投入占营业收入比例为1.97%。年度利润总额17.24亿元，净利润14.38亿元。

（秦国强）

【北京福源殡葬用品有限责任公司】1989年成立，企业生产区域占地面积近1万平方米。前身为北京京海纸制品有限责任公司，是市民政局系统北京市社会福利事务管理中心所属北京市民政工业总公司管理的市直属福利企业。2017年10月整建制划归北京市定福庄园艺场管理。2019年5月，根据企业主营业务由原纸箱包装生产转型为棺箱、骨灰盒，以及殡葬关联产品生产研发销售，企业更名为北京福源殡葬用品有限责任公司。公司注册资本1260万元，主营殡葬用品及纸包装制品，是一家具有各类棺箱、骨灰盒及殡葬设备与产品生产研发销售资质的专业化企业。年内，公司获ISO 9001国际质量体系认证及各种相关的资质证书。为扩大企业行业资源、拓宽信息渠道、优化对外宣传窗口，先后加入中国殡葬协会和北京市殡葬协会，成为会员单位。

（赵爽辰）

2020

北京工业年鉴

BEIJING GONGYE NIANJIAN

材料与绿色环保产业

本栏目采用条目体，主要记述材料与绿色环保产业年度发展情况，以及部分企业选介。

行业发展

【概况】2019年，北京市材料产业规模以上工业企业工业总产值7812.7亿元，同比增长4.9%；主营业务收入8275亿元，同比增长4.7%；利润496亿元，同比增长2.5%。工业固定资产投资完成15.9亿元，其中建安投资8.4亿元。全年材料产业主要行业中，石油加工、炼焦及核燃料加工业主营业务收入628亿元，同比下降10.7%；利润−6.1亿元；化学原料和化学制品制造业主营业务收入309.2亿元，同比下降12.7%；利润22.5亿元，同比增长21.2%；黑色金属冶炼及压延加工业主营业务收入93.2亿元，同比下降14%；利润0.5亿元；非金属矿物制品业主营业务收入502.8亿元，同比增长4.5%；利润18.7亿元，同比增长6.3%。协调推进重大项目建设。总投资7亿元的微纳星源碳纳米材料应用产品及其自动化装备产业化项目、总投资3.4亿元的有研亿金高性能功能材料及其制品项目、总投资4.9亿元的中航复材顺义航空产业园复合材料二期项目等正在有序推进。

2019年，北京市共有21家企业入选市级绿色工厂，其中18家同时入选国家级绿色工厂；9家企业入选市级绿色供应链，其中6家同时入选国家级绿色供应链。市级和国家级绿色工厂累计达到47家和40家。落实国家《关于加强绿色数据中心建设的指导意见》，大力推进绿色数据中心建设，9家企业入选2019年度北京市绿色数据中心（第一批）。组织开展节能诊断工作，全市30家节能服务机构中标工信部节能诊断市场化组织，为85家用能企业提供免费节能诊断服务。应对空气重污染应急预警，全市共启动3次橙色预警，共计13天。市经济和信息化局牵头组织落实制造业领域应急停限产措施，统筹安排局内开展应急企业实地走访检查工作，累计检查应急停限产企业196家次和错峰运输企业13家次。

（市经济和信息化局）

【燕化全面实施“零用火”作业管理】1月1日，燕山石化发布《日常检修零用火作业管理实施细则》，在炼油、化工系统全部生产运行装置上实施“零用火”作业管理，彻底“叫停”生产运行装置日常检修动火作业，从源头消除生产运行装置区域动火作业这一重大安全风险源。

（燕山石化）

【国内首个公交立体停车楼试运行】1月，国内首个公交立体停车楼项目——第二通用机械厂公交立体停车楼机械车库进入带车联动试运行阶段。第二通用机械厂公交立体停车楼项目是首钢城运控股有限公司自主研发、拥有28项国家专利的全国首个公交立体停车楼机械车库，是北京市重点工程。按照整体规划，停车楼高峰期运营将实现169辆公交车的停放，并拟规划8条公交线路，有效改善场站及周边交通环境。

（马　晓）

【首钢北区规划获全国一等奖】1月，中国城市规划协会公布全国优秀城乡规划设计奖评选结果，《首钢老工业区转型发展规划实践——北区详细规划》项目获全国优秀城乡规划设计奖（城市规划）一等奖，在该次全国29个一等奖项目中排名第三，仅次于北京城市总体规划（2016—2035年）、上海市城市总体规划（2017—2035年）两个城市级总体规划类项目。该奖项也是继首钢北区详细规划获得2017年度北京市优秀城乡规划设计一等奖后，获得的国家城乡规划设计领域的最高奖项，是对首钢北京园区创新规划理念和方法的再次认可。

（马　晓）

【首钢牵头项目获国家科技进步奖二等奖】1月，首钢牵头的项目“超大型水电站用金属结构关键材料成套技术开发应用”获国家科技进步奖二等奖。该项目是此次获奖中唯一一个由钢铁企业牵头的项目。项目由首钢及所属秦皇岛首秦金属材料有限公司联合北京科技大学、中国水利水电第七工程局、中国电建集团华东勘测设计研究院等7家单位开展攻关，以解决超大型水电站金属结构关键材料应用过程中关键技术难点为导向，形成“产、学、研、用”的联合自主创新团队，集合全产业链的创新智慧，在材料设计开发、关键生产技术、关键焊接材料和应用技术等方面取得重大突破，开发超大型水电站金属结构关键材料成套技术，尤其是高焊接性800兆帕级钢板、150毫米规格特厚板、适应大热输入的配套焊材及高效焊接技术，达到国际领先水平。

（马　晓）

【碧水源预中标30亿定州市城市双修工程】2月12日，由中关村海淀园高科技环保企业碧水源联合光控特斯联（上海）信息科技有限公司、中国市政中南总院等7家单位组成的联合体以综合评分第一的成绩预中标“定州市城市双修工程”，项目总额逾30亿元。碧水源将重点参与其中的水生态修复工程，包括采用自主创新研发的超滤膜技术对现有城市污水处理厂的出水进行提标再生利用，使其达到地表水IV类标准的出水水质。

（郑 雪）

【燕化再次尝试新油种出口】2月25日，2023.41吨0#柴油从燕山石化储运部火车站台装车起运，由内蒙古自治区二连浩特口岸顺利出境，发往蒙古国扎门乌德站，并于3月13日最终卸货，完成出口。这是燕山石化公司首次以一般贸易方式向蒙古国出口柴油产品，也是继2018年年底打通一般贸易方式向蒙古国出口航空煤油流程后，再次尝试新油种出口。

（燕山石化）

【燕化填补无铅航空汽油领域空白】2月27日，由燕山石化、中石化石油化工科学研究院和中国民用航空总局承担的“UL91号无铅航空汽油研制”项目通过中国石化科技部组织的项目鉴定。该技术填补了国内在高标号无铅航空汽油领域的空白。

（燕山石化）

【首钢助力“嫦娥”探月工程】2月，国家探月与航天工程中心发来贺信，感谢北京北冶功能材料有限公司研制的着陆器低频射电频谱仪卷筒式伸杆机构核心部件，助力“嫦娥四号”探月任务取得成功，对参与材料研制的首钢科研人员做出的突出贡献表示衷心感谢。首钢北冶公司是国家重点军工配套单位、航空航天材料重点研发生产基地，在“嫦娥四号”任务中，承担着陆器低频射电频谱仪卷筒式伸杆机构核心部件弹性卷筒用带材的制备工作，产品在轨状态良好。

（马 晓）

【首钢荣登中国最具影响力创新企业排行榜】2月，财富中文网发布2018年度中国最具影响力创新企业排行榜，首钢排名第18位。这是首钢连续两年进入此榜单，排名比上年上升12名。财富中文网联合科尔尼咨询公司已连续2年开展“中国最具影响力创新企业排行榜”的评选活动，从创新战略、创新文化、创新领域、创新战略与行为产生的影响力4个维度进行考量，旨在发现那些不仅规模领先，而且在创新方面不断进取，引领行业，甚至拥有跨行业影响力的企业。

（马 晓）

【首钢冷轧公司获智能制造标杆企业称号】2月，市经济和信息化局公布《2018年北京市智能制造标杆企业名单》，首钢冷轧薄板有限公司等12家企业获智能制造标杆企业称号。智能工厂包含企业制造管理四层级定位、典型系统及技术、工业机器人应用、智能制造技术升级改造、节能减排技术应用、新一代信息技术应用等。首钢冷轧公司采用智能捞渣机器人、高质量汽车面板检测信息化系统、8.3兆瓦屋顶分布式光伏发电项目等智能制造技术。生产控制以减少人为干预为准则，实现系统化、自动化、智能化；技术需求通过控制和信息技术，按需定制智能化解决方案，研发并应用满足产线生产工艺要求的智能制造系统和装备，提高劳动作业率。智能工厂建立提高了冷轧公司生产效率，全员劳产率提高近1倍。

（马 晓）

【首钢3项目获市科学技术奖】3月1日，在北京市召开科学技术奖励大会上，首钢“高强韧、厚规格海洋工程用钢高效制备技术及应用”项目获一等奖，“基于商用车正向设计轻量化用钢的开发技术与应用”和“机械式立体停车设备研发设计与应用”项目获三等奖。“高强韧、厚规格海洋工程用钢高效制备技术及应用”项目，历经10余年自主研发，解决高效制备和应用难题，通过行业科技成果评价，总体技术达到国际先进水平。产品广泛应用于国内外大型海洋工程，包括世界最大的半潜式平台“蓝鲸1号”、世界最大40万吨矿砂船、国内最深400英尺自升式平台等近百个大型海洋工程项目，为助力海洋工程装备升级和高效制造、实现“海洋强国”战略做出重要贡献。

（马 晓）

【疏解一般制造业专项任务】3月21日，市经济和信息化局组织召开生态环境部第19轮次督查问题整改部署暨疏解一般制造业专项任务1季度调度会，各区工业主管部门主管领导参会。6月13日，市经济和信息化局组织召开一般制造业企业退出任务2季度调度会，各区工业主管部门相关负责同志参会。会议总结前期工作成效，并对3季度工作安排进行部署。10月9日，市经济和信息化局组织召开一般制造业企业退出任务3季度调度会，各区工业主管部门相关负责同志参会。会议就全年一般制造业企业退出任务完成情况进行梳理，并对全年工作提出相关要求。

（市经济和信息化局）

【智能网联汽车示范运行区在首钢启动】3月，北京市智能网联汽车示范运行区在首钢北京园区启动。示范运行区启动后，首钢北京园区将成为北京市无人车最集中的区域和集中测试的实验田，重点推进智能网联汽车技术产业化，加快建设智能路网设施，建成满足超大城市出行需求的交通云，率先建设5G车联网，大力发展高精度地图产业，全力打造以智能网联汽车为代表的城市科技实验场和孵化器，推动高精尖产业集聚发展，加速建设一个充满活力的未来智慧城市。

（马　晓）

【首钢北区规划获国际规划学界最高奖】3月，新首钢高端产业综合服务区北区规划获国际城市与区域规划2018年度规划卓越奖，这是国际规划学界的最高奖项。经来自世界各地的专家评审组多轮评审，首钢项目最终从众多申请项目中脱颖而出，获得大奖。国际城市与区域规划师学会评委会认为，首钢园区作为中国最大的城市更新区域之一，拥有极其丰富的工业遗产，首钢园区项目城市更新再利用的做法，对北京2022年冬奥会的举办做出强有力的支撑。其规划创新性围绕三大发展支柱展开，引领北京市可持续发展、应对气候变化以及经济转型示范。

（马　晓）

【金隅冀东实现战略重组】3月，北京金隅集团股份有限公司、唐山冀东水泥股份有限公司二次资产重组注入金隅冀东水泥（唐山）有限责任公司业务完成，为后续资本运作扫除障碍，为集团整合资源提高集中度、促进产业高质量发展奠定基础。至此，金隅冀东战略重组历时3年在水泥行业通过市场化方式实现最大规模的并购重组。

（祁　爽）

【首钢获C40规划设计认证】4月2日至4日，由国家住房和城乡建设部、C40城市气候领导联盟举办的“C40中国区域论坛”在首钢北京园区举办。C40城市气候领导联盟执行总裁马科·沃兹为“新首钢高端产业综合服务区”颁发首钢正气候项目第二阶段（规划设计）认证证书，他表示，首钢正气候项目在工业园区转型、产业升级过程中，为中国乃至全球做出了示范、树立了榜样。此前，首钢与C40城市气候领导联盟签署认证证书，首钢正气候发展项目被正式纳入C40正气候项目发展计划中，成为中国第一个、全球第19个正气候项目。

（马　晓）

【绿能嘉业获2019年度石墨烯+纺织最具成长力企业】4月20日，由中关村石墨烯产业联盟、中国纺织品商业协会主办的2019石墨烯赋能纺织发展论坛暨中国纺织新材料应用大会在上海新国际博览中心召开。来自全国各地的120多位石墨烯和纺织相关领域的专家、企业精英参会。北京绿能嘉业新能源有限公司获2019年度石墨烯+纺织最具成长力企业称号。

（郑　雪）

【北京市绿色中心政策宣贯会召开】4月26日，由市经济和信息化局主办、中国电子技术标准化研究院承办的北京市绿色中心政策宣贯会在北京召开。工信部节能司高云虎司长、市经济和信息化局副巡视员姜广智、中国电子标准化研究院书记林宁等领导出席并致辞。北京市各区工业和信息化主管部门、万国数据、中金数据、北京软件与信息服务业促进中心、中国信息通信研究院、中关村软件和信息绿色创新发展联盟、中竞同创能源环境科技集团、中科曙光节能、北京联合智业认证司、华夏认证中心等单位代表130余人出席。

（市经济和信息化局）

【首钢转炉精炼高效化取得新突破】4月，首钢集团有限公司以转炉精炼高效快节奏生产为核心的重大工艺攻关项目取得显著成效，该项目由首钢技术研究院牵头，首钢股份有限公司和首钢京唐钢铁联合有限责任公司共同开展。通过工艺攻关，实现转炉处理周期缩短7分钟，RH处理周期缩短12分钟，IF钢转炉出钢温度降低30℃，达到国际一流水平，为实现首钢高级别钢种，尤其是汽车板的高效、稳定生产打下坚实基础。炼钢生产实现整体高效化的稳定生产，需要铁水预处理、转炉炼钢、二次精炼、连铸等多道工序周期的良好匹配，实现难度很大。由技术研究院首席研究员李海波牵头，联合具有丰富现场生产经验的股份公司郭玉明团队和京唐公司孟德伟团队，以生产实际为依托，从数值模拟部分入手，团结协作，高效配合，成功实现炼钢工艺技术新突破。

（马　晓）

【首钢硅钢助力城市服务】4月，由首钢超低损耗、低噪声取向硅钢为主材料设计制作的SCB12型和SCB13型高能效变压器，成功应用于“北京副中心”“北京新机场”等重大工程项目输变电配套设施建设，经相关管理部门综合测试，整体性能优于标准要求。

（马　晓）

【节能环保产业推进工作专班筹建会召开】5月17日，市经济和信息化局组织市发展改革委、市科委、市生态环境局、市住房城乡建设委、市城市管理委、市水务局、海淀区、昌平区、朝阳区、密云区，北京经济技术开发区等成员单位相关负责人召开节能环保产业推进工作专班筹建工作会。会议传达市政府关于推进高精尖各产业发展的有关要求，各部门结合职责分工，对《专班筹建方案》进行研讨，就各部门协同推进节能环保产业发展交换意见。

（市经济和信息化局）

【首钢与一汽成立汽车用钢联合实验室】5月，首钢集团有限公司与中国第一汽车集团有限公司举行汽车用钢联合实验室揭牌仪式。联合实验室挂牌标志着双方在建立“全方位、深层次、多形式”的高效协同机制上更进一步，对推动双方在汽车用钢方面的共同发展具有重要意义。

（马　晓）

【首钢秘铁精矿扩建项目达产达效】5月，中国首钢国际贸易工程有限公司及相关单位历经8个月艰苦努力，坚持“挂图作战，系统协同，多方联动”，全力推进工艺调试、流程理顺、设计及设备消缺等系列工作，首钢秘铁1000万吨精矿扩建项目主要工艺技术指标均达设计水平，高标准实现达产达效目标，推动了秘铁优质精矿年产能达到2000万吨以上。首钢秘铁1000万吨精矿扩建项目是中秘产能合作的重要成果，也是“一带一路”落地拉美地区的第一个项目。该项目于2014年8月开工建设，2016年12月完成第一阶段供配电和原矿生产系统设备设施建设安装；2018年7月完成第二阶段新选厂和海水淡化工厂整体施工。

（马　晓）

【大安山煤矿产能退出工作结束】5月，北京市化解煤炭过剩产能验收组到大安山煤矿+920米水平主硐口，对该矿产能退出工作进行现场联合验收。市政府副秘书长与京能集团党委副书记、总经理共同在验收意见表上签字，大安山煤矿产能退出工作结束。9月17日，大台煤矿停产。至此，昊华能源公司京西所有生产煤矿全部实现停产，京西矿区从此结束千年采煤史。年内，化解安置员工1440人，有效使用政府奖补资金2.7亿元。

（乔艳芳）

【燕化举行全国安全宣传咨询日活动】6月16日，燕山石化根据国务院安委会办公室关于开展2019年全国“安全生产月”和“安全生产万里行”活动的总体部署，举行全国安全宣传咨询日活动。活动以“防风险、除隐患、遏事故”为主题，突出危险化学品安全生产宣传，重点内容包括北京市首届应急科技装备展、京津冀危化事故应急救援综合演练，并首次邀请人大代表、政协委员以及中小学生参加危险化学品企业“安全生产公众开放日”活动。

燕山石化“6.16”全国安全宣传咨询日活动现场（北京市应急管理局 提供）

（燕山石化）

【节能政策宣传及经验交流会召开】6月18日，结合“节能宣传周”，市经济和信息化局会同北京节能环保促进会组织重点企业和单位召开节能政策宣传及经验交流会。汽车、电子、装备、材料、都市产业企业，以及数据中心、节能服务机构等30余家企业的代表参加会议。

（市经济和信息化局）

【燕化2名职工获央企先进荣誉】6月25日，在国资委党委庆祝中国共产党成立98周年暨中央企业“两优一先”表彰大会上，燕山石化杜建强获中央企业优秀共产党员称号。9月21日，中央企业先进集体和劳动模范表彰大会在人民大会堂举行，燕山石化烯烃部主任刘丰合获中央企业劳动模范称号。

（燕山石化）

【首钢获全媒体与品牌传播标杆称号】6月，在中国企业文化研究会召开构建全媒体传播体系，提升企业品牌传播力——第六届中国企业传媒与品牌传播年会上，对2018—2019年度中国企业全媒体传播体系构建与品牌传播成果进行总结和表彰。首钢获“中国企业全媒体传播体系构建与品牌传播三十标杆单位”称号，《首钢日报》获中国企业文化与品牌传播优秀报纸一等奖，首钢股份有限公司、首钢京唐钢铁联合有限责任公司获中国企业全媒体传播体系构建与品牌传播优秀单位称号。

（马　晓）

【安川首钢YSR-生产管理系统开发成功】6月，安川首钢机器人有限公司YSR-生产管理系统开发成功。该系统定位于生产线层级，集成日本株式会社安川电机最新的 YASKAWA Cockpit 软件，通过主页看板、生产计划、生产管理、质量管理、设备管理、系统设置 6 个模块，在设备物联网的基础上，对机器人生产线进行可视化、信息化和智能化管理。该系统覆盖生产线层级信息化管理的各个方面，可实现机器人的运行状态、设备状况及维护数据、应用数据监视等相关数据进行收集、存储，达到可追溯性，也可对所收集的数据加以分析，指导生产计划，进行预测性维护，为企业实现高效、优质、低成本生产助力，提升企业软实力。

（开发区管委会）

【嘉寓宙斯高效光伏组件发布】6 月，嘉寓集团在上海举办宙斯系列高效组件发布会。组件包括宙斯系列高效异质结双面双玻组件、宙斯系列高效 9 栅半片双面双玻组件、宙斯系列高效单晶叠瓦组件、宙斯系列高效大尺寸单晶 PERC 贴膜组件、宙斯系列高效轻量化组件。五款宙斯系列产品无论是产品最高功率还是产品规格、品控水平等各方面指标，均达到甚至超过业内一线水平。

（嘉寓集团）

【江河华晟通过京外验收】6 月，江河华晟（江河创建集团子公司）通过江苏省 PCR 及南京市 HIV 验收合格，并进一步创新发展战略，开发微 E 检系统，通过“医学检验实验室 + 互联网”的模式，为基层医疗机构提供一体化医检解决方案。

（江河创建集团）

【首钢第八次跻身世界 500 强】7 月，财富中文网全球同步发布最新《财富》世界 500 强排行榜，首钢以 31103.8 百万美元的营业收入列第 402 位，比上年上升 29 位。这是首钢自 2011 年首次进入世界 500 强榜单以来第八次上榜。《财富》世界 500 强排行榜以公司前一年度营业收入等业务指标为主要评定依据，是衡量全球大型公司的最著名、最权威的榜单，被誉为“终极榜单”，公认为世界商业领域最权威的评价，由《财富》杂志每年发布一次。

（马　晓）

【首钢投运全球首个可移动电磁波修复污染土项目】7 月，由首钢环境产业有限公司投资建设的全球首个可移动式电磁波修复有机类污染土壤示范项目在贵州省贵定县一次性试产成功并投运。这是继建成国内第一个 18 万吨 / 年钢铁冶金工业污染场地热脱附土壤修复示范工程、并在首钢北京园区焦化厂成功实施污染土原位热脱附项目后又一次尝试。电磁波修复有机类污染土壤新技术是首钢环境公司下属北京首华科技发展有限公司与新冶高科集团共同研发的专利技术。该项目一期总投资 2000 余万元，修复有机类污染土壤能力 1 万立方米 / 年。电磁波修复有机类污染土壤新技术是电磁波加热技术和现有土壤修复技术应用的首次结合，填补了国内外技术领域的空白。

（马　晓）

【首钢桥梁钢撑起官厅水库特大桥】7 月，作为北京 2022 冬奥会重点配套基础设施的京张高铁全线铺轨完成，其中由首钢钢板建造的官厅水库特大桥第一拱首批次上弦杆洗墙灯调试点亮。官厅水库特大桥跨越官厅水库，主桥孔跨为 8 个 108 米曲弦桁梁，全桥重约 1.61 万吨，其中首钢提供钢板约 1.4 万吨，主要材质为新一代易焊接高性能桥梁钢 Q370qE−HPS。

（马　晓）

【嘉寓星品亮相中国建博会】7 月，嘉寓集团自主研发的 TWS 窗系统、TDS 门系统、TSS 推拉系统、TFS 折叠门系统及智慧门窗系统产品亮相中国建博会。其中，智慧门窗系统产品支持多种开关方式，智慧触屏、遥控按键及语音声控模式，轻松控制开关，更有手机 App 操作，实现异地远程遥控家中门窗。公司引进欧洲先进的节能技术系统理念，率先打通从工厂到家的一站式服务，实现定制类产品的 O2O 运营模式。

（嘉寓集团）

【1700 热轧花纹板项目热试成功】8 月 1 日至 2 日，由北京科技大学设计研究院有限公司承接的江苏沙钢集团 1700 毫米热轧生产线花纹板改造项目热负荷试车成功，沙钢首批花纹板热卷成功下线。

（宋慧宇）

【1580 毫米带钢热连轧生产线试车成功】8 月 18 日，由北京科技大学设计研究院有限公司负责实施的河北东海特钢集团有限公司 1580 毫米带钢热连轧工程热负荷试车成功。河北东海特钢 1580 毫米带钢热连轧生产线设计年产量为 320 万吨。该生产线配置 2 座步进式加热炉、1 套高压水除磷装置、1 架可逆式四辊万能粗轧机、1 台热卷箱、1 台飞剪、7 机架四辊精轧机、1 套层冷设备和 3 台卷取机及钢卷托盘线等设备。北科工研负责全线电气自动化系统的设计、供货和调试工作。

（宋慧宇）

【燕化获质量管理杰出推进单位称号】8 月 28 日，全面质量管理推进暨中国质量协会成立 40 周年纪念大会在北京召开。大会以“全面质量管理助于高质量发展”为主题，来自全国各地区、各行业的质量管理小组代表，以及日本、韩国、美国、欧洲等海外质量管理机构的质量界代表共 2000 余人参加了大会。大会对中国开展全面质量管理 40 年来的先进个人和先进单位进行了表彰，燕山石化获全面质量管理推进 40 周年杰出推进单位称号。

（燕山石化）

【第 22 届京台绿色发展论坛举办】 8 月 29 日，第 22 届京台科技论坛——京台绿色发展论坛举办，市经济和信息化局副巡视员姜广智出席并发表主题演讲。两岸节能环保、绿色设计领域行业协会代表、企业代表等 100 余人参加会议。

（市经济和信息化局）

【首钢 8 项成果获冶金科学技术奖】 8 月，冶金科学技术奖奖励委员会正式公布对 84 个项目授予 2019 年中国钢铁工业协会、中国金属学会冶金科学技术奖。首钢牵头申报 14 项，其中 8 项获奖，是成绩最好的一年。“高效环保变压器用高性能取向硅钢制备技术”获一等奖，“大型高炉铜冷却壁长寿技术研究及应用”“260 吨 / 小时超大型干熄焦高效稳定运行技术开发与应用”“绿色高性能系列集装箱钢板制造关键技术及应用”“转炉低碳氧积复吹操作技术开发应用”4 项获二等奖，“大型地采矿山高强度开采关键技术研究”“高炉原燃料全自动取制样及检测系统研发与应用”“中厚板轧机系统搬迁工程综合施工技术”3 项获三等奖。

（马　晓）

【首钢 13 人获全国技术能手称号】 8 月，人力资源和社会保障部发布 2018 年度职业技能竞赛获“全国技术能手”荣誉人员名单，首钢职工有 13 人获奖。首钢股份公司赵满祥、罗德庆、张月林、张浩、赵建宣和首钢京唐公司荣彦明获第九届全国钢铁行业职业技能竞赛优秀选手称号；首钢矿业公司吴大宽、岳军、富全、侯禹合、王宝林、徐鹏、孙雪明获第二届全国冶金矿山行业职业技能竞赛优秀选手称号。

（马　晓）

【工业系统积极应对空气重污染橙色预警】 9 月 24 日，市经济和信息化局接到空气重污染橙色预警启动通知后，立即组织工业系统做好应对工作。第一时间启动局内应急响应机制，组织有关处室召开空气重污染橙色预警应对工作部署会，成立 15 个检查组，要求于空气重污染期间赴企业进行走访检查；及时向各区工业主管部门印发关于做好空气重污染橙色预警工作的通知，要求各区组织企业按照应急预案落实减排措施，并做好指导、监督工作。9 月 26 日，市经济和信息化局派出 2 个检查组，累计检查应急停限产企业 9 家，各区工业主管部门共出动约 130 人次，现场检查应急企业 270 余家次，被检查企业均按要求落实停限产措施。9 月 27 日，分别赴通州区北京星海钢琴集团有限公司、平谷区北京大承精技汽车部件有限公司等 5 家企业，西城区有研半导体材料有限公司、北京经济技术开发区霍曼（北京）门业有限公司等 5 家企业进行检查，按照“一厂一策”应急预案进行停限产。

（市经济和信息化局）

【新首钢大桥开通】 9 月 29 日，新首钢大桥开通，首钢厂东门向社会开放，标志着拉动北京西部新首钢地区经济发展的重点工程——长安街西延线——全线贯通，首钢园区开发建设进入一个新的历史阶段。新首钢大桥是长安街西延道路工程的重要节点工程，于 2016 年 6 月 16 日正式开建。大桥桥型为全球首例双塔斜拉钢构组合体系桥，是北京地区最大跨径桥梁，设计为双向 8 车道，全长 1354 米，截至目前是中国桥梁中最宽的钢桥梁，也是一座兼具力与美的钢铁艺术品。新首钢大桥钢箱梁、钢塔所用钢板全部由首钢供应，各类钢板用量合计约 4.5 万吨，超过鸟巢的总用钢量，这是首钢高性能桥梁钢又一次在国内重点市政精品工程建设中实现整桥供货。

（马　晓）

【昊华能源布局第二个煤矿产业】 9 月，昊华能源公司出资 31.58 亿元，在上海联合产权交易所（北京总部）通过公开摘牌方式，以承债收购方式收购宁夏红墩子煤业有限公司（简称红墩子煤业）60% 股权以及 19.36 亿元相关债权。红墩子煤业各项手续齐备，下辖红一、二、三煤矿，规划产能 660 万吨 / 年，装备能力 900 万吨 / 年。另外配套建设选煤一厂和选煤二厂，设计入洗能力分别为 600 万吨 / 年和 300 万吨 / 年，该项目的成功收购，为昊华能源布局第二个煤炭产业发展基地提供了基础和支撑。11 月，昊华能源公司与宁夏能源铝业在宁夏银川市举行红墩子煤业公司 60% 股权转让签约仪式。

（乔艳芳）

【中冶京诚总承包的项目一次热试成功】 10 月 30 日，中冶京诚工程技术有限公司总承包的五矿营口中板有限责任公司 3800 毫米厚板项目一次热试成功。公司成为国内唯一的集轧钢厚板工程咨询、工程设计、全线工艺装备和自动化控制系统“全能”供应商。该项目全线核心设备加热炉，粗 / 精轧机，预矫、热矫和冷矫直机，定尺剪，钢板快速冷却装置，双边剪等具有完全自主知识产权。工程于 6 月 26 日开始安装精轧机第一块牌坊，至 10 月 30 日实现粗 / 精轧机双机架成功轧制第一块钢板，建设速度在世界厚板建设史上最快。

（开发区管委会）

【全市工业节水工作会召开】 10 月，为贯彻落实《京津冀工业节水行动计划》《北京市地下水超采综合治理行动方案》《北京市经济和信息化局关于加强工业节水工作的通知》等文件要求，进一步提高北京市工业领域节水工作意识，全面部署下一阶段工业节水工作任务，推广节水领域新技术、新工艺、新设备，市经济和信息化局在北京经济技术开发区组织召开全市工业节水工作会。工信部节能与综合利用司、市节水办领导出席会议，各区工业主管部门、相关开发区节水工作负责同志参会。会议要求各区、开发区要从建设生态文明、保障水资源和生态安全、促进制造业高质量发展的高度，切实认识到工业节水工作的重要性和紧迫性，深入推进工业节水，不断调整优化产业结构，加强先进节水技术推广应用，鼓励企业和园区加强用水管理和节水技术改造，全面推进工业绿色制造体系建设工作，不断提高工业用水效率，为构建高精尖产业结构，促进制造业高质量发展奠定坚实基础。

近年来，北京市通过产业结构调整、绿色制造体系建设、节水技术改造等措施，工业节水工作取得显著成效。2018 年工业用水总量 3.3 亿吨，比 2017 年下降 5.7%；万元工业增加值用水量 7.39 吨，比 2017 年下降 9.8%，工业用水效率位于全国前列。

（市经济和信息化局）

【首长国际实现机场停车领域全覆盖】 10 月，首钢在香港的上市公司首长国际企业有限公司（HK.0697）中标北京首都国际机场停车楼（场）经营权转让项目，获得 15 年经营权。该次中标是继北京大兴国际机场、上海虹桥机场和贵阳龙洞堡机场后，首钢团队再次收获机场停车项目，进一步夯实在停车行业，特别是机场停车领域的领先地位，同时也为北京市双机场停车业务联动提供了巨大的提升空间。首都国际机场停车楼（场）车位数共计 10774 个，是超大型的停车项目。该次中标首都国际机场停车运营权项目后，首长国际团队已经对北京的机场停车领域实现全覆盖。

（马　晓）

【首钢京唐公司获全国绿化模范单位】 10 月，全国绿化模范单位和全国绿化奖章获得者榜单出炉，首钢京唐钢铁联合有限责任公司获“全国绿化模范单位”称号。首钢京唐公司总规划面积 25 平方千米，全部是吹沙造地形成的陆域。一期绿化工程完成绿化面积 320 多万平方米，种植 147 万多株乔灌树木。二期绿化工程重心由“绿化固沙”转入“景观提升”和“林带发展”阶段，持续打造景观亮点和“林荫带”建设，打造 25 个绿化景观带点，28 条主干道环线林荫带。绿化总面积 499 万平方米，绿化覆盖率 41%。全国绿化模范单位是全国绿化委员会组织开展的一项重要评选活动，是全国造林绿化工作评比表彰中的最高奖项。

（马　晓）

【2019 京津冀石墨烯大会举办】 11 月 1 日，2019 京津冀石墨烯大会暨北京石墨烯产业创新中心种子孵

化园启动仪式在房山区举行。该次大会由北京石墨烯产业创新中心、北京先进碳材料产业促进会携手浙江省石墨烯制造业创新中心、广东省石墨烯创新中心主办。大会主题为“服务国家创新战略、加速科技成果转化”，来自国内外的700余名石墨烯领域著名学者、企业家等出席。会上，北京首家中英石墨烯成果孵化中心挂牌成立。

（陈　超）

【首钢与宝武签署战略合作协议】11月6日，在上海宝武集团总部，首钢和宝武集团签署战略合作协议。双方将立足于加快国有企业转型升级、加速创新驱动发展的战略导向，在产业金融、钢铁及相关服务、智能制造、绿色制造、新材料研发、城市服务等领域开展深度合作，共同推动在更高层次、更广领域优势互补，共同发展。

（马　晓）

【炉卷轧机控制系统热试成功】11月6日，北京科技大学设计研究院有限公司负责实施的云南师宗县沃莱迪金属材料有限公司1780毫米“1+1+3”炉卷连轧生产线热试成功，标志着北京科技大学设计研究院有限公司成为国内首家采用自主集成技术实现炉卷连轧控制的电气供货商。

（宋慧宇）

【京津冀工业节水交流会召开】11月11日，工信部在河北省保定市召开京津冀工业节水交流会。工信部副部长辛国斌出席会议并讲话，河北省副省长葛海蛟致欢迎辞，市经济和信息化局副巡视员姜广智出席会议。天津市、河北省工业和信息化主管部门，有关行业协会、科研院所、节水与水处理系统集成应用解决方案供应商和三地重点用水企业代表参会。

（市经济和信息化局）

【燕化发布新版HSSE管理体系】11月15日，燕山石化召开HSSE管理体系发布会暨DNV GL国际安全评级系统（ISRS）宣讲会，发布公司2019版HSSE管理体系。新编制的HSSE管理体系采用基于风险的原则和系统化的方法，融合了职业健康、安全、环境、公共安全、设备完整性和过程安全等管理体系的目标和要求，共分为组织引领、全员尽责，评估风险、治理隐患，管控过程、强化执行，聚焦基层、夯实基础，总结创新、持续改进5部分，涉及33个二级要素、190个三级要素。

（燕山石化）

【首钢多个展台亮相科博会】11月，第二十二届中国北京国际科技产业博览会圆满落幕，首钢多个展台集中亮相。北京首钢建设投资有限公司展板展示了首钢园区五大场景体系的11项落地示范项目，包括“园区大脑”、服务机器人、智慧文旅、未来交通、智能城市基础设施。北京首钢自动化信息技术有限公司作为“园区大脑”平台，展示数据智能一体化平台和智慧建筑群控平台等。

（马　晓）

【首钢工学院获批国家级教育基地】11月，人力资源和社会保障部公布第九批国家专业技术人员继续教育基地名单，首钢工学院名列其中。首钢工学院围绕《国家中长期人才发展规划纲要（2010—2020年）》和《专业技术人才知识更新工程实施方案》，结合首钢转型发展要求和打造首都城市复兴新地标总目标，发挥服务京津冀教育培训上的优势，撰写申报材料，全面展示学院在专业技术人员继续教育领域的实力和成果。作为2019年北京市排名第一的候选单位，获批国家级专业技术人员继续教育基地，标志着首钢工学院能够承办国家级专业技术人员继续教育基地重大专项工程项目，开展全国和行业高层次、急需紧缺和骨干专业技术人才的培养工作。

（马　晓）

【2019全球能源转型高层论坛举办】12月7日，2019全球能源转型高层论坛在昌平未来科学城举办。论坛由北京市人民政府、国务院发展研究中心主办，北京市经济和信息化局、昌平区人民政府、国务院发展研究中心资源与环境政策研究所承办。论坛以“能源技术革命引领产业发展新生态”为主题，围绕“天然气高质量发展与清洁能源新业态”、“能源技术创新与产业新业态”及“能源互联网创新与产业新业态”3个专题组织研讨。邀请36位国内外专家进行专业交流，其中院士8人、国际知名专家6人、知名智库专家11人。来自20余个国家398名国内外著名专家学者、政府官员和国际组织、科研院校、金融机构及企业代表参加论坛。120余位媒体人士参与论坛报道。深入推进招商引资活动，同40余家企业对接，与有投资或合作意愿的20余家企业、机构建立“一对一”对接机制。向社会介绍北京建设“能源谷”的远景战略。国务院发展研究中心书记马建堂、市副市长殷勇等出席开幕式。

（市经济和信息化局）

【金隅雄安公司投产】12月6日，金隅集团与中国二十二冶集团有限公司、中冶京诚工程技术有限公司联合成立的河北雄安容西混凝土有限公司投产，是雄安新区首家也是唯一一家综合性商品混凝土生产企业，是雄安新区和全国预拌混凝土的标杆企业。

（王诗慧）

【燕化百万吨连续重整联合装置中交】12月9日，燕山石化100万吨/年连续重整联合装置油品升级改造项目建成中交。该项目不仅是北京市2019年100个高精尖产业重点工程项目之一，也是燕山石化对炼油系统实施全流程优化和清洁化改造、确保首都高标号清洁油品稳定供应、助力北京生态环境治理、提升首都群众幸福指数的民心工程。

（燕山石化）

【热轧板形稳定控制项目达国际先进水平】12月14日，北京科技大学设计研究院有限公司承接的德龙钢铁有限责任公司热轧中宽带板形稳定控制技术研究与应用项目成果，经专家评审达到国际先进水平。

（宋慧宇）

【首钢长治垃圾焚烧发电项目试运行】12月26日，首钢环境产业有限公司与首钢长治钢铁有限公司合作建设的山西省长治市主城区生活垃圾无害化处理项目一期工程生活垃圾焚烧发电厂点火试运行，标志着首钢环境产业跨区域复制首钢鲁家山垃圾焚烧发电模式落地生根。2017年3月项目中标后，首钢环境公司与首钢长钢公司联合成立长治首钢生物质能源有限公司，加快推进土地、环评、规划、核准、施工许可证等前期手续办理，并于2018年4月签署特许经营协议，2018年8月开始施工建设。长治市主城区生活垃圾无害化处理项目距离长治市中心约30千米，占地约100亩，分两期建设，日处理1500吨的生活垃圾焚烧发电厂和配套填埋场，配套2台27兆瓦汽轮发电机，每年可节约标准煤量4.13万吨，上网电量约1亿度。

（马　晓）

【江河创建加速业务布局】12月26日，江河创建集团收购淮安光明眼科医院，江河泽明眼科再添新成员，进一步夯实了海外品牌Vision与国内品牌泽明协同发展的眼科业务布局。

（江河创建集团）

【燕化乙二醇装置节能改造项目中交】12月30日，经燕山石化与各协作单位通力配合，克服施工周期长、作业量大等困难，乙二醇装置节能改造项目实现建成中交。乙二醇装置节能改造项目是燕山石化2019年重大改造项目之一。该项目的建成投用，将为乙二醇装置安全平稳高效合规运行及降低装置能耗奠定基础。该次改造主要进行100#单元节能改造，并将环氧乙烷反应器传统的油撤热方式改为水撤热方式。同时，对200#单元进行脱碳减排改造，为氧化反应器能够使用高效催化剂创造条件。改造后可使装置能耗下降至330千克标油/吨环氧乙烷，低于国家能耗限额标准，达到节能降耗及减排目的。

（燕山石化）

【首钢北区规划获环保建筑及规划类别优异奖】12月，“新首钢高端产业综合服务区北区详细规划”获2019年环保建筑大奖研究及规划类别优异奖。首钢园区北区详细规划以西十冬奥广场、冬季训练中心、大跳台以及三高炉、秀池改造等工业资源再利用等重点，坚持规划引领，以传承文化、延续历史记忆、营造首都特色风貌为原则，以“创新、修补、活力、绿色、智慧”为核心理念和特色，紧密结合新版北京城市总体规划，落实“减量提质、增绿留白”，以“推动控制性详细规划层面的‘多规合一’”作为设计条件和精细化管理依据进行设计，契合“卓越的可持续建筑环境”主题，为推进首钢园区开发建设，营造绿色低碳、宜业宜居环境，促进可持续发展，实现以“北京示范、全国领先、国际典范”为目标奠定基础。

（马　晓）

【江河创建获中国最具成长性上市公司百强企业奖】12月，江河创建集团凭借近3年30.93%的平均利润增长率获2019年中国最具成长性上市公司百强企业奖，彰显了企业可持续发展能力和良好的成长性。

（江河创建集团）

【ABB电气传动建设绿色工厂】年内，北京ABB电气传动系统有限公司获得GB/T23331&ISO50001能源管理体系认证，购买绿色能源指标，采取各项措施，提高能源效率，降低能源消耗。在发电、通风、采暖和供水系统等多方面采用节能设备，建设绿色工厂。

（ABB传动公司）

【燕化开展京标Ⅶ汽油前瞻研究】年内，北京燕山石化高科技术有限公司公司京标Ⅶ汽油前瞻性调和研究工作取得突破性进展，完成京标Ⅶ 92#、95# 汽油的实验室研究，为公司未来生产京标Ⅶ汽油提供技术依据。

（燕山石化）

【燕化稀土顺丁橡胶优级品率创新高】年内，燕山石化合成橡胶部稀土顺丁装置在区域全体干部员工的共同努力下，实现一次开车成功，优级品和优 + 一级品率均创新高，分别达到 91.6% 和 93%，优级品率同比历史最好水平提高近 5 个百分点，实现高质量连续稳定生产。

（燕山石化）

【燕化绿色工厂创建成效显著】年内，燕山石化贯彻中央提出的“创新、协调、绿色、开放、共享”五大发展理念，把环境保护工作上升到贯彻落实习近平新时代中国特色社会主义思想的高度来认识，上升到事关能否在北京生存发展的重大问题来对待，争做生态文明的践行者、先行者，全年环保业绩连获殊荣。1 月获 2018 年度首批绿色发展最具影响力企业品牌。2 月先后获“十三五”节能减排先进单位和环境保护诚信企业称号。9 月，工信部公布了第四批绿色制造名单，中国石化燕山分公司入选，跻身绿色工厂“国家队”序列。12 月，集团公司第 32 次 HSSE 委员会审定 27 家 2019 年绿色企业，燕山石化位居化工和材料板块前 5 家企业之列，入选集团公司第二批绿色企业名单；同月，被授予 2019 年度最具影响力绿色发展企业品牌称号。

（燕山石化）

【燕化获得 AAA 级最高企业信用等级评价】年内，经中国企业联合会有关专家按照标准程序严格审核及系统评价后，燕山分公司和燕化有限公司分别获得 AAA 级最高企业信用等级评价。

（燕山石化）

【燕化 4 班获评全国质量信得过班组】年内，燕山石化根据 2018 年度中国质量协会质量信得过班组成果典型发表会评审组的评选结果，结合开展质量信得过班组建设的实际情况，合成橡胶部顺丁前序化工 4 班获评 2018 年度全国质量信得过班组。

（燕山石化）

【燕化 3 个职工创新工作室获认可】年内，燕山石化刘劲松创新工作室在北京市总工会和北京市科学技术委员会联合开展的“2018 年度市级（示范性）职工创新工作室评选、认定暨首都职工自主创新成果征集、评选、推广”活动中，获评 2018 年度市级（示范性）职工创新工作室。徐景新创新工作室和刘劲松创新工作室获全国石油石化系统职工“三创”创新工作室称号。

（燕山石化）

【燕化获得“安康杯”竞赛多项荣誉】年内，市总工会、市应急管理局下发《关于表彰 2018 年度北京市“安康杯”竞赛优胜单位、优胜班组、优秀组织单位、优秀组织个人及安全卫士的决定》。燕山石化公司获北京市“安康杯”竞赛优胜单位称号；燕山石化公司合成树脂部第三聚丙烯装置化工 2 班获北京市“安康杯”竞赛优胜班组称号；公司领导李刚获北京市“安康杯”竞赛优秀组织个人称号。

（燕山石化）

【燕化多项竞赛斩获佳绩】年内，燕山石化合成橡胶部华瑞 QC 小组的成果——《降低 MTBE 装置综合损失率》获得第二届中央企业 QC 小组成果一等奖。在 2019 年全国催化重整装置操作工职业技能竞赛（国家级二类竞赛）中，燕山石化炼油部顾冬雪等 3 人组成的代表队获得集体优秀组织奖，顾冬雪获得个人优胜奖。在 2019 年“职工技协杯”化工分析工职业技能竞赛上，燕山石化检验计量中心选手（姬亚军、栗娜、杨雪、王之颖、贺立英、谢丽、谭永辉、宋庆敏）成绩突出，包揽个人前 8 名。

（燕山石化）

【燕化完成重大节日政治任务】年内，燕山石化顺利完成庆祝中华人民共和国成立 70 周年活动的安全环保稳定保障工作和国庆阅兵用油的生产保供任务。4 位青年员工参加了预备役阅兵方阵，84 名职工参加了群众游行方队。针对军用油供应，坚持“军油优先”原则，专门成立由燕山石化公司领导和军代室负责人为组长的军用油领导小组，负责军用油料开发、生产、销售全过程管理，健全质量保证体系，持续优化生产、储运、检验分析等各环节，在稳定生产的前提下，进一步规范关键工艺操作参数的控制，实行更加严格的质量内控标准。

（燕山石化）

【化工集团推进混合所有制改革】年内，化工集团稳妥推进混合所有制改革，持续优化资本布局。华腾冀春科技有限公司完成收购冀春新材料可行性研究及四方股东同比增资方案；北京华腾大搪设备有限公司完成转股后增资工作方案；北京市北化运输有限公司引入第三家社会资本，优化调整股权结构；江苏京腾昊桦科技有限公司取得项目规划许可证，努力推进增资工作。

（化工集团）

【化工集团推进企业安全标准化建设】年内，化工集团进一步落实企业安全生产主体责任，构建安全生产考核问责机制。加强隐患排查系统应用，各层级全年累计巡检13万余次，上报隐患1673个，隐患整改率为100%。强化京内园区安全一体化管理和京外制造业企业安全达标管理，关注京内转型企业安全新变化、新问题，加强专项安全管理。安全培训教育5700余人次，加大应急宣传和应急演练。持续推进节能减排，落实环保责任。全年启动4次空气重污染预警，5家单位实施停限产，累计达73天。

（化工集团）

【化工集团京内转型取得新进展】年内，化工集团统筹策划京内原有产业区域腾退空间。北京华腾大搪设备有限公司的文创项目园区改造有序推进；北京化工集团华腾易心堂文化创意产业园申报北京市文创园区，项目经营稳中有升；北京染料厂土地补偿款取得实质性成果；北京华腾橡塑乳胶制品有限公司厂区启动谋划转型方案。推进北京市化学工业研究院顺义空港土地确权、环球众人众轻纺市场原址疏解转型、“丰西库”腾退等工作。

（化工集团）

【化工集团京外布局总体成型】年内，化工集团聚焦四大核心产业链，一般制造业疏解已基本完成，京外布局总体成型，产品结构和客户结构调整初见成效。全年京外制造业收入占集团制造业收入76%，同比提高8.8个百分点。北京华腾新材料股份有限公司深挖聚氨酯胶粘剂市场，利润水平再创新高；华腾冀春丙烯酸乳液平台顺利运营，原销售市场承接基本完成；北京华腾东光科技发展有限公司陆续推出系列丙烯酸乳液新品；北京华腾橡塑乳胶制品有限公司的丁腈手套、绝缘手套等新品打开市场、前景良好。北京市化学工业研究院华腾首研项目产能释放加速，产销量及盈利能力均创历史新高；江苏京腾昊桦科技有限公司完成项目建设前期工作，聚芳醚作为国家强基工程支持产品，获国家工信部专项资金支持。北京化工集团华腾沧州有限公司完成五证合一和厂区水、电、路等施工，启动高纯电子化学品项目立项及可行论证；北京化学试剂研究所有限责任公司与中化蓝天集团有限公司达成锂离子电池电解液项目合作意向。

（化工集团）

【化工集团保障城市运行】年内，化工集团所属北京普莱克斯实用气体有限公司拓展医疗、城市用水、消防气、笑气、干冰、食品应用市场，成效明显；北京华腾天海环保科技有限公司主动服务首都化学危废物整体物流处理循环链，再获危废经营许可授权，持续满产；北京华腾化工有限公司完成甲类化学品库、易制爆危化品库改造；北京精细化工基地成为北京市危化品和应急抢险物资储存基地，有效推进全市危化品集中管理体系建设；北京化工厂专注为市自来水、环卫等城市公共服务部门提供专用化学试剂及安全技术配套服务。北京华腾通标检测与校准技术研究中心有限责任公司主动服务政府和行业管理需要，拓展安全、环保、危化品等检测项目，推动集团内企业实验室技术合作和资源共享互补。

（化工集团）

【市工业技师学院取得世界技能大赛奖项】年内，北京市工业技师学院获北京市特色高水平职业院校建设单位，申报北京市企业新型学徒制培训机构，作为世界技能大赛中国集训基地，在第45届世界技能大赛中获得3金1银的历史最好成绩。

（化工集团）

【化工集团创建国家级职业病防治基地】年内，北京市化工职业病防治院投资建设放射卫生科研平台和低剂量辐射效应实验室，创建国家级、市级职业病防治专业技术人才培养基地，被列入国家防毒和防辐射技术首批支撑单位。

（化工集团）

【化工集团完成重大任务保障】年内，化工集团与各企业全力为中华人民共和国成立70周年庆典等重大活动提供多方面服务保障。组织82名职工参与游行活动；北京普莱克斯实用气体有限公司完成庆典7万只气球充装、运送以及国庆期间医用气体应急服务保障任务；北京华腾通标检测与校准技术研究中心有限责任公司参与国庆有关气体安全认证工作；组织46名青年志愿者在毛主席纪念堂进行为期半个月的为主席站岗、为人民服务活动。

（化工集团）

【首钢加快老厂区开发建设】年内，首钢抓住筹办冬奥会历史性机遇，加快8.63平方千米老厂区开发建设。首钢北京园区实施三年行动计划，开发建设取得新进展，厂东门开放、新首钢大桥通车，长安街西延线全线贯通，以开放的姿态融入首都城市发展。以“冬奥标准”精心组织建设，滑雪大跳台成为首个正式投用的北京冬奥会比赛设施。产业空间载体建设加快推进，冬奥组委、冬训项目全部竣工交用，五一剧场、制氧厂、金安桥等产业项目开工建设，国际人才社区核心区取得“多规合一”会商意见、正在办理规证手续，织补工场取得立项批复。产业生态逐步建立，中关村智能创新应用产业园、AI产业应用研究院等落地运行，开展5个系列、23家企业参与的AI示范应用。泰山体育、腾讯体育视频等一批符合园区产业定位的重点企业落地，启动中德创新园招商工作。

（马　晓）

【首钢加快发展城市服务新产业】年内，首钢围绕城市发展需要，整合优质资源，培育停车、环保等产业。环境产业：生活垃圾处理量为118万吨、发电量为4.4亿度，收运处理餐厨垃圾3.9万吨，均创最好水平。长治生物质项目点火试运行；建筑垃圾再生材料应用于大兴国际机场高速公路等重点工程，处理技术推广到江苏张家港等项目；土壤修复满足了首钢北京园区、首钢贵阳特殊钢有限责任公司厂区开发需要，自主创新的电磁波污染土处理技术实现工程化应用；中标河北永清静脉产业园项目。首钢集团有限公司矿业公司固废资源综合利用产能突破1000万吨，绿色建材产品打入京津冀鲁等区域市场。静态交通产业：首长国际企业有限公司新签约车位3万个，累计签约6万个。大兴国际机场停车楼投入运营，首长国际获首都国际机场停车楼15年经营权，实现京沪四大国际机场全覆盖。北京首钢城运控股有限公司建成二通公交立体停车楼并通过性能测试，大兴明月湾公交场站项目进入设备安装调试阶段，首例大容量“摩天轮”自行车立体车库投用。

（马　晓）

【首钢科技创新持续发力】年内，首钢深化客户需求驱动的“挂牌督办”机制，产品质量改进项目滚动管控、分级督办，整改完成率93.9%；汽车外板纵向条纹、涂装技术等工艺瓶颈攻关取得突破，客户满意度稳步提高。推进“一院多中心”改革，北京首钢股份有限公司、首钢京唐钢铁联合有限责任公司分别成为京、冀省级企业技术中心，启动重点攻关项目63项，首钢京唐钢铁联合有限责任公司特大型高炉大比例球团冶炼突破56%，达到国际先进水平，北京首钢股份有限公司实现全炉役碳氧积均值0.0016，取向电工钢热轧基料实现1.8毫米批量生产，带钢翘曲智能检测设备实现国内首发并成功应用于镀锡产线，取得一批重大攻关成果。新增3个联合研发平台，与英国帝国理工大学成立汽车防撞轻量化用钢实验室，研发能力进一步增强。钢铁业研发投入比例达3%，获行业及省部级科技奖励17项，“高效环保变压器用高性能取向硅钢制备技术”获冶金科学技术一等奖。获得专利授权558件，主持和参与制定修订国际标准10项、国家和行业标准32项。首钢贵阳特殊钢有限责任公司等5家企业获国家高新技术企业认定。北京首钢冷轧薄板有限公司获北京市“智能制造标杆企业”称号。

（马　晓）

【首钢强化安全环保】年内，首钢安全生产工作推行双重预防机制和49个本质化安全试点区域建设，现场安全管理水平显著提升。针对首钢老工业区改造的特点和边施工边组织重大活动的管理难度，建立安全联席会制度，多措并举，压实园区安全管理责任。组织内部专家对北京地区5个重点单位进行安全检查调研，健全安全管理长效机制。实施绿色行动计划，绿色发展和精细化管理水平不断提高。年内完成环保项目70项。在庆祝中华人民共和国成立70周年等重大活动期间，圆满完成环境质量保障任务。

（马　晓）

【首钢助推京冀协同发展】年内，首钢按照京冀《共同打造曹妃甸协同发展示范区框架协议》，与曹妃甸发展投资集团组建投资公司，设立曹妃甸发展基金，承接非首都功能疏解。配合地方政府推动招商引资，举办钢铁产业链招商推介会，产业先行启动区累计引入项目23个，发挥了京津冀协同发展的载体作用。首钢赛车谷开园试运营，坚持“高端、特色、集成”，完成核心区规划调整。钢铁赛道、卡丁世界、直线竞速等项目投入使用，“华家班”“恩佐超跑”入驻园区。

（马　晓）

【天然多糖基材料研究达国际领先水平】年内，北京化工大学生物医用材料北京实验室徐福建教授团队开展“基于多糖交联的壳聚糖快速止血棉”项目。该产品是一种新型天然多糖基医用敷料，具有较快的组织黏合时间以及较高的组织剥离力，能够实现伤口的快速黏合封闭，与组织的黏附力强，不易剥，可适用于拉伸的伤口，能够实现有效的闭合，可有效保护创面及防止细菌污染，具有很高的技术壁垒。产品易于携带、非专业人员按照使用说明也可以迅速操作，适用于不同的医院临床科室，可广泛应用于军需战备、日常急救等场所；经检测，产品性能达到国际领先水平。

（宋慧宇）

【金隅开展高精尖科技创新工作】年内，金隅集团大力实施创新驱动、绿色发展战略，以市场和政策为导向，聚焦产业高端和行业前端，围绕“四绿一新”五大专项，以重点科研项目为抓手，以技术升级改造为契机，深入开展具有金隅特色高精尖科技创新工作。全年实现新产品销售收入43.22亿元；获国家专利265项，其中发明专利32项；主持起草的8项国标、行标颁布实施；获政府科学技术进步奖4项、全国行业协会科技奖6项；获高新技术企业11家、省级企业技术中心等科技创新平台9家。取得一批引领性科技成果，集团核心竞争力和行业影响力持续提升。金隅集团承担了《水泥窑协同处置生活垃圾多污染物耦合控制技术研究》《战略性新兴产业固废制备建材环境安全评价研究》《典型工业固废建材资源化测评技术及模块化设备研究》等10余项国家及省部级项目，取得“都市水泥低环境负荷设计与制备关键技术及应用”“干混砂浆性能调控与系列产品制备成套技术开发应用及产业化”“生活垃圾焚烧飞灰资源化利用技术研究与应用”“炉排式垃圾焚烧炉用耐火材料技术集成与产业化制备”等一批引领性科技成果，有力支撑金隅特色的高精尖产业发展，推动集团及所属企业高质量发展。为构建与高质量发展要求相适应的科技创新体制环境，搭建科学、合理、有效的“1+N+X”科技创新体系，制定修订了《科技创新管理办法》《关于进一步加强人才队伍建设的实施意见》《企业研发投入准备金管理办法（试行）》等配套制度文件，规范了集团的科技创新工作机制，极大提升了科技人员创新积极性。充分利用首都科技资源富集、科技人才聚集等优势，围绕“国际知名、全国领先的建材产业集团”定位，加强与国内外著名高校、科研院所、行业协会以及其他大型企业集团的合作，建立产学研用联合体，构建高科技产品孵化基地，牵头组建行业技术创新战略联盟，提升集团科技创新影响力和显示度。

（吴家仁）

【金隅安全环保取得成效】年内，金隅集团以推动企业主体责任落实为出发点，建立健全集团安全环保管理责任体系和制度体系，强化风险管控和隐患治理，深入开展安全生产“2+4”专项工作和环境标准化建设，全年安全环保工作持续稳定向好。全面健全制度体系，压实管理责任。结合集团“1+7+X”管理架构运行，修订、新建了集团安全、环保管理办法和责任制4项基本制度、11项专项管理制度和2项规范指南，健全了集团安全环保工作“管理办法—专项规定—标准指南”三级制度体系。建立从集团总部至企业车间岗位全覆盖的6级责任制，确保各层级安全环保管理不缺位、不空位，并通过会议、培训等方式宣贯制度，推进落实。开展“双控”工作，筑牢事故防线。将安全环保风险管控和隐患排查治理列为年度折子工程，对75家企业开展了“双控”工作调研，制定了环境风险、安全风险评估分级指南，开展了多轮次专项培训。推进“2+4”专项行动，固化管理举措。组织开展了36期（场）安全环保培训，共计培训1.2万余人次。完成57家企业安全审计。严格检查相关方和危险作业监管，顺利完成南口采石厂矿山生态修复、青塔烟囱拆除、柯诺制胶工段拆移等高风险工程。各二级集团和企业不断加大对标检查与整改投入，现场自动化、机械化程度不断提升。督促企业强化内部道路交通管控和车辆交通安全整治。推动企业环保深化转型，强化标准化建设。推进将北水环保公司、琉水环保公司列入北京市危险废物处置方案。多渠道开展氮氧化物超低排放技术研究与试验，推进水泥库安全清库、混凝土车转弯监控等生产安全保障技术攻关。持续完善环境标准化建设规范，全年153个企业、项目、站点开展环境标准化建设。开展843家次安全环保调研、检查，对较为突出的用电、消防、场所环境等问题重点盯防，开展危险化学品、出租部位、燃气安全等专项检查，及时清退、关停“小、散、乱”出租部位，疏解清退不具备安全条件的承租单位。

（马野东）

【金隅水泥混凝土生产经营】年内，金隅集团实现水泥、熟料销量9640万吨，实现混凝土销量1729万立方米，实现营业收入411.77亿元。冀东水泥铜川有限公司退城入园项目取得重大突破，获得国家主管部门和陕西省政府高度认可和批准，项目有序推进实施。年内，邢台金隅咏宁水泥有限公司、天津金隅振兴环保科技有限公司新增危废处置能力3.7万吨；保定太行和益环保科技有限公司、冀东海德堡（泾阳）水泥有限公司等5家企业新增污泥处置能力21.67万吨，唐县冀东水泥有限责任公司、河北金隅鼎鑫水泥有限公司新增生活垃圾处置能力30万吨。完成河北省雄安新区唐河污水库南库垃圾清理工程，受到地方政府高度认可，金隅环保成为雄安新区危废处置服务的首选合作品牌。

（王诗慧）

【金隅两化融合获2项成果奖】年内，一体化管控和运营信息平台在金隅集团59家企业一次升级切换成功，成为亚太地区首家企业资源管理系统最新版本上线应用企业。承德金隅水泥有限责任公司完成智能工厂5个模块建设；工厂物流智能管理系统在邯郸金隅太行水泥有限责任公司、冀东海德堡（扶风）水泥有限公司、金隅冀东水泥（唐山）有限责任公司唐山分公司二厂等27家企业成功推广；能源和窑磨专家系统在赞皇金隅水泥有限公司、广灵金隅水泥有限公司、河北金隅鼎鑫水泥有限公司等31家企业投入使用。阳光采购平台推广至96家企业，入驻供应商 1.6 万家，业务发生额突破 130 亿元；智慧物流平台实现在线派车 36 万次。两化融合获建材行业管理现代化创新成果一等奖和国资委信息化优秀成果奖。

（王诗慧）

【金隅新材与商贸生产经营】年内，金隅集团新型建材与商贸物流业务实现营业收入 69.95 亿元，实现利润 1.9 亿元，其中国有控股企业实现营业收入 52.95 亿元，合资参股企业实现营业收入 16.7 亿元。新型建材与商贸物流业务按照“做实存量、发展增量”的工作思路，改革发展迈上新台阶，经营质量显著提升，整体发展步入良性轨道。各企业盈利能力和销售规模均有所提升，11 家企业中，10 家企业实现盈利。

（刘小敏）

【金隅持续深化工作管控】年内，金隅集团组织企业开展自我诊断、对标管理、经济运行分析等工作，全力抓落实，全年管理费用同比持续下降。强化信息化管控，配合金隅集团金信工程建设，持续完善各企业人力资源管理、财务管理和资产管理信息化系统。推进阳光采购平台建设，实现各企业采购工作监督可控。加强非控股企业管理，梳理完善非控股企业管理办法，维护权益；推进北京东陶有限公司停产退出工作，完成全部人员劳动合同解除和土地收储工作。

（刘小敏）

【金隅初步建立科技创新体系】年内，金隅微观（沧州）化工有限公司甲醛近零释放新结构脲醛树脂，甲醛释放量达到国内领先水平；玻璃棉纺丝机通过改造提高产能 40%；星牌优时吉公司对特种板材生产线进行改造，提高了生产效率和产品合格率；金隅砂浆大流动性超轻质垫层砂浆产品多个型号的配方定型，已进行小试；金隅涂料公司水性超薄型防火涂料和 4 小时厚型耐火体系的开发，满足了防火涂料水性化的需求和超高层建筑的防火涂料需求；石墨烯通用环氧涂料通过了工业防腐协会组织的专家鉴定，项目成果达到国际先进水平；燕东建设公司的转型产品混凝土叠合楼板通过性能检测；金隅自保温岩棉板产品研发基本完成，各项性能指标达到设计要求；ALC 板拼装单元体完成抗震和推覆实验；自主研发的结构保温一体化外墙板，板材全部在工厂预制成型，现场安装可达 75% 节能要求，防火性能可达 A 级水平。

（刘小敏）

【金隅持续深化运营管控】年内，金隅 BIM 建筑技术研究为形成具有金隅特色的 BIM 族库奠定基础，并成功运用在盾石地产 C01 项目工程中；生态多孔纤维棉完成产品研发和中试，产品已经用于曹妃甸厂区绿化；金隅住宅建筑适老化设计形成设计指导手册和产品手册并实现部分功能空间内装示范；天坛家具公司完成的板式定制生产线升级技改项目，提升板材利用率 12%，提高生产效率 50%。

（刘小敏）

【金隅超低能耗建筑关键技术达国际先进水平】年内，金隅超低能耗建筑关键技术研究及示范应用项目，集成岩棉、外窗、砂浆、涂料等建材产品和建筑部品，形成涵盖材料、设计、施工、运行等内容的超低能耗建筑成套技术，成功应用于金玉府 12# 楼，建筑节能率高于 92%，室内 PM2.5 去除率 90% 以上，取得北京市“三星级绿色建筑设计标识”认证，通过住建部和德国能源署验收，获得“中德高能效建筑—被动式低能耗建筑质量标识”，达到国际先进水平。

（刘小敏）

【江河创建内外装协同发展】年内，江河集团旗下江河幕墙、承达集团、港源装饰、梁志天设计、港源幕墙等建筑装饰产业单位在海内外先后中标冬奥会国家速滑馆、天津周大福 K11 商场、上海博物馆、进博会香港馆、德基南京世贸中心、中科院合肥量子大厦、济南凯宾斯基酒店、重庆 · 万科中心、西安丝绸之路国际会议中心、深圳泰伦联想、香港南丰启德商业大厦、澳门银河 3C 酒店、菲律宾 Park Central Towers 等一大批有影响力地标工程；中国尊、世园会中国馆、天津周大福金融中心、京东集团总部、深圳会展中心、昆明恒隆广场、澳门威尼斯人四季酒店等重点项目圆满竣工。江河人高效、实干、攻坚克难的精神赢得了客户的高度赞誉，继续夯实行业龙头地位。

（江河创建集团）

【北京电力初步建成首家工控网安实验室】年内，北京市公共服务领域首家工控系统网络安全实验室初步建成，建成五大类业务场景仿真平台，开展新体系下的安全事件模拟、漏洞挖掘和实战攻防。

（刘庆时）

【电网建设与发展】年内，国网北京市电力公司提前启动并开展“十四五”电网规划研究，为“十四五”电网规划奠定基础。首次开展北京电网 500 千伏网架仿真计算，完成北京东、北京西特高压扩建分母方案及北京 500 千伏独立双环网可行性相关专题研究；推动电网中长期规划，583 座变电站纳入各分区总体规划。编制城区、通州公司重点城市电网规划，梳理公司特级、一级重要用户网架，编制坚强局部电网专项规划方案。力推树村220千伏输变电工程成为北京市首个市政基础设施场站加线性工程，通过“多规合一”平台研究并行办理规划、国土、核准手续。全年共取得重点工程核准手续58项,规划意见38项，环评、水评、用地预审等361项。年内，北京电力开工110千伏及以上输变电工程33项，新建变电容量525.95万千伏安、线路336.19千米；投产110千伏及以上输变电工程51项，新建变电容量1083.5万千伏安、线路808千米；新机场9项工程全部投产，为机场通航提供坚强电力保障；冬奥会11项工程全部开工、其中已投产10项，全面满足测试赛供电需求；副中心投产4项，完善地区主网供电结构；新首钢投产3项，为首钢电网并入公网创造条件；京张高铁2座牵引站外电源工程按期投产，满足高铁开通需求。马坡220千伏变电站工程获得国网公司输变电优质工程金奖、北京东特高压至顺义500千伏线路工程、三星庄110千伏变电站工程获得国网公司输变电优质工程银奖。

（张晶　王小峰）

【北京电力科技创新】年内，国网北京市电力公司通过国网总部科技项目4项，申报国网总部科技项目10项，获省部级以上奖励15项。全年共申请专利350件，授权专利230件。全年取得110千伏及以上环评批复43项，水评方案批复25项。完成110千伏及以上电网建设项目环保验收81项。全年完成158座在运变电站的环境监测，完成40座变电站外排废水监测；完成625.8千克六氟化硫气体回收再利用工作。统筹推进36项年度重点建设任务,着力打造“东西南北”综合示范区，6项建设成果入选国家电网有限公司年度最佳实践案例。

（刘庆时）

【北京电力完成服务保障重大活动】年内，国网北京市电力公司完成国庆70周年庆祝活动供电网络安全保障工作，开展多轮次排查加固、做好最极端应急准备，特级供电保障时段成功拦截公司互联网出口遭受的全部恶意攻击1257次，确保国庆70周年庆祝活动供电网络安全万无一失。

（刘庆时）

【北京电力确保优质服务】年内，国网北京市电力公司完成203项重大活动相关重要客户用电安全服务保障工作，完成1284户重要客户的用电安全评估。组织开展46户高新企业入企服务工作，开展党员服务队进校园活动，举办电力知识大讲堂，宣传公司服务举措。采暖季期间多次开展“情系万家、电暖京城”“卫蓝暖心”“煤改电”服务日专项行动，共计设置413个宣传点，深入9450户居民家中开展服务宣传、提供供暖设施免费检修服务，共计发放宣传折页152178份。95598全年话务量累计509.06万通，同比下降20.31%，下派工单480058件，同比减少16.57%。95598全年受理投诉共计965件，同比减少66.84%。拓展线上服务渠道,完成网上国网App上线，注册用户270余万人；建设电力微营业厅，建设客户关系管理平台,提高主动服务能力。开展优质服务“开放日”活动，推出优质服务“十项举措”。全面实现结算单电子签章，发布线上填报用户合同电量、购售电服务套餐与偏差考核承担方式操作指南。健全月度电力市场交易部门联席会会商机制，组织厂网联席会暨电力市场交易信息发布会。组织开展多批次电力直接交易专项培训，参培人员共计593人次，解答市场主体各类疑问2007次。

8月27日，共产党员服务队在永宁小南园村进行“煤改电”政策宣传　（张旭　摄）

（耿　涛）

【北京电力获多项荣誉】年内，国网北京市电力公司获全国文明单位称号，获8项国家电网有限公司级荣誉，获7项北京市级荣誉。选树一批符合公司发展特质的先进典型，其中2人获评中央企业劳动模范，1人获首都劳动奖章，1人获评国家电网有限公司特等劳动模范，3人获评国家电网有限公司劳动模范；通州供电公司城市副中心高端智能配网工程班、大兴供电公司北京大兴国际机场供电服务中心获全国工人先锋号称号；通州供电公司地区调控室、大兴供电公司客户经理室获国家电网有限公司工人先锋号称号；城区供电公司获首都劳动奖状；通州供电公司徐向东创新工作室被评为市级示范性创新工作室。

（范晓辉）

企业选介

【燕山石化】中国石油化工股份公司北京燕山分公司（简称燕山分公司）、中国石化集团北京燕山石油化工有限公司（简称燕化有限公司）统称燕山石化，位于房山区，是石化集团公司旗下特大型石油化工联合企业，前身为1970年成立的北京石油化工总厂，曾更名为北京燕山石油化学总公司、中国石油化工总公司北京燕山石油化工公司、北京燕山石油化工集团有限公司。北京东方石油化工有限公司（简称东方石化公司）为燕化有限公司全资子公司，保定石油化工厂（简称保定石化厂）由中国石化集团公司划归燕化有限公司进行管理。燕山石化拥有生产装置63套、辅助装置68套，可生产94个品种431个牌号的石油化工产品，原油加工能力1000万吨/年，乙烯生产能力80万吨/年，是中国石化12个千万吨炼厂和11个大型乙烯装置之一；聚乙烯生产能力60万吨/年，聚丙烯生产能力50万吨/年，合成橡胶生产能力42万吨/年，苯酚丙酮生产能力24万吨/年，是中国重要的合成橡胶、合成树脂和高品质成品油生产基地。

截至2019年年底，燕山石化下设32个中层机构，其中16个机关部室、10个直属单位、6个业务中心，另有股权投资的11家合资企业，共有在岗员工8883人（含东方石化、保定石化）。公司直属党委18个，在职党支部204个，在岗党员4857人。

（燕山石化）

【北京化学工业集团有限责任公司】简称化工集团，是一个具有60余年历史的国有独资大型企业，对所属全资、控股、参股企业的国有资产行使出资者权利，依法进行经营、管理和监督，承担国有资产保值增值责任。截至2019年年底，公司拥有资产总额近70亿元，管理二级企事业单位34户，三级企业29户。主要经营领域包括精细化工产品、基本化工原料、石油化工原料及产品、工程塑料与塑料、橡胶工业品、新材料、循环经济产业等为主的制造业和房地产开发及置业领域。

2019年，化工集团营业收入市国资委口径完成35.85亿元，完成市国资委考核指标的120%；全年利润总额完成1.1476亿元，完成市国资委考核指标的110%。完成市国资委考核的2项基本指标（利润总额、净资产收益率）、5项分类指标（盈余现金保障倍数、销售利润增长率、已获利息倍数、户均创利、人均创利）；全面完成政治责任、经济责任、社会责任指标任务。完成国有资本收益收缴指标，上缴收益1151万元，连续11年按归属于母公司净利润20%的比例足额上缴国有资本收益，达到出资人要求。全员劳产率同比增长2%；职工平均收入同比增长10%，劳动效率和劳动者收益持续稳步增长。年内，化工集团科研支出总额达8000万元，重点科技企业研发投入占比连续超3%；科技成果转化效果显著，研发新品44项，实现销售超1.5亿元。全年新申请专利22件，其中发明专利11件，2019年获得授权专利34件，其中发明专利6件。北京华腾新材料股份有限公司（简称华腾新材料）的“一种应用于软包装耐蒸煮胶粘剂的香精捕获剂”专利获得“2019年度中国专利优秀奖”；华腾新材料“功能性复合塑料包装的清洁制造技术与安全应用”获中国轻工联合会科技进步奖一等奖；北京市化学工业研究院科方孵化器再被市科委评定为首都科技创新奖优秀推荐机构，并获北京股权交易中心孵化版会员资格。年内，化工集团坚持党管人才原则，搭建人才成长平台。年内招收大学毕业生30名，制订第二批10名大学生储备人才培养方案。集团举办各类培训班261个，培训5398人次；恢复党校名义办学培训得到有效探索。重视专业人才、优秀技能人才，年内晋升正高级专业技术职称4人、副高级专业技术职称8人；评选5个技能工作室、5个首席技师、10名操作能手、10名革新能手、10名岗位标兵。北京市工业技师学院郝永刚获全国优秀教师称号，北京市化学工业研究院张宜鹏获首都劳动奖章。

（化工集团）

【北京北化大投资有限公司】北京北化大投资有限公司是经教育部批准，北京化工大学出资组建的法人独资有限责任公司。截至2019年年底，校办产业总资产2.4亿元，销售收入1.6亿元，全年实现税前利润752万元，上缴税金922万元，上缴学校年度利润及资源使用费、国有资本收益共计1338万元。

（宋慧宇）

【北京中石大新元投资有限公司】是经教育部批准，中国石油大学（北京）出资的国有独资企业公司，注册资本4579万元人民币，经营领域主要涉及石油勘探软件开发、化学制剂制造、石油钻采工具及设备的技术开发、石油销售、住宿餐饮等。经营地址为昌平区科技园区振兴路18号。北京中石大新元投资有限公司代表学校进行经营性资产管理，承担国有资产保值增值的责任，主要从事科技成果产业化、高科技企业孵化、投资管理、资产和资本运营等业务。同时，加强对校办企业的监督和管理，有效防范和规避企业在生产和经营过程中产生的各种经济纠纷给学校带来的潜在风险，消除学校的后顾之忧。

2019年，完成北京中石大节能有限责任公司、北京中石大友辉能源科技有限公司股权退出挂牌转让工作；完成北京中油石大技术有限责任公司、北京石迎招待所有限公司清算注销工作。2019年营业收入140.50万元，净利润106.18万元。

（宋慧宇）

【赛能杰高新技术股份有限公司】简称赛能杰公司，于2002年成立，是由北京科技大学发起组建成立的股份制高新技术企业。公司致力于为钢铁行业炼铁生产、轧钢生产提供节能、环保、优质、高产的工业炉及设备设计、制作、施工、调试、工程总承包服务，为冶金行业提供节能环保技术、能源系统技术及解决方案。公司于2016年6月6日正式在全国中小企业股份转让系统挂牌，股票代码837282。赛能杰公司以北京科技大学为平台，全面注入北京科技大学国家级重点学科冶金专业的先进技术，拥有国内的知名教授、专家和具有丰富实践经验的工程技术人员，具有国内一流的科技开发、工程设计、施工调试及组织管理能力，并将低碳节能环保技术全面运用于产品与服务中，已完成的总承包项目平均节能15%以上，二氧化碳等有害气体排放减少15%以上，为国家节约大量能源。近年来，赛能杰公司从冶金炉窑逐步拓展至难处理复合矿及其尾矿综合利用、城市矿山资源化利用、钢铁尘泥资源化利用等领域，公司凭借拥有的节能环保绿色冶炼全产业链先进技术及智能化装备，汇智全球行业顶尖企业，引领行业发展，打造绿色新工业。

截至2019年年底，赛能杰公司总资产1.12亿元，营业收入6074.4万元，净资产2177.3万元，营业利润155.6万元，净利润221.5万元。

（佟　娇）

【北京智高达资产管理有限公司】隶属于北京石油化工学院，为北京石油化工学院全资校办企业，于1996年成立，前身为北京娜胜宏销售服务中心。2018年经市教委批复，整体改制为有限责任公司，注册资本108.89万元，法定代表人王和平，注册地为房山区燕山凤凰北里2号。经营范围为资产管理；企业管理；技术开发、服务、咨询、转让；销售化工材料（不含危险化学品）、五金、建筑材料、日用百货；住宿；家用电器维修；管道、金属结构安装、检修；防腐保温；房屋维修；物业管理。经营规模为小型国有独资企业，主要提供专业技术、物业管理、科研管理等方面的专业服务。

截至2019年年底，公司资产总额629.05万元。其中：流动资产595.93万元；非流动资产33.13万元，全部为固定资产；负债总额140.67万元，全部为流动负债；所有者权益总额488.39万元。

（王和平）

【首钢集团有限公司】简称首钢，总部在北京，隶属于市国资委。百年首钢积淀了丰厚的历史文化底蕴，是中国冶金工业发展的缩影、工业企业改革的一面旗帜。截至年底，首钢已发展成为以钢铁业为主，兼营矿产资源业、环境产业、静态交通产业、装备制造业、建筑及房地产业、生产性服务业、海外产业等跨行业、跨地区、跨所有制、跨国经营的综合性企业集团。首钢自2011年以来8次跻身美国《财富》杂志公布的世界500强企业。

2019年是首钢建厂100周年。广大干部职工在首钢党委和董事会领导下，把国庆和厂庆激发出的爱国爱厂热情，转化为锐意改革创新、奋力攻坚克难、谱写百年首钢发展新篇章的强大动力。实现营业收入2015亿元，实现利润51.2亿元，处理历史遗留问题后利润26亿元。钢产量2931万吨，创去产能以来的历史纪录，钢铁业劳产率820吨/人·年，同比提高9.3%。年内，首钢管控体系持续完善，制订“双百行动”工作方案，梳理规范集团法人单位公司章程，修订党委会、董事会、经理层议事规则和“三重一大”决策实施办法，进一步明确党组织在法人治理结构中的法定地位，实现决策事项清单化，公司治理运行机制逐步规范；全面梳理集团存量资产，开展资本运营顶层设计，完善经营计划评价体系；建立集团资产评估体系，完成评估备案176项，防范资产流失风险；推进改制企业深化改革，北京首钢自动化信息技术有限公司、北京首钢建设集团有限公司等企业形成股权流转方案；完成市场化选聘首钢集团公司职业经理人副总经理；全力推进“三供一业”移交，北京地区实物及管理移交全部完成，12家京外企业签订移交协议，6家完成移交；完成首钢医院改制，形成矿业公司矿山医院、特钢公司泰康医院改革方案。年内，首钢坚持做优做强钢铁业，瞄准世界一流水平，发挥搬迁后形成的先进技术装备优势，持续推进“制造+服务”战略，着力打造质量、产品、成本、服务和技术优势，汽车板、电工钢、镀锡板三大战略产品市场影响力不断增强，高端领先产品完成653万吨；EVI产品完成172万吨，同比增加21万吨；新产品完成44万吨，同比增长19%；新能源汽车电机用无取向电工钢实现全球首发；1200兆帕级冷轧复相汽车板等5项新产品国内首发。汽车板继续保持华晨宝马和长城汽车等公司第一供应商地位，上汽大众和日系品牌供货量实现倍增，进入丰田供应体系。1000兆帕级酸洗复相钢国内独家供货北京奔驰汽车有限公司。镀锡板DR材同比增长54%。电工钢产量163万吨，其中取向电工钢薄规格比例达65%、超薄产品连续2年国内市场占有率第一位。轻量化用钢供货华为5G基站。获华晨宝马“质量卓越奖”、西门子全球最佳供应商等奖项，产品影响力不断增强。

（马　晓）

【北京金隅集团股份有限公司】简称金隅集团，是以新型绿色环保建材制造、贸易及服务，房地产开发经营、物业管理为主业，并实现“A+H”整体上市的市属国有控股产业集团，位居中国企业500强第183位和制造业企业500强第78位。

2019年，金隅集团持续扩大重组整合、改革调整、内部管控成果，经营质量、效益持续提升，主要经济指标再创历史新高。截至年底，集团资产总额2825.5亿元，同比增长4.1%；实现营业收入1182亿元，同比增加12.6%；实现利润总额80.5亿元，同比增加25%。各产业板块经营质量整体提升，盈利能力显著增强。金隅冀东水泥（唐山）有限责任公司按照“国际一流的现代化、专业化大型水泥产业集团”的战略定位，围绕京津冀区域，持续释放重组红利，全面超额完成各项任务指标，整体可持续发展的势头强劲，全年水泥及熟料销量10540万吨，实现营业收入436.9亿元。金隅冀东（唐山）混凝土环保科技集团有限公司强化营销管控，夯实发展基础，全年混凝土销量1726万立方米，实现营业收入67亿元。冀东发展集团有限责任公司推动解决历史遗留问题，盘活资源，实现营业收入197亿元。北京金隅新型建材产业化集团有限公司夯实基础管理，提高盈利能力，全年实现营业收入81亿元。北京金隅地产开发集团有限公司主动应对市场变化，全年实现营业收入221亿元。北京金隅投资物业管理集团有限公司有序推进管控模式调整，扎实开展疏解整治促提升工作，全年实现营业收入29.6亿元。天津市建筑材料集团（控股）有限公司妥善解决历史遗留问题，盘活各类资源，全年实现营业收入65亿元。管控体系日益完善，持续激发集团活力。按照专业化管理原则，持续优化股权结构，理顺产权关系，提高管理效率。持续开展压缩管理层级和股权层级工作，提高资本配置和运行效率。做好分级授权、监督履职，明晰各级管理责任，全面梳理集团各项制度，初步构建具有金隅特色的4级制度体系。重点项目顺利实施，进一步夯实发展基础。陕西铜川熟料水泥生产线项目和金隅·曹妃甸协同发展示范产业园项目进展顺利。铜川骨料项目一期、曹妃甸建材矿渣微粉项目、金隅智能电气制造建设项目、金隅科实项目、天坛木业公司纤维板生产线和刨花板生产线、节能保温公司曹妃甸岩棉项目、玉田装配式建筑部品基地项目陆续建成投产。技术创新持续深入，转型升级稳步推进。着力打造具有金隅特色的高精尖新产品、新工艺、新技术。全年重点科研项目立项26个，部分项目在产业高端和行业前沿取得突破。玉田装配式建筑部品基地已具备预制内墙板、三明治保温外墙板、双皮墙、叠合楼板等全系列住宅PC构件的供应能力。全年获国家专利265项，获省部级政府科学技术进步奖2项、全国一级行业协会科技奖5项，编制完成7项国标、行标，获评高新技术企业11家、省级企业科技创新平台9家。集团固体废物处置企业达到25家，4家企业入围国家“绿色工厂”，13家企业遴选入库“绿色矿山”。创新融资方式，拓展融资渠道，支持集团主业发展。加强与金融机构合作，持续优化资本结构，集团主体信用评级继续保持AAA的最高信用等级。

（龚国腾）

【嘉寓新新投资（集团）有限公司】简称嘉寓集团，于1987年成立，已发展成为一家专业从事建筑节能、光伏光热新能源利用、智能装备及投资与资产管理的集团化公司，总资产200亿元。旗下拥有嘉寓门窗、嘉寓光能、奥普科星等行业知名品牌。嘉寓集团研发的产品，取得国家授权专利700余项。嘉寓集团控股的嘉寓股份是在A股上市的节能门窗企业，系国家高新技术企业。近年来，集团根据国家政策和政府战略规划要求，顺应时代潮流，在门窗幕墙市场份额不断提高的基础上，利用公司在光伏建筑一体化领域的技术、工程管理及施工等优势，布局分布式太阳能电站及光伏EPC领域，同时积极推进并实现在清洁机器人及高端智能装备领域协同发展的战略布局。嘉寓集团围绕节能门窗幕墙、光伏光热新能源、高端智能装备三大主业，在全国投资建设20余个产业园区，总占地面积2300万平方米。其中，江苏省徐州市的光伏建筑一体化产业园，是集团在新能源领域的又一战略部署。该生产基地在生产节能门窗、中空玻璃的同时，利用斜坡厂房的顶部，建设10兆瓦屋顶光伏电站，屋顶的太阳能电池板形成一道保温隔热层，可以更好地保持室内温度，达到节能的效果。该光伏电站是徐州市沛县装机容量较大的屋顶光伏电站项目。嘉寓集团参与建设的奥林匹克水上公园是北京奥运会赛艇、划艇赛事的举办地，这个项目获得2008年鲁班奖、2008年詹天佑奖，获评北京市建筑装饰优质工程。嘉寓参建的奥林匹克运动员村，获得联合国能源先锋金奖。经过30余年精细化经营与积累，“嘉寓”已形成行业知名品牌，基于嘉寓品牌与管理优势，已在太阳能光伏和智能制造的行业细分领域形成品牌知名度和影响力，推进企业三大主业协同发展和品牌综合价值提升。建筑节能领域，嘉寓股份是国内唯一A股上市的节能门窗企业，专业从事节能门窗幕墙行业近40年，为国内外领先的建筑节能门窗幕墙系统提供商，是中国十大门窗首选品牌第一名，中国门窗百强第一名。新能源领域，嘉寓光能研发生产的多栅拼片高效组件等产品已进入国家电网、中能建、浙能股、申能、绿地等30余家央企、国企及大型上市民企白名单。获中国好光伏“企业创新奖”，获评最具品牌影响力企业、光伏行业创新力企业50强。嘉寓集团参与编制了光伏行业标准规范，在光伏高效组件生产、光伏电站EPC等领域具有较强的综合竞争优势。嘉寓集团是“中国新能源品牌100强”企业，并获2019中国科技创新优秀成果奖、中国新兴经济产业诚信示范企业等荣誉。

2019年，嘉寓集团与鸿坤地产签订4.16亿元战略合作协议，中标招商蛇口华南区域1.6亿集采项目，中标“陕西保利2019年—2021年度塑钢门窗年度集采工程”，入围鲁能集团2019—2021年度华东区域、西南区域铝合金门窗年度集采项目。年内，在市工商联发布的北京民营企业百强榜单和专项调研报告中，嘉寓集团再次上榜北京市民营企业百强，由2018年第91名上升到67名。嘉寓集团响应“一带一路”倡议，主动“走出去”，自主知识产权的400余项技术和产品已经广泛应用到亚洲、非洲、大洋洲等地区的千余项地标性项目，获得“践行一带一路优秀企业”称号。嘉寓多次获环渤海地区知名品牌、最具影响力企业等荣誉。

（嘉寓集团）

【江河创建集团股份有限公司】 简称江河集团，以“为了人类的生存环境和健康福祉”为企业使命，致力于提供绿色建筑系统服务和高品质医疗健康服务，坚持“双主业，多元化”发展战略，旗下拥有建筑装饰和医疗健康两大业务板块，拥有JANGHO江河幕墙、Sundart承达集团（HK. 1568）、港源装饰、港源幕墙、SLD梁志天设计集团（HK.2262）、Vision、江河泽明、江河华晟等行业知名品牌，业务遍布全球20余个国家和地区，在建筑幕墙、室内装饰与设计、眼科医疗等专业领域居世界领先水平。江河集团是国家高新技术企业、国家技术创新示范企业、首批国家级知识产权优势企业，国家认定企业技术中心、博士后科研工作站设站单位，先后入选中国上市公司500强、中国民营企业500强，居北京市民营企业百强前列。

2019年，江河集团在自主创新、技术研发等方面持续发力，获得授权专利102项，累计获得专利授权700余项，其中1项专利获得中国专利奖。凭借技术创新方面取得的优异成绩，江河集团获得北京市民营企业科技创新百强榜第51位。年内，集团旗下江河幕墙、港源装饰、港源幕墙共获得鲁班奖6项、中国建筑装饰工程奖14项、国家优质工程奖4项、白玉兰奖5项，彰显了江河集团建筑装饰板块在市场竞争中的硬核实力。

年内，江河幕墙在中国建筑装饰协会公布的“2018年度中国建筑装饰行业综合排名（幕墙类）”中列第1位；港源装饰中国建筑装饰行业综合排名（装饰类）升至第4位；江河幕墙成为中国房企500强首选供应商品牌；承达集团（江河创建集团子公司）在港澳及中国大陆地区高端市场连续多年稳居第一；Vision眼科（江河创建集团子公司）在大洋洲市场继续遥遥领先，江河眼科（江河创建集团子公司）业务收入位居同行业中国上市公司第二位；江河集团继续荣登北京市民企百强榜前列，企业品牌形象节节攀高。

（江河创建集团）

【北京昊华能源股份有限公司】 简称昊华能源公司，于2002年12月成立，2010年3月在上海证券交易所首发上市，公司股票曾经入选上证180指数、沪深300指数样本股，成为上海证券交易所治理指数样本股，并入选上市公司诚信企业100强、中国上市公司市值管理百强。昊华能源公司的前身是门头平西煤炭公司，后逐步发展壮大，成为北京矿务局、京煤集团业务支柱和利润的最重要来源，现隶属于北京能源集团有限责任公司。作为京能集团的二级平台上市公司，承担京能集团煤化板块的发展重任，注册资本为

12 亿元。公司经营范围包括开采、洗选原煤，制造、加工、销售煤制品；电力开发，能源产品技术开发、技术咨询、技术转让、技术引进、技术培训。

2019 年，昊华能源公司完成本部机构改革。5 月，昊华能源公司落实京能集团融合改革部署，对本部机关组织机构进行了优化调整，对管理岗位进行了重新选拔上岗。改革前，本部部室 15 个，在册员工 148 人；改革后，本部部室 11 个，定员 86 人。11 月，中国煤炭工业协会对 2019 年度煤炭行业科学技术奖拟授奖结果进行公示，昊华能源公司昊华精煤高家梁煤矿的“鄂尔多斯浅埋煤层群弱胶结覆岩破断及裂隙演化与灾害控制技术”和“大运距重型带式输送机永磁智能驱动与张紧成套技术”2 项成果均获二等奖。昊华能源公司全年共申请专利 66 项，其中发明专利 6 项、实用新型专利 60 项。持续加强科技项目立项管理，加强产学研合作，与中国矿大、山东科大、辽工大、煤科总院等一批国内著名高校和科研院所建立的技术联盟的产学研合作机制，让众多著名专家、学者参与到昊华能源公司的技术攻关工作中，产学研用模式得到进一步拓展。年内，昊华能源公司以“五精”管理作为主要抓手，全力打造“三基九力”团队，始终把安全生产工作放在第一位，从思想上高度重视，始终按照 PDCA 闭环管理程序对检查监察发现问题落实整改，企业安全生产保障能力得到持续提升，全年实现无工亡、无重伤、无较大隐性事件的历史最好安全纪录。

（乔艳芳）

【国网北京市电力公司】简称国网北京电力，是国家电网有限公司的子公司，负责北京地区 1.64 万平方公里范围内的电网规划建设、运行管理、电力销售和供电服务工作。下辖二级单位 32 个，包括供电公司 16 个、业务支撑机构 13 个、其他单位 3 个。2019 年完成售电量 1061.59 亿千瓦时，同比增长 2.37%。

2019 年，北京电网共有电厂 37 座，机组 294 台（含 124 台风机、73 台光伏逆变器），总装机容量 11539.294 兆瓦。北京地区运行的 110 千伏及以上变电站 564 座，变压器 1432 台，变电容量 136729.3 兆伏安。北京电网共有 110 千伏及以上架空线路 697 条，长度共 7531.391 千米。年内，国网北京电力主动应对电价持续下调、售电量增速趋缓等影响，开展经济活动分析，提质增效。完成固定资产投资 149.59 亿元，取得电网建设外部资金超过 40 亿元。加强同期线损管理应用，公司分线分台区日线损合格率由治理之初的 20% 提升至 80%，综合线损率完成 6.15%，同比下降 0.4 个百分点，贡献利润 1.98 亿元。整合利用闲置房产、土地等资源，全年增收 1.65 亿元。优化年度发电量计划管理流程，发布公司年度发电量计划管理指导意见，争取优惠替代电价政策，年度节约购电成本近 3 亿元。坚持燃气机组上网电价疏导原则，守住公司不垫付要求底线，防范垫付风险 1.7 亿元。建立“两级两阶段”平衡利库机制，消纳处置工程退出和报废物资 8.48 亿元，解决一批历史遗留问题。推行重大决策合法性审核，完成 41 项“三重一大”事项论证。坚持依法主动维权，避免和挽回经济损失 2184.4 万元。挖掘典型经验，重视项目培育，促进成果落地应用，2 项典型经验入选国网公司典型经验库，85 项创新实践成果获得省部级以上奖项，1 个 QC 小组成果获得第 44 届国际质量管理小组大会金奖。持续加强产业同质化管理，推进统一财务制度和核算体系落地，规范“两商”招选程序，探索转型发展路径。产业单位全年实现收入 134 亿元，利润 4.38 亿元。截至年底，北京电力共有职工 8576 人，其中研究生及以上学历 2104 人、本科学历 4331 人、专科学历 1363 人；高级职称 1795 人、中级职称 1868 人；技师及以上职业资格 3690 人，其中高级工 1547 人、中级工 479 人。

（国网北京电力）

2020 北京工业年鉴 BEIJING GONGYE NIANJIAN

国防科技工业

本栏目采用条目体，主要记述国防科技工业年度发展情况。

行业发展

【概况】2019 年，北京市国防科技工业系统认真学习习近平总书记关于做好北京工作的系列指示精神，贯彻执行国家国防科工局、市委、市政府有关工作部署，积极落实市经济和信息化局党组各项工作要求，以保障军工科研生产运行为重点，严格准入，强化监管，全力做好综合协调保障，确保全年各项重要工作任务顺利进行。积极作为，为军工企业上市开辟绿色通道；强化检查，全力做好国庆安全保障；强化服务，为军工科研生产营造良好环境；创新思路，加强军工项目管理；夯实基础，为行业发展做好支撑服务。

（市经济和信息化局）

【零重空间“灵鹊”星座首星入轨】1 月 21 日，北京零重空间技术有限公司（简称零重空间）“灵鹊”遥感星座首颗技术验证星（灵鹊一号 A 星）搭载长征十一号运载火箭在中国酒泉卫星发射中心发射升空并进入预定轨道，标志着“灵鹊”遥感星座进入在轨部署阶段。“灵鹊”遥感星座是中国首个由商业航天公司发布的自主可控高时间分辨率遥感应用星座。灵鹊一号 A 星由零重空间经过 10 个月自主研发制造而成，发射本颗技术验证星旨在验证 ZG6U 平台技术状态，同时采用动目标检测技术，可实现地面运动目标检测与运动信息提取的功能，经过验证后，动目标检测遥感相机可在轨实时进行动态目标检测。该颗微纳卫星为标准 6U 立方体结构，重量约 10 千克，配有可见光遥感相机，轨道高度 500 千米，光学分辨率优于 4 米，卫星寿命 3 年。

（开发区管委会）

【翎客航天第五代可回收火箭原型机首飞成功】3 月 27 日，北京翎客航天科技有限公司第五代可回收火箭原型机 RLV–T5 在山东省龙口火箭试验基地首飞成功，发射及回收高度为 20 米，着陆点精度约 40 厘米。RLV–T5 型火箭全箭高度为 8.1 米，起飞重量为 1.5 吨，由动力系统采用 5 台可变推力的液体乙醇火箭发动机并联形式，是国内已经进入到工程试验阶段的最大体量的可回收火箭。

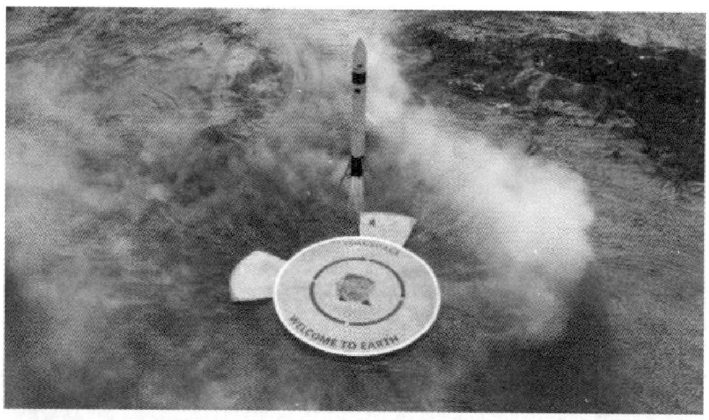

（开发区管委会）

【北斗导航与位置服务产业发展与应用白皮书发布】5 月 22 日，市经济和信息化局在第十届中国卫星导航年会大会特邀报告上发布《北京市北斗导航与位置服务产业发展与应用白皮书（2019）》（以下简称《白皮书》），是全国首个介绍区域北斗导航与位置服务产业发展和应用情况的白皮书。《白皮书》对北京市北斗产业发展的现状、应用情况、相关政策、推进方向等进行全面详细的介绍。资源优势方面，北京市从事北斗领域科技研发和产品研制的企事业单位、高校科研院所共 400 余家，已经形成国内最完整的北斗产业链；北斗产业总体规模已经从 2012 年的 100 亿元增加到 2018 年的超过 500 亿元，年均复合增长率超过 30%，产值增长速度在全国城市排名中位列第一。创新实力方面，北京市北斗相关产品涉及基础器件、基础软件、基础数据、终端集成、系统集成、运营服务等六大类 24 小类共 2000 余种产品，多模多频高性能芯片、导航型模块、高精度模块、高精度定位板卡、高精度天线等产品在全国具有较强优势。应用示范方面，全市重点围绕“城市精细管理、城市安全运行、便捷民生服务、高效产业提升”等领域，大力推进北斗技术应用，形成一批在全国具有示范效应的北斗应用样板工程。政策保障方面，北京市将北斗产业作为高精尖产业重点领域，从技术创新、推进应用、产业配套和引进人才等方面为北京市北斗导航与位置服务产业健康可持续发展提供全方位的支持和保障。市经济和信息化局信息化与软件服务业处、软促中心，以及来自相关企业、高校、科研院所等单位的专家和新闻媒体参加活动。

（市经济和信息化局）

【星际荣耀一箭多星成功入轨】7 月 25 日，北京星际荣耀空间科技有限公司双曲线一号遥一长安欧尚号运载火箭（SQX–1 Y1）在中国酒泉卫星发射中心成功发射，按飞行时序将气球卫星、BP–1B 卫星及多个有效载荷精确送入预定 300 千米圆轨道，实现中国民营运载火箭零的突破。SQX–1 Y1 火箭由星际荣耀自主设计研制，采用三固一液的四级串联构型，是中国民营航天起飞规模最大、运载能力最强的运载火箭，箭体最大直径为 1.4 米，全长约 20.8 米，起飞重量约 31 吨，500 千米高度太阳同步轨道运载能力约 260 千克。星际荣耀创造了中国民营航天历史上的 3 个首次：中国民营商业航天运载火箭首次成功发射并高精度入轨、首次一箭多星发射入轨、首次实现太空广告并视频回传。该次任务的成功，表明星际荣耀全面掌握了运载火箭总体及系统集成、固体及姿轨控动力、电气综合、导航制导与控制、测试发射、总装总测及核心单机等软硬件核心技术，具备了运载火箭系统工程全流程、全要素的研发与发射服务能力，实现了商业模式的基本闭环，启动商业运营。该火箭在总体、分系统及单机研发方面进行数十项技术突破和创新：采用“变后掠前缘栅格舵 +RCS 复合控制”技术，降低了运载火箭研发成本；采用姿轨控与上面级液体动力装置一体化技术，实现全任务剖面多模式姿态控制和末级长时间、高精度入轨动力支持等；采用电气系统智能集成一体化设计，核心单机中枢一号采用全可编程 SOC 解决方案、模块化设计及大容量数据快速吞吐设计，融合 FC-AE 1553B/CAN/RS422/ 以太网等通信接口及大数据功能；采用基于大型嵌入式多任务实时操作系统的飞行控制软件，提高了软件设计开发效率并具备智能控制算法功能；采用箭上网络服务设计方案，实现多设备同时接入、设备发现、数据分发及快速访问；采用固液结合多级迭代制导技术，满足固体运载火箭和液体运载火箭的高精度入轨需求；采用适应任意大姿态干扰的四元数控制方案及容错设计，提升了运载火箭飞行的可靠性；采用天基测控技术，实现了火箭飞行全程天基遥测覆盖；采用简捷地面发射支持系统，降低了研发成本，简化了发射流程；具备远距离无线测发控技术，可满足运载火箭全时段全天候无依托快速发射需求，使中国成为世界上除美国之外，唯一拥有能够自主研制运载火箭并高精度入轨的民营企业的国家。

（开发区管委会）

【北京市北斗技术创新和产业发展座谈研讨会召开】 8 月 6 日，为落实市领导关于进一步推动北京市北斗产业创新发展的重要指示，市经济和信息化局组织召开北京市北斗技术创新和产业发展座谈研讨会。中关村海淀园、北京经济技术开发区管委会、顺义区政府相关部门，以及来自北斗领域的专家和重点企业代表共计 20 余人出席会议。会上重点讨论海淀区、顺义区、北京经济技术开发区关于北斗产业的布局情况。合众思壮、京东、百度、高德地图、四维图新、航天宏图、小马智行、零度、地平线等重点企业交流关于北斗技术创新应用的情况。与会专家就如何深化北斗应用场景、加强城市精细化管理等方面提出宝贵意见。

（市经济和信息化局）

【海淀区冠名的“海创千乘”号卫星发射入轨成功】 8 月 17 日中午 12 时 11 分，酒泉卫星发射中心成功发射捷龙一号遥一运载火箭，以“一箭三星”方式，顺利将 3 颗卫星送入预定轨道。其中的千乘一号 01 星又叫“海创千乘”号卫星，是中关村国家自主创新示范区核心区（海淀区）大力发展高精尖产业、推动原始科技创新的成果之一。

（郑　雪）

【核应急管理】 年内，市国防科工办组织开展核事件风险评估。结合庆祝中华人民共和国成立 70 周年活动期间事故灾难类风险评估与控制工作的要求，组织中国原子能科学研究院和清华大学核研院在京两家核设施营运单位，联合开展核事件风险评估，全面排查相关核设施的风险源和安全隐患，分析风险源的风险承受能力与控制能力，评估风险后果，确定风险等级，形成风险评估报告。依据核设施风险评估报告，督促指导核设施风险管控。组织指导核设施单位针对各类风险，制订风险控制方案，细化完善风险管控措施，着重加强重大活动期间的管控要求及管控措施。开展核应急重大问题研究工作。市国防科工办对核应急专业救援队伍以及核设施营运单位进行调研，结合北京市“十三五”核应急工作规划落实情况，分析北京市核应急工作面临的形势任务、工作目标和保障措施，找出在核应急运行体制、组织体系、指挥中心建设等方面存在的不足，并针对“十四五”国家核应急规划，研究提出了思路建议。规范核应急专家队伍管理。拟制《北京市核应急专家顾问组管理办法》（征求意见稿），对专家职责、专家应具备条件、专家聘任程序、专家权利和义务以及专家顾问组工作机制等方面做出详细规定。开展核应急公众宣传和应急演练。11 月 13 日，以“核你在一起”为主题，市国防科工办在中国核工业科技馆组织开展 2019 年度核应急公众沟通及宣传活动。活动从“重视核应急、知情核应急、宣传核应急”3 方面，强调首都核应急工作的重要性以及加强涉核公众宣传的必要性。活动现场发放宣传材料，开展问卷调查、知识讲座和互动交流，并组织参观中国核工业科技馆展厅。12 月 11 日，在清华核研院组织开展北京市核应急辐射监测专项演习，演练内容包括市核应急指挥部的启动、相关成员单位的响应、场区应急辐射监测的实施，以及场外应急力量对场区的支援等。通过实战演练，检验核设施营运单位在核突发事件中的应对能力，提升核应急响应能力。

（市经济和信息化局）

【航空航天产业】年内，在推进重点项目方面，对中国航发在北京发展情况和航空发动机产业链分析的基础上，市国防科工办提出北京市航空发动机创新发展的产业选择建议。利用市级协调机制、集团董事会争取，已就单晶叶片项目达成合作共识，航发研究院已完成航空发动机基础与应用技术研究条件项目建设。航天科技智能装备产业化、飞行器姿轨控系统产业化项目在顺义区开工建设，第三块工业科研用地完成摘牌；大兴区精密光机电与先进信息技术产业化项目一期项目正在办理建设方案和规划条件调整，二期土地已由大兴区开展征地。航天图景无人机时空大数据系统应用与产业化、汉飞航空发动机核心部件智能生产线、金朋达大机动靶机产业化等项目在顺义区、房山区顺利实施。推动商业航天产业发展，蓝箭航天、星际荣耀、九天微星、银河航天、千乘探索等从事运载火箭总体、液氧/甲烷发动机研制、小卫星研发的民营企业，已在北京经济技术开发区、海淀区初步形成商业航天产业集聚区。市国防科工办向市政府上报《北京市商业航天产业发展报告》，从产业现状、发展趋势、产业判断、面临问题等方面深入分析，提出“优势明显、能干，前景广阔、要干，稳步推进、巧干”的工作思路。同时，与国家国防科工局、军委装备发展部主管部门加强沟通协调，创新工作方法，探索出一条为民营商业火箭企业申请办理民用航天发射许可的新路径，摸索出规范商业火箭企业申请相关行政许可的新流程。

（市经济和信息化局）

【为企业上市开辟绿色通道】年内，市国防科工办按照市政府的要求，做好涉军企业科创板上市工作，推进北京市创新中心建设工作。针对企业对军工事项审查程序、内容要求、申报格式不明确，错误率高等问题，在做好政策解读的基础上，进行一对一的指导，帮助企业在最短的时间内完成整改。在科创板审查过程中，针对管理部门提出多项超常的要求，市国防科工办在符合政策的前提下，理顺流程，简化程序，明确规则，打破常规，特事特办，协调解决多项难题，为企业建立名副其实的“绿色通道”。为加快进度，协调科工局有关司局，加快审理速度，提高工作效率。全年共接受企业咨询20余家，上报申请材料10家，批复军工事项7家，支持了科技创新中心建设工作。

（市经济和信息化局）

【民用航天企业发展】年内，民用航天企业呈现快速增长，在没有相关政策的情况下，市国防科工办协调科工局有关部门，沟通情况，研究措施，创新思路，为民用航天企业开辟新途径，为星级荣耀公司和蓝箭公司取得发射许可。

（市经济和信息化局）

【军品市场准入门槛降低】年内，市国防科工办研究完善准入制度，协调推进“四证改革”，全面降低军品市场准入门槛，减轻企业负担，研究落实备案制工作措施，鼓励和引导民营企业、社会资本参与国防建设。市国防科工办与市保密局一起简化保密资质审批程序，简化审核材料，压缩审批时间60%以上，市国防科工办参与保密局共同完成保密资质现场审查70余家。

（市经济和信息化局）

【维护军品市场秩序】年内，市国防科工办改进监管方式，提高监管的效率和质量，及时发现和处理违规行为，维护军品市场秩序。已完成武器装备科研生产许可取证单位年度检查200余家。加大对许可单位的保密抽查力度，现场审查企业20家，对发现的存在严重保密隐患的4家单位的主要负责人，进行面对面的约谈。提高监管水平，有效维护军品市场秩序。

（市经济和信息化局）

特色产业

本栏目采用条目体，主要记述镇村工业、民政工业、私营个体工业、校办产业年度发展情况。

镇村工业

【概况】 2019 年，北京市镇村企业按照优化调整首都城市功能定位、全力疏解非首都功能、稳步推进京津冀一体化协同发展的总要求，持续深化供给侧改革，主动适应增速趋缓、结构优化、效益提高、质量提升的经济发展“新常态”，克服国内外经济发展环境中诸多不利因素的影响，积极调整产业结构和空间布局，坚决淘汰落后产业，大力压缩过剩产能，着力转变经济增长方式，努力实现产业转型升级，大力发展高精尖产业，积极培育新的经济增长点，在经济总量和总体规模大幅缩减的前提下，实现企业提质增效，创新能力和市场竞争能力有所提升，可持续发展能力有所增强。

2019 年，全市镇村企业各项主要经济指标处于合理运行区间，整体经济运行质量稳步提升，经济结构继续优化，经济运行总体态势稳中向好。截至 2019 年年底，北京市镇村企业 66724 家，比上年减少 16067 家，同比下降 19.4%。其中，规模以上企业 1182 家，比上年减少 83 家，同比下降 6.5%；规模以上工业企业 744 家，比上年减少 61 家，同比下降 7.6%；从业人员 500160 人，比上年减少 77306 人，同比下降 13.4%；完成营业收入 3967.24 亿元，比上年下降 3.6%；完成利润总额 204.55 亿元，比上年下降 5.7%；实现增加值 725.11 亿元，比上年下降 0.7%；实现工业增加值 389.66 亿元，比上年下降 0.3%；完成出口产品交货值 59.63 亿元，比上年下降 19.9%；上缴税金 167.58 亿元，比上年下降 7%；提供劳动者报酬 327.03 亿元，比上年增长 1%；人均劳动者报酬 65386 元，比上年增长 16.6%；私营以上企业资产总额 8127.69 亿元，比上年下降 15.8%；私营以上企业负债总额 5395.90 亿元，比上年下降 30.7%；私营以上企业资产负债率 80.6%，比上年升高 12.1 个百分点。

（市经济和信息化局）

【经济总量稳中趋降】 年内，京郊镇村企业各主要经济总量指标与上年相比均有小幅下降。全市镇村企业累计完成营业收入 3967.2 亿元，比上年下降 3.6%，其中工业营业收入 2069.8 亿元，比上年下降 4.3%；实现增加值 725.1 亿元，比上年下降 0.7%，其中工业增加值 389.7 亿元，比上年下降 0.3%。

（市经济和信息化局）

【经济效益稳中有升】 年内，京郊镇村企业创新发展、提质增效，经济效益出现企稳回升趋势。全年镇村企业累计实现利润总额 204.6 亿元，比上年下降 5.7%；镇村企业利润率为 5.2%，比上年降低 0.1 个百分点。镇村工业企业实现利润总额 110.2 亿元，比上年增长 3.1%；镇村工业利润率为 5.3%，比上年提高 0.4 个百分点。与上年相比，虽然全行业利润总额和利润率仍然小幅下降，但工业企业利润总额和利润率双双实现小幅增长，经济效益稳中有升。

（市经济和信息化局）

【产业结构持续优化】 年内，京郊镇村企业主动适应经济发展“新常态”，着力转变增长方式，积极调整优化产业结构。全年镇村企业完成增加值 667.3 亿元，其中一产增加值 4.2 亿元，占比 0.6%，比上年降低 0.3 个百分点；二产增加值 411.7 亿元，占比 61.7%，与上年持平；三产增加值 251.4 亿元，占比 37.7%，比上年提高 0.3 个百分点。与上年相比，一产、二产比重下降，三产比重上升，产业结构有所优化；除企业个数外，二产各项主要经济指标所占比重均超过 50%，仍然保持着较为显著的主体地位。

2019 年京郊镇村企业（私营以上）主要经济指标产业分布情况

	增加值（个）	企业个数（个）	职工人数（人）	营业收入（亿元）	利润总额（亿元）
合计	667.3	13502	355816	3651.8	168.8
一产	4.2	403	9713	36.2	1
比重（%）	0.6	3.0	2.7	1.0	0.6
二产	411.7	4573	208186	2265.6	104.3
比重（%）	61.7	33.9	58.5	62.0	61.8
三产	251.4	8526	137917	1350	63.5
比重（%）	37.7	63.1	38.8	37.0	37.6

（市经济和信息化局）

【空间布局更加合理】 年内，随着首都城市功能布局调整的不断深化，京郊镇村企业向城市发展新区集聚发展，北京镇村企业空间布局和区域结构更加趋于合理。城市发展新区（通州区、顺义区、大兴区、昌平区、房山区）作为全市镇村经济的主体，镇村企业营业收入、利润总额、增加值、工业增加值和出口产品交货值分别为 2864.1 亿元、117.7 亿元、450.3

亿元、325.9 亿元和 47.6 亿元，分别占全市镇村企业的 78.4%、69.7%、67.5%、83.6% 和 83.7%，各项主要经济指标所占比重均在 60% 以上，主体地位较为突出，主导作用非常显著。

2019 年京郊镇村企业主要经济指标区域分布情况

	营业收入（亿元）	利润总额（亿元）	增加值（亿元）	工业增加值（亿元）	出口产品交货值（亿元）
合 计	3651.8	168.8	667.3	389.7	56.9
城市功能拓展区	386.4	40.1	138.5	9.4	0.2
所占比重（%）	10.6	23.7	20.8	2.4	0.3
城市发展新区	2864.1	117.7	450.3	325.9	47.6
所占比重（%）	78.4	69.7	67.5	83.6	83.7
生态涵养区	401.3	23.0	78.5	54.4	9.1
所占比重（%）	11.0	6.6	11.7	14	16

（市经济和信息化局）

【镇村工业继续保持主体地位】年内，镇村工业企业在镇村企业产业结构中占据主体地位，发挥主导作用。京郊镇村工业企业 7349 家，比上年减少 1630 家，同比下降 18.2%；职工人数 206582 人，比上年减少 34885 人，同比下降 14.4%；完成营业收入 2069.8 亿元，比上年下降 4.3%；实现增加值 389.7 亿元，比上年下降 0.3%；实现利润总额 110.2 亿元，比上年增长 3.1%。镇村工业企业数、职工人数、营业收入、增加值和利润总额分别占镇村企业总量的 11%、41.3%、52.2%、53.7% 和 53.9%。其中，镇村规模工业企业 744 家，比上年减少 61 家，同比下降 7.6%；职工人数 120872 人，比上年减少 35476 人，同比下降 22.7%；完成营业收入 1652.1 亿元，比上年下降 5.7%；实现增加值 308.1 亿元，比上年增长 10%；实现利润总额 79.8 亿元，比上年下降 6.8%。镇村规模工业企业数、职工人数、营业收入、增加值和利润总额分别占镇村规模企业总量的 10.1%、58.5%、79.8%、79.1% 和 72.4%。

2019 年京郊镇村工业企业主要经济指标完成情况

	企业个数（个）	职工人数（人）	营业收入（亿元）	增加值（亿元）	利润总额（亿元）
私营以上	4002	179410	1925.6	368.5	95.4
个体户	3347	27172	144.2	21.2	14.7
镇村工业合计	7349	206582	2069.8	389.7	110.2
占镇村企业比重（%）	11.0	41.3	52.2	53.7	53.9
规模工业	744	120872	1652.1	308.1	79.8
占规模企业比重（%）	62.9	61.5	55.9	61.6	62.0

（续表）

（市经济和信息化局）

【规模企业主导作用显著】年内，规模企业作为镇村企业的主力军，在镇村企业中主导作用明显。2019 年，京郊镇村规模企业 1182 家，比上年减少 83 家，同比下降 6.6%；职工人数 196460 人，比上年减少 38405 人，同比下降 16.4%；完成营业收入 2957.8 亿元，比上年下降 3.6%；实现增加值 499.9 亿元，比上年增长 6.2%；实现利润总额 128.8 亿元，比上年下降 12.4%。镇村规模企业数、职工人数、营业收入、增加值和利润总额分别占镇村企业总量的 1.8%、39.3%、74.6%、68.9% 和 63%。其中，规模工业企业 744 家，比上年减少 61 家，同比下降 7.6%；职工人数 120872 人，比上年减少 35476 人，同比下降 22.7%；完成营业收入 1652.1 亿元，比上年下降 5.7%；实现增加值 308.1 亿元，比上年增长 10%；实现利润总额 79.8 亿元，比上年下降 6.8%。规模工业企业数、职工人数、营业收入、增加值和利润总额分别占镇村工业总量的 10.1%、58.5%、79.8%、79.1% 和 72.4%。

2019 年京郊镇村规模企业主要经济指标完成情况

	企业个数（个）	职工人数（人）	营业收入（亿元）	增加值（亿元）	利润总额（亿元）
规模企业	1182	196460	2957.7	499.9	128.8
占镇村企业比重（%）	1.8	39.3	74.6	68.9	63.0
规模工业	744	120872	1652.1	308.1	79.8
占镇村工业比重（%）	10.1	58.5	79.8	79.1	72.4

（市经济和信息化局）

【固定资产投资大幅下降】年内，受疏解非首都功能和清理整顿工业小区、工业大院影响，京郊镇村企业固定资产投资大幅下滑，各项指标大幅下降。施工项目 96 项，比上年减少 239 项，同比下降 71.3%；新开工项目 42 项，比上年减少 74 项，同比下降 63.8%；投产项目 13 项，比上年减少 105 项，同比下降 89%；完成投资额 17 亿元，比上年下降 83.3%；新增固定资产价值 6.8 亿元，比上年下降 88.6%。

（市经济和信息化局）

【融资规模大幅增长】年内，京郊镇村企业融资规模大幅增长，金融机构贷款总额861.1亿元，比上年增长6.6倍；年末贷款余额382.1亿元，比上年增长95%。

（市经济和信息化局）

【创新能力有所提升】年内，京郊镇村企业建立技术创新中心和研发机构67家，比上年增加16家，增长31.4%，镇村企业创新能力有所提升，可持续发展能力进一步增强。

（市经济和信息化局）

【职工素质进一步提升】年内，京郊镇村企业职工培训人数59634人，比上年增加31537人，增长112.2%；大专及以上文化程度职工89787人，占职工数的18%，所占比重比上年提高1.7个百分点，镇村企业职工素质进一步提升。

（市经济和信息化局）

【职工收入持续增长】年内，全市镇村企业在企业总数和职工人数大幅下降的背景下，全年支付劳动者报酬327亿元，比上年增长1%；劳动者人均报酬65386元，比上年增长16.6%。镇村企业职工人均工资收入持续增长，镇村企业增加农民工资性收入，带动农民增收的作用更加凸显。

（市经济和信息化局）

【园区清理扎实推进】年内，全市继续加快非首都功能疏解整治速度，大力清理郊区镇村工业小区和工业大院，取得显著成效。31个镇村工业园区内年末实有企业1188家，比上年减少1013家，降幅为46%；园区内企业年末从业人员数77641人，比上年减少4630人，降幅为5.6%；园区内企业完成总产值551.1亿元，比上年下降15%。

（市经济和信息化局）

【外贸出口形势严峻】年内，受中美经贸摩擦升级、欧美主要经济体增速放缓、国际市场需求疲软等不利因素影响，京郊镇村企业外贸出口持续下滑，外贸形势不容乐观。全市镇村出口企业228家，比上年减少33家，同比减少12.6 %。其中，年出口交货值500万元（含）以上企业128家，比上年减少22家，同比减少14.7%。全年累计完成出口产品交货值56.9亿元，比上年下降19.9%。其中，年出口交货值500万元（含）以上企业出口交货值52.1亿元，比上年下降20.7%。产品出口率为1.4%，比上年降低0.3个百分点。

（市经济和信息化局）

【社会贡献有所弱化】年内，京郊镇村企业数66724家，比上年减少16067家，同比下降19.4%；镇村企业职工人数500160人，比上年减少77306人，同比下降13.4%；上交税金167.6亿元，比上年下降7%。镇村企业吸纳农民就业，支持郊区新农村建设，推动京郊农村经济社会发展的作用有所弱化。

（市经济和信息化局）

民政工业

【概况】北京市民政工业总公司（以下简称民政总公司）是市直属福利企业的管理部门。按照北京市政企分开的要求，2002年以来市民政局所办经济实体与市局实现脱钩，所属福利企业全部由民政总公司管理，代行国有资产出资人的各项权利和职能，承担福利企业管理、国有资产保值增值、集中安置残疾人就业和保障残疾人生活的社会责任。2006年12月北京市社会福利事务管理中心成立后，民政总公司及所属企事业单位由市民政局划归中心直接管理。2019年是民政总公司强化全面从严治党、深化改革转制的关键之年，截至年底，共有企业57家，其中正常经营的企业34家。全系统职工总数8039人，其中在职职工1895人，离退休职工6144人，残疾职工2932人（占职工总数的36%）。年内，在市委社会工委、市福利事务管理中心党委的领导和支持下，全系统经营状况平稳，全年完成营业收入4.6亿元。

（赵爽辰）

【重点改革工作稳步推进】年内，民政总公司进一步完善《北京市民政工业总公司及所属企业整体转制工作方案》，提出职工安置、资产处置、以及改制后新公司企业法人治理、业务规划和经营管理体制设立等具体实施内容。有序推进“僵尸”企业清理注销。完成对所属61家企业的全面梳理，制订《拟退出企业清理注销工作执行方案》、《五家先行注销企业执行方案》和《2019年度“僵尸”企业清理注销工作落实计划表》，对37家拟退出企业进行分类清理，对经营不善和“僵尸”企业实施关停注销。截至年底，累计完成10家“僵尸”企业清理注销工作，持续推进另外27家拟退出企业清理注销工作。积极进转隶

2家经营类事业单位注销工作。

（赵爽辰）

【打造殡葬产品发展平台】年内，北京市社会福利事务管理中心将八宝山品牌商标授权北京福源殡葬用品有限责任公司使用，为福源公司开拓市场打下良好的品牌基础。福源公司成功举办北京火化设备展，推进企业网站建设，通过网站推广，打造企业形象和知名度，逐步形成品牌效应，开发具有北京特色的系列品种纸棺。截至年底，纸棺销售量34420只，销售收入1269.26万元，利润306.82万元，比上年增长111.61%；木棺销量4940只，销售收入1034.37万元，利润206.67万元；骨灰盒销量6428只，销售收入966.8万元，利润193.82万元。截至年底，棺箱收入总收入为3270.43万元。

（赵爽辰）

【大宝及亚美厂品牌建设有效提升】年内，北京市大宝日用化学制品厂、北京市亚美日化厂进一步提升品牌价值，增强品牌张力，提高市场占有率。明确品牌定位，加强迷奇品牌价格体系建设，培养专业运营团队，加大推广费用支持，加速品牌会员池更新换代，梳理现有产品，简化产品线，对84款产品进行精简。考察市场主流产品的包装和功效及其宣传点和营销手段，为新品开发卖点做好充分准备。尝试新媒体，推进多品牌共同发展，开展限时体验活动，增加新粉丝，为线上销售、线下新零售模式积累经验。

（赵爽辰）

【基地项目稳步推进】年内，民政研发生产基地5#、6#生产车间建设项目完成五方验收，已向市住房和城乡建设委员会提交预申请，待各部门审查合格后正式提交联合验收。

（赵爽辰）

【人才队伍建设】年内，民政总公司严格执行《党政领导干部选拔任用工作条例》，提任调整厂（科）级干部11人，其中提任正科级干部1人，副科级干部5人，平级调动调整厂（科）级干部5人。清理领导干部兼职9个，审批兼职5个；审批干部职工因私出国境备案154人次；出具廉政意见书22份。与直管企业签订《绩效管理目标责任书》，建立与企业领导班子绩效年薪挂钩的奖惩机制。加大专业人才招聘力度，逐步优化人才梯队建设。全年选拔引进人才19人，聘任各级职称人员10人。

（赵爽辰）

私营个体工业

【概况】2019年，市工商联建立全国首家民企产权保护社会化服务体系，进一步完善守法诚信承诺示范机制，引导推动守法诚信承诺示范单位超过700家，基本实现了市工商联执常委企业和“四好”商会全覆盖。北京市第一中级人民法院正式挂牌“北京市工商联民营企业产权保护调解室”，建立北京民企产权纠纷专属调解机构。年内，共引导382家民营企业帮扶1256个村，帮扶贫困人口3392户近12万人，其中产业帮扶11.2亿元，惠及10742人；公益帮扶4872万元，惠及80372人。组织民营企业赴乌兰察布市、张家口市、拉萨市、玉树藏族自治州、临夏回族自治州、十堰市等对口支援地区开展扶贫对接，促成一批扶贫协议、合作项目、公益捐赠落地落实。

（市工商联）

【召开促进民营经济高质量发展座谈会】2月25日，市工商联组织召开促进民营经济高质量发展座谈交流会，特邀顾问、驻会领导班子成员、企业家副主席、副会长等共计百余人参加会议。座谈会上，市工商联3位特邀顾问代表和5位企业家副主席、副会长代表，就如何促进民营经济高质量发展提出了意见建议。

（市工商联）

【详解优化营商环境新政】2月26日至27日，市工商联邀请市发展改革委、市规划自然资源委、市商务局、市金融监管局等10个部门，面向北京市1200余家民营企业，现场解读2.0版优化营商环境9项政策及N项配套措施，解决民营企业对新政不知道、不明白、怎么办的问题。新出台的“9+N”政策2.0版仍坚持“三精简一透明”原则，在办理建筑许可、获得用水用气、开办企业、跨境贸易、纳税等多个领域去繁就简，最大程度为企业减负松绑。优化营商环境“9+N”政策2.0版的出台，着力解决的是企业在营商中的痛点、难点和堵点。多部门联合起来连续两年给民营企业解读政策的方式，是市委、市政府给民营企业送“服务包”机制的完善和常态化，促进解决落地“最后一公里”问题。

（市工商联）

【首家民企产权保护调解室挂牌】2月28日，北京市第一中级人民法院设立的北京市工商联民营企业产权保护调解室挂牌，作为北京民企产权纠纷有了专属调解机构，这是北京市工商联与北京市第一中级人民法院共同签署《深化多元调解机制，促进民营企业产权保护》合作协议的成果。双方签署的合作协议旨在坚持依法保护、平等保护，共同建立适合民营企业特点的多元化纠纷解决机制，实现商会调解与诉讼调解在效力确认、程序安排、法律指导等方面的有机衔接，推动民营企业产权矛盾纠纷多元解决。双方建立健全联系会商、调研攻关、交流培训和社会引导等常态化协作沟通机制，为辖区法院与工商联搭建合作交流平台，推动诉讼调解对接机制在辖区法院落地实施。

（市工商联）

【“中国光彩事业临夏行”北京项目推介会举办】3月16日，由甘肃省工商联、北京市工商联主办，甘肃省临夏州委、州政府和北京甘肃企业商会承办的以“汇聚民企力量、助力临夏脱贫”为主题的“中国光彩事业临夏行”活动北京项目推介对接会在北京举行。会议观看了“中国光彩事业临夏行”活动宣传片，临夏州负责人在会上进行项目推介，相关企业家代表进行交流发言。市工商联介绍了在“三区三州”等西部贫困地区开展扶贫工作的有关做法，表示两地要深入开展以精准扶贫为主题的“万企帮万村”活动，进一步推动两地全方位、多领域、深层次的合作交流，推动双方帮扶合作迈向更高水平。中国光彩会理事、北京市工商联会员企业、北京市光彩会理事、部分区工商联负责人等300余人参加会议。

（市工商联）

【“四好”商会工作座谈会召开】4月3日，市工商联召开“四好”商会工作座谈会。“四好”商会建设是工商联改革和发展工作的重要内容，立足于培育和发展具有中国特色、首都特点的商会组织，确保商会有效承担政治引导、经济服务、诉求反映、权益维护、诚信自律、协同参与社会治理等职能任务，更好地促进两个健康成长。会议上颁发2017—2018年度全国“四好”商会证书和守法诚信承诺示范单位牌匾，获全国工商联“四好”商会建设表彰的10家商会会长交流经验做法。

（市工商联）

【首个基层法院民营企业产权保护调解室成立】4月12日，北京市工商联所属北京投融资商会与东城区人民法院举行“深化多元调解机制促进民营企业产权保护”发布会。市工商联法律处、东城区人民法院立案庭、民三庭、民四庭有关人员、部分民营企业家代表参加会议。会上，北京投融资商会与东城区人民法院共同签署《民营企业产权保护合作协议》，举行东城区人民法院民营企业产权保护调解室和东城区人民法院驻北京投融资商会民营企业产权保护调解工作站揭牌仪式，并颁发首批东城区人民法院民营企业产权保护特邀调解员聘书。

（市工商联）

【直播扶贫助推产品销售】4月24日，在北京消费扶贫“双创”中心，来自89个北京市对口帮扶贫困县市的54种优质产品亮相，在各地县长和淘宝主播的共同助力下，3个多小时的直播吸引了超过160万名观众，全平台超千万直播量，共实现产品销售超300万元。此次活动由北京市工商联、北京市扶贫支援办、北京市光彩会、北京光彩公益基金会携手阿里巴巴脱贫基金共同发起，淘宝直播、淘乡甜等单位共同协办，并通过淘宝、快手等平台进行全程直播。

（市工商联）

【金融支持畅融工程周活动举办】5月10日，由市工商联、市金融监管局联合主办，北京投融资商会协办的“畅融工程周活动——金融支持民营企业高质量发展沙龙”，在北京投融资商会文化中心举办。市政府办公厅、市金融监管局、市工商联、北京投融资商会，以及8家金融机构、8家民营企业约30人参加会议。会上，市政府办公厅介绍了北京市支持民营经济发展的6项措施和一个指标体系，以及“北京大数据行动计划”基本情况。市工商联介绍了民营企业在融资中所遇到的困难，以及市工商联缓解民营企业“融资难、融资贵”问题所做的工作。市金融监管局介绍了畅融工程的实施背景、工作成果及下一步计划。北京投融资商会介绍了北京投融资商会为解决中小企业融资难所采取的措施等情况。

（市工商联）

【规范民间融资助力优化营商环境】5月28日，市工商联与市一中院为进一步推动落实关于促进民营企业产权保护的合作协议，举行“规范民间融资行为助力优化营商环境”新闻发布会。市一中院民三庭、市工商联法律处负责人，有关人大代表、政协委员、企业家代表、专家学者以及新闻媒体工作者共计100余人参加会议。会上，市一中院发布《民间借贷案件审判白皮书（2011—2018)》，总结梳理8年间民间借贷案件的十大显著特点、十大审理难点、十大创新机制以及十大典型案例，并向社会发出风险防范10项提示和10条诉讼指引。

（市工商联）

【全国首家民企产权保护社会化服务体系建立】5月，中共北京市委统战工作领导小组印发《关于建立北京民营企业产权保护社会化服务体系的意见》。在市委统战部领导下，整合政府部门、司法机关、商协会等社会力量，由市工商联具体组织实施，建立全国首家民营企业产权保护社会化服务体系，实现产权保护社会化，营商环境法治化的整体构想，为民营企业营造良好的法治环境和营商环境，促进民营企业高质量发展。7月16日，市工商联召开建立北京民营企业产权保护社会化服务体系工作推进会。全国工商联法律部，市政府有关部门，司法机关，市、区工商联，商协会负责人，企业及光彩事业促进会理事代表等400余人出席会议。会上，市工商联与市发展改革委、市高级人民法院、市人民检察院、市公安局、市司法局、市市场监督管理局、市知识产权局、北京知识产权法院签署体系建设合作协议；与市司法局、市律协签署关于组建律师团队合作协议；与市一中院、二中院、三中院、四中院，以及东城区人民法院签署建立“民营企业产权保护调解室”合作协议；与京师律所、盈科律所、尚公律所、中勉律所签署“北京市民营企业维权服务平台”合作协议，并为调解室和维权服务平台颁牌。

（市工商联）

【京津冀非公经济产业对接交流会举办】6月12日，京津冀工商联在通州区共同主办第四届京津冀非公经济产业对接交流会暨三地民营企业走进北京城市副中心推介会。会上，通州区介绍北京城市副中心建设情况，并对产业规划及产业承接招商政策进行解读。北京市汽车物流商会、天津市武清区京津高村科技创新园、石家庄四药有限公司分别围绕助力“疏解整治促提升”、打造科技创新平台、参与京津冀协同发展进行交流发言。来自京津冀工商联、商会、园区和民营企业等各类机构的260余名代表参加会议。

（市工商联）

【首都民营经济金融服务推进会召开】6月27日，由北京市工商业联合会、北京市地方金融监督管理局、中国人民银行营业管理部联合主办的2019年首都民营经济金融服务推进会召开。该推进会以“精准实施普惠金融支持民营、小微企业高质量发展”为主题，搭建政、银、企的信息交流平台，推动普惠金融政策和产品精准惠及民营、小微企业，缓解首都民营企业融资难题。500余名北京民营企业家参加活动。

（市工商联）

【民企参与共建“一带一路”专题报告会举办】7月12日，市工商联举办第四期服务民营企业参与共建“一带一路”专题报告会，针对民营企业在当前“走出去”发展中所关心关注的问题，邀请全国企业合规委员会专家和市外办有关负责同志，就民营企业境外合规经营、境外安全保护、APEC商务旅行卡申报等进行政策解读和辅导。北京市工商联国际联络委员会成员单位、市工商联非公经济境外发展服务基地、各区工商联及在京异地商会、行业商会和有关企业150余人参加了报告会。会上，向民营企业发放《民营企业参与共建“一带一路”相关政策文件汇编（2017—2019）》，有针对性地服务民营企业“走出去”。市工商联还针对当前国际经济形势出现的新变化和中美贸易摩擦情况，与各区工商联、有关商协会共同开展问卷调查，并对企业进行走访，了解企业的情况与诉求。

（市工商联）

【“光彩北京”消费扶贫进社区】7月21日，由市工商联、市扶贫支援办、市商务局、市住建委、海淀区政府共同主办的2019“光彩北京”消费扶贫进社区活动在海淀世纪金源社区文化广场举行。活动以爱心北京、消费扶贫为出发点，结合“以购代帮”的扶贫理念，吸引社会各界人士参与精准扶贫行动，充分发挥北京光彩事业的积极作用。活动为切实贯彻《国务院办公厅关于开展消费扶贫助力打赢脱贫攻坚战指导意见》的工作要求，集合7省市受援地区扶贫产品，搭建直购平台，入驻社区开展销售，帮助贫困地区产品拓宽销售渠道，动员社区居民积极购买扶贫产品。启动仪式上，北京民营企业代表现场宣读《北京消费扶贫“进社区”活动倡议书》，与苏宁便利店有限公司签署进店协议，首批扶贫地区特色商品将进入全市550家苏宁小店社区便利店。活动当天，现场销售（包含签约采购意向企业）总额共计520余万元。

（市工商联）

【市联新媒体应用能力名列前茅】7月22日，在北京市统战系统宣传工作推进会上，市委统战部发布“北京市统战系统新媒体应用能力排行榜”，市工商联获市级统战口内单位新媒体总排行第一名。其中，北京市工商联网站在市级统战口内单位网站排行第一名，北京工商联微信在市级统战口内单位微信名列前五名。各民主党派市委、口内单位主管宣传工作的领导和宣传部门负责人，各区委统战部主管宣传工作负责人出席会议。

（市工商联）

【光彩事业十堰行】7 月 29 日至 30 日，市委统战部、市工商联组织 15 家民营企业赴南水北调水源地湖北省十堰市，开展“光彩事业十堰行”活动并签约系列对口协作项目。北京民营企业一批帮扶项目在当地签约落地。北京情系远山基金会等 3 家单位与十堰市教育局签订教育扶贫协议；北京乐万家集团与郧阳区签订消费扶贫协议；北京戎威远安保公司与十堰市人社局签订就业扶贫协议；北京中博海工贸有限公司（仁德基金）与张湾区签订医用两轮电动车协议；北京密云世济医院与茅箭区签订医疗扶贫协议；北京博龙阳光新能源高科技开发公司与郧阳区签订捐赠太阳能设备协议。签约项目及达成意向投资项目共计 25.16 亿元。北京中商惠民集团、北京十堰企业商会、北京味道网、北京商报社等企业、商会、机构捐款捐物共计 10584.38 万元。

（市工商联）

【扶贫支援青海玉树】8 月 18 日至 21 日，市工商联、市扶贫协作和支援合作办公室组织 10 余位民营企业家走进青海省玉树藏族自治州，开展扶贫支援调研对接工作。北京王府学校、北京王府公益基金会与玉树州教育局签订捐赠协议，向玉树州第三民族高级中学捐赠价值 100 万元的卫星教室建设项目；北京中和珍贝科技有限公司向玉树州囊谦县吉尼赛乡麦曲村捐赠 10 万元技能培训补助资金，助力就业扶贫。企业家们还针对当地农牧资源、藏族文化等特色提出促进玉树地区农牧产品产业链化、生态文化旅游产业发展的建议。

（市工商联）

【17 家企业入围中国民营企业 500 强】8 月 22 日，2019 中国民营企业 500 强峰会在宁夏回族自治区西宁市举办，发布 2019 中国民营企业 500 强系列榜单和 2019 年度中国民营企业 500 强分析报告。榜单显示，北京市入围企业 17 家，前 10 名中北京有 3 家，即京东集团、联想控股股份有限公司和国美控股集团有限公司，营业收入分别为 4620 亿元、3589 亿元、3341 亿元，位列第 6、第 9、第 10 名。

（市工商联）

【“检察护航民企发展”公众开放日举办】8 月 26 日，市区两级工商联与市三级检察院分别在市检察院、市检察院 4 个分院、各区检察院同步举行 21 场“检察护航民企发展”主题公众开放日活动。检察机关介绍服务保障民企发展有关工作情况，民营企业代表走进检察院进行参观，开展座谈，了解检察工作并研提意见建议。市区工商联共组织商会企业代表约 400 人参会。活动中，市检察院向与会人员介绍演示了“检察业务接诉即办及查询反馈系统”，并开展座谈交流。

（市工商联）

【光彩事业拉萨行】9 月 16 日至 20 日，市委统战部、市工商联组织 10 余家民营企业赴西藏自治区拉萨市开展 2019 北京光彩事业拉萨行。活动期间，先后与拉萨市委、市政府、拉萨市工商联进行座谈交流；实地走访西藏北京商会、西藏汇泉实业有限公司、诺布庄园等当地商会和企业。北京纳通科技集团向西藏拉萨市人民医院捐赠价值 30 万元的骨科关节产品，北京密云世济医院向西藏爱之藏医诊疗中心捐赠价值 80 万元的医疗设备，北京零和航天科技有限公司与拉萨北京实验中学签署价值 12 万元的棉衣捐赠协议，北京商鲲教育集团与拉萨第一中学职业技术学校签署扶贫协作职业培训框架协议。该次对接还达成高原矿泉水、牦牛制品等西藏特色农产品消费扶贫项目和医疗扶贫项目合作意向。

（市工商联）

【2019 年度北京民企百强榜单发布】11 月 15 日，2019 北京民营企业百强发布会召开。榜单显示，京东集团、联想控股股份有限公司和国美控股集团有限公司位居前三，三者营业收入总额均超过 3000 亿元，同时跻身全国民营企业 500 强中的前 10 强。京东集团以 4620 亿元营业收入总额再居北京民营企业百强榜首。2019 年度北京民营企业百强发布的民营企业百强、民营企业科技创新百强、民营企业文化产业百强和民营企业社会责任百强呈现出创新升级、高质量发展、结构优化、研发投入增长等特点。市发展改革委、市科委、市财政局、市统计局、市政务服务管理局、通州区委区政府、各区工商联及入围企业代表共 450 余人参加发布会。

（市工商联）

【组织商会企业赴津冀开展产业对接】年内，市工商联依托 2019 投资北京洽谈会暨京津冀投资推介会（京洽会），组织有意向的商会企业代表与天津市 5 个功能区，河北省张家口市、唐山市、廊坊市、保定市 4 个市的投资促进机构进行面对面的投资项目对接洽谈。组织涉及产业园开发、机器人制造、环保科技、信息科技等 8 个产业领域，18 个有合作意向的企业、商会，参加北京市与河北省廊坊北三县项目推介洽谈会。京东集团、国美商业置业有限公司、天童通信网络有限公司、北京延安企业商会与河北省香河县发改局、农业局组织专场座谈，围绕智慧农牧、观光农业、电商物流、信息通信、能源、药业等6个产业领域的7个项目意向进行精准洽谈对接。

（市工商联）

校办产业

【概况】2019年，北京校办产业管理中心对企业进行2018年年终决算和统计工作。根据2018年度国有资产统计情况，企业年末资产总额为54.42亿元，负债总额为11.52亿元，所有者权益为42.90亿元，实现国有资产保值增值104.67%。企业营业总收入20.83亿元，净利润为2.97亿元。年内共审核通过并办理115家单位办理产权登记，其中占有登记10家，年度检查84家，变动登记9家，注销登记12家。市教委14家直属单位70户企业已完成清理规范工作的企业共计39户，其中注销34户。市教委21所高校（含试点高校）所属459户企业，其中正常经营200户企业，吊销企业224户，已经完成注销企业35户。

（宋慧宇）

【北邮—启迪联合实验室挂牌】7月12日，启迪数字集团与北京邮电大学共建的"北邮—启迪边缘计算与网络安全联合实验室"挂牌成立。按照协议，联合实验室面向边缘计算的国际科技前沿和国家重大需求，开展边缘计算和网络安全技术问题研究。构建基于边缘计算和网络安全的人才培养及产业创新基地，加强边缘技术和产品的转化。

（宋慧宇）

【助力中华人民共和国成立70周年庆典】在庆祝中华人民共和国成立70周年系列活动中，清尚公司承担香山革命纪念馆"为新中国奠基——中共中央在香山"主题展和"伟大历程　辉煌成就——庆祝中华人民共和国成立70周年大型成就展"的设计布展工作；清华大学建筑设计院承担香山革命纪念馆建筑设计工作；清尚陈设完成庆典游行70组彩车中的4台主题彩车和1台地方彩车的深化设计与制作；清华大学建筑设计院和清华大学建筑学院完成镶嵌在天安门广场上的两条红飘带的设计；启迪数字展示承担"伟大历程　辉煌成就——庆祝中华人民共和国成立70周年大型成就展"之长三角G60科创走廊策展工作。

（宋慧宇）

【助力第二届中国国际进口博览会】11月5日至10日，第二届中国国际进口博览会举办。清华大学建筑设计院配合设计的国家会展中心（上海）规模提升工程助力进博会顺利进行；同方威视技术股份有限公司以核生化设备总承包商的身份为进博会提供安保服务；新华三集团助力中国电信为大会提供高速、稳定的网络服务以及网络保障工作。

（宋慧宇）

2020

北京工业年鉴

BEIJING GONGYE NIANJIAN

区域工业

本栏目采用条目体，主要记述东城区、西城区、朝阳区、海淀区、丰台区、石景山区、门头沟区、房山区、通州区、顺义区、大兴区、昌平区、平谷区、怀柔区、密云区、延庆区16个区，以及中关村国家自主创新示范区、北京经济技术开发区、16个工业园区年度发展情况。

东城区工业

【概况】2019 年，东城区经济运行总体平稳，发展质量持续提升。不断完善“紫金服务”，打造一流营商环境。全区工业主要经济指标增速稳中有升，总体格局稳中向好。

年内，东城区工业生产保持小幅增长，全年累计完成工业总产值 177.4 亿元，同比增长 1.4%；累计完成工业销售值 177.5 亿元，同比增长 4.7%。文教、工美、体育和娱乐用品制造业，医药制造业，石油和天然气开采业三大支柱行业“两升一降”。其中：文教、工美、体育和娱乐制造业工业总产值同比增长 2.3%，拉动全区工业总产值 1.3 个百分点；石油和天然气开采业工业总产值同比增长 43.6%，拉动全区工业总产值 3.9 个百分点；医药制造业工业总产值同比下降 14.4%，下拉全区工业总产值 2.9 个百分点。

（区科信局）

【服务体系建设】年内，东城区科信局开发紫金服务管家 App，打造政企交流信息化和督办平台。构建企业服务工作网，为 830 家重点企业确定服务管家，联系服务重点企业 1193 户次，解决问题 326 项。开展产业链相关工作，成功引进北京得网时代信息技术有限公司和浙江甲骨文公司。完成《东城区促进信息服务业发展的若干意见》项目征集及评审工作。

（区科信局）

【中小企业创新创业大赛举办】年内，东城区举办“创客中国”北京市中小企业创新创业大赛暨“创客北京　创意东城”2019 年东城区中小企业创新创业大赛主题活动。大赛共征集 107 家企业和创业团队参赛，覆盖十大高精尖产业、文化创意产业、新型便民服务业三大领域。共 7 个项目入围北京市 100 强项目，2 个项目获得北京市中小企业创新创业大赛三等奖，东城区分赛区获“创客北京 2019”创新创业大赛优秀组织奖。

（区科信局）

【保障企业健康发展】年内，东城区科信局切实为民营企业、中小企业健康发展提供有力保障。制订《东城区科信局清理拖欠民营企业中小企业账款工作方案》，公开公布举报电话、传真、邮箱和通信地址，监督和推进清欠工作有效进行。筹备召开清欠民营企业中小企业专题会。出台《东城区提升民营经济活力　促进中小企业发展的若干措施》文件，为民营企业中小企业健康发展提供政策和资金保障。优化营商环境，牵头做好企业“服务包”工作。送出 12 个重点企业“服务包”，涉及服务事项 36 项。截至年底，已办结 27 项，稳步推进 9 项。

（区科信局）

【推进“目录链”试点工作】年内，东城区科信局基于区云平台建设的 147 个系统进行资源目录梳理，对区内重点单位和多家系统开发商进行培训。在北京市确定东城区、西城区、海淀区为 3 个试点区后，东城区加快推进区级职责目录上报工作，对全区 52 家单位近 100 人进行“目录链”工作培训。截至年底，全区共汇聚政务资源目录 500 余项，已发布 463 项，共涉及 13463 个数据信息项，实现 103 项数据资源挂载。年底，东城区各单位职责目录将全部实现汇聚。

（区科信局）

西城区工业

【概况】2019 年，西城区面对国际环境复杂多变、国内经济困难增多的形势凝心聚力、攻坚克难，深入推进减量发展，不断优化营商环境，持续加大稳增长力度，完成全年各项任务，为区域经济发展质量提升民生福祉不断增强做出贡献。

年内，西城区规模以上工业总产值继续保持稳定发展态势，生产、销售均稳定发展，累计完成工业总产值 573.3 亿元，同比下降 1.4%；累计完成工业销售产值 578.1 亿元，同比下降 0.6%；产销率为 100.8%，产销衔接良好。能源供应业是西城区工业经济支撑行业，在生产、销售等方面都表现出了较强的优势。在工业总产值排名前十位的企业中，能源供应业企业有 5 家，累计完成产值 486.3 亿元，成为拉动区域工业增长的主要因素。主要企业有北京市燃气集团有限责任公司、北京城市排水集团有限责任公司、北京市自来水集团有限责任公司、北京北排水环境发展有限公司。

（区发展改革委）

【培育企业创新主体】年内，区科信局持续开展高新技术企业培育，全年累计辅导园区外申报高新技术企业116家，全年共举办4场科技企业政策培训会，累计参会500余人次。

（区科信局）

【科技企业融资服务】年内，区科信局开展企业融资需求调查，及时对接相关金融机构，截止到10月，北京中关村科技融资担保公司为西城区58家企业提供98项融资担保，担保金额共计6.9亿元。

（区科信局）

【科技人才引进】年内，区科信局推荐申报2019年百千万人才工程北京市优秀人才3人；完成2018—2019年度西城区优秀人才培养资助工作；上报市经济和信息化局7家创新型企业、9名人才引进需求的调查表。

（区科信局）

【科技管理】年内，区科信局加强西城区科技服务业发展研究，促进科技服务业精准发展，完成《科技服务业支撑西城区高精尖产业的发展研究》和《西城区科技服务业发展三年行动计划(2018—2020年)》课题。

（区科信局）

【科普惠民工程】年内，区科信局以“科技强国　科普惠民”为主题，举办2019年西城区科技周活动，让公众了解与生活密切相关的高新技术成果。以体现科技创新支撑发展、科技成果惠及广大人民群众理念。

（区科信局）

【可持续发展重点建设领域】年内，区科信局对标中国2030年可持续发展议程创新发展目标，围绕城市更新模式探索、智慧社区建设、区域生态环境监控、科技支撑历史文化街区保护等重点领域，编制《西城区可持续发展三年行动方案（2019—2021年）》，促进区域科技创新与社会发展深度融合。

（区科信局）

【大气污染综合治理】年内，西城区发展改革委按照新增职能主动作为，建立西城区工业企业空气重污染应急减排工作联系机制，制定区级空气污染预警期间涉气工业企业停产单，完成6家工业企业纳入北京市年度保障企业清单上报，指导并督促工业企业更新西城区空气重污染应急减排清单，制定“一厂一策”报告，确保在上年的基础上数量不减、减排力度不减，进行最大化减排。

（区发展改革委）

【国庆活动服务保障】年内，西城区发展改革委梳理区内无人机企业名单，统筹街道逐一落实市级禁飞相关通知要求，确保国庆期间空中安全。督促企业严格执行工业企业生产减排措施，配合市领导对区内工业企业执行大气防污治理措施情况开展检查，配合市经济和信息化局领导对北京市荣海印刷厂、北京京铁印务有限公司进行全覆盖检查，对有研半导体材料有限公司进行夜查，确保大气防污治理各项制度措施落在实处。经检查，12家工业企业均严格执行大气防污治理各项措施。

（区发展改革委）

朝阳区工业

【概况】2019年，朝阳区工业发展保持稳中向好态势，全区规模以上工业企业累计实现产值758.6亿元，同比增长2.5%。全区产值总量排名前五位的支柱行业分别是电力、热力生产和供应业，开采专业及辅助性活动，电气机械和器材制造业，非金属矿物制品业，医药制造业，累计实现产值536.8亿元，同比增长4.4%，占全区总量的70.8%，拉动全区工业总产值增长3个百分点。

（区发展改革委）

【高精尖产业项目统筹机制】年内，朝阳区制订区级高精尖产业项目专班组建方案，提出重点项目库建设、重大项目跟踪、重点企业培育等方面工作思路。与市经济和信息化局各专业处室对接，填报市经济和信息化局高精尖重大项目库，定期维护、更新项目进展及存在问题。截至年底，共有北京工业互联网平台、手术机器人产能建设项目、5G产业创新中心等10个项目入库，主要集中在新一代信息技术、科技服务、集成电路等领域。

（区发展改革委）

【结构调整转型】年内，朝阳区受高精尖产业体系、疏解非首都功能战略政策及减税降费政策影响，工业企业实现税收收入49.5亿元，同比减收3.56亿元，同比下降6.7%。三大类工业行业的41个子行业中，13个行业税收同比增加，28个行业同比下降。其中，采矿业税收完成0.28亿元，同比下降61%；制造业税收完成37.6亿元，同比下降8.6%；电力、热力、燃气及水的生产和供应业完成税收10.9亿元，同比增加3.6%。高端装备和高新技术企业稳步发展。其中，电气机械和器材制造业，计算机、通信和其他电子设备制造业合计税收收入完成15.06亿元，同比增长1.6亿元，占工业企业税收收入30.42%。

（区税务局）

【9家企业获国家企业技术中心认定】年内，在市发展改革委公布的2018年获国家企业技术中心认定的名单中，北京市共84家，其中朝阳区9家，涉及建筑、装备、电子信息等行业。分别为：中国石油化工股份有限公司、京东方科技集团股份有限公司、中铁十六局集团有限公司、北京大豪科技股份有限公司、中国地质装备集团有限公司、北京北开电气股份有限公司、中国建筑科学研究院有限公司、中交第一公局集团有限公司、中国石化工程建设有限公司。

（区发展改革委）

【北京鲲鹏联合创新中心建设】年内，市经济和信息化局、华为公司与朝阳区利用北京市产学研优势，联合业内合作伙伴，布局鲲鹏生态体系，共建开放共赢的产业创新生态。通过建立覆盖芯片、服务器、操作系统、数据库、中间件、应用软件全生命周期的高效服务平台，集中开展技术攻关，重点解决共性关键问题，引领芯片、软件核心产业转型升级。北京鲲鹏联合创新中心搭建创新孵化、验证测试、生态开放、标准能力四大核心平台，以华为技术团队和测试环境为底座，围绕政务大数据和政务云等项目，支持鲲鹏生态合作伙伴搭载国产操作系统、中间件等基础软件，实现国产化技术应用、示范场景应用等功能，同时建立鲲鹏培训基地，加强IT人才培育。市经济和信息化局与朝阳区集聚科技资源、项目和政策支持，联合相关部门推进中心建设和新技术新产品落地，努力将其打造成国产自主创新产业创新人才聚集区、创新科技策源地和创新应用助推器。

（区科信局）

【一般制造业退出】年内，朝阳区一般制造业全年计划调整退出企业26家，已全部完成。另外，持续关注退出企业动态，加大对已退出企业的日常巡查力度，增加突击检查频次，防止反弹现象发生。

（区发展改革委）

【节能降耗】年内，朝阳区按照《朝阳区节能减碳专项资金管理办法》，支持年度内节能项目82个，安排节能资金5781.59万元。组织相关专家和专业人员，对朝阳区2018年度年综合能源消费总量5000（含）~10000吨（不含）标准煤的重点用能单位能源利用状况报告进行审核，并对审核结果进行整理，编制《朝阳区重点用能单位2018年度能源利用状况公报》。

（区发展改革委）

【工业重污染应急保障】年内，朝阳区加快推进蓝天保卫战工业领域重点任务，在空气重污染期间强化应急检查。召开政策培训会，对各街乡进行一对一过堂式培训，组织修订空气重污染应急企业清单，要求相关企业制定应急公示牌及“一厂一策”应急预案。清单内共有222家应急企业，其中，印刷类企业5家、水泥类企业1家、汽修企业126家。全年5次橙色预警期间共计检查企业625家，在3次重大活动期间，按照不扰民、外松内紧原则，做好空气质量保障工作。

（区发展改革委）

海淀区工业

【概况】2019年，海淀区规模以上工业企业累计实现工业产值2277.2亿元，占北京市工业总产值的11.6%，位列城六区第一名、北京市第二名。全年实现出口519.4亿元，同比增长47.9%。规模以上工业总产值中高技术制造业产值占比71.9%，实现1637.3亿元。

年内，六大产业的工业总产值同比增速“二升四降”，装备产业、基础与新材料产业上升，电子信息产业、生物医药产业、消费品产业、能源生产和供应产业下降。电子信息产业实现工业总产值1425.6亿元，占全区工业总产值的比重为62.6%，同比下降1.5%。装备产业实现工业总产值619.4亿元，占全区工业总产值的比重为27.2%，同比增长5.2%。基础与新材料产业实现工业总产值108.1亿元，占全区工业总产值的比重为4.7%，同比增长0.8%。生物医药产业实现工业总产值68.8亿元，占全区工业总产值的比重为3.0%，同比下降15.4%。消费品产业实现工业总产值45.7亿元，占全区工业总产值的比重为2.0%，同比下降18.2%。能源生产和供应产业实现工业总产值9.6亿元，占全区工业总产值的比重为0.4%，同比下降 40.8%。

园区定位于网络安全高精尖产业，以推进网络安全优势资源和产业创新发展为目标，重点推动网络安全产业集聚发展、网络安全核心技术突破、网络安全产品服务创新及应用、实施网络安全人才培育计划、推进网络安全国际交流合作及网络安全产业政策创新，将建成国家安全战略支撑基地、国际领先的网络安全研发基地、网络安全高端产业集聚示范基地、网络安全领军人才培育基地和网络安全产业制度创新基地。

（郑　雪）

【发那科获 2018 年北京市“智能制造标杆企业”称号】 1 月 31 日，市经济和信息化局公布《2018 年北京市智能制造标杆企业名单》，此次共评选出 12 家生产制造企业，其中，中关村海淀园企业北京发那科机电有限公司入选智能工厂。

（郑　雪）

丰台区工业

【概况】 2019 年，全区 124 家规模以上工业企业实现工业总产值 303.7 亿元，同比上升 3.0%，增速比上年同期增长 2.5 个百分点。在全市 16 个区及开发区中，丰台区工业产值所占比例约为 1.5%，排名第 11 位，增速排名第 5 位。全年工业企业实现销售产值 294.5 亿元，同比增长 1.6%。其中，实现内销产值 288.5 亿元，同比增长 3.1%，实现出口交货值 6.0 亿元，同比下降 39.9%。工业产销率为 0.54%。全区现代制造业企业实现工业总产值 147.5 亿元，同比下降 1.3%；高技术产业实现工业总产值 81.2 亿元，同比下降 7.89%。

年内，丰台区六大产业产值呈现出“四升二降”态势，生物医药产业、装备产业和基础、都市产业与新材料产业四大产业有较快增长，同比增速分别为 8.9%、8.6%、7.2% 和 2.8%；汽车与交通设备产业同比下降 4.3%，电子信息产业同比下降 8.6%。丰台区前十大行业总产值 272.5 亿元，占全区总产值比重为 89.7%。前十大行业呈现“八增二降”态势。其中，通用设备制造业，印刷和记录媒介复制业，仪器仪表制造业，电气机械和器材制造业，医药制造业，非金属矿物制品业，电力，热力生产和供应业，铁路、船舶，航空航天和其他运输设备制造业，分别增长 65.9%、19.4%、12.5%、10.3%、8.9%、5.9%、1.5% 和 0.8%。

（王　蕾）

【疏解非首都功能】 年内，丰台区计划疏解一般制造业企业 15 家，实际共疏解退出北京瑞斯通印务发展有限公司等 21 家，超额完成全年工作任务，共涉及土地面积约 54 万平方米，涉及人口 2598 人。

（王　蕾）

【落实产业限制政策】 年内，丰台区落实北京市及区内有关新增产业的禁止和限制目录相关规定，控制不宜发展的产业增量。全年共完成工业和信息化固定资产投资备案项目 11 个，均不属于禁限目录的范围。

（王　蕾）

【服务中小企业发展】 年内，丰台区继续发挥“助保贷”融资平台作用，为 24 家企业发放 28 笔贷款，融资总额 24545 万元，贴息 138.1 万元；加强中小企业公共服务示范平台和基地建设，黑钻石、北京医药行业协会等 7 家企业获批国家、市级服务平台和小企业基地；推荐赛欧科园、斯坦福、黑钻石、恒冠网络等 10 个项目申报 2020 年北京市支持中小企业发展资金服务体系建设项目，其中“基地类”6 个、“平台类”4 个。

（王　蕾）

石景山区工业

【概况】 年内，区经济和信息化局落实区委区政府的各项决策部署，推动高质量发展，构建高精尖产业结构；推进智慧城市建设，全面实施大数据行动计划；落实创建文明城区工作任务，统筹推进社会信用体系建设。高标准防范抵御各类风险隐患，完成疏解企业、安全生产和重大活动服务保障等各项工作。全年石景山区工业生产保持平稳增长，全区累计完成现价工业总产值 232.1 亿元，同比增长 11.1%；工业销售产值 231.9 亿元，同比增长 10.7%；实现出口交货值 1.1 亿元，工业产销率为 100%，产销衔接良好。全区信息传输、软件和信息技术服务业完成收入491亿元，同比减少2.3%。

（代　蓉）

【疏解整治促提升工作】年内，区经济和信息化局严格落实《北京市新增产业的禁止和限制目录》和《北京市工业污染行业生产工艺调整退出及设备淘汰目录（2017年版）》，按照《关于组织开展“疏解整治促提升”专项行动（2017—2020）的实施意见》和《2019年石景山区“疏解整治促提升”专项行动工作方案》要求，全年关停退出一般制造业企业4家，影响人口270人，涉及面积2.36万平方米。疏解的同时注重“腾笼换鸟”“筑巢引凤”，加快产业结构调整，为工业企业牵线搭桥，助力存量工业用地转型升级，与市级部门对接工作，推动大型市属国有企业的转型升级。研究腾退土地再利用政策和操作办法，加快推动空间置换和产业升级。

（代　蓉）

【工业企业重污染防治】年内，区经济和信息化局落实《北京市空气重污染应急预案》要求，对区内相关工业企业停限产应急措施落实情况进行监督检查；在第二届“一带一路”国际合作高峰论坛、北京世界园艺博览会及空气重污染3次橙色预警期间，共出动检查小组46人次，检查工业企业37家次，对工业企业的空气重污染应急“一厂一策”实施方案进行逐一审核，确保空气重污染应急减排的有效实施；对区内工业企业内部非道路移动机械使用情况进行摸排并建立台账，严格使用符合排放标准的非道路移动机械，确保达标排放；与区住建委共同牵头，开发扬尘污染监测平台。通过整合现有环保监测数据、道路监控视频和工地监控视频资源，统一整合物联感知数据，建设专题应用平台。通过人工和智能分析手段，及时发现工地违规施工和渣土车违规运输等违法行为，为相关部门提供行业监管和处罚的依据。

（代　蓉）

【安全生产】年内，区经济和信息化局安全生产工作本着“管行业必须管安全”的原则，对全区工业行业的安全生产管理工作，严格落实《北京市党政领导干部安全生产责任制实施细则》要求，扎实推进企业主体责任和经信部门安全生产指导职责落实，注重夯实基层基础，强化安全生产指导作用，预防和减少各类安全生产事故。在做好重大会议和节假日期间安全保障工作的同时，配合应急局做好安全生产的各专项工作，包括电气火灾综合治理三年行动、城市隐患排查治理三年行动、“防风险保平安迎大庆”消防安全专项行动、国庆安全生产综合治理专项行动等。

（代　蓉）

门头沟区工业

【概况】2019年，门头沟区规模以上工业企业累计完成总产值56.3亿元，同比下降26.2%；以精雕科技、万辉双鹤等企业为代表的现代制造业规模不断扩大，累计实现工业总产值40.9亿元，占全区规模以上工业总产值的比重为72.6%。软件和信息服务业实现收入4.7亿元，同比增长14.8%。

（贯岩琦）

【固定资产投资】年内，门头沟区完成办理北京市非政府投资工业和信息化固定资产投资项目备案15件，涉及总投资合计10.04亿元。

（魏立童）

【服务中小企业】年内，门头沟区组织举办中小企业相关政策培训会、专项法规解读、小微课堂等多种形式培训服务，组织企业参加相关政策法规培训5次。组织开展“创客北京2019”门头沟区分赛区活动，获得“创客北京2019”优秀分赛区奖。

（贯岩琦）

【疏解一般制造业企业】年内，门头沟区严格落实《北京市工业污染行业生产工艺调整退出及设备淘汰目录（2017年版）》，综合运用法律法规、标准、经济、市场等手段，完成北京鑫华源机械制造有限责任公司、北京金龙泉泵业有限公司2家一般制造业企业整体退出。

（魏立童）

【工业领域空气重污染应急预案】年内，门头沟区按照《2019年门头沟区工业领域空气重污染应急预案》要求，确定2019年至2020年工业领域空气重污染停限产企业12家。在空气重污染期间，及时启动并严格落实应急预案，督促停限产企业严格执行“一厂一策”工作方案，减少污染物排放，并加大现场检查力度，确保空气重污染应急工作落实到位。

（魏立童）

房山区工业

【概况】在国内经济下行压力不断加大、首都处于转型发展关键时期的背景下，2019年全区规模以上工业总产值实现1017.5亿元，其中高精尖产业460.5亿元，占全部产值的45.3%。全区工业税收完成136.2亿元，同比增长2.1%。58个重点产业项目完成固定资产投资28亿元，完成建安投资17.71亿元，完成全区11亿元双挂账建安投资任务的161%。中关村房山园收入稳步增长，全年房山园113家规模以上高新企业实现总收入412亿元，同比增长10.1%。

（陈　超）

【房山区经济和信息化局挂牌成立】3月25日，房山区经济和信息化局挂牌成立。年内，区经济和信息化局、园区办领导班子带领全局干部职工，在区委、区政府的领导下，不断提升依法行政能力，完成了上级交办的各项工作任务。

（陈　超）

【产业扶贫】5月18日，房山区北京重型电缆厂在2019年中国廊坊国际经济贸易洽谈会上与河北省保定市涞水县政府签署外迁建设项目合作框架协议，外迁项目计划投资约2亿元，分两期建设，占地约6.67万平方米。预计达产后初期形成产值2亿元，税收1000万元以上，解决当地300人就业。

（陈　超）

【镇村产业聚集区清退情况】截至9月23日，全区13家市级镇村产业聚集区（工业大院）清退任务已全部完成，涉及良乡镇5处、长阳镇1处、长沟镇2处、城关街道2处、河北镇2处、青龙湖镇1处。

（陈　超）

【扶贫协作对接】9月6日，房山区政府代表团到河北省保定市涞水县开展扶贫协作对接工作。代表团一行首先到春烨食用菌项目现场，实地察看项目运行情况，听取有关工作介绍。据了解，房涞扶贫产业园占地面积4万平方米，总建筑面积约5.6万平方米，为贫困人口提供就业岗位50个。

（陈　超）

【信用联合奖惩系统上线运行】11月13日，房山区信用联合奖惩系统上线运行，并在区政务服务大厅投入使用。该平台与“信用北京”所有红黑名单数据同步对接，可供各部门及办事窗口查询企业或个人是否被纳入联合激励或联合惩戒对象，实现信用联合奖惩的实时全覆盖。

（陈　超）

【众创空间科技服务签约】12月12日，房山区众创空间科技服务签约仪式暨科技成果转化政策解读会在中粮健康科技园举办。本次活动中，中粮健康科技园被授牌房山区众创空间硬科技服务站。同时，海创人才（北京）国际创新中心被授予中关村硬科技北斗七星服务生态链合作伙伴铜牌。

（陈　超）

【编制规划】年内，房山区政府贯彻落实市委、市政府《加快科技创新构建高精尖经济结构系列文件》和北京城市总体规划和分区规划批复要求，着手开展《中关村国家自主创新示范区房山园空间优化调整方案》《中关村国家自主创新示范区房山园发展规划》的编制工作。聚焦发展良乡、燕房、窦店三大组团，加强产业细分，实现错位发展。其中，良乡组团依托良乡大学城重点布局与入驻高校合作的研发、小试、中试和部分研发成果转化及产业化项目；窦店组团依托高端制造业基地重点布局高端制造、医工交叉等前沿技术研发、中试和产业化项目；燕房组团依托新材料产业基地重点布局新材料产业中试和产业化项目。同步开展房山新城窦店组团产城融合空间概念规划等一批专项规划的编制和实施工作，不断优化重点园区功能布局。

（陈　超）

【重大项目推进】年内，房山区在高端制造领域，天仁道和高速列车基础摩擦材料项目竣工试生产；驭势科技无人驾驶汽车研发及测试工作深入推进；高端基地5G自动驾驶示范区以及达闼科技云端智能机器人打样实验中心投入运营；龙源绿色环保型智能配电设备制造、岳式高科技安防设备研发基地项目加快前期手续办理。在新材料领域，八亿时空液晶显示材料项目投产；石墨烯种子企业孵化加速器投入运营；中英石墨烯成果孵化中心挂牌成立；燕山石化冬奥氢能保供项目启动建设。在医药健康领域，京东方生命科技产业基地项目一期生命科技创新中心地块实现供地；同时，国家“智慧广电”产业园项目完成三方联储协议签订工作。

（陈　超）

【科技成果转化】年内，房山区加快推进创新要素聚集，全区26家众创空间入驻“双创”企业6854家，实现收入237亿元，上缴税金11亿元。其中，国家级众创空间5家、市级众创空间11家、中关村国家自主创新示范区硬科技孵化平台1家、中关村创新型孵化器5家、北京市小微企业创新创业基地1家。一大批科技成果转化落地，航景创新工业无人机、奥特贝睿自动驾驶系统、北理工无人飞行器研发中心、北理工分子智能材料技术中心、先进材料与结构制造技术产学研融合高端研究院、北航生物医学工程高精尖创新中心等科技成果转化项目陆续投入运营；中车北京轨道交通装备产业园项目稳步推进；出台5G自动驾驶示范区管理与服务规范，阿里等机构实行开放道路测试。

（陈　超）

【营商环境】年内，区经济和信息化局优化审批流程，备案审批时限由原来的3个工作日缩减到0.5个工作日，共完成工业和信息化固定资产投资项目备案82件。围绕中关村房山园重点产业方向，建设一批公共技术服务平台、硬科技孵化器和特色产业园区，不断提升园区专业化服务能力。高端制造业基地中关村前沿技术研究院二期、良乡大学城承载新型研发中心空间载体已完工。房山区加快推动园区配套设施建设，面向重点园区开展公租房、共有产权房、人才公寓等房源的专项配租。中小企业服务体系不断完善，研究制订房山区2019年减轻企业负担工作实施方案和任务细化方案；组织开展清理拖欠民营企业、中小企业账款工作，确保按时完成清欠任务。

（陈　超）

【疏解整治】年内，房山区疏解一般制造业企业47家，对21家镇村产业聚集区（工业大院）进行清理整治，超额完成全年任务；发布实施《房山区支持构建高精尖经济结构的实施意见》《房山区落实高精尖用地政策实施方案》《房山区重点产业项目准入标准》《新时代人才支撑房山高质量发展的实施意见》等配套政策，明确产业扶持政策、项目用地管理、项目准入标准等内容，建立项目准入审核机制；研究制订《房山区工业用地指标定向整合方案》，将生态涵养区内集体工业用地指标和园区外低效分散集体工业用地指标向房山园三大组团整合，建立用地指标跨区域调整利益分享机制，保障重大项目落地。

（陈　超）

【“两化融合”贯标】年内，房山区共有8家企业获市级“两化融合”贯标试点，5家企业通过“两化融合”评定，19家企业获“两化融合”贯标试点。

（陈　超）

【产业帮扶】年内，在区经济和信息化局的协调推动下，区鑫宏鹏纸业有限公司与内蒙古自治区察右中旗就投资建设的纸塑铝复合材料再生综合利用项目签约。项目固定资产投资约2.2亿元，建筑面积约13.33万平方米，项目建成后年生产精品牛皮纸10.5万吨、再生塑料颗粒4万吨、再生铝屑5000吨。

（陈　超）

通州区工业

【概况】2019年，区经济和信息化局认真贯彻落实中央，市委、市政府建设北京城市副中心等工作的会议精神和要求，全面落实区委、区政府的决策部署，扎实推进工业经济和信息化领域的各项工作。2019年，区域工业完成总产值623.3亿元，同比下降5.8%；营业收入775.9亿元，同比下降4.5%；增加值183.9亿元，同比下降1.9%；利润总额60.0亿元，同比增长18.0%；上缴税金50.3亿元，同比下降2.0%。其中，全区规模以上工业企业完成总产值593.3亿元，同比下降3.1%，占区域工业总产值的比重为95.2%，完成了市经济和信息化局给通州区下达的完成产值530亿元、同比下降9.0%的指标任务。

（金绍光）

【产业扶贫】5月14日，北京花仙子农业有限公司正式签约落户内蒙古自治区科右中旗，成立内蒙古花仙子农业科技有限公司，建设花卉创艺智慧博览体验中心、花卉创艺创客空间与云孵化平台研发中心、花卉高附加值文化创意与教育产品的研发中心，促进科右中旗精准扶贫和发展现代农业；5月28日，区经济和信息化局接待拉萨市城关区副区长等一行4人来通州区参观考察，参观2019年中国国际服务贸易交易北京城市副中心分会活动，并到北京花儿朵朵花仙子农业有限公司、北京汽车动力总成有限公司实地考察对接。8月28日，区经济和信息化局会同相关部门领导率8家意向企业赴赤峰市翁牛特旗、通辽市奈曼旗开展产业合作交流对口扶贫工作。9月23日，受通辽市奈曼旗人民政府邀请，区经济和信息化局携北京萱合震商贸有限公司等意向企业赴奈曼旗就京蒙扶贫协作项目进行交流考察。

（刘书标）

【经济运行】年内，高技术制造业持续良好发展态势，为区工业平稳发展提供重要支撑。其中，作为高技术制造业主体的汽车与交通设备产业完成产值101.2亿元，较上年增加3.7亿元，同比增长3.8%，拉高全区规模工业产值增速0.6个百分点；生物与医药产业完成产值83.6亿元，较上年增加8.7亿元，同比增长11.5%，拉高全区规模工业产值增速1.5个百分点。疏解一般制造业形成一定规模减量，区工业主要经济指标持续回落，全年产值增速同比下降5.8%。随着通州区工业疏解工作的深入开展，从2017年开始外迁或异地新建生产基地企业逐步增多，累积起来对区工业总量影响较大。高精尖产业体系亟待建立，从经济指标完成情况看，六大产业总量排名第一的仍是都市产业，完成产值168.0亿元，占全区规模工业比重28.3%，增速同比下降9.5%，拉低全区规模工业产值增速2.9个百分点，急需引进发展高精尖产业，建立符合北京城市副中心定位的工业经济结构。

（金绍光）

【固定资产投资】年内，通州区经济和信息化局根据中央、市、区关于加强营商环境工作的要求，作为非政府投资工业和信息化领域固定资产投资项目核准和备案工作的行政审批单位责任部门，已进驻区政务服务中心开展工作，同时按照深化“互联网＋政务服务”推进政务服务“一网、一门、一次”改革工作要求，区经济和信息化局备案工作已实现网上办理。年内，通州区完成非政府投资工业和信息化领域固定资产投资项目备案156个。总投资221.96亿元，其中新建项目146个、技术改造项目9个、改扩建项目1个。

（鲁云乐）

【高精尖产业】年内，通州区落实北京市政府“10+3”高精尖文件精神，构建高精尖经济结构，印发《通州区高精尖产业发展资金管理办法（试行）实施细则（2019版）》。发布2019年高精尖项目的征集通知，征集国家网络安全产业园专项奖励项目、企业平稳发展奖励项目、技术改造和产业化项目等，采取拨款补助、以奖代补等方式对高精尖企业及项目进行支持。通过征集、评审申报项目，共有38个项目符合申报条件，共计支持2400万元。

（鲁云乐）

【疏解整治】年内，通州区贯彻落实有序疏解北京非首都功能核心和首要任务，以及《北京市工业污染行业生产工艺调整退出及设备淘汰目录（2017年版）》，持续推进不符合首都功能定位的一般制造业和污染企业关停退出，在完成疏解一般制造业企业52家市级任务的基础上，新增疏解一般制造业退出企业40家，全年共完成92家一般制造业企业疏解任务。对符合奖励条件的企业，共发放奖励资金3545万元。

（刘书标）

【优化营商环境】年内，通州区社会信用体系建设联席会议办公室制定下发《关于加快社会信用体系建设进一步提升城市管理水平优化营商环境工作推进方案》，明确工作重点，共安排布置35项工作任务。根据国家发展改革委和市政府文件精神，制定下发《通州区社会信用体系建设联席会议办公室关于报送优化营商环境城市信用监测指标的通知》，优化营商环境城市信用监测指标。针对企业反映出的政务诚信方面的问题，开展政务诚信存在突出问题专项治理活动，解决影响政务诚信建设的突出问题。依据政府机构列入失信被执行人惩戒前沟通机制，解决了60起政府机构失信案件。制订《北京市通州区加强政务诚信建设实施方案》（试行），督促政府部门依法依规正确行使公权力，带头守信践诺，不断完善信用规章制度，助力北京城市副中心建设。依据《北京城市副中心控制性详细规划实施工作方案（2019年—2022年）》，按照市经济和信息化局《关于加强我市区级公共信用信息服务平台建设的指导意见》，对“信用通州”网站进行升级改造，迁入区电子政务云，改版与“信用北京”互联互通，完善通州区信用信息平台建设。运用联合惩戒手段，加强城市精细化治理，研究出台《关于规范违法群租房专项整治工作 加强对违法群租行为联合惩戒实施办法》，与有关部门联合制定《通州区工程建设领域审批承诺制失信行为惩戒管理办法》（试行）。发布第七期通州区诚信“红黑名单”，及时组织开展联合奖惩工作，其中联合奖励357起、联合惩戒469起。区委宣传部、区市场监督管理局、中关村科技园区通州园管委会、区经济和信息化局、区教育委员会分别开展信用进社区、进商圈、进园区、进企业、进校园的诚信万里行活动。通州区社会信用体系建设联席会议办公室表彰了通州区第四批文明诚信示范窗口，决定授予出入境管理大队等13个窗口单位文明诚信示范窗口称号。

（魏永刚）

【工业领域空气重污染应急预案】年内，通州区启动空气重污染应急3次，及时启动《北京市通州区空气重污染应急工业分预案（2018年修订）》。空气重污染应急期间，区经济和信息化局共出动43人次、16台车次，对全区57家企业停限产措施落实情况进行了抽查和督查；全区各乡镇、街道办事处共出动人员1882人次、535车次，检查企业1841家次。所辖企业认真执行“一厂一策”停限产承诺，检查企业停产限产措施全部落实。按照市经济和信息化局通知要求，区经济和信息化局、区生态环境局对通州区空气重污染应急减排名单进行了调整，调整后重点行业空气重污染应急减排名单企业54家、工业企业空气重污染应急减排名单企业244家。

（张桂明）

【减轻企业负担】年内，通州区贯彻落实国家和北京市清理拖欠民营企业中小企业账款工作部署，减轻企业负担联席会议办公室迅速开展摸底调查，建立工作台账，做好相关清欠工作，多次召开清欠工作协调会，加大力度推进清偿工作。年内，通州区拖欠账款总额为3.77亿元，共涉及13家统计单位480笔欠款。已还清451笔，偿还2.84亿元，清偿进度为75.3%。根据市减负办《关于印发北京市2019年减轻企业负担工作实施方案的通知》文件精神，结合通州区实际情况，区政府制订印发通州区2019年减轻企业负担工作实施方案，加强了对全区减轻企业负担工作的指导。按照市减负办《关于开展企业负担问卷调查的通知》精神，通州区减轻企业负担联席会议办公室组织16家企业开展问卷调查，进一步了解企业负担和企业诉求，为国家和北京市制定惠企政策提供资料。按照北京市的统一安排，通州区减轻企业负担联席会议办公室认真组织好第八届减轻企业负担政策宣传周活动，组织企业参加现场咨询，用多种形式开展政策宣传，帮助企业了解有关惠企减负政策。

（刘建波）

顺义区工业

【概况】2019年，顺义区经济和信息化局以习近平新时代中国特色社会主义思想为指导，深入学习贯彻党的十九届四中全会精神，在区委区政府的领导下，紧紧围绕稳增长、调结构、促转型、谋创新的中心工作，加快北京创新产业集群示范区（顺义）建设，成功举办第十届北斗导航年会和世界智能网联汽车大会，加快推进北京奔驰、万集科技、车和家等高精尖项目建设，加快推进智慧城市建设，稳步推进一般性制造业企业疏解，不断优化工业和信息化领域营商环境。年内，规模以上工业企业完成工业总产值1587.8亿元，同比下降12.8%。实现销售产值1595.3亿元，同比下降12.9%。实现出口交货值89.7亿元，同比下降18.0%。

（顺义区经信局）

【第十届中国卫星导航年会举办】5月22日至25日，第十届中国卫星导航年会在顺义国测国际会议会展中心举办。年会吸引包括“两弹一星”功勋科学家孙家栋在内的15位院士，美国、俄罗斯、欧洲等导航领域先进国家和地区的100余位外籍专家，国内外3000余位卫星导航领域重点嘉宾代表参会，159家国内外单位参展，展位面积15000平方米，吸引观众近3万人。年会发布《顺义区北斗导航与位置服务产业创新发展规划》；对接洽谈北斗导航产业应用及成果转移转化平台、北控集团北斗国家级创新中心等项目。对接洽谈国家信息产业基地建设、国交空间信息技术（北京）有限公司迁址及北京中交创新投资发展有限公司迁址等事项。

（顺义区经信局）

【5G联合开放实验室成立】11月，顺鑫控股集团、福通互联集团、北京联通3家企业联合成立5G联合开放实验室，共同探索5G、大数据、物联网等技术在冬奥合作、智慧农业、智慧社区等领域中的应用。

（顺鑫控股集团）

【六大产业产值“一升五降”】年内，生物医药产业同比上升10.4%，都市、装备、基础与新材料、汽车与交通设备、电子信息产业分别同比下降5.3%、0.7%、6.2%、19.5%和39.6%。生物医药企业17家，完成总产值65.7亿元，同比增长10.4%，产值占全区规模以上工业总产值的4.1%，同比提高0.9个百分点。完成销售产值60.1亿元，同比增长9.3%。完成出口交货值1107万元，同比增长2.7%。都市企业101家，完成工业总产值249.3亿元，同比下降5.3%，产值占全区规模以上工业总产值的15.7%，同比提高1.3个百分点。完成销售产值257.4亿元，同比下降1.4%。完成出口交货值7.6亿元，同比下降13.4%。装备企业107家，完成工业总产值270.7亿元，同比下降0.7%，产值占全区规模以上工业总产值的 17.1%。完成销售产值 273.0 亿元，同比增长 0.3%。实现出口交货值 57.2 亿元，同比增长 5.0%。基础与新材料企业 53 家，完成工业总产值 213.8 亿元，同比下降 6.2%，产值占全区规模以上工业总产值的 13.5%，同比增加 1 个百分点。完成销售产值 212.7 亿元，同比下降 6.6%。完成出口交货值 4.8 亿元，同比下降 48.5%。汽车与交通设备企业 55 家，累计完成工业总产值 743.9 亿元，同比下降 19.5%，产值占全区规模以上工业总产值的 46.9%，同比减少 3.9 个百分点。完成销售产值 748.2 亿元，同比下降 20.6%。完成出口交货值 7.7 亿元，同比增长 351.3%。电子信息企业 15 家，完成工业总产值 44.2 亿元，同比减少 39.6%，产值占全区规模以上工业总产值的 2.8%，同比减少 1.2 个百分点。完成销售产值 43.8 亿元，同比下降 39.9%。完成出口交货值 12.3 亿元，同比下降 64.8%。

（顺义区经信局）

【工业固定资产投资实现较快增长】年内，顺义区工业重点企业固定资产投资 31.85 亿元，同比增长 156%；建安投资完成 18.33 亿元，同比增长 69.7%，完成市级任务（15 亿元）的 122%，完成率在主要投资承载区排名第一。

（顺义区经信局）

【高精尖项目稳步推进】年内，顺义区 57 个高精尖产业项目加快落地建设，项目总数位列全市第二（其中纳入 2020 年市级重点项目平台 21 个）。北京奔驰新能源车顺义工厂总装车间全面建成、即将投产；其他三大工艺车间完成改造工程的 70%；车和家、第三代半导体联合创新基地等 12 个项目主体竣工；万集科技等 10 个项目开工建设；滴滴出行与丰田合资公司、软银出行、中融雷科、华创新动力汽车等 15 个在谈项目注册落地；孚能科技、星际荣耀等 18 个在谈项目取得新进展。全区高精尖项目调度平台的 112 个项目深入推进，严格落实五级调度责任制，全年组织企业调度会 168 次。

（顺义区经信局）

【重点园区规划建设稳步推进】年内，顺义区入选国家新型工业化（工业互联网）产业示范基地。北京创新产业集群示范区（顺义）发展规划通过市委常委会审议。北京国际合作产业园（中德园区）加快建设，形成 20 平方千米中德产业园规划方案 2.0 版；初步确定地理信息产业园一期 5 万平方米楼宇，作为中德产业园挂牌和第一批入驻企业选址；与中德科技园股份公司、德国工商会、德国汽车工业协会等机构形成合作对接机制。

（顺义区经信局）

【重点政策文件制定实施】年内，《顺义区促进高精尖产业发展政策实施细则》《顺义区创业摇篮计划支持政策实施办法》《顺义区产业项目全要素综合评价办法》相继出台实施。《智能制造三年行动计划》《支持智能制造加快发展的若干措施》《顺义区数据中心管理办法》《顺义区智能网联汽车创新发展规划》《顺义区军民融合发展实施方案》编制完成。

（顺义区经信局）

【企业疏解】年内，顺义区疏解退出一般性制造业企业 82 家，完成全年市级 60 家任务的 137%，疏解任务完成量及完成率均居北京市第二。截至年底，全区累计疏解退出一般性制造业企业 293 家，其中 2017 年 81 家、2018 年 130 家、2019 年 82 家，连续 3 年提前完成市级任务。疏解腾退减量空间 424.4 万平方米、建筑面积 185 万平方米，实现再利用 86.67 万平方米，厂房 13 万平方米，吸引无人驾驶汽车测试场等高精尖项目落地 15 家。

（顺义区经信局）

【创新生态持续优化】年内，顺义区主导产业专家座谈会举行 13 次，智能制造专家委员会和产业联盟、新能源智能汽车专家委员会和产业联盟筹建方案完成，首批 40 位专家全部对接确认。“双创”工作稳步推进，24 个创业基地吸引初创型科技企业 935 家，基地企业累计取得知识产权 1635 项，实现融资额 9.4 亿元，获得国家高新技术企业称号 93 家，全年实现税收 5 亿元。工业设计发展良好，全区 2 家企业（曲美家具、江河幕墙）获得中国设计金奖，1 家企业（曲美家具）获银奖，24 家企业获红星奖。会同人力社保局开展制造业工人培训调研 3000 余人次，梳理全区规模以上制造业企业工人发展现状和培训需求，围绕产业升级和智能制造提出 8 大类 20 小类高技术工人培训升级计划。

（顺义区经信局）

【优化营商环境】年内，顺义区共完成 3.19 亿元市级拖欠民营中小企业账款的清欠任务。加快推进社会信用体系建设，严格落实行政许可和行政处罚“双公示”，共归集“双公示”数据 26769 条，其中行政许可数据 10957 条、行政处罚数据 15812 条，信用监测指标全市排名第五。为本区 70 家企业制定“早餐会”企业服务包，制定专项服务措施解决企业诉求 180 个。

（顺义区经信局）

【重点平台建设】年内，工业互联网标识解析国家顶级节点（北京）项目上线运行。北斗导航年会、世界智能网联汽车大会、“5G-50”技术与应用专家论坛、中德隐形冠军创新发展论坛等活动举办，总计28个项目签约落地。北小营镇首期20万平方米自动驾驶封闭测试场建成；开放145千米自动驾驶测试道路，滴滴、美团、百度等8家自动驾驶车企开展全天候测试；车联网一期建成，蘑菇车行等一批项目开始试运营。

（顺义区经信局）

大兴区工业

【概况】2019年，大兴区规模以上工业企业301家，实现产值837.2亿元，同比下降0.9%。规模以上工业共涉及26个行业，产值实现正增长行业13个，实现产值403.7亿元，同比增长4.9%，占规模以上产值比重的48.2%；负增长行业13个，实现产值433.5亿元，同比下降5.8%，占规模以上总产值51.8%。

（刘　莉）

【产业发展】年内，大兴区电子信息产业规模以上企业4家，实现产值22亿元，同比增长14.8%，占规模以上工业总产值的2.6%。汽车与交通设备制造业规模以上企业29家，实现产值282亿元，同比下降2.5%，占规模以上工业总产值的33.7%。智能制造和装备工业规模以上工业企业93家，实现产值139.1亿元，同比增长0.4%，占规模以上工业总产值的16.6%。生物与医药产业规模以上企业31家，实现产值135.2亿元，同比增长0.2%，占规模以上工业总产值的16.2%。都市产业规模以上企业93家，实现产值181.6亿元，同比下降2.1%，占规模以上工业总产值的21.7%。都市产业规模以上企业93家，实现产值181.6亿元，同比下降2.1%，占规模以上工业总产值的21.7%。国防科技工业方面，全区共34家意向民参军企业，先后6次组织了31家企业的44个项目参与相关征集工作，其中6个项目已与需求方对接，5个项目已入围重点关注项目。

（刘　莉）

【加快构建高精尖经济结构】年内，大兴区成立高精尖产业专班，开展招商工作、推进项目建设。研究制定《大兴区加快构建高精尖经济结构实施意见》《大兴区促进高精尖产业发展暂行办法》。实施《大兴区促进医药健康产业发展暂行办法》，共兑现政策资金7000余万元。利用基金服务体系促进企业发展，全年共投资4个项目，资金超过1亿元。建设大兴产业数字化平台一期（生物医药）项目，为生物医药产业提供区域对标评估、产业情报服务、招商信息服务。目前系统已完成核心功能的开发。

（刘　莉）

【筹建北京中日国际合作产业园】年内，大兴区按照“一区四园”的空间布局，明确产业定位，建立“管委会＋平台公司”联动运行机制，创新园区开发建设管理和对外开放合作模式。截至12月初，对接平台机构、投资金融机构、咨询机构、日本企业等70余家，吸引日本隐形冠军企业、小巨人企业落地。组织召开中日国际合作产业论坛，日本广岛向大兴区人民政府递交共同推动北京中日国际合作产业园建设合作意向确认函。与日方日本未来科学技术创造新产业联合会、GCM株式会社、CHARION株式会社、大奉金属株式会社、FLEXCEED株式会社签署战略合作备忘录及企业入驻意向书。

（刘　莉）

【重点项目建设】年内，大兴区建立“四个一批”项目推进工作机制，设立工作台账，倒排时间表，及时了解项目进展及存在问题并协调解决。本草方源等10个项目通过区级入区联审会。华放天实生物等7个项目取得开工证，星昊盈盛药业等9个项目完成竣工验收。14个项目达产或达到企业入驻条件(标厂、孵化器)。

（刘　莉）

【促进产业发展】年内，大兴区有序推进一般制造业企业退出工作，5月在全市率先完成31家一般制造业企业疏解退出工作，共涉及人口1559人。同时，对已退出企业开展“回头看”，防止反弹。组织开展错峰停限产、错峰运输工作。开展重污染天气应急减排工作。严格落实空气重污染应急工业分预案。落实镇村产业聚集区整治升级工作。

（刘　莉）

【优化营商环境】年内，大兴区优化项目供地、开工流程，项目开工前期审批手续缩减106天。组织申报中关村高精尖成果产业化项目等政策，华脉泰科等5家企业获得政策支持。组织园区企业申报2019

年度中关村示范区特色园区项目，大兴园共有 2 个项目获得经费支持。双鹭生物、海松元汽车共获得市经济和信息化局 1500 余万元高精尖产业发展资金支持。组织企业参加市经济和信息化局《关于征集北京市支持中小企业发展资金服务体系建设项目的通知》项目申报，共 11 家企业提交申报材料。组织企业开展政策培训解读，先后 4 次组织 300 余家企业参加大兴区“1+N”产业政策、中关村新版“1+4”政策解读、宣讲。组织开展 2019“双创”周活动，宣传中关村大兴园发展规划、支持政策。继续做好清理拖欠民营企业中小企业账款工作，逾期民营企业款 24115.9 万元，已于 10 月全部清偿。

（刘　莉）

昌平区工业

【概况】2019 年，昌平区 296 家规上工业完成产值 1114.2 亿元，同比增长 6.9%；实现销售产值 1087.7 亿元，同比增长 6.9%。在 5 个城市发展新区中，昌平区总量第二，增速第一，工业总产值对北京工业增长贡献率达到 15.7%。完成销售产值 1087.7 亿元，同比增长 6.9 %，实现产销率 97.6%；主营业务收入 999 亿元，同比增长 22 %；实现利润总额 51.4 亿元，同比下降 25.3%。完成工业固定资产投资 18.9 亿元，同比下降 48.2 %。工业出口交货值同比增长 26.2%。

装备产业完成产值 302.2 亿元，同比增长 12.4 %。生物与医药产业完成产值 125.7 亿元，同比增长 6.1 %。汽车与交通设备产业完成产值 466.1 亿元，同比增长 12.5%。基础与新材料产业完成产值 150.2 亿元，同比下降 3.8%。都市产业完成产值 42.7 亿元，同比下降 30.3 %。电子信息产业完成产值 27.2 亿元，同比增长 19.3%。

（于凌燕　赵星）

【昌平区经济和信息化局挂牌】根据《北京市昌平区机构改革实施方案》，3 月 25 日，昌平区经济和信息化局挂牌。作为区政府组成部门，区经济和信息化局的职责进行了优化，区政务服务管理办公室的电子政务相关职责划入区经济和信息化局，区经济和信息化委员会的信息化推进、网络安全协调等职责划入区委网络安全和信息化委员会办公室。按照机构改革方案的要求，调整科室职能设置，组建了办公室、政工科、绿色节能与安全科、产业促进科、规划发展科、信息化管理科、大数据管理科、中小企业科等 8 个职能科室，机关行政编制 31 名，设局长 1 名，副局长 4 名，科级领导职数 8 正 2 副。机关工勤编制 2 名。

（于凌燕　赵星）

【小米智慧产业示范基地建设】5 月 1 日，小米智慧产业示范基地建设项目开工建设，位于昌平区沙河镇七里渠，由小米集团成立的全资子公司北京紫麟置业开发有限公司投资建设。建设用地面积 4.68 万平方米，规划总建筑面积 13.72 万平方米，总投资 33.7 亿元。

（魏清华）

【创客北京大赛落幕】8 月 14 日，2019 年“创客中国”北京市中小企业创新创业大赛暨“创客北京 2019”创新创业大赛在京圆满落幕。昌平区 40 个项目晋级“创客北京 2019”创新创业大赛决赛。17 个项目入围全市百强，其中蓝晶微生物、亿药科技、清大智能、新能动力和场库文化 5 个项目，分别获得北京市企业组三等奖和创客组一、二、三等奖。

（于凌燕　赵星）

【六大产业发展】年内，昌平区有电子信息产业规上企业 21 家，全年完成产值 27.2 亿元，同比增长 19.3%，增量 4.4 亿元，拉动全区工业增长 0.4 个百分点，占全区规上工业产值总量 2.4%。重点企业包括有研亿金新材料有限公司、北京智芯半导体科技有限公司、北京东方广视科技股份有限公司等。有汽车与交通设备制造产业规上企业 24 家，全年完成产值 466.1 亿元，同比增长 12.5%，增量 52 亿元，拉动全区工业增长 5 个百分点，占全区规上工业产值总量 41.8%。重点企业包括北汽福田汽车股份有限公司、北京福田康明斯发动机有限公司、三一石油智能装备有限公司、荣盛盟固利新能源科技有限公司、北京铁科首钢轨道技术股份有限公司等。有装备制造产业规上企业 116 家，2019 年完成产值 302.2 亿元，同比增长 12.4%，增量 33.4 亿元，拉动全区工业增长 3.2 个百分点，占全区规上工业产值总量 27.1%。重点企业包括北京三一智造科技有限公司、三一重工股份有限公司、乐普（北京）医疗器械股份有限公司、三一重能有限公司、中影巴可（北京）电子有限公司、中电普瑞电力工程有限公司、北京雪迪龙科技股份有限公司、北京爱康宜诚医疗器材有限公司、医科达（北京）医疗器械有限公司、北京利德华福电气技术有限公司、爱美客技术发展股份有限公司等。有生物与医药产业规上企业40家，全年完成产值125.7亿元，同比增长16.1%，增量7.2亿元，拉动全区工业增长0.7个百分点，占全区规上工业产值总量11.3%。重点企业包括北京诺华制药有限公司、北京振东康远制药有限公司、扬子江药业集团北京海燕药业有限公司、北京万泰生物药业股份有限公司等。有都市产业规上企业42家，全年完成产值42.7亿元，同比下降30.3%，减量18.6亿元，拉动全区工业下降1.8个百分点，占全区规上工业产值总量3.8%。重点企业包括北京二商大红门五肉联食品有限公司、北京安德鲁水果食品有限公司等。有基础与新材料产业规上企业57家，全年完成产值150.2亿元，同比下降3.8%，减量6亿元，拉动全区工业下降0.6个百分点，占全区规上工业产值总量13.5%。重点企业包括北京利尔高温材料股份有限公司、中信国安盟固利电源技术有限公司、北京金隅北水环保科技有限公司、北京京能未来燃气热电有限公司、北京燃气昌平有限公司、国网新源控股有限公司、北京十三陵蓄能电厂、中油测井技术服务有限责任公司、北京市燕通建筑构件有限公司、北京永安热力有限公司、中国华电集团清洁能源有限公司。

（陈宝忠）

【重点企业运行】年内，北汽福田完成产值313.2亿元，同比增长15%，拉动全区规模工业增长3.9个百分点。三一公司完成产值129.9亿元，同比增长28.8%，拉动全区规模工业增长2.8个百分点。康明斯发动机完成产值90.1亿元，同比增长7.4%，拉动全区规模工业增长0.6个百分点。诺华制药完成产值69亿元，同比增长17.4%，拉动全区规模工业增长1个百分点。

（于凌燕　赵星）

【重点项目建设】年内，昌平区重点推进赛迪科技园科研楼建设项目等18个重大项目建设。地源热泵工程技术中心建设项目主体已竣工，北京水木清艺数码科技有限公司软件开发中心、赛迪科技园科研楼建设项目、硕方科技研发中心、品驰医疗新建骶神经刺激器生产线项目、创新药物生产基地建设项目等5个项目主体建设中，中科创新园项目三期、北京德海尔医疗器械有限公司厂房及附属用房等2个项目已取得开工证，德大生物创新药物项目、中交信息技术应用产业基地项目、北京百奥药业有限责任公司新建二期生产厂房项目、中航工程集成设备有限公司新建装配试验楼、北京万泰利克药业有限公司新建厂房及配套设施项目、北汽福田汽车股份有限公司氢燃料商用车及测试能力建设项目、东华原无人智能药房项目、三一北京制造中心新建项目等8个项目正在办理开工前的各项手续，北京煜邦电力产学研一体化建设项目、新能源智能汽车高端动力电池技术研发创新及成果转化项目等2个项目为在谈项目。13个项目纳入市级高精尖项目库，现已完成工业重点领域建安投资1.41亿元。区重点固定资产投资项目4项，完成建安资产投资3.5亿元。做好非政府投资的工业项目备案、核准等工作，办理核准项目2个，办理备案项目71个，总投资40.67亿元，其中固定资产投资30.59亿元。

（于凌燕　赵星）

【科技创新】年内，腾讯众创空间获国家级“双创”基地称号。北京臻迪科技股份有限公司、北京品驰医疗设备有限公司被评为北京市专精特新“小巨人”企业。北京福田康明斯发动机有限公司通过2019年度北京高精尖产业设计中心认定。乐普公司通过国家技术创新示范企业认定，北京泛生子基因科技有限公司、北京华电天仁电力控制技术有限公司、北京盈科瑞创新医药股份有限公司3家企业通过北京市级企业技术中心认定。

（于凌燕　赵星）

【优化营商环境】年内，昌平区发挥“服务管家”职能，协调推进重点企业“服务包”制度落实。为福田汽车、赛科希德等33家企业协调解决实际问题53项。召开社会信用体系建设联席会议，启动重点行业和领域市场主体信用管理制度及政务诚信建设工作。组织开展行政许可、行政处罚“双公示”培训、城市信用环境监测培训以及企业信用修复培训。信用管理平台、网站、微信公众号已建成，“信用中国（北京昌平）”已全面上线。对全区125家亿元以下规模工业企业实地调研，了解企业在发展中遇到的实际问题与困难，建立问题台账。制订《昌平区清理拖欠民营企业中小企业账款工作方案》，清理欠款共计136笔、欠款金额10972.78万元。截至年底，昌平区上账欠款已全部清偿，完成年度清偿任务100%。

（于凌燕　赵星）

【工业大院清理整治】年内，昌平区全面推进工业大院清理整治收尾工作，扩拆地块涉及11个镇共14个地块，入驻企业213家，13个地块拆除工作已全部完成，剩余1个地块（龙泽园街道三合庄地块）腾退补助款已收回，不再使用工业大院扩拆政策拆除。

（于凌燕　赵星）

【产业疏解】年内，昌平区疏解退出一般制造业企业

23 家。根据《2018—2020 年昌平区镇村产业聚集区整治升级工作方案》要求，组织各镇街对辖区内的产业聚集区开展排查，确定 6 个集聚区，涉及 24 家企业。根据方案要求对兴寿镇东新城产业聚集区内的 3 家企业进行疏解整治，均已疏解拆除，完成整治升级任务。严格落实重污染应急停限产工作，年内共启动 3 次橙色预警，累计检查停限产企业 139 家次。加强对工业企业安全生产的宣传和指导，共宣传指导企业 550 余家。会同区环保局做好“散乱污”企业清理整治统筹协调工作，组织相关部门对非涉污“散乱污”企业存在的其他违法行为开展专项执法检查，共检查企业 1693 家次，行政处罚立案 240 起，处罚金额 201.9 万元。

（于凌燕　赵星）

【乡镇工业】 年内，乡镇工业坚持“稳中求进”的总基调，推进产业结构调整和发展方式转变，各项工作均取得新的进展。统计 2019 年报显示，企业个数 144 个，职工人数 9114 人，实现增加值 191715 万元，实现总产值 734998 万元，营业收入 851745 万元，利润总额 −4500 万元，上缴税金 49883 万元，资产总额 3106112 万元。

（于凌燕　赵星）

【中关村科技园区昌平园建设】 年内，昌平园总收入 4570 亿元，同比增长 6.6%，占中关村科技园区比重的 6.9%，利润总额 258.2 亿元，同比下降 20.5%，实缴税费 195.5 亿元，同比下降 12.6%，出口总额 102.1 亿元，同比增长 45.5%。昌平园管委会作为重点产业项目工作专班牵头单位，研究制订《昌平区重点产业项目推进机制》工作方案，提升重点产业项目工作专班统筹能力，按照“在谈、在途、在建、投产”分类管理，推动项目“早签约、早落地、早开工、早达产”；探索信息化管理模式，开发重点产业项目管理系统，实现项目推进高效有序、精准到位。已入库小米公司、智芯微电子公司、好未来集团等 100 个重点项目，推动三一集团、慧聪集团、智芯微电子、中国电子等 11 个项目与区政府签约，小米智慧产业园项目、万泰创新药物生产基地 8 个项目开工建设，诺华创新药流通中心、交大思诺等 15 个项目实现达产。项目库内 21 个重点项目涉及签约和新增经济贡献主体 47 个。

（魏清华）

【昌平园规范产业用地管理】 年内，昌平园固定资产投资项目 16 个，截至年底，完成固定资产投资约 26.1 亿元。融合分区规划和未来科学城总体规划，初步完成《中关村国家自主示范区昌平园产业空间发展规划（2018—2035）》。依据中关村管委会统筹发展规划要求，优化调整昌平园空间范围，完成拟报增减方案。昌平园拟将园区 29 个地块调整至 14 个地块，总面积由 51.4 平方千米调整至 45.7 平方千米，形成昌平新城、未来科学城东区、未来科学城西区 3 个组团，促进土地集约利用、产业集群发展。梳理园区闲置、低效利用土地，为产业项目落地做好空间储备，同时对扩建、新增用地项目加强准入管理，确保符合园区产业发展方向、区域带动能力强的项目落地。

（魏清华）

【昌平园助推企业上市】 年内，昌平园以科创板推出为契机，聚焦拟上市重点企业，协调区市场监管局、区生态环境局等相关部门配合企业办理市场推广、环评验收、基地建设等相关业务。指南针创业板上市，佰仁医疗科创板上市过会，成为昌平区第一家科创板上市企业；万泰生物、诺禾致源、北摩高科、直真科技等 4 家企业已提交上市材料，盈科瑞等 20 余家企业正在筹备上市材料。

（魏清华）

【“双创”示范城市建设收官】 年内，昌平区在财政部“双创”示范城市建设评比中获全国第三名，并获专项资金奖励。截至年底，已建成各类“双创”空间载体 68 家，共计 231 万平方米，其中国家级 19 家，市级 32 家；“回＋”“双创”社区已形成 68 万平方米的“双创”空间，入驻创业团队、小微企业 1500 余家，形成“资本、人才、技术、信息、文化、空间”六位一体创业创新生态。

（魏清华）

【“双创”生态体系逐步健全】 年内，昌平区通过政策资金扶持，完善双创机制，搭建“1+N”公共服务体系，以中小企业公共服务中心为枢纽，以绿通北平台、人人实验平台和国家知识产权运营平台为支撑；搭建投融资体系，以中小“双创”、中小成长两支母基金为牵引，联合 33 支子基金，累计解决近 11 亿元资金需求。

（魏清华）

【启动大中小企业融通型特色载体建设】 年内，昌平区打造“双创”示范工作“升级版”，结合重点产业和“双创”社区特色，发挥行业龙头空间载体作用，联合同行业空间载体组成联合体，强化整合、创新协同，设立专项资金，引导龙头企业在设计研发、生产制造、市场开拓、品牌建设等领域开放各类资源，赋能中小企业快速增长，实现大中小企业融通发展。聚焦以腾讯众创空间（北京）、北大医疗产业园、三一太阳谷为龙头，带动联合中航爱创客、华北电力大学孵化器等 17 家孵化器，围绕新一代信息技术、医药健康、智能制造三大行业领域打造大中小企业融通型特色载体集群。

（魏清华）

【推进生命园建设】年内，昌平园管委会研究完成《中关村生命科学园建设发展近期工作方案》，形成生命园三级架构运营管理体制方案；代拟了《关于中关村生命科学园管委会机构设置的请示》上报市委编办；推动生命园运营公司组建北京新生巢医药健康科技产业运营有限公司，核心骨干陆续入职，共同推进医药科技中心 2# 楼装修改造、研究制定生命园支持政策等工作，对接永道致远、优脑星河、维泰瑞隆等 8 个拟入驻项目。提升政务服务水平。3 月初，昌平园管委会与区政务服务局共同组建的生命园政务服务大厅正式对生命园内企业提供服务，设立工商、人社等相关部门办事窗口，截至年底，已累计接待 1250 余人次；牵头落实脑科学中心租赁费用补贴共计 3000 万元，首期 1500 万元已拨付；配租公租房 20 套，满足中心人才住房需求。完善产业平台建设。昌平园管委会着力推动国际研究型医院落地生命园，已同国际知名投资机构签订战略合作框架协议，将建成国内规模最大（设计床位 500 张）、对标国际标准、有能力承接国际多中心临床试验的三级国际研究型旗舰医院，正在细化合作协议。推动冷冻电镜实验中心尽快启用。由清华大学水木未来科技有限公司与北京生命科学研究所合作建设，将建成全球最大、国内首家面向社会提供服务的冷冻电镜运营平台。

（魏清华）

平谷区工业

【概况】2019 年，平谷区 105 家规模工业企业（年主营业收入 2000 万元及以上的全部工业法人企业）完成工业总产值 138.7 亿元，同比下降 16.7%；实现主营业务收入 181.3 亿元，同比下降 14.3%；实现利润总额 3.3 亿元，同比增长 98.1%；全年共组织实施在建工业固定资产投资项目 19 个，完成工业固定资产投资 4.97 亿元，同比增长 10.4%；完成建安投资 1.75 亿元，同比增长 3%。区科信局全年共组织实施在建工业固定资产投资项目 19 个，完成工业固定资产投资 4.97 亿元，同比增长 10.4%；完成建安投资 1.75 亿元，同比增长 3%。

（平谷区科信局）

【机构改革】3 月，根据平谷区政府机构改革方案，原平谷区经济信息化委和原平谷区科委合并组建为平谷区科学技术和工业信息化局。

（平谷区科信局）

【产业发展】平谷区工业主要由装备产业、汽车及交通运输设备制造业、生物和医药产业、基础和新材料产业、都市产业、电子信息产业 6 个产业构成。2019 年，都市产业有规模工业企业 38 家，完成工业产值 42.9 亿元，同比下降 13%，占规模工业企业的比重为 30.9%，比上年提高 1.4 个百分点。其中，食品饮料业完成工业产值 29.6 亿元，同比下降 16.9%，占规模工业企业的比重为 21.4%，与上年同期持平；服装纺织业完成工业产值 3.8 亿元，同比下降 5.4%，占规模工业企业的比重为 2.7%，比上年提高 0.3 个百分点；基础与新材料产业有规模工业企业 12 家，完成工业产值 15.4 亿元，同比增长 26.3%，占规模工业企业的比重为 11.1%，比上年提高 3.8 个百分点；装备产业有规模工业企业 23 家，完成工业产值 18.9 亿元，同比下降 10.8%，占规模工业企业的比重为 13.6%，比上年提高 0.9 个百分点；汽车与交通设备产业有规模工业企业 23 家，全年完成工业产值 47.9 亿元，同比下降 33.7%，占规模工业企业的比重为 34.6%，比上年降低 8.8 个百分点；生物医药产业有规模工业企业 7 家，完成工业产值 9.8 亿元，同比增长 18.9%，占规模工业企业的比重为 7.1%，比上年提高 2.2 个百分点；电子信息产业有规模工业企业 2 家，完成工业产值 3.8 亿元，同比增长 17.4%，占规模工业企业的比重为 2.8%，比上年提高 0.9 个百分点。

（平谷区科信局）

【区域分布】年内，全区共有规模工业企业 105 家，主要分布在兴谷经济开发区、马坊工业园区和 11 个乡镇。其中，兴谷经济开发区、马坊工业园区企业总数占全区规上企业总数的 63%，共计 67 家，全年共完成工业总产值 106.9 亿元，同比下降 22%，占规模工业企业的比重为 77%，比上年降低 5.3 个百分点。其中，兴谷开发区完成工业总产值 85.1 亿元，同比下降 22.8%，占规模工业企业的比重为 61.3%，比上年降低 4.7 个百分点；马坊开发区完成工业总产值

21.8 亿元，同比下降 18.6%，占规模工业企业的比重为 15.7%，比上年降低 0.4 个百分点。

（平谷区科信局）

【重点企业】年内，全区工业总产值排名前 50 位的重点企业共完成产值 114.6 亿元，同比下降 16.4%，占规模工业企业的比重为 82.6%，比上年提高了 0.4 个百分点。其中：产值规模亿元以上的企业有 43 家，完成产值 108.3 亿元，同比下降 14.7%，占规模工业企业的比重为 78%，比上年提高了 1.8 个百分点。

（平谷区科信局）

【营商环境改革】年内，区科信局优化审批形式、精简审批事项，把 4 项调整合并为 3 项，分别为非政府投资的工业和信息化固定资产备案、非政府投资的工业和信息化固定资产核准及非政府投资的工业和信息化固定资产招标方案的核准。全年办理非政府投资工业和信息化固定资产投资项目备案 13 个。29 个会商咨询项目通过区级审核。联合区发展和改革委员会、区投资促进服务中心承办北京 · 平谷产业发展推介会，围绕农科创、绿色智慧物流、旅游休闲、民生服务、无人机五大领域、27 个业态进行重点推介，推出 52 个重点项目。组织开发《平谷区科技与工业统筹管理系统》，以信息化手段为支撑，梳理全区工业企业用地情况和闲置楼宇空间情况，全面推进“闲停低改非”产业用地盘活工作，研究发展楼宇经济。

（平谷区科信局）

【培育高精尖产业】年内，区科信局补充完善《平谷区通信专项发展规划》《平谷区信息化建设与信息产业发展规划（2018 年—2035 年）》《平谷科技产业发展规划 2035》《中关村平谷园产业发展规划研究》《平谷区工业发展规划 2035》编制工作。起草编制《平谷区政府投资信息化项目管理办法》《平谷区大数据行动计划工作方案》《平谷区孵化器管理办法》《关于 2018 年平谷区推动工业转型升级改革工作方案》《平谷区支持中小企业发展专项资金管理办法》《平谷区高精尖产业支持资金管理暂行办法》《平谷区一般制造业退出资金办法》《北京市平谷区关于落实〈北京市人民政府关于加快科技创新构建高精尖经济结构用地政策的意见（试行）〉的实施方案》《北京市平谷区工业项目履约监管协议书（模板）》等产业扶持政策办法，为优质企业入区发展提供全环节、全要素、全周期的政策保障。

（平谷区科信局）

【高技术制造业企业】年内，全区共有高技术制造业企业 15 家，共完成产值 22.4 亿元，同比增长 6.8%，占全区工业比重 16.1%。实现营业收入 23.3 亿元，同比增长 12.1%。

（平谷区科信局）

【战略性新兴企业】年内，全区共有战略性新兴企业 17 家，共完成产值 21.6 亿元，同比增长 2.6%，占全区工业比重 15.6%。实现营业收入 21.4 亿元，同比增长 6.9%，利润总额 2.6 亿元，增长 19.8%。其中，生物医药产业发展迅速，全年完成产值 15.9 亿元，同比增长 14.9%，占战略性新兴产业比重为 73.6%。营业收入 15.1 亿元，同比增长 15.3%，利润总额 1.3 亿元，同比增长 13.8%。

（平谷区科信局）

【中小企业发展服务】年内，北京市富乐科技开发有限公司通过市经济和信息化局组织的 2019 年度第 22 批北京市企业技术中心创建评价工作资格核查，获批北京市企业技术中心。区科信局联合市经济和信息化局中小企业服务中心举办“企业所得税汇算清缴”专题培训，120 余家企业的 200 余人参会。组织企业申报中小企业发展专项资金，4 个项目符合申报要求，涉及金额 388.69 万元。平谷区信用促进会全年共发放信用借款 22 笔，额度为 2500 万元，及时帮助 4 家会员企业解决了短期资金需求难题。

（平谷区科信局）

【工业企业监管】年内，区科信局完成一般制造业企业调整退出市级工作任务 13 家。按照市、区两级空气重污染应急指挥部有关工作要求，认真落实好空气重污染期间工业企业应急减排措施。配合生态环境局、水土办做好水、土壤污染防治工作。响应全市 3 次空气重污染橙色应急预警，累计出动检查人员 158 人次，累计检查重点应急企业 146 家次。按照重大活动期间保障方案要求，进一步强化大气污染防治保障工作，会同区国资委对平谷区 3 家区属国资企业，2 家市属企业进行生产调度，督促企业主动承担社会责任。联合消防、安监等执法部门，深入工业企业，组织开展指导检查 308 家（次）。

（平谷区科信局）

【中关村平谷园建设】截至 11 月底，中关村平谷园共有高新技术企业 160 家（实地 90 家、注册 70 家）。其中，高新技术企业 93 家（实地 50 家、注册 43 家），村高新技术企业 67 家（实地 40 家、注册 27 家）。共有 69 家新证和换证企业（换证 35 家、新证 34 家）。截至 11 月底，平谷园完成总收入 120.46 亿元，同比增长 0.8%；技术收入 12.96 亿元，实缴税收 7.62 亿元，利润 0.93 亿元，从业人员 12767 人，科技人员 2110

人，同比分别增长257.8%、下降24%、下降84.1%、下降9.8%、增长3.3%。

（平谷区科信局）

【推进创新发展】年内，区科信局推进“中关村（平谷）农业科技前沿技术创新中心”建设，中心已入驻20家创新型企业，其中成功孵化1家国家高新技术企业，2家新型研究机构即将入驻。联合区税务局，积极挖掘和引进区外高成长创新型企业，累计引入创新型注册企业200多家。邀请中关村管委会领导和区税务局为园区内企业解读中关村“1+4”新政策和新税法政策，组织中关村国家自主创新示范区申报2019年“1+4”政策支持资金。申报支持专利申请资金项目2家，申报高精尖成果产业化创新药物、高端医疗器械项目3家，大数据2家。

（平谷区科信局）

【推进对口支援】年内，区科信局起草《平谷区扶贫协作对口支援产业合作扶持办法》，对企业落地、扶贫车间、带贫就业等给予政策奖励。引导区内工业企业到结对县（内蒙古商都、新疆洛浦、河北望都、湖北郧西）投资兴业、落地产业园区、援建扶贫车间，通过创造公益岗位或建立利益联结机制带动建档立卡贫困人口就业，带动贫困人口精准扶贫、精准脱贫。成功引导区首家实体企业北京荣涛食品有限公司在内蒙商都注册落地，公司种植基地及蛋白粉生产线项目预计生产力10吨/天，加工量6000吨/年，带动160户农户增收，带动16人就业，实现平谷“小豌豆”助力商都“大扶贫”。中关村健源食品联盟成员北京晶味东科技有限公司在商都、洛浦、望都分别注册分公司，根据三地实际情况，采取同当地企业合作的形式，建立扶贫车间。

（平谷区科信局）

怀柔区工业

【概况】2019年，怀柔区162家规模以上工业企业完成总产值568.7亿元，同比下降6.8%；销售收入650.8亿元，同比下降11.5%；利润总额35.8亿元，同比增长1.3%；上交税金29.4亿元，同比下降12.8%。

（姜学昆）

【机构改革】根据《北京市怀柔区机构改革方案》，怀柔区经济和信息化委员会更名为怀柔区经济和信息化局（简称区经济和信息化局），并加挂中关村科技园区怀柔园管理委员会（简称中关村怀柔园管委会）牌子。3月19日，区经济和信息化局举行揭牌仪式。区经济和信息化局是负责全区工业和信息化生产建设的政府职能部门。内设政办室、规划科、产业发展科、信息产业科、经济运行科、园区发展科6个科室和党群人才服务中心、工业技术推广中心、企业服务中心、工业节能减排促进中心、高精尖产业促进中心、园区建设中心、投资服务中心、安全生产管理服务中心、社会保障事务所9个中心。人员编制行政24人、事业63人、工勤4人。

（姜学昆）

【京蒙携手·九区六园项目对接会召开】4月24日，区经济和信息化局组织召开“京蒙携手·九区六园项目对接会”。内蒙古自治区相关旗县、各工业园区领导，以及两地部分企业家代表参加此次对接会。会上，区经济和信息化局介绍怀柔区工业经济运行情况、怀柔产业园区上下游产业链的形成与发展情况，以及下步疏解一般制造业企业，与周边省市有效对接的计划情况。内蒙古自治区相关人员介绍当地产业特色、资源优势、政策优势和便利的交通条件等情况。双方就产业合作进行详细讨论，并签署两地产业合作意向书。会后，内蒙古自治区代表前往区内春风药业、御本堂药业、大北农集团等企业进行参观考察。

（姜学昆）

【“创客北京2019”创新创业大赛怀柔赛事】6月19日，“创客北京2019”创新创业大赛怀柔赛区赛事在怀柔科学城创新小镇启动。7月17日，赛事决赛在创新小镇3楼海创报告厅举行，创客组和企业组25个项目以路演形式全方位展示项目优势和亮点、团队建设、商业模式和未来发展规划等。经过角逐，15个项目晋级北京市决赛。

（姜学昆）

【科左后旗产业代表团来怀对接工作】 10月14日至16日，内蒙古自治区通辽市科左后旗代表团来怀柔区对接京蒙帮扶产业合作工作。区经济和信息化局根据“一区一策”组织怀柔区优质企业与代表团进行接洽交流。对接中，区经济和信息化局与科左后旗工信局等部门就产业带动扶贫工作进行了深入探讨；科左后旗医药、食品、农产品贸易、饲料加工企业分别与怀柔区春风一方药业、御食园、企博金泰、科高大北农等企业，就中药材产品与价格目录梳理、药材定向种植及采购，食品代销，农产品收购，种子定向种植与回购等合作意向展开具体交流和协商。

（姜学昆）

【德国企业代表调研科学城建设】 11月20日，德国FMP技术有限公司、巴伐利亚精密设备有限公司负责人到怀柔区参观、调研科学城建设情况，并就成熟流体力学技术成果转移和在怀柔区落地事项进行初步洽谈。

（姜学昆）

【重点行业运行】 年内，怀柔区汽车及零部件制造、食品饮料、包装印刷业等三大主导产业累计完成总产值485.8亿元，同比下降5.1%；实现销售收入560.0亿元，同比下降10.3%。在供给侧结构性改革、疏解非首都核心功能等工作持续推进下，生物医药产业和高技术产业发展良好，其中高技术产业累计实现总产值35亿元，同比增长9.2%。怀柔区汽车产业占规模总量的55.4%，34家规模以上企业完成总产值315.0亿元，同比下降9.5%；实现销售收入307.6亿元，同比下降16.6%；上交税金4.3亿元，同比下降24.9%。受重卡整车市场冷淡影响，多数零部件企业产值出现同比下滑。从产值增减量看，北京世东凌云科技有限公司、北汽福田汽车股份有限公司北京戴曼重型汽车厂、北京福斯汽车电线有限公司、北京福田戴姆勒汽车有限公司4家企业同比减量均在亿元以上。怀柔区42家食品饮料业完成工业总产值122.8亿元，同比下降9.5%；实现销售收入195.1亿元，同比下降11.5%；实现利润19.8亿元，增长10.4%；上交税金17.2亿元，同比下降8.2%。包装印刷业主要经济指标呈下降趋势，总产值26.6亿元，同比下降8.5%；销售收入33.6亿元，同比下降4.7%。怀柔区规模以上生物医药制造业共17家，比2018年增加3家。全年完成总产值21.4亿元，同比增长57.9%；实现销售收入23.6亿元，同比增长64.0%；完成利润3.5亿元，同比增长130%；上缴税金1.6亿元，同比增长32.9%。

（姜学昆）

【项目投资及建设】 年内，立足首都新的城市功能定位与构建高精尖经济结构，区经济和信息化局进一步加大工业技改和招商引进工作力度。重点加大了福田戴姆勒H6项目的跟踪督办与服务工作力度，该项目计划总投资66.4亿元，预计2020年8月取得项目施工许可证。征集500万元以上技改项目25个，全年实际完成投资6.3亿元，其中福田戴姆勒验证车间项目建设完成并投入使用。中关村怀柔园完成实体注册项目110家，注册资本62.68亿元。

（姜学昆）

【中关村怀柔园建设】 年内，中关村怀柔园区入统高新技术企业总数187家，从业人员2.9万人。完成工业总产值400亿元，同比下降11%；总收入580亿元，同比下降10.5%；出口总额14.7亿元，同比增长122.7%；实缴税费总额21.6亿元，同比下降6.9%；利润总额37.5亿元，同比增长26.7%。

（姜学昆）

【中小企业服务】 年内，区经济和信息化局梳理形成《怀柔区“亲清管家”服务企业具体问题情况台账》，协调各部门解决98家企业提出的126项问题；开展政策法规培训、“双创”实践和银企对接活动，累计涉及企业500家次，帮助中小企业融资2.2亿元，有效提升企业经营管理能力，缓解中小企业融资难题。完成小微企业贷款贴息项目36个，拨付支持资金552万元，清理拖欠民营企业中小企业账款4834万元；组织10余家企业30余种特色农产品参加北京特色农加工产品进社区活动。

（姜学昆）

【一般制造业退出】 年内，结合北京市“疏解整治促提升专项行动”工作任务，按照市级部门工作要求和区委区政府工作部署，区经济和信息化局制订印发了《怀柔区2019—2020年依法依规促进一般制造业企业退出工作方案》，通过加强走访调研、加大政策解读培训力度、发挥部门联动机制等措施，超额50%完成怀柔区一般制造业企业退出年度任务，实际退出企业36家，涉及土地35.6万平方米，人口1314人。

（姜学昆）

【精准扶贫】年内，区经济和信息化局搭建精准帮扶就业平台，举办2019年怀柔区精准帮扶招聘会，达成就业意向450余项；组织11家企业参加2019年“京蒙劳务协作”夏季现场招聘会，提供就业岗位44个；深入推进京津冀协同发展工作，截至年底累计10家工业企业迁至怀丰产业园，完成投资3.8亿元，全部达产后预计实现年产值20亿元，可解决当地劳动力就业1600人。3月21日，怀柔区在雁栖镇法治文化公园举办2019精准帮扶专场招聘会。招聘会针对怀柔区低收入农户，架起一座连接低收入农户和用工企业的桥梁，为郊区农民提供就业岗位，促进农村劳动力转移就业，满足企业用工需求。

（姜学昆）

【国庆期间空气质量保障】年内，区经济和信息化局落实《北京市污染防治攻坚战2019年行动计划》，针对空气重污染防治重点行业施行量化监管，核查并制定了空气重污染应急停限产工作预案和企业停限产名单。国庆期间成立7个专项检查小组，出动147人次对48家空气重污染停限产企业展开巡查，确保了国庆期间怀柔区工业污染物的减量排放，为营造首都蓝天提供了有力保障。

（姜学昆）

密云区工业

【概况】2019年，密云区工业经济围绕优化调整产业结构，协调、稳定、可持续发展的目标，全年运行总体平稳，完成预期目标。全区工业企业完成总产值307.6亿元，同比增长2.7%。其中，142家规模以上工业企业实现产值286亿元，同比增长2.5%；营业收入324.3亿元，同比增长4.5%；利润总额−18.2亿元，同比增亏15.1亿元。产值增长的主要原因是重点企业有力拉动。10家5亿元以上企业合计完成产值154.5亿元，同比增长9.5%，占比54%。按区域分，开发区81家企业完成产值222.8亿元，同比增长1.2%，乡镇50家企业完成产值30亿元，同比增长13.6%，区属11家企业完成产值33.2亿元，同比增长2.3%。汽车及交通设备业、都市产业、装备制造业、生物与医药产业、基础与新材料产业、电子与信息产业六大产业中除装备制造业、电子与信息产业外，其他4个产业均不同程度增长，生物与医药产业、基础与新材料产业增速在两位数以上。其中，生物与医药产业增长15.3%，贡献率67.3%；基础与新材料产业增长18.5%，贡献率75.6%；都市产业增长3.9%，贡献率29.7%；汽车及交通设备产业增长3.8%，贡献率54.7%；装备制造业同比下降13.4%，电子与信息产业下降38.6%。

（周　梅）

【机构改革】3月18日，原密云区经济和信息化委员会更名为密云区经济和信息化局（简称区经济和信息化局），是负责工业产业促进与中小企业行业管理、信息资源管理及推进信息化等工作的政府部门。机构改革后，除推进企业上市、软件正版化等职能划转到相应部门外，原有职能不变。内设办公室、组织人事科、产业促进科、经济运行科、信息化管理科、企业服务管理科、党建科、中小企业促进中心、节能环保中心、机关综合事务中心、信息中心、社会信用体系建设中心12个行政科室和事业单位。编制69人。

（周　梅）

【规模工业企业发展】年内，密云区142家规模以上工业企业实现产值286亿元，同比增长2.5%。从横向看，规模以上工业产值在全市17个区（含亦庄开发区）总量排名第12位，增速排列第7位；在5个生态涵养区总量排名第2位，增速第2名。

（张秀珍）

【工业固定资产投入】年内，密云区完成工业固定资产投入9.9亿元，同比下降51.5%。制造业固定资产投资2.6亿元，同比下降65.9%。建安投资0.6亿元。

（张秀珍）

【高精尖项目进展】年内，区经济和信息化局成立高精尖重大项目推进专班，安排专人跟踪项目建设进度，随时掌握项目建设中存在的问题，加强协调部门间解决问题的措施和办法，召开专题会议9次。纳入市级项目库的5个高精尖项目顺利推进，累计完成总投资21166万元，完成全年任务量的128%。其中，赛科希德血栓与止血一体化基地建设项目已形成税收670万元，形成财政收入约150万元。

（宋　哲）

【优化营商环境】年内，区经济和信息化局严格执行国家产业政策和《北京市新增产业的禁止和限制目录（2018版）》，确保准入项目合法合规；对备案项目实施台账式管理；加强窗口管理，提高人员服务素质，企业满意率100%。办理备案事项5项，备案投资总额 3.29 亿元。做好“一网通办”“多规合一”平台咨询和“社会投资简易低风险工程审批”等改革工作；做好行政服务中心后台指导，指派专人参加全市优化营商环境专题考试，不断提升服务能力。进一步优化企业投资项目核准、备案办理流程，按照市经济和信息化局统一部署，办理时限由 5 个工作日减少至 0.5 天，制作新版事项办理指南，进一步降低企业时间成本。落实市委、市政府服务企业措施，做好密云区重点企业“服务包”制度有关工作。按照密云区“服务包”和“企业管家”要求，区经济和信息化局作为区行业管家之一，负责为 34 家企业制定服务措施并协调落实。经过征集，27 家企业提出各类服务需求 63 个。围绕企业需求，通过建立服务机制、上门走访座谈、积极协调相关部门落实，企业在人才政策、扩大生产、证照办理等方面需求已全部妥善解决。

（陈　阳）

【实体经济企业扶持】年内，按照《密云区关于支持企业发展办法实施细则（试行）》政策要求，区经济和信息化局会同密云经济开发区、区财政局对密云区纳统纳税实体企业进行政策扶持，累计对 49 家实体企业进行扶持，总金额 6848.4 万元。

（田兆龙）

【一般制造业疏解退出】年内，密云区累计完成 19 家一般制造业企业退出任务（市级退出任务 16 家），均已通过市级验收，完成市级任务进度 119%。

（田兆龙）

【中小微企业核心竞争力提升】年内，区经济和信息化局组织中小微企业素质提升专题培训 5 期，服务 650 余人次。整合国家、北京市、密云区三部分促进中小企业发展相关政策，编印《中小企业发展促进相关法律法规及政策文件汇编》1000 册，分发给企业及有关单位，帮助企业厘清发展方向，抓准市场定位。

（朱　林）

【中小企业融资服务】年内，区经济和信息化局实地走访企业 30 余家，先后征集信贷需求情况 2 次，通过线上和线下两种渠道大力加强银政企合作，为企业和银行搭建良好沟通平台，联合密云区内 10 家银行金融机构编印《密云区银行普惠金融产品手册》1000 册，帮助企业了解银行融资产品，开阔企业融资渠道。与银行合作共服务企业 100 余家次，帮助企业通过银行普惠金融、抵押、信用贷款等方式成功融资近 2.6 亿元。分别组织中国银行、建设银行、北京银行等，服务区内企业 268 家次，贷款总额达 5.66 亿元。

（朱　林）

【“散乱污”企业清理整治】年内，区经济和信息化局统筹协调开展涉污“散乱污”企业清理整治。联合属地政府对已完成清理整治的 136 家“散乱污”企业加强督查检查，出动 60 人次、检查企业 133 家，3 家企业存在未提供危废转运联单、无环保审批手续新建喷漆房等问题，全部完成整改。

（王爱民）

【工业领域空气重污染应急】年内，区经济和信息化局科学制定空气重污染工业应急清单及工业应急预案，确定重点行业企业 74 家，涉及 6 个行业，并开展重点行业进一步排查、“一厂一策”制定、公示牌制作、核查方法等空气重污染应急相关工作培训。按照预警级别即刻行动，各街镇督促辖区应急企业实施停限产措施，做到“到点就停”；采取“四不两直”、正常巡查、突击检查、夜查等多种方式，检查企业应急预案落实、人员值守等情况。共启动橙色预警 3 次，“两会”等重要时期污染防控 1 次，累计出动 122 人次，检查 183 家次，停限产措施全部落实到位。

（王　祎）

【非道路移动机械摸底调查】年内，区经济和信息化局开展工业企业在用非道路移动机械摸底调查编码登记工作，10 个镇及开发区 385 辆登记在册车辆，检查企业 84 家次，检查重型柴油车 92 辆、非道路移动机械 128 台，其中 6 辆柴油叉车经区生态环境局仪器测试，存在尾气超标或手续不齐、排气管脱落等现象，受到罚款处理。

（王建武）

【错峰生产】年内，区经济和信息化局不定期对错峰停产和停运企业进行 2 轮次 10 家次督查，相关企业全部落实到位，有效降低采暖季期间工业领域大气污染物排放量。

（郭　洁）

【清欠工作】年内，区经济和信息化局落实国务院、北京市关于清理拖欠民营企业中小企业账款工作总体部署，牵头推进具体工作落实。印发《密云区清理拖欠民营企业中小企业账款工作方案》《密云区减轻企业负担联席会方案》《北京市密云区 2019 年减轻企业负担工作实施方案》。组织召开区减负工作全体会议，建立密云区减轻企业负担联席会议制度，明确总体要求、主要任务和保障措施，统筹全区减负和清欠工作。组织区财政局、区国资委和各镇街先后开展 4 次欠款梳理排查，查漏补缺，严防新增拖欠。落实市政府和市经济和信息化局有关专题文件要求，区经济和信息化局对区内拖欠民营上市公司情况和关于拖欠账款举报信息进行及时调查了解并及时上报。截至12月31日，全区拖欠账款2.98亿元，已偿还账款1.50亿元，完成年度清偿计划情况的50.5%，完成市政府提出的“对拖欠企业的款项年底前要清偿一半以上”目标任务。

（陈　阳）

延庆区工业

【概况】2019年，全区规模以上工业企业产值109亿元，同比增长19.3%。其中，新能源和环保产业产值62.7亿元，同比增长37.3%，占规上工业总产值57.5%。全区工业完成税收4.58亿元，同比增长3.5%。疏解退出一般制造业企业8家，超额完成目标任务。落实“10+3”高精尖的政策体系，牵头制定延庆区绿色高精尖产业实施意见。统筹拟定“1+4+4”系列政策，起草指导意见并印发实施。打好服务组合拳，持续优化营商环境。以服务包为抓手，建立局领导分组负责机制、定期调度和回访机制，深入企业直面问题，主动协调相关委办局，为中机科（北京）车辆检测工程研究院有限公司、北京岭北筑路材料有限公司等企业解决场地租赁等实际困难10个；为解决企业融资难问题，多次组织相关企业和银行对接，协调为企业发放贷款1800万元，达成贷款意向或正在审批的3000万元；5月，顺利完成国有企业欠款清偿，共计336.38万元，政府部门未发现拖欠现象。成功举办“创客北京2019”延庆赛区创新创业大赛，延庆区获优秀组织奖。贯彻落实京津冀协同发展战略，扎实开展与怀来、宣化、兴和区域协作和对口帮扶工作，推进中电智慧综合能源有限公司的风力发电等项目尽快落地内蒙古自治区乌兰察布市兴和县；捐赠12万元，消费扶贫8000元，协助宣化谢家湾村4户贫困户脱贫。

（郑　鑫）

【机构改革】年内，北京市延庆区经济和信息化局（简称区经济和信息化局），加挂北京市延庆区大数据管理局（简称区大数据局）牌子。区经济和信息化局是负责延庆区工业经济和信息化领域管理工作的政府工作部门。设综合科、产业发展科（行政审批科）、信息化和中小企业科（安全生产科）3个科室。

（郑　鑫）

【无人机编队秀打破吉尼斯纪录】1月，北京远度互联科技有限公司无人机表演团队首次与迪拜警方合作，并在吉尼斯世界纪录官方验证官见证下，在迪拜警察干部毕业典礼仪式上用数百架无人机在空中依次组成迪拜现任酋长肖像、迪拜王子肖像等11个编队图案，为迪拜皇室上演了一场精彩的户外无人机编队大秀。延庆区无人机企业打破无人机编队秀吉尼斯世界纪录。

（郑　鑫）

【中小微企业培训】4月和5月，延庆区分别组织两期企业“所得税汇算清缴新政策”财务培训活动，来自园区、各乡镇的197家中小微企业共290人参加培训。

（郑　鑫）

【创新创业大赛举办】7月，在市经济和信息化局指导下，延庆区筹办“创客北京2019”创新创业大赛延庆赛区的比赛，共16个项目参赛，选送10个优秀项目参加市级决赛，其中墨甲机器人乐队项目获三等奖，延庆区被评为优秀赛区。

（郑　鑫）

【一般制造业退出】7月，市经济和信息化局利用两天时间对延庆区8家一般制造业退出企业的主要生产设备拆除、工商营业执照注销或变更等情况进行实地核查。经检查，企业均按照要求完成疏解退出工作。延庆区通过市经济和信息化局验收。

（郑　鑫）

【构建高精尖经济结构】12月，延庆区围绕促进高端要素聚集、支持优势企业发展、夯实创新功能平台、加强优秀人才引进等方面，出台《延庆区绿色高精尖产业结构的指导意见》，明确延庆区主导产业发展的方向、发展目标，提出五大重点任务；制定“4”大主导产业精准支持政策，并完善支持高精尖产业用地、资金、人才奖励等“4”个配套政策。

（郑　鑫）

【区信用综合指数全市排名第1位】年内，国家信息中心中经网公布2019年第9期北京市区域信用环境状况监测月报结果，2018年10月1日至2019年9月30日期间，延庆区综合信用指数为95.93，在北京市16区中排名第一，在全国261个地级市中排名第97位。

（郑　鑫）

【产业政策】年内，延庆区继续优化产业结构，严格按照《北京市新增产业的禁止和限制目录（2018年版）》要求进行项目准入及备案，严格限制不符合生态涵养区功能定位的工业企业落户；同时按照延庆区功能定位、四大主导产业定位以及高精尖指导意见等，引导相关产业到延庆园形成集聚发展态势，并对存量企业进行指导，促使其实施改造升级，提高存量产业效率。区经济和信息化局全年共备案项目 20 个，答复相关咨询 54 件。

（郑　鑫）

【安全生产】年内，区经济和信息化局印发各项安全生产工作方案等文件共 11 个。出动 210 人次，对 40 家工业企业开展 64 次安全生产指导，组织相关部门参加的联合大检查 3 次。请市经济和信息化局安全处对中关村延庆园的 42 家工业企业开展《北京市经营单位安全生产主体责任规定》等政策培训。组织区消防救援支队宣传员到局机关开展“消防安全进单位”培训活动。

（郑　鑫）

中关村国家自主创新示范区

【概况】2019 年，中关村国家自主创新示范区（简称中关村示范区）加大实施创新驱动发展战略力度，深化先行先试改革，加强关键核心技术创新，促进科技成果转化和产业化，培育高精尖产业，以高水平创新引领高质量发展，各项工作取得明显成效。

中关村示范区在全国高新区综合排名中稳居榜首。年内，区内企业实现总收入 6.6 万亿元，同比增长 12.9%。实现技术收入 1.3 万亿元，同比增长 20.4%。上市公司总数 366 家，其中境外上市公司 113 家，总市值 6.6 万亿元，百度、小米、美团点评等 13 家中关村企业市值超千亿元。在 2019《财富》世界 500 强企业排名中，中关村示范区有 9 家企业上榜，数量首次超过美国硅谷（8 家），小米公司成为全球最年轻的世界 500 强企业。自身建设不断加强。发布中关村新版“1+4”资金支持政策，通过构建政策体系图谱、组建青年政策宣讲团、网上申报、集中申报、精简申报材料等，加强对企业的服务，营造了更加优化的营商环境。《中关村年鉴 2018》在第六届全国地方志优秀成果（年鉴类）评审中被评为一等奖。中关村管委会创业服务处获全国人民满意的公务员集体称号。

（中关村管委会）

【第八届中关村大数据日举办】12 月 12 日，由中关村大数据产业联盟、中关村区块链产业联盟、中国信息协会信用专业委员会、中国通信工业协会区块链专业委员会主办的“突破”——区块链与数字经济高峰论坛暨 2019 第八届中关村大数据日在中关村示范区展示中心举办。中关村管委会等单位有关负责人及来自学界、业界的相关专家、学者、企业家等参加。与会代表围绕“大数据、区块链驱动数字经济与社会治理”“科技影响未来”“技术改变世界”“产业引领创新”等主题进行交流。会议发布的由中关村大数据产业联盟等机构编制的“2019 中关村大数据产业发展指数”显示，2000 年至 2019 年，中关村大数据产业经历五波浪潮，即数据营销、基础设施 & 工具、移动数据、金融与垂直行业。中关村大数据产业联盟、中关村区块链产业联盟、北京链塔智库科技有限公司与数据观（北京）传媒科技有限公司就领航者计划进行战略合作签约，旨在推动区块链产业加速发展，从人才培养和产业扶持等方面向从业者提供支持。

（中关村管委会）

【创新能力持续增强】年内，中关村示范区企业研发投入同比增长 23.7%，企业发明专利申请量、发明专利授权量和企业 PCT 专利申请量分别为 5.9 万件、2.5 万件和 4638 件，同比分别增长 16.5%、17.6% 和 0.9%，均占北京市企业的 70% 左右。其中，京东方科技集团股份有限公司以 2147 件发明专利申请量位列知识产权产业媒体 IPRdaily 和 incoPat 创新指数研究中心发布的“2019 年全球半导体技术发明专利排行榜（TOP100）”第 3 位，百度在线网络技术（北京）有限公司以 5712 件专利申请量位列全国人工智能专利申请量排行榜第 1 位。涌现出北京中科寒武纪科技有限公司的云端人工智能芯片思元 270、北京灵汐科技有限公司的世界首款类脑芯片“天机芯”、百济神州（北京）生物科技有限公司的泽布替尼抗癌新药、龙芯中科技术有限公司的龙芯 3A4000/3B4000 系列中央处理器等一批原创科技成果。

（中关村管委会）

【“双创”保持活跃态势】年内，中关村示范区新创办科技型企业 2.6 万家，涌现独角兽企业约 80 家（约占全国总数的 40%）。全年发生风险投资案例数和金额数分别占全国的 32% 和 35%，中关村示范区成为全球风投和独角兽企业最集聚的区域之一。举办 2019 年全国“大众创业万众创新”活动周北京会场活动，接待观众5万余人次。

（中关村管委会）

【深化改革】年内，中关村示范区在改革统筹方面，制订打造中关村先行先试改革升级版工作方案，统筹推进全面深化改革与中关村先行先试专项22项任务和项目。在科技成果转化方面，制订《关于在中关村示范区开展赋予科研人员职务科技成果所有权或长期使用权试点工作方案》。在人才管理改革方面，提出中关村人才特区新一轮国际人才改革创新举措，其中10余项为全国率先提出。在科技金融方面，联合人民银行营管部、北京银保监局、北京市知识产权局印发《关于进一步促进中关村知识产权质押融资发展的若干措施》。在新技术新产品应用推广方面，建立创新医疗器械应用推广机制，推动医院采购医疗机器人取得重大突破。科技部就中关村先行先试改革情况开展专题调研，中关村示范区破除体制机制桎梏、释放创新创业活力的案例写入由中组部组织编选的“贯彻落实习近平新时代中国特色社会主义思想、在改革发展稳定中攻坚克难案例”丛书。

（中关村管委会）

【高精尖产业】年内，中关村示范区深化实施《中关村示范区关于支持颠覆性技术创新的指导意见》，支持北京华毳生物科技有限公司、灵汐科技公司等首批8家企业的颠覆性技术项目。搭建高精尖产业协同创新平台，支持领军企业、高校院所联合建设5G、智能制造等19个高精尖协同创新平台，聚焦人工智能、集成电路、生物健康等重点领域，支持138个高精尖项目。成功举办中关村国际前沿科技创新大赛、中关村5G创新应用大赛、第四届中国创新挑战赛暨中关村第三届新兴领域专题赛等活动。实施“金种子”企业培育工程，确定第八批金种子企业207家。联合顺义、海淀、大兴—亦庄、石景山等分园，印发实施第三代半导体材料、药品医疗器械、工业互联网等产业政策。印发实施《中关村示范区知识产权行动方案（2019—2021）》，加快“中关村标准”品牌培育，成立“中关村标准”战略委员会，建立“中关村标准”快速转化为国际标准的直通机制，打造中关村标准国际化品牌。

（中关村管委会）

【创新创业生态】年内，中关村示范区支持70余家高校院所、科技企业、医院等机构发起成立中关村技术经理人协会。建设20家硬科技孵化器，给予2921家小微企业研发经费支持。开展中关村科技成果转化火花活动23场，促进科学家、企业家、投资人深度合作。推进中关村前沿技术创新中心建设。落实市委五年人才行动计划，共发掘备选战略科技人才31名，发现腾盛博药、睿镞科技等海外战略科技人才领衔的高水平创新团队。深入实施中关村国际人才新政20条，为1万余名外籍人才提供出入境、体检等便利服务。成立中关村国际人力资源服务联盟，聚集知名猎头机构近20家。建设中关村国际青年创业平台，吸引汇聚全球青年创新创业人才及国际高端创新要素。促进科技金融深度融合，扩大外债便利化政策覆盖面和便利化程度，全年为企业节约财务成本6.66亿元，同比增长474%。支持800余家科创企业低成本获取贷款74亿元。积极发挥社会组织作用，持续发挥联盟和协会组织作用，加强对重点企业的跟踪服务，及时响应和解决企业需求，已有各类创新型社会组织近600家。

（中关村管委会）

【一区多园协同发展】年内，中关村示范区编制形成《中关村国家自主创新示范区及各分园统筹发展规划（2018—2035年）》和三年行动计划，明确中关村示范区重点发展组团和各分园主导产业，聚焦重点发展组团，建立重点任务清单。推动印发实施《中关村科学城规划（2017年—2035年）》，推动完善中关村科学城专项办运行机制，落实专项办重点任务和项目。推进中关村生命科学园、中关村集成电路设计园、中关村（首钢）人工智能创新应用产业园等特色园区建设。不断完善一区多园统筹机制，定期召开有市领导参加的一区多园工作季度交流会，深化中关村管委会“一处一园”联系服务分园工作机制，开展中关村示范区分园创新发展考核评价，促进优质企业和项目在分园落地，引导分园高质量发展。2019年，海淀园、朝阳园、昌平园等10个分园的总收入过千亿元，顺义园、密云园等12个分园总收入分别比2018年增长10%以上，中关村示范区各分园成为北京市高质量发展的核心引擎。

（中关村管委会）

【开放创新合作新格局】年内，中关村示范区推动构建京津冀协同创新共同体，与河北省雄安新区管委会签署《加快建设雄安新区中关村科技园合作协议》。支持举办创新中国行·走进沈阳暨2019产业转型创新论坛、2019创新中国行走进南宁——南宁·中关村协同创新合作交流会、京吉协作创新发展座谈会等各类创新活动。组织推动中关村企业开展扶贫协作，共带动80余万贫困人口脱贫。北京字节跳动科技有限公司等12家中关村示范区企业入选国务院扶贫办发布的《中国企业精准扶贫优秀案例（2018）》。深化“一带一路”科技创新合作，会同市科委印发实施《“一带一路”科技创新北京行动计划（2019—2021 年）》。支持启迪控股股份有限公司在英国建设剑桥启迪科技园，支持一批企业在海外设立研发中心，支持 5 家“中关村海外孵化器”，组织示范区企业集体参加国际知名展会，举办国际化大讲堂。上市公司在海外设立分支机构近千家，小米公司成功进入印度、法国、西班牙等多个国家。成立中关村企业服务站，为企业走出国门、拓展国际市场提供法律、合规等方面服务。

（中关村管委会）

北京经济技术开发区

【概况】 2019 年，北京经济技术开发区贯彻党中央、国务院以及市委、市政府重大决策部署，落实蔡奇书记、陈吉宁市长双调研重要指示精神，全力推进升级版开发区和亦庄新城建设，经济社会持续保持高质量发展态势，较好完成全年各项目标任务。全年，开发区实现地区生产总值 1932.8 亿元，按可比价格计算，比 2018 年增长 8.9%；一般公共预算收入 270.0 亿元，比 2018 年增长 5.0%。其中，增值税为 131.4 亿元，比 2018 年增长 30.9%；企业所得税和个人所得税分别为 64.3 亿元和 15.5 亿元，分别比 2018 年下降 19.4% 和 28.2%；规模以上工业总产值实现 4125.2 亿元，比 2018 年增长 11.1%，高技术制造业和现代制造业分别实现产值 1359.8 亿元和 3480.8 亿元，分别比 2018 年增长 6.9% 和 11.9%。PM2.5 年均浓度为 44 微克 / 立方米，比 2018 年下降约 17.0%。汽车及交通设备产业、电子信息产业、装备制造产业及生物工程和医药产业四大主导产业分别实现产值 2032.3 亿元、705.5 亿元、551.1 亿元和 514.8 亿元。

（开发区管委会）

【4 家企业获评市智能制造标杆企业】 1 月 31 日，市经济和信息化局发布《关于公布 2018 年北京市智能制造标杆企业名单的通知》，12 家企业入选，其中开发区 4 家企业入选，分别是中芯北方集成电路制造（北京）有限公司、博世力士乐（北京）液压有限公司、北京 ABB 低压电器有限公司和北京利德曼生化股份有限公司。

（开发区管委会）

【经开区首家生态环境教育基地命名】 2 月 20 日，市生态环境局、市教委、共青团北京市委员会发布《关于命名第四批北京市生态环境教育基地的通知》，命名 14 家单位为第四批北京市生态环境教育基地。其中，北京金源经开污水处理有限责任公司入选，是经开区首家生态环境教育基地。

（开发区管委会）

【经开区成为“无废城市”建设试点特例】 4 月 30 日，生态环境部发布关于“无废城市”建设试点名单的公告，开发区作为 5 个特例之一，参照“无废城市”建设试点一并推动。根据国务院办公厅印发的《“无废城市”建设试点工作方案》，“无废城市”建设重点在于推进固废源头处理的减量和资源化利用，最大限度地减少填埋量。开发区建设“无废城市”，在管理和政策上创新，颁布实施工业固体废物和危险废弃物减量化、资源化的产业和经济政策；引入专业的运营企业实现危险废弃物全过程的统一管理。重点企业开展绿色工业、绿色产品和绿色供应链建设的重点工作，提出企业层面逐步降低工业固体废弃物产生强度的工作方案；围绕机关、企事业单位、社区、家庭等不同社会单元，推动和引导形成简约适度的绿色生活方式和消费模式。

（开发区管委会）

【亦庄 5G 云端创新中心成立】 7 月 5 日，中国电信集团北京市电信公司联合中国信息通信研究院、中国电信股份有限公司北京研究院和华为技术有限公司共同成立的亦庄 5G 云端创新中心在开发区挂牌，将推动开发区 5G 在工业互联网、车联网和智慧城市中的应用落地。该中心作为开发区 5G 应用的展示窗口，探索 5G 行业政策，展现 5G 行业应用场景能力，促进生态聚合，打造“5G+ 云 +AI+ 大数据 + 安全 +DICT”的生态圈，为开发区整体发展注入新功能。

（开发区管委会）

【中金数据数据中心获最高等级设计认证】 8 月 23 日和 9 月 18 日，中金数据系统有限公司受中国农业银行股份有限公司北京市分行委托，管理建设的中国农业银行北方数据中心和中金数据华东数据中心，通过 Uptime Institute Tier IV 最高等级设计认证。中国农业银行北方数据中心是全国银行业数据中心中首个也是唯一获国际认证的数据中心，位于海淀区中关村创新园，总建筑面积约24.93万平方米，设计符合国标（《数据中心设计规范》GB 50174）A级机房标准，机房净使用面积约2万平方米，共32个机房模块，为中国农业银行股份有限公司提供每周7天、每天24小时不间断的数据信息服务。中金数据华东数据中心位于江苏省昆山市花桥经济开发区，是中金数据部署在华东地区的数据中心核心节点，总规划建筑面积为30万平方米，可部署3.76万台机柜。Uptime Institute是全球公认的数据中心标准组织和第三方认证机构，而TIER等级认证是全球范围内认可度最高、最知名、最权威的认证等级。

（开发区管委会）

【5家企业项目获评工信部试点示范项目】11月5日，工信部发布《2019年制造业与互联网融合发展试点示范项目名单公示》，开发区5家企业的项目入选，分别是中冶京诚工程技术有限公司的钢铁企业智能制造大数据质量分析系统、和利时集团的基于HolliCube的工业互联网平台试点示范项目、北京经纬纺机新技术有限公司的经纬棉纺车间智能管控平台（经纬e系统）、经纬纺织机械股份有限公司的财务和物资采购集团管控能力和中航金网（北京）电子商务有限公司的航空工业电子采购平台。

（开发区管委会）

北京市级开发区

【概况】2019年，北京市开发区主要经济指标持续增长，企业经济效益明显改善，全市开发区完成固定资产投资1129.4亿元；完成总收入79615.5亿元；完成利润总额4847亿元。自开始至报告期累计招商项目91313个，项目累计总投资42738.6亿元，外商实际投资累计完成391.1亿美元。开发区招商工作取得明显成效，土地集约利用水平进一步提高。开发区经济规模稳步扩大。年内，北京市开发区实现总收入8万亿元。其中，中关村国家自主创新示范区实现总收入6.6万亿元；3个市级开发区实现总收入5915.6亿元。北京市开发区实现工业总产值13692.5亿元，占全市工业总产值的比重为68.4%。北京市开发区实现利润总额4847亿元。其中，中关村国家自主创新示范区实现利润总额4812.6亿元，3个市级开发区实现利润总额477.9亿元。开发区创新引领能力不断增强。2019年，北京市开发区规模以上国家高新技术企业数量为1.3万家，实现利润总额1798.6亿，占北京市开发区利润总额的37.1%，从业人员规模为186.8万人，占开发区从业人数的58.5%。招商引资工作取得丰硕成果。自开始至报告期，北京市开发区招商项目共计91313个，项目总投资42738.6亿元，注册资本41719.8亿元，其中三资企业注册资本4758.9亿元、外商实际投资391.1亿美元。中关村国家自主创新示范区招商项目59645个，项目总投资27016.6亿元，注册资本25951.1亿元，其中三资企业注册资本2910.5亿元、外商实际投资294.8亿美元。土地开发建设进度逐步加强。年内，北京市开发区规划面积486平方千米。其中，3家国家级开发区规划面积456.8平方千米，3家市级开发区规划面积29.1平方千米。截至年底，全市开发区累计开发土地面积和累计供应土地面积分别为355.8平方千米和321.1平方千米，累计建成城镇建设用地面积280平方千米。全市开发区单位土地工业总产值产出率约为171亿元/平方千米。

（北京国际工程咨询有限公司）

【北京临空经济核心区】由于北京市对天竺空港经济开发区进行了整合，统计报表进行了调整。2019年，开发区完成固定资产投资314.2亿元；完成总收入4535.4亿元，同比增长12.3%；完成利润总额390.2亿元，同比增长39.8%。自开始至报告期累计招商项目4196个，项目累计总投资4767.9亿元，外商实际投资累计完成229569万美元。

（北京国际工程咨询有限公司）

【北京通州经济开发区】2019年，开发区完成固定资产投资6.7亿元；完成总收入181.9亿元，同比增长12.9%；完成利润总额31.9亿元，同比下降6.2%。自开始至报告期累计招商项目89个，项目累计总投资300亿元，外商实际投资累计完成37198万美元。

（北京国际工程咨询有限公司）

【北京兴谷经济开发区】2019年，开发区完成固定资产投资3.7亿元；完成总收入205.2亿元，同比增长30.7%；完成利润总额5.6亿元，同比增长近两倍。自开始至报告期累计招商项目309个，项目累计总投资100.6亿元，外商实际投资累计完成67184.9万美元。

（北京国际工程咨询有限公司）

【北京雁栖经济开发区】 2019年，开发区完成固定资产投资19.5亿元；完成总收入445.2亿元，同比增长0.4%；完成利润总额45.0亿元，同比增长33.4%。自开始至报告期累计招商项目1846个，项目累计总投资344.1亿元，外商实际投资累计完成252779.9万美元。

（北京国际工程咨询有限公司）

【北京密云经济开发区】 2019年，开发区完成固定资产投资6.6亿元；完成总收入414.6亿元，同比降低16.4%；完成利润总额25.6亿元，同比增长125.2%。自开始至报告期累计招商项目264个，项目累计总投资314.1亿元，外商实际投资累计完成62206万美元。

（北京国际工程咨询有限公司）

【北京永乐经济开发区】 2019年，开发区完成固定资产投资5.6亿元；完成总收入10.1亿元，同比增长31.3%；亏损0.4亿元，同比增长32.7%。自开始至报告期累计招商项目105个，项目累计总投资45.5亿元，外商实际投资累计完成1850万美元。

（北京国际工程咨询有限公司）

【北京大兴经济开发区】 2019年，开发区完成固定资产投资0.4亿元；完成总收入357.4亿元，同比增长8.2%；完成利润总额13.5亿元，同比降低3.8%。自开始至报告期累计招商项目6451个，项目累计总投资1194.9亿元，外商实际投资累计完成9491万美元。

（北京国际工程咨询有限公司）

【北京八达岭经济开发区】 2019年，开发区完成固定资产投资10.8亿元；完成总收入218.6亿元，同比增长72.7%；完成利润总额12.2亿元，同比降低42.6%。自开始至报告期累计招商项目4533个，项目累计总投资996.1亿元，外商实际投资累计完成6880万美元。

（北京国际工程咨询有限公司）

【北京延庆经济开发区】 根据市统计局《北京市开发区统计报表制度》（2019年）要求，北京延庆经济开发区与北京八达岭经济开发区进行合并统计。

（北京国际工程咨询有限公司）

【北京房山工业园区】 2019年，工业园区完成固定资产投资6.1亿元；完成总收入68.8亿元，同比降低2.9%；利润总额3.3亿元，同比增长32%。自开始至报告期累计招商项目31个，项目累计总投资39.0亿元。

（北京国际工程咨询有限公司）

【北京顺义科技创新产业功能区】 由于北京市对天竺空港经济开发区进行了整合，统计报表进行了调整。2019年，开发区完成固定资产投资9.8亿元；完成总收入1311亿元，同比降低12.4%；完成利润总额84.4亿元，同比降低4.7%。自开始至报告期累计招商项目2019个。

（北京国际工程咨询有限公司）

【北京石龙经济开发区】 2019年，开发区完成固定资产投资2.5亿元；完成总收入1017.6亿元，同比增长9.2%；亏损约50亿元。自开始至报告期累计招商项目12963个，项目累计总投资1016.1亿元，外商实际投资累计完成6497.3万美元。

（北京国际工程咨询有限公司）

【北京良乡经济开发区】 2019年，开发区完成固定资产投资0.1亿元；完成总收入316.5亿元，同比增长4%；利润总额8.2亿元，同比增长105.5%。自开始至报告期累计招商项目80个，项目累计总投资25.8亿元，外商实际投资累计完成1532万美元。

（北京国际工程咨询有限公司）

【北京采育经济开发区】 2019年，开发区完成固定资产投资3亿元；完成总收入212.2亿元，同比降低18.4%；完成利润总额18.1亿元，同比增长17.9%。自开始至报告期累计招商项目60个，项目累计总投资85.5亿元，外商实际投资累计完成3408.5万美元。

（北京国际工程咨询有限公司）

【北京昌平小汤山工业园区】 2019年，工业园区完成总收入4.5亿元，同比增长26.1%；完成利润总额346万元，同比降低21%。自开始至报告期累计招商项目78个，项目累计总投资5.3亿元，外商实际投资累计完成655万美元。

（北京国际工程咨询有限公司）

【北京马坊工业园区】 2019年，工业园区完成固定资产投资2亿元；完成总收入36.6亿元，同比降低12.9%；完成利润总额0.4亿元，同比降低22%。自开始至报告期累计招商项目74个，项目累计总投资31.5亿元。

（北京国际工程咨询有限公司）

2019年北京市开发区土地开发情况统计表

单位：公顷

名　称	规划总面积	累计已开发土地面积	累计已供应土地面积	累计已建成城镇建设用地
国家级开发区	45682.88	33236.90	30439.54	26399.47
北京经济技术开发区	5960	5114.6	4407.4	3956.83
中关村国家自主创新示范区	41854.28	30450.80	25708.47	24862.16
中关村示范区海淀园	17430.58	14176.35	13906.24	13428.72
中关村示范区丰台园	818	470	426.2	415.16
中关村示范区昌平园	5140.25	2742.79	2492.72	1954.19
中关村示范区朝阳园	2610	1471.88	1447.09	1067.42
中关村示范区亦庄园	2678	2678		2678
中关村示范区西城园	1000	1000	1000	1000
中关村示范区东城园	603	288.78		288.78
中关村示范区石景山园	1334	400	400	133.4
中关村示范区通州园	3434.62	2323.38	1973.91	1284.62
中关村示范区大兴园	1124.73	710.23	573.41	354.52
中关村示范区平谷园	508	227.71	103.39	85.19
中关村示范区门头沟园	189	120	120	
中关村示范区房山园	1572.57	1204.7	1145.24	747.855
中关村示范区顺义园	1208.49	912.35	599.48	412.15
中关村示范区密云园	1000.84	699.27	606.98	462.36
中关村示范区怀柔园	711	693.06	664.26	359.16
中关村示范区延庆园	491.2	332.3	249.55	190.63
北京天竺综合保税区	546.6	349.5	323.67	258.48
市级开发区	10462.0	7791.3	6086.1	5657.0
北京石龙经济开发区	189	120	120	
北京良乡经济开发区	240.93	136.11	132.69	117.445
北京大兴经济开发区	415.99	394.63	394.63	377.59
北京通州经济开发区	1947.58	770.67	750.47	637.27
北京雁栖经济开发区	1096	1096	722.2	637.57
北京兴谷经济开发区	503.2	571.72	421.59	596
北京密云经济开发区	1249.46	1249.46	1000.37	909.95
北京临空经济核心区	1360.38	1245.91	699.96	662.45
北京顺义科技创新产业功能区	1332	942.6	823.2	823.2
北京八达岭经济开发区	491.2	332.3	249.55	190.63
北京永乐经济开发区	459.81	219.306	137.13	137.13
北京延庆经济开发区				
北京昌平小汤山工业园区	257.34	23.48	23.48	45.32
北京采育经济开发区	355.01	327.08	319.71	285.01
北京房山工业园区	218.52	159.51	150.72	122.76
北京马坊工业园区	345.58	202.49	140.4	114.72

说明：1．本表所指开发区包括国家级及北京市级开发区情况。

2．中关村国家自主创新示范区亦庄园数据在中关村国家自主创新示范区与北京经济技术开发区中为重叠部分。

3．自2013年起，平谷园、门头沟园、房山园、顺义园、密云园、怀柔园和延庆园7个园区纳入中关村国家自主创新示范区统计范围，后表同（详见简要说明）。

4．除中关村国家自主创新示范区海淀园外，中关村国家自主创新示范区各园“规划总面积”指标均填报批复土地面积，范围较2012年有所变化。

5．表内“累计”指自开始至年末的累计数。

2019 年北京市开发区招商、入资情况统计表

名　称	自开始至报告期累计					
	招商项目企业个数（个）	项目总投资（万元）	注册资本（万元）	#三资企业	合同外资金额（万美元）	外商实际投资（万美元）
国家级开发区	85067	379317353	359375553	41222585	4788499	3681627
北京经济技术开发区	25894	123388093.5	109425175	15870739.52	1250093	929947
中关村国家自主创新示范区	59645	270165561	259510664	29105406	3739593	2948240
中关村示范区海淀园	29985	112521384	111457514	15118621	2318375	1589377
中关村示范区丰台园	12506	34164448	34164448	280043	31449	39149
中关村示范区昌平园	4813	37317242	35584583.8	1445788	130311	130311
中关村示范区朝阳园	2212	14324805.42	14324805.42	2674357.97	198252.82	198252.82
中关村示范区亦庄园	1013	19313689	11580571	4549870	365887	357421
中关村示范区西城园	842	26250679	26250679	1394145	202094	202094
中关村示范区东城园	2630	2762312.6	2762312.6	123787	3293	3142
中关村示范区石景山园	3163	7708725	7708725	282751	98447	39080
中关村示范区通州园	526	2639197.23	1893754.23	417076.52	24307.00	24307.00
中关村示范区大兴园	176	428013	409549	29833	7542	7092
中关村示范区平谷园	245	529248.58	524333	14450	7431.15	4732.15
中关村示范区门头沟园	278	1910950.142	1910950.142	172327.1	21995.73	14925.44
中关村示范区房山园	340	394955	1794946	280108	75	1451
中关村示范区顺义园	577	8132059.5	7710524.5	2280744.5	326375	328115
中关村示范区密云园	159	917400	1129433	41504	3759	8791
中关村示范区怀柔园	180	850453	303535.08			
中关村示范区延庆园						
北京天竺综合保税区	541	5077386.82	2020284.3	796308.84	164700.13	160861
市级开发区	33098	92659656	95236495	8059095	724724	679252
北京石龙经济开发区	12963	10160559.37	10160559.37	168486.65	22478.2785	6497.304167
北京良乡经济开发区	80	258102	156970	17730	1532	1532
北京大兴经济开发区	6451	11949236	11470724	228830	10675	9491
北京通州经济开发区	89	2996539	868049	274346	40360	37198
北京雁栖经济开发区	1846	3441444	1162850.10	460489	240470.85	252779.85
北京兴谷经济开发区	309	1006291	433564	271453	67454.7	67184.9
北京密云经济开发区	264	3140671	629041	131210	24807	62206
北京临空经济核心区	4196	47679281	47679281	3246511	306329	229569
北京顺义科技创新产业功能区	2019		9999935	3119909		
北京八达岭经济开发区	4533	9960770	11595228	2946	6220	6880
北京永乐经济开发区	105	454817	162766	2623		1850
北京延庆经济开发区						
北京昌平小汤山工业园区	78	52800	34731	6242	989	655
北京采育经济开发区	60	854874	425256	39998	3408.5	3408.5
北京房山工业园区	31	389755.3	143024			
北京马坊工业园区	74	314516.71	314516.71	88321		

说明：中关村国家自主创新示范区亦庄园数据在中关村国家自主创新示范区与北京经济技术开发区中为重叠部分。

2019年北京市开发区投资、生产情况统计表

名　称	自年初累计		
	固定资产投资（万元）	总收入（万元）	利润总额（万元）
国家级开发区	7992709	736999704	43690751
北京经济技术开发区	3134859	131441149	6697334
中关村国家自主创新示范区	5452361	664221790	41826039
中关村示范区海淀园	1490264	274594303	14550106
中关村示范区丰台园	401000	62728342	3871145
中关村示范区昌平园	139155	45700100	2581634
中关村示范区朝阳园	70000	68890057	4247909
中关村示范区亦庄园	612305	62801499	5198590
中关村示范区西城园	56047	33711680	3129427
中关村示范区东城园	1256857	30365751	2462112
中关村示范区石景山园	250269	26131947	3097585
中关村示范区通州园	127664	9482538	480349
中关村示范区大兴园	182721	8541829	556718
中关村示范区平谷园	48240	1710799	26301
中关村示范区门头沟园	25000	3651255	117200
中关村示范区房山园	264483	5044805	132959
中关村示范区顺义园	211146	19615168	1234212
中关村示范区密云园	13905	4060496	-224237
中关村示范区怀柔园	195484	5741853	338388
中关村示范区延庆园	107821	1449369	25642
北京天竺综合保税区	17794	4138264	365968
市级开发区	3907126	101713531	8877050
北京石龙经济开发区	25000	10175791	-498576
北京良乡经济开发区	1018	3164955	81999
北京大兴经济开发区	442	3573514	134820
北京通州经济开发区	67495	1818724	318654
北京雁栖经济开发区	195484	4452046	449800
北京兴谷经济开发区	37028	2052348	56201
北京密云经济开发区	65838	4146341	255575
北京临空经济核心区	3142269	45354288	3902418
北京顺义科技创新产业功能区	98056	13113034	843781
北京八达岭经济开发区	107821	2185593	121792
北京永乐经济开发区	55800	101485	-4300
北京延庆经济开发区		8353652	2996510
北京昌平小汤山工业园区		45108	346
北京采育经济开发区	29904	2121866	180827
北京房山工业园区	60641.15	688468	32948
北京马坊工业园区	20330	366317	4254

说明：1. 中关村国家自主创新示范区亦庄园数据在中关村国家自主创新示范区与北京经济技术开发区中为重叠部分。
2. 北京经济技术开发区、市级各开发区“总收入”“利润总额”指标的统计范围为规模（限额）以上法人单位。

2020

北京工业年鉴

BEIJING GONGYE NIANJIAN

协会组织

本栏目采用条目体，主要记述北京工业经济联合会、北京电子仪器行业协会、北京机电行业协会、北京照明电器协会、北京日用化学工业协会、北京市饲料工业协会、北京水泥行业协会、北京玩具协会、北京建材行业联合会、北京表面工程协会，以及北京市开发区协会年度工作情况。

【概况】2019年，北京工业经济联合会（以下简称工经联）在市委、市政府领导下，在市经济和信息化局、市委社会工委的具体指导下，认真贯彻党的十九大和十九届三中、四中全会精神，用习近平新时代中国特色社会主义思想统领工作，以党建为引领，以发挥枢纽型社会组织作用为中心，以“共商”“共建”“共享”理念为指导，以搭建平台、建立联盟为抓手，以新时期的新标准、新要求推动协会各项工作，带动和促进行业向高质量、高水平发展。

工经联有会员单位105家，其中企业会员48家，行业协会会员57家，企业会员中大型国企居多，如北汽、一轻等。所以，工经联将党建工作的重点放在行业协会上，扩大党的组织覆盖和工作覆盖，增强党组织的影响力和凝聚力。贯彻落实《党支部工作条例》，加强支部生活正规化建设，促进行业协会党组织建设更加正规，制度更加完善。1月16日，工经联在陶然大厦组织《党支部工作条例》培训。根据市经济和信息化局要求，对所属部分18家行业协会的党建工作进行调研。按市委社会工委要求，深化对北京机电行业协会、北京质量协会等单位的党建工作进行指导。

年内，工经联为了强化枢纽型社会组织的建设发展，调整组织架构，建立“权责明确、依法自治、发挥作用”社团组织，解决协会法人与实际操作人权责不对等的问题，做到权责紧密结合，提升行业协会规范化建设水平。整合社会组织的发展力量，彰显其作用和价值，推动优秀社会组织的品牌化建设。针对行业协会中有共性发展需求，联盟结对，资源共享，抱团取暖。北京工艺美术行业协会、北京印刷行业协会、北京玩具行业协会、北京动漫产业协会、北京服装纺织行业协会共同组建了文创联盟。

年内，工经联重点突出4项工作：服务中小企业，秉持开放包容，不设篱笆，不搞门第观念，融合发展，联合发展，拓展生存空间，增加活力后劲；服务民营企业，宣传相关政策，优化营商环境，从政策和要素组合层面，从互联思维的角度，通过一些组织形式来促进共同发展；服务高精尖产业和疏解对接，用互联网的技术和理念来推动共性平台的建设，打好“疏整促”组合拳，推动减量发展和高质量发展；服务京津冀协同发展，落实中办和国办发的《关于建立更加有效的区域协调发展新机制的意见》，发挥行业协会的作用和优势，支持和助力国家战略。工经联为会员单位与政府项目牵线搭桥，实时对接，与北京经济技术开发区开展的招商引资、企业转型升级开展咨询服务、设立北京原创时尚设计服务园区和光伏建筑一体化的绿色节能等对接项目，受到开发区管委会领导的称赞。

年内，工经联按照市经济和信息化局的要求，组织有产业转移可能性的行业协会，组织政策宣讲，就疏解转型升级工作，学习市委、市政府及有关部门文件精神；先后参与组织到河北省曹妃甸开发区、承德县开发区、邯郸冀南开发区，内蒙古自治区乌兰察布市等地进行调研考察，争取当地政府的优惠政策，为行业对接企业转移搭建平台。北京印刷行业协会先后组织印刷企业在河北省曹妃甸和河北省滦县进行参观考察活动，推进京津冀协同发展战略项目的实施。北京家具行业协会组织企业多次到河北省、山东省、江苏省等开发区考察，共有200余家企业与北京市周边地区开发区签署入驻协议。同河北省深州市政府共建的家具产业园，除承接京津冀三地的家具产业外，协会还引进全国的优秀家具企业，致力于打造北方最大、最具影响力的家具产业集群。北京铸锻行业协会利用人才资源和地理信息、技术优势等特点，创建筹划北京智能制造研发服务中心，为京津冀地区乃至全国铸锻行业产业升级、环保治理、资源利用等提供技术支持与服务。北京电子电器协会非常重视对“一带一路”的外联工作，在东盟地区组织企业走出去方面，发挥了很好的作用，取得一定效果。

年内，工经联完成市经济和信息化局“关于北京市行业协会商会推进高精尖产业发展的案例分析”的课题。与市经济和信息化局、市委组织部等单位联合举办“北京市职工技能大赛”。11月19日，北京工经联组织召开北京市工业经济领域社团组织区块链知识培训会。以工经联、机电协会、模具行业协会共同发起的北京3D打印技术联盟在专业技术方面发挥较好的示范作用。通过专业培训，培养人才，推动北京市3D打印技术的发展，并将3D打印技能比赛列入市级职工技能大赛的项目。北京电源行业协会制定电动车团体标准，北京电子电器协会制定家用电器维修技术标准、机器人标准。北京医药行业协会与湖南省医药行业协会签订战略合作协议，与天津市高新区共同打造生物医药产业，同时推进北京市医药企业智能制造技术改造、产业升级，加速医药制造业转型升级。

（工经联）

【北京工业经济联合会】2019年，作为“枢纽型”社会组织，工经联认真履行职责，发挥业务上的引领聚合作用，动员协调该领域社会组织共同参与首都建设。加强信用体系建设，参加2019年北京市行业协会商会信用体系建设指导和信用评价试点工作，提升管理服务水平。年内，工经联为提升社会组织党员干部队伍适应新时代新要求履职尽责的能力，组织《党支部工作条例》培训，共有42家行业协会及会员企业的党组织书记或党建工作人员、协会秘书长等70余人参加；配合市经济和信息化局做好相关行业协会商会党建工作的联系和指导；认真抓好社会组织党支部建设，密切联系北京电子商会、北京机电行业协会、北京质量协会、北京印刷行业协会党建经费扶持的党建岗位，随时掌握工作进展，定期走访考察支部建设情况；认真贯彻落实北京市制造业第一联合党委的指示精神，听党委书记周玉兰同志讲党课，签署党员承诺书，参观同仁堂科技股份公司和京东方生产线。年内，工经联发挥联合会的作用，把工作的着力点放在支持和推动行业协会发展上。为了适应新形势，掌握新知识，工经联开展区块链知识培训，由北京市信息资源管理中心同志为大家授课，讲解区块链的由来及应用，共同探索区块链技术真正落地的模式，工业领域相关企业及行业协会参加培训。为推进京津冀一体化协调发展，组织会员单位到邯郸冀南开发区考察，参加河北省献县、廊坊市经贸洽谈会，参加中国开发区协会清河开发区考察研讨工作会，参加乌兰察布市招商引资发布会并带领会员单位进行项目对接考察。作为第六届中国工业大奖申报的受理单位，工经联根据《第六届中国工业大奖启动工作会议会议纪要》，组织北京地区第六届中国工业大奖申报工作，共上报6个项目。年内，工经联完成市经济和信息化局课题项目——撰写工业和信息化领域社会组织支撑高精尖产业发展案例分析。与中国电子质量管理协会协作关于举办品牌培育管理体系实施指南标准电子信息行业知识竞赛活动。配合北京市第八届减轻企业负担政策宣传周活动，组织北京市工业经济领域38家企业、行业协会50多人参加现场咨询，为企业发展提供力所能及的服务。认真协调会员单位参加2019北京公益慈善汇展，并在北京农业展览馆的现场展位进行展示。

（工经联）

【北京电子仪器行业协会】2019年，北京电子仪器行业协会加强会员单位之间和电子行业领域的交流互动，本着服务宗旨开展各项工作。11月19日，北京电子仪器行业协会技术交流研讨会在是德科技大厦召开，会议以“协同发展，升华技术”为核心推动电子行业领域发展。会上，行业专家对于有关微弱信号测量相关技术，以及测量行业的前沿技术进行介绍。是德科技王立春对于“时分双工通信信号的功率计量”方面前沿技术进行介绍；514所刘民、203所朱珠对“新国际单位制7个基本物理常数的由来”分别做了讲解和阐释；数英仪器赵富君对“高精度时间间隔测量技术的现状与研究进展”谈了研究成果；北信科大老师谷玉海讲解了“全液流微小磨粒在线检测方法及仪器开发”方面的技术知识；514所严明围绕“微弱电信号测量基础技术”进行辅导。通过开展技术交流研讨会，北京电子仪器行业协会以为全行业服务为宗旨，配合政府部门推行行业管理，促进行业内部企事业单位之间、科研生产之间的横向联合，促进中国电子仪器行业与国际电子仪器行业的交流与合作，促进中国电子仪器行业的发展，提高全行业的素质。

（北京电子仪器行业协会）

【北京机电行业协会】2019年，北京机电行业协会坚持服务行业、服务会员企业工作宗旨。组织会员单位参加有关会议，并做好会议精神的宣传贯彻工作。相继参加中国工经联与国务院国资委联合举办经贸形势报告会、第六届中国行业协会发展论坛会、全国机械工业经济形势报告会，进一步了解宏观经济形势和行业运行现状及发展态势。特别是中国机械工业联合会四届六次会员大会暨全国机械工业先进集体劳动模范表彰大会召开前期，受市人力社保局委托，协会代表北京市组织推荐2个受表彰先进集体，为北京巴布科克·威尔科克斯有限公司、北京新能源汽车股份有限公司；2名受表彰劳动模范，为北京华德液压工业集团有限责任公司杨晓东、北汽集团越野车事业部王璋。年内，针对北京天海工业有限公司产品因受中美贸易摩擦加征关税的巨大影响，将下滑上亿元人民币，协会主动向市经济和信息化局提交退还税款书面申请，呼吁政府部门政策扶持。组织北京华德液压公司等10家会员企业参加市经济和信息化局等政府部门举办的关于产业结构调整的政策方向和对外贸易支持政策的宣讲、企业减负政策座谈会。推荐北开电气和华德液压两家企业，参与中国工经联关于“‘一带一路’基础设施建设与中国制造2025协同发展关系研究”课题活动。组织北京机械局技术开发所等12家会员单位参加政府开展的涉企收费清理规范调查及工业和信息化领域社会组织支撑高精尖产业发展情况调查活动6次。在与政府部门沟通中，协会向政府反映会员的意见和建议9次。深入会员企业调研，其中非公企业4户、国企6户。调研中引导会员单位创新研发适应首都功能建设发展项目，尤其是组织协调北京联合大学、市机电产品标准质量监测中心、北京京城蓝天环保科技有限公司、市机械局技术开发所等会员单位，针对北京市重型柴油车、非道路移动机械等高排放车辆尾气排放污染问题开展大量调研，联合理事长单位北京京城机电控股公司形成环保监控技术方案，并为北京市人大代表提出该方面的人大议案建言献策。组织相关单位研究制订高排放车辆环保监测系统技术方案，进行监测设备研发和大数据监控系统开发，并完成北京市科委重点研发计划项目申报立项。以该项目为背景申报北京市科委课题，成功获得“首都蓝天行动培育”重点研发计划项目立项，获批项目总经费近600万元。组织京津冀三地机电行业协会有关领导相聚北京，座谈交流各自总体情况及开展党建和服务行业、会员企业相关情况，按照三地协会主办方轮流机制，完成主办方移交工作。认真做好企业信用评价，推动行业自律和诚信经营。协会与北京企业评价协会持续合作，开展“诚信长城杯创建”工作，北京捷通机房设备工程有限公司、绿友机械集团股份有限公司、北京第二机床厂有限公司和北京朝阳隆华电线电缆有限公司4家会员单位，通过“诚信长城杯创建”2019年度复审。充分利用协会网站、理事群等相关媒体宣传贯彻上级文件精神及各项政策，发布京津冀三地行业招商引资、推荐全国机械工业“双先”候选人三公示有关信息，与会员企业共享。

年内，协会完成专业技术资格评审，全年申报参评人员与上年基本持平。全年网上申报机械和电气专业高、中级专业技术资格评审的人员共2023人，其中高级792人、中级1231人。经过网上和现场审核，高级参评698人、中级参评1188人。通过答辩专家分组出题、现场分组评审，高级职称通过389人，占参评698人的55.7%；中级职称通过766人，占参评1188人的64.4%。全年完成北京市社会化职业技能鉴定技师、高级技师7个批次559人的综合评审工作，其中技师394人、高级技师165人。通过技能鉴定人数408人，通过率72.99%，其中技师通过人数292人，通过率74.11%；高级技师通过人数116人，通过率70.3%。评审考评工作为首都高精尖装备制造业发展及培养科技和职业技能人才提供了重要支撑。年内，协会主动申报并被遴选为北京市民政局开展行业协会商会信用体系建设情况评价试点单位，按照《北京市行业协会商会信用评价指标体系》要求，协会从自身建设、服务能力、社会责任和社会评价4个大项目、40个小项目，完成评价小组的现场评价审核。为保障网络安全性，投入4.7万元，对协会的网络系统进行安全升级，并对网站改版更新。依据章程和上级有关规定，完成协会法人变更及章程条款的修订；完成信用评价指标体系现场审核、脱钩工作的资产清查等各种迎检5次（鉴于疫情防控，审计暂缓）。认真执行落实协会制度章程，坚持驻会副理事长办公会每周一次，研究部署相关工作，遇重大事项及时召开，确保协会工作务实高效。

（张桂萍）

【北京照明电器协会】北京照明电器协会自1987年成立以来，在市社团办、市经济和信息化局领导的指导下，协会与行业共同推动照明电器行业的发展、创新，促进行业的健康发展。1月15日在北京万隆汇洋灯具灯饰时代广场会议室完成第八届换届选举工作，陈瑞福连任第八届会长。全年共发展5家企业入会。年内，第八届第二次理事会在北京高仕力国际灯具市场有限公司召开。会议表彰2018—2019年度北京照明电器行业诚信经营商户，表彰2018年度北京市诚信创建企业。会上同时发布北京照明电器行业职业道德准则，引领会员企业经营更加规范、管理更规范，履行了协会为会员企业服务重要职责。协会与香港雅式展览公司合作，作为雅式在北京举办的中国（北京）国际照明展览会暨中国（北京）国际半导体照明产业博览会的支持单位，展会期间组织协会的照明工程、广告照明、灯具灯饰市场、智能4个专业委员会的会员企业前往参观。在灯具灯饰城对导购员进行系统的照明知识培训，使导购人员应用掌握的照明知识为消费者提供更专业的服务。协调会员企业积极参加在北京会议中心召开的北京市第八届减轻企业负担政策宣传周现场咨询活动，让企业更多地了解政府的相关政策，帮助企业创新发展。协会防患于未然，要求各会员单位做好安全生产及消防工作，主动与灯具市场联系，为有消防需求的市场进行消防安全教育和培训宣讲。年内，协会参与行业商会、协会信用评价指标体系建设试点工作。11月，北京市行业协会信用评价专家组到协会开展现场评估，对协会的信用评价体系建设工作给予充分肯定，认为最大的亮点是信用评价体系建设工作开展的较早，材料准备齐全。11 月，协会在北京万隆汇洋灯具灯饰时代广场召开 2019 年北京照明电器行业企业诚信创建活动培训动员会，106 家会员企业参加培训。北京照明电器行业企业诚信创建经企业自愿申报、信用信息采集、第三方机构征信、行业协会初审，2 家企业为 2019 年北京市诚信创建企业初审单位，11 家复审单位进入公示范围。协会在宣传推广诚信创建企业的基础上，不断挖掘和树立行业诚信企业典型，总结企业在诚信工作方面的亮点，并与北京电视台对接，利用《诚信北京》周播节目进行宣传。同时，通过信用北京、北京照明电器协会网及协会公众号等媒体广泛推广典型企业的诚信事迹，引领行业诚信体系建设。协会选送北京星光影视设备科技股份有限公司、北京万隆汇洋家居建材市场有限公司、北京高仕力国际灯具市场有限公司参加《诚信北京》的采访录播。11 月 30 日，由北京照明电器协会指导，北京照明电器协会灯具灯饰专业委员会、中国灯都灯具市场联盟和古镇灯饰报社联合主办，北京万隆汇洋灯饰广场、古镇灯饰 MALL 联合承办，超频三总冠名的“品牌致胜 · 渠道为王”2019 中国灯都渠道高峰论坛（北京站）暨北京万隆汇洋灯饰广场 14 周年庆典在北京万隆汇洋灯饰时代广场举行。活动会集政府领导、全国各地商协会代表、各地灯具卖场负责人、知名灯饰照明企业负责人、优秀经销商代表以及知名媒体代表等近 400 人，与会人员共同就新形势下的渠道经营方向进行深入探讨，并围绕上下游市场互通互融，盘活渠道资源，共建行业活力生态圈等话题进行探讨。

（北京照明电器协会）

【北京日用化学工业协会】2019 年，北京日化协会坚持以“为会员服务、为行业服务、为政府服务、为社会服务”为宗旨，开展各项活动，促进了行业建设。在北京诚信长城杯企业创建工作中，有 10 家会员单位符合《诚信长城杯企业认定规范》标准要求，被市经济和信息化局、首都精神文明办、市工商局和市地税局认定为 2019 年诚信长城杯企业，9 家会员单位通过年度复审，被认定为 2019 年北京市诚信创建企业。协会配合药监局调查了解市化妆品生产企业现状与发展遇到的问题，举办“环保”和“发展”为主题的北京市化妆品生产企业研讨会，药监局领导及 14 家化妆品企业代表参加会议。配合政府监管部门完成《化妆品生产许可工作规范》解读稿件和科普文章的校对，并提出修改建议。完成《化妆品监督管理条例》政策解读初稿和发布会预审稿，整理问题近 150 项；组织《化妆品分类规范》第三稿及参与新《条例》配套二级文件征求意见和立法工作会；负责化妆品监督人员培训系列讲稿《化妆品法规与实操要点》（1–6）编写。协会与监管部门沟通，为会员单位提供免费的政策法规咨询服务，协助解决遇到的矛盾问题。年内，协会组织召开 T/BDCA 0001–2018《国产非特殊用途化妆品备案资料编制指南》等 4 部团体标准审定论证会，在协会微信平台、网站和团体标准信息平台同步发布。起草发布 2019 年和 2020 年团体标准立项征集通知，公开征集团体标准立项意见和建议，修订《北京日化协会团体标准管理办法》，并在团体标准信息平台公示。 开展学术研讨交流。年内，协会举办 3 次“中国化妆品科技大讲堂”，在广州保利世贸博览馆，与 PCHi 联合产学研联盟、高校化妆品联系会和北京工商大学中国化妆品研究中心，承办“中医药与化妆品联合创新应用论坛暨第十届中国化妆品科技大讲堂——中医药传承与化妆品发展主题讲堂”，500 人参会。由北京工商大学主办，北京日化协会协办的“第十届中国化妆品科技大讲堂化妆品法规前沿与审评要点专题讲堂”在北京举办，参会人员 70 余人。由中国特色植物资源化妆品产业联盟筹备委员会、北京日化协会、北京工商大学化妆品研究中心联合组织的“第十届中国化妆品科技大讲堂暨首届中国特色植物资源化妆品专题论坛”在北京举办，160 余人参会。开展科普进社区公益活动。协会深入朝阳区吉祥里社区，开展美容化妆实用知识科普讲座，30 人参加。在全国科普日到新华保险公司方庄分部举办化妆实用知识科普讲堂，到会 30 人。助力“全国化妆品安全科普宣传周”活动，承接国家药监局部分前期准备，完成“安全用妆知识竞赛”近 300 道题目的编辑。在北京工商大学举办“化妆品安全科普宣传进校园”主题宣传活动，协会分别以“美丽从头开始”和“打造美丽妆容实用化妆讲堂”为主题进行专家宣讲，现场设有制作演示、头发和皮肤指标测试、化妆体验互动。协助北京拍卖行业协会在海淀区甘家口街道开展第七届北京惠民文化消费季“文创产品大联拍——拍卖进社区”活动。加强会员单位建设。协会为增进与会员单位间交流沟通，传达政府行业发展前沿信息，建立畅通日常联络机制，分别举办两期会员单位沙龙座谈，就会员单位关注的问题进行集中研究探讨，解答部分会员单位工作中的难点和疑问。组织人员积极参加业务培训，提升了整体工作能力。完善协会平台建设。协会利用微信、协会网站做好宣传和信息发布工作，共发布文章182篇，其中协会组稿106篇、会员单位供稿76篇。规范杂志刊物，免费赠送《北京日化》内部刊物给会员单位，拓宽读者群。强化对外交流交往。协会按照立足北京、面向全国、走向世界工作方针，应“国际行业前线——beauty world展会2019”和第九届化妆品产业技术展（CITE JAPAN 2019）组委会邀请，派两名专业技术人员前往全球性最新产品、服务、信息、技术汇集一堂的综合和产业技术交流展会进行学习和报道。

（北京日化协会）

【北京市饲料工业协会】2019年，北京市饲料工业协会聚焦国家重大战略部署，主动推动京津冀饲料工业协同发展；紧扣行业时代脉搏，当好政府助手；打造企业核心竞争力，形成“京”字企业的优势聚集力。年内，协会与天津市、河北省饲料工业协会对接，分别在北京市、天津市、河北省组织多次座谈交流，在达成共识的基础上，打造一个京津冀饲料行业资源、市场与要素互联互通的平台。同时，在首都饲料生产企业调整转移过程中，协会发挥组织协调、汇聚资源优势，对接当地资源，开展一系列的协调和园区考察活动。年内，协会组织应对非洲猪瘟和部分药物饲料添加剂退出政策的调研会，针对企业防范措施撰写可供行业参考的调研报告。为促进行业可持续发展，完善天然植物饲料相关标准，推动建立《天然植物饲料原料通用要求》国家标准，并向主管部门提交“关于将天然植物提取物大类列入《饲料添加剂品种目录》的建议”。将饲料创新企业集中反映的问题及建议整理汇总为《关于新饲料和饲料添加剂监测期存在的问题及建议》上报至主管部门。协助政府贯彻宣讲，加强企业产品质量安全意识。协会依托畜牧饲料商务考察，学习国际、省外企业先进经验，并推荐优秀企业代表参与国际项目交流。推优推先，助力北京市企业申报各类荣誉。组织行业热点高层论坛，及时在解析政策、技术转化、产品创新、经营管理等方面为企业赋能。截至年底，北京市饲料生产企业不足100家，在疏解北京“非首都功能”推进京津冀协同发展的要求下，北京饲料企业逐渐形成“总部在京、生产转移、市场在外”的特点。协会根据企业“生产转移到哪里，协会就发展到哪里；销售市场在哪里,协会就服务到哪里”进行跨区域追踪服务。年内，协会为企业与科研机构的合作搭建资源平台，促进企业与中国农业大学，中国农业科学院饲料研究所、北京畜牧兽医研究所等高等院校，北京市畜牧总站、北京市饲料监察所等科研机构的产学研结合，鼓励企业挖掘产业内生动力,促进产业科技创新发展。年内，饲料工业为养殖业提质增效促环保提供坚实的物质基础，近年来受养殖环境影响，饲料成为养殖业的成本中心，配合饲料产能优势的饲料企业，加速与养殖下游的融合或结合。跨行业服务形式及内容值得协会慢慢探索。北京市饲料企业综合素质高，国际竞争力强，销售市场遍布全球，年出口量和出口额逐年增加。随着国际交流合作增加，国内外新技术、新产品的沟通交流、合作意向逐渐增多，协会协助企业开拓国外市场，促进国际合作。北京是科技创新中心，饲料企业在动物营养学、饲料配方研发、精准饲喂养等加大研发投入，加快生物饲料、天然植物、酶制剂等绿色、安全饲料的开发应用。

（饲料工业协会）

【北京水泥行业协会】2019年，北京水泥行业协会从“两个服务”升级向为社会全面服务转化，随着疏解非首都功能政策实施以及金隅冀东水泥合并与发展，已发展成为跨地区、跨行业的综合性协会。现有会员单位47家，分布在京津冀晋豫地区。行业涵盖水泥、砼、耐火材料、外加剂、砂浆、科研院所、工业学校等。协会有行业协调、培训、专业刊物、成果推广等7项业务职能，主要发展方向为产学研协一体化的社会化服务体系。年内，北京市规模以上主要建材产品累计生产硅酸盐水泥熟料256万吨，同比下降6%；水泥生产319万吨，同比下降19.7%；商品混凝土5155.37万立方米，同比增长5.23%。全市具备预拌混凝土专业承包资质条件的企业共144家，其中31家处于停产或拆迁状态。普通干粉砂浆产量213.62万吨，同比下降2%。现有普通砂浆生产企业18家。金隅冀东（唐山）混凝土环保科技集团有限公司年产量达到了1729万立方米，收入67亿元。北京水泥行业仅剩金隅冀东水泥集团旗下的北京金隅琉水环保科技有限公司和北京金隅北水环保科技有限公司两家水泥协同处置环保生产企业。北京水泥市场需求量在1500万吨以上，市场明显供不应求。为适应北京战略和环境发展要求，企业已较为成功地转向了城市环保型企业，废弃物消纳32万吨左右，其中飞灰7.4万吨、污染土15.8万吨、污泥1.8万吨、建筑垃圾7.5万吨。年内，金隅冀东水泥实现营业收入345.07亿元，同比上升9.73%；实现归属上市公司股东净利润27.01亿元，同比增长41.86亿元。年内，协会参加中国水泥协会在十渡举办的培训、矿山年会、矿山高峰论坛、矿山环资会、全国会长秘书长会、全国水泥优秀总工程师表彰会。由墙体协会牵头与科技大学对矿山自动化管理技术进行了交流；由包装协会与环保联合会组织对用过热蒸汽处置废弃物技术的研讨；与包装协会探讨采用德国技术对医疗废弃物的处置，以及对多种包装处置后的再利用，现已和多个协会建立了合作关系。接待奥地利欧本德弗公司，组织安排科研总院、设计院、玉田公司科技人员进行对接，就住宅产业化进行研讨交流。协会按照《中国水泥协会2019年错峰生产全年实施计划通知》精神，组织北京市水泥企业实施错峰生产，累计减少熟料产量30.56万吨、减少燃煤消耗4.18万吨、减少二氧化硫碳排放26.43万吨、减少二氧化硫排放9.1吨、减少氮氧化物排放339.3吨、减少粉尘排放8.2吨，实现了北京水泥企业2019年错峰生产的目标要求。编制“十四五”规划。主要任务是改造日产2000吨熟料生产线能耗、环保达标的多功能水泥窑生产示范线。发展方向为转型升级形成日产2000吨水泥（熟料）以上优良装备企业集团形成规模效益；与钢铁企业集团合作研发液态水泥（热耗预计可减少40%）形成成果转化，附加产品漂珠、微珠、超细填充材料等高增值产品；用水泥基材料、特种砂浆、特种装饰新材形成产业链引导市场；全产业链协同发展矿山、骨料、砂石、砼、水泥制品、建筑装饰、3D打印艺术品。规模发展走出去，建立大型国际化集团。规划目标：保留200万吨/年以上企业，水泥（熟料）总量控制在400万吨左右。处置城市废弃物能力250万吨，按北京市计划焚烧、填埋、堆肥各占30%计算，水泥行业可处置消纳北京全部产生的可燃性垃圾。能源消耗：吨熟料煤耗100千克以下，吨水泥电耗95千瓦时；环保排放：粉尘5毫克、二氧化硫15毫克、氮氧化物50毫克、二氧化碳排放比2020年降低30%；经济效益：比2020年提高20%以上；生产集中度100%，市场销售100%。行业赢运率100%；噪声65分贝；最终目标实现水泥行业生产实现“四零一负”的目标。进一步落实安全生产法，提高建材行业从业人员的安全生产专业知识和管理能力，增强安全意识，提高安全技能，实现零死亡。

（北京水泥协会）

【北京玩具协会】2019年，北京玩具协会贯彻党中央和市委、市政府决策部署，不忘初心，牢记使命，主动作为，各项工作取得新进展。2019年是《北京市非物质文化遗产条例》立法正式实施之年，协会围绕保护传承北京特色文化，组织参加各项社会公益活动。协会于1月19日至21日、1月26日至27日，在朝阳大悦城10层蓝天城举办了非物质文化遗产产品及体验展示活动。2月16日至17日参加由中国宋庆龄青少年科技文化交流中心体验中心举办的2019欢欢喜喜过大年·非遗所思民俗庙会活动。协会组织20余位非遗传承人带来30余项民俗活动和非遗体验，其间接待6500余名家长和孩子。5月参加2019中国·保定第十届空竹文化艺术节、参加北京通州“优阳杯”空竹艺术节暨第二届京津冀空竹文化交流赛。在第二十九个全国助残日来临之际，空竹界前辈与交道口温馨家园空竹队开展助残日联欢活动。5月29日至6月1日，传统手工艺品为第十四届北京文博会添彩。7月11日至14日参加在全国农业展览馆举办的第十届中国(北京)国际玩具教育文化博览会。10月，第十二届“恒安杯”京津冀空竹艺术节在北京市陈经纶中学民族学校举行，300名空竹爱好者参加交流比赛、展示风采。11月4日至16日参加在中华世纪坛数字艺术展厅举办的“抟土描彩·塑说盛世”大型展览。协会应邀参加第六届北京国际少儿校外教育展、第四届鲁班科技文化节、中国纪念马丁·加德纳聚会等活动。11月赴河北省衡水市参加8省15市空竹大师技艺交流。年内，海淀区非物质文化遗产保护项目空竹传承人、北京民间玩具空竹技艺·收藏大师刘振钰收徒仪式在协会传统手工艺传承培训基地（北京传统手工艺术博物馆）举行。

非遗文化进社区、非遗传承进校园。3月18日至23日，国家级非物质文化遗产之哈氏风筝校园行走进北京师范大学；5月17日，非遗项目面塑、泥塑等走进北方交大二分校；5月23日，三区联动、同课异构——北京市风筝课程教研活动在长辛店中心小学举行；6月4日、14日，北京鬃人、北京风车走进灯市口小学；9月，益智玩具鲁班锁走进人大附小，对超常儿童进行早期教育智力开发；走进人大附中北京经济技术开发区学校、羊坊店中心小学、北京市回民学校、白家庄小学迎曦分校、北京市第十三中学，举办传统手工艺培训，弘扬传统文化、感受非遗魅力等活动。年内，北京绒鸟制作走进姚家园西社区新悦百姓学堂；“太平燕”飞进姚家园西社区；星河湾瓷盘彩绘走进星河湾社区；珠绣工艺走进平房村；毛猴制作走进大兴区郁花园社区、曙光社区；空竹抖进水碓子社区；周末学堂来到林肯公园社区进行非遗授课；华纺易城社区组织“三社一体”传统手工艺布鞋活动，旨在体验传统工艺布鞋的魅力；“通州巧娘”手工艺宣传推广太平燕、吉祥鼓制作；怀柔区红庙村举办传承文化巾帼培训班；北京传统手工技艺传承培训基地的教员到大牛坊村、小牛坊村举办主题风筝活动等。

传统文化走出国门。一是中国龙腾飞迪拜海滩“中国红”串起城市祝福。春节前夕，风筝赵铁民老师、会员赵子赫参加了由文旅部组织的“璀璨中华”2019迪拜欢乐春节的庆祝活动，父子俩及欢春团成员共同将一条长达70米的巨龙风筝放飞，“中国龙”腾空而起飘扬在迪拜上空。二是布艺作品赴新加坡进行文化交流。11月，赵梓立老师带着她的布艺作品前往新加坡，参加了首届国际专业拓艺书画篆刻作品新加坡展，其作品不仅受到很高评价，而且还有一部分被收藏。年内，协会参加社会组织信用体系建设信用评价试点工作。制订中长期发展规划，起草《北京玩具协会2020—2024年发展规划》。北京市全面推开行业协会商会与行政机关脱钩改革工作启动，协会作为第三批脱钩单位参加。响应北京市生产制造业行业协会第一联合委员会“京津冀社会组织跟党走——助力脱贫攻坚行动”通知精神和中国玩具和婴童用品协会2019年TJPA Care Project · B&U陪伴计划之“陪你长大”活动号召，协会认捐河北省承德市兴隆县扶贫项目大水泉乡田家庄村小学、幸福院、村民活动中心体育、文化设施3万元；为内蒙古幼儿园捐赠生肖玩偶、不倒翁等毛绒玩具1000余个。年内，协会到上海参加第十八届CTE中国玩具展和2019年度中国玩具和婴童用品行业晚宴暨2020全球趋势产品发布会。 北京优贝百祺儿童用品有限公司获2019年优贝设计团队国际大奖，即德国工业设计大奖IF奖，相当于电影届的奥斯卡奖。协会会员金耀华立体堆绣《一带一路　中欧意象》艺术珍藏纪念册出版发行。庄幼波、林爱幸、杨晓康等人的艺术作品获各种奖项。中央电视台、北京电视台、《北京日报》、《北京青年报》等新闻媒体对北京民间传统玩具、北京民间工艺大师专题采访和宣传报道10余次。12月20日，北京玩具协会召开2019年度会员大会暨第十二届第四次理事会。会议对会员单位变动情况进行审议，并以举手表决的方式通过北京百荣世贸商城有限责任公司等24家会员单位退会或放弃会员资格，同意蔡志伟绒花（绒鸟）工作室等22家会员单位入会名单。

（赵亚曼）

【北京建材行业联合会】2019年，北京建材工业企业按照北京市人民政府办公厅发布的《北京市新增产业的禁止和限制目录（2019年版）》要求，认真开展疏解工作，大部分企业完成搬迁调整，现存的2家水泥企业已经完成转型升级。受政策影响，全年全市地方规模以上建材企业累计生产商品混凝土4940万立方米，同比增长14.6%；平板玻璃56.9万重量箱，同比增长4.4%；硅酸盐水泥熟料256万吨，同比下降6%；水泥319万吨，同比下降19.7%；石膏板5892万平方米，同比下降2.8%；卫生陶瓷16万件，同比下降12.8%；沥青和改性沥青防水卷材71.5万平方米，同比下降57%；玻璃纤维和玻璃纤维增强制品1.4万吨，同比下降21%。2019年是中华人民共和国成立70周年，联合会根据上级安排部署和相关部门要求及时上报行业动态。为加快推进北京市社会信用体系建设，联合会组织会员企业自愿参加由市经济和信息化局委牵头，首都文明办、市工商局、市质监局等8个委办局联合组织开展的《北京市企业诚信创建》活动，通过开展信用评价活动进一步提高企业信用管理水平，加强企业信用风险防范能力，树立诚信标杆，促进企业可持续发展。全年完成9家诚信企业复审工作，新申报诚信企业2家。承接政府项目，为政府决策服务，为会员企业服务。年内，联合会承接市经济和信息化局跨年项目，组织调研、编写《北京市降低一般工商业电价政策落实效果自评估报告》。自评估工作组根据《地方自评估工作指引》要求制订抽样调查方案，完成对全市16个区263家不同类型工商业用户的抽样调查工作，梳理汇总了抽样调查结果，完成合同要求的对数据汇总分析工作，摸清了北京市降电价政策措施的落实情况。做好会员企业疏解后的跟进服务。年内，联合会以疏解非首都核心功能为工作导向，按照市经济和信息化局的要求，协助做好《北京市新增产业的禁止和限制目录（2019年版）》的落实工作。联合会和部分专业协会多次到会员企业进行调研，对已经完成疏解的企业进行重点走访，了解企业的发展现状和经营状况，对企业面临的问题与政府相关部门进行沟通、反映，为企业解决问题出谋划策，为企业与外埠相关机构、工业园区牵线搭桥，组织相关企业进行项目对接。联合会防火涂料分会的34家会员企业中有28家已在北京市以外的省市落户，防火涂料分会协助这些会员企业完成了认证机构的工厂检查及3C证书转换工作。继续开展工程系列（建材）中、高级职称的评审工作。北京建材行业联合会组织建材中级职称的评审已10余年，为建材行业优秀科技人才的职称晋升起到了推动作用。从2018年开始，建材行业高级职称的评审工作也由联合会负责组织开展，2019年是开展高级职称评审工作的第二年，在上年基础上联合会加大了工作力度，使得申报人数创历史新高。全年申报高级职称的有139人，经审核有123人参加了答辩，73人获得通过；申报中级职称的有206人，经审核有201人参加了答辩，144人获得通过。组织体系认证和培训工作。年内，联合会继续发挥“国建联信认证中心北京地区认证工作站”的作用，全年完成对49家企业183项次的年度监查审核。4月16日至18日与国建联信认证中心联合举办企业管理“三体系”及《职业健康安全管理体系要求及使用指南》标准（转版）内审员培训班，有20个单位57名学员参加培训，课程结束后对学员进行了考核并颁发了管理体系标准内审员培训证书。做好环渤海地区“4项评价活动”。年内,联合会根据京、津、冀、鲁、辽、晋、蒙环渤海7省市自治区建材行业协会的协调倡议，年度内在环渤海地区继续开展“诚信企业”“知名品牌”“最具影响力企业”“技术创新型企业”4项评价活动。经过企业自愿申报、联合会4项评价活动工作领导小组初审、北京地区4项评价活动专家组复审等环节，北京地区评出诚信企业22家、14家企业17项知名品牌、最具影响力企业3家、技术创新型企业2家。获得殊荣的上述企业一并受到2019年度环渤海七省市自治区建材行业协会的联合表彰。持续开展科技评奖和科技成果鉴定工作。联合会已连续14年免费开展北京建材行业科学技术奖评选活动。 全年有20家企业进行申报，申报项目共计45项。经初评、专家评审、科委会通过，在联合会网站公示无异议。受北京金隅红树林环保技术有限责任公司、北京生态岛科技有限责任公司委托，北京建材行业联合会组织专家对这两家企业的“全自动废弃铁质包装容器预处理及处置系统开发”“废硫酸提纯综合利用于飞灰处理的技术研究”两个科研成果进行了鉴定。

（北京建材协会）

【北京表面工程协会】2019年，北京表面工程协会进一步加强自身建设，坚持以市场为导向，提高自身服务创新能力，提高行业引导作用，更好地为政府、社会、行业、会员提供优质服务。12月20日，协会组织召开第八届一次会员大会,选举产生新一届理事会,选举姜兵为会长、宋志富为秘书长。年内，协会参与生态环境部下发的《排污单位自行监测指南　电镀工业》征求意见稿的修改意见反馈和评审工作。参与生态环境部下发的《污染源源强核算技术指南　电镀》征求意见稿的意见反馈和评审工作。参加生态环境部组织的对《电镀工业排污许可证执法手册》和《电镀工业防治污染可行技术指南》的评审工作。参加生态环境部评估中心对《规范工业集聚区环境保护监管机制开题论证报告》的技术研讨会，对中国电镀园区的经营、管理、污染物治理、运行、监管等发表了意见，编制《规范工业集聚区环境保护监管机制》应充分考虑电镀园区实际情况。参与了第二次全国污染源普查中《电镀行业产排污核算实施方案》的评审工作，参与北京市生态环境局组织的对《双超双有企业强制性清洁生产审核技术通则》（征求意见稿）的评审工作。并对其中不符合行业实际情况问题进行了反馈。参与生态环境部环境评估中心《电镀行业环评管理研究开题论证报告》与《电镀行业环评管理研究报告评审》评审讨论工作。参与生态环境部（电镀工业污染防治可行技术指南）编制组,组织对该指南进行评审；参与生态环境部《电镀工业园区水环境管理技术规范》报告评审讨论工作。参与生态环境部环境评估中心对《电子工业集成电路 环境管理研究报告》评审工作。参与生态环境部委托南京环境科学研究院组织对《电镀污染排放标准修改单报告》评审工作。年内，协会组织专家对当前北京的经济形势和环保形势进行了分析和解读，对北京市最新政策进行宣贯，要求企业守法经营，诚信经营。为了了解企业诉求，开展行业企业调研工作，进一步落实《京津冀协同发展规划纲要》要求，充分发挥京津冀三地工业定位，协会结合北京非首都功能疏解和重点领域率先突破，加强中间工序的升级改造和电镀产品委托加工体系建设的统筹规划，推广先进技术设备、设施在电镀行业应用，促进电镀企业在生产工艺、治污环节升级改造，提高生产效率和产品质量，降低电镀产品成本。落实清洁生产促进法，推进清洁生产审核。年内，按照国家和北京市相关政府部门的要求，协会持续开展清洁生产审核咨询工作。完成北京科勒有限公司清洁生产审核评估工作。与北京中科三环高技术股份有限公司等4家企业签订咨询合同，开展清洁生产审核咨询服务。协会组织完成信维创科通信技术（北京）有限公司和北京北机机电工业有限责任公司应急预案。对北京科勒有限公司、北京印钞有限公司两家公司进行项目评审。开展引进三价铬镀硬铬前期准备，协会与某环境公司合作研究美国三价铬镀硬铬技术，了解其性能和成本，为引入中国做前期准备。该技术属于替代六价铬的绿色电镀技术，有较好的应用和发展前景。为了解全国行业企业技术装备情况，协会组织开展行业考察调研，促进行业技术进步。协会组织专人到天津市、河北省和长三角地区开展调研工作，重点了解京津冀一体化协同发展对行业的影响调研和新产品、新技术、新工艺、新设备的开发应用情况，为进一步完善表面处理行业管理提供了依据和参考。

协助北京市、江浙地区、山东省、广东省等地企业，寻求北京及全国加工企业，对接行业企业的需求信息。加强信息平台的建设，增强协会宣传服务工作。协会充分利用网站、微信、期刊等媒体渠道，发挥其传播速度快、传播范围广，做到信息迅速扩散，提高行业和协会的知晓率。截至年底，《中国电镀》刊物已发行至第45期，通过选题策划，重点挖掘行业典型代表，连续推出人物报道，协助企业开展宣传推广工作。创新党建工作思路，提升服务能力。2019年以来，协会党支部深入学习贯彻党的十九大精神，按照党中央的部署和要求，在上级党委的领导下，以学习宣传贯彻党的十九大精神为主线，狠抓“两学一做”学习教育常态化、制度化，聚焦支部党建工作，加强党的政治、思想、组织、作风和纪律建设，为推动表面工程行业发展和协会工作进步，发挥了党支部的战斗堡垒作用和党员的先锋模范作用。

（北京表面工程协会）

【北京市开发区协会】2019年，北京市开发区协会根据北京市高精尖产业发展规划，结合“三城一区”建设总体布局，协助市经济和信息化局参与开发区发展规划的研究编制，引导开发区健康稳定发展；根据综合环境和区域特点，为开发区做好周到、有效的招商引资服务，优化资源配置；协调会员之间，会员与政府各部门之间的关系，维护会员合法权益。协会设会长1名、秘书长1名，下设综合部和办公室，有团体会员单位32家，全年新吸收团体会员单位2家。年内，协会以贯彻落实党的十九大精神为主线，以习近平新时代中国特色社会主义思想为指导，有条不紊地推进各项工作。协助组织及参加市经济和信息化局会议6次，组织会员单位参加会议交流活动13次，与会员单位及兄弟协会座谈3次，组织园区间交流会1次。协助市经济和信息化局规划处完成2019年度国家新型工业化产业示范基地发展质量评价相关材料报送工作，协助市产研究中心召开“促合作·谋发展”推进产业园区高质量发展圆桌论坛，配合市经济和信息化局节能环保处召开工业节水政策宣贯会。召开企业需求座谈会、政策培训会，组织参加IDC民生视域下的智慧城市发展新格局主题论坛、第二届中国开发区论坛、2019年经贸形势报告会、药物临床前安全性评价学术沙龙活动、2019京津冀开发区乒乓球邀请赛，参加内蒙古自治区乌兰察布市承接京津冀加工贸易产业转移暨招商引资推介会。

（北京市开发区协会）

综合管理

2020

北京工业年鉴

BEIJING GONGYE NIANJIAN

本栏目采用条目体，主要记述工业领域机构与职能、主要领导干部基本信息及变动情况，以及中小企业管理、队伍建设、服务保障、获得荣誉等年度情况。

机构与职能

【概况】 2018年11月8日，根据《北京市机构改革实施方案》，北京市经济和信息化局（以下简称市经济和信息化局）在朝阳区惠新东街6号办公区挂牌。作为市政府组成部门，市经济和信息化局将市经济信息化委、市无线电管理局的职责进行了整合，加挂市无线电管理局、市大数据管理局、市国防科工办牌子。市经济信息化委及其管理的市无线电管理局不再保留。市经济信息化委的信息化推进、网络安全协调等职责划入市委网络安全和信息化委员会办公室。市经济和信息化局内设33个处室。直属机构及事业单位20家。同年12月24日至28日，市经济和信息化局正式迁入通州区运河东大街57号院5号楼。

2019年7月，市经济和信息化局贯彻落实《中华人民共和国公务员法》《公务员职务与职级并行规定》等有关法律法规，按照《北京市公务员职务与职级并行制度实施方案》要求，实施公务员职务与职级并行制度工作。实施范围对已进行公务员登记备案、纳入国家行政编制的局级以下领导职务和非领导职务人员；经批准已从机关调离、辞去公职、辞退、退休的人员不列入实施范围。12月5日，市大数据中心取得事业法人登记证书，作为市经济和信息化信局管理的公益一类事业单位（副局级），市大数据中心正式成立运行。12月13日，北京市大数据中心在通州区副中心行政办公区揭牌。12月19日，中国共产党北京市经济和信息化局机关第一次代表大会召开，选举产生机关党委书记、专职副书记、副书记，机关纪委书记、副书记。

（市经济和信息化局）

【北京工业互联网技术创新与产业发展联盟成立】 3月17日，北京工业互联网技术创新与产业发展联盟成立大会在海淀园举行。中国工程院院士、清华大学副校长尤政，中国工程院院士孙家广，工业和信息化部信息化和软件服务业司巡视员李颖，北京市经济和信息化局副巡视员姜广智，北京市通信管理局副巡视员朱春霞，顺义区委常委、副区长支现伟，朝阳区区长助理张小平，中国信息通信研究院总工程师余晓晖，中国工业互联网研究院党委书记刘爱民，以及北京市民政局、北京市国有资产监督管理委员会领导，北京市各区、中关村科技园区管理委员会、北京经济技术开发区主管部门领导，联盟理事长、副理事长和会员单位领导，相关受邀协会、联盟、高校、企业、科研机构和媒体代表共计150余人参加大会。联盟将打造创新资源集聚和合作交流的平台，建设京津冀工业互联网企业之家和服务基地，对接高校、研究机构的科研成果及产业实际需求，探索和创新产学研用合作机制，推动技术创新成果应用落地和产业化。联盟成员包括清华大学、中国信息通信研究院、北京东方国信科技股份有限公司等高校、科研机构及企业。用友网络科技股份有限公司董事长王文京当选联盟第一届轮值理事长。会上为联盟理事长单位、副理事长单位授牌，为联盟顾问委员颁发了聘书。

（市经济和信息化局）

【北京智造技术技能人才培养基地揭牌】 3月30日，北京智造技术技能人才培养基地揭牌暨北京城市学院施耐德工程学院成立仪式在北京城市学院顺义校区举行。会议由顺义区常务副区长霍光峰主持。市教委副主任黄侃、市人才工作局副局长杨纲、市人才服务中心主任林革和市经济和信息化局智能装备处副处长耿磊共同为北京智造技术技能人才培养基地揭牌。北京智造技术技能人才培养基地由顺义区政府和北京城市学院发起，在市教委、市人力社保局、市经济和信息化局等部门共同支持下成立，旨在通过整合国内外教育、企业资源，构建产教融合、工学一体式的技术技能人才培养体系，培养大批具有国际水准、良好素质的智能制造产业工程师、技术能手，培训北京产业工匠队伍，为高端制造业发展提供人才支撑。基地将围绕与世界一流企业共建人才培养平台，先期推动成立1个国际培养基地（德国）、5个工程师学院，并陆续实施“十百千万工程”，即争取新建10个左右技能大师产教融合学习平台、培养100个左右技术技能专家，引入 100 名左右创新创业导师，吸引 100 名左右外国专家，招收 1000 名左右 7 年贯通制本地生源，开展 1 万人次左右的创新创业人才培训、完成 1 万人次左右的技术技能人员培训，助推北京技术技能人才队伍建设迈上新台阶。

（市经济和信息化局）

【北京信息化和工业化融合服务联盟边缘计算专委会成立】 3 月 30 日，为贯彻落实《北京市推进两化深度融合推动制造业与互联网融合发展行动计划》《北京工业互联网发展行动计划（2018—2020 年）》，在工信部信软司和市经济和信息化局指导下，由和利时科技集团有限公司发起，组织边缘计算相关科研院所、高等院校和工业企业，联合设立的北京信息化和工业化融合服务联盟边缘计算专业委员会召开成立大会。工信部信软司副司长王建伟、市经济和信息化局副巡视员姜广智出席大会并讲话，和利时科技集团有限公司、华为技术有限公司、赛迪顾问股份有限公司、北京市轨道交通建设管理有限公司、中国电子技术标准化研究院等单位的专家、代表共 100 余人参加会议。姜广智在讲话中介绍了北京市推进两化融合、工业互联网的关键举措和进展成效，指出边缘计算与 5G、工业互联网、大数据等新技术融合应用前景广阔，在智能家居、自动驾驶、智慧城市等领域中的作用越发重要，希望专委会以市场需求为导向，针对边缘计算的关键性基础问题深入研究、协同攻关，凝聚行业共识、形成社会合力，共同推进边缘计算的发展。王建伟、姜广智为专委会会长单位和利时科技集团有限公司和副会长单位中国电子技术标准化研究院、华为技术有限公司、航天云网科技发展有限责任公司、易往信息技术（北京）有限公司、北京市轨道交通建设管理有限公司授牌。市经济和信息化局软件服务处副处长尤靖为专委会专家组专家颁发聘书。赛迪顾问股份有限公司总裁孙会峰、和利时科技集团有限公司技术总监朱毅明、北京市轨道交通建设管理有限公司副总工程师吴铀铀、中国电子技术标准化研究院物联网研究中心副主任卓兰围绕边缘计算的行业应用做主题演讲。专委会会长、和利时科技集团有限公司副总经理何春明代表专委会进行发言。

（市经济和信息化局）

【北京高精尖产业设计中心授牌】 为贯彻落实工信部《设计扶贫三年行动计划（2018—2020 年）》，推动年度国家级工业设计中心、市级高精尖产业设计中心认定申报工作，6 月 27 日，市经济和信息化局在海淀区互联网金融中心组织召开北京高精尖产业设计中心授牌暨设计扶贫工作会。工信部产业政策司有关人员，市经济和信息化局科技标准处、对外交流处负责人，各区工业和信息化主管部门负责人，北京市国家级工业设计中心、北京高精尖产业设计中心企业领导，以及来自各个区的 30 余家设计企业代表共计 90 余人参加会议。会议由科技标准处具体承办，北京工业设计促进会、DRC 基地和北京企业技术中心联盟协助组织。会上，市经济和信息化局组织为第一批 10 家北京高精尖产业设计中心授牌，工信部产业政策司崔伟系统介绍工信部在工业设计领域的有关工作考虑和工作要求，科技标准处介绍 2019 年度北京高精尖产业设计中心申报工作流程，对外交流处介绍北京市扶贫协作、支援合作有关工作情况，东西元素科技有限公司为与会者介绍了公

益设计扶贫案例，会议发布设计扶贫倡议书。各区工业和信息化主管部门负责同志、企业代表与工信部、市经信局同志进行面对面的工作交流。

（市经济和信息化局）

【北京两化融合服务联盟智能制造平台专委会成立】 8月18日，由北京信息化和工业化融合服务联盟和石景山区政府联合主办的智能制造产业发展论坛暨北京两化融合服务联盟智能制造平台专委会成立大会举行。市经济和信息化局副巡视员姜广智、石景山区副区长周西松出席会议并致辞，工信部信软司两化融合处处长冯伟出席会议并做主旨报告，石景山区经信局局长王晓华、中国两化融合服务联盟秘书长周剑、北京两化融合联盟理事长闫同柱参加会议。姜广智在致辞中指出，北京市汇聚了制造业最全、最新的资源，希望北京两化融合服务联盟智能制造平台专委会当好智能制造生态的打造者，以提升产业技术创新能力为目标，推进产业发展实现合作共赢，发挥专委会平台作用。冯伟在《打造工业互联网平台体系——以智能＋赋能制造业转型升级》主旨报告中解读了工业互联网平台体系的定义并明确下一步将持续打造平台体系，推动形成大企业建平台、中小企业用平台的协同发展机制，加强推进平台标准体系和数据管理体系建设。

（市经济和信息化局）

【中以共建网络安全科技创新中心】 8月19日，在第七届互联网安全大会上，北京奇虎科技有限公司与以色列国会外交与国防委员会签署战略合作协议。根据协议，双方将共同成立中以网络安全科技创新中心，组建360以色列网络安全产业发展基金，并建设中以网络安全技术协同创新产业园。

（中关村管委会）

【北京市大数据培训基地签约授牌】 9月11日，市经济和信息化局举行北京市大数据培训基地签约授牌活动。市经济和信息化局分别与清华大学、北京航空航天大学、北京交通大学、首都师范大学、北京城市学院、北京大数据研究院6家单位签署北京市大数据人才培训示范基地合作协议；与阿里、腾讯、美团、市计算中心、交通一卡通、中国农业大学6家单位签署北京市大数据教学实践基地合作协议。该基地公开征集遴选工作自2019年2月开始启动，主要目的是为了贯彻落实北京市大数据行动计划的要求，加强北京市大数据专业人才培养力度，发挥多元社会力量，共同构建立体化、多维度、全覆盖的大数据人才培训体系。按照单位申报、资料初审、专家评审、复审考察、网上公示等流程，结合北京市的实际培训需求，公开征集、遴选出北京市首批12家大数据培训基地单位。座谈会上，12家大数据培训基地单位分别介绍在开展人才培训的进展和成效，为北京市大数据建设与人才培训工作献言献策，针对大数据、人工智能师资和人才队伍短缺的问题，表示要发挥各基地的专长，相互学习借鉴，共同做好北京市大数据培训工作。

（市经济和信息化局）

【北京信息技术应用创新工作委员会成立】 9月26日，北京信息技术应用创新工作委员会成立。北京信息技术应用创新工作委员会是在市经济和信息化局指导下，由北京软件和信息服务业协会成立的一个专业工作委员会。东华软件公司董事长薛向东当选为第一届理事长。北京信息技术应用创新工作委员会成立的目的主要是协调软硬件全行业资源，对接重大需求，共同提升信息技术供给保障能力，在北京构建信息技术应用创新产业生态。北京信息技术应用创新工作委员会发起单位28家，覆盖操作系统、CPU、数据库、应用软件、整机厂商、集成服务商等信息技术应用创新产业各环节的典型企业。市经济和信息化局信息化与软件服务处、政策法规处，市委机要局、北京软件与信息服务业促进中心相关负责人参加成立大会。

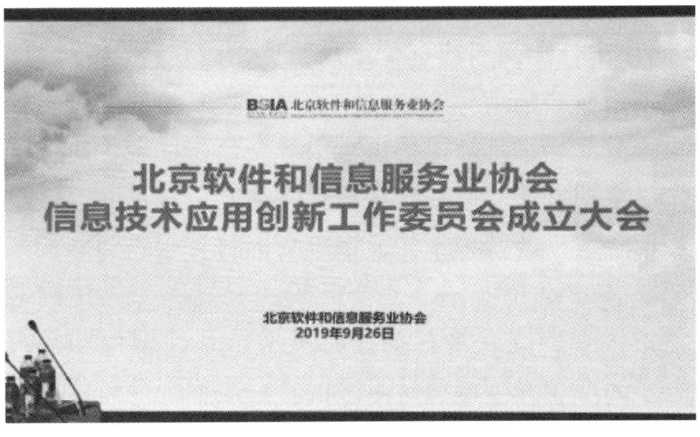

（市经济和信息化局）

【国家数字化设计与制造创新中心北京中心成立】为贯彻国家制造强国战略，落实《北京工业互联网发展行动计划（2018—2020年）》，11月5日，由北京市经济和信息化局、海淀区政府主办，国家数字化设计与制造创新中心（以下简称国创中心）、数字化设计与制造创新联盟、北京工业互联网技术创新与产业发展联盟承办的国家数字化设计与制造创新中心北京中心（以下简称北京中心）成立大会在北京清华科技园召开。北京中心名誉主任、中国工程院院士柳百成，国创中心总经理、华中科技大学教授彭芳瑜，清华大学科研院副院长甄树宁出席大会并致辞。工业和信息化部信息化和软件服务业司副司长李顺福、北京市经济和信息化局巡视员王伟等领导讲话。北京是中国工业软件创新资源集聚地，是国家数字化设计与制造创新体系策源地，国创中心布局建设北京中心，将发挥北京资源优势，推动完善工业软件产业链，形成生态系统，赋能工业互联网，为制造业数字化转型提供新动能。大会为北京中心进行揭牌，同时成立北京中心专家委员会，并为专家委员会委员颁发聘书。工信部、市经济和信息化局、海淀区政府、中关村管委会等相关单位的领导，北京中心专家委员会委员，北京市工业互联网领域专家学者，相关研究机构、联盟组织、企业和媒体代表共计280余人参加会议。

（市经济和信息化局）

【北京市社会信用标准化技术委员会成立】11月12日，北京市社会信用标准化技术委员会成立大会召开。标委会成立后，将加快推进全市社会信用标准化建设工作，全面提升北京市社会信用体系建设水平。市经济和信息化局巡视员王伟、市市场监督管理局副局长姚娉参加会议并为标委会委员代表颁发聘书。姚娉表示，标委会成立是首都社会信用体系建设领域的大事，标准作为国家质量基础设施，是加强社会信用体系建设的准则和依据，对于建立以信用基础的新型市场监管机制具有基础性、保障性、战略性作用，并强调标委会要抓自身建设，充分发挥标委会纽带作用；要抓顶层设计，建立健全社会信用标准体系；要抓关键环节，为行业主管部门做好技术支撑，争取早日取得京津冀区域协同社会信用标准的突破。王伟表示，开展社会信用标准化工作，对于推进国家治理体系和治理能力现代化、推动首都经济社会高质量发展具有重要意义，并对标委会此前开展的京津冀区域协同社会信用标准框架协议研究、京津冀信用报告模板征集评审活动、京津冀信用产品登记互认机制推进等工作给予充分肯定。他要求，标委会要加强顶层设计，建立健全社会信用标准体系；要坚持应用导向，社会信用标准化工作一定要和社会信用体系建设实际相结合；要坚持创新发展，依托首都资源，制定一批具有首都特色的地方标准。2019年，北京市社会信用体系建设进入一个以制度建设为核心、以机制化推进为重点的新阶段。在政府层面，9月改组社会信用体系建设联席会议；在社会层面，7月发布35家北京信用联合咨询决策机构名单；在立法、政策制度方面，组建专家委员会；在标准层面，汇集全国的研究和服务力量成立信标委。随后召开的第一届标委会第一次全体委员会议，审议通过标委会章程、秘书处工作细则和工作计划。

（市经济和信息化局）

【市大数据中心取得事业法人登记证书并揭牌】根据市编办京编委〔2019〕7号文批复成立的北京市大数据中心的“三定”规定，12月5日，市经济和信息化局取得市大数据中心的事业法人登记证书，作为市经济和信息化局管理的公益一类事业单位（副局级），市大数据中心正式成立运行。同步开展制度建设、岗位设置、人员招聘等工作，数据汇聚、清洗治理、共享开放、大数据平台和移动公共服务平台建设、信用系统、安全标准、政务云运维，以及领导驾驶舱和北京通App等应用项目持续开展，为北京市大数据行动计划提供有力支撑。12月13日，北京市大数据中心揭牌仪式在通州区副中心行政办公区举行。市委常委、副市长殷勇，市政府副秘书长杨秀玲，市经济和信息化局主要领导，市政务服务局副局长刘强，市编办、市发展改革委等相关委办局以及 16 个区的主管领导和负责人出席。15 家参与北京大数据建设的重点企业应邀参加仪式。殷勇等做重要讲话，并与杨秀玲、刘强共同为市大数据中心揭牌。该中心创造性地利用区块链理念和技术，在北京市大数据行动计划的指引下，建成职责为根、目录为干、数据为叶的“目录区块链”系统，开展一场前所未有的“数据革命”。根据大数据战略重点实验室发布的《大数据蓝皮书：中国大数据发展报告》显示，北京市大数据发展总指数名列全国第一。仪式结束后，市经济和信息化局分别就深入落实大数据行动计划及做好明年全市大数据工作等内容组织参会委办局、区及重点企业进行座谈研讨、献言献策，共同助力推动“智慧北京”建设迈上新台阶。

（市经济和信息化局）

【市经济和信息化局机关第一次代表大会召开】 12 月 19 日，中国共产党北京市经济和信息化局机关第一次代表大会召开。市直机关工委组织部部长尹波到会指导并讲话。大会由局党组成员、副局长孔磊主持，局党组成员、驻局纪检监察组组长续栋做代表资格审查报告，局党组成员、副局长潘锋做大会筹备工作报告，党组成员、副局长刘京辉宣读中共北京市委组织部《关于同意成立中共北京市经济和信息化局机关委员会和机关纪律检查委员会的批复》。大会审议通过《中共北京市经济和信息化局机关第一次代表大会选举办法（草案）》和总监票人、监票人名单，采取无记名投票的形式，选举产生北京市经济和信息化局第一届机关党委 11 名委员和机关纪委 7 名委员。尹波在讲话中代表市直机关工委，对大会的召开，同时向当选的两委委员表示祝贺，并就加强和改进新时代机关党的建设提出希望。她强调，要进一步厘清思路，突出工作重点，认真履职尽责，完成好市直机关工委和局党组部署的各项工作任务，推动机关党建迈上新台阶；要强化政治引领，认真学习贯彻市直机关党的建设工作会议精神和市委《关于以党的政治建设为统领，进一步加强市直机关党的建设的若干措施》，研究制定具体举措，形成引领党员干部在推动首都新发展中带头做贡献的强大助力。局党组要认真履行机关党建主体责任，形成抓好机关党建的强大合力；要坚持以提升组织力为重点，加强两委班子自身建设和基层党支部建设，服务好中心工作，推动机关党建创新发展。大会闭幕后，相继召开机关党委、机关纪委第一次全体会议，分别选举产生机关党委书记、专职副书记、副书记，机关纪委书记、副书记。

（市经济和信息化局）

【5G 工业应用联合创新实验室启动】 12 月 24 日，机械工业仪器仪表综合技术经济研究所（以下简称仪综所）与华为技术有限公司（以下简称华为）在仪综所亦庄基地召开 5G 工业应用技术研讨会，举行双方 5G 工业应用联合创新实验室启动会。工信部装备工业司重大技术装备处、科技部高新技术司先进制造与自动化处、北京市经济和信息化局智能装备处、北京经济技术开发区管理委员会科技创新局相关负责人出席会议。华为无线网络产品线、5G 产业发展部及仪综所科研发展处、传感与网络控制中心等部门的近 20 名专家围绕 5G 工业应用技术进行研讨。与会专家一致认为，与其他几代移动通信技术相比，5G 肩负着万物互联的“使命”。中国作为最大的工业市场和最大的移动市场，在全球的工业数字化、智能化转型中至关重要，需要工业领域和移动通信领域专家的共同探讨，确定 5G 如何更好满足工业应用的需求。研讨会结束后，仪综所所长欧阳劲松和华为副总裁徐伟忠分别代表仪综所和华为签署联合创新实验室合作备忘录，并举行 5G 工业应用联合创新实验室揭牌仪式。联合创新实验将发挥仪综所和华为的各自优势，搭建 5G 工业应用技术研发和推广应用平台，共同研究并解决 5G 应用于工业存在的技术问题，形成切实可行的方案并制定相应的国家 / 国际标准，指导 5G 在工厂的广泛应用。

（市经济和信息化局）

【国家智能网联汽车创新中心建设启动】 12 月 31 日，国家智能网联汽车创新中心建设启动会在北京经济技术开发区举行。自然资源部党组成员、副部长、国家自然资源副总督察库热西·买合苏提，工信部党组成员、副部长王志军，市委常委、副市长殷勇出席会议并讲话，市经济和信息化局、市规划自然资源委、市财政局等政府部门、行业组织、企业代表等近200位领导、嘉宾参加。会议期间，王志军和殷勇共同为国家智能网联汽车创新中心揭牌，库热西·买合苏提、王志军、殷勇共同签署《关于车联网（智能网联汽车）和自动驾驶地图应用试点的合作协议》。殷勇在讲话中指出，近年来，北京市着眼于构建“高精尖”经济结构，在创新绩效评价、科技成果权益、长期资本支持等方面进行一系列改革探索和制度突破，制定相应的财政、土地、人才等配套政策，激发各类创新主体的积极性和创造力，全力推动制造业高质量发展。北京是中国唯一的服务业扩大开放综合试点城市，也是全国营商环境最好、国际化程度最高的城市之一。长期以来，工信部、自然资源部等部委和社会各界对北京的创新发展给予高度关注和大力支持，在智能网联汽车领域，北京市已经形成较为完备的产业链条，自动驾驶测试道路长度、测试牌照发放数量、安全测试里程均处于全国领先。库热西·买合苏提在讲话中指出，自动驾驶地图作为自动驾驶感知系统中重要的一环，是实现自动驾驶的重要条件，自然资源部高度重视，将按照“支持创新、包容审慎，先试先行”的原则，与工信部、北京市政府通力合作，在确保地理信息安全的前提下，支持北京市在北京国家智能汽车与智慧交通（京冀）示范区亦庄基地封闭测试场，以及北京经济技术开发区内选定的开放道路针对自动驾驶地图在政策、管理和技术等方面开展创新和试点工作。北京市规划和自然资源委员会及各相关单位要进一步提升服务意识，政事企多方合作，组织测制智能汽车基础地图，针对智能汽车上路要求，开展数据采集、数据传输、高精度定位等方面的创新研究与试验，在政策、标准、关键技术等方面探索实践，共同推动智能汽车产业发展。王志军在讲话中指出，车联网作为汽车、电子、信息通信、道路交通运输等行业深度融合的新型产业形态正呈现出蓬勃发展势头。国家抓住发展机遇，加强顶层设计和统筹协调，出台政策规划，在标准和规模化应用等方面已取得一定的先发优势，技术路线正得到全球广泛认可，产业国际竞争力不断提升。组建国家智能网联汽车创新中心，就是要构建能够承担从技术开发、转移扩散到首次商业化应用的新型制造业创新平台，打造贯穿创新链、产业链、资金链的制造业创新生态系统。王志军要求，推进国家智能网联汽车创新中心建设要重点做好4方面工作：着力解决智能网联汽车发展的关键共性技术问题，充分利用好已汇聚整合的优势创新资源，围绕行驶环境融合感知、智能网联决策控制等领域，着力突破单个企业、单个研究机构没有能力攻克的短板和弱项，提升行业关键共性技术的供给能力；积极促进创新成果工程化能力提升，着力解决智能网联汽车在硬件系统、软件功能、可靠性等方面的工程化难题，强化测试试验、中试验证能力，提高行业关键共性技术成熟度；要加快技术扩散和产业化应用，发挥好产业创新联盟作用，建立完善技术成果转移扩散机制，将创新成果快速引入生产系统和市场，加速规模商用进程，强化对产业发展的辐射带动能力；坚持企业化运作机制，注意自身的创新，把握有限目标、市场导向、经济效益3个要求，积极吸引社会资本参与，争取更多的经营性收入，实现自我可持续发展。活动当天，工信部、自然资源部有关司局领导在北京智能车联产业创新中心建设的国家智能汽车与智慧交通（京冀）示范区亦庄基地试驾自动驾驶车辆，实地考察国家智能网联汽车产业创新中心建设进展。市经济和信息化局负责人参加会议。

（市经济和信息化局）

北京工业系统主要领导干部

下列名单中，各区和相关部门只列主管工业的领导，市属控股（集团）公司（包括部分中央在京工业企业）列至党、政副职领导。按照《北京市公务员职务与职级并行制度实施方案》，2019年市政府主管部门公务员职务与职级并行刊载。

市级、委办局领导

北京市人民政府

主管工业副市长 殷　勇

北京市经济和信息化局（北京市大数据管理局、北京市国防科学技术工业办公室）

党组书记 王　刚

局　　长 王　刚

副 局 长 孔　磊

潘　锋

刘京辉（女，8月任职）

崔旭龙（8月任职）

邱　钢（女）

纪检组长 续　栋（市纪委监委一级巡视员）

刘京辉（女，8月离任）

副巡视员 王　伟（1月任职，一级巡视员）

任世强（二级巡视员）

姜广智（二级巡视员）

邹　彤（女，二级巡视员）

副 局 级 陆恭超

北京市无线电管理局（1月撤销）

局　　长 陆恭超（11月离任）

16个区及其他单位领导

东城区

副 区 长 刘俊彩（女）

区科技与信息化局局长 谢霄鹏

西城区

副 区 长 程昌宏

科技和信息化委主任 杨　秋（女，3月离任）

科技和信息化局局长 杨　秋（3月任职）

朝阳区

副 区 长 马继业

发展改革委主任

朱　晟（2018年11月离任）

李　欣（2018年11月任职）

海淀区

副 区 长 李俊杰

经济和信息化办主任 何建吾

丰台区

副 区 长 周新春

经济和信息化委主任 吴神赋（3月离任）

发展改革委主任 郭晓一

石景山区

副 区 长 周西松

经济和信息化委主任 王晓华（3月离任）

经济和信息化局局长 王晓华（3月任职）

门头沟区

副 区 长 张兴胜（8月离任）

陆晓光（8月任职）

经济和信息化委主任 顾慈阳（3月离任）

科技和信息化局局长 李世春（3月任职）

房山区

副 区 长 高武军

经济和信息化委主任 高武军（3月离任）

经济和信息化局局长 高武军（3月任职，11月离任）

经济和信息化局党组书记 陈　水

通州区

副 区 长 苏国斌

经济和信息化委主任 杜　伟（3月离任）

经济和信息化局局长 杜　伟（3月任职）

顺义区

副 区 长 支现伟

经济和信息化委主任 胡小兵（3月离任）

经济和信息化局局长 兰雄景（3月任职）

大兴区

副 区 长 杨蓓蓓

经济和信息化委主任 胡宝琛（3月离任）

经济和信息化局局长 胡宝琛（3月任职）

昌平区

副 区 长 周金星（11月离任）
董贵蛟（11月任职）

经济和信息化委主任 王志刚（3月离任）

经济和信息化局局长 张劲柏（3月任职）

平谷区

副 区 长 韩小波（8月任职）

经济和信息化委主任 胡东升（3月离任）

科技和信息化局局长 胡东升（3月任职）

怀柔区

副 区 长 李志遂

经济和信息化委主任 马天彪（3月离任）

经济和信息化局局长 马天彪（3月任职）

密云区

副 区 长 范永红

经济和信息化局局长 王建国（12月离任）
祝 刚（12月任职）

延庆区

副 区 长 罗 瀛

经济和信息化委主任 徐自成（3月离任）

科技和信息化局局长 黄金龙（3月任职）

北京市工商业联合会

主 席 燕 瑛（女）

常务副主席 赵玉金

驻会副主席 余运高 王报换 郑勇男
赵秀德 林为民 李敬铎（挂职）

秘 书 长 周立明（女）

中关村科技园区管理委员会

主 任 翟立新

副 主 任 王汝芳（1月离任）
侯 云（女，一级巡视员）
翁啟文（挂职）
朱建红（8月任职）
曹利群（女，2018年8月挂职，2019年9月离任）
赵慧君（女，挂职，7月离任）

北京经济技术开发区管理委员会

主 任 梁 胜

副 主 任 张继红 绳立成 袁立洪 陈小男
沈永刚

北京电子控股有限责任公司

董 事 长 王 岩

总 经 理 张劲松

副 总 经 理 宋士军 谢小明（8月离任）
杜罗坤 张劲松 陈勇利 潘金峰

党 委 书 记 王 岩

党委副书记 赵炳弟（2018年6月离任）
张劲松（2018年7月任职）
张岳明

北京汽车集团有限公司

董 事 长 徐和谊

副 董 事 长 卫华诚

总 经 理 张夕勇

副 总 经 理 沈安东 蔡速平 蒋自力
张 健 叶正茂 陈 江
张健勇

党 委 书 记 徐和谊

党委副书记 张夕勇 韩永贵

中车北京二七机车有限公司

董 事 长 史硕致

总 经 理 郭凤江

副 总 经 理 王洪义（挂职） 乔红波 王玉民
陈 江 曹 岩

党 委 书 记 史硕致

党委副书记 曹宏晏

中车北京南口机械有限公司

董 事 长 孙 凯

总 经 理 孙 凯

副 总 经 理 樊学军
耿 刚（5月离任）
武德全（5月离任）
王 珩（5月离任）
王文颖（5月离任）
魏亦南（5月离任）
穆乃利

党 委 书 记 孙 凯

党委副书记 宋焕其

北京京城机电控股有限责任公司

董 事 长 任亚光（7月离任）
阮忠奎（7月任职）

总 经 理 王国华

副 总 经 理 范宏利 齐剑波 王 军 姜 建

党 委 书 记 任亚光（7月离任）
阮忠奎（7月任职）

党委副书记 王国华 赵 莹

北京京仪集团有限责任公司

董 事 长 高玉清

副 董 事 长 李英龙

总　经　理　秦海波
副总经理　杨睦民　卢继伟　李　源
党委书记　高玉清
党委副书记　秦海波　李英龙

中国北京同仁堂（集团）有限责任公司

董　事　长　梅　群（2018年12月离任）
　　　　　　王贵平（2018年12月任职）
总　经　理　高振坤
副总经理　丁永玲（女）　马保健（女）
　　　　　　顾海鸥　饶祖海
　　　　　　张荣寰　李　缤
党委书记　梅　群（2018年12月离任）
　　　　　　王贵平（2018年12月任职）
党委副书记　高振坤（12月离任）
　　　　　　肖辉利（7月任职）

北京一轻控股有限责任公司

董　事　长　苏志民
总　经　理　阮忠奎（8月离任）
副总经理　张德华　杨中俊　葛云程
　　　　　　王劲雨　常　明　戚志胜
总会计师　段远刚
党委书记　苏志民
党委副书记、工会主席　洪艳华
纪委书记　袁新民

北京时尚控股有限责任公司

董　事　长　吴　立
总　经　理　李学彬（11月离任）
副总经理　胡亚辉　刘常峰　赵宏晔
　　　　　　吴鹤立　贠天祥　刘明杰
党委书记　吴　立
党委副书记　李学彬（11月离任）　顾伟达

北京工美集团有限责任公司

董　事　长　李　节（12月离任）
总　经　理　魏连伟
副总经理　孟繁民
　　　　　　索德金（2018年6月任职）
　　　　　　方　健（11月任职）
　　　　　　段体玉（7月任职）
党委书记　李　节（12月离任）
党委副书记　魏连伟　甘学荣

中国石化集团北京燕山石油化工有限公司

董　事　长　罗　强（2018年4月离任）
　　　　　　李　刚（2018年4月主持行政工作，2019年1月任职）
总　经　理　罗　强（2018年4月离任）
　　　　　　李　刚（2018年4月主持行政工作，2019年1月任职）
副总经理　王　哲
党委书记　王　哲
党委副书记　罗　强（2018年4月离任）
　　　　　　李　刚（2018年4月主持行政工作，2019年1月任职）
　　　　　　李栋华（3月任职）

中国石油化工股份有限公司北京燕山分公司

总　经　理　罗　强（2018年4月离任）
　　　　　　李　刚（2018年4月主持行政工作，2019年1月任职）
副总经理　王　哲　焦　阳　程嘉猷
　　　　　　曲宏亮　赵保成（7月任职）

北京化学工业集团有限责任公司

董　事　长　刘文超
总　经　理　苏建军
副总经理　吕德明　孙绍刚　陈　宇
　　　　　　韩宝海　韩淑华
党委书记　刘文超
党委副书记　苏建军　吴瑞峰

首钢集团有限公司

董　事　长　张功焰
总　经　理　张功焰
副总经理　赵民革　白　新　王世忠
　　　　　　胡雄光　韩　庆　梁　捷
　　　　　　赵天旸（10月任职）
党委书记　张功焰
党委副书记　何　巍

北京金隅集团股份有限公司

董　事　长　姜德义
副总经理　姜长禄　姜英武　王肇嘉
　　　　　　刘文彦　李　莉（11月任职）
　　　　　　陈国高　安志强
党委书记　姜德义
党委副书记　吴　东

国网北京市电力公司

董　事　长　李同智（11月离任）
　　　　　　潘敬东（11月任职）
总　经　理　万志军
副总经理　李百顺　李　路　刘润生
　　　　　　周建方　王西胜（11月离任）
　　　　　　张铁恒（11月离任）

赖祥生（9月离任）
闫承山　陈守军
刘明志（8月任职）
党委书记　李同智（11月离任）
潘敬东（11月任职）

党委副书记　万志军
北京市民政工业总公司
总经理　姜　武
党委书记　姜　武（3月离任）
沈永刚（3月任职）

中小企业管理

【概况】 2019年，按照北京市促进中小企业发展工作领导小组的相关要求，市经济和信息化局贯彻落实《中华人民共和国中小企业促进法》和《促进中小企业健康发展的指导意见》，依托“政策+服务+资本+载体”“四位一体”的生态服务体系，齐心协力，攻坚克难，不断优化全市中小企业发展环境，推动中小企业高质量发展。年内，运行监测样本企业数量不断增加，监测覆盖面不断扩大，数据质量不断提升，监测样本企业数量已达2232家，比上年增长10%。

（市经济和信息化局）

【市中小企业示范平台、示范基地评价管理办法制定】 7月，市经济和信息化局制定并发布《北京市中小企业公共服务示范平台评价管理办法》和《北京市小型微型企业创业创新示范基地评价管理办法》，示范平台和示范基地由认定改为告知承诺制。新办法所有评价指标均为量化指标，只保留第三方定量评审，取消专家定性评价环节。进一步强调平台、基地与产业发展和区域布局的结合，鼓励平台、基地与行业领军或知名机构合作，为入住中小企业提供场景应用和服务生态；鼓励平台、基地在产业发展新区布局，并不断提高服务能力。

（市经济和信息化局）

【市中小企业创新创业大赛暨“创客北京2019”创新创业大赛落幕】 8月14日，2019年“创客中国”北京市中小企业创新创业大赛暨“创客北京2019”创新创业大赛总结会在北京经济技术开发区举行。经过为期两个月的角逐，30名优胜者分获企业组、创客组的特、一、二、三等奖。工信部中小企业局、市经济和信息化局、市财政局领导出席会议并致辞。“创客北京”大赛是“创客中国”创新创业大赛的重要组成部分，是市经济和信息化局联合市财政局打造的全新“双创”品牌赛事，以“围绕产业链，部署创新链，配置资金链”为主旨，意在激发创新潜力，集聚创业资源，营造“双创”氛围，发掘优秀项目，推进产业升级。本届大赛在北京经济技术开发区、海淀区、昌平区等14个分赛区的109个赛点同时进行，共报名项目1670个，是2018年的3.6倍。经过初赛、复赛、决赛3个环节的层层筛选，最终TOP100优秀项目脱颖而出，并涌现出一批产业特色鲜明、技术水平领先、市场前景广泛，在行业细分领域取得一定突破的高成长、高精尖创业企业和创客团队。本届大赛以“赛事为平台、服务为基础、创客为导向”，依托“政策+服务+资本+载体”“四位一体”全市中小企业公共服务体系，优选包括股权投资、债权投资、场地孵化、知识产权、检验检测、市场拓展等130家服务机构，为参赛创业企业和创客团队定制提供“一企一策”“一业一策”的专属服务包。其中，统筹全市55家小微企业“双创”示范基地提供10万余平方米，最长2年免租或优惠的入驻空间；推动北京银行中关村分行联合中关村担保提供5亿元大赛专项担保融资授信，并推出大赛专属金融产品“创业保”；推动中关村租赁提供5亿元大赛专项融资租赁金融服务；推动平安财险为参赛企业提供10亿元总保额的产品保障；组织北京市中小企业发展基金为首的几十家投资机构与参赛项目开展融资对接，达成投资意向百余个项目，意向投资额9.7亿元。市经济和信息化局、市财政局、市发展改革委、市教委、市科委、市人力资源社会保障局、市商务局、市国资委、市场监督管理局、市金融监管局、市知识产权局、中关村管委会、市工商联、人民银行营管部等委办局，北京经济技术开发区、各区政府相关领导及中小企业工作主管部门，北京市中小企业公共服务平台联网窗口、服务机构相关负责人，优秀参赛项目、分赛区、特别支持单位、创业导师及投资机构代表等500余人参加活动。

（市经济和信息化局）

【北京企业获 2019 年“创客中国”中小企业创新创业大赛 2 项大奖】10 月 28 日，2019 年“创客中国”中小企业创新创业大赛全国总决赛在四川省成都市举行，北京赛区推选的北京星际荣耀空间科技有限公司的“双曲线二号可重复使用小型液体运载火箭”项目获全国总决赛企业组一等奖，巍然华创智能科技（北京）有限公司的“灵巧仿生机械臂和机器人”项目获全国总决赛创客组三等奖。“创客中国”中小企业创新创业大赛全国是由工业和信息化部、财政部联合主办，2016 年至今已经开展 4 届，大赛旨在激发创新潜力，集聚创业资源，营造“双创”氛围，打造为中小企业和创客提供交流展示、产融对接、项目孵化的平台。2019 年“创客中国”赛事历时 8 个月，共开展 33 场区域赛和 12 场专题赛；共有 15833 个项目参赛，其中企业组项目 9740 个项目，创客组 6093 个项目。市经济和信息化局中小企业处、中小企业中心相关同志参加上述活动。北京市经济和信息化局、北京市财政局在北京赛区组织工作中表现了突出的组织动员能力和项目筛选水平，获得工信部、财政部颁发的优秀组织奖。

（市经济和信息化局）

【京津冀中小企业服务一体化发展大会举办】11 月 8 日，以“聚智聚力　携手共赢”为主题的京津冀中小企业服务一体化发展大会在北京中关村软件园国际会议中心举办。大会旨在推动京津冀服务协同再升级，实现京津冀以及周边地区创新创业服务资源的互联互通、互动互助、共享共赢。中国中小企业发展促进中心，北京市、天津市、河北省、山西省、内蒙古自治区赤峰市中小企业工作主管部门、中小企业服务中心负责人参加活动。中国中小企业发展促进中心主任单立坡在致辞中对京津冀中小企业服务部门在推动三地中小企业服务一体化发展中取得的阶段性成果表示肯定，并就下一步工作提出要求。他表示，要持续优化营商环境，推进区域服务的共建共享，进一步建立有效的协同发展机制。市经济和信息化局副巡视员姜广智在讲话中指出，自 2016 年京津冀三地中小企业服务协同正式开始以来，三地实现多层次、多维度的融合，并取得良好效果。在园区建设方面，北京市认定的中小企业公共服务示范平台和小型微型企业创业创新示范基地中，共有 10 家企业在河北省、天津市建设及运营 20 个园区，总面积达 400 余万平方米，入驻企业超过 550 家，同时对接 300 家北京企业落地产业园；在企业服务方面，15 家机构在河北省、天津市开展企业孵化、人才培养、国际化对接等各类企业服务，共服务企业 10000 余家；投融资方面，通过股权投资、担保融资等多种形式，为 600 余家企业提供投融资服务。大会上，京津冀三地中小中心、产业园区与服务机构代表等 10 余家单位签署服务合作协议；国家及京津冀三地中小企业服务中心与山西省中小企业服务中心签署合作框架协议；优秀企业代表结合各地产业背景，围绕打造优质空间硬环境、提升服务质量软环境等主题进行经验分享。

（市经济和信息化局）

【中小企业政策宣传】11 月，北京市促进中小企业发展工作领导小组以“服务中小微 创新赢未来”为主题，采用线上线下多种手段相结合的方式，开展了为期 1 个月的北京市中小企业政策宣传活动，向企业进行创业、投融资、财税及法律等政策宣贯，不断升级服务，加强政策精准对接，形成良好舆论氛围和优质长效服务机制。

（市经济和信息化局）

【促进中小企业健康发展】年内，为贯彻落实中央办公厅、国务院办公厅《关于促进中小企业健康发展的指导意见》，北京市印发《北京市贯彻落实〈关于促进中小企业健康发展的指导意见〉实施方案》，明确任务分工，推动指导意见落地；北京市促进中小企业发展工作领导小组制定并印发《北京市促进中小企业发展工作领导小组各成员单位 2019—2020 年重点工作任务分工》。

（市经济和信息化局）

【中小企业“专精特新”发展】年内，按照《工业和信息化部关于促进中小企业“专精特新”发展的指导意见》等有关文件规定，北京市结合经济发展、产业布局和中小企业发展的实际，制定《关于推进北京市中小企业“专精特新”发展的指导意见》和认定标准。通过打造中小企业梯队发展模式，加快引导全市中小企业向专业化、精细化、特色化、新颖化方向发展，重点培育一批主营业务突出、质量效益优、竞争力强、成长性好的高精尖企业，推动全市中小企业不断做优做强，通过资料审查、现场答辩、专家评审的方式，推荐臻迪科技、品驰医疗等 5 家企业获工信部专精特新“小巨人”称号。

（市经济和信息化局）

【大中小企业融通发展】年内，市经济和信息化局根据工信部、国家发展改革委、财政部、国资委印发的《促进大中小企业融通发展三年行动计划》相关规定，结合全市十大高精尖产业发展方向，以构建大企业与中小企业协同创新、资源共享、融合发展的产业生态为目标，制订《北京市促进大中小企业融通发展 2019—2021 年行动计划》，明确任务分工，在全市形成大企业带动中小企业发展，中小企业为大企业注入活力的融通发展新格局，并推荐北京经济技术开发区成功申报 2019 年大中小企业融通发展载体。

（市经济和信息化局）

【中小企业发展资金】2019 年，北京市支持中小企业发展资金进一步发挥财政资金引导带动作用，从改善中小企业发展环境和支持中小企业服务体系建设两方面入手，降成本、补短板、优服务，建立扶持中小企业创新发展、绿色发展、高端发展的长效机制：支持融资租赁机构为中小微企业提供融资租赁服务；支持担保机构、再担保机构为小微企业提供融资担保服务；支持 2019 年中小企业公共服务平台建设项目和小型微型企业创业创新基地建设；支持 2019 年北京市中小企业公共服务平台网络联网窗口平台服务奖励。

（市经济和信息化局）

【优化代偿补偿资金使用】年内，市经济和信息化局积极探索将代偿补偿政策与再担保机制有效结合，对于 500 万元以下的小微业务进一步提高风险容忍度，促进合作担保公司及银行有效提高小微担保业务的信贷供给。

（市经济和信息化局）

【小微企业担保业务降费奖补资金征集及评审】年内，为落实《财政部、工业和信息化部关于对小微企业融资担保业务实施降费奖补政策的通知》，进一步拓展小微企业融资担保规模，降低小微企业融资担保费率水平，北京市开展降费奖补资金的申报及评审工作。

（市经济和信息化局）

【中小基金创新引领作用】年内，中小发展基金运行效果良好，稳步推进创投引导基金第十一批合作机构设立工作，完成与启迪之星、腾业创投、泰岳梧桐等合作子基金的设立；优化遴选方式，推进创投引导基金第十二批合作机构征集工作，征集方式改为“敞口申报”，进一步吸引优质创业投资机构合作，重点支持深耕细分领域、专业、优秀的创业投资机构，投资于符合首都城市功能定位的天使、初创、早中期创新型企业，缓解中小企业融资难问题；完善内部管理制度和相关程序，做好风险防范；开展创投引导基金、昌平双创基金第三方绩效评估工作；在子基金、项目两个层面做好精准服务，开展海外上市方式及有关法律实务、科创板发行上市规则、人工智能行业交流等服务活动，并通过调研走访等方式为被投企业提供后轮融资需求对接、政策对接等投后服务。

（市经济和信息化局）

【提升中小平台网络的服务能力】 年内，中小平台网络以市级枢纽平台为核心，初步构建“1+16+N”骨干网络架构，枢纽平台统筹带动平台网络内的服务资源，依托信息化平台和实体服务大厅以及中小企业服务联盟，为中小企业提供“找得快、用得好、有效果”的公共服务，并建立基于需求导向的公共服务流程。平台网络筛选和集聚一批优质中小企业服务机构，联通16个区中小企业服务平台，接入142家联网窗口平台，在全市各区及中小微企业聚集的产业集群基本实现服务全覆盖。中小企业公共服务平台网络2019年开展活动1733场，服务企业66138家次，服务人数197804人次，完成服务对接3653家次。

（市经济和信息化局）

【国家小型微型企业创业创新示范基地申报】 年内，市经济和信息化局成功推荐北京厚德昌科投资管理有限公司、北京奥宇科技企业孵化器有限责任公司、北京国投尚科信息技术有限公司、北京普天德胜科技孵化器有限公司等4家基地成为2019年度国家小型微型企业创业创新示范基地。

（市经济和信息化局）

【国家中小企业公共服务示范平台申报】 年内，市经济和信息化局成功推荐北京中关村软件园发展有限责任公司、北京博大万泰国际投资咨询有限公司、北京华财会计股份有限公司、北京硬创空间科技有限公司、黑钻石（北京）文化传媒股份有限公司、中孵高科产业孵化（北京）有限公司、中关村芯园（北京）有限公司等7家平台成为2019年度国家中小企业公共服务示范平台。

（市经济和信息化局）

队伍建设

【政务数据资源目录体系编制工作培训会召开】 1月15日，按照市领导要求及市大数据工作推进小组（以下简称推进小组）部署，在数字北京大厦4层报告厅组织召开政务数据资源目录体系编制工作培训会，对全市政务数据资源目录体系编制及相关工作进行专题部署培训。推进小组专家咨询组、系统总体组，以及市经济和信息化局智慧城市处、信息资源管理中心相关同志参会。市经济和信息化局智慧城市处副处长刘旭主持，市发展改革委、市教委、市科委等57个市级政务部门相关负责同志参会。会上，推进小组办公室对政务数据资源目录体系编制工作、《北京市政府投资信息化项目数据管理办法》、市级大数据管理平台操作分别进行重点介绍。市经济和信息化局智慧城市处进行总结发言，强调大数据是一个体系性的工作，从资源目录（职责目录）入手进行数据确权，逐步形成职责、数据、系统之间的关联，最终形成闭环体系；并从专业性、严肃性和持续性3方面提出明确要求。2月18日，北京市大数据工作推进小组办公室再次组织召开政务数据资源目录体系编制工作培训会，对目录体系编制工作进行培训。市经济和信息化局主持，市委编办、市发展改革委、市教委等54个市级政务部门相关负责同志参会。

（市经济和信息化局）

【2019年北京工业和信息化志鉴培训会召开】 4月23日至24日，市经济和信息化局组织召开2019年北京工业和信息化志鉴培训会，市地方志办副主任张恒彬、市经济和信息化局副巡视员任世强出席会议并讲话，市相关委办局、开发区、区经信主管部门、企业、行业协会和联盟组织等单位的组撰稿人，以及志鉴编辑部责任编审共80余人参加会议。会议邀请国家语言委研究员厉兵、市地方志办副巡视员运子微分别做“出版工作中应注意的语言文字规范”“北京市二轮修志工作进展及史料的开发利用”专题培训。会上通报2018年北京工业和信息化志鉴编纂情况，部署下一步工作。张恒彬充分肯定了2018年北京工业和信息化志鉴编纂工作，祝贺《北京工业年鉴（2017）》获得全国第六届年鉴编纂出版质量评比地方专业年鉴类一等奖，介绍了全国地方志编修等情况。任世强代表局领导对市地方志办的大力支持和广大参编单位和人员的辛勤付出表示感谢，对加强志鉴编辑队伍建设和今后各项工作开展提出明确要求。会议还印发《北京工业和信息化志鉴编纂实用手册（2019）》。

（市经济和信息化局）

【第三届京津冀经信（工信）系统青年交流活动举行】 4月29日至30日，京津冀三地工信系统青年干部相聚海河之畔，共同参加第三届京津冀经信（工信）系统青年交流活动。活动以“百年五四，勿忘初心，砥砺奋进，青春建功”为主题，北京市经济和信息化局党组成员、副巡视员、机关党委书记、机关工会主席刘京辉，天津市工业和信息化局党组成员、副局长、机关党委书记王景梁，河北省工业和信息化厅机关党委专职副书记、机关工会主席刘云鑫出席并致辞，京津冀三地经信（工信）系统青年代表、中德应用技术大学师生共500余人参加活动。4月29日，京津冀三地青年交流座谈会在天津中德应用技术大学举行，刘京辉在致辞中强调，青年们是社会中最富朝气、最有活力、最有创新精神的群体，应当激流勇进、争当先锋，把个人理想融入民族复兴伟大理想，融入国家工作大局。要坚持以习近平新时代中国特色社会主义思想为统领，深入学习贯彻党的十九大精神，紧紧抓住历史性窗口期和战略性机遇期，充分发挥青年们在“京津冀产业协同发展”这场战役中的先锋队和主力军作用，在推动京津冀产业协同发展中放飞青春梦想，实现人生理想。市经济和信息化局青年干部侯守国作为北京青年代表，以“弘扬五四精神　立足岗位工作　为京津冀协同发展贡献青春力量”为题做典型发言，倡议广大青年继续大力弘扬五四精神，脚踏实地做好本职工作，全力以赴投身发展大局，沿着五四运动所追寻的正确道路，不懈努力、接续奋斗，为民族伟大复兴铺路架桥，为祖国建设事业添砖加瓦，为京津冀协同发展贡献青春力量。津冀两地青年干部代表相继发言。三地青年干部相继举行重温入团誓词、签署倡议书、篮球友谊赛等系列活动。

（市经济和信息化局）

【推动高精尖产业发展专题研讨班举办】5月6日至10日，市经济和信息化局会同市委组织部和市委机关党校联合举办高精尖产业发展专题研讨班，围绕5G、大数据应用、工业互联网、生物医药等高精尖重点领域进行深入全面的解读。市委常委、副市长殷勇，市政府副秘书长杨秀玲出席开班式，市委组织部副部长张强主持开班仪式。5天时间里，采取“领导解读＋专家授课＋现场教学＋专题讨论”系统化培训模式，邀请领军企业家、院士、行业知名专家学者围绕5G、大数据应用、工业互联网、生物医药等高精尖产业发展的重点领域，宣贯产业政策，解读发展趋势。组织学员赴千方科技、软通动力、京东方和京东集团调研，近距离了解感受高精尖产业的发展成效，加深学员对产业实践的把握和理解。组织开展分组讨论，引导学员结合实际，研究探讨推动产业政策落地的具体措施。各区分管工业和信息化工作的主管领导和部门负责人，相关市属委办局、市管国有企业分管负责人，部分有影响力和代表性的民营高科技企业、协会负责人，部分在京科研机构、新型创新机构的分管负责人及在京高精尖基金合作机构的负责人等约100人参加研讨学习。市经济和信息化局党组成员、副局长毛东军参加培训并担任班长，党组成员、副巡视员刘京辉主持结业式并做总结讲话。

（市经济和信息化局）

【第十八届北京市工业和信息化职业技能竞赛总结表彰会举办】7月23日，第十八届北京市工业和信息化职业技能竞赛总结会议在北京国际会议中心举行。会议由市国资委巡视员翟贤军主持，市经济和信息化局党组成员、副巡视员刘京辉做竞赛总结报告，市人力社保局副巡视员徐仁忠宣读给予获奖选手和优秀组织单位表扬的通报，市政府副秘书长杨秀玲出席会议并讲话。大赛开展以来，从企业到区、市，层层开展技术培训、技术比武、技术练兵和比赛选拔。总结会为获奖选手和优秀组织单位颁发荣誉证书，优秀组织单位代表首钢集团有限公司人才开发院副院长张百岐、获奖选手代表液晶显示器件模组制造工冠军马健、优秀教练员代表汽车整车装调工教练员陈文君在会上做交流发言。2018年5月至12月，市经济和信息化局会同市委组织部、市人力社保局、市国资委、市教委、市总工会、共青团市委、北京工业经济联合会等部门和单位，以“争做新工匠，助力高精尖”为主题，举办第十八届北京市工业和信息化职业技能竞赛。百余家企业和职业院校、逾2万名选手参加54个项目竞赛的角逐。本届竞赛选拔出372名“北京市工业和信息化高级技术能手”、36名“北京市工业和信息化行业技术能手”、43名“北京市工业和信息化最佳操作能手”。

（市经济和信息化局）

【2019年大数据关键应用技术专业提升高级研修班举办】 9月3日至6日，市经济和信息化局在首都师范大学国际文化大厦举办“2019年北京市大数据关键应用技术专业提升高级研修班”，85位来自市、区政府部门的大数据应用项目管理人员，以及大数据应用试点示范、社会数据合作签约单位的技术负责人，参加为期4天的专题培训。市经济和信息化局副局长潘锋出席开班仪式并做动员讲话。首都师范大学作为北京市首批大数据人才培训示范基地之一，在教学场地、师资组织、教务安排方面提供精细保障，美团点评公司作为北京市首批大数据教学实践基地之一，为本次高级研修班提供现场参观和体验式教学。在课程安排上，市经济和信息化局邀请来自北京交通大学、首都师范大学、北京城市学院、腾讯、阿里等大数据人才培训示范基地和大数据教学实践基地的优秀培训教师，对市经济信息化局前期集中组织设计的《北京市大数据顶层设计》《大数据采集与融合》《大数据存储与计算》等大数据核心课程进行系统化讲解，有效地宣传了本市大数据建设的政策精神；另外，市经济信息化局组织华为、百度、旷世、天智航等知名企业，系统解读鲲鹏计算平台、飞桨开源深度学习平台、骨科手术机器人等业界前沿技术应用进展情况。本次培训具有4个“首”的特点：“首次”将大数据培训纳入市人力社保局高级专业技术人员的继续教育体系；联合“首批”挂牌的大数据培训基地单位共同协办；利用“首套”大数据核心课程讲义进行标准化、体系化培训；搭建“首个”政、企技术高管交流对接的平台，有利于推动形成本市“政产学研用”全产业链的大数据应用，全面提升北京市大数据建设工作的“核心战斗力”。培训采用集中教学、学员沙龙、现场交流和观摩考察等多种教学形式，进一步加大北京市高层次大数据专业技术人才培养力度。

现场观摩交流

（市经济和信息化局）

【第三届全国工业机器人技术应用技能大赛北京选拔赛启动】 9月5日，第三届全国工业机器人技术应用技能大赛北京选拔赛启动仪式暨技术说明会在北京轻工技师学院召开。市经济和信息化局党组成员、副局长刘京辉出席并致辞。市人力社保局、市教委、市总工会、团市委等单位的相关负责同志，以及选拔赛参赛选手、参赛单位代表、承办院校师生代表近300人参加。第三届全国工业机器人技术应用技能大赛北京选拔赛是市经济和信息化局会同市人力社保局、市教委、市总工会、团市委按照《第三届全国工业机器人技术应用技能大赛的通知》（工信部联人函〔2019〕167号）要求联合举办的。竞赛分职工组、教师组、学生组3个组别进行，通过理论和实际操作考查相结合的方式，共选拔出8名选手组成北京代表队参加全国决赛。在10月20日的全国大赛中，北京代表队8名队员与来自全国30个省（区、市）和16家央企的240名技能选手同台竞技。经过2天激烈的角逐，获职工组二等奖1名、三等奖1名，教师组二等奖1名，学生组三等奖1名。在2016年、2017年举办的前两届大赛中，北京市共取得1个一等奖、

3 个二等奖、6 个三等奖的优异成绩，连续两届荣获团体总分奖和优秀组织奖。

（市经济和信息化局）

【市经济和信息化局 2019 年科级干部能力提升培训班举办】为贯彻落实《2018—2022 年北京市干部教育培训规划》，提高科级干部业务水平和能力素质，按照年度干部教育培训计划安排，市经济和信息化局于 9 月 23 日至 27 日、10 月 14 日至 18 日分两期举办科级干部能力提升培训班。局党组成员、副局长刘京辉出席开班式并做动员讲话。她指出，市经济和信息化局在首都经济转型发展中，担负着推进高精尖产业、加快智慧北京建设等重大任务。这对全局干部的思想觉悟、眼界思路、专业能力和品行作风提出新的更高要求。开展干部培训，是突出首要任务、用习近平新时代中国特色社会主义思想武装头脑的迫切需要，是提升专业能力、服务北京高精尖产业转型发展的现实需要，是强化职业道德、激励担当作为的内在需要。同时要求大家通过潜心学习、认真研讨，进一步武装头脑，提升政务水平。培训采取专家授课、业务辅导、分组研讨等多种方式，围绕习近平新时代中国特色社会主义思想学习纲要、《共产党宣言》、高精尖产业发展“一个意见两个规划”、警示教育、中美贸易摩擦、系统思想与创新能力、公文写作等方面组织课程，在香山革命旧址双清别墅、香山革命纪念馆进行现场教学。

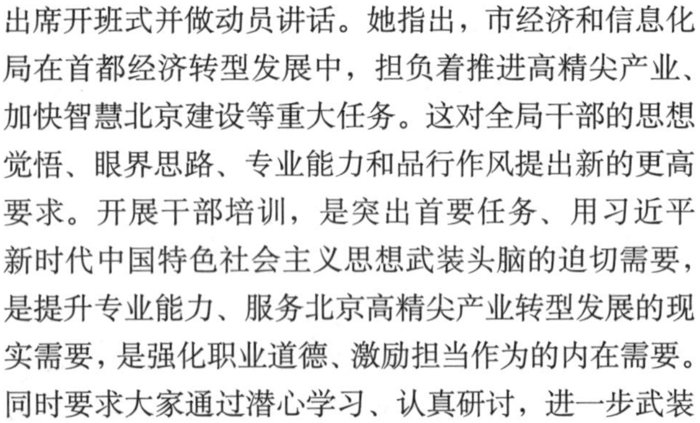

（市经济和信息化局）

【两化融合管理体系培训会召开】为进一步落实《北京市推进两化深度融合推动制造业与互联网融合发展行动计划》工作部署，持续推进北京市两化深度融合，推广普及两化融合管理体系，加快市管企（事）业单位提质增效、转型升级和创新发展。10 月 15 日，市经济和信息化局与市国资委共同组织召开“两化融合管理体系培训会”。培训会同步采用视频和直播的方式开展，覆盖市管 45 家一级企（事）业单位及下属单位，共 1600 余人参加会议。培训会上，市经济和信息化局信息化与软件服务业处详细介绍北京两化融合工作开展情况、工作成效及工作重点；与会专家详细解读企业如何通过两化融合管理体系贯标工作，打造信息化环境下的新型能力，提升企业核心竞争力；两化融合管理体系贯标达标企业分享实施两化融合贯标工作的经验、教训和成效。信息化与软件服务业处、软促中心、北京两化融合服务联盟相关负责同志参加会议。

（市经济和信息化局）

【北京市大数据平台 V1.0 上线发布暨市级目录链“锁链”培训会召开】10 月 15 日，市大数据工作推进小组办公室在数字北京大厦 4 层报告厅组织召开北京市大数据平台 V1.0 上线发布暨市级目录链“锁链”培训会。会议由市经济和信息化局大数据建设处处长刘旭主持，市委编办、市发展改革委等 56 个市级部门和 16 个区共 100 余人参会。按照市领导指示精神，结合北京大数据行动计划统筹安排，推进小组办公室组织市级政务部门开展目录编制和“上链”相关工作。经市政府批准，确定 2019 年 10 月 15 日起市级目录链正式“锁链”。推进小组办公室对下一步市级部门信息系统“交钥匙”和基础数据汇聚工作进行部署；对市级大数据平台 V1.0 版进行介绍和系统演示。同时，市教委分享北京市教育大数据工作经验，西城区分享区级目录梳理工作经验。市经济和信息化局副局长潘锋进行总结讲话，对各部门完成目录“上链”工作表示感谢同时强调，北京市的信息化发展正由“云上”向“数上”过渡，目录链是大数据工作的“定海神针”，“锁链”后，各部门、各区之间数据共享也将通过“链”上开展；大数据平台是“筑基工程”，希望各部门充分利用平台现有的政务数据、社会数据和共性组件服务，以应用需求为导向，带动促进数据汇聚和数据治理相关工作，把数据的力量转化成人工智能的力量，从“云上”最终实现“智上”。希望各部门高度重视，把各项工作落到实处、建出成效，共同为北京高质量发展贡献“大数据力量”。

（市经济和信息化局）

【京津冀协同发展项目对接推介会召开】 10 月 25 日，京津冀三区协同办在北京召开京津冀协同发展项目对接推介会。会议借助正在举行的中国北京国际科技产业博览会平台，推介一批京津冀产业转移承接重点平台，举行京津冀协同发展相关项目签约仪式。现场签约项目 52 个，涉及智能制造、大数据、节能环保、医疗健康等领域。推介会的主题是“创新共融 协同发展”，对北京城市副中心、协同创新平台、现代制造业平台、服务业平台、市场化枢纽型中介组织五大类型共 24 家园区和单位进行展示。保定 · 中关村创新中心和河北（高碑店）新发地农副产品物流园分别作为协同创新平台代表和服务业平台代表进行现场推介。

（市经济和信息化局）

【2019 年市经济和信息化局系统人事干部培训班举办】 为深入学习贯彻习近平新时代中国特色社会主义思想和习近平总书记视察北京重要讲话精神，不断提升人事干部的综合素质和专业能力，按照年度教育培训安排，市经济和信息化局于 11 月 6 日至 8 日在中央统战部培训中心怀柔基地举办 2019 年人事干部培训班。直属单位主要负责人、人事部门负责人和人事干部约 60 人参加培训。市经济和信息化局党组成员、副局长刘京辉全程指导并出席开班式和结业式。培训班通过专家授课、业务辅导、分组研讨等方式，组织学员学习习近平总书记视察北京重要讲话精神、《党政领导干部选拔任用工作条例》、事业单位绩效工资管理、协调与沟通能力以及系统思想与创新能力等方面内容。培训期间组织直属单位主要负责人全文学习了党的十九届四中全会公报。刘京辉就如何抓好培训成果的转化和落实提出要求：要坚持围绕中心、服务大局，加强政治理论学习，突出政治标准，在提高政治素质上下功夫；要坚持学深悟透、熟悉政策，进一步学习新知识，掌握新本领，在提高业务水平上下功夫；要坚持锤炼作风、廉洁自律，知敬畏、存戒惧、守底线，在严守纪律规矩上下功夫。

学员分组讨论场景

（市经济和信息化局）

【北京公共数据开放创新基地成立暨“AI+ 司法服务”创新竞赛启动】 11 月 11 日，北京市经济和信息化局联合北京市高级人民法院在数字北京大厦召开北京公共数据开放创新基地成立暨“AI+ 司法服务”创新竞赛启动仪式。市高级人民法院党组成员、副院长靳学军，市经济和信息化局党组成员、副局长潘锋，金融控股集团有限公司总经理助理王磊等领导出席启动仪式，金控集团、朝阳区人民法院、朝阳区科信局、大数据中心筹备办等赛事承办单位，百度公司、首信公司、太极公司等赛事协办单位，以及清华大学、北京交通大学、金山云、华宇公司、中关村软件等 9 家竞赛单位约 100 人参加会议。自北京大数据行动计划发布实施以来，在体制机制、数据汇聚、目录链管理、大数据平台、领导驾驶舱、北京通 App 升级等方面取得实践。公共数据开放是大数据行动计划重要内容，经市政府批准，北京市大数据工作推进小组办公室 10 月印发《关于通过公共数据开放促进人工智能产业发展的工作方案》，其中提出建设公共数据开放创新基地，通过特定方式面向人工智能企业有条件开放医保、司法、交通等领域的公共数据资源。市经济和信息化局依托数字北京大厦建成北京公共数据开放创新基地，搭建包括私有云资源、数据沙箱、竞赛系统、人工智能深度学习框架、安全系统在内的数据开放和产品创新环境，通过应用竞赛、授权开放等方式，面向合规正当的应用场景，在不转移数据所有权控制权、清洗脱密脱敏和确保安全的情况下，为企业开发产品、创新应用提供无偿和精准的数据供给，推动公共数据安全、有序、可控地开发利用，助力本市大数据产业高质量发展。该基地为百度公司“飞桨”深度学习框架等一批自主可控的软硬件产品，提供竞赛、测试和推广应用平台，在构建人工智能产业生态方面进行积极探索。北京市 2019 年“AI+ 司法服务”创新竞赛是市高院、市经济和信息化局贯彻党的十九届四中全会精神，依托大数据和人工智能技术，完善国家治理体系提升现代化治理能力的迅速行动，在全国司法领域具有创新引领。竞赛于 11 月中旬进行，为期两周。竞赛基于近两年全市法院裁判生效文书、已经在审判信息网公开的民商事、知产案件的基本信息等大数据资源，聚焦案件代理人情况分析和行业诉讼情况分析，进行人工智能算法开发和数据建模，相关竞赛成果将有利于防范化解法律纠纷减少诉源，提高司法审判质量。启动仪式上，靳学军表示，首届北京市“AI+ 司法服务”创新竞赛，以“创新融合、开放共享、安全平稳”为工作原则。创新是引领发展的第一动力，也是推动诉讼服务和审判辅助智能化，国家治理体系和治理能力现代化的必然要求。希望通过竞赛为北京智慧法院建设探索一套新的建设模式，促进司法服务更加便民惠民。同时此次创新竞赛也是对参赛单位科技水平的一次大演练，应严格按照公平、公正、公开的竞赛原则进行比赛。竞赛产生的优秀团体研发成果也将转化为法院的信息化应用，为智慧法院建设添砖加瓦。潘锋表示，市经济和信息化局会同有关部门，在保障企业及个人隐私数据安全的前提下，依托北京市政务数据资源网，进行公共数据无条件开放；依托北京公共数据开放创新基地，进行特殊领域公共数据的有条件开放，双管齐下加速政务数据社会化开发利用，进一步优化北京营商环境，建设开放北京。北京大数据开放创新还要瞄准“数据产业”这个靶心，以开放促应用，以应用带产业。关注数据竞赛的成果转化，建立竞赛成果培育、孵化机制。把数据开放创新做精、做实、做透，形成良性生态闭环。靳学军、潘锋、王磊共同为北京公共数据开放创新基地揭牌。

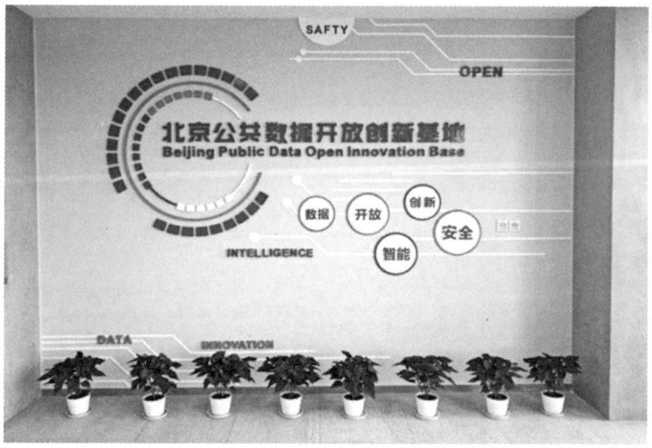

（市经济和信息化局）

【政府投资信息化项目全流程管理工作培训班举办】 11 月 21 至 22 日，市经济和信息化局在北京城市学院举办政府投资信息化项目全流程管理工作培训班。140 余位来自市、区政府部门的信息化和大数据工作负责人参加为期两天的专题培训。培训邀请市信息资源管理中心和市信息化项目评审中心分别就《关于通过公共数据开放促进人工智能产业发展的工作方案》和“北京市政府投资信息化项目全流程管理”进行解读，同时邀请北京城市学院、字节跳动和京东等单位的专家对区块链、人工智能和智慧政务发展及应用进行介绍。讲师就区块链应用场景、大数据场景下区块链应用、人工智能技术发展趋势、大数据下的神经网络原理和如何利用 AI 提升政务服务等方面进行授课。本次培训班是在 9 月份高级研修班的基础上，继续开拓大数据人才培养的“北京模式”。

（市经济和信息化局）

【北京市机器人专班工作启动会召开】为深入贯彻陈吉宁市长关于抓好高精尖产业发展、组建工作推进专班的指示要求，全面落实《北京市加强科技创新发展智能装备产业的指导意见》，促进本市智能机器人产业发展，12 月 26 日，市经济和信息化局牵头召开北京市机器人专班工作启动会。市科委、市卫生健康委、市公安局、市应急管理局、市人才工作局、市投资促进中心，中关村管委会，海淀区、顺义区、大兴区政府，北京经济技术开发区，北京冬奥组委等 17 家专班成员单位相关负责同志参加会议。市经济和信息化局副局长崔旭龙主持会议。会上，市经济和信息化局智能装备处对发布的《机器人产业创新发展行动方案（2019—2022）》进行宣贯，对《机器人产业专班工作方案》进行解读，各委办局、各区政府、市投资促进中心、中关村管委会、亦庄开发区、北京冬奥组委等单位发表相关意见建议。崔旭龙指出，北京市要大力发展高精尖产业，机器人产业是智能装备产业的主要发力点，将在传统产业改造、与其他产业融合方面发挥重要作用；专班成员单位要加强协调和信息沟通，树立所有好装备都是用出来的理念，为机器人产业发展提供基金、人才、应用场景等方面的政策保障；关注优秀企业、潜力企业，推动产业向上游延伸，提前跟踪谋划项目落地，为企业雪中送炭。

（市经济和信息化局）

【高质量专项项目培训会召开】12 月 27 日，为规范市经济和信息化局高质量专项项目的管理，做好 2020 年的项目申报工作，市经济和信息化局规划处主持召开 2020 年高质量专项培训会，工信部规划司投资处和工业基础处相关领导分享经验，解读高质量发展相关政策，梳理现阶段总结经验，并就项目管理中实际存在的问题进行现场答疑。市经济和信息化局规划处、科技标准处、节能与综合利用处、材料产业处、电子信息处、汽车交通处、智能装备处、都市产业处、生物医药处、软件服务处和军民融合处参会。

（市经济和信息化局）

服务保障

【安全管理工作会召开】为认真贯彻落实市委、市政府和市安全生产委员会相关精神和市领导关于安全工作的重要指示要求，市经济和信息化局于 1 月 17 日召开安全管理工作会议，传达全国安全生产会议及北京市会议精神，总结 2018 年全局安全工作情况，部署 2019 年重点工作，局各直属单位参加会议。2019 年进一步落实安全工作“党政同责、一岗双责、齐抓共管”规定，坚持生命至上、安全第一理念，按照“全覆盖、零容忍、边排查、边整治、重实效”的总体要求做好安全生产工作。要牢固树立安全第一的思想；建立健全安全组织，切实落实安全责任；强化宣传教育，提高全员防范意识；全面排查风险隐患，确保万无一失。

（市经济和信息化局）

【市经济和信息化局在北京城市副中心 5 号楼举行首批社会机构数据合作签约仪式】中国移动、中国联通、中国电信、阿里、腾讯、百度、京东、中国进出口银行、阳光保险、中国经济信息社、京投、新京报、北京城市大数据研究院、启明星辰、亚信安全、360 企业安全、数据堂、数知科技 18 家社会机构（或其代表主体）签署首批数据合作框架协议，共同推进北京大数据行动计划实施。

（市经济和信息化局）

【工业遗产保护利用政策宣贯会召开】为贯彻落实《国家工业遗产管理暂行办法》，做好第三批国家工业遗产认定申报工作，加强各区工业遗产保护利用，5 月 14 日，市经济和信息化局举办工业遗产保护利用政策宣贯会。16 个区工业和信息化主管部门有关负责人参会，并有近 10 家意向企业参加交流学习。会上对国家工业遗产的申报流程和前几批申报情况作了简要介绍，工信部工业和信息化部工业文化发展中心马雨墨介绍了国家工业遗产管理的相关政策和申报要求，并对各区和企业关心的具体问题进行现场解答。通过交流，区县和企业了解申报的流程和注意事项，与各区逐个对接申报意向，并提出指导意见，基本摸清申报底数。

（市经济和信息化局）

【对口帮扶区和企业赴拉萨开展产业对接】5 月 19 日至 22 日，市经济和信息化局副局级领导陈志峰带领对口帮扶拉萨市的顺义区、门头沟区和北京航天宏图信息技术股份有限公司、太极计算机公司等负责同志赴西藏自治区拉萨开展产业对接活动。考察团一行先后考察调研了柳梧新区（拉萨高新技术产业开发区）众创空间、大学生创业园、拉萨中关村科技成果产业化基地、西藏达瑟尔科技有限公司、西藏飞龙科技有限公司、西藏宁算科技集团等地，与企业负责同志进行深入沟通交流，并听取柳梧新区近年来的发展情况汇报。分别与西藏自治区经济和信息化局、卫健委就促进两地信息服务业、企业交流与合作及西藏医疗卫生信息化发展等内容进行探讨和交流，为下一步两地开展信息化合作交流明确目标和方向。顺义区、门头沟区经信部门到对口帮扶的堆龙德庆区和尼木县进行实地调研和对接交流。北京航天宏图信息技术股份有限公司与西藏飞龙科技有限公司签署技术帮扶和市场拓展工作协议。

（市经济和信息化局）

【2019 全国信息消费城市行北京站活动启动】6 月 20 日，由市经济和信息化局、朝阳区政府共同主办的“全国信息消费城市行北京站”活动在朝阳区三里屯太古里北区红馆举行。活动以“融合创新、平台赋能、服务提升”为主题，通过主题演讲、互动体验等方式，集中展示信息消费的新产品、新业态、新模式、新应用。工信部信软司副司长董大健，市经济和信息化局副巡视员王伟，朝阳区委常委、副区长李长萍等出席启动仪式并致辞。启动仪式上，王伟介绍北京市推进信息消费重点工作和下一步推进工作举措，分享了信息消费试点示范取得的主要成果。美团、京东、小米、腾讯等 10 余家知名信息消费企业聚力打造的信息消费共同体宣布成立，并发布共同体宣言。中国电信、腾讯、京东等重点企业代表进行了主题分享。为期 3 天的“北京市信息消费节”与全国信息消费城市行北京站活动同步启动。活动期间，信息消费共同体成员单位联合在全国范围内开展近 5 亿元优惠券补贴活动。

（市经济和信息化局）

【2019 北京数字丝绸之路产业对接会召开】6 月 27 日，市经济和信息化局组织召开 2019 北京数字丝绸之路产业对接会，市经济和信息化局党组成员、副局长王学军出席会议并致辞。本次对接会是为落实第二届“一带一路”峰会精神，推进共建数字丝绸之路。基于北京的城市定位、产业特征和资源优势，将做好 5 项工作：实现双向并举，培育大数据、云计算、人工智能、网络安全、工业互联网等重要产业；明确市场定位，发展信息基础设施、创新协作网络、丝路经贸信息平台、丝路网络安全机制等重大项目；坚持共建共享，建设数字领域双向园区；着眼前沿需求，培育人才、技术创新、产融合作等要素市场；坚持政策驱动，强化公共服务，培育高质量的丝路合作企业。新加坡网络安全局、泰国数字经济和社会部、马来西亚通信和多媒体部、缅甸交通通信部、老挝邮电部、文莱信息通信技术产业局以及柬埔寨、越南、立陶宛、尼日利亚、安哥拉、埃塞俄比亚、塞拉利昂、古巴等 20 余个数字丝绸之路重点合作国家和地区官员、驻华使节等出席会议，并分享各国信息通信技术

产业发展现状和合作需求；神州信息、用友、国家工信安全中心、中金认证等介绍相关技术、产品和方案；华为、阿里云、九次方大数据、中关村软件园发展有限公司、和利时集团、千方科技、金山软件、同方集团、软通智慧等来自全市软件和信息服务业、大数据建设及应用等120家企业、单位、协会参加活动，并与外国代表深入对接新一代通信网络、大数据、云计算、物联网、工业互联网、网络安全等领域合作需求和项目。

（市经济和信息化局）

【永定河跨河管线进行汛期安全检查】 7月2日，为贯彻落实《2019年北京市防汛抗旱工作要点》，确保安全度汛，市经济和信息化局副巡视员任世强带队对市经济和信息化局牵头负责的永定河跨河管线进行现场检查，对各权属单位防汛职责范围内的设备、设施、物资进行调度，逐一排查4座管架桥上的9条管线的坚固程度、管线及金属部件的防腐处理情况和其他安全隐患。经与永定河管理处深入沟通，任世强要求各权属单位要加强日常巡检，及时发现问题排除隐患；由于前期永定河放水，对桥墩有一定的冲刷，

各权属单位要进一步对职责范围内的桥墩进行加固；下一步要组织专家组对管架桥的状况进行论证，确保具有高水准的防汛能力。市经济和信息化局办公室和永定河管理处相关同志陪同检查。

（市经济和信息化局）

【纪念全民族抗战爆发82周年纪念活动通信保障任务完成】 7月7日，纪念全民族抗战爆发82周年活动在卢沟桥中国人民抗日战争纪念馆隆重举行。中共中央政治局委员、市委书记蔡奇主持仪式，市委副书记、市长陈吉宁，市人大常委会主任李伟，市政协主席吉林和中央有关部门、中央军委政治工作部领导出席。群众方阵中既有亲历抗日战争的中国共产党老战士、中国国民党老战士，也有抗战将领亲属、部队、首都学生、机关干部和群众代表。市经济和信息化局根据市委办公厅通知要求，组织政务网管中心和正通公司为此次纪念活动提供应急通信保障服务。市经济和信息化局基础设施处、网管中心、正通公司共投入现场保障人员5人、应急通信车和保障车辆2辆，现场无线政务网和30部800兆手台运行正常，其间无突出情况和突发事件发生。

（市经济和信息化局）

【北京市推进共建"一带一路"双向投资综合服务平台单位授牌】 8月8日，北京市推进"一带一路"建设工作领导小组在北京市投资促进服务中心举行北京市推进共建"一带一路"双向投资综合服务平台单位授牌仪式。根据《北京市推进共建"一带一路"三年行动计划（2018—2020）》的工作部署，市经济和信息化局与市发展改革委、市商务局、市国资委、市外办、市科委、市贸促会、市投促中心等单位共同推动完成市行动计划重点任务第23项相关工作，加强北京国际经贸合作网络建设，鼓励企业和社会力量参与，建设专业化、市场化、国际化的"一带一路"双向投资平台。2019年5月，以上单位联合发布《北京市推进共建"一带一路"双向投资综合服务平台建设实施方案》。根据方案，经平台管理机构成员单位共同推荐、评选后，确定761工场（北京）科技发展有限公司、北京融商"一带一路"法律与商事服务中

心、北京文化产业商会、北京嘉润律师事务所为北京市首批双向投资综合服务平台单位。这4家单位将为北京市各领域“引进来”和“走出去”企业提供投资政策、法律咨询、风险评估、安全防范和信息共享等全方位综合性服务。

（市经济和信息化局）

【北京高精尖产业发展基金金融服务“进园区”系列活动启动】 8月12日，为进一步提升金融服务企业能力，践行“不忘初心，牢记使命”主题教育活动精神，落实北京市高精尖产业政策，市经济和信息化局联合市财政局，在北京经济技术开发区召开北京高精尖产业发展基金金融服务“进园区”系列活动启动会。市政府副秘书长杨秀玲，北京经济技术开发区管委会主任梁胜，市财政局党组成员、副局长王婴，市经济和信息化局党组成员、副局长王学军，各区工作主管部门领导以及投资机构、服务机构、银行、企业代表、新闻媒体等400余人受邀出席启动会。杨秀玲表示，构建高精尖经济结构是落实习近平总书记视察北京时指出的“北京要发展，而且要发展好”的重要举措。要聚焦落实好北京市“10+3”高精尖政策，落实好我北京市高精尖产业政策落地的施工图，围绕各区明确的主导产业方向，大力做好高精尖项项目，抓好落地建设。希望以高精尖基金为抓手，继续发挥政府引导基金的平台优势，聚拢更多的金融服务机构创新服务模式，支持首都实体经济快速发展。梁胜表示，开发区紧扣“科技创新”“高精尖”等关键词，着力打造具有全球影响力的科技成果转化承载区、技术创新示范区、深化改革先行区、高精尖产业主阵地和宜居宜业绿色城区。开发区已经形成四大产业主导产业，特别是2018年，开发区出台支持企业创新创业发展的高精尖产业政策，增加对企业的研发投入、企业知识产权保护的支持，支持高精尖企业发展。希望通过此次活动，提升开发区内高精尖产业发展速度，增强开发区科技创新实力，为开发区内高精尖企业的发展提供更多机遇。王婴表示，北京市财政局代表市政府作为高精尖母基金出资人，承担着母基金资金筹集和履行出资的职责，发挥好财政资金和财政政策引导作用。基金设立以来，建立了市财政局统筹管理，行业主管部门监督基金投向，代持机构保障出资权益，基金管理机构具体运作与管理的组织管理体系；明确各部门工作分工，规范管理程序、要求及标准，保证了市级引导基金的规范化管理和实施；制定《北京市市级政府投资基金绩效评价管理暂行办法》，建立规范、科学、合理的政府投资基金绩效评价管理体系，对政府投资基金的经济性、效率性和效益性进行真实、客观、公正的评价。王学军表示，高精尖基金是促进产业技术创新和转型升级、实现产融结合发展的重要抓手。市经济和信息化局联合市财政局举行北京高精尖产业发展基金金融服务“进园区”活动启动仪式，旨在打造高精尖经济生态服务体系，进一步推进产业金融深度融合，是着力加快建设实体经济、科技创新、现代金融、人力资源协同发展的产业体系的推动落实。欢迎社会各界朋友，各区政府、投资机构、金融机构、企事业单位加入到高精尖产业发展基金中来，合作共赢，共谋发展，共同推动北京市高精尖产业发展。会场举行高精尖基金第五批合作机构签约仪式和市经济和信息化局与战略合作银行的签约仪式。随后，市经济和信息化局规划处处长彭雪海详细介绍高精尖基金金融服务“进园区”系列活动计划及内容。他表示，为进一步落实好高精尖产业政策，有效引导符合区域功能定位的产业落地，发挥高精尖产业基金资源优势，更好地服务企业融资需求，高精尖基金将联合各类金融机构，为全市16个区及经开区的高精尖企业开展系列金融服务。金融服务活动涵盖基金政策宣贯、投融资服务、管理咨询、财税及法律服务等内容。具体包括广泛开展高精尖产业政策宣贯，以各区的主导产业布局和关键环节为重点，实现精准突破，通过政策宣讲支持鼓励区域重点高精尖产业进一步发展壮大；引导本次签约的战略合作银行等金融机构走进各区，积极撮合对企业的信贷支持、定制化的金融产品等各类融资对接服务；组织筛选符合资金、基金支持条件的优质企业进行路演，依托政府资源平台，对各区优质企业双层面进行资金支持，为子基金管理人提供优质项目资源；邀请产业及金融领域相关专家学者，定期开展行业信息、技术交流等培训咨询活动，提高企业风险管理、行业分析及投研体系建设等多方面能力；探索开展优质项目挖掘，通

过基金合作机构专业研判能力，协助北京市筛选优质项目资源，并结合各区主导产业进行合理落地布局。

（市经济和信息化局）

【第二十二届京台科技论坛——“5G+智慧未来城市”论坛举办】 8月28日，由北京市信息化专家咨询委员会指导，北京信息化协会、北京软件和信息服务业协会、北京企业技术中心创新服务联盟、台湾区电机电子工业同业公会、台湾电脑商业同业公会联合会等5家单位联合主办的第二十二届京台科技论坛——“5G+智慧未来城市”论坛在北京举办。市经济和信息化局副巡视员王伟到会并致辞。随着5G蓬勃发展，大数据、云计算、人工智能等新技术的广泛应用，城市数据呈现出爆发增长，海量汇聚的特点，智慧城市建设迎来数上阶段。京台两地的科技企业加强合作，优势互补，携手搭建给更多同业交流合作平台。论坛邀请英业达集团北京公司、东华软件股份有限公司、台湾电脑商业同业公会、中国信息通信研究院产业与规划研究所、台湾产业电子化运筹管理学会、明略科技集团、新汉智能系统股份有限公司、北京神舟航天软件技术有限公司、北京亦庄智能城市协同创新研究院有限公司等京台知名企业、协会和机构的领导和专家进行专题演讲，与大家分享两岸在“5G+智慧未来城市”中的研究成果和发展经验。会上，台湾区电机电子工业同业公会和北京牡丹电子集团有限责任公司进行“企业竞争力分析进化论”合作项目的成果发布。王伟、台湾区电机电子工业同业公会副理事长郑富雄共同为成果揭牌。

（市经济和信息化局）

【《北京市产业经济发展蓝皮书（2018—2019）聚焦高精尖》发布】 9月25日，《北京市产业经济发展蓝皮书（2018—2019）——聚焦高精尖》对外发布。蓝皮书共收录文稿24篇，20余万字，从产业、区域、专家视角等多角度全方位解读北京高精尖产业的发展情况。

（市经济和信息化局）

【国庆70周年安全生产保障】 9月，为推进北京地区民爆行业安全隐患集中整治专项行动，促进国庆期间北京市民爆物品销售企业安全平稳运行，市经济和信息化局副巡视员任世强带队赴房山区开展民爆行业安全生产专项行动。为检验北京京煤化工公司应急处置能力，民爆库区巡查人员以库房周边起火为背景，启动应急处置程序，开展应急救援演练；现场观摩发现，北京京煤化工公司能及时启动应急预案，库区微型消防站、驻地部队、各应急救援小组能在较短时间内奔赴现场完成灭火救援工作；针对演练情况，安全专家进行现场点评。为推进民爆行业安全隐患集中整治工作，市经济和信息化局会同安全专家检查北京京煤化工公司近年来安全隐患整改归零情况、民爆物品账证相符及销售备案情况、国庆期间安全保障工作方案制订情况，抽查民爆物品库房及周边地下消火栓情况，并提出相关工作建议。检查结束后，任世强主持召开安全生产专题培训会议。会上向北京京煤化工公司、北京鑫运昌民爆物品公司主要负责人及安全管理人员宣讲习近平总书记关于安全生产工作的重要论述内容，解读《北京市生产经营单位安全生产主体责任规定》主要内容，在国庆前夕进一步强化企业的安全责任意识和法治意识。根据市经济和信息化局国庆期间安全生产工作部署，局内各相关业务处室落实安全生产“一岗双责”要求，结合工作职责，在走访调研工作中，积极指导、提示有关企业强化安全生产管理工作。

（市经济和信息化局）

【国庆70周年无线电安全保障】 10月1日，中华人民共和国成立70周年系列庆祝活动在首都北京举行。市经济和信息化局全体无线电保障人员高度重视，认真制订方案，科学组织筹划，严密部署实施，做到全员参与、全域推进、全程定责、全面落实，以保障国庆活动所需频率为重点，建立国庆活动无线电安全保障工作机构，科学统筹频谱资源，制订无线电安全保障工作方案、应急预案和风险评估与控制措施，严密组织无线电管制和电磁环境监控，开展全市无线电频率台站清理整顿，及时排查各类可疑信号，查处各种电磁干扰。自保障国庆活动以来，在国家无线电管控组的统筹下，市无线电管理局派出保障人员63名、10辆车、20余套快速部署及便携式监测测向设备，审批65家单位656份共1035个频率，发放演练及无线电设备专用标签16万余个，监测国庆活动使用的频率多站累计 1.2 万小时，先后发放各类无线电宣传材料 2.3 万余份，检查设台单位 9000 余家，严厉打击“黑广播”“伪基站”等非法行为，有效避免和消除各类无线电干扰隐患，保证国庆阅兵、群众游行、联欢晚会及媒体转播、指挥调度、安全保卫等无线电业务的正常运行。

（市经济和信息化局）

【首届北京市“AI+ 司法服务”创新竞赛活动完成】 12 月 5 日，北京市高级人民法院（以下简称市高院）联合北京市经济和信息化局在市高院 C601 会议室召开首届北京“AI+ 司法服务”创新竞赛颁奖仪式。市高级人民法院党组副书记、副院长吉罗洪，市高级人民法院党组成员、副院长靳学军，市经济和信息化局党组成员、副局长潘锋，金融控股集团有限公司总经理助理王磊，市政交通一卡通公司数据运营总监张翔等出席颁奖仪式，金融控股集团、朝阳区科信局、市大数据中心等赛事承办单位，百度公司、首信公司、太极公司等赛事协办单位以及清华大学、北京交通大学、华宇公司、中关村科技软件等 10 家竞赛单位的代表约 90 人参加会议。大数据与人工智能产业是近年来市领导的关注重点，数据开放工作也是北京大数据行动计划的重要组成部分。在《关于通过公共数据开放促进人工智能产业发展的工作方案》中，规划了北京市公共数据开放工作 2019 年至 2022 年的阶段目标，部署进行数据分级分类管理、推进一般公共数据无条件开放、建设公共数据开放创新基地、在重点领域开展人工智能应用、构建人工智能生态体系等重点任务。这次竞赛是促进人工智能产业发展规划的典型范例，也是北京公共数据开放创新基地的首次实践。竞赛依托基地提供的研发环境，通过云平台向参赛团队提供一个数据库集群及 16 台虚拟服务器，同时派遣技术支撑人员驻场开展平台应用答疑与每日巡检，确保竞赛期间技术环境稳定，保障公共数据安全、有序、可控地开发利用。通过深入挖掘、解析司法竞赛数据及模型算法设计，完成法律文书识别模型、文书标的额提取模型、串案标注模型、争议焦点识别模型及多维度可视化展示系统等一系列竞赛成果，对司法公正及分析决策等问题提出合理化建议，并且完成对律师和法官关联度分析、“类案同判”等热点问题的创新探索。竞赛共评选出 5 支获奖团队，在“诉讼代理人情况分析”选题中，中关村科技软件有限公司获优胜奖、北京擎盾信息科技有限公司、北京交通大学分别获创新奖；在“北京法院行业诉讼特点及对首都经济发展的影响”选题中，清华大学、北京华宇信息技术有限公司联合参赛队获优胜奖，共道网络科技有限公司获创新奖。颁奖仪式上，吉罗洪表示，这次竞赛实践证明，创新竞赛可以激发创新型公司、科研机构、院校参与司法建设的积极性，促进现代科技与法院审判执行工作深度融合，意义、价值和作用重大。在新形势下，北京法院将继续创新司法理念，坚持以数据为基，以智能为梁，探索司法新模式。坚持司法为民，满足多元司法需求；弘扬宪法精神，提高法治意识；吸收创新成果，实现合作共赢；对话大数据时代，共谋大数据未来。潘锋表示，这次竞赛选题立意准、竞赛环境稳、参赛队伍强，从实践意义上来说，实现了司法领域业务需求与最新信息技术的全面融合和深入对接，为司法信息公众服务和审判辅助服务提供新思路，同时也为后续通过竞赛向社会开放数据积累宝贵经验。从示范意义上来说，这次竞赛

是北京市数据开放创新竞赛活动的第一次重要实践，标志着公共数据开放创新基地的正式起航，代表着北京市数据开放工作迈出一大步。通过竞赛方式，在保证敏感数据安全的前提下，有条件地定向开放医疗、交通等领域数据，深度挖掘数据价值，提升城市管

理效率，增强百姓获得感。颁奖仪式现场，吉罗洪、靳学军、潘锋、王磊、王玲霞分别为获奖团队颁奖。

（市经济和信息化局）

【京津重点企业服务雄安新区产业对接会召开】 12月6日，为深入贯彻京津冀协同发展重大国家战略，主动服务支持雄安新区建设，京津冀三地工业和信息化部门赴河北雄安新区举行京津重点企业与雄安新区产业对接会。来自京津的29家企业、重点行业协会、国家级开发区负责人，与雄安新区管委会进行产业对接。市经济和信息化局副局级领导陈志峰，天津市工信局总工程师孙建国，河北省工信厅二级巡视员王建分出席对接会。京津冀工信部门于8月26日在河北雄安新区召开产业对接暨服务雄安新区座谈会后，三地认真落实会议精神，细化工作分工，12月6日再一次聚焦雄安，服务雄安。中节能、天壕环境、北京首创等14家来自北京节能环保领域的企业，云账户、天地伟业、膜天膜、沃德传动、深之蓝等15家来自天津的企业，北京软件和信息服务业协会、中国工业技术软件化产业联盟等行业协会组织，天津西青开发区等国家级开发区负责人，深入雄安新区政务服务中心和规划馆调研，了解雄安新区的规划建设进展、产业生态构建、政府服务功能提升等情况。

（市经济和信息化局）

【京津冀三地产业协同发展推介交流活动举办】 为落实8月26日京津冀三地工信部门主要领导会谈精神和《进一步加强产业协同发展备忘录》要点，推动区域产业对接协作，服务三地企业协同发展，12月20日，京津冀三地工信部门在北京联合举办“融合错位、合作共赢”——2019北京·京津冀产业协同发展推介交流活动，共谋京津冀协同发展，共创京津冀美好未来。市经济和信息化局党组成员、副局长孔磊，天津市工信局二级巡视员孙建国，河北省工信厅二级巡视员王建分出席活动。市经济和信息化局副局级领导陈志峰主持会议。鉴于津冀地区特色不同，活动设立两个专场对接。主会场上，三地工信领导分别致辞，回顾京津冀协同发展重大国家战略实施5周年以来所取得的成绩并展望未来。孔磊在致辞中指出，三地工信部门主要领导多次会面、座谈，就完善京津冀三地产业协同发展协调机制、深入推进产业协同发展等事项达成一致意见，并签署《进一步加强产业协同发展备忘录》，我们要以此为抓手，细化任务，逐年推进，从加强顶层设计、加快共建园区、推动重点项目、培育龙头企业、开展精准对接、加强信息共享等方面，用更大力度，面向更宽领域，在更深层面，推动有序疏解北京非首都功能取得明显进展，协同发展取得显著成效，打造京冀产业协同发展升级版。两个分会场上，廊坊北三县、武清开发区、京津合作示范区、沧州临港开发区、滦南经济开发区、衡水深州经济开发区、邢台经济开发区、承德市丰宁县等地区代表分别进行现场推介。

（市经济和信息化局）

【《北京市进一步扩大和升级信息消费持续释放内需潜力的行动计划（2019—2022年）印发》】 为促进信

息消费产业健康有序发展，提升信息消费产品供给能力，持续释放发展活力和内需潜力。由市经济和信息化局组织编写的《北京市进一步扩大和升级信息消费持续释放内需潜力的行动计划（2019—2022年）》（以下简称《行动计划》），经第45次市政府常务会审议通过，于12月12日以市政府办公厅名义印发。《行动计划》中明确3个总体目标：到2022年，产业规模加速增长，信息消费相关产业规模达到1.4万亿元，年均增长达18%以上；市场主体培育成效显著，培育100个以上新型信息消费示范项目，推动2000家以上企业"上云上平台"；应用示范体系初步形成，推动每个区建设不少于1个信息消费体验中心，全市规划建设1~2个信息消费体验馆，率先成为全国首批综合型信息消费示范城市。提出10项重点任务：开展"信息消费城市行"活动、培育一批应用示范项目、打造信息消费共同体、推动信息基础设施建设及服务优化、构建信息消费体验中心、推动高端信息消费产品创新研发、强化信息消费培训和普及、建设高水平信息消费服务平台、推动"企业上云上平台"和推进信息消费区域协同发展。配套4项保障措施：健全工作机制、拓宽支持渠道、加强统计监测和规范市场秩序。《行动计划》为本市信息消费产业发展提供了明确指引。

（市经济和信息化局）

获得荣誉

【市经济和信息化局举行庆祝中华人民共和国成立70周年纪念章颁发仪式】9月19日，市经济和信息化局举行"庆祝中华人民共和国成立70周年"纪念章颁发仪式，14位离退休干部获纪念章。4位离休干部代表及近百位离退干部，离退休干部处（中心）全体工作人员参加纪念章颁发仪式。市经济和信息化局党组成员、副局长刘京辉，离退休党总支书记汪进军，离退休党总支副书记常青，离退休干部处处长王晓元为4位离休干部代表现场颁发并佩戴纪念章。刘京辉代表局党组向获发纪念章离退休干部表示热烈祝贺，向为中国革命、建设和改革事业做出贡献的老同志表示崇高敬意。刘京辉强调，我们要始终铭记老干部的历史功绩，倍加珍惜老同志创造的宝贵精神财富，按照习近平总书记的要求，用心用情用力做好服务保障工作，认真落实各项政策，多办实事好事，让老干部在政治上有荣誉感、组织上有归属感、生活上有幸福感。希望老同志们一如既往地关心、支持局各项工作，积极建言献策，多出好主意、多提好建议，为北京经济和信息化事业高质量发展贡献力量。

（市经济和信息化局）

【北京赛区代表队参加第三届全国工业机器人技术应用技能大赛获佳绩】9月20日至21日，第三届全国工业机器人技术应用技能大赛北京选拔赛在北京轻工技师学院展开，北京多家职业院校和企业的选手参加此次选拔赛。本次选拔赛分为职工组、教师组和学生组。考试内容分为理论考试和实操考试两部分，重点考察参赛选手设计、安装、调试、操作工业机器人完成指定任务的理论和技术水平。比赛中，裁判员秉承公平、公正、公开的原则严格执裁，参赛选手在比赛各环节追求精益求精，展现良好的心理素质和精湛的技艺技能。经过激烈角逐，选拔出2名职工组选手、3名教师组选手、3名学生组选手组成参赛队伍代表北京市参加2019年10月在山东济南举办的第三届全国工业机器人技术应用技能大赛。10月20日，由市经济和信息化局牵头组织的北京赛区代表队参加第三届全国工业机器人技术应用技能大

赛。8名代表队员与来自全国30个省（区、市）和16家央企的240名技能选手同台竞技。经过2天激烈的角逐，获职工组二等奖1名、三等奖1名，教师组二等奖1名，学生组三等奖1名的佳绩。

（市经济和信息化局）

【市无线电管理局获评中华人民共和国成立70周年庆祝活动先进集体】 10月，市无线电管理局无线电安全保障处被市委、市政府评为中华人民共和国成立70周年庆祝活动先进集体。市无线电管理局无线电安全保障处作为北京地区无线电安全保障工作的统筹部门，以70周年庆祝活动首都无线电绝对安全为根本目标，积极统筹、规划、协调、督促、检查、落实保障工作各个环节，主动协调国家、兄弟省市、军队无线电系统，共同构筑全方位、多层次、立体式的无线电安全保障体系。组织编制无线电管控工作方案及应急预案，制定风险评估报告；统筹北京地区无线电频率资源；构建无线电监测网络，对重点频段实施保护性监测；开展电磁环境清理整顿、实施无线电准入制度；主动与军方沟通协调，完成无线电管制通告的起草、发布和落实工作，保证了活动期间首都上空电波秩序平稳。

（市经济和信息化局）

2020 产品

北京工业年鉴
BEIJING GONGYE NIANJIAN

本栏目收录2019年全市工业领域21个产品，其中包括FEM2000系列智能型电磁流量计、分体式电磁流量转换器、雷达系列产品、油气回收在线监测系统、天竹弹力棉系列产品、工业炉、医用手套系列产品、可移动节能膜结构日光温室、分布式计算机控制系统、3D打印钛合金骨科植入物临床应用与关键技术、旋挖钻机、油气资源潜力评价软件、AQMS-1100微型环境空气质量监测系统、仿3S柔滑爽卫生用热风非织造布、双黄连颗粒——关康、中药配方颗粒、HD-SZ-DBE10-1X/10通径数字比例溢流阀、HD-A11VO115通轴式轴向柱塞变量泵、BEIREN B546-4卷筒纸平版书刊印刷机、HD-FB83T2-01减速机、电表检测线系统的基本信息及年度情况，涵盖电子、软件、运输、装备、医药、都市、材料等领域的研发及应用成果。

【FEM2000 系列智能型电磁流量计】远东有限生产的FEM2000 系列智能型电磁流量计是基于法拉第电磁感应定律而制成的一种高性能、高可靠性的仪表，具有双向流量自动测量、自检与自诊断功能，采用先进的低频方波恒流励磁技术，抗干扰能力强，工作可靠，性能稳定，采用先进的非易失性存储器，可长期有效地保护设置和测量参数。可用于测量封闭管道中导电液体的体积流量，广泛应用于石油化工、钢铁冶金、给排水、水利灌溉、水处理、污水处理、造纸、医药、食品等领域的生产工艺过程中流量的控制和计量。2019 年，远东公司陆续开发出具有自主知识产权的通用型电磁流量转换器、防爆型电磁流量转换器。通过工艺改进，传感器稳定性得到进一步提升。陆续承接长春水务、兰州热力、化工等批量电磁流量计合同。

地址：东城区和平里北街 6 号
邮编：100013
电话：64513045
传真：64280756
网址：www.bjfeic.com
邮箱：dengjun@bjfeic.com
法定代表人：刘枫

（远东有限）

【分体式电磁流量转换器】远东有限生产，拥有自主知识产权，可以同时测量流量管道内的流量、温度、压力参数；通过温度测量可以用作热量计量；通过压力测量，可以实现管道的漏损检测。低流速测量稳定，管网中含有微量气泡或者脉动流时，也能获得稳定测量。具有强大的诊断功能及报警功能。2019 年该产品推向市场，在供水、供热行业应用，得到客户认可。同时根据客户的反馈，也在不断进行改进完善。2019 年销售 50 台，实现收入 5 万元，实现毛利 40%。

地址：东城区和平里北街 6 号
邮编：100013
电话：64513045
传真：64280756
网址：www.bjfeic.com
邮箱：dengjun@bjfeic.com
法定代表人：刘枫

（远东有限）

【雷达系列产品】远东有限自主生产的 ULR2000 系列 26GHz 雷达物位计测量精度高、测量盲区小、安装方便、调试简单，不受工艺过程中蒸汽、压力、粉尘或温度的影响，产品表头内置 LCD 液晶显示，方便现场观测。产品设计符合国家防爆标准要求，用于储罐和过程储罐中的液体和浆液的非接触式连续测量。广泛应用于工业流程、石油加工、电力、冶金等领域中各种常压或有压储罐料位的连续测量。UDR1000 系列导波雷达物位计采用时域反射原理。测量结果不受泡沫、粉末、蒸汽等外界干扰的影响，不受介质密度、工作压力、工作温度、介电常数、环境温度及容器的形状等因素的影响。适用于电力、冶金、石油、化工、建材、食品、医药、水利、市政等行业，并且可以在高温、高压、腐蚀性、高粉尘的环境中使用。ULR3100 雷达水位计是与中国科学院电子技术研究所合作开发应用于水文行业水位测量的一款仪表，该仪表具有高精度、低成本、可靠性高、造型简约等特点。雷达系列产品均取得 SIL3 功能安全认证。2019 年，远东有限在不断优化存量雷达产品的生产工艺的同时，通过联合技术研发，完成 80GHz FMCW 雷达物位计，发射频率更高，波束角更小，测量精度可以实现 1 毫米。在液位计量级测量方面得到应用。

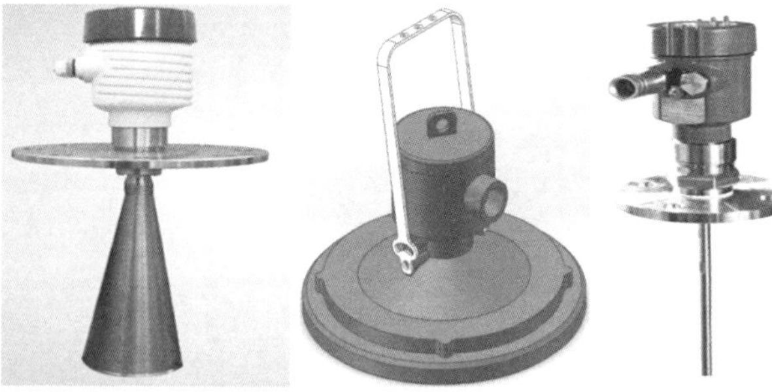

地址：东城区和平里北街 6 号
邮编：100013
电话：64513045
传真：64280756
网址：www.bjfeic.com
邮箱：dengjun@bjfeic.com
法定代表人：刘枫

（远东有限）

【油气回收在线监测系统】远东有限研发的一种具有远程监视和控制的加油站油气回收在线监测系统，实现对加油站油气回收过程和排放浓度的在线监测与控制，以减低油气排放，减少对空气的污染。该系统国内技术领先，一个油气回收控制器可同时支持多达 6 把加油枪，针对传统的一枪一个流量计的改造缺点，提出基于加油车位的改造方案，同一侧的气体回路共用一个流量计，提高设备使用效率。设计基于模糊算法的油气回收控制器，实现自动气液体比调整，以保证油气回收控制器在离线情况下也尽可能地保证合格的气液体比，减少油气排放，避免环境污染。设计基于 BS 架构的站级服务平台，具有显示全站信息、数据查询、图表导出等功能，并可将数据推送至相关环保部门。2019 年，远东有限针对现场应用，不断优化测量算法。同时补充标准的“一枪一机”测量方案。完成简化版环境采集系统，降低系统成本，根据现场需求持续优化算法。

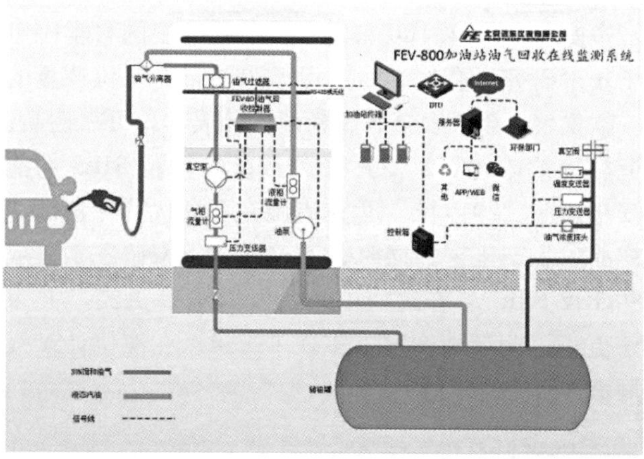

地址：东城区和平里北街 6 号
邮编：100013
电话：64513045
传真：64280756
网址：www.bjfeic.com
邮箱：dengjun@bjfeic.com
法定代表人：刘枫

（远东有限）

【天竹弹力棉系列产品】由北京铜牛集团有限公司研发生产，具有天竹纤维健康环保、吸湿透气、天然抗菌防螨等特性，贴身穿着滑爽而细腻、保健而舒适，是消费者内衣打底休闲产品理想的选择。该系列产品以“健康舒适”为设计目标进行开发，包括“天竹弹力棉”和“天竹舒爽棉”两支面料产品，选用具有天然抗菌的竹浆粘纤，与长绒棉混纺纱。面料具备棉舒适吸汗与竹纤维透气凉爽的综合特点；氨纶成分的加入使得面料产品更具弹性，舒适自如。“天竹弹力棉”产品，具有弹性好、轻薄贴体、不变形等特点，凉爽透气，是夏季居家和打底产品的理想选择。“天竹舒爽棉”产品，柔圈架构设计，并融入了抗菌健康功能，适宜春夏季打底休闲穿着。2019 年，该系列产品销售收入 300 余万元。

地址：朝阳区金台里甲 9 号
邮编：100026
电话：65858596
网址：www.topnew.cn
法定代表人：贾晓彬

（葛顺顺）

【工业炉】赛能杰高新技术股份有限公司为国内钢铁企业提供技术先进、性能可靠、高效节能的加热炉、热处理炉等工程项目的全面技术服务。加热炉、热处理炉使用高炉煤气双蓄热数字脉冲燃烧技术，拥有核心装备锥面密封换向阀，可将钢材或其他物料按热处理工艺要求完成加热、保温和冷却，从而得到钢材产品所需要的内部组织和性能，节约煤气15%以上、降低氧化烧损量10%以上、蓄热体使用寿命2年以上。2019年，公司加热炉、热处理炉业务较往年开拓新的市场增长点，公司与河北太行钢铁集团有限公司签订了重组搬迁改造项目高炉煤气双蓄热步进炉、与建龙西林钢铁有限公司签订了180t/h悬臂辊侧进侧出步进梁式加热炉工程项目、与晋城福盛钢铁有限公司签订了轧钢厂第一车间加热炉中修及第四车间加热炉大修及烟囱CO减排改造项目、与徐州金虹钢铁集团有限公司签订了加热炉烟气脱硝改造工程项目、吉林鑫达4#加热炉整体改造项目等金额近12115万元的合同，主营业务合同额突破亿元大关。与徐州金虹钢铁集团有限公司签订的加热炉烟气脱硝改造工程项目于2019年投产，并取得显著脱硝效果，远远优于江苏省标准。该项目实现工业炉烟气脱硝技术的落地应用，在为钢铁冶金行业客户提供工业炉工程总承包服务的基础上，提供全套环保治理方案以拓展公司业务范围。新业务“攀枝花钒钛磁铁矿多联炉短流程新工艺”科技攻关项目研发经费列入攀枝花市2020年科技预算。“攀枝花市钒钛磁铁矿10万吨/年多联炉短流程中试线建设”项目已列入《攀枝花市2020年度第一批市级指导性科技计划项目》。冶金固废处置新工艺，得到首钢股份、石横特钢、河北邢台钢铁等钢铁企业的认可。2019年实现销售收入6862.78万元，实现经济利润504.54万元。

地址：海淀区学院路30号天工大厦A座5层
邮编：100083
电话：82381290
传真：82381291
网址：www.thermonergy.com
电子邮箱：snj@thermonergy.com
法定代表人：刘洪

（佟 娇）

【医用手套系列产品】由北京华腾橡塑乳胶制品有限公司所属北京瑞京乳胶制品有限公司生产。医用手套系列产品包括外科手套、检查手套、骨科手套，年产8000万副，应用于医疗卫生、制药等行业，为特殊用途乳胶制品。雪莲牌医用手套通过美国FDA认证，获中国质量万里行满意品牌。产品委托江苏南京润京乳胶制品有限公司生产。2019年销售收入1.6亿元。

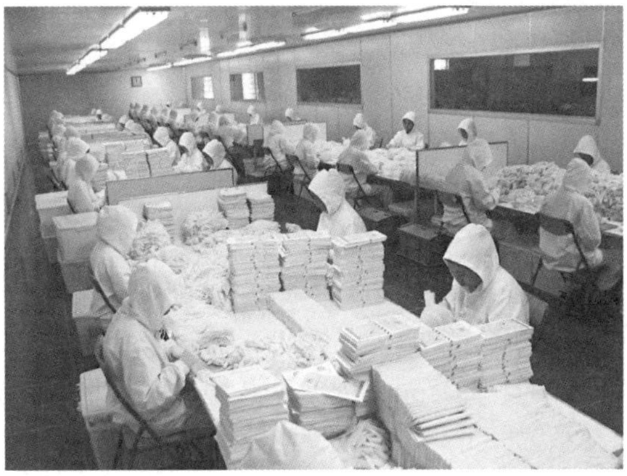

地址：通州区台湖镇北神树村东光机电一体化产业基地兴光五街6号
邮编：101111
电话：81502524
传真：81502522
网址：www.rubberchina.com
电子邮箱：reagent@reagent.china.com
法定代表人：商文禄

（化工集团）

【可移动节能膜结构日光温室】由北京佳华泰科技有限公司自主研制，是一种可移动保温膜结构的新型日光温室。该日光温室大棚墙体使用特制柔性材料复合而成，其厚度仅为6厘米。外界气温在−25℃左右，仅靠日照热源，早晨揭帘时棚内温度不低于8℃。主要特性：保温、防腐蚀、防火、防水、抗风。膜结构日光温室与传统日光温室（土坯、砖混）相比可提高土地利用率30%~50%，土地使用面积高达98%；温室大跨度、高空间，种植模式灵活，机械化作业程度高；采用独有专利技术，气密性极好，无冷桥，无须人工补温，三防材质，使用寿命15~20年，6年免费维修，不破土，极限安装4天一栋。与传统土坯、砖混大棚相比产品优势明显。2019年可移动节能膜结构日光温室完成销售1300余座，实现销售收入2.7亿元。

地址：顺义区高丽营镇金马工业园高仁路 6 号
邮编：101303
电话：67629907
传真：67629907
邮箱：547056700@qq.com
法定代表人：程庆宝

（葛顺顺）

【分布式计算机控制系统】北京北科麦思科自动化工程技术有限公司主营业务方向：为用户提供具有国内外领先水平、拥有完全自主知识产权的快速过程计算机控制系统、生产线电气传动数字化控制系统和与之相配套的自动化数字检测仪表装备。公司的工程范围包括：生产线自动化控制系统的完整设计、应用软件开发、设备制造与成套供货、安装指导和现场调试、技术培训、终生技术服务等。2019 年，北京北科麦思科自动化工程技术有限公司持续以技术进步为依托，努力拓展市场、用心服务客户。自行开发并拥有完全自主知识产权的分布式计算机控制系统的应用更趋广泛，系统稳定性良好。该系统的升级版在河北纵横集团丰南钢铁有限公司 1780 毫米热连轧自动化工程项目、1450 毫米热连轧自动化工程项目上成功应用。这两个热连轧自动化项目投产仅相隔一个月，产品质量优良，控制系统运行稳定，达到国际先进水平，得到用户高度评价。项目建设全面采用新技术、新装备和新工艺，用先进产能替代落后产能，创造了“唐山标杆、丰南样板、纵横示范”新型钢铁项目典范。2019 年公司实现销售收入 7.2 亿元，纳税 6500 万元。

地址：昌平区振兴路 5 号
邮编：102299
电话：89715559
网址：www.bkmasic.cn
电子邮箱：bgxx@bkmasic.cn
法定代表人：刘伟嶂

（弓志国）

【3D 打印钛合金骨科植入物临床应用与关键技术】北京爱康宜诚医疗器材有限公司于 2017 年 3 月创新性地利用金属 3D 打印工艺研发骨科脊柱和关节植入物，研发中国首批 3D 打印钛合金骨科植入物产品，并成功获得注册（国械注 20163461289 多孔型金属骨植入材料椎间融合器、国械注 20163460859 多孔型金属骨植入材料椎体假体、国械注 20153461311 髋关节假体髋臼部件），实现临床规模化应用。3D 打印钛合金脊柱人工椎体和椎间融合器具有国际领先水平，有效地解决了复杂脊柱疾病重建的临床技术难题，术后塌陷率低至 5%。3D 打印金属骨小梁髋关节假体，使中国人工髋关节置换水平与国际同步，早期成功率接近 100%。2019 年，该科技成果实现收入近亿元，实现利润超 3000 万元，上缴税收近千万元。

(a) 椎间融合器　(b) 椎体假体　(c) 髋臼部件

地址：昌平区科技园区白浮泉路 10 号兴业大厦二层
邮编：102200
电话：80109581
传真：80109583
网址：www.ak-medical.net
电子邮箱：chengcheng.lin@ ak-medical.net
法定代表人：李志疆

（魏清华）

【旋挖钻机】三一重工股份有限公司研发的 SR360R 和 SR385R 旋挖钻机填补了国内大型设备研发制造的短板，是工程施工关键领域的重要产品，适于沙土、黏性土、粉质土、人工回填土、卵石、碎石以及岩石地层施工，其形成桩孔灌注钢筋混凝土后，形成支护桩、围护桩等构成地基基础的重要组成部分。旋挖钻机施工形成的灌注桩，可以满足各类大型基础施工的要求，在城市高层建筑、铁路、公路、桥梁、机场、港口等桩基础工程的钻孔灌注桩施工中得到广泛的应用，性能指标超越了国际同行。2019年实现销售收入48.09亿元，同比增长2.54%，获得工信部第4批单项冠军产品。

地址：昌平区北清路8号三一重工
邮编：102200
电话：80736604
传真：60737607
网址：www.sanygroup.com
法定代表人：梁稳根

（魏清华）

【油气资源潜力评价软件】北京油源恒业科技有限公司生产的全国油气资源评价系统是遵照我国油气勘探开发相关数据信息标准，构建国家级油气资源评价数据库同时开发集成相关评价方法软件，形成一体化的油气资源评价系统，实现对油气资源相关数据的动态管理，使油气资源评价工作更加科学、高效。系统为全面国家级数据库，基于地理信息系统（GIS）技术的平台开发，提供评价方法软件和数据接口。系统采用BS模式，可以单机版形式运行也可实现局域网内多人同时使用，现已部署在国土部、中石化、中海油等资源评价单位，应用于“十三五”全国油气资源评价工作中。2019年在自然资源部承担了资源评价结果分类分级项目，项目金额40万元。该项目对各大油公司已有的资源评价结果进行分类，为后续油公司的勘探规划打下坚实基础。

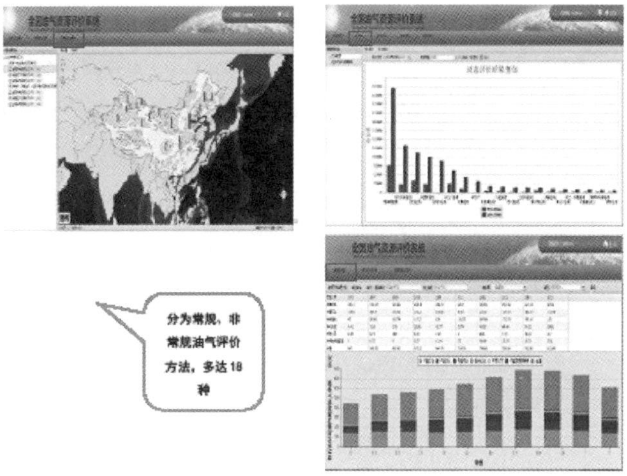

地址：昌平区振兴路18号
邮编：102200
电话：89733117
电子邮箱：yyhy@petropark.com
法定代表人：王伟洪

（李剑莉）

【AQMS-1100微型环境空气质量监测系统】北京雪迪龙科技股份有限公司自主研发、设计、生产的AQMS-1100微型环境空气质量监测系统，是一款高性能的环境气体监测设备。该设备结构紧凑、体积小、重量轻、支持市电或太阳能等多种供电方式，便于网格化布点。采用2G/3G/4G网格传输，具有远程校准功能、断点续传功能。采用光散射法、电化学法、光离子化法实现对环境空气中PM2.5、PM10、SO_2、NO_2、CO、O_3、TVOC污染物的在线监测，可同时支持扩展气象五参数、噪声、LED显示屏、视频监控等。气体监测单元采用主动吸入式采样，具有恒定的流速；颗粒物监测单元具有内置切割头、加热除湿、零点校准功能。满足《大气PM2.5网格化监测点位布设技术指南（试行）》，并通过了CCEP认证、国家极检测单位的EMC检测。该设备自2018年投入市场以来，已在多个城市实施网格化监测布点，包括南京、扬州、常州、镇江、无锡、苏州、长治、交城、绵阳、武汉等，监测设备的性能获得客户的认可。

2019 年，公司中标江苏省大气 PM2.5 网格化监测系统采购项目，按期完成 2000 余台设备的生产、调试、安装任务，全年总销售量达到 2600 余套。

地址：昌平区高新三街 3 号
邮编：102206
电话：80735600/5700
传真：80735678/5717
网址：www.chsdl.com
电子邮箱：Market@chsdl.com
法定代表人：敖小强

（魏清华）

【仿 3S 柔滑爽卫生用热风非织造布】 该产品是北京京兰非织造布有限公司在天津工业大学纺织学院产学研项目基础上，开发的一种新型的热风材料，主要应用于卫生用品的面层材料。该材料在保留热风非织造材料蓬松绵柔的基础上，兼具 3S 纺粘非织造材料丝柔爽滑的特点，通过对纤维原材料的改变，用物理的方法，使面层材料具有更加舒适的触感，无任何化学添加，更符合环保要求。不仅能达到个人卫生护理用品设计的要求，也使得卫生产品的使用者感到干爽舒适。产品已申请发明专利和实用新型专利。2019 年，产品总产量 1290 吨，实现销售收入 2475 万元。

地址：平谷区马坊工业园区西区 191 号
邮编：101204
电话：85753559
传真：85774902
网址：www.jinglanbj.com
电子邮箱：majilan1102@163.com
联系人：马计兰
法定代表人：李成群

（葛顺顺）

【双黄连颗粒——关康】 该产品由北京春风药业有限公司生产，2018 年上市。用于外感风热所致的感冒，症见发热、咳嗽、咽痛。具有广谱抗病毒、抑菌作用、抗真菌 、解热、抗炎、增强机体免疫力等作用，是感冒（流感）、小儿病毒性疾病（腮腺炎、猩红热、百日咳、水痘、风疹、麻疹等）的预防及治疗性用药。2019 年，该产品实现销售收入 1604 万元 。

地址：怀柔区北房镇恒利街 72 号
邮编：101400
电话：61683888
传真：61685101
网址：www.chunfengpharm.com
电子邮箱：qinyouwen@126.com
法定代表人：耿春风

（秦有文）

【中药配方颗粒】 该产品由北京春风药业有限公司旗下北京春风一方制药有限公司生产，2019 年上市。中药配方颗粒是以符合炮制规范的传统中药饮片为原料，经现代制药技术提取、浓缩、分离、干燥、制粒、包装精制而成的纯中药产品系列。它保证了原中药饮片的全部特征，能够满足医师进行辨证论治，随证加减，药性强、药效高、同时又具有不需要煎煮、直接冲服、服用量少、作用迅速、成分完全、疗效确切、安全卫生、携带保存方便、易于调制和适合工业化生产等优点。其有效成分、性味、归经、主治、功效和传统中药饮片完全一致，保持了传统中药饮片的全部特征，既能保证中医传统的君、臣、佐、使和辨证论治、灵活加减的特点，优于中成药，又免去了病人传统煎煮的麻烦，同时还可灵活地单味颗粒冲服，卫生有效。

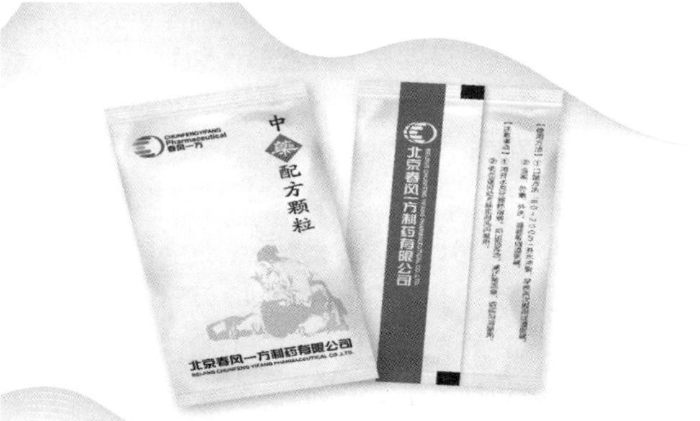

地址：怀柔区北房镇恒利街 72 号
邮编：101400
电话：61683888
传真：61685101
网址：www.chunfengpharm.com
电子邮箱：qinyouwen@126.com
法定代表人：耿春风

（彭明建）

【HD－SZ－DBE10－1X/10 通径数字比例溢流阀】该产品由北京华德液压工业集团有限责任公司于 2019 年研发生产，主要应用于冶金、矿山、船舶、航空航天、军工、建筑、运输、能源、轻工机械等许多重要领域。本产品最高压力和最大流量分别达到 31.5 兆帕、200 升 / 分钟，滞环不大于 4.5%、重复精度不大于 2%，且满足高精度压力输出，手动电动复合使用要求，适用于底板和管式安装方式，可选带最高压力保护。具有高分辨率控制精度、高抗干扰性、高抗污染性，控制系统简单，适用范围更广。当年实现销售。

地址：北京经济技术开发区同济北路 5 号
邮编：100176
电话：67881998
网址：huade－hyd.com.cn
电子邮箱：huadehyd@mei.net.cn
法定代表人：廖显胜

（杨 章）

【HD－A11VO115 通轴式轴向柱塞变量泵】该产品由北京华德液压工业集团有限责任公司于 2019 年研发生产，主要根据力士乐 A11VO 系列产品研发，排量介于力士乐系列 95 排量和 130 排量之间，连接尺寸与力士乐系列 95 排量一致，该泵带有通轴驱动，可承装齿轮泵或接相同规格的轴向柱塞泵使用。输出流量与驱动速度成比例并且可以在 qvmax 和 qvmin=0 之间无极变化。A11VO115 产品主要作为国内起重机、旋挖钻机等工程机械作为高配车型主泵使用，连续使用压力 35 兆帕，转速 2200 转 / 分钟，负载敏感阀压力设定 1.4~3 兆帕，工作温度范围 −20~80℃，最高瞬时压力 40 兆帕，最高转速 2300 转 / 分钟，该产品具有功率控制、流量控制、压力控制功能，产品性能稳定。当年销售 235 台，实现销售收入 164.5 万元。

地址：北京经济技术开发区同济北路 5 号
邮编：100176
电话：67881998
网址：huade－hyd.com.cn
电子邮箱：huadehyd@mei.net.cn
法定代表人：廖显胜

（杨 章）

【BEIREN B546－4 卷筒纸平版书刊印刷机】该产品由北人智能装备科技有限公司于 2019 年研发生产，基本模块由自动接纸机、进纸张力机组、B－B 式升级型印刷机组和高速多功能折页机构成。辅以自动套印装置、前后纸张纠偏装置、以及 CPC 墨色遥控装置的配置，使本系列机型可以从事字典纸、新闻纸、胶版纸各类书刊印刷。当年实现销售 6 台。

地址：北京经济技术开发区科苑路 25 号
邮编：102628
电话：010－63511816
网址：www.beirenzn.com
电子邮箱：marketing@beirenzn.com
法定代表人：陈邦设

（韩东旭）

【HD–FB83T2–01 减速机】该产品由北京华德液压工业集团有限责任公司于 2019 年研发生产，主要应用于全套管全回转钻机钻杆驱动。该产品为二级行星减速，28.93 减速比，最大输出扭矩 83000 牛 · 米，主轴为调心滚子轴承支撑，双层油封密封，行星机构为无外圈滚针轴承支撑，内置摩擦片，结构紧凑，外部接口可满足不同液压马达集成需求。该产品 2019 年 6 月完成研发并装车试验，产品各项性能参数满足主机使用要求，状态良好，10 月份在广州南沙区通过工程验证，得到用户认可。该产品的研发打破进口减速机在全回转钻机上的垄断，夯实华德液压的整体配套实力，当年形成订单金额 1047.2 万元。

地址：北京经济技术开发区同济北路 5 号
邮编：100176
电话：67881998
网址：huade–hyd.com.cn
电子邮箱：huadehyd@mei.net.cn
法定代表人：廖显胜

（杨　章）

【电表检测线系统】该产品由北京京仪仪器仪表研究总院有限公司生产。电表检测线自动化项目是为企业的电表生产线的升级改造而研发的项目，旨在提升企业现有生产线的产能、降低检测工作对人员的依赖。系统功能包括实现产品的出厂参数设置、保存与查询；实现电表自动定位；实现跳闸灯、脉冲灯、电压功耗、费控功能、载波通信等功能测试；实现电子标签的自动识别、读、写功能，采用自动屏蔽技术，防止误读、误写操作。该系统主要应用于单相电能表自动检测。2019 年完成电表检测线系统的研发、设计，做产品正式投产的准备。

地址：北京经济技术开发区兴业街 2 号 1 幢 1–4 层
邮编：100176
电话：64045440
传真：64016627
法定代表人：郝桂贤

（研究总院）

2020

北京工业年鉴

BEIJING GONGYE NIANJIAN

京工人物

本栏目采用条目体，主要记述 2019 年北京工业领域劳动模范、先进人物的典型事迹。

【马伟强——首钢国际工程领域的专业管理领头人】 马伟强，男，1963 年 1 月出生，汉族，大学本科学历，中共党员，高级工程师，现为北京首钢国际工程技术有限公司高级设计经理。

马伟强自参加工作以来，在钢铁冶金设计岗位上孜孜以求，勤奋奉献了 34 年；凭着饱满的工作热情、执着的敬业精神，在钢铁、市政、城市设计等行业成为北京首钢国际工程公司的专业和管理的领头人。特别是在首钢搬迁调整建设首钢京唐钢铁联合有限责任公司钢铁项目、首钢老厂区园区建设中身体力行，踏实勤奋，创新地开展工作，为首钢持续发展做出贡献。

京唐钢铁厂是首钢搬迁调整的载体项目，为中国钢铁工业生产布局调整和产品结构优化、促进华北钢铁工业优化整合、推动环渤海区域经济协调发展的重大项目。马伟强在此项目中担任总体设计总师。他遵循“高起点、高标准、高要求”的建厂要求和“产品一流、管理一流、环境一流、效益一流”的建厂目标，创新总体规划，科学优化布局，为新钢厂建成中国首个循环经济理念、可循环钢铁制造流程、自主创新和循环经济的示范基地贡献出聪明才智洒下劳动汗水。他在项目规划设计中创新思维，优化布局，最大限度地做到生产流程合理紧凑、物流运输顺畅高效、介质供给经济短捷。仅在厂区综合管网工程施工图设计前的优化设计中优化投资约 16 亿元，同时为投产后降低生产和维护成本创造了有利条件。他在工程建设施工期间全程主持了现场设计服务工作，协调六大设计单位的工作关系，捋顺京唐公司、设计和施工方的沟通渠道，保持饱满的工作热情，为按时、保质地完成施工建设任务做出贡献。2016 年，首钢京唐二期一步工程启动，马伟强再次承担起总体设计总师重任。他继承一期项目的“三高、四个一流”建设理念，总结优点和不足，反复协调设计方案的优化，在保证工艺流程前提下，对配套公辅设施多次调整，加强首钢京唐公司与设计专业间的信息沟通，确认了公辅设施、厂区综合管网、生活及办公设施、总图运输、绿化等方案，使首钢京唐二期一步工程技术方案做到合理、高效、经济。2018 年，首钢京唐二期一步工程进入工程建设的关键阶段，马伟强在建设施工中主持现场设计服务管理，承担工程施工中的设计协调工作。面对工艺方案不断调整、施工图设计不断修改、施工工期与设计调整的突出矛盾，他充分发挥聪明才智，克服严重的腰椎间盘突出的身体不适，每周往返于北京与曹妃甸之间，协调业主及施工单位与设计之间的相关问题，合理调动有限的驻场专业人员，配合各个作业部及施工单位，及时处理施工现场问题。在工程组织中，他充分发挥出组织管理上的才华，工作深入、扎实、细致，人员安排合理，组织管理到位，全方位与生产、施工单位相结合，并充分发挥团队的优势，确保首钢京唐二期工程于 2019 年顺利投产。同年，马伟强获首都劳动奖章。

（马　晓）

【王展超——北京市有突出贡献奖的高技能人才】 王展超，男，1984 年 10 月生，汉族，预备党员，大学本科学历，高级技师、国家级裁判员、高级考评员、职业技能鉴定质量督导员，北京市工业技师学院数控系教师。

王展超作为北京市和学院数控车首席技师，带领技术团队完成复杂曲面叶轮加工、数控非标准刀具研究等技术、技能攻关项目。同时，被聘为现代加工技术高技能人才研修基地专家、西门子数控教育多轴加工技术专家等，服务于高技能人才培养与评价。承担全国、北京市技能竞赛赛前培训工作，累计培训企业高技能人才 1000 余人。总结形成“竞赛引领，培训助推”的培训模式。王展超作为技师课程负责人，利用其负责的校企共建“首航机械智能制造工程师学院”项目，会同航天科技、科工集团等在京企业专家，以企业典型加工任务为主线，形成了以工作过程为导向的数控加工专业技师课程体系。王展超作为第 42 届至 44 届世界技能大赛数控车项目国家队教练和第 45 届世界技能大赛数控车项目国家队专家，为数控车项目国家队共培养 39 名优秀选手。其中，王帅获第 43 届世界技能大赛优胜奖；陈智民获第 44 届世界技能大赛银牌；黄晓程获第 45 届世界技能大赛金牌，实现金牌零的突破，并获得国家最佳奖。王展超一直承担北京市及学院数控集训队竞赛训练指导工作，指导的学生郭田军、王帅等获全国技术能手称号，宁

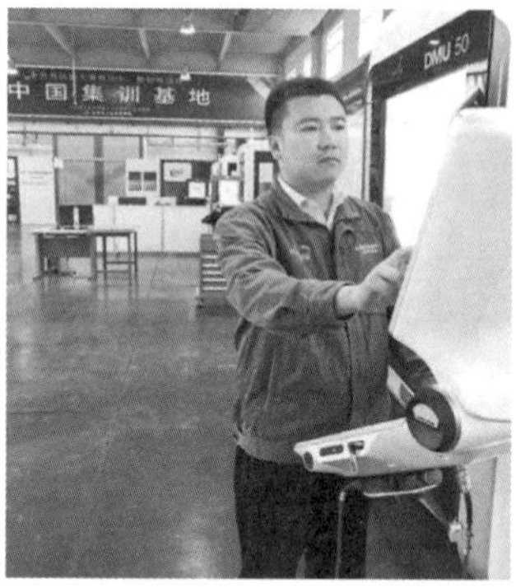

雅萍、徐昊杰获北京市技术能手称号；为中国航天科工、科技集团培养的李辉、常晓飞等12人先后获全国或行业竞赛冠军，并获“全国技术能手”称号。王展超曾获全国技术能手，北京市政府特殊津贴技师、北京市数控车工首席技师、北京市“金牌教练”等称号。2019年获北京市有突出贡献的高技能人才称号。

（化工集团）

【刘丰合——创造乙烯行业多个“首次”的领头人】 刘丰合，男，1974年1月出生，汉族，中共党员，研究生学历，高级工程师，现任中国石化北京燕山分公司烯烃厂厂长。

刘丰合1997年8月参加工作，始终扎根生产一线，脚踏实地，苦干实干。2014年，他担任原化工一厂（烯烃厂前身）厂长，全力打造出一支一流的专业技术团队，并使建成投产42年的老装置创造出新业绩。

在他和专业技术团队的共同努力下，燕山石化乙烯装置多项技经指标取得较大进步，2018年，高附加值产品收率持续创历史新高，多次排名中石化系统第一。原化工一厂先后获中石化先进集体、中石化先进基层党组织、中石化“三基”工作先进基层单位、北京市模范集体、北京市模范职工之家、北京市国资委先进基层党组织等称号。他个人也获“十二五”全国石油和化工行业节能先进个人、中国石油化工集团公司2017年度网络安全和信息化工作先进个人等荣誉称号。刘丰合一直从事乙烯生产和技术管理工作，十分注重新工艺、新知识的学习，多年积淀使他练就过硬的技术，具备很高的驾驭和优化装置运行的水平。他带领技术团队开展燕山乙烯全流程APC项目，首次实现国内乙烯装置的全流程先进控制；首次开展燕山乙烯装置全流程RTO项目，使装置的生产靠近最佳的经济效益操作点；首次实现装置5年一修，在提升综合管理水平的同时创造了巨大的经济效益；首次在装置检修时采用低排放开停工操作，在保证安全环保的同时，多回收物料1000余吨，并一次开车成功；首次将巴斯夫的工作理念融入工作的每一个细节当中，提升装置安全环保水平。他牵头负责的“原位涂层抑制结焦技术工业试验”项目获得中石化技术发明奖一等奖。他主抓的乙烯装置实时优化项目，在国内首次实现乙烯装置实时在线闭环优化控制，装置年增效益超4000万元，该项目获中国石化科技进步奖三等奖。他组织开展的“强化管理，确保乙烯装置长周期运行”项目获得中石化管理现代化创新成果奖二等奖。刘丰合担任厂长期间，提出“只有思想先进了，技经指标才能先进”的理念，组织实施了系列有效举措。他坚持每天早上到中控室查看各装置运行情况，对装置生产运行情况做到心中有数；坚持每天上下午各一次对全厂6套装置进行巡检；坚持每逢装置开停工或有重大生产调整时，在现场指挥协调；为让其他人过好节、休息好，节假日坚守工作岗位。他还组织成立了工艺优化、节能降耗、裂解炉特护、长周期运行管理等多个专项小组，及时排查和解决装置运行隐患，并在班组之间开展小指标竞赛和特定培训，使操作人员能够成功应对各种干扰与波动，确保了高附加值产品收率的稳步提升。2018年乙烯高附收率连创新高，多次排名中石化第一。刘丰合始终把员工作为企业最宝贵的资源。他抓实各层级人才培养工作，厂内形成“比学赶帮超”的浓厚学习氛围。在集团公司乙烯业务竞赛中，烯烃厂1人获得金奖，1人获得银奖，2人获得铜奖。他率先在烯烃厂各中控室设立EAP专区，推行“好心情也是生产力”主题关爱活动。所在原化工一厂自2017年5月燕山石化开展五星级单位评比以来，多次被评为五星级单位。刘丰合用点滴行动坚守着“立足北京、发展企业、贡献国家”的初心，用实实在在的业绩践行着“大企业要为国家做大贡献”的使命。9月21日，在人民大会堂举行的中央企业先进集体和劳动模范表彰大会上，刘丰合获得中央企业劳动模范称号。

（燕山石化）

【杜建强——燕山石化汽车材料研发领头人】 杜建强，男，1970年8月出生，汉族，中共党员，研究生学历，高级工程师，现在高科公司研究中心进行科研开发工作。

杜建强从事科研开发工作20余年，孜孜以求、辛勤耕耘、无私奉献，对新产品开发、后加工应用及市场开发具有丰富的经验和较高的水平。在公司PP系列管材料及汽车专用料开发上均取得突出成绩，为公司带来了良好的经济效益与社会效益。2000年年初，杜建强作为课题组长，组织开发聚丙烯管材料4220、8101，并在市场上得到成功应用，为PP管材行业发展做出了突出贡献，该产品持续生产了近20年，目前仍作为主力牌号在生产，开发至今生产

左一为杜建强

了约 90 万吨，为燕山石化持续贡献了较大利润，提高产品附加值增加经济效益 10 亿元以上。他进一步完善燕化 PP 系列管材料、板材料的开发，研发出 PPH B1101、4207、PPH21－176、2101、PPR4400、PPB6101 等产品，覆盖聚丙烯管冷热水系统用材料、排水系统用材料、化工介质输送储存系统用材料。

在汽车料开发方面，他带领项目组根据市场需求及高端产品，精耕细作，在完善和推广 K7100、K9829H 等特色优势产品的基础上，进一步提高 PP 的刚韧平衡性，2015 年以来开发了 K67 系列产品，包括 K6710、K6730、K6760、K6100。2016 年针对德资企业的高端需求，成功开发出汽车膨胀壶专用料 PPH2801，比其他汽车料的售价提高了 2500 元 / 吨。杜建强技术基础扎实、市场敏锐度高、捕捉创新开发的意识强。在管材、汽车领域进行科研开发的同时，进一步面向高端树脂的开发，与德资企业合作开发厚板材专用料 2101、膨胀壶专用料 2801、新一代 PPRCT 专用料及替代进口产品的化工管道专用料 PPH21－176，带领研发团队进行茂金属（m－PP）产品的试验、开发，取得突破，实现了工业化试产。他还相继进行了压滤机膜片、芯片专用料的开发，长玻纤增强 PP 的试验与开发，育秧盘专用料的开发，软质 TPE 材料的开发，化工管道专用料的开发等。有些成果已经得到转化，取得较好的经济效益。杜建强注重研发团队建设，在科研上相互促进与提高；加强对年轻人的锻炼与培养，放手让年轻人负责重要课题和重点工作，在课题进行过程中，与他们探讨技术问题、厘清开发思路，在思想、创新意识、科研思路、科研试验、科研总结、新产品推广等方面“传帮带”，促进团队内青年科技人员的成长，为燕山石化聚丙烯材料科研开发培养后备力量。2018 年 12 月，杜建强被燕山石化公司聘为公司科技研发专家。多项课题获总部、燕山石化公司一、二、三等奖，专利授权 10 余项，所授权的 PPH 化工管道专用料专利“一种化工管道用聚丙烯组合物及其制备方法 ZL 2009 1 0236083.3”已转化为生产力，成为产业化延伸项目，取得经济效益超过 3000 万元。6 月 25 日，在国资委党委庆祝中国共产党成立 98 周年暨中央企业“两优一先”表彰大会上，杜建强获得中央企业优秀共产党员称号。

（燕山石化）

【张明——机器人调试能手】张明，男，1976 年 9 月出生，汉族，大学本科学历，中共党员，现任安川首钢机器人有限公司工程科主管。

张明毕业于首钢技师学院，2003 年入职安川首钢机器人有限公司，从事机器人系统安装调试工作。面对完全陌生的专业，他虚心向师傅请教，攻读相关技术资料，不懂的记下来，直到弄懂为止。短短几个月的时间，张明从机器人领域的“门外汉”，成长为专业调试人员。在

张明的刻苦学习和努力钻研下，很快便掌握了汽车风挡玻璃机器人涂胶系统的组装调试技术，并带领团队在汽车玻璃涂胶系统中，增加激光视觉跟踪和自动装配系统。这是国内首次在风挡玻璃的安装过程中应用机器人激光视觉检测技术，同时也是首次采用机器人搬运、涂胶、装配一次完成的生产工艺。全新的技术和生产工艺增加了机器人调试的技术难度。“用机器人视觉和激光摄像头配合操作，难点就是对机械手臂精度方面的操作，这全靠人工调试”。为解决最关键的激光定位问题，张明通过反复测试，对机器人的精度校准、修正，最终将机器人运动精度控制在比针尖还细的 0.2 毫米以内，实现高品质自动化安装，使生产线自动化程度和效率大幅提高。该项目的顺利完成填补了中国在该领域的空白，从此改写了国内汽车厂家机器人涂胶系统从国外直接引进的历史。安川首钢机器人公司承接广汽本田公司的四门两盖机器人压模、搬运生产线的设计制造和安装调试项目，该项目前后车门需要采用间接点焊技术，点焊后只在门内侧留有点焊痕迹，且门外面板上不能有电流灼伤、压力过大造成的物理变形。张明在接到任务后，夜以继日、反复试验，通过调整机器人技术参数、焊接电流、伺服点焊钳压力和焊接参数，解决了一系列技术难题，仅用 10 天时间就完成调试任务。该项目的成功，不仅拓展了新的机器人应用市场，同时也提高了汽车国产化率。从业近 20 年，张明攻克了机器人手臂在焊接、激光切割、搬运等不同生产项目中的一道道难关，技术成果在宝马、广汽本田、

蒙牛等多家国内外知名企业中应用。解决机器人手臂的各种技术问题，不用再依靠外国专家，他从专业调试人员成长为行业精英。2019年，张明获全国五一劳动奖章。

（马　晓）

【张百岐——首钢技能人才培养领头人】张百岐，男，1962年1月出生，汉族，研究生学历，中共党员，高级经济师，现为首钢人才开发院副院长。

张百岐主要从事首钢职工培训管理工作，在长期的企业职工教育培训过程中，他以饱满的热情和执着的精神专职从事首钢高技能人才培训培养工作，使首钢技师学院从单纯的职工培训到国家级高技能人才培训基地、从注重首钢内部的职业培训到全国钢铁行业人才继续教育基地，2012年首钢技师学院获国家技能人才培育突出贡献单位。张百岐从健全管理制度、完善体制机制入手，搭建有利于首钢技能人才成长通道和政策举措，参与制定《首钢技师、高级技师评聘管理办法》《首钢技能操作专家管理办法》。规范高技能人才竞聘标准和程序，设置津贴标准，择优推荐、聘任一大批德才兼备和业绩突出的技师、高级技师；建立职业鉴定培训、高技能人才继续教育、职业技能竞赛等6个培训培养模块和课程体系，为高技能人才的培养和成长筑牢了根基。张百岐创新高技能人才培养机制，从培养模式、课程设置、师资配备、实训装备、能力评价等方面构建起系统完善的首钢高技能人才培训体系，加速专兼职师资队伍建设、精品课程开发，搭建“互联网+职业培训”平台，先后完成44个冶金行业工种培训教学软件资源建设，在线学习平台访问量每年超过3万人次，拓展了高技能人才的培训空间，推动了首钢高技能人才“百千”工程项目落地。他完成高技能人才培训12900人次，首钢高技能人才比例从2003年的5%上升至2018年底的51.9%；累计培养各层级技术能手、高端技能人才1600余名，建立国家技能大师工作室和北京市首席技师工作室9个；主导建立由首钢的4所院校和12家企业构成的首钢教育培训集团化管理模式。张百岐主持完成中等职业教育改革发展示范学校、高技能人才培训基地、王文华电焊工技能大师工作室等三大国家级高技能人才培养建设项目，其中国家中等职业教育改革发展示范学校和国家级高技能人才培训基地两个项目结项验收结果均在北京市名列前茅。张百岐所在的首钢人才开发院获评第十二届中国企业培训示范基地、钢铁行业最具影响力的培训机构。他主持的课题获第二十七届、二十九届、三十届北京市企业管理现代化创新成果一、二等奖。2019年，他主持的课题《大型钢铁企业基于企业新型学徒制的高技能后备人才培养管理》创新成果获第三十四届北京市企业管理现代化创新成果二等奖。张百岐先后获首钢模范共产党员、首钢先进教育工作者、北京市职业技能优秀教育工作者称号；被中国职工教育和职业培训协会评为优秀企业培训师；获全国冶金教育系统年度杰出人物奖。

（马　晓）

【张宜鹏——改性工程塑料技术能手】张宜鹏，男，1979年5月出生，汉族，中共党员，研究生学历，高级工程师，现任北京市化学工业研究院有限责任公司副总经理。

2005年10月，张宜鹏入职北京市化学工业研究院，先后从事技术、生产管理、质量和安全管理等工作，历经10年磨炼，从一名一线技术人员成长为化研院高层管理者。2014年，张宜鹏在筹划建设新的京外改性工程塑料工厂项目中，凭借着在一线从事技术和生产工作多年来积攒的对改性工程塑料生产品质控制的经验，快速进入工作状态，提出通过工艺和设备的创新改造主导一个全新改性工厂的建设性建议。在整个项目从头到尾的推进实施过程中，从立项开始，到可行性研究、工程建设施工、组织安装与调试、试生产，直到生产出合格产品，每一个环节、每一个阶段，他和项目组的同事都付出艰辛的努力。他和项目组的同事扎根在施工现场，吃住在工地，对施工情况进行现场监管管理，发现设计和施工中存在的问题，第一时间组织各相关方对原设计进行现场更改，以确保工艺环节、质量更符合和生产实际需要。为节约安装成本，他带领项目组的同事在设备厂家技术人员指导下，自行承担起设备的安装，保证了安装

质量和实际使用要求。推进设备调试与生产准备同时进行，提前组织编写设备调试作业指导书，制订每台套设备试车方案，确定技术、生产人员、厂家安装技术人员高效对接，安装调试完成后同时完成设备操作规程编写。2017年，宁波华腾首研新材料有限公司正式开始试生产。同年9月，“三地整合”工作开始推进，他带领着团队用3个月的时间完成北京市化学工业研究院有限责任公司北京分公司40余个产品的转产，实现工程塑料业务产能的平稳转移和顺利衔接。2018年完成全部9条生产线的安装调试。同年首研一期年产2万吨工程塑料改性项目顺利通过集团公司的竣工验收。在项目实施的3年中，张宜鹏经历了亲人离世的突然打击，面对难以言说的困难，他独自承受，仍坚持和坚守在工作岗位，没有丝毫的放松和懈怠。2019年，张宜鹏获北京市总工会、北京市人力资源和社会保障局颁发的首都劳动奖章。

（化工集团）

【杨晓东——工程阀技术创新能手】杨晓东，男，1981年2月出生，在职研究生，中共党员，机械设计高级工程师，北京华德液压工业集团有限责任公司副总工程师。

杨晓东从普通技术员成长为高级工程师、副总工程师和市级职工创新工作室的领军人，他进行高端多路阀的研发和推广，在履带吊、旋挖钻和煤炭钻机等被国外进口液压元件垄断的工程机械领域披荆斩棘，快速实现高端多路阀替代进口和国产化进程。2011年，为解决多路阀阀体的精加工珩磨问题，杨晓东通过电器和液压改造，改变进口珩磨机固有的“涨珩”原理，提出新型大长径比阀体主孔珩磨工艺，使德国人认为需要报废不能维修的85年制造KADIA600型珩磨机加工出精度4微米（全新珩磨机可达3微米）的阀体主孔，完全满足产品性能要求，解决了购买新设备需700万元，周期2年的资金和时间瓶颈。为多路阀主孔精加工工艺的优化改进积累了丰富经验。目前事业部所属三台珩磨机均按杨晓东提出的该新型大长径比阀体主孔珩磨工艺作业，珩磨精度和一致性满足设计要求，直接经济效益达500万元。该珩磨工艺得到同行一致认可，已被国内其他液压元件厂家广泛应用。杨晓东参与完成“十二五”国家科技支撑计划《先导式大流量电液比例阀关键技术研究与应用》的课题实施，产品性能技术指标达到国际同类产品先进水平，通过中国机械工业联合会组织的验收。项目成果获2015年中国机械工业科学技术进步奖一等奖。参与工业和信息化部组织的2015年工业转型升级强基工程项目“工程机械与工程车辆用多路阀实施方案”的实施。为实现履带吊主阀的国产化，杨晓东大胆创新设计一种“单通道双溢流大流量三通压力补偿器”的专利技术，并进行长达4个月的履带吊主机工况论证试验。白天测试，晚上分析整理数据，直到问题分析透彻才休息。最终完善应用于履带吊液压系统的三通压力补偿器、创新提出了抗污染间隙阻尼结构、复合变径压力补偿控制技术和非正交机构阀芯行程限制径向力消除技术等专利技术，解决主机液压系统和主阀匹配之间的问题，成功为国内重点生产履带吊的主机企业提供了性能可靠的多路阀，完成55~150吨履带吊液压系统的优化和匹配工作。与此同时，根据履带吊布局设计全新概念的履带吊液压系统辅助阀集成阀组，简化主机管路的连接，降低成本，提高主机产品的可靠性。杨晓东带领工程阀技术人员通过产品研发、技术创新和市场推广，使多路阀产品的种类不断丰富、可靠性不断提升，快步突破多路阀发展瓶颈，缩小与国外同类产品的差距，实现高端多路阀在工程机械领域的国产化应用，改变主机厂长期受制于进口多路阀的现状，提高国产工程机械的市场竞争力，为华德液压和工程机械及装备制造业的发展做出更大贡献。以杨晓东为领军人的职工创新工作室被北京市总工会和北京市科学技术委员会认定为2017年度市级职工创新工作室。2019年，杨晓东获全国机械工业劳动模范称号。

（华　德）

【郑明月——“火眼金睛”质检员】郑明月，女，汉族，1987年9月出生，汉族，大专学历，中共党员，现为首钢京唐钢铁联合有限责任公司质检监督部原料冶炼分析中心区域作业长。

郑明月从来到京唐公司冶炼分析中心就立志做一名精、深、专的质检人。为了提高分析技能，她主动向班组中操作高手请教，利用午休或下班时间练习，学习分析标准、实验室认可体系相关知识，积极参加技能比武，查找出不足之处，促使自己能够熟练地、标准地进行每一项分析操作。生产检验过程中遇到的问题，她认真记录、总结、分析，做到以事实为基础、用数据说话，不断改进。她大胆采用行业新技术，将碎屑收集法分析钢中氮含量应用于冶炼实验室，使分析周期缩短了180秒，极大地提高了检验效率。2017年11月，郑明月被安排到参与首钢京

唐二期冶炼分析室建设工作。为做好冶炼分析室布局，她根据京唐一期冶炼分析中心全自动分析系统运行情况，认真分析生产检验需求，不断优化冶炼分析工艺设计，对整个系统合理、规范化布局。冶炼实验室破土建设，面对恶劣的工作条件、陌生的工作领域，她不但没有退缩，还利用一切机会向工程监理、专业人员学习施工过程中的各项专业知识。当了解到在施工过程中，甲材料供给是否及时是影响工程进度的关键因素，她便第一时间关注各项材料领用、到位情况，配合做好材料量核算，在她的努力下，材料计划审批时间由4~5天缩短至1天，大大加快了施工进度。为保证冬季施工工程质量，她每天都到现场紧盯每一个施工环节，将冬季的混凝土施工、防水施工作为关键的质量控制点，主动参与防水材料、混凝土送检鉴证取样，混凝土坍落度现场实测等环节。在各方共同的努力下，京唐二期冶炼分析室在2018年8月所有检化验设备进入冶炼实验室，9月完成进口设备拆箱、就位、固定、接线等工作，10月完成压片机、气体剪切机、振动磨、稳压电源等15台单体检化验设备调试工作，12月底具备手动分析能力。质监部成立郑明月创新工作室，围绕冶炼分析、原燃料检验等进行一线疑难问题攻关。为了降低各个环节对高炉渣检化验的影响，她带领创新团队对高炉渣检验进行全流程分析、实验，逐一开展攻关。她每天跟班关注高炉渣检验情况，发现高炉渣来样呈现不同的颜色，带领班组职工收集样品进行比对分析，总结高炉渣样颜色和成分的对应关系，指导职工结合颜色判断检验数据是否异常，从每一个细节入手，开发高炉渣数据异常的预警功能，提高了数据把控能力。通过这一系列的攻关，最终使检验及时率、准确率达到宝钢水平。郑明月组织完成了《铝矾土快速分析法开发》《低硫低镍生铁检验方法攻关》《研发结晶器保护渣中氧化锂检验能力，满足马口铁铸坯质量改进需求》《BH钢超低碳元素高检验精度的研究》等13个课题，总结最佳操作法2项，申请国家专利2项。2019年，郑明月获首都劳动奖章。

（马　晓）

【殷成浩——世界技能大赛机电一体化项目银牌获得者】殷成浩，男，1998年6月出生，汉族，共青团员，大专学历，北京工业技师学院智能系教师。

殷成浩作为学院智能系教师，在完成专业课程的教学工作的同时，还加入机电一体化项目的教练团队，辅助完成选手训练工作。他针对选手的编程及安装问题，为选手提供解决问题的思路，帮助选手调试程序。遇到程序比较复杂，选手思路混乱，无法解决编程问题时，他也会演示给学生如何操作。2015年8月，殷成浩开始接触世界技能大赛，在北京市工业技师学院集训基地夜以继日进行该项目的技术研究与训练。2016年，他参加第44届世界技能大赛机电一体化项目北京市选拔赛，以加赛第一名的成绩进入国赛选拔，同年参加第44届世界技能大赛机电一体化项目国赛选拔赛，最终以第4名的成绩进入国家队，在随后的六进三、三进二、二进一的选拔赛中，以第2名的成绩获得第44届世赛机电一体化项目备选选手。2018年，他参加第45届世界技能大赛国家队选拔，在六进三、三进一选拔中，以第一名的成绩成功晋级，成为参赛选手。2019年8月，他代表中国参加在俄罗斯喀山举行的第45届世界技能大赛机电一体化项目比赛，获银牌。

右一为殷成浩

（化工集团）

【商光鹏——电工钢横向厚差监测法发明人】商光鹏，男，1981年12月出生，汉族，研究生学历，中共党员，轧钢工程师，现为北京首钢股份有限公司制造部汽车板室主任。

商光鹏先后从事热轧精轧操作工、热轧现场工艺质量管理、冷轧电工钢工艺及品种质量管理岗位，目前主要从事首钢股份公司汽车板产品管理工作，针对股份公司电工钢、汽车板产品存在的主要问题，组织工艺改进及技术攻关，取得突出成绩。商光鹏参与了首钢第一条热轧线2160毫米轧机的调试和生产，边干边学，随身携带的小本子上、床头上贴满英文单词和各种工艺参数。在产线调试期间，很多自动化功能还没能投入，需要人工做，钢卷下线400℃，需要手持高温笔在钢卷边上手写卷号，他冒着高温炙烤坚持完成任务。他在热轧现场工艺质量管理岗位工作期间，除完成日常工作外，平时注意观察及思考，发现现场的各种问题。他测量分析近千卷钢卷数据，发现不同钢种的宽度偏差，为宽度测量仪

设置补偿系数提供了有利依据，及时解决宽度控制精度差的问题。商光鹏在冷轧电工钢质量管理期间，组织开展无取向电工钢横向厚差攻关，解决了应用于家电、新能源汽车、大型发电机的无取向电工钢横向尺寸均匀度，横向厚度差异由15微米降至7微米，尺寸精度世界领先，获“电工钢横向厚差检测分析系统及方法”国家发明专利。他作为主要负责人主导“首钢硅钢横向厚差控制及分析技术研发”和“无取向硅钢毛边轧制技术开发”项目，参与了“首钢家电用无取向硅钢产品研发”“首钢高效节能用无取向硅钢产品开发”等项目，获首钢科学技术奖一等奖一项，三等奖两项。随着汽车面板订单持续增长，对BH钢的需求量猛增，下游客户在生产过程中出现“针尖”缺陷，严重影响了用户的使用。商光鹏组织各工序开展攻关，从BH钢的成分特点入手，发现了Mn、P元素在生产过程中易发生选择性氧化的因素，及时采取了相应的工艺控制模式，摸索出全流程BH钢生产模式并重新固化，通过艰苦攻关，针点缺陷发生率降低到0%。在免中涂汽车面板开发方面提前谋划，研发完成免中涂汽车面板，满足用户使用中减少中涂这一污染严重工序的要求，既环保又为用户降低了生产成本。高强汽车轻量化用钢方面，实现1000兆帕级增强塑形双相钢的国内首发，产品标准纳入国标，汽车板产品成为宝马国内第一全球第二供应商，北汽、长城、吉利等国内知名品牌最大供应商，并在新能源汽车得到批量应用。商光鹏先后获首钢科学技术奖一等奖一项，二等奖一项、三等奖两项。先后被评为技术骨干、首钢优秀青年、先进职工、首钢劳动模范。2019年，商光鹏获首都劳动奖章。

（马　晓）

【谢虎——世界技能大赛机电一体化项目银牌获得者】 谢虎，男，1998年11月出生，汉族，共青团员，北京市工业技师学院智能系教师，2019年8月代表中国在俄罗斯喀山参加第45届世界技能大赛机电一体化项目中获得银牌。

谢虎作为学院智能系教师，也是学院技师毕业生。在来学院之前，谢虎是一个初中都没有毕业的学生，贪玩、叛逆、不爱读书，打过工，吃过苦。2013年9月，谢虎通过朋友介绍，入学北京市工业技师学院智能系学习机电一体化技术，在学院育人环境中慢慢摸索学习，向老师请教，对学习逐渐产生浓厚兴趣。2015年8月，谢虎开始接触世界技能大赛，逐渐对世界技能大赛有了更深入的了解和浓厚的兴趣，坚定了走技能成才之路的决心。2016年，他参加第44届世界技能大赛机电一体化项目北京市选拔赛，以加赛第一名的成绩进入国赛选拔，同年参加第44届世界技能大赛机电一体化项目国赛选拔赛，最终以第4名的成绩进入国家队，在随后的六进三、三进二、二进一的选拔赛中，以第2名的成绩获得第44届世赛机电一体化项目备选选手。2018年，他参加第45届世界技能大赛国家队选拔，在六进三、三进一选拔中，以第一名的成绩成功晋级，成为参赛选手。2019年8月，他代表中国参加在俄罗斯喀山举行的第45届世界技能大赛机电一体化项目比赛，获银牌。

（化工集团）

2020

北京工业年鉴

BEIJING GONGYE NIANJIAN

工业数据

本栏目采用表格形式，主要收录2018年及2019年北京市规模以上工业企业、规模以上国有控股工业企业、规模以上港澳台及外商投资工业企业、规模以上大中型工业企业的主要经济指标，规模以上工业企业的主要效益指标，规模以上高技术制造业主要经济指标；2019年北京市规模以上工业企业主要工业产品生产能力表、主要工业产品产量、规模以上工业战略性新兴产业总产值表。本栏目资料除标注外均来源于市统计局官网。

2018 年北京市规模以上

项目	企业单位个数（个）	#亏损企业（个）	工业总产值（当年价格）	工业销售产值（当年价格）	#出口交货值
合计	3108	677	196690179	193509320	12393626
按行业分					
采矿业	16	10	2767392	2785054	217542
制造业	2958	640	137691765	134501236	12176084
电力、热力、燃气及水生产和供应业	134	27	56231022	56223030	
按轻重工业分					
轻工业	1053	224	29757205	28778676	1349219
重工业	2055	453	166932974	164730644	11044407
按规模分					
#大型	126	27	126912520	125081340	8573552
中型	469	83	35332372	34276515	1950514
小型	2321	510	33420851	33110677	1832325
按隶属关系分					
中央	213	33	68972922	68402074	480007
地方	2895	644	127717257	125107246	11913619
按登记注册类型分					
内资企业	2447	504	122684503	120735112	4293586
国有企业	36	12	8363716	8365394	9201
集体企业	27	8	211258	208650	193
股份合作企业	32	6	751864	753153	8584
有限责任公司	1082	249	78975529	77859070	2572616
股份有限公司	255	59	23118036	22539162	1182651
私营企业	1014	170	11253382	10998965	520342
其他企业	1		***	***	***
港澳台商投资企业	153	38	21859754	20627460	3946875
港澳台合资经营	74	18	3445573	3334433	486470
港澳台合作经营	3		***	***	***
港澳台商独资企业	67	20	18088606	16985591	3398027
港澳台商投资股份有限公司	9		299593	283090	62373
外商投资企业	508	135	52145922	52146748	4153165
#中外合资经营	187	34	34264734	34325840	1377674
中外合作经营	8	3	203293	193696	16253
外资（独资）企业	299	93	16718944	16608627	2438387
外商投资股份有限公司	12	5	802168	858530	316301
按控股类型分					
#国有控股	643	142	115618998	114774749	3447914
集体控股	80	24	2985912	2954381	166593
私人控股	1787	349	29185313	28388171	1281380
港澳台控股	114	29	19781239	18527021	3688274
外商控股	436	123	27242011	27078735	3792083

注：应缴税金合计包括应缴增值税、所得税费用、税金及附加，下同。

工业企业主要经济指标

单位：万元

平均用工人数（人）	资产负债					固定资产原价
	资产总计	流动资产合计	#存货	#产成品	#应收账款	
927430	493214891	187213730	27599999	10310680	45256007	146509574
36884	39564621	8774566	334369	66575	1861150	9693642
799903	238796898	147664093	27050968	10227566	37918810	53848127
90643	214853372	30775072	214662	16540	5476047	82967805
282226	45735936	28846789	6691752	3111654	6161628	11730799
645204	447478955	158366941	20908247	7199026	39094379	134778776
392758	348277067	101011174	12401022	4925317	20632662	114263205
252465	73052505	42336814	6418851	2168969	10835346	17786221
272786	66376847	41954081	8426534	3104994	12981708	14299945
171233	223935740	46354662	4826103	1101740	8585757	76815267
756197	269279151	140859068	22773896	9208940	36670250	69694307
638849	397706057	126064685	17189920	5687523	31217935	117527382
24167	14610082	2139807	742507	60323	264594	19711123
4197	329625	237820	36946	16981	43897	140444
2900	339762	282708	84874	16222	96080	66842
334799	291698112	75864762	8731807	2926691	18203724	82833496
141461	72084840	34027971	4507195	1450932	7948563	11069662
131147	18623407	13498923	3085247	1215030	4654250	3693620
***	***	***	***	***	***	***
67942	32103467	19464831	3517710	1773668	4875437	7392390
25909	6992923	4193573	723602	347509	1051304	3265986
***	***	***	***	***	***	***
38543	20169953	13240530	2723044	1392616	3632025	3841784
3159	4902202	1995858	65736	30130	181673	277325
220639	63405367	41684214	6892369	2849488	9162635	21589803
107327	38419816	23634783	3571235	1594067	5202018	12465853
6260	330963	253158	3472	4740	25181	135322
97070	22205845	17049776	3170258	1222924	3641265	8683081
9005	2165851	660895	122628	22410	276838	266735
390996	354394284	98521265	11462090	4034901	20613007	118455666
20764	4464290	3263646	652564	219004	1202654	714264
281227	71251519	42170545	7708460	2693214	12665400	9070772
52228	23130665	14988019	3042966	1602313	4150508	4426423
160412	35241552	25386804	4370624	1660970	5786173	12876717

2018 年北京市规模以上

项　目	资产负债					
	负债合计	# 流动负债合计	# 应付账款	所有者权益合计	# 实收资本	营业收入
合计	222701900	162735914	46281788	270512977	156704127	223480751
按行业分						
采矿业	23320905	12796162	1342935	16243716	6327697	5495925
制造业	127278902	108086053	37227394	111517983	47951141	161012762
电力、热力、燃气及水生产和供应业	72102093	41853699	7711460	142751277	102425289	56972063
按轻重工业分						
轻工业	21253699	18187952	5555048	24482232	9231333	35512836
重工业	201448201	144547962	40726741	246030745	147472794	187967915
按规模分						
# 大型	148700360	101515058	25858362	199576706	126145411	142449217
中型	36949832	29303026	8404144	36102672	15087028	39827705
小型	33584232	29736949	11704182	32792605	14954642	39861927
按隶属关系分						
中央	78793428	51035856	10279477	145142312	104207311	71318822
地方	143908472	111700058	36002311	125370665	52496816	152161928
按登记注册类型分						
内资企业	170277893	116688318	28967648	227428153	138821067	135382057
国有企业	9239988	5504675	1172918	5370095	3084828	8656872
集体企业	159307	126518	34601	170318	30610	218845
股份合作企业	246028	216658	130560	93735	54099	806439
有限责任公司	121353569	79440959	18175763	170344540	119175068	86731949
股份有限公司	29060807	22011490	5912506	43024032	13017693	26200571
私营企业	10215144	9384968	3540434	8408257	3452129	12756662
其他企业	***	***	***	***	***	***
港澳台商投资企业	18896757	16671240	6108788	13206708	4042558	29566063
港澳台合资经营	3451138	2663939	711173	3541784	1622103	3747194
港澳台合作经营	***	***	***	***	***	***
港澳台商独资企业	13047526	12416498	5315817	7122426	1374211	25282806
港澳台商投资股份有限公司	2393385	1586094	80689	2508817	1039575	511331
外商投资企业	33527250	29376356	11205353	29878116	13840503	58532630
# 中外合资经营	19208807	16477185	7111808	19211009	8929746	36853687
中外合作经营	130397	117834	44618	200566	186101	371393
外资（独资）企业	13356355	12120118	3762450	8849488	4260527	19839495
外商投资股份有限公司	685458	607859	263808	1480394	453731	1223437
按控股类型分						
# 国有控股	149427439	98126444	23914950	204966843	131483474	125600476
集体控股	2366286	1916349	772612	2098003	524333	3320225
私人控股	35227228	30212702	9300145	36024283	13111739	32796811
港澳台控股	14819239	13737610	5688236	8311424	1830714	27235075
外商控股	18820931	16829803	6042954	16420619	8911686	32443919

工业企业主要经济指标（续表）

单位：万元

损益					应缴税金合计		
营业成本	销售费用	管理费用	财务费用	利润总额		#税金及附加	#应缴增值税
184821926	11943498	11506975	2324175	16470016	12294858	3797641	5681458
5369652	21638	404597	666730	−871917	185760	57265	90184
125404467	11814060	10491253	1162925	11951019	9969886	3319006	4539929
54047807	107801	611125	494521	5390914	2139212	421371	1051346
22199242	6361455	2869530	252302	3739709	3119091	726681	1727834
162622684	5582044	8637444	2071872	12730307	9175767	3070960	3953624
122069061	6424183	4840175	1262982	10076854	7893322	3007748	3108546
29775466	3179148	3028145	578431	4034239	2475719	533551	1341503
31774951	2300115	3434647	436282	2580700	1880948	248413	1201327
64438128	520044	1928140	540037	5323764	3785467	1408914	1583636
120383798	11423455	9578835	1784138	11146253	8509391	2388727	4097822
115233867	5087947	7564062	1961231	9062726	7042911	2278251	3370013
8045279	77667	231793	119924	5762	570922	296752	255998
192042	7137	21571	−624	8531	13113	1557	9170
772629	10588	19303	544	−226	12437	4081	7853
77086579	2193603	3789455	1378962	5787674	3490572	678601	1856151
19661634	1658308	2163586	367080	2490433	2347956	1230485	814524
9469136	1139481	1336111	95268	770306	607525	66707	425976
***	***	***	***	***	***	***	***
25756720	1497132	1195432	158629	1246756	540400	77699	327958
2733291	322088	340023	77705	325264	274808	31341	166207
***	***	***	***	***	***	***	***
22578100	1156617	812784	−7239	714629	244739	40541	148925
431745	16291	38053	88299	202670	17866	5558	10760
43831339	5358419	2747481	204314	6160535	4711547	1441692	1983487
27534999	2804207	1513889	94812	4551849	3588922	1318183	1334298
274519	52988	25875	−1418	19218	20458	2418	10981
14794653	2336026	1103448	80738	1479207	1017498	111409	589515
1028798	144232	91731	23875	106503	75336	7039	42776
108257131	3405336	4913810	1693873	10058564	8324032	3310375	3219812
2573471	244357	266648	13589	247070	145827	16126	89062
24070789	3146461	3233773	464565	2645352	1623904	201327	1087454
24004582	1356077	980447	25579	875437	360285	54622	213339
24598794	3409622	1886157	120644	2486969	1692752	180305	985695

2019 年北京市规模以上

项　目	企业单位个数（个）	#亏损企业（个）	工业总产值（当年价格）	平均用工人数（人）
合计	3121	702	203861154	868087
按行业分				
采矿业	15	5	3248509	32241
制造业	2951	666	139973569	742495
电力、热力、燃气及水生产和供应业	155	31	60639076	93351
按轻重工业分				
轻工业	1056	244	29641197	271174
重工业	2065	458	174219957	596913
按规模分				
#大型	115	24	132613840	358599
中型	437	62	32796277	233307
小型	2370	558	37106359	267349
按隶属关系分				
中央	202	25	74388109	162987
地方	2919	677	129473045	705100
按登记注册类型分				
内资企业	2471	515	130066743	606750
#国有企业	32	8	8041387	19927
集体企业	29	6	179874	3590
股份合作企业	28	6	262044	2231
有限责任公司	1079	253	85980342	323400
股份有限公司	255	57	23194555	135917
私营企业	1047	184	12405134	121485
其他企业				
港澳台商投资企业	155	33	21702456	61950
港澳台合资经营	83	17	3142887	24430
港澳台合作经营	2	1	***	***
港澳台商独资企业	64	13	18347546	34971
港澳台商投资股份有限公司	6	2	197510	2277
外商投资企业	495	154	52091955	199387
#中外合资经营	189	48	35095960	100047
中外合作经营	10	3	223319	4877
外资（独资）企业	288	102	16274715	89864
外商投资股份有限公司	6	1	367667	3552
按控股类型分				
#国有控股	656	135	123104607	369730
集体控股	75	22	2867615	18171
私人控股	1809	381	30220486	270491
港澳台控股	112	23	19847931	47374
外商控股	420	133	25618014	141425

工业企业主要经济指标

单位：万元

资产负债					
资产总计	流动资产合计	#存货	#产成品	#应收账款	固定资产原价
522220073	190542547	28604003	10147190	46015467	154487867
40232503	8959615	316653	39217	1764907	10120946
238853202	151783969	28056484	10094637	38729667	55797484
243134368	29798963	230865	13336	5520893	88569438
48000386	29872316	7037473	3166462	6408623	12543117
474219688	160670231	21566530	6980728	39606844	141944750
375925999	104228628	13040833	4628124	20502410	121017559
71343466	41188099	6141333	2026501	11971663	17008389
69338344	43312011	9102259	3395858	13167472	16159952
249996414	43218433	5020544	1124304	8371262	80725248
272223659	147324114	23583459	9022886	37644204	73762618
425188580	125809192	17625489	5804615	32089604	124529337
14928340	1943433	626710	50230	160870	20519555
341230	244208	37688	14980	41485	128590
244486	195340	111380	11431	38473	56973
314877202	73839220	9004818	3132700	17654822	88056969
75918296	36012521	4624372	1364331	9446724	11987410
18853581	13562756	3218878	1229464	4745739	3776027
27575209	17829832	3747588	1517581	4668745	7231693
5287267	3262745	542406	285015	839790	3243667
***	***	***	***	***	***
21445754	14053946	3047454	1178820	3619923	3889771
809109	482678	154612	50952	196236	91363
69456285	46903522	7230926	2824995	9257118	22726837
43217899	26938826	3730730	1462788	5359370	13563933
439978	366790	47173	6223	65310	146541
24661314	19299346	3398182	1333412	3720840	8822093
885608	231812	40111	17821	101493	161308
379311251	98892978	11750540	3895677	21770646	125276275
4203605	2895320	689931	198872	899566	736152
72461504	42032814	7792539	2766552	12737585	9655954
23841613	15740552	3365310	1391068	4102186	4457080
37470744	27874430	4599165	1806178	5724321	13268283

2019 年北京市规模以上

项　目	资产负债					
	负债合计	#流动负债合计	#应付账款	所有者权益合计	#实收资本	营业收入
合计	219744824	166804339	50305266	302475233	206000416	234190962
按行业分						
采矿业	24856305	13949078	1521340	15376198	6323012	5519783
制造业	123090766	107641709	40131065	115762420	46066697	167136416
电力、热力、燃气及水生产和供应业	71797753	45213552	8652862	171336615	153610708	61534763
按轻重工业分						
轻工业	20919818	17764749	5534878	27080561	9506702	36527298
重工业	198825006	149039590	44770388	275394672	196493714	197663664
按规模分						
#大型	150897745	109032192	28672951	225028253	175544105	151261361
中型	31632448	25910824	8841299	39711017	13884855	37250720
小型	35102634	30745793	12462557	34235697	15840274	43987613
按隶属关系分						
中央	73553781	51709379	11666201	176442632	154883975	76493034
地方	146191043	115094960	38639065	126032601	51116441	157697928
按登记注册类型分						
内资企业	166211436	118916529	30574882	258977129	188591070	144832654
#国有企业	9556440	5400982	1363790	5371900	3298853	8375223
集体企业	175105	153672	29682	166125	26153	201754
股份合作企业	176931	176606	114010	67555	51783	268640
有限责任公司	115041708	78907503	19212313	199835487	168964266	94025984
股份有限公司	31293384	25319237	6201326	44624911	12534773	28565019
私营企业	9944945	8937276	3652618	8908630	3709242	13390425
其他企业						
港澳台商投资企业	15723741	14323355	7370544	11851466	3039737	31263426
港澳台合资经营	2154983	1817670	613091	3132283	1609520	3514464
港澳台合作经营	***	***	***	***	***	***
港澳台商独资企业	13197519	12306591	6713396	8248234	1307819	27470520
港澳台商投资股份有限公司	367404	195259	42949	441705	116309	262077
外商投资企业	37809647	33564456	12359840	31646637	14369609	58094882
#中外合资经营	22261120	19445867	8132082	20956779	9694566	36912255
中外合作经营	192084	183744	74555	247895	133089	408630
外资（独资）企业	14987074	13648319	3981292	9674240	4357960	19996208
外商投资股份有限公司	243373	236765	151840	642235	174485	569951
按控股类型分						
#国有控股	148185822	103212471	26784007	231125427	180093702	134968118
集体控股	2095754	1703826	553171	2107850	508145	3032511
私人控股	32797045	28603305	9217218	39664447	13335679	33455720
港澳台控股	14421067	13304953	7040700	9420545	1700946	29240354
外商控股	20177506	18033743	6163025	17293237	9422801	31026713

工业企业主要经济指标（续表）

单位：万元

损益						应缴税金合计		
营业成本	销售费用	管理费用	研发费用	财务费用	利润总额		#税金及附加	#应缴增值税
193641682	12375475	8567129	4108849	2142005	17102542	11313670	3723458	4620751
5127923	22481	289174	35267	747166	−346812	145579	50360	53277
130446102	12240796	7359613	3864238	853367	12515772	9415225	3269876	3949250
58067657	112197	918342	209345	541472	4933582	1752866	403222	618224
22934907	6317023	2241202	884292	260568	3828850	2764025	713184	1383137
170706775	6058452	6325927	3224558	1881437	13273692	8549645	3010274	3237614
129956508	6629049	3652710	1649798	1392348	9695495	7226426	2945023	2383450
27143401	3266032	2164159	1171033	332667	4807108	2296308	517040	1192994
35044185	2437560	2578211	1257909	375599	2678153	1714522	250986	999496
68988208	518073	1724508	690070	405650	5501258	3359121	1458458	1061657
124653475	11857401	6842621	3418780	1736355	11601285	7954549	2265000	3559094
123042259	5269420	5517660	3031460	1945295	8901380	6363981	2322583	2643763
7817285	67223	265384	57362	97464	−112186	438651	298030	150945
166120	7972	19730	2440	208	14459	11308	1212	7362
242092	6504	11706	3811	490	866	3752	4363	−1081
83395115	2177122	2884507	1306873	1291181	6439016	3061450	653312	1339532
21646448	1859066	1439143	1139908	452658	1501658	2242857	1301021	747763
9772013	1149505	896487	520954	103309	1058041	605814	64591	399149
27172694	1824298	707806	404728	−32761	1991297	572158	86143	237398
2544811	312357	180690	119725	4764	345147	210801	30160	109057
***	***	***	***	***	***	***	***	***
24446400	1469383	491961	278976	−47103	1614795	350900	53532	120436
173024	41023	32165	5187	9679	29161	8634	2257	6510
43426729	5281757	2341664	672662	229470	6209866	4377531	1314733	1739590
27662768	2867811	1337368	449760	107228	4572652	3420286	1210155	1233157
288069	38819	29129	7646	−4384	59454	23676	2997	13338
14902829	2211070	944894	206599	119504	1561667	915741	98459	480369
412550	143785	18028	6179	848	13271	8902	1547	5785
117251723	3385284	4074211	1473760	1560071	9518419	7518147	3241535	2515033
2283179	233823	162073	95517	13477	272593	120543	14588	65195
23748110	3359196	2100590	1654112	448280	2687925	1591534	208128	992885
25594254	1701924	598647	328334	−36472	1843858	450361	64345	171698
23132261	3296845	1516863	455245	149523	2484059	1480980	158563	791454

2018 年北京市规模以上

项　目	企业单位个数（个）	#亏损企业（个）	工业总产值（当年价格）	工业销售产值（当年价格）	#出口交货值	平均用工人数（人）
合 计	3108	677	196690179	193509320	12393626	927430
采矿业	16	10	2767392	2785054	217542	36884
煤炭开采和洗选业	2		***	***	***	***
石油和天然气开采业	2	2	***	***	***	***
黑色金属矿采选业	6	5	896196	893043		15265
非金属矿采选业	1		***	***	***	***
开采专业及辅助性活动	5	3	1340608	1341295	38762	16754
制造业	2958	640	137691765	134501236	12176084	799903
农副食品加工业	114	31	2748633	2750494	51962	22241
食品制造业	122	26	3259577	3309249	123931	41392
酒、饮料和精制茶制造业	39	11	2686442	2667103	23316	24560
烟草制品业	1		***	***	***	***
纺织业	12	2	85458	85654	25681	2083
纺织服装、服饰业	95	31	1102917	981952	207552	29845
皮革、毛皮、羽毛及其制品和制鞋业	6	1	55296	49804	9643	1201
木材加工和木、竹、藤、棕、草制品业	7		65018	65518		1063
家具制造业	41	5	877061	873097	25028	8226
造纸和纸制品业	37	9	588659	591063	57237	3918
印刷和记录媒介复制业	90	21	1294079	1299916	5242	19610
文教、工美、体育和娱乐用品制造业	31	7	1383318	1391052	43783	5472
石油、煤炭及其他燃料加工业	16	2	6385008	6379227	2164	8443
化学原料和化学制品制造业	160	32	3034230	2968914	73304	21187
医药制造业	217	33	11427107	10661882	134935	78386
化学纤维制造业	2		***	***	***	***
橡胶和塑料制品业	80	21	773934	766387	88689	10904
非金属矿物制品业	197	50	4644768	4615921	156767	35959
黑色金属冶炼和压延加工业	9	1	1034890	1035700	85404	1807
有色金属冶炼和压延加工业	23	5	701995	684556	63524	3809
金属制品业	167	34	2830002	2887951	212206	25356
通用设备制造业	209	54	5319813	5225685	791366	46306
专用设备制造业	299	48	6947722	6504988	959564	63200
汽车制造业	225	86	39453045	39578915	627756	122054
铁路、船舶、航空航天和其他运输设备制造业	77	7	4347822	4149114	37772	33657
电气机械和器材制造业	225	40	6650892	6618969	303604	44220
计算机、通信和其他电子设备制造业	269	62	24920434	23498631	7752755	98831
仪器仪表制造业	156	18	2419072	2386196	171945	27128
其他制造业	12	2	1142177	975254	44440	3684
废弃资源综合利用业	7		47825	46183		701
金属制品、机械和设备修理业	13	1	926190	917072	67219	13245
电力、热力、燃气及水生产和供应业	134	27	56231022	56223030		90643
电力、热力生产和供应业	83	15	50321630	50313470		64868
燃气生产和供应业	25	7	4654418	4654514		12569
水的生产和供应业	26	5	1254975	1255047		13206

工业企业主要经济指标（按行业分）

单位：万元

资产负债					
资产总计	流动资产合计	#存货	#产成品	#应收账款	固定资产原价
493214891	187213730	27599999	10310680	45256007	146509574
39564621	8774566	334369	66575	1861150	9693642
***	***	***	***	***	***
***	***	***	***	***	***
32213024	5367883	114666	34729	1169887	6921390
***	***	***	***	***	***
4287180	2120361	193289	6279	673582	2638996
238796898	147664093	27050968	10227566	37918810	53848127
3696680	2045092	402187	196425	318312	596233
4377097	2533990	404996	203408	592519	1439630
5623771	3511047	392826	198713	260294	1562426
***	***	***	***	***	***
359779	242861	30825	14247	40891	81179
1408803	1076246	451207	268000	196626	320411
100143	66162	45554	29214	12693	14322
155600	96180	19530	10400	31578	14244
1259286	777106	322185	246843	154240	263282
553715	373782	90291	33895	105230	323408
2183065	1359539	267927	101089	191587	1543101
1112477	825943	452591	191587	49559	190299
2861712	1124817	568125	124628	173667	3461221
4533861	2991528	545839	283576	733371	1655779
16582656	10469250	2847580	1239074	2804372	3711688
***	***	***	***	***	***
1021253	727803	146546	66126	241678	413721
14411165	9506337	855016	285301	2789978	1944425
804359	297100	132564	50192	76671	732682
828565	535058	190355	77836	96287	208594
6938454	3747774	578040	187249	829445	1253217
11870715	8057185	2024022	612792	1691037	2044559
21698718	13381255	2321070	667429	3649267	1878255
56911553	31111792	4284862	1992270	7624892	13951969
8262747	6028268	1834316	366632	1780550	1723307
12575713	9656507	1549067	436384	3883850	1471697
46754441	30568055	4961814	2134374	7635554	10874633
5545170	3866447	808965	182129	1247046	673181
1453795	1115449	248768	6640	383103	289140
126098	63347	3756	1583	18194	76573
4318297	1175390	197840	6302	282654	837918
214853372	30775072	214662	16540	5476047	82967805
195579844	26426049	179959	6279	4071981	71533929
7352604	1508777	12135	6518	334353	3365620
11920923	2840245	22568	3743	1069713	8068255

2018 年北京市规模以上

项　目	资产负债					
	负债合计	#流动负债合计	#应付账款	所有者权益合计	#实收资本	营业收入
合 计	222701900	162735914	46281788	270512977	156704127	223480751
采矿业	23320905	12796162	1342935	16243716	6327697	5495925
煤炭开采和洗选业	***	***	***	***	***	***
石油和天然气开采业	***	***	***	***	***	***
黑色金属矿采选业	20454506	10834321	650617	11758517	2948109	3670583
非金属矿采选业	***	***	***	***	***	***
开采专业及辅助性活动	1566039	1471044	581994	2721141	3001702	1387309
制造业	127278902	108086053	37227394	111517983	47951141	161012762
农副食品加工业	2098667	1869180	317373	1598013	937507	3717314
食品制造业	2026082	1933761	810765	2351014	1068269	6006982
酒、饮料和精制茶制造业	2594249	2157454	429868	3029523	1207898	2890074
烟草制品业	***	***	***	***	***	***
纺织业	155533	99980	22235	204246	121579	171365
纺织服装、服饰业	802272	735556	206553	606530	273945	1278053
皮革、毛皮、羽毛及其制品和制鞋业	58084	58084	9074	42060	9453	76436
木材加工和木、竹、藤、棕、草制品业	129746	129496	23293	25853	15051	94141
家具制造业	900915	608152	176511	358371	213851	898797
造纸和纸制品业	269591	246702	99639	284124	147658	719758
印刷和记录媒介复制业	785830	678707	266631	1397235	724404	1565473
文教、工美、体育和娱乐用品制造业	893388	858544	365910	219089	238829	1655896
石油、煤炭及其他燃料加工业	1395368	1278431	437906	1466344	78748	7035849
化学原料和化学制品制造业	2219153	1790376	685513	2314707	1604361	3681294
医药制造业	6602294	5465599	1753767	9980361	2664253	11530924
化学纤维制造业	16199	15383	312	23835	9200	32142
橡胶和塑料制品业	508481	443772	204898	512771	266271	1017509
非金属矿物制品业	9933569	8726462	2422576	4477597	2104233	5053543
黑色金属冶炼和压延加工业	857024	281643	194901	−52665	283665	1086133
有色金属冶炼和压延加工业	281347	254201	63843	547218	140561	748316
金属制品业	3398737	2920054	665821	3539715	1476943	3540517
通用设备制造业	5627741	4816641	1318264	6242975	2313479	5993629
专用设备制造业	11426437	9184948	2768622	10272279	3346093	8037025
汽车制造业	31978239	25387160	10211473	24933315	11481131	43458398
铁路、船舶、航空航天和其他运输设备制造业	4607572	3935255	1369956	3655176	1392607	4348722
电气机械和器材制造业	7447543	6969921	2984392	5128169	2725535	7669833
计算机、通信和其他电子设备制造业	25189219	23238604	8226088	21565220	10612905	33223838
仪器仪表制造业	2445262	2187066	890977	3099907	1125601	2835921
其他制造业	923169	861994	148784	530626	280724	1108030
废弃资源综合利用业	66377	43929	6527	59721	28716	57616
金属制品、机械和设备修理业	1533118	801399	135239	2785179	964696	968436
电力、热力、燃气及水生产和供应业	72102093	41853699	7711460	142751277	102425289	56972063
电力、热力生产和供应业	63642199	37391134	6359653	131937644	96552204	50767857
燃气生产和供应业	2804525	2015053	309240	4548079	1048344	4718483
水的生产和供应业	5655369	2447512	1042567	6265554	4824741	1485723

工业企业主要经济指标（按行业分）（续表）

单位：万元

损益					应缴税金合计	#税金及附加	#应缴增值税
营业成本	销售费用	管理费用	财务费用	利润总额			
184821926	11943498	11506975	2324175	16470016	12294858	3797641	5681458
5369652	21638	404597	666730	−871917	185760	57265	90184
***	***	***	***	***	***	***	***
***	***	***	***	***	***	***	***
3707873	8285	244234	656171	−583195	59029	27563	31908
***	***	***	***	***	***	***	***
1386757	3471	60181	−10065	−279407	50814	8092	9005
125404467	11814060	10491253	1162925	11951019	9969886	3319006	4539929
3298691	190801	165705	34783	102924	47075	6654	24340
3803537	1440032	317639	4695	430136	448199	41912	301032
1881312	341429	197230	6789	310521	442412	227582	155153
***	***	***	***	***	***	***	***
134136	5571	21562	2872	9348	5976	2088	1730
876917	231723	118935	5900	44520	75510	9003	56343
65674	4840	5143	101	493	2869	302	2233
77835	5067	9854	857	677	3120	461	2513
711620	60980	75741	22415	26303	43471	4841	28942
568823	27876	41087	−1091	78266	47597	3873	24911
1196854	43133	182653	−1602	139980	120349	16366	75767
1524308	57304	56500	10256	12471	22289	4414	15986
5599534	56816	206475	12402	261379	1197228	881598	245813
2853448	310083	305116	25977	198350	103287	19787	121662
5025435	3384431	1091295	129866	2048978	1237473	116006	800294
21704	1384	3308	−38	5223	2160	454	940
850851	41893	93349	5163	22329	38481	5480	27853
4245826	183604	370226	234417	112199	227782	29561	161634
1035685	18786	14915	13002	1486	10653	4352	7113
661015	10019	45705	4491	28728	16474	2624	10247
3012666	86106	289824	44287	116237	107381	17741	66217
4534113	362303	526345	66244	479594	333614	39443	197135
5756963	556151	891821	125159	1051638	410332	54399	247455
35407083	2234870	1892954	346331	3904358	3362828	1378340	1167822
3263733	74975	499955	42816	497932	236233	23692	128233
6001440	488668	661675	38615	548445	358461	40417	210763
29043925	1343513	1780004	−83321	1033276	488518	97098	240537
1937445	225874	383233	13138	256279	180746	22350	114421
1005753	7461	71648	112	26965	9760	1292	3496
45791	492	8420	760	9365	5778	652	3729
792494	5687	122314	60495	160000	58311	7648	38648
54047807	107801	611125	494521	5390914	2139212	421371	1051346
48750352	14601	288683	365448	4835228	1731478	189920	938377
4302485	38634	229276	33452	319634	95164	7153	37931
994970	54565	93166	95620	236052	312571	224298	75037

2019 年北京市规模以上

项　目	企业单位个数（个）	#亏损企业（个）	工业总产值（当年价格）	平均用工人数（人）
合 计	3121	702	203861154	868087
采矿业	15	5	3248509	32241
煤炭开采和洗选业	1		***	***
石油和天然气开采业	3	1	***	***
黑色金属矿采选业	5	2	1142228	14524
非金属矿采选业	1		***	***
开采专业及辅助性活动	5	2	1569925	16029
制造业	2951	666	139973569	742495
农副食品加工业	107	29	2455712	19241
食品制造业	118	28	3181976	37752
酒、饮料和精制茶制造业	39	13	2236953	24463
烟草制品业	1		***	***
纺织业	12	2	103019	1715
纺织服装、服饰业	84	31	1006990	26590
皮革、毛皮、羽毛及其制品和制鞋业	8	3	48236	1076
木材加工和木、竹、藤、棕、草制品业	8	2	61269	360
家具制造业	40	6	818738	7253
造纸和纸制品业	36	7	549473	3759
印刷和记录媒介复制业	95	15	1340012	18919
文教、工美、体育和娱乐用品制造业	29	6	1386307	4792
石油、煤炭及其他燃料加工业	16	7	5797609	8072
化学原料和化学制品制造业	149	35	2700629	19442
医药制造业	235	48	12216089	81104
化学纤维制造业	2		***	***
橡胶和塑料制品业	73	15	637991	9662
非金属矿物制品业	188	42	4820971	31371
黑色金属冶炼和压延加工业	7	1	881908	1710
有色金属冶炼和压延加工业	23	3	632807	2748
金属制品业	160	33	3022115	23115
通用设备制造业	213	52	5076938	43484
专用设备制造业	314	60	7889649	63636
汽车制造业	210	85	39645173	103498
铁路、船舶、航空航天和其他运输设备制造业	77	6	4573250	30106
电气机械和器材制造业	220	41	6860380	40629
计算机、通信和其他电子设备制造业	276	66	26005205	90440
仪器仪表制造业	175	23	2940354	27564
其他制造业	13	5	1367102	3721
废弃资源综合利用业	7		62932	748
金属制品、机械和设备修理业	16	2	1115044	14088
电力、热力、燃气及水生产和供应业	155	31	60639076	93351
电力、热力生产和供应业	98	16	54749363	68730
燃气生产和供应业	26	7	4690254	10968
水的生产和供应业	31	8	1199459	13653

工业企业主要经济指标（按行业分）

单位：万元

资产负债					
资产总计	流动资产合计	# 存货	# 产成品	# 应收账款	固定资产原价
522220073	190542547	28604003	10147190	46015467	154487867
40232503	8959615	316653	39217	1764907	10120946
***	***	***	***	***	***
***	***	***	***	***	***
33745152	6107680	96328	30839	1052890	7255321
***	***	***	***	***	***
4388094	2114598	215905	5835	642454	2719959
238853202	151783969	28056484	10094637	38729667	55797484
3678725	2032105	382941	204094	259734	625546
4510029	2671650	372283	190209	658219	1467565
5669628	3495379	397654	170550	304596	1630476
***	***	***	***	***	***
347626	224281	30619	16375	41181	78364
1369904	1039015	430333	274094	212043	304830
49928	43414	11173	1248	10065	8042
1294140	823039	301851	195753	168639	246667
530685	370281	96085	39843	88908	297317
2232437	1429702	301911	110983	232903	1577817
1102688	806299	510900	178351	49767	210758
2693759	797202	539755	106857	126914	3607891
3828737	2550764	533797	304312	564411	1376962
18641468	11611013	3212141	1384636	3166994	4383955
***	***	***	***	***	***
955847	702158	140354	65642	239191	397538
9519721	6403889	710536	302642	2990521	1754892
749128	269080	123838	32208	52466	736347
688636	431549	141974	44939	97498	176437
7708666	4345712	780478	193470	865258	1250532
10582522	7364807	1924918	673562	1576456	2011214
22066578	13478197	2527358	728989	3707367	2058125
54562271	33419981	4129592	1799905	8637434	14561587
8646871	6495874	1961627	363622	1851238	1695843
11550649	8614869	1468504	397853	3328685	1450396
52971426	35229730	5419171	2033197	7560032	11589198
5980449	4250859	922727	225468	1327417	711468
1720119	1387881	349815	11179	239754	358637
134900	76685	1997	975	25713	77441
4439141	962045	221869	7131	323207	841068
243134368	29798963	230865	13336	5520893	88569438
222432147	24759890	200495	7276	3912136	76526365
7848140	1792521	6812	1222	316598	3417468
12854081	3246553	23558	4839	1292159	8625604

2019 年北京市规模以上

项　目	资产负债					营业收入
	负债合计	#流动负债合计	#应付账款	所有者权益合计	#实收资本	
合 计	219744824	166804339	50305266	302475233	206000416	234190962
采矿业	24856305	13949078	1521340	15376198	6323012	5519783
煤炭开采和洗选业	***	***	***	***	***	***
石油和天然气开采业	***	***	***	***	***	***
黑色金属矿采选业	22334402	11737283	753628	11410750	2959864	3507830
非金属矿采选业	***	***	***	***	***	***
开采专业及辅助性活动	1665288	1575153	668956	2722806	2998124	1668176
制造业	123090766	107641709	40131065	115762420	46066697	167136416
农副食品加工业	1994219	1795829	245391	1684506	985678	3943779
食品制造业	1947512	1866669	759394	2562516	1024404	5755106
酒、饮料和精制茶制造业	2365726	2031554	450215	3303902	1172508	2572526
烟草制品业	***	***	***	***	***	***
纺织业	139327	85814	21198	208299	115404	201492
纺织服装、服饰业	784012	700816	190708	585891	256028	1226391
皮革、毛皮、羽毛及其制品和制鞋业	63984	56159	8559	42629	10003	71507
木材加工和木、竹、藤、棕、草制品业	36836	36801	12071	13092	10436	65959
家具制造业	954713	650107	173847	339426	206250	840524
造纸和纸制品业	298249	282319	73235	232437	134600	652559
印刷和记录媒介复制业	758180	603685	278721	1474256	761995	1549706
文教、工美、体育和娱乐用品制造业	847235	807954	336330	255453	287175	1685873
石油、煤炭及其他燃料加工业	1248978	948085	419507	1444781	106105	6365150
化学原料和化学制品制造业	1946349	1395389	602916	1882387	1446763	3224322
医药制造业	7276820	6197265	2039790	11364647	2930458	12984162
化学纤维制造业	***	***	***	***	***	***
橡胶和塑料制品业	501843	452318	226765	454003	259195	812671
非金属矿物制品业	5958680	5528204	2629691	3561041	1615255	5130604
黑色金属冶炼和压延加工业	812075	212233	146360	−62947	279051	914753
有色金属冶炼和压延加工业	218634	193804	66421	470002	113170	651592
金属制品业	4092752	3631929	819979	3615913	1475016	3589648
通用设备制造业	4295345	4059794	1329273	6287174	2315393	5777413
专用设备制造业	10768041	9543681	2861994	11298536	3695253	8863712
汽车制造业	32829919	27821307	11004714	21732351	8517360	44881170
铁路、船舶、航空航天和其他运输设备制造业	4554626	4241669	1724475	4092245	1369954	4582801
电气机械和器材制造业	6534045	5722323	2423921	5016602	2771616	7959748
计算机、通信和其他电子设备制造业	26622293	24503624	9999131	26349131	11628853	36249925
仪器仪表制造业	2649645	2460426	923545	3330803	1166827	3299657
其他制造业	938736	885355	186552	781383	281195	1411941
废弃资源综合利用业	54874	35803	9073	80026	32723	75805
金属制品、机械和设备修理业	1485429	779625	156454	2953712	987003	1234802
电力、热力、燃气及水生产和供应业	71797753	45213552	8652862	171336615	153610708	61534763
电力、热力生产和供应业	62295030	40614234	7127993	160137117	147910646	55345651
燃气生产和供应业	3048406	2098768	425566	4799734	824445	4761205
水的生产和供应业	6454318	2500550	1099303	6399763	4875616	1427907

工业企业主要经济指标（按行业分）（续表）

单位：万元

损益						应缴税金合计		
营业成本	销售费用	管理费用	研发费用	财务费用	利润总额		#税金及附加	#应缴增值税
193641682	12375475	8567129	4108849	2142005	17102542	11313670	3723458	4620751
5127923	22481	289174	35267	747166	−346812	145579	50360	53277
***	***	***		***	***	***	***	***
***	***	***	***	***	***	***	***	***
3399883	7586	184787	3921	732275	−465841	59011	28145	29795
***	***	***		***	***	***	***	***
1520985	7283	54709	13541	1761	38313	36564	8036	9415
130446102	12240796	7359613	3864238	853367	12515772	9415225	3269876	3949250
3537802	175673	112078	26584	27172	112592	43086	6510	25085
3744830	1199461	283394	32645	−4683	533372	372933	33714	220190
1766823	270886	200975	17493	12323	179681	354338	233074	99687
***	***	***	***	***	***	***	***	***
162675	5583	15895	3679	2135	10334	6133	2029	1829
829215	231898	102625	17063	6437	38538	58515	7775	43312
63068	4960	3060	67	333	−328	1103	264	723
60276	1846	2714	543	229	526	1448	162	1150
655564	55204	57143	13309	22666	34460	34036	4307	22250
507843	27255	32666	5615	1211	73515	47934	4034	19616
1162117	41642	166182	37562	−1066	138867	98244	14304	59932
1569091	43277	51350	5891	7968	19065	23146	4479	14723
5038566	57195	181107	12162	15920	−46190	1126821	956407	163982
2449612	269812	231385	66735	15790	203423	159500	18017	97307
5948324	3677080	798006	463217	154781	2142809	1123706	105806	671559
***	***	***	***	***	***	***	***	***
674984	36994	67649	20144	6039	−1551	26651	4002	18850
4365436	194892	276741	123516	56390	165586	219188	25528	164303
870039	15455	13336	2154	12773	−5294	13771	5290	10645
570389	7518	24804	19954	1878	31080	14951	2332	9012
3033484	79219	233490	67064	58230	167038	97632	18810	55151
4384732	333332	345845	199521	14010	572840	260151	33107	143557
6177050	666303	605692	431864	116303	1048810	438526	53809	241579
36923150	2269006	1368920	683279	217225	3325290	3186257	1256805	1105014
3495569	83148	287855	166861	33501	519442	196442	20786	108457
6276167	479559	403911	274415	26022	552517	300173	36797	169740
31481306	1696243	977663	924817	−20938	1992338	603559	122363	265852
2224677	285579	266663	188141	20356	380498	188752	24151	118106
1245706	8429	62917	22457	492	80613	25292	2066	10259
60197	762	6022	2519	69	10795	6569	781	4208
975211	10428	140451	29067	55205	191556	59407	7914	32550
58067657	112197	918342	209345	541472	4933582	1752865	403222	618224
52743113	18103	674737	79826	385811	4538835	1398207	167213	530350
4279313	18662	147858	120703	42196	345379	63305	6806	29105
1045231	75432	95748	8816	113466	49368	291354	229203	58769

2018 年北京市规模以上国有

项　目	企业单位个数（个）	#亏损企业（个）	工业总产值（当年价格）	工业销售产值（当年价格）	#出口交货值
合 计	643	142	115618998	114774749	3447914
采矿业	9	7	2699016	2715737	217542
煤炭开采和洗选业	1		***	***	***
石油和天然气开采业	2	2	***	***	
黑色金属矿采选业	3	2	***	***	
非金属矿采选业					
开采专业及辅助性活动	3	3	***	***	***
制造业	541	115	60906684	60048580	3230372
农副食品加工业	16	5	983146	994370	
食品制造业	13	2	642427	682674	871
酒、饮料和精制茶制造业	9	2	1329613	1340076	3061
烟草制品业	1		***	***	***
纺织业	4	1	14914	14190	1383
纺织服装、服饰业	5		85925	94910	63241
皮革、毛皮、羽毛及其制品和制鞋业	1	1	***	***	***
木材加工和木、竹、藤、棕、草制品业					
家具制造业	2		***	***	
造纸和纸制品业	2		***	***	
印刷和记录媒介复制业	31	10	731436	732512	94
文教、工美、体育和娱乐用品制造业	7	2	181023	176319	3075
石油、煤炭及其他燃料加工业	7	2	5640738	5630778	2164
化学原料和化学制品制造业	23	2	1250159	1214698	20627
医药制造业	31	1	1983241	1860158	6099
化学纤维制造业	2		***	***	***
橡胶和塑料制品业	6	1	50723	54021	16320
非金属矿物制品业	50	16	1756136	1730700	88304
黑色金属冶炼和压延加工业	2		***	***	***
有色金属冶炼和压延加工业	7		517742	502809	41748
金属制品业	25	8	1344309	1343558	79717
通用设备制造业	39	10	938077	944094	14543
专用设备制造业	47	12	1476287	1362680	87130
汽车制造业	42	11	28580110	28500554	410685
铁路、船舶、航空航天和其他运输设备制造业	34	2	3712085	3513788	28967
电气机械和器材制造业	23	7	818572	847815	2977
计算机、通信和其他电子设备制造业	64	15	4766486	4598641	2136279
仪器仪表制造业	38	4	726548	704533	3766
其他制造业	5	1	1103826	937428	35684
废弃资源综合利用业	1		***	***	
金属制品、机械和设备修理业	4		849117	839521	64913
电力、热力、燃气及水生产和供应业	93	20	52013297	52010432	
电力、热力生产和供应业	57	11	50025114	50023404	
燃气生产和供应业	15	5	783826	783826	
水的生产和供应业	21	4	1204357	1203202	

控股工业企业主要经济指标（按行业分）

单位：万元

平均用工人数（人）	资产负债					固定资产原价
	资产总计	流动资产合计	#存货	#产成品	#应收账款	
390996	354394284	98521265	11462090	4034901	20613007	118455666
35356	38953991	8387272	314325	59213	1746499	9570455
***	***	***	***	***	***	***
***	***	***	***	***	***	***
***	***	***	***	***	***	***
***	***	***	***	***	***	***
278320	107676108	60890854	10968102	3964039	13730012	29052371
6420	1042315	776502	152141	104720	101937	167315
6509	1157658	468337	53577	30009	148414	226835
7982	2194812	1714022	219474	146896	20212	451631
***	***	***	***	***	***	***
953	214807	120886	7561	5558	7365	52678
843	90840	70587	37797	11028	11964	25256
***	***	***	***	***	***	***
***	***	***	***	***	***	***
***	***	***	***	***	***	***
10238	1225889	794791	160626	67625	67628	959697
1578	279398	182225	118932	54508	11259	60818
7223	2494792	962659	505188	117873	125863	3413171
4193	1492343	998320	209916	148449	157027	848786
17480	5014900	2697920	837734	301112	514029	1178509
***	***	***	***	***	***	***
1320	133076	100271	15598	7694	29186	38725
13462	8650483	5392834	290757	127029	1030455	1075537
***	***	***	***	***	***	***
2066	618908	387015	140569	44386	59475	122528
9139	2776197	1398472	226708	44018	231281	680103
10004	2179249	1574177	600286	106640	318706	407405
16545	3851906	2813452	791274	270677	797845	692886
73723	45838184	24470355	3032442	1558721	5441705	10087547
27758	6550648	4793673	1594338	277014	1304581	1553534
5159	1864552	1388549	212373	37003	570931	300948
29261	11995234	6094136	935801	370703	1762587	4387463
7721	1381941	1101023	261086	69432	360683	190253
3020	1385090	1073597	243221	3869	372555	281353
***	***	***	***	***	***	***
12462	4052060	987397	176036	85	224986	807445
77320	207764185	29243138	179662	11650	5136495	79832840
60158	194857104	26050804	161572	2977	4002420	71182811
4331	1351178	474047	8036	5338	81218	624111
12831	11555903	2718287	10054	3335	1052858	8025918

2018 年北京市规模以上国有

项　目	资产负债					
	负债合计	# 流动负债合计	# 应付账款	所有者权益合计	# 实收资本	营业收入
合 计	149427439	98126444	23914950	204966843	131483474	125600476
采矿业	22884780	12385702	1267490	16069211	6209901	5340338
煤炭开采和洗选业	***	***	***	***	***	***
石油和天然气开采业	***	***	***	***	***	***
黑色金属矿采选业	***	***	***	***	***	***
非金属矿采选业						
开采专业及辅助性活动	***	***	***	***	***	***
制造业	57136123	45790976	15164145	50539984	23634263	67574019
农副食品加工业	719452	703435	100015	322863	233195	1658540
食品制造业	336849	314346	165977	820809	253944	870764
酒、饮料和精制茶制造业	1248144	954799	40440	946668	235084	1354041
烟草制品业	***	***	***	***	***	***
纺织业	91011	38758	1637	123795	77317	45501
纺织服装、服饰业	67102	53191	18514	23738	53420	160733
皮革、毛皮、羽毛及其制品和制鞋业	***	***	***	***	***	***
木材加工和木、竹、藤、棕、草制品业						
家具制造业	***	***	***	***	***	***
造纸和纸制品业	***	***	***	***	***	***
印刷和记录媒介复制业	380554	342338	135632	845335	468678	917471
文教、工美、体育和娱乐用品制造业	231116	202393	121400	48282	139539	203776
石油、煤炭及其他燃料加工业	1182702	1158742	366879	1312091	59336	6156642
化学原料和化学制品制造业	964734	630947	245976	527609	971109	1385675
医药制造业	1568283	1071353	286779	3446617	986138	1997081
化学纤维制造业	***	***	***	***	***	***
橡胶和塑料制品业	35965	32681	11896	97111	36993	126227
非金属矿物制品业	6178953	5464634	844306	2471530	1223313	2015562
黑色金属冶炼和压延加工业	***	***	***	***	***	***
有色金属冶炼和压延加工业	138992	119162	21073	479916	104721	530614
金属制品业	1420568	1209451	264042	1355628	638122	1712106
通用设备制造业	1332149	1234409	319761	847100	517645	1024797
专用设备制造业	2527099	2135106	797193	1324808	742604	1802388
汽车制造业	25770663	19686934	7235565	20067521	9102469	31030034
铁路、船舶、航空航天和其他运输设备制造业	3924164	3334029	1114672	2626485	1134521	3645943
电气机械和器材制造业	1234672	1154447	645687	629880	487207	968943
计算机、通信和其他电子设备制造业	3686200	3300139	1730814	8309033	4377878	5741067
仪器仪表制造业	790927	720579	250555	591014	261087	792933
其他制造业	894152	832978	144666	490938	259632	1069154
废弃资源综合利用业	***	***	***	***	***	***
金属制品、机械和设备修理业	1466250	741171	119340	2585810	896625	879060
电力、热力、燃气及水生产和供应业	69406536	39949766	7483315	138357648	101639309	52686119
电力、热力生产和供应业	63135139	37021551	6285330	131721965	96455807	50423808
燃气生产和供应业	892997	551839	179520	458180	431028	827485
水的生产和供应业	5378401	2376376	1018465	6177503	4752475	1434826

控股工业企业主要经济指标（按行业分）（续表）

单位：万元

损益					应缴税金合计	# 税金及附加	# 应缴增值税
营业成本	销售费用	管理费用	财务费用	利润总额			
108257131	3405336	4913810	1693873	10058564	8324032	3310375	3219812
5253059	17792	388342	659416	−882517	180872	55878	86972
***	***	***	***	***	***	***	***
***	***	***	***	***	***	***	***
***	***	***	***	***	***	***	***
***	***	***	***	***	***	***	***
52847583	3314779	4127048	557711	5904466	6091325	2839341	2117993
1550794	64260	30139	4190	15944	13077	2297	8531
620273	183923	37774	−1862	45489	40552	4182	27986
797146	127359	69081	−3140	198264	312254	187982	83359
***	***	***	***	***	***	***	***
30991	1488	11062	1024	2685	3220	1515	744
151583	2511	4448	1227	583	1611	413	1074
***	***	***	***	***	***	***	***
***	***	***	***	***	***	***	***
***	***	***	***	***	***	***	***
659356	16932	120991	−3119	119441	87451	12300	51302
160060	25695	16468	3732	2173	11385	1829	9348
4774649	35263	190879	5892	256504	1182534	875456	238065
1171058	24755	118625	7990	60000	36929	5618	29358
1015347	368350	220458	20674	478774	248249	28387	159365
***	***	***	***	***	***	***	***
101584	5117	14729	−376	732	4782	1026	3208
1657525	66445	174438	190540	15850	105207	15462	71834
***	***	***	***	***	***	***	***
472728	5233	28136	1999	24237	11311	1855	6403
1500611	16631	136229	9242	11502	32996	8999	11568
819079	36557	111772	5264	31846	84946	10636	61967
1441454	82542	199128	19930	50057	73898	15093	50598
23986315	1923005	1302059	253975	3776292	3020603	1326885	955711
2865531	42345	386450	36443	339412	160402	17382	84719
858819	23519	76467	9901	−9166	27876	5375	18800
4836497	172449	521425	−77576	289536	187956	38162	110929
575269	51065	126649	2899	−11210	49047	7240	33275
981526	4103	64998	−308	23035	6803	989	1513
***	***	***	***	***	***	***	***
741900	1882	103434	60468	137264	46368	6841	31778
50156489	72765	398421	476746	5036615	2051835	415156	1014848
48432220	10108	258126	359782	4799420	1721017	188621	937132
765570	9812	51789	25604	5286	21456	2508	4641
958700	52845	88505	91360	231909	309363	224027	73074

2019 年北京市规模以上国有

项　目	企业单位个数（个）	#亏损企业（个）	工业总产值（当年价格）	平均用工人数（人）
合 计	656	135	123104607	369730
采矿业	8	4	3066108	30816
煤炭开采和洗选业				
石油和天然气开采业	2	1	***	***
黑色金属矿采选业	3	1	***	***
非金属矿采选业				
开采专业及辅助性活动	3	2	***	***
制造业	545	114	63733678	259256
农副食品加工业	16	4	847222	6525
食品制造业	13	2	675199	6365
酒、饮料和精制茶制造业	9	3	928270	7828
烟草制品业	1		***	***
纺织业	4	1	18466	828
纺织服装、服饰业	6	2	76456	777
皮革、毛皮、羽毛及其制品和制鞋业	1		***	***
木材加工和木、竹、藤、棕、草制品业				
家具制造业	2	1	***	***
造纸和纸制品业	3		***	***
印刷和记录媒介复制业	31	8	745319	9549
文教、工美、体育和娱乐用品制造业	6	1	135425	1338
石油、煤炭及其他燃料加工业	8	4	5536092	6824
化学原料和化学制品制造业	25	5	1161324	4245
医药制造业	34	7	1804160	18272
化学纤维制造业	2		***	***
橡胶和塑料制品业	6	1	36992	1140
非金属矿物制品业	46	12	1724557	11880
黑色金属冶炼和压延加工业	2		***	***
有色金属冶炼和压延加工业	6		427755	1251
金属制品业	25	6	1558441	9072
通用设备制造业	38	6	1032730	9296
专用设备制造业	47	10	1604596	16165
汽车制造业	45	14	29976795	64345
铁路、船舶、航空航天和其他运输设备制造业	32	1	3841798	24007
电气机械和器材制造业	21	3	980569	3806
计算机、通信和其他电子设备制造业	68	17	6171768	28741
仪器仪表制造业	37	5	811471	7570
其他制造业	5	1	1268382	3012
废弃资源综合利用业	2		***	***
金属制品、机械和设备修理业	4		996419	13089
电力、热力、燃气及水生产和供应业	103	17	56304821	79658
电力、热力生产和供应业	65	9	54375894	63663
燃气生产和供应业	15	3	794508	2740
水的生产和供应业	23	5	1134419	13255

控股工业企业主要经济指标（按行业分）

单位：万元

资产负债					
资产总计	流动资产合计	# 存货	# 产成品	# 应收账款	固定资产原价
379311251	98892978	11750540	3895677	21770646	125276275
39212031	8422811	298772	30839	1585245	9976830
***	***	***		***	***
***	***	***	***	***	***
***	***	***		***	***
105156553	62747236	11266280	3857525	15028630	30102176
1068465	783881	154587	121624	68842	184393
1160654	443883	52647	25211	143818	231798
1993624	1491306	201786	110132	21254	504007
***	***	***	***	***	***
210448	115046	6434	5166	11739	51278
87585	68136	34073	10536	14208	24367
***	***	***	***	***	***
***	***	***	***	***	***
***	***	***	***	***	***
1260403	845731	193505	77720	104086	980146
265428	173833	100788	84921	11337	58439
2349329	642697	429126	100720	125024	3568507
1512433	1027313	238155	170052	168044	680054
5537563	2800087	859951	299044	583956	1552504
***	***	***	***	***	***
130856	101808	15059	9303	24379	38594
4239126	2654955	288766	136066	1096600	873632
***	***	***	***	***	***
501935	301543	92073	22921	49677	95152
2936024	1757800	321929	61658	190654	694391
2269963	1599080	572420	104101	354744	393315
4021795	2934464	750984	256591	821027	706331
44614120	26891514	2945775	1310513	6520334	10827703
6777917	5085784	1724803	294403	1349597	1500444
1974359	1533520	193034	30903	532267	232463
13936772	7831850	1078554	476221	1904757	4520623
1538061	1231845	321994	102491	417007	211995
1428098	1113591	340733	5746	210237	318439
***	***	***	***	***	***
4100972	712670	196833		257678	801698
234942667	27722931	185488	7314	5156772	85197270
221319527	24237859	172309	2882	3820648	76084236
1290536	449603	2786	161	74912	532727
12332603	3035469	10393	4271	1261212	8580307

2019年北京市规模以上国有

项　目	资产负债					营业收入
	负债合计	#流动负债合计	#应付账款	所有者权益合计	#实收资本	
合 计	148185822	103212471	26784007	231125427	180093702	134968118
采矿业	24204302	13381773	1442636	15007730	6151466	5227103
煤炭开采和洗选业						
石油和天然气开采业	***	***	***	***	***	***
黑色金属矿采选业	***	***	***	***	***	***
非金属矿采选业						
开采专业及辅助性活动	***	***	***	***	***	***
制造业	55405324	46773075	17057891	49751228	21269679	72630628
农副食品加工业	738642	691493	49662	329823	253752	1942767
食品制造业	338686	316324	159569	821968	253944	945209
酒、饮料和精制茶制造业	989819	731861	***	***	***	***
烟草制品业	***	***	9284	334414	92976	528583
纺织业	83878	30365	1652	126570	76141	47169
纺织服装、服饰业	65160	47952	19505	22425	53920	173466
皮革、毛皮、羽毛及其制品和制鞋业	***	***	***	***	***	***
木材加工和木、竹、藤、棕、草制品业						
家具制造业	***	***	***	***	***	***
造纸和纸制品业	***	***	***	***	***	***
印刷和记录媒介复制业	367556	279423	134936	892847	482979	883284
文教、工美、体育和娱乐用品制造业	200560	177311	122029	64868	158239	200034
石油、煤炭及其他燃料加工业	1051458	826905	341823	1297871	87736	6017590
化学原料和化学制品制造业	942465	483253	221009	569968	881104	1279833
医药制造业	1753602	1309860	285077	3783961	1076157	1840699
化学纤维制造业	***	***	***	***		***
橡胶和塑料制品业	31525	27920	7166	99332	36993	118751
非金属矿物制品业	2445490	2319596	993355	1793636	811991	1924681
黑色金属冶炼和压延加工业	***	***	***	***		***
有色金属冶炼和压延加工业	101734	83689	26113	400200	78110	427718
金属制品业	1544863	1429983	315781	1391160	621478	1769774
通用设备制造业	1268632	1152395	372891	1001331	529455	1115353
专用设备制造业	2589961	2244872	799495	1431834	779980	2000438
汽车制造业	26839287	22953001	8312877	17774833	6909638	34209617
铁路、船舶、航空航天和其他运输设备制造业	3829201	3577720	1449419	2948715	1065488	3817397
电气机械和器材制造业	1364871	1129383	450486	609488	447796	1077525
计算机、通信和其他电子设备制造业	4802251	4297982	2215680	9134520	4612289	7034705
仪器仪表制造业	812845	766572	267805	725215	258886	894713
其他制造业	905910	855980	182345	522189	259632	1315569
废弃资源综合利用业	***	***	***	***	***	***
金属制品、机械和设备修理业	1409244	710552	128675	2691727	882284	1103279
电力、热力、燃气及水生产和供应业	68576196	43057624	8283479	166366470	152672557	57110387
电力、热力生产和供应业	61545133	40061909	7037182	159774394	147718695	54905565
燃气生产和供应业	911814	593963	177250	378722	206129	845454
水的生产和供应业	6119249	2401752	1069047	6213354	4747733	1359368

控股工业企业主要经济指标（按行业分）（续表）

单位：万元

损益						应缴税金合计		
营业成本	销售费用	管理费用	研发费用	财务费用	利润总额		#税金及附加	#应缴增值税
117251723	3385284	4074211	1473760	1560071	9518419	7518147	3241535	2515033
4962799	8958	268979	32193	738115	−424908	125533	43011	50957
***	***	***	***	***	***	***	***	***
***	***	***	***	***	***	***	***	***
***		***	***	***	***	***	***	***
58136079	3283542	3043104	1358731	317678	5407677	5710838	2804586	1878750
1828175	66741	33274	1318	5808	24376	12951	2194	8502
680013	208805	34945	4601	−1567	43662	32052	3631	18357
***	***	***	***	***	***	***	***	***
170231	10740	36891	4441	−5387	38047	325281	264032	50132
32691	949	8605	926	807	2133	2743	1498	369
165076	3159	3729	74	1275	−641	2988	435	2483
***	***	***	***	***	***	***	***	***
***	***	***	***	***	***	***	***	***
***	***	***		***	***	***	***	***
632924	15632	112347	19528	−3512	102301	64554	10440	36157
169931	16034	11527	1803	3199	4830	10045	1734	7569
4746715	35192	166698	8702	9578	−48746	1118224	950843	161531
1066341	24168	102659	23592	10553	50406	44614	5503	24470
941761	342009	184739	76774	19889	415310	188765	24707	120350
***	***	***	***	***	***	***	***	***
90648	4840	10018	4447	−158	6932	4987	1065	3063
1636327	74253	107850	60684	17359	79718	84092	12532	60887
***	***	***	***	***	***	***	***	***
377771	3078	12960	12130	458	25659	10649	1678	6266
1512054	16535	103917	32181	7370	114661	37671	10883	14713
895246	36415	73462	56309	4231	83405	53635	8372	32114
1628641	88319	146725	68083	16839	61338	77334	15980	52484
27242868	1965615	1006626	320283	153723	3507423	2974986	1207648	1001545
3040810	50551	211254	120861	25572	348062	134677	15592	76494
941036	27196	51772	30778	11835	16815	25609	5329	14136
6026561	185234	262493	394102	−31021	225853	151553	41937	78527
628195	54167	78708	63981	2400	74806	50865	7605	36316
1209832	5303	58554	19448	−633	28643	4778	1224	2226
***	***	***	***	***	***	***	***	***
902216	6822	123139	25154	54789	150118	44517	7133	26206
54152845	92784	762128	82836	504278	4535650	1681776	393939	585325
52370871	13224	639178	73754	376472	4483954	1387503	165680	529402
785468	5644	32800	1706	24946	−108	11067	1280	2047
996506	73917	90150	7376	102860	51804	283207	226979	53876

2018 年北京市规模以上港澳台及

项　　目	企业单位个数（个）	#亏损企业（个）	工业总产值（当年价格）	工业销售产值（当年价格）	#出口交货值
合计	661	173	74005676	72774208	8100041
采矿业	1		***	***	
煤炭开采和洗选业					
石油和天然气开采业					
黑色金属矿采选业					
非金属矿采选业					
开采专业及辅助性活动	1		***	***	
制造业	650	173	69418908	68186762	8100041
农副食品加工业	16	4	503428	502361	27041
食品制造业	39	10	2052794	2090356	82791
酒、饮料和精制茶制造业	19	7	822111	799804	16878
烟草制品业					
纺织业	2	1	***	***	
纺织服装、服饰业	17	7	182530	177707	114723
皮革、毛皮、羽毛及其制品和制鞋业	2	1	***	***	***
木材加工和木、竹、藤、棕、草制品业					
家具制造业	8	2	429204	426378	10196
造纸和纸制品业	11	3	425903	421832	55158
印刷和记录媒介复制业	11	3	147766	148489	4932
文教、工美、体育和娱乐用品制造业	8	2	42464	43432	31632
石油、煤炭及其他燃料加工业	2		***	***	
化学原料和化学制品制造业	30	6	981277	961928	18226
医药制造业	43	7	5405031	5011232	99646
化学纤维制造业					
橡胶和塑料制品业	18	4	373510	357872	48615
非金属矿物制品业	17	5	212654	215898	25105
黑色金属冶炼和压延加工业	1	1	***	***	
有色金属冶炼和压延加工业	2	1	***	***	***
金属制品业	28	6	301936	336594	73303
通用设备制造业	63	15	3235034	3228486	661354
专用设备制造业	69	14	1560765	1510172	493540
汽车制造业	108	47	31749963	32053279	398114
铁路、船舶、航空航天和其他运输设备制造业	2		***	***	***
电气机械和器材制造业	32	9	2006611	2056083	255312
计算机、通信和其他电子设备制造业	58	14	16875932	15709740	5473982
仪器仪表制造业	35	3	812184	829947	124686
其他制造业	3	1	***	***	***
废弃资源综合利用业	1		***	***	
金属制品、机械和设备修理业	5		826278	826278	67109
电力、热力、燃气及水生产和供应业	10		4567624	4567616	
电力、热力生产和供应业	4		657327	657327	
燃气生产和供应业	4		3815613	3815605	
水的生产和供应业	2		***	***	

外商投资工业企业主要经济指标（按行业分）

单位：万元

平均用工人数（人）	资产负债				
	资产总计	流动资产合计	#存货	#产成品	#应收账款
288581	95508834	61149045	10410079	4623157	14038072
***	***	***	***	***	***
***	***	***	***	***	***
278430	84396306	58113965	10386807	4618955	13545501
5121	352873	208585	57943	15230	65659
23484	2941661	1606915	176770	89325	368008
8173	1085680	765140	73905	33645	214427
***	***	***	***	***	***
6694	172637	147933	67851	24068	29302
***	***	***	***	***	***
2377	556728	463470	250740	224959	52688
2093	385586	275030	61955	14507	79198
2494	207133	135621	27367	12459	30864
1124	55502	49448	21412	7939	11905
***	***	***	***	***	***
7144	1229986	793506	98149	31161	154574
29644	5873896	4215349	1435428	669934	1177454
4320	411098	290718	55005	25373	94632
3620	324846	226372	29433	10547	81746
***	***	***	***	***	***
***	***	***	***	***	***
3936	584626	419962	94951	32395	105909
19948	5293606	3937411	852511	286951	732420
14161	3390107	2364405	362235	101693	691571
66712	32606053	19029040	2869069	1421333	4415363
***	***	***	***	***	***
10314	2006661	1765716	296026	105474	592907
46739	24440806	19672918	3073618	1446051	4026893
5951	1270127	1012782	217722	37040	339554
***	***	***	***	***	***
***	***	***	***	***	***
11308	632844	409217	147882	4427	189307
9706	10602588	2705632	11619	706	400837
959	4540753	1673125	8443		142410
7976	5940537	1001545	2913	706	245344
***	***	***	***	***	***

2018年北京市规模以上港澳台及

项目	资产负债						
	固定资产原价	负债合计	#流动负债合计	#应付账款	所有者权益合计	#实收资本	营业收入
合计	28982193	52424007	46047596	17314140	43084824	17883061	88098693
采矿业	***	***	***	***	***	***	***
煤炭开采和洗选业							
石油和天然气开采业							
黑色金属矿采选业							
非金属矿采选业							
开采专业及辅助性活动	***	***	***	***	***	***	***
制造业	24408881	48243132	43009676	17104806	36153171	15889368	83388251
农副食品加工业	145860	218301	148702	64703	134572	100141	669756
食品制造业	1049111	1381335	1338296	589993	1560327	772030	4568230
酒、饮料和精制茶制造业	505227	968548	873428	316009	117132	563545	903069
烟草制品业							
纺织业	***	***	***	***	***	***	***
纺织服装、服饰业	45268	125419	124396	26448	47219	34144	256652
皮革、毛皮、羽毛及其制品和制鞋业	***	***	***	***	***	***	***
木材加工和木、竹、藤、棕、草制品业							
家具制造业	103997	555183	415023	113583	1545	33696	341336
造纸和纸制品业	259838	158501	155342	65425	227085	111962	530864
印刷和记录媒介复制业	180228	69762	67085	27710	137371	89491	160069
文教、工美、体育和娱乐用品制造业	6906	38832	38832	20396	16670	11121	51169
石油、煤炭及其他燃料加工业	***	***	***	***	***	***	***
化学原料和化学制品制造业	619131	360355	329668	136260	869631	406628	1043821
医药制造业	1170014	2919853	2324122	944778	2954043	796444	5715654
化学纤维制造业							
橡胶和塑料制品业	198815	149201	126273	81488	261897	74378	429214
非金属矿物制品业	179308	113963	112408	53275	210883	105447	237706
黑色金属冶炼和压延加工业	***	***	***	***	***	***	***
有色金属冶炼和压延加工业	***	***	***	***	***	***	***
金属制品业	163609	272988	238124	76437	311638	196352	449827
通用设备制造业	1080030	2473693	2103893	672070	2819913	858743	3651753
专用设备制造业	436445	1923402	1710898	523277	1466705	497991	2057516
汽车制造业	10573861	17634854	15179378	6896963	14971200	5517871	33724751
铁路、船舶、航空航天和其他运输设备制造业	***	***	***	***	***	***	***
电气机械和器材制造业	366713	1118380	1046565	495936	888280	258958	2339928
计算机、通信和其他电子设备制造业	6667523	16438194	15517361	5552526	8002612	4991569	23811353
仪器仪表制造业	159072	674251	637596	286763	595875	220602	1018670
其他制造业	***	***	***	***	***	***	***
废弃资源综合利用业	***	***	***	***	***	***	***
金属制品、机械和设备修理业	381965	360704	330487	75492	272140	197602	833096
电力、热力、燃气及水生产和供应业	4528856	3799153	2679078	149251	6803435	1887202	4610632
电力、热力生产和供应业	1756307	1862641	1228396	27904	2678112	1246733	680001
燃气生产和供应业	2718217	1878866	1430975	110073	4061671	598906	3833806
水的生产和供应业	***	***	***	***	***	***	***

外商投资工业企业主要经济指标（按行业分）（续表）

单位：万元

损益					应缴税金合计		
营业成本	销售费用	管理费用	财务费用	利润总额		#税金及附加	#应缴增值税
69588059	6855551	3942913	362944	7407290	5251947	1519390	2311445
***	***	***	***	***	***	***	***
***	***	***	***	***	***	***	***
65427616	6827140	3732747	273273	6763249	5102477	1506061	2241850
583335	45329	33821	3781	−114	13152	2136	8434
2794541	1239925	218570	−9267	328651	346963	32255	234892
612668	144971	75934	6751	26261	74563	16212	43961
***	***	***	***	***	***	***	***
216463	21609	17874	2468	−1659	7500	1150	6262
***	***	***	***	***	***	***	***
265468	22601	29710	14286	7604	18324	1812	10532
400785	24627	27796	−2922	76077	41992	3219	20707
133880	6914	15468	−471	3732	8487	1017	6603
42600	3427	4729	507	−258	1469	345	778
***	***	***	***	***	***	***	***
638754	175388	71250	2289	150911	35205	10082	70431
2645391	1745131	440166	107861	717519	574351	50791	364545
343250	19704	46066	364	19406	19374	2385	13369
191330	8148	20779	−271	17108	17687	2445	11153
***	***	***	***	***	***	***	***
***	***	***	***	***	***	***	***
378503	22692	36506	3877	2232	16810	2622	10786
2748503	199203	240760	42173	418717	180081	20154	82190
1488426	132291	252288	16502	261850	93162	12767	43948
26848097	1896636	1020564	148005	3635222	3169416	1275571	1097092
***	***	***	***	***	***	***	***
1707928	127897	153029	1401	344713	177118	15245	89685
21448541	903233	821641	−82007	564348	180512	40987	55992
751845	68001	87062	4945	108629	52370	5094	26855
***	***	***	***	***	***	***	***
***	***	***	***	***	***	***	***
692255	1491	89192	6751	39997	45688	5539	28880
4086531	26102	204082	82428	633123	148976	13212	69219
526404	17	16129	76031	310960	67684	7284	30410
3484485	26085	175494	7524	314468	73069	4576	32935
***	***	***	***	***	***	***	***

2019年北京市规模以上港澳台及

项　目	企业单位个数（个）	#亏损企业（个）	工业总产值（当年价格）	平均用工人数（人）
合 计	650	187	73794411	261337
采矿业	1		***	***
煤炭开采和洗选业				
石油和天然气开采业				
黑色金属矿采选业				
非金属矿采选业				
开采专业及辅助性活动	1		***	***
制造业	637	185	69198373	251058
农副食品加工业	14	2	454818	4096
食品制造业	42	10	2086472	21285
酒、饮料和精制茶制造业	19	6	694850	6440
烟草制品业				
纺织业	2	1	***	***
纺织服装、服饰业	15	6	174377	6633
皮革、毛皮、羽毛及其制品和制鞋业	2	1	***	***
木材加工和木、竹、藤、棕、草制品业				
家具制造业	7	2	412934	2267
造纸和纸制品业	10	2	418470	1846
印刷和记录媒介复制业	11	3	143017	2220
文教、工美、体育和娱乐用品制造业	6	1	41320	1043
石油、煤炭及其他燃料加工业	2		***	***
化学原料和化学制品制造业	29	9	908912	6687
医药制造业	43	10	6020966	30518
化学纤维制造业				
橡胶和塑料制品业	17	6	323772	4100
非金属矿物制品业	14	4	181804	3186
黑色金属冶炼和压延加工业	1	1	***	***
有色金属冶炼和压延加工业	2	1	***	***
金属制品业	26	6	245209	3144
通用设备制造业	63	11	2939053	18863
专用设备制造业	75	15	1659637	13478
汽车制造业	103	54	31744535	56390
铁路、船舶、航空航天和其他运输设备制造业	2	1	***	***
电气机械和器材制造业	31	7	2063999	9826
计算机、通信和其他电子设备制造业	56	16	16459446	38847
仪器仪表制造业	35	6	804304	5767
其他制造业	4	3	74624	411
废弃资源综合利用业	1		***	***
金属制品、机械和设备修理业	5	1	965057	11498
电力、热力、燃气及水生产和供应业	12	2	4591994	9840
电力、热力生产和供应业	4		641250	977
燃气生产和供应业	4	1	3846069	7968
水的生产和供应业	4	1	104676	895

外商投资工业企业主要经济指标（按行业分）

单位：万元

资产负债				
资产总计	流动资产合计	#存货		#应收账款
			#产成品	
97031494	64733355	10978514	4342575	13925863
***	***	***	***	***
***	***	***	***	***
88840701	62800077	10955601	4338025	13437466
307674	189455	59097	11315	56636
3098029	1758779	168676	89109	453049
1109415	799780	71486	36352	210271
***	***	***	***	***
176141	145249	63779	22897	26332
***	***	***	***	***
547602	465836	239491	172295	61337
355089	260267	63708	17069	71557
219600	151925	28601	11742	30678
49568	45361	21848	8580	12352
***	***	***	***	***
1040243	638032	130645	67981	119635
6652162	4820212	1729042	742795	1314515
399984	288391	54156	24413	118795
250521	197827	29807	10589	46561
***	***	***	***	***
***	***	***	***	***
649491	435296	95274	32215	92289
3986329	3305151	773386	309231	618295
2624945	2029676	383704	121172	538450
34856689	21220891	2920061	1261007	4386953
***	***	***	***	***
1936650	1661910	307399	99511	581785
27807242	22397190	3363496	1225294	4065470
1251194	999336	190949	43200	323443
251643	239728	7460	4332	12992
***	***	***	***	***
771865	486672	168842	4946	223775
7641231	1550433	12676	419	341130
910183	164266	9835		79025
6507083	1319749	2615	419	239406
223965	66419	226		22699

2019年北京市规模以上港澳台及

项　目	资产负债						
	固定资产原价	负债合计	#流动负债合计	#应付账款	所有者权益合计	#实收资本	营业收入
合计	29958530	53533388	47887810	19730384	43498103	17409346	89358308
采矿业	***	***	***	***	***	***	***
煤炭开采和洗选业							
石油和天然气开采业							
黑色金属矿采选业							
非金属矿采选业							
开采专业及辅助性活动	***	***	***	***	***	***	***
制造业	25445912	50673263	45728919	19382924	38167436	16155490	84613702
农副食品加工业	151012	144438	128152	55845	163237	99641	638937
食品制造业	1064681	1341581	1299891	569928	1756448	763717	4469902
酒、饮料和精制茶制造业	479069	907049	878875	296393	202366	478133	788996
烟草制品业							
纺织业	***	***	***	***	***	***	***
纺织服装、服饰业	45370	130506	126115	25896	45635	30714	237791
皮革、毛皮、羽毛及其制品和制鞋业	***	***	***	***	***	***	***
木材加工和木、竹、藤、棕、草制品业							
家具制造业	98409	562361	441976	91257	−14759	33696	295939
造纸和纸制品业	238866	173789	170524	44803	181301	100964	489029
印刷和记录媒介复制业	166226	77487	55469	22366	142113	74491	154505
文教、工美、体育和娱乐用品制造业	5169	33762	33762	19869	15806	10457	40825
石油、煤炭及其他燃料加工业	***	***	***	***	***	***	***
化学原料和化学制品制造业	555108	373811	345537	128180	666433	382109	1048024
医药制造业	1289873	3323438	2675042	1128304	3328724	767593	6966906
化学纤维制造业							
橡胶和塑料制品业	199800	192553	174663	110356	207431	62759	378875
非金属矿物制品业	118584	95214	90007	36837	155308	86493	200973
黑色金属冶炼和压延加工业	***	***	***	***	***	***	***
有色金属冶炼和压延加工业	***	***	***	***	5128	5437	***
金属制品业	116675	381796	251550	61771	267695	125607	371247
通用设备制造业	1099085	1260766	1205740	589859	2725563	802365	3422254
专用设备制造业	477950	1215937	1157472	506534	1409009	650741	2029885
汽车制造业	11149617	20039049	17730954	7988793	14817640	5325318	32554531
铁路、船舶、航空航天和其他运输设备制造业	***	***	***	***	***	***	***
电气机械和器材制造业	414367	1070273	994745	471587	866377	274212	2497037
计算机、通信和其他电子设备制造业	7069245	18041487	16875751	6850717	9765755	5565784	25455872
仪器仪表制造业	165658	622476	583455	229336	628719	225783	1043983
其他制造业	36861	11901	8449	1530	239742	16724	70975
废弃资源综合利用业	***	***	***	***	***	***	***
金属制品、机械和设备修理业	397834	439195	358742	86429	332670	230790	972748
电力、热力、燃气及水生产和供应业	4485118	2446882	1760332	282628	5194350	1147365	4642311
电力、热力生产和供应业	1566668	237685	235006	27275	672499	453128	665480
燃气生产和供应业	2856984	2116124	1488511	232999	4390960	598906	3866380
水的生产和供应业	61466	93073	36814	22354	130892	95331	110452

外商投资工业企业主要经济指标（按行业分）（续表）

单位：万元

损益						应缴税金合计		
营业成本	销售费用	管理费用	研发费用	财务费用	利润总额		#税金及附加	#应缴增值税
70599423	7106055	3049469	1077389	196710	8201163	4949689	1400875	1976988
***	***	***	***	***	***	***	***	***
***	***	***	***	***	***	***	***	***
66467615	7089729	2904389	956831	172471	7699087	4818003	1385005	1911622
544959	47001	22144	401	1596	20853	11347	1890	5797
2844554	1010874	204018	14013	−10531	422735	296706	25769	173878
516180	138063	68045	5694	4846	49576	62865	11945	36999
***	***	***		***	***	***	***	***
196228	21016	16939	3118	2529	−2601	4483	1060	3887
***	***	***	***	***	***	***	***	***
216082	22037	25242	3666	7589	19576	12258	1453	6534
363573	23873	19898	3080	−691	74398	43557	3302	16639
123299	6979	13206	3607	−318	7683	8153	862	5802
31531	3305	3834	44	301	1761	811	226	420
***	***	***	***	***	***	***	***	***
707871	171555	61937	7656	1448	91595	78458	8488	47756
3502128	1887736	373005	121517	137447	939168	553373	45492	301942
306331	16963	35038	9640	1166	6440	13172	1778	9436
158055	8856	28906	4659	−12	1849	12330	1891	8001
***	***	***		***	***	***	***	***
***	***	***		***	***	***	***	***
311898	21395	29713	5846	8523	−2468	12186	1811	7000
2588465	197652	154736	69819	−23495	432363	148139	16338	72468
1395873	152247	151795	115740	2608	234089	99444	11669	45657
25952427	1889814	909757	213418	98838	3457228	2910105	1164014	968143
***	***	***		***	***	***	***	***
1822295	141526	134096	52427	−2245	346684	143629	14009	61925
22912111	1230470	458244	273181	−79108	1358452	271458	58432	69892
777140	70146	74034	24149	4398	96303	49344	5399	26836
21465	1891	1880	561	350	48689	18545	675	6757
***		***		***	***	***	***	***
778531	6705	93960	21732	10172	63029	43241	5907	20372
4054867	10398	136455	119111	18040	492183	128542	15524	62582
524290	14	10168		998	132636	66833	8544	30174
3446587	10373	112992	118997	16986	348221	52436	5484	26753
83990	11	13295	115	56	11325	9273	1496	5655

2018 年北京市规模以上大中型

项　目	企业单位个数（个）	#亏损企业（个）	工业总产值（当年价格）	工业销售产值（当年价格）	#出口交货值
合 计	595	110	162244892	159357855	10524066
采矿业	10	7	2718160	2735567	217542
煤炭开采和洗选业	1		***	***	***
石油和天然气开采业	2	2	***	***	
黑色金属矿采选业	3	2	***	***	
非金属矿采选业					
开采专业及辅助性活动	4	3	1329890	1330577	38762
制造业	549	96	106086632	103190721	10306524
农副食品加工业	20	3	1307139	1294350	17764
食品制造业	37	5	2384828	2449203	76183
酒、饮料和精制茶制造业	12	2	2326053	2323899	5064
烟草制品业	1		***	***	***
纺织业	1		***	***	***
纺织服装、服饰业	23	8	662491	533607	89269
皮革、毛皮、羽毛及其制品和制鞋业	2	1	***	***	***
木材加工和木、竹、藤、棕、草制品业	1		***	***	***
家具制造业	8		666048	665658	10514
造纸和纸制品业	4		343780	340451	26212
印刷和记录媒介复制业	16	3	794067	797921	1183
文教、工美、体育和娱乐用品制造业	3		***	***	***
石油、煤炭及其他燃料加工业	5	2	5641866	5639191	2164
化学原料和化学制品制造业	12	3	1250306	1197537	1686
医药制造业	57	3	9103335	8420759	96974
化学纤维制造业	1		***	***	***
橡胶和塑料制品业	6	1	317358	314021	30078
非金属矿物制品业	25	6	2259181	2244576	110478
黑色金属冶炼和压延加工业	2		***	***	***
有色金属冶炼和压延加工业	4		366037	355691	42655
金属制品业	13	4	1446443	1467569	108227
通用设备制造业	32	9	3529271	3469373	605046
专用设备制造业	50	3	4234894	3927708	636742
汽车制造业	58	20	36134631	36120359	569474
铁路、船舶、航空航天和其他运输设备制造业	21		3380400	3181340	18766
电气机械和器材制造业	39	5	4432898	4309907	240688
计算机、通信和其他电子设备制造业	71	16	20186174	19006781	7309674
仪器仪表制造业	19	1	978136	974806	77778
其他制造业	3	1	***	***	***
废弃资源综合利用业					
金属制品、机械和设备修理业	3		***	***	***
电力、热力、燃气及水生产和供应业	36	7	53440100	53431567	
电力、热力生产和供应业	25	5	48348209	48340931	
燃气生产和供应业	3	1	***	***	***
水的生产和供应业	8	1	1115183	1113928	

工业企业主要经济指标（按行业分）

单位：万元

平均用工人数（人）	资产负债					
	资产总计	流动资产合计	#存货	#产成品	#应收账款	固定资产原价
645223	421329572	143347988	18819873	7094286		132049425
35801	39463931	8716721	325978	62709	1838233	9614911
***	***	***	***	***	***	***
***	***	***	***		***	***
***	***	***	***	***	***	***
16576	4266952	2107666	191945	4935	666755	2626800
529629	175837864	107042621	18336739	7021057	24532860	43438108
11436	2448933	1241250	172932	102553	118856	296491
31611	3342249	1836869	224749	125564	410740	1115019
20914	4932123	3094285	310939	175741	229507	1212121
***	***	***	***	***	***	***
***	***	***	***	***	***	***
19951	821001	606730	249137	182973	105561	180771
***	***	***	***	***	***	***
***	***	***	***	***	***	***
5194	766113	380659	129334	86369	83343	169302
1618	220981	151814	51905	14542	36773	176898
11063	1291425	822439	150950	60159	95740	931171
***	***	***	***	***	***	***
7814	2679398	995366	492556	106863	133548	3416328
9746	1502942	1066664	220489	154906	172080	740952
56714	13083676	8131014	2319361	1020449	2153197	2769770
***	***	***	***	***	***	***
4053	325004	243725	34328	14403	83107	148352
18399	10546560	6562496	451118	95863	1157147	1088476
***	***	***	***	***	***	***
2345	600000	369854	140097	44891	56648	156099
9726	3424555	1813546	180156	38349	203985	657250
27445	6973291	4759104	1187604	335396	919967	1477107
35058	15825700	8762425	1366934	399680	2114977	1155547
98676	52433042	28393555	3699356	1790630	6468771	12686465
24160	5950343	4404618	1488133	249413	1182391	1495079
26858	6523787	5089228	814066	236041	2246031	988513
74649	33362887	24183531	3770545	1613173	5458574	10175182
10310	1757293	1303079	261244	61128	442233	207689
***	***	***	***	***	***	***
***	***	***	***	***	***	***
79793	206027777	27588647	157156	10520	5096916	78996407
57981	188762161	23919766	139967	1449	3757533	68355981
***	***	***	***	***	***	***
11146	11143483	2522278	9278	3335	1035472	7818356

2018 年北京市规模以上大中型

项目	资产负债					营业收入
	负债合计	#流动负债合计	#应付账款	所有者权益合计	#实收资本	
合计	185650192	130818084	34262506	235679378	141232439	182276921
采矿业	23266503	12744545	1327573	16197428	6316392	5440148
煤炭开采和洗选业	***	***	***	***	***	***
石油和天然气开采业	***	***	***	***	***	***
黑色金属矿采选业	***	***	***	***	***	***
非金属矿采选业						
开采专业及辅助性活动	1562989	1467993	581127	2703963	2995062	1376591
制造业	95003075	79196565	25833468	80834787	34690079	122829711
农副食品加工业	1252236	1123465	124672	1196697	723981	1915529
食品制造业	1486591	1428072	616035	1855657	783279	4973957
酒、饮料和精制茶制造业	2185662	1850926	350941	2746461	779965	2509696
烟草制品业	***	***	***	***	***	***
纺织业	***	***		***	***	***
纺织服装、服饰业	382479	348258	99506	438522	146163	727043
皮革、毛皮、羽毛及其制品和制鞋业	***	***	***	***	***	***
木材加工和木、竹、藤、棕、草制品业	***	***	***	***	***	***
家具制造业	462191	312216	138279	303923	91999	589983
造纸和纸制品业	125772	125508	37638	95209	37014	379967
印刷和记录媒介复制业	354895	315648	141824	936530	442868	964510
文教、工美、体育和娱乐用品制造业	***	***	***	***	***	***
石油、煤炭及其他燃料加工业	1285105	1168272	379832	1394293	42398	6230142
化学原料和化学制品制造业	979785	620836	205326	523157	835071	1350169
医药制造业	5136526	4161774	1247517	7947150	1907292	9184328
化学纤维制造业	***	***	***	***	***	***
橡胶和塑料制品业	132773	112559	57184	192230	87706	368279
非金属矿物制品业	7068952	6143586	976958	3477608	1489294	2490259
黑色金属冶炼和压延加工业	***	***	***	***	***	***
有色金属冶炼和压延加工业	161116	140972	28125	438884	93197	382839
金属制品业	2036307	1677741	259432	1388248	596133	1783036
通用设备制造业	2611637	2298101	702996	4361654	1431094	3799677
专用设备制造业	8339976	6226308	1713253	7485724	2269715	4913100
汽车制造业	29573255	23147885	8847437	22859788	10737216	39365583
铁路、船舶、航空航天和其他运输设备制造业	3447088	3150269	984884	2503255	967818	3281337
电气机械和器材制造业	3928704	3668243	1574759	2595083	979516	4822914
计算机、通信和其他电子设备制造业	19867312	18478615	6609216	13495575	8220461	27209620
仪器仪表制造业	642256	570758	274360	1115037	379732	1089136
其他制造业	***	***	***	***	***	***
废弃资源综合利用业						
金属制品、机械和设备修理业	***	***	***	***	***	***
电力、热力、燃气及水生产和供应业	67380614	38876974	7101465	138647163	100225968	54007062
电力、热力生产和供应业	60166518	35111400	5998336	128595642	94952248	48693100
燃气生产和供应业	***	***	***	***	***	***
水的生产和供应业	5216346	2238742	988838	5927137	4601244	1323828

工业企业主要经济指标（按行业分）（续表）

单位：万元

损益					应缴税金合计		
营业成本	销售费用	管理费用	财务费用	利润总额		#税金及附加	#应缴增值税
151844527	9603331	7868320	1841413	14111094	10369041	3541299	4450049
5326972	20101	394426	666660	−871599	181367	55995	87348
***	***	***	***	***	***	***	***
***	***	***	***	***	***	***	***
***	***	***	***	***	***	***	***
1380190	2309	57939	−10142	−279654	50428	8024	8662
94994167	9497014	7003454	800668	10118892	8307133	3107915	3435964
1690831	101808	75370	21533	96199	27541	3579	12599
3040833	1345151	234655	−8903	361546	374104	35089	255522
1602737	316383	149728	2525	291219	409271	217307	138831
***	***	***	***	***	***	***	***
***	***	***	***	***	***	***	***
415617	179672	72193	3040	55285	57190	6158	42149
***	***	***	***	***	***	***	***
***	***	***	***	***	***	***	***
453940	45924	50819	7408	29814	32828	3499	21864
275701	21958	19067	30	60969	34773	2752	16982
721916	18058	111965	−3442	109806	84612	10170	52477
***	***	***	***	***	***	***	***
4822305	53107	195354	11139	255049	1184408	876233	239988
986915	163952	142966	8976	41600	63131	8519	50179
3845851	2811916	806955	122670	1749665	1020682	95400	648907
***	***	***	***	***	***	***	***
298854	13631	40664	1786	10828	14289	1946	11073
2036531	62100	201689	214172	80145	103835	16217	73881
***	***	***	***	***	***	***	***
326818	4821	30093	2810	19497	10897	1607	7067
1498441	31062	148130	27815	96052	45122	9949	23363
2858784	217854	255205	−3358	425992	225851	27596	126449
3532540	330890	498505	101894	724439	245236	35154	147656
31744814	2135674	1630203	296352	3746117	3210438	1361531	1081979
2554854	33891	274659	29252	490378	146672	15637	77120
3654169	346461	391102	16211	409912	253632	26830	136990
24068581	1139995	1282582	−125181	692025	285388	70837	123955
740244	75820	128888	1585	165631	76846	8038	44914
***	***	***	***	***	***	***	***
***	***	***	***	***	***	***	***
51523388	86216	470440	374084	4863801	1880541	377389	926737
46998757	9462	195608	276106	4323497	1517348	167249	822895
***	***	***	***	***	***	***	***
886193	47085	74682	91424	221122	282961	204352	68449

2019 年北京市规模以上大中型

项　目	企业单位个数（个）	#亏损企业（个）	工业总产值（当年价格）	平均用工人数（人）
合 计	552	86	165410117	591906
采矿业	10	5	3088013	31526
煤炭开采和洗选业				
石油和天然气开采业	2	1	***	***
黑色金属矿采选业	4	2	1125790	14317
非金属矿采选业				
开采专业及辅助性活动	4	2	1554594	15839
制造业	505	75	104790336	478556
农副食品加工业	18	2	985085	9998
食品制造业	33	3	2315124	27776
酒、饮料和精制茶制造业	9	2	1824548	19946
烟草制品业	1		***	***
纺织业	2		***	***
纺织服装、服饰业	20	7	612492	18444
皮革、毛皮、羽毛及其制品和制鞋业				
木材加工和木、竹、藤、棕、草制品业				
家具制造业	7		616171	4533
造纸和纸制品业	4		362797	1602
印刷和记录媒介复制业	17	1	816871	10896
文教、工美、体育和娱乐用品制造业	3		***	***
石油、煤炭及其他燃料加工业	3	1	***	***
化学原料和化学制品制造业	15	3	998623	9776
医药制造业	64	7	9804334	59714
化学纤维制造业	1		29187	533
橡胶和塑料制品业	4	2	195634	2984
非金属矿物制品业	20	3	1926892	13477
黑色金属冶炼和压延加工业	2		***	***
有色金属冶炼和压延加工业	3		***	***
金属制品业	13	4	1661420	9544
通用设备制造业	31	2	3270879	25340
专用设备制造业	51	6	4667197	34490
汽车制造业	43	14	35364912	81263
铁路、船舶、航空航天和其他运输设备制造业	19		3501691	22013
电气机械和器材制造业	32	5	4121000	22140
计算机、通信和其他电子设备制造业	61	12	20093475	64102
仪器仪表制造业	22	1	1269196	10811
其他制造业	3		***	***
废弃资源综合利用业				
金属制品、机械和设备修理业	4		996419	13089
电力、热力、燃气及水生产和供应业	37	6	57531768	81824
电力、热力生产和供应业	27	5	52562894	61278
燃气生产和供应业	2		***	***
水的生产和供应业	8	1	1040257	11530

工业企业主要经济指标（按行业分）

单位：万元

资产负债					
资产总计	流动资产合计	#存货	#产成品	#应收账款	固定资产原价
447269465	145416726	19182166	6654625	32474073	138025948
39786883	8819108	310840	34971	1733840	10033645
***	***	***		***	***
33724161	6096133	96053	30839	1052890	7255321
4363301	2096357	214202	4132	632920	2708467
171498115	108809141	18704239	6613023	25510679	44260859
2407250	1230407	168626	106298	77096	265128
3342387	1887112	169004	85040	472061	1105539
4711123	2889691	302811	137081	258284	1169160
***	***	***	***	***	***
***	***	***	***	***	***
846599	638264	264992	189931	132007	174695
712633	337477	110549	33253	89433	158620
258550	205334	58859	17880	38573	182460
1336102	868383	185693	66574	134697	974810
***	***	***	***	***	***
***	***	***	***	***	***
1514798	1080948	241582	169838	162338	608509
14724839	9039705	2666145	1166585	2452145	3308387
81485	51094	9254	5366	637	19463
199271	132149	29696	13603	51556	117041
4808917	3014328	265902	101685	1114928	823318
***	***	***	***	***	***
***	***	***	***	***	***
3601588	2058797	272965	32244	199449	650527
7000914	4782405	1215213	452817	853446	1489312
15386191	8399004	1435855	411992	2215543	1228698
49872218	30028752	3467475	1553928	7255166	12945656
6079189	4545991	1592469	241854	1195590	1406375
5370615	4077535	700602	169186	1758501	975223
37101702	28378624	3980806	1412622	5873876	10564532
2250035	1701645	375030	79153	504078	227323
***	***	***	***	***	***
4100972	712670	196833		257678	801698
235984467	27788478	167087	6631	5229554	83731444
217646828	23566179	154818	2001	3710737	72562026
***	***	***	***	***	***
11741878	2816681	9856	4271	1224126	8315811

2019 年北京市规模以上大中型

项目	资产负债					营业收入
	负债合计	#流动负债合计	#应付账款	所有者权益合计	#实收资本	
合 计	182530193	134943017	37514250	264739270	189428960	188512082
采矿业	24643118	13805905	1514379	15143765	6258217	5347339
煤炭开采和洗选业						
石油和天然气开采业	***	***	***	***	***	***
黑色金属矿采选业	22328748	11737283	753628	11395413	2959864	3478521
非金属矿采选业						
开采专业及辅助性活动	1660181	1570046	667181	2703120	2991485	1652845
制造业	90391802	78396627	28115221	81106311	31435891	124848288
农副食品加工业	1202267	1054892	70068	1204983	661764	1949800
食品制造业	1434805	1375958	567268	1907582	692903	4732036
酒、饮料和精制茶制造业	1548661	1257269	180076	3162462	607028	2096277
烟草制品业	***	***	***	***	***	***
纺织业	***	***	***	***	***	***
纺织服装、服饰业	422388	366859	99644	424211	135541	714379
皮革、毛皮、羽毛及其制品和制鞋业						
木材加工和木、竹、藤、棕、草制品业						
家具制造业	422990	275165	111224	289644	89731	521770
造纸和纸制品业	162124	161795	34456	96426	37014	427926
印刷和记录媒介复制业	355583	321527	170313	980519	470248	940548
文教、工美、体育和娱乐用品制造业	***	***	***	***	***	***
石油、煤炭及其他燃料加工业	***	***	***	***	***	***
化学原料和化学制品制造业	867683	516961	224383	647115	758791	1083875
医药制造业	5558098	4664718	1476267	9166741	2152595	10547149
化学纤维制造业	9740	9319	1552	71745	16850	30078
橡胶和塑料制品业	104598	83353	47451	94673	27789	223722
非金属矿物制品业	2543027	2335564	966395	2265890	904160	2084974
黑色金属冶炼和压延加工业	***	***	***	***	***	***
有色金属冶炼和压延加工业	***	***	***	***	***	***
金属制品业	2209629	2018706	340841	1391959	589999	1891820
通用设备制造业	2311947	2211127	683364	4688966	1472209	3616724
专用设备制造业	7296668	6488638	1721413	8089523	2228070	5176303
汽车制造业	29869477	25061393	9392406	20002741	7775258	39661333
铁路、船舶、航空航天和其他运输设备制造业	3545481	3308752	1259642	2533708	799329	3406366
电气机械和器材制造业	3182418	2958935	1226593	2188196	990436	4631361
计算机、通信和其他电子设备制造业	21909714	20314983	8423463	15191988	8809956	28949023
仪器仪表制造业	882936	783925	296741	1367099	429329	1254119
其他制造业	***	***	***	***	***	***
废弃资源综合利用业						
金属制品、机械和设备修理业	1409244	710552	128675	2691727	882284	1103279
电力、热力、燃气及水生产和供应业	67495273	42740485	7884650	168489194	151734853	58316455
电力、热力生产和供应业	59455177	38948917	6659131	158191651	146560697	53091972
燃气生产和供应业	***	***	***	***	***	***
水的生产和供应业	5818073	2197158	987039	5923804	4575779	1243921

工业企业主要经济指标（按行业分）（续表）

单位：万元

损益						应缴税金合计	#税金及附加	#应缴增值税
营业成本	销售费用	管理费用	研发费用	财务费用	利润总额			
157099909	9895080	5816869	2820830	1725015	14502603	9522733	3462062	3576444
5056341	14886	278980	33640	744314	−415019	129160	43400	54180
***	***	***	***	***	***	***	***	***
3377203	7584	181179	3921	732313	−468193	57113	27444	28598
1511907	5928	53451	12911	1675	35470	35630	8007	8930
96783422	9790876	4769168	2585963	511328	10310529	7831979	3056855	2985773
1739285	95824	52632	9045	13588	78362	21079	2954	12624
2996412	1096337	203482	19626	−9258	446379	311521	27314	183359
1448040	213964	144168	13320	7885	150769	316955	221193	80963
***	***	***	***	***	***	***	***	***
***	***	***	***	***	***	***	***	***
409478	172540	59597	14471	5043	49830	44650	5251	32315
393405	39877	36568	9821	12798	27292	23000	2829	14703
308265	22926	15427	3824	625	73668	41426	2676	14890
697795	18737	104390	21453	−1378	95540	63574	8709	38379
***	***	***	***	***	***	***	***	***
***	***	***	***	***	***	***	***	***
710461	168449	98487	27346	2315	75436	65782	9285	43783
4788302	3049335	598492	346451	145313	1828830	926684	86025	544553
20077	1313	1966	1302	−11	5418	1516	404	340
183406	7162	22577	6445	1817	2484	6994	1228	5260
1732914	65078	137102	69110	17612	97611	82483	11191	61907
***	***	***	***	***	***	***	***	***
***	***	***	***	***	***	***	***	***
1596853	21062	119604	37520	24546	124465	41511	11046	20099
2762188	204739	164880	103856	−5977	456651	163355	21014	81572
3590905	407977	315409	250137	88732	659838	261763	31484	142812
32170973	2163704	1146706	621069	185890	3296948	3085653	1242697	1047351
2712555	36741	175377	108441	25309	344766	114497	13879	61975
3572825	319603	203223	139849	8252	381825	208776	23572	115200
25326120	1484229	639072	629630	−90794	1692472	452480	97259	180902
786762	125439	95503	76935	3638	214776	78811	8836	45269
***	***	***	***	***	***	***	***	***
902216	6822	123139	25154	54789	150118	44517	7133	26206
55260147	89319	768721	201228	469373	4607093	1561594	361807	536492
50792868	10390	575302	75888	351889	4212000	1245324	146828	456649
***	***	***	***	***	***	***	***	***
908559	68610	75823	6342	101653	48190	263247	209344	52763

2018 年北京市规模以上工业企业主要效益指标

单位：%

项目	总资产贡献率	资产保值增值率	资产负债率	流动资产周转率（次）	收入利润率	产品销售率	每百元营业收入成本费用（元）	人均营业收入（元）
合计	5.69	107.30	45.15	1.19	7.37	98.38	94.23	2409678
按行业分								
采矿业	−0.27	94.86	58.94	0.63	−15.86	100.64	117.59	1490057
制造业	8.72	109.27	53.30	1.09	7.42	97.68	92.46	2012904
电力、热力、燃气及水生产和供应业	3.41	107.38	33.56	1.85	9.46	99.99	97.00	6285324
按轻重工业分								
轻工业	13.87	99.29	46.47	1.23	10.53	96.71	89.21	1258312
重工业	4.85	108.16	45.02	1.19	6.77	98.68	95.18	2913310
按规模分								
#大型	4.99	105.03	42.70	1.41	7.07	97.75	94.49	3626895
中型	8.79	117.43	50.58	0.94	10.13	97.01	91.80	1577554
小型	6.62	111.04	50.60	0.95	6.47	99.07	95.19	1461289
按隶属关系分								
中央	3.94	108.35	35.19	1.54	7.46	99.17	94.54	4165016
地方	7.14	106.11	53.44	1.08	7.33	97.96	94.09	2012200
按登记注册类型分								
内资企业	4.17	107.09	42.82	1.07	6.69	98.41	95.91	2119156
国有企业	4.60	4.63	63.24	4.05	0.07	100.02	97.90	3582105
集体企业	5.58	105.76	48.33	0.92	3.90	98.77	100.59	521432
股份合作企业	3.58	94.46	72.41	2.85	−0.03	100.17	99.58	2780826
有限责任公司	3.31	363.60	41.60	1.14	6.67	98.59	97.37	2590568
股份有限公司	6.75	102.88	40.31	0.77	9.51	97.50	91.03	1852141
私营企业	7.20	111.27	54.85	0.95	6.04	97.74	94.38	972700
其他企业	3.63		15.08	0.84	2.30	100.00	93.75	602163
港澳台商投资企业	5.51	117.94	58.86	1.52	4.22	94.36	96.76	4351662
港澳台合资经营	8.32	121.65	49.35	0.89	8.68	96.77	92.69	1446291
港澳台合作经营	16.90	106.49	12.27	0.71	16.96	93.70	81.50	747175
港澳台商独资企业	4.36	105.63	64.69	1.91	2.83	93.90	97.06	6559636
港澳台商投资股份有限公司	6.17	165.93	48.82	0.26	39.64	94.49	112.33	1618649
外商投资企业	15.32	104.67	52.88	1.40	10.52	100.00	89.08	2652869
中外合资经营	18.95	113.96	50.00	1.56	12.35	100.18	86.69	3433776
中外合作经营	9.67	123.70	39.40	1.47	5.17	95.28	94.77	593280
外资（独资）企业	9.94	107.18	60.15	1.16	7.46	99.34	92.32	2043834
外商投资股份有限公司	8.14	47.50	31.65	1.85	8.71	107.03	105.33	1358620
按控股类型分组								
#国有控股	5.14	107.50	42.16	1.27	8.01	99.27	94.16	3212321

2019年北京市规模以上工业企业主要效益指标

单位：%

项　目	总资产贡献率	资产保值增值率	资产负债率	流动资产周转率（次）	收入利润率	每百元营业收入成本费用（元）	人均营业收入（元）
合计	5.24	111.82	42.08	1.23	7.30	94.30	269778
按行业分							
采矿业	1.20	94.66	61.78	0.62	-6.28	112.72	171204
制造业	8.56	103.81	51.53	1.10	7.49	92.60	225101
电力、热力、燃气及水生产和供应业	2.66	120.02	29.53	2.07	8.02	97.26	659176
按轻重工业分							
轻工业	12.70	110.61	43.58	1.22	10.48	89.35	134701
重工业	4.49	111.94	41.93	1.23	6.72	95.21	331143
按规模分							
#大型	4.34	112.75	40.14	1.45	6.41	94.72	421812
中型	9.58	109.99	44.34	0.90	12.90	91.48	159664
小型	6.08	104.40	50.63	1.02	6.09	94.78	164533
按隶属关系分							
中央	3.37	121.57	29.42	1.77	7.19	94.55	469320
地方	6.97	100.53	53.70	1.07	7.36	94.17	223653
按登记注册类型分							
内资企业	3.70	113.87	39.09	1.15	6.15	95.84	238702
国有企业	2.90	100.03	64.02	4.31	-1.34	99.16	420295
集体企业	6.71	97.54	51.32	0.83	7.17	97.38	56199
股份合作企业	1.86	72.07	72.37	1.38	0.32	98.50	120412
有限责任公司	3.08	117.31	36.54	1.27	6.85	96.84	290742
股份有限公司	5.21	103.72	41.22	0.79	5.26	92.90	210165
私营企业	8.54	105.95	52.75	0.99	7.90	92.92	110223
其他企业							
港澳台商投资企业	8.34	89.74	57.02	1.75	6.37	96.20	504656
港澳台合资经营	9.24	88.44	40.76	1.08	9.82	89.98	143859
港澳台合作经营	11.19	86.83	11.59	0.54	13.40	83.86	60165
港澳台商独资企业	8.20	115.81	61.54	1.95	5.88	96.98	785523
港澳台商投资股份有限公司	5.85	17.61	45.41	0.54	11.13	99.62	115097
外商投资企业							
中外合资经营	16.37	109.09	51.51	1.37	12.39	87.84	368949
中外合作经营	17.03	123.60	43.66	1.11	14.55	87.92	83787
外资（独资）企业	8.88	109.32	60.77	1.04	7.81	91.94	222516
外商投资股份有限公司	2.38	43.38	27.48	2.46	2.33	102.01	160459
按控股类型分							
#国有控股	4.42	112.76	39.07	1.36	7.05	94.65	365045

2018 年、2019 年北京市规模以上工业企业主要工业产品生产能力表

主要工业产品名称	2018 年	2019 年
原油加工能力（万吨）	1150	1100
硅酸盐水泥熟料（万吨）	305	305
发电设备容量总计（万千瓦）	1206.5	1237.2
#火电设备容量	1070.4	1120.1
水电设备容量	98.1	93.1
风电设备容量	18.7	0.1
原煤（万吨）	220.0	
卷烟（亿支）	275.4	288.0
水泥（万吨）	400.0	400.0
钢材（万吨）	171.8	171.8
金属切削机床（台）	19983	19693
汽车（万辆）	282.3	247.4
#基本型乘用车（轿车）	179.2	187.7
移动通信手持机（手机）（万台）	1547.7	1174.7
微型计算机设备（万台）	1040.0	1320.0

2018年、2019年北京市主要工业产品产量表

工业产品名称	2018年	2019年
单晶硅（千克）	201301.4	190303.3
中成药（万吨）	4.4	3.5
沥青和改性沥青防水卷材（万平方米）	145.1	71.5
纤维增强塑料制品（万吨）	1.5	1.4
耐火材料制品（万吨）	45.3	40.5
冷轧薄宽钢带（万吨）	90.4	87.6
单一稀土金属（千克）	1443214	1343806
发动机（万千瓦）	19064.7	19857.5
气动元件（万件）	31008.4	31250.4
数控金属切削机床（台）	11862	7611
机床数控装置（套）	61530	8864
工业电炉（台）	230	729
环境污染防治专用设备（台套）	96223	58080
汽车（万辆）	163.2	164.0
#基本型成用车（轿车）	78.8	77.8
运动型多用途乘用车（SUV）	41.4	35.8
载货汽车	42.4	48.3
改装汽车（万辆）	1.6	1.1
风力发电机组（万千瓦）	126.8	167.3
锂离子电池（万只）	1058.0	
移动通信手持机（手机）（万台）	8448.0	8373.3
微型计算机设备（万台）	555.5	513.2
服务器（台）	91552	55540
液晶显示模组（万套）	14046.5	17832.3
显示器（万台）	406.3	470.1
集成电路（亿块）	149.5	154.5
彩色电视机（万台）	456.4	417.9

2018 年北京市规模以上高技术制造业主要经济指标

单位：亿元

项　目	工业总产值	营业收入	利润总额	应缴税金
合　计	4425.8	5313.6	400.5	216.5
按登记注册类型分				
内资	1945.7	2076.8	240.0	127.3
国有	85.6	86.8	7.7	3.2
集体	1.3	1.6	…	…
股份合作企业	4.4	4.0	−0.2	0.1
有限责任公司	1036.2	1113.8	96.3	57.4
股份有限公司	498.7	517.8	100.2	44.8
私营企业	319.7	352.8	35.9	21.8
其他				
港澳台商投资	1485.7	2137.7	47.8	25.0
外商投资	994.4	1099.2	112.8	64.3
按高技术领域分				
医药制造业	1142.7	1153.1	204.9	123.7
航空、航天器及设备制造业	314.7	311.1	22.5	9.6
电子及通信设备制造业	2294.1	2960.2	95.1	41.8
计算机及办公设备制造业	261.8	424.6	11.1	8.9
医疗仪器设备及仪器仪表制造业	407.2	457.6	65.0	32.0
信息化学品制造	5.3	7.1	1.9	0.5

2019年北京市规模以上高技术制造业主要经济指标

单位：亿元

项　目	工业总产值	营业收入	利润总额	应缴税金
合计	4703.9	5850.1	521.9	217.5
按登记注册类型分				
内资	2170.5	2287.8	259.5	120.5
国有	73.0	79.9	10.0	3.0
集体	1.8	2.0	−0.1	0.1
股份合作企业	2.0	1.8	…	0.1
有限责任公司	1199.0	1279.8	93.6	48.8
股份有限公司	525.5	547.9	96.5	43.9
私营企业	369.3	376.3	59.5	24.7
其他				
港澳台商投资	1487.8	2343.5	127.7	29.0
外商投资	1045.6	1218.9	134.7	68.0
按高技术领域分				
医药制造业	1221.6	1298.4	214.3	112.4
航空、航天器及设备制造业	333.7	328.4	24.5	9.0
电子及通信设备制造业	2372.6	3214.6	185.6	52.6
计算机及办公设备制造业	277.0	465.1	16.9	9.4
医疗仪器设备及仪器仪表制造业	498.8	543.0	80.6	34.2
信息化学品制造	0.2	0.7	0.1	…

2018年、2019年北京市规模以上工业战略性新兴产业总产值表

单位：亿元

项　目	2018年	2019年
合　计	4971.1	5127.7
节能环保产业	347.4	351.3
新一代信息技术产业	1930.0	1989.0
生物产业	1278.5	1393.6
高端装备制造业	748.9	722.9
新能源产业	171.6	195.2
新材料产业	317.7	325.3
新能源汽车产业	137.7	123.0
数字创意产业	39.4	27.4
相关服务业		

法规政策文件

2020 北京工业年鉴 BEIJING GONGYE NIANJIAN

本栏目采用文章体，主要收录市政府、市政府办公厅、市经济和信息化局及相关局年度有关工业法规和规范性文件等内容。

北京市人民政府印发《关于新时代深化科技体制改革加快推进全国科技创新中心建设的若干政策措施》的通知

京政发〔2019〕18号

各区人民政府，市政府各委、办、局，各市属机构：

现将《关于新时代深化科技体制改革加快推进全国科技创新中心建设的若干政策措施》印发给你们，请结合实际认真贯彻落实。

北京市人民政府

2019年10月16日

关于新时代深化科技体制改革加快推进全国科技创新中心建设的若干政策措施

为深入贯彻习近平新时代中国特色社会主义思想和党的十九大精神，全面落实习近平总书记对北京重要讲话精神，坚持全球视野、扩大开放，以更大的勇气通过制度创新驱动科技创新，为我国建设世界科技强国和北京建设具有全球影响力的科技创新中心提供有力支撑，制定以下政策措施。

一、加强科技创新统筹

1. 主动承接国家重大科技任务

面向世界科技前沿、面向经济主战场、面向国家重大需求，超前规划布局基础研究、应用基础研究及国际前沿技术研究，加快推动在国家急需的战略性领域取得重大突破，打造世界知名科学中心。加强基础设施和公共服务配套，全力保障国家实验室在京布局。设立科学研究基金，加快建设北京怀柔综合性国家科学中心。积极承建国家重大科技基础设施、国家科技创新基地，深入对接国家科技创新2030—重大项目、重点研发计划，推动更多重大任务在京落地。加强部市会商、市区联动，优先保障重大科技项目建设所需土地、空间等基础条件。支持新型研发机构、高等学校、科研机构、科技领军企业突破“卡脖子”技术，推动产业链上下游开展战略协作和联合攻关，着力打造竞争新优势。

2. 完善科技创新中心建设统筹制度

充分发挥北京推进科技创新中心建设办公室统筹协调作用，建立与中关村国家自主创新示范区部际协调小组联动工作机制，协调推进科技创新中心建设中的战略规划制定、重点任务布局、先行先试改革等跨层级、跨领域重大事项。统筹建立全市推进科技创新中心建设领导协调机制，加强重要政策协同，抓好重点任务落实。

3. 创新“三城一区”管理体制机制

根据中关村科学城、怀柔科学城、未来科学城、北京经济技术开发区（“三城一区”）功能定位和发展特点，按照权责利统一的原则，分区域、分步骤依法推进审批权限赋权和下放。将北京经济技术开发区试点的企业投资项目承诺制推广至“三城一区”。建立健全“三城一区”统计监测制度。鼓励“三城一区”创新选人用人机制和人员管理方式，支持以政府购买服务等方式，引进专业化、市场化、国际化第三方服务机构，为高层次人才引进、重大科技成果对接、产业项目落地等提供专业服务。

4. 加大科技创新投入力度

持续提高市区两级财政科学技术经费投入水平。切实加大财政资金对基础研究的稳定支持力度。落实研发费用加计扣除等政策，采取政府引导、税收杠杆等方式，鼓励企业、社会组织等通过共建新型研发机构、联合资助、公益捐赠等方式加大基础研究投入。推动建立与国家自然科学基金委共同出资、共同组织国家重大基础研究任务的新机制。

5. 完善科技创新决策咨询机制

成立由科技、产业、投资等领域高层次专家组成的本市科技创新决策咨询委员会，在重大战略规划与改革政策制定、科技基础设施与科研项目布局等方面提供决策咨询。创新常态化的政企对接机制，在制定重大规划计划和开展重大科研攻关时，充分征求行业组织、企业意见。通过政府购买服务等方式，引导首都高端智库、国际咨询机构参与科技创新决策咨询。

二、深化人才体制机制改革

6. 优化人才培养与评价机制

鼓励高等学校在人工智能、集成电路、云计算、转化医学与精准医学等领域设置新兴学科，加强高精尖产业高技能人才及专业管理人才培养。加强优秀青年科技人才培养，扩大本市自然科学基金、博士后计划等的资助面，加大资助力度。根据不同类型科研活动特点，分类健全人才评价标准。创新职称评价方式，推行代表作评价制度，将项目成果、研究报告、专著译著、工程方案、技术标准规范等纳入代表作范围。推动医疗卫生机构和医学科技人才评价机制改革，将临床试验和科技成果转化纳入医疗卫生机构绩效考核和人员职称评审体系。推动高等学校、科研机构及高水平医疗卫生机构职称自主评审权限下放。畅通技术转移转化人才职业发展通道，推行技术经纪等职称专业评价。

7. 创新编制使用和薪酬管理机制

按照“动态调整、周转使用”的原则，推进科研事业单位编制全市统筹调剂使用，进一步扩大科研事业单位在核定编制内的选人用人自主权。对市属高等学校、科研机构、医疗卫生机构等事业单位中符合条件的全时全职承担重大战略任务的高层次人才，允许采取年薪制、协议工资制、项目工资制等灵活多样的分配形式，所需支出不受本单位工资总额和绩效工资总量限制。

8. 提高科研人员因公出国（境）和来访便利性

优化科研人员因公出国审查、审批、备案等工作流程，压缩审批时间，争取适当延长审查批件有效期限。为战略科技人才及其核心团队国际学术交流开辟审批护照签证一体化服务通道。科研人员（包括“双肩挑”科研人员）出国执行学术交流合作任务，单位和个人的出国批次数、组团人数、在外停留天数可根据实际需要合理安排。受聘在京短期工作的外国专家生活费等资助经费标准，可由局级及以上聘用单位按照有关规定研究确定。

9. 优化外籍人才引进及服务保障

进一步完善境外高层次人才收入政策。对符合条件的外籍高层次人才和急需紧缺人才，可按照外国人才（A类）办理工作许可和工作居留许可，分别在7个工作日内办结。获得中国永久居留权的高层次外籍人才达到法定退休年龄，养老保险缴费年限不满15年的，可以延长缴费至满15年，并按规定享受养老保险待遇。引进的外籍人才如不能享受社会保险待遇，允许高等学校、局级及以上科研机构为其购买任期内商业养老保险和商业医疗保险。畅通工作机制，积极为引进的高层次人才提供子女入学等服务。在“三城一区”等区域建立外籍人才一站式综合服务平台。在全市推广朝阳、顺义服务业扩大开放综合试点示范区外籍人才出入境管理改革措施。

三、构建高精尖经济结构

10. 促进重点产业发展

深入抓好“10+3”高精尖产业政策落实，建立绿色审批通道，提高产业项目落地建设效率。推行产业用地弹性年期出让、土地租金年租制，合理控制高精尖产业用地成本。在符合规划和用途管制前提下，允许经依法登记的农村集体经营性建设用地用于建设科技孵化、科技成果转化和产业落地空间。积极推进大兴、房山、顺义、昌平、通州等区和北京经济技术开发区标准厂房建设工作，为智能制造、医药健康等高精尖产业发展创造有利条件。

11. 提升重点产业市场准入便利化水平

创新适合新技术、新产品、新业态、新模式发展的监管机制，对处于研发阶段、缺乏成熟标准或暂不完全适应既有监管体系的新兴技术和产业，实行包容审慎监管。积极申请建设北京医疗器械服务站、人类遗传资源行政审批服务站，开展国际多中心临床试验等试点。积极推动“人工智能＋云＋健康”等创新技术、产品和服务在卫生健康领域开展示范应用与推广。建设面向人工智能产业发展的公共数据库、检验测试标准及服务平台，支持通用软件和技术平台的开源开放，加快完善面向行业应用的服务体系。建立产业分类管理制度，重点支持高附加值、环境友好型的高端产品研发。

12. 加强科技成果转化制度保障

推动《北京市促进科技成果转化条例》立法，允许赋予科技人员职务科技成果所有权或长期使用权，明确科技成果完成人自主实施科技成果转化相关权利，简化科技成果转化有关资产管理程序，明确财政资金设立的应用类项目的科技成果转化要求，规范担任领导职务的科技人员获得奖励报酬的方式和条件，建立科技成果转化活动中勤勉尽责制度。

13. 改革科技成果转化管理机制

建立适应技术类无形资产特点的资产管理制度，

对国有技术类无形资产与其他类型国有资产实行差异化管理。允许高等学校、局级及以上科研机构和高水平医疗卫生机构委托国有资产管理公司，代表本单位统一开展科技成果转化活动。高等学校、科研机构、高水平医疗卫生机构及其所属的具有法人资格单位担任领导职务的科技人员，是科技成果主要完成人或者对科技成果转化做出重要贡献的，可按照国家有关规定获得奖励报酬，并实行公开公示制度。

四、深化科研管理改革

14. 统筹优化科技计划（专项、基金等）布局

加快构建覆盖科技创新全过程的本市财政资金统筹机制，加强对科研类市级科技计划（专项、基金等）的优化整合。建立科技计划（专项、基金等）管理联席会议制度，对全市科技计划（专项、基金等）设置、实施方案、经费概算、管理级次和模式等进行统筹指导。对接国家重大科技任务布局，建立接续支持机制，促进项目形成的科技成果在京转化。

15. 完善科研项目管理机制

简化科研项目申报流程和材料，推行项目材料网上报送和“材料一次报送”制度，强化项目管理信息开放共享，实现一表多用。针对关键节点实行“里程碑”式管理，减少科研项目实施周期内的各类评估、检查、抽查、审计等活动；严格依照任务书开展综合绩效评价；对实施周期3年以下的项目一般不开展过程检查。实行科研项目绩效分类评价，根据需要引入国际评估。建立相关部门为高等学校和科研机构分担责任机制，对自由探索和颠覆性技术创新活动中已履行勤勉尽责义务，但因技术路线选择失误导致难以完成预定目标的单位和项目负责人予以免责。加强科研诚信建设，营造良好学术风气。

16. 扩大科研项目经费使用自主权

在财政科研项目总预算不变的情况下，除设备费与间接费用原则上不予调增外，其他科目的使用和调整全部下放至项目承担单位；设备费如需调增，由承担单位据实核准，验收（结题）时向项目主管部门备案。高等学校、科研机构、医疗卫生机构依法依规制定的横向项目经费管理办法，可作为评估、检查、审计等的依据。

17. 加大科研项目经费激励力度

选取对试验设备依赖程度低的智力密集型市级财政科研项目作为试点，间接费用核定比例不超过直接费用扣除设备费的30%，基础研究领域中数学、物理类科研项目的间接费用核定比例不超过直接费用扣除设备费的60%。间接费用中的绩效支出不设比例限制，纳入工资总额统计范围，不受本单位绩效工资总量限制。

18. 开展科研项目经费包干制试点

在基础研究领域选择部分科研成效显著、科研信用较好的高等学校、科研机构、医疗卫生机构，开展市级财政科研项目经费包干制试点，项目负责人可根据科研活动的实际需要自主决定使用项目经费，且不设科目比例限制。对实行包干制管理的财政科研项目经费使用实行负面清单管理。

19. 完善科技创新监督检查机制

对科研项目和科研活动的审计和财务检查要尊重科研规律，建立信息共享、结果共用、问题整改问责共同落实等工作机制。设有内部审计机构的局级及以上行政事业单位，经备案，其出具的科研项目审计报告可作为验收依据。审计机关在科研项目审计中，应当有效利用内部审计力量和成果，对内部审计发现且已经纠正的问题不再在审计报告中反映。审计机关在审计工作中要坚持客观求实，充分尊重科学研究灵感瞬间性、方式随意性、路径不确定性的特点，实事求是地反映问题，客观审慎地作出审计处理和提出审计建议。

20. 放宽科研仪器设备采购标准

简化科研仪器设备采购流程，对科研急需的设备和耗材，采用特事特办、随到随办的采购机制，可不进行招投标程序，缩短采购周期；对独家代理或生产的仪器设备，按程序确定采取单一来源采购等方式增强采购灵活性和便利性。简化科研仪器设备变更政府采购方式审批流程，对符合功能要求、技术参数标准的仪器设备，可一次性集中提出申请，由主管预算单位归集后向市财政部门申报。

21. 鼓励科研机构机制创新

进一步深化科研事业单位体制改革。推动科研机构制定章程，完善内部治理结构，建立高效运行机制。主管部门对章程赋予科研机构管理权限的事务不得干预。支持建设一批世界一流新型研发机构，赋予其在人员聘用、职称评审、经费使用、运营管理等方面的自主权，实行财政科技资金负面清单管理。鼓励新型研发机构与高等学校联合培养研究生。

五、优化创新创业生态

22. 完善科技型国有企业创新激励机制

扩大市属科技型国有企业员工持股实施范围，激发核心技术骨干的积极性和创造性。鼓励市属国有企业引进市场化、专业化创新服务机构运营管理，推动存量产业空间转型发展。支持中央企业在京设立具有

独立法人资格的研发中心，鼓励开展市场化改革。

23. 完善创新创业服务机制

支持符合首都城市战略定位的科技型企业根据市场需求和经营需要在各区之间合理流动，推进工商税务登记迁移一体化办理，市市场监管、税务和行业主管部门可直接为其办理相关登记、备案手续。完善高新技术企业培育库制度，加强对入库企业的服务和支持。健全科技型企业“一企一策”服务机制，实施世界级领军企业培育计划。支持技术研发、概念验证、工业设计、测试检验、中试熟化、规模化试生产等公共科技服务平台建设，为中小企业提供专业化服务。加强生命科学、人工智能、集成电路、5G 等领域专业化孵化器建设，开展项目深度孵化。发挥北京市科技创新基金引导作用，探索设立孵化接力基金，专门投资孵化器自有基金退出投资的优质项目。

24. 强化知识产权创造、保护和运用

强化知识产权保护，加大惩罚性赔偿力度，提高侵权成本。充分发挥中国（北京）知识产权保护中心、中国（中关村）知识产权保护中心作用，围绕新一代信息技术、高端装备制造、医药健康、新材料等产业建立知识产权快速协同保护机制。大力支持科技型企业进行海外知识产权布局和技术并购。完善企业知识产权海外维权援助机制，支持服务机构开展目标市场知识产权调查、预警、制定应对策略等服务。加大对高精尖产业的发明专利和海外知识产权获权的资助力度。发挥北京市科技创新基金引导作用，支持设立高价值专利培育收储投资子基金，建立重点领域专利池。

25. 统筹推进应用场景建设

聚焦人工智能、5G、区块链、大数据、云计算、北斗导航与位置服务、生命科学、前沿材料、新能源、机器人等重点领域搭建应用场景。建立市级层面应用场景建设统筹联席会议制度，完善前置咨询评议、供需对接机制，定期发布应用场景项目清单，建设一批应用场景示范区（或试验区）。对经过市场检验的应用场景创新成果，包括首台（套）重大技术装备，通过首购、订购等方式予以支持。

26. 完善创新创业金融服务

发挥政府引导基金作用，吸引社会资本投资原始创新、成果转化、高精尖产业，形成覆盖种子期投资、天使投资、风险投资、并购基金的基金系。对于投资早期“硬科技”的引导基金，建立子基金注册绿色通道，引导更多知名优秀投资机构在京开展业务。针对科技型企业的信用状况和发展阶段，试行银行信贷业务的差异化风险补偿机制。利用风险补偿、贷款贴息等手段，提升科技型企业首次融资成功率。依托本市企业信用信息公示系统，构建全市统一的科技企业信用数据支持平台和综合信用评价体系，整合相关企业经营及外源融资数据，向金融机构开放。探索设立专业化的科技保险机构。推动完善知识产权保险体系，按照政府引导、市场主导的原则，建立财政支持的知识产权保险风险补偿和保费补贴机制。支持科技租赁公司开展“租赁 + 投资”“租赁 + 保理”等创新业务。

27. 提升科研条件通关便利化水平

简化本市创制性新药临床试验所需进口样品通关程序，允许以临床试验（项目）或年度为单位发放批件，每次进口只需备案即可。对于符合条件的科技型企业暂时进口的非必检的研发测试车辆，根据测试需要，允许暂时进口期限延长至 2 年。

28. 深化京津冀协同创新

充分发挥国家自主创新示范区、自由贸易试验区、北京市服务业扩大开放综合试点、国家高新技术产业开发区及国家级经济技术开发区等相关政策作用，进一步加强政策互动，推动京津冀协同创新。加强京津冀科技计划合作，支持各类创新主体跨区域开展创新活动。推进高新技术企业资质在京津冀互认。依托首都科技条件平台等公共服务平台，推进仪器设备、科技成果、科技信息资源共享共用。完善科技创新券使用机制，推进科技创新券在京津冀互通互认。打造京津冀临床试验协同网络，积极推动涉及人的生物医学研究伦理审查结果在京津冀实现机构间互认。深化医疗器械注册人制度试点，允许本市医疗器械注册人委托津冀地区企业生产，共同建设医药健康产业基地。实施京津冀智能制造协同创新计划，促进津冀产业升级。

29. 深化京港澳科技合作

完善京港澳科技合作机制，促进人才、技术、资本、信息等创新要素跨境流动。加强与港澳地区人才交流合作，建立青年科学家沟通交流平台，鼓励港澳地区科学家参与北京国际学术交流季等活动，支持京港澳创新主体联合开展研发和成果转化。依托北京市科技创新基金，加强与港澳地区机构合作，充分发挥港澳金融优势，链接国际高端创新资源。

30. 进一步提升开放合作水平

办好中关村论坛，打造成为具有国际影响力的集科学技术交流和成果展示、发布、交易于一体的综合性平台。积极对接国际大科学计划项目，推动重大科技基础设施向全球开放共享。支持高等学校、科研机构、企业在国际创新人才密集区及“一带一路”沿线国家和地区设立离岸科技孵化基地，与海外机构共建一批高水平联合实验室和研发中心。积极争取国际科技组织、联盟或其分支机构落户北京。支持跨国公司研发中心在京发展，对外资全球研发中心和具有独立法人资格的研发中心，给予跨国公司地区总部同等政策支持。

北京市人民政府关于加快推进北京经济技术开发区和亦庄新城高质量发展的实施意见

京政发〔2019〕22号

各区人民政府，市政府各委、办、局，各市属机构：

为深入贯彻《国务院关于推进国家级经济技术开发区创新提升打造改革开放新高地的实施意见》（国发〔2019〕11号）精神，认真落实《北京城市总体规划（2016年—2035年）》，强化北京经济技术开发区工委、管委会对亦庄新城225平方公里（其中核心区60平方公里，大兴和通州部分165平方公里）规划建设管理，提升治理能力，培育经济发展新动能，打造北京改革开放新高地，制定本实施意见。

一、总体要求

（一）指导思想

以习近平新时代中国特色社会主义思想为指导，全面贯彻党的十九大和十九届二中、三中、四中全会精神，深入贯彻习近平总书记对北京重要讲话精神，坚持和加强党的全面领导，坚持稳中求进工作总基调，坚持新发展理念，以供给侧结构性改革为主线，激发创新活力，着力推进全国科技创新中心建设，推动高质量发展，把北京经济技术开发区和亦庄新城打造成为具有全球影响力的科技成果转化承载区、技术创新示范区、深化改革先行区、高精尖产业主阵地和宜业宜居绿色城区。

（二）发展目标

到2022年，地区生产总值2000亿元以上，规模以上工业总产值突破6000亿元（其中核心区完成5200亿元），企业研发经费投入强度2%以上，PCT专利申请量突破2500件。全国重大战略产业的核心技术、核心装备取得突破，技术创新和成果转化体系相对完备，重点领域和关键环节改革取得明显成效，营商环境持续优化，国际合作和竞争优势加快培育，初步建成宜业宜居的高精尖产业新城，成为国家级经济技术开发区高质量发展典范。

到2035年，在2018年的基础上，地区生产总值翻两番，高质量发展的体制机制更加完善，法治化营商环境国际领先，建成世界领先的高精尖产业体系，形成创新驱动发展的强大引擎，培育一批具有全球竞争力的优秀企业，建成产城融合、人才汇聚、功能完备、宜业宜居、活力迸发的世界一流产业综合新城，基本实现治理体系和治理能力现代化，成为人与自然和谐共生的美丽城市典范。

二、重点任务

（一）强化创新驱动，建设高精尖产业主阵地

1. 营造高精尖产业发展环境。建立符合高质量发展根本要求的产业规划体系，引进培育龙头企业和隐形冠军企业，优化产业结构和空间布局，推进产业迭代升级。构建高质量发展指标体系，建立项目科学评估论证机制，严把准入门槛，做精产业选择。加强政策集成创新，建立项目全生命周期管理服务体系，促进资金、人才、技术等要素聚集，鼓励企业实施智能制造和绿色制造技术改造，有力有序淘汰落后产能。

2. 打造世界级先进制造业集群。聚焦新一代信息技术、新能源智能汽车、生物技术和大健康、机器人和智能制造等主导产业，补齐延伸产业链，鼓励“硬科技”产业集聚发展。加强产业布局统筹，推动国家及本市重大产业项目优先在北京经济技术开发区布局。建设国家新型工业化产业示范基地和大中小企业融通发展示范区。

3. 打造现代服务业竞争优势。推动先进制造业

和现代服务业深度融合，推动生产性服务业向专业化和价值链高端延伸。促进科技与文化融合发展，鼓励发展金融、智库、法律、设计、知识产权、人力资源等生产性服务业，全面提升科技服务业发展水平。引进市场化、专业化、国际化服务机构，激发中介机构活力。充分利用国家融资担保基金、北京市科技创新基金等各类产业金融资源，有力服务实体经济和支持技术创新。推动生活性服务业向高品质和多样化升级，鼓励发展医疗健康、社区服务、旅游休闲等业态。支持商务楼宇和特色产业园创新升级。

（二）聚焦国家战略，构建技术创新和成果转化示范区

4. 提升科技成果转化承载力。主动承接全球科技创新成果。强化“三城一区”协同合作，建立对“三城”科技成果向北京经济技术开发区转化考核机制，加强政策引导和统筹布局，引导科技创新成果在北京经济技术开发区转化。进一步调动市场主体积极性，更好发挥政府作用，支持企业参与重大科技基础设施建设，鼓励科研人员职务科技成果在北京经济技术开发区转化。支持北京经济技术开发区建设产教融合示范区，对符合条件的企业认定为全市产教融合示范型企业。在北京经济技术开发区建设中关村科技成果产业化先导基地、国家技术转移中心和国际科技合作基地。加快产业中试基地建设。

5. 强化核心技术创新突破。坚持企业主体，服务国家战略，加强国际合作，鼓励企业加大研发投入，建设国家技术创新中心、国家产业创新中心、国家制造业创新中心和国家重点实验室，突破关键核心技术。加强产研协同，创建新型研发机构。支持符合功能定位的“双一流”建设高校在北京经济技术开发区办学，创建科技创新研究院。支持北京经济技术开发区引进世界一流大学建设联合实验室和战略科学家工作站。全面放开核心区智能网联汽车道路测试，打造新一代人工智能等重大场景应用示范区。

6. 深化科技体制改革。推动国家科技创新政策在北京经济技术开发区先行先试，激发各类主体创新激情和活力，促进各类要素合理流动和高效集聚。支持上下游企业加强产业协同和技术合作攻关，建立创新联合体。对新兴产业实行包容审慎监管。推动加快创新药和创新医疗器械上市审评审批。开展药品专利期限补偿制度试点。推广知识产权质押融资等科技金融产品。

（三）扩大对内对外开放，构筑开放发展新高地

7. 提高外资利用水平。充分发挥外资企业、行业协会、第三方机构作用，支持北京经济技术开发区建立面向全球的技术和项目组织机制。落实北京市新一轮服务业扩大开放综合试点政策，鼓励跨国公司地区总部和研发、制造、销售、贸易、结算等功能性机构在北京经济技术开发区布局，建设国际科技产业合作园区。鼓励境外投资者以境内利润直接投资。

8. 提升外贸便利化水平。支持北京经济技术开发区设立综合保税区，探索一区多园管理模式，推动研发中试、保税维修等业务落地。支持北京经济技术开发区申报自由贸易试验区（开发区片区），推动投资、贸易、金融、政府治理等领域制度创新，加快建立与国际通行规则相衔接的制度体系。鼓励建设国家外贸转型升级基地。推进关税保证保险、“两步申报”等通关改革。依法简化研发用样品、试剂等进口手续。

9. 深化区域对外交流合作。加强北京经济技术开发区对北京城市副中心的服务与支撑，推动台湖、马驹桥地区与亦庄新城核心区一体化发展。落实促进城市南部地区加快发展行动计划，积极参与建设北京大兴国际机场临空经济区，引导周边城镇特色化发展。发挥京津冀开发区创新发展联盟作用，北京经济技术开发区全力支持雄安新区建设，打造优势互补、良性互动的京津冀高端智能制造产业走廊。支持北京经济技术开发区与发达国家和地区科技产业领先城市建立友好合作关系，积极开展共建“一带一路”经贸领域合作，参与境外经贸合作区建设。推动更多国际会议会展在北京经济技术开发区举办，巩固提升世界机器人大会、世界5G大会等品牌活动。

（四）坚持深化供给侧结构性改革，优化生产要素配置

10. 创新土地开发利用模式。试点土地创新政策，积极盘活存量资源，增强土地管理灵活性，保障北京经济技术开发区高精尖产业项目用地需求。由北京经济技术开发区管委会负责亦庄新城范围内土地一级开发和土地供应等土地管理工作，自主制定经营性用地供应计划，165平方公里区域按照行政区划实行土地一级开发成本统筹平衡，控制用地成本，保障产业用地竞争力。支持北京经济技术开发区管委会土地整理储备机构纳入自然资源部土地储备机构名录。推动地上地下整体开发，实施轨道交通站点站城一体化发展模式。严格管理战略留白用地，推动土地集约高效利用。

11. 深化财税金融体制改革。完善财力分配共享机制，165平方公里区域税收和土地出让收益优先用于该区域发展。按照钱随事走、事随责定原则，支持

北京经济技术开发区各项社会事业发展，对公共服务重点项目提供运营支持。支持北京经济技术开发区申请10年期及以上专项债券。支持金融机构创新金融产品和服务，鼓励政策性金融机构和社会资本参与亦庄新城建设。

12. 打造科技创新人才高地。支持北京经济技术开发区引进紧缺急需人才、海外人才、战略科学家和创新团队。建设国际人才社区，打造类海外社区环境，设立外国人出入境服务大厅和来华工作许可受理点，放宽高科技领域外国人才年龄、学历和工作经历限制。建立柔性引才机制。支持建设高技能领军人才工作室、校企人才联合培养基地和国家级职业技能实训基地。支持企业自主开展人才评价，提高对北京经济技术开发区企业培养重点行业紧缺高技能人才补助标准。在职称评定、高层次人才市场化认定等方面创新评价制度。

（五）推动产城有机融合，持续保持基本没有“城市病”

13. 高标准推进规划建设管理。坚持以规划为统领，“城”围绕“区”配套，统一城市规划设计建设管理标准，做到产城融合、疏密有致、宜业宜居。落实北京经济技术开发区规划和亦庄新城规划，由北京经济技术开发区管委会组织编制并实施控制性详细规划和各专项规划，建立多规合一的规划实施及管控体系，实现底图叠合、指标统合、政策整合。科学谋划城市空间布局，精心做好城市设计，打造各具特色、疏密有度、功能综合的城市组团。建立多层次住房供应体系，利用集体建设用地建设公共租赁住房，在更大范围内统筹实现职住平衡。建立智能化、精细化城市管理体系，在物业管理、垃圾分类等方面作出示范；建设“城市大脑”，完善网格化管理机制，维护城市安全稳定。

14. 提高保障和改善民生水平。支持市教委直属学校及中心城区优质办学主体在北京经济技术开发区跨区域集团化办学。支持建设国际学校。推动教师研修资源共享，加大名师、名校长引进培养力度。在165平方公里区域选址建设三级综合医院，打造紧密型“医联体”。支持建设研究型医院和国际医院。建设综合科技、文化、体育等功能的市民中心，打造城市客厅。建设国家麋鹿湿地公园。

15. 构筑现代基础设施网络。加大市级统筹和支持力度，补齐165平方公里区域水电气热、道路交通等基础设施短板，基础设施建设标准、时序由北京经济技术开发区管委会提出。将轨道交通M21线、M102线纳入近期规划实施，推进市郊铁路建设，研究拓宽京沪高速公路亦庄段并将收费站南移，完善与中心城区、北京城市副中心、北京大兴国际机场等区域的交通联络。优先规划建设500千伏变电站、220千伏变电站和天然气主干管网等能源基础设施，降低资源能源使用成本，保障高精尖产业项目需求。加快建设亦庄水厂、台湖再生水厂二期和配套管网，建立再生水跨区协同调配机制。将北京经济技术开发区纳入“智慧北京”建设试点并予以支持，加快推进5G、宽带、工业互联网等新型基础设施建设。

16. 加大生态环境保护和治理力度。推进资源节约集约循环利用，支持北京经济技术开发区建设“无废城市”；下放道路交通运输、垃圾清运、危险废弃物、危险化学品等市级管理权限，推动生活垃圾、工业固废资源化规范化处置，打造国家级经济技术开发区绿色发展样板。深化国家生态工业示范园区建设，在符合区域规划环评的基础上，依法简化重大产业项目环评内容，北京经济技术开发区能耗和排污总量等指标任务由市级统筹平衡。

（六）完善治理体制机制，赋予更大改革自主权

17. 加强统一领导。强化北京经济技术开发区工委、管委会对亦庄新城规划建设管理的主体责任，全面管理核心区60平方公里经济和社会事务，承担165平方公里区域经济发展、城市建设管理职能以及与优化营商环境有关的公共服务职能。亦庄新城范围内市场监管工作由北京经济技术开发区管委会承担。进一步赋予北京经济技术开发区管委会市级管理权限，除确需由市级行政机关统一协调管理的事项外，原则上依法授权或委托北京经济技术开发区管委会实施，实施范围覆盖至亦庄新城。支持本市出台的改革开放政策在北京经济技术开发区和亦庄新城先行先试。北京经济技术开发区管委会依据市政府授权行使的行政权力事项和公共服务事项清单履行相应职责。推动修订《北京经济技术开发区条例》。

18. 深化机构改革。坚持小政府、专业化改革方向，构建优化协同高效机构职能体系，建设人民满意的服务型政府机构。坚持“总量控制、内部调整”，赋予北京经济技术开发区机构和职数自主调控权。大兴区荣华、博兴街道办事处及北京经济技术开发区范围内新成立的街道办事处委托北京经济技术开发区管理。支持北京经济技术开发区创新选人用人机制，探索市场化方式，试行全员聘任，完善绩效激励制度，允许实行兼职兼薪、年薪制、协议工资制等分配方式。建立北京经济技术开发区工委、管委会参与对165平

方公里区域涉及的镇党委、政府领导干部考核评价与绩效激励的工作机制。

19. 建设优化营商环境示范区。优化政府职责体系，深化“放管服”改革，建立公平开放透明的市场规则和法治化营商环境，激发各类市场主体活力。切实降低项目落地成本，打造政务服务零收费区。推进“互联网 + 政务”，进一步精简审批事项，实施企业投资项目承诺制和容缺审批等管理方式，强化事中事后监管。推进相对集中行政审批权改革，建立完善行政审批机构，办好政务服务大厅。构建亲清新型政商关系，支持政商积极交往、密切联系，明确行为界限，主动服务企业，做到有求必应、无事不扰。

20. 开展国资国企综合改革。支持北京经济技术开发区国有经济布局优化、结构调整、战略性重组，促进国有资产保值增值；推动建立以管资本为主的国有资产监管机制。鼓励国有企业发展绿色工业地产，建设标准厂房，探索超级工厂模式，为高端项目量身定制产业空间。支持符合条件的开发建设主体申请首次公开发行股票。

三、保障措施

（一）坚持和加强党的全面领导

全面贯彻新时代党的建设总要求，认真履行全面从严治党主体责任，主动接受监督。加强北京经济技术开发区各级党组织和领导班子建设，以提升组织力为重点，充分发挥基层党组织战斗堡垒作用和党员先锋模范作用。坚持正确选人用人导向，突出政治标准，注重培养专业能力、专业精神，建设一支政治过硬、改革意识强、能力水平高、敢闯敢干的高素质专业化干部队伍。加强干部管理，完善干部考核评价机制，建立激励机制和容错纠错机制。加强党风廉政建设，营造风清气正良好政治生态。深化党建引领“街乡吹哨、部门报到”改革，成立亦庄新城党建工作协调委员会，创新基层党建新模式。

（二）完善实施机制

北京经济技术开发区工委、管委会要切实履行高质量发展主体责任，细化完善工作方案，确保各项改革举措有效实施。各有关方面按照职责分工，制定实施方案和具体措施。本意见提出的各项改革举措，凡涉及调整北京市地方性法规和政府规章的，按法定程序经市人大及其常委会或市政府统一授权后实施。

（三）狠抓责任落实

建立市级议事协调机制，加强统筹协调，推进改革协同。北京经济技术开发区、大兴区、通州区要牢固树立大局意识，完善协同发展机制，成立工作专班，理清权责清单和管理边界，建立双向考核机制。市有关单位要加大支持力度，加强对授权和委托事项的指导协调，定期评估并深化完善。要加强对北京经济技术开发区发展蓝图、创新举措、工作成果的宣传，营造创新发展良好氛围。工作中遇有重大事项，要及时向市委、市政府请示报告。

北京市人民政府

2019 年 12 月 31 日

北京市人民政府办公厅关于改革完善仿制药供应保障及使用政策的实施意见

京政办发〔2019〕2 号

各区人民政府，市政府各委、办、局，各市属机构：

为深入贯彻落实《国务院办公厅关于改革完善仿制药供应保障及使用政策的意见》（国办发〔2018〕20 号）精神，加快提升本市仿制药研发能力，提升仿制药质量疗效，提高药品供应保障能力，更好地满足临床用药及公共卫生安全需求，促进本市医药产业转型升级，经市政府同意，现提出如下实施意见。

一、促进仿制药研发

（一）明确鼓励仿制的药品。建立多部门协调机制，推动跨部门药品信息共享，以需求为导向，重点支持仿制临床用量大、金额占比高、疗效确切的药品，专利到期前一年尚没有提出注册申请的药品以及重大传染病防治用药等专科药品，尽早投放市场。支持有条件的仿制药企业申报建设国家级小品种药品集中生产基地，保障临床短缺药品供应。

（二）加强仿制药技术攻关。充分利用本市医院、科研机构和高等学校资源优势，建立仿制药技术攻关联盟，搭建药品研发服务平台，引入专业研发团队，围绕技术难点和共性需求，加大技术攻关力度。发挥企业主体作用，支持企业建立高水平研发中心。利用外经贸发展专项资金，鼓励本市医药企业引进关键技术和重点产品，进行消化吸收再提高。

（三）完善知识产权保护。大力实施专利质量提升工程，培育更多的药品核心知识产权、原始知识产权、高价值知识产权。加强药品知识产权领域反垄断执法，在充分保护药品创新的同时，防止知识产权滥用，促进仿制药上市。建立完善药品领域专利预警机制，开展知识产权政策指导，降低仿制药企业专利侵权风险。

二、提升仿制药质量疗效

（四）加快推进仿制药质量和疗效一致性评价工作。市有关部门要根据企业开展仿制药一致性评价工作需求，积极提供政策指导和技术服务，并依据各自职责加快工作进度，提高仿制药一致性评价申报审批效率。积极推动生物样本检测平台和参比制剂采购服务平台建设，规范生物样本检测管理，优化参比制剂采购程序。

（五）加强仿制药临床试验能力建设。通过多种方式增加临床试验资源，支持三级医院在优化医疗资源布局过程中留出一定资源设立研究型病房，推动药物临床试验机构与具备床位条件的医院开展合作。鼓励具备条件的社会办医疗机构和检验检测机构等参与仿制药临床试验工作。加强药物临床试验机构从业人员专业能力培训，提升工作水平。对承担仿制药一致性评价临床试验的医务人员，在职称晋升、科研奖励和绩效分配等方面予以支持。

（六）提高药用原辅料和包装材料质量。推动企业等加强药用原辅料和包装材料研发，运用新材料、新工艺、新技术，提高质量水平。支持企业开展技术升级，突破提纯、质量控制等关键技术，改变部分药用原辅料和包装材料依赖进口的局面，满足制剂质量需求。落实原辅料和包装材料与药品关联审批制度，并按国家要求加强质量监管。

（七）提升工艺制造水平。支持企业开展数字化车间、智能工厂等建设，大力提升制药装备和智能制造水平，提高关键设备的研究制造能力和设备性能。支持仿制药企业优化和改进生产工艺管理，强化全面质量控制，提高关键工艺过程控制水平。推进药品生产质量控制信息化建设，实现生产过程实时在线监控。落实并完善企业生产工艺变更管理制度。

（八）强化仿制药质量监管。落实覆盖仿制药全生命周期的质量管理和质量追溯制度。加强对仿制药研发、生产、流通及使用全程的监督检查，督促企业执行药品不良反应报告制度，定期发布质量公告；严肃查处数据造假、偷工减料、掺杂使假等违法违规行为；检查和处罚结果及时向社会公开。

三、完善支持政策

（九）加大科研和产业支持力度。对重点仿制药产品按照最高不超过研发投入50%的额度给予资金支持。利用本市高精尖产业发展资金，加大对仿制药生产工艺改造等环节的支持力度。将医药健康产业作为主导产业的相关区要研究出台政策措施，对重大创新品种国内首先获批上市和通过一致性评价的仿制药企业予以激励。

（十）及时纳入药品阳光采购平台。建立药品阳光采购动态准入机制，对国家实施专利强制许可的药品，无条件纳入药品采购平台；将新批准上市和上市后按要求通过一致性评价的仿制药及时纳入药品采购范围，促进与原研药质量和疗效一致的仿制药和原研药平等参与市场竞争。

（十一）促进仿制药替代使用。建立完善药物综合性评价体系，鼓励医疗机构优先采购和使用疗效明确、价格合理的仿制药。严格落实按药品通用名开具处方的要求，除特殊情形外，处方上不得出现商品名。落实处方点评制度，加强医疗机构药品合理使用情况考核，对不合理用药的处方医生进行公示，并建立约谈制度。强化药师在处方审核和药品调配中的作用。

（十二）发挥基本医疗保险的激励作用。对基本医疗保险药品目录中的药品，实行通用名管理，不区分商品名和生产厂家，并及时更新医保信息系统，将仿制药和原研药一视同仁纳入医保支付范围。按照“总额预付、结余共享、超支共担”的原则，推动医保付费方式改革。根据国家有关要求，推进医保药品支付标准有关工作，鼓励医疗机构使用质优价廉的仿制药。

（十三）落实税收优惠政策和价格政策。落实现行税收优惠政策，仿制药企业为开发新技术、新产品、新工艺产生的研发费用，符合条件的按照有关规定在企业所得税税前加计扣除。仿制药企业经认定为高新技术企业的，减按15%的税率征收企业所得税。实行主要由市场形成药品价格的机制，做好与药品采购、医保支付等改革政策的衔接。坚持药品分类采购，突出药品临床价值，充分考虑药品成本，形成有升有降、科学合理的采购价格，调动企业提高药品质量的积极性。加强药品价格监测预警，规范仿制药价格行为，依法严厉打击原料药价格垄断等违法违规行为。

（十四）推动仿制药产业国际化。结合推进“一带一路”建设，加强与相关国际组织和国家的交流，组织开展药品生产线的国际化认证，加快仿制药产业的国际化步伐。对仿制药在欧美国家获批上市的企业，给予相应激励。支持企业开展国际产能合作，建立跨境研发合作平台。支持境外企业在本市建立高质量的药品研发中心。

（十五）加强宣传引导。市卫生健康、药品监管、医疗保障等部门要多措并举做好仿制药政策宣传解读工作，普及仿制药知识，提升人民群众对国产仿制药的信心，逐步改变用药理念与习惯。要加强对医务人员的教育培训，提高合理用药水平，推动仿制药替代使用。要及时回应社会关切，合理引导社会舆论和群众预期，形成良好改革氛围。

各区、各有关部门要充分认识改革完善仿制药供应保障及使用政策的重大意义，切实加强组织领导，完善工作机制，细化工作方案，密切协作配合，积极稳妥推进，确保取得实效。

北京市人民政府办公厅

2019 年 1 月 23 日

北京市经济和信息化局关于印发《北京市 5G 产业发展行动方案（2019 年—2022 年）》的通知

各区人民政府，市政府各委、办、局，各市属机构：

《北京市 5G 产业发展行动方案（2019 年—2022 年）》已经市政府同意，现印发你们，请结合实际认真贯彻落实。

北京市经济和信息化局

2019 年 1 月 21 日

北京市 5G 产业发展行动方案（2019 年—2022 年）

5G 移动通信是我国信息技术领域自主创新的战略支点，是通信技术的颠覆式变革。北京市在 5G 移动通信发展方面，具有通信基础设施完善、创新人才聚集、研发实力强、产业链相对完整且各关键环节均有行业龙头企业布局等先发优势。未来 5 年，北京城市副中心、北京新机场、2019 年北京世园会、2022 年北京冬奥会、长安街沿线升级改造等重大工程、重大活动也将成为 5G 典型场景示范应用窗口。为抓住机遇大力推动我市 5G 产业发展，加快构建高精尖经济结构，推动首都高质量发展，特制定本行动方案。

一、总体要求

（一）指导思想

以习近平新时代中国特色社会主义思想为指导，牢牢把握首都城市战略定位，全面落实加快科技创新构建高精尖经济结构的战略部署，以实现关键核心技术自主可控为引领，掌握 5G 创新主动权、发展主动权，构筑高端高新的 5G 产业体系，以“鼎新”带动“革故”，以增量带动存量，拉动首都新一代信息技术产业全面升级。

（二）发展原则

需求牵引。坚持以市场需求为导向，以典型场景示范应用为切入点，鼓励技术、产品、服务和商业模式创新，带动 5G 产业链与行业应用协同发展。

创新驱动。进一步提升标准创制能力，强化政府引导、企业主导、产学研用协同创新模式，在全球范围内吸引优质创新资源和产业资源，不断提升产业核心竞争力。

重点突破。集中优势力量在 5G 关键元器件等技术薄弱环节补齐短板，在行业应用方面率先形成应用案例，突破应用场景瓶颈。

超前布局。以点带面，加快网络建设，在全国率先实现 5G 热点覆盖。建网与商用同时布局，同步发展，构建运营商为主、上下游产业链协作共赢的产业生态。

（三）发展目标

网络建设目标：到 2022 年，我市运营商 5G 网络投资累计超过 300 亿元，实现首都功能核心区、城市副中心、重要功能区、重要场所的 5G 网络覆盖。

技术发展目标：我市科研单位和企业在 5G 国际标准中的基本专利拥有量占比 5% 以上，成为 5G 技术标准重要贡献者。重点突破 6GHz 以上中高频元器件规模生产关键技术和工艺。

产业发展目标：我市 5G 产业实现收入约 2000 亿元，拉动信息服务业及新业态产业规模超过 1 万亿元。

二、重点行动

实施“一五五一”工程。“一”，即一个突破——突破中高频核心器件技术等关键环节；“五五”，即五大场景的五类应用——围绕北京城市副中心、北京新机场、2019 年北京世园会、2022 年北京冬奥会、长安街沿线升级改造等“五”个重大工程、重大活动场所需要，开展 5G 自动驾驶、健康医疗、工业互联网、智慧城市、超高清视频应用等“五”大类典型场景的示范应用；最终培育“一”批 5G 产业新业态。

（一）突破 5G 核心器件关键技术并实现产业化应用

5G 时代，基站需支持频段数大大增加，每增加一个频段，均需增加射频组件，但我国相应射频器件设计能力严重落后，工业级产品制造工艺能力差距更大，这是我国通信设备受制于人的关键因素。为此，将突破 5G 核心器件关键技术并实现产业化应用作为我市发展 5G 产业的首要任务。

一是建设 5G 中高频射频器件产业创新中心，支持有条件的企业建设 6 英寸砷化镓、氮化镓等化合物半导体工艺验证线，积极吸引产业链上下游资源，组建核心工艺团队，以推进核心器件能力成熟、构建开发协作生态为目标，搭建 5G 核心器件技术开发、中试验证工艺线、产品分析测试平台，从根本上解决我国射频器件制造工艺能力不足问题。

二是组织实施 5G 器件设计专项，完善 5G 芯片设计工具，组织一批芯片设计公司研发射频天线、功率放大器、低噪声放大器、滤波器、开关以及模组等产品，实现处理器、高端模数 / 数模转换器、高端锁相环等芯片和器件从无到有，突破中高频系统解决方案能力。

三是打造 5G 器件研发制造基地，以经济技术开发区和顺义第三代半导体产业基地为主体，引进培育一批器件设计、关键材料制备、特色产品制造与封装企业，争取到 2022 年全球市场份额占比 10% 以上。

（二）重点支撑五个重大工程和活动，开展五大典型场景示范运营

应用场景开发是实现 5G 商用价值的关键环节，也是大规模组网前急需解决的关键难题。重点以北京城市副中心、北京新机场、2019 年北京世园会、2022 年北京冬奥会、长安街沿线升级改造等“五”个重大工程、重大活动为契机，以超高清视频直播、自动驾驶示范运行、云端机器人管理、自动化物流、无人机、安防监控等应用需求为切入点，规划部署规模化 5G 试验网络，率先开展自动驾驶、健康医疗、工业互联网、智慧城市、超高清视频等“五”个 5G 典型场景的示范应用，并向民生服务、先进制造、城市管理延伸，实现 5G 行业应用引领。同时，积极支持运营商和基础设施提供商在重大活动场地开展示范组网运营，支持经济技术开发区及有条件的行政区结合各自特点开展工业互联网等 5G 运营示范。

1. 自动驾驶。基于车联网的自动驾驶技术对网络时延、可靠性要求极高，是 5G 技术可预见的重要应用领域。一是支持自动驾驶技术与车联网技术协同研发，促进 5G 技术在新型车载计算平台上的应用，满足未来共享汽车、远程操作、自动和辅助驾驶等连接要求；二是在安全可控前提下，分阶段在封闭园区、指定市政道路、指定高速路 / 城市快速路以及相关区域开展自动驾驶、自动编队行驶、远程驾驶测试，及客运、货运试运行。具体试点区域为世园会、城市副中心、冬奥会及相关区域。

2. 健康医疗。5G 技术在智慧健康产业上的应用体现，主要是通过智能传感器、大数据等技术在医疗设备、诊疗系统上的协同应用，实现实时医疗监控、全方位病人感知、全面整合医疗资源，推动健康服务精准化、高效化、智能化、专业化发展；在医疗上的应用主要体现在实现远程医疗覆盖，提供远程会诊、远程影像、远程超声、远程心电、远程病理、远程手术、远程护理等各类远程医疗服务。具体试点区域为世园会、城市副中心、冬奥会及相关区域。

3. 工业互联网。工业互联网是互联网和新一代信息技术与工业系统全方位深度融合所形成的产业和应用生态，是工业智能化发展的关键综合信息基础设施。5G 技术可满足工业互联网低时延、高可靠、广覆盖的超高性能需求。一是组织开发面向特定行业与场景的通信设备和应用软件，实现人、设备与产品的实时联通、精确识别、有效交互与智能控制；二是构建工业互联网平台体系，加快 5G 技术与工业控制深度融合，支撑制造企业向数字化、网络化、智能化转型；三是推动 5G、云计算、大数据、人工智能和实体经济深度融合，支持传统产业优化升级，形成先进制造业智能化发展的新兴业态和应用模式。具体试点区域为新机场、经济技术开发区及相关区域。

4. 智慧城市。5G 技术应用到城市管理中，将改变信息交互方式，提高实时信息处理能力、感应与响应速度，增强业务弹性和连续性，提高城市智慧管理水平，促进社会各项事业的全面和谐发展。要加快 5G 与物联网泛在基础设施、应用服务平台、数据共享服务平台建设，围绕智能传感器、低功耗广域网等关键核心技术开展协同创新，推进 5G 技术在智能泊车、智能抄表、智慧照明、智慧楼宇、智慧管网、智慧政务、智慧社区、智慧家庭等领域广泛应用。在重大活动现场和重要地点部署 5G+ 超高清摄像头，实现污染、犯罪、交通等城市管理的智能感知和超高清视频监控。具体试点区域为新机场、城市副中心及相关区域。

5. 超高清视频。随着家庭娱乐进入 4K/8K 时代，超高清视频应用将成为 5G 率先成熟的应用场景。以实现冬奥会 5G+8K 直播为目标，依托国家超高清视频产业联盟，聚集视频产业链相关龙头企业，开展前端视频内容生产、传输端 5G 传输测试、终端核心芯片和显示器件联合实验，打通信号制作传输链条，推动超高清视频产业和 5G 产业协同发展。具体试点区域为长安街沿线、冬奥会及相关区域。

（三）培育一批 5G 产业新业态，带动一批 5G 软硬件产品产业化应用

5G 网络建设和示范应用将带动一批 5G 软硬件产品研发与产业化项目，加速传统行业迭代升级，催生大量新应用、新商业模式，促进数字经济快速发展。

一是在优势领域组织一批 5G 成果产业化项目。加快推进 5G 大规模天线系统、射频芯片及元器件、通信芯片制造封测、通信设备智能化制造、设备智能操作系统、基础及应用软件、智能物流和无人配送系统示范应用、超高速无线通信系统示范应用等一批产业化项目建设，引导 5G 创新成果转化，有力推动 5G 从技术研发到产业化落地，并实现行业规模化应用。

二是举办年度 5G 创新应用比赛，联合国家部委、行业协会、产业联盟、投资机构、科研院所，面向 5G 应用需求，发现应用潜力，发掘一批创新创业团队。

三是组织一批共创空间、孵化器、中小创业投资等机构，重点在 5G 与文化传媒、金融、教育、物流、工业等领域的跨界融合创新应用上，孵化和培育 100 家左右 5G 应用企业，将 5G 新应用、新商业模式培育成为未来信息消费的重要增长点。

三、保障措施

（一）加强组织领导

成立由市政府领导牵头，政府相关部门组成的 5G 产业与应用发展推进小组，强化产业发展协同推进机制，在网络建设、行业应用、资源配置等方面加强联动合作。各区政府根据自身特点，推动落实 5G 产业发展和场景应用。鼓励 TD 产业联盟等社会组织在标准制定、技术攻关、产业推广等方面发挥协同作用。深化“放管服”改革，做好企业服务，建立 5G 组网项目和产业化项目绿色通道，由市级统筹，一站式解决跨区基站建设立项问题，推动国家“5G 规模组网建设和应用示范工程项目”加快实施。积极组织国际性 5G 展览与系列技术论坛，聚集创新资源，营造良好发展环境。

（二）建立多渠道资金扶持体系

充分利用现有财政资金渠道，发挥科技资金、高精尖资金、区级财政资金作用，科技部门重点支持标准创制、技术研发和科研平台建设，经济信息化部门重点支持产品产业化，市区两级共同支持创新示范应用。科创基金设立 5G 产业子基金，引导社会资本共同投资 5G 关键技术开发和产业发展。对承担国家 5G 相关重大科技专项的北京企业给予资金配套支持。

（三）加快推动示范应用

充分发挥中关村示范区先行先试引领作用，加大 5G 原始创新支持力度，用好用足政府购买服务、首台套 / 首批次采购等政策措施，研究制定 5G 示范应用支持措施，突破 5G 远程医疗、自动驾驶等应用领域的现有体制机制和政策障碍。积极在北京地铁、轻轨线路开展 5G 示范应用。组织运营商与行业企业、重点应用示范区域进行对接，并给予应用政策指导。

（四）加强基站组网建设资源统筹

根据5G基站的设计标准，修订《民用建筑通信及有线广播电视基础设施设计规范》和基站规划。相关单位进一步完善5G外场和组网试验环境。市规划自然资源、住房城乡建设部门应落实监管责任，确保新、改、扩建民用建筑的通信设施与建筑主体工程同时设计、同时施工、同时竣工验收。对于已建民用建筑，各级政府部门应率先开放本单位及下属企事业单位的办公大楼和其他公共建筑等相关资源，支持5G基站建设工作。市规划自然资源、住房城乡建设部门应研究制定集市政照明、道路监控、交通信号、通信基站、环保监测等功能于一体的综合杆设计标准和管理办法，实现“多杆合一”，加强资源共享，减少重复建设。

（五）完善人才储备和培养机制

鼓励校企进一步深入合作，培养一批具有国际竞争力的5G产业技术人才和技能型人才。依托国家与北京市重大人才发展战略，支持企业采用灵活的“双聘”制度，以多种方式吸引5G人才和创新创业人才，加大国际5G产业关键、核心人才引进力度，完善人才评价激励机制和配套措施，吸引更多海外高端专业人才来京发展，带动国内人才培养与科研水平提升。

（六）强化知识产权培育运营

加强重点前沿方向和新兴领域的专利布局，建设5G专利池，加大PCT专利申请支持力度，推动5G产业知识产权预警机制和公共服务平台建设。支持企业基于自主知识产权的标准研发、评估和试验验证，促进自主标准成为国际标准。引导、鼓励相关单位设立5G知识产权培育与运营企业。充分发挥国家和北京市知识产权保护组织作用，实现5G技术领域专利快速获权、确权和维权，形成一批我国自主知识产权的成果及专利，建立联合保护、风险分担、开放共享的行业知识产权协同运用机制。

北京市经济和信息化局 北京市广播电视局关于印发《北京市超高清视频产业发展行动计划（2019—2022年）》的通知

各区人民政府、市政府各委、办、局，各市属机构：

《北京市超高清视频产业发展行动计划（2019–2022年）》已经市政府同意，现印发你们，请结合实际认真贯彻落实。

北京市经济和信息化局

北京市广播电视局

2019年5月7日

北京市超高清视频产业发展行动计划（2019—2022年）

工业和信息化部、国家广播电视总局、中央广播电视总台联合印发《超高清视频产业发展行动计划（2019—2022年）》（工信部联电子〔2019〕56号）（以下简称《行动计划》），对推动超高清视频产业发展做出了整体部署。

随着《行动计划》发布实施，5G通信技术的不断成熟，显示技术由高清向超高清演进，超高清视频产业已进入发展战略窗口期。北京正深入推进全国文化中心、科技创新中心建设，聚集了关键环节诸多优势企业、科研院所，产业基础、创新资源及区位优势明显。为进一步落实《行动计划》，抓住机遇大力推动北京超高清视频产业快速发展，打造全国领先的4K/8K超高清视频应用与产业发展基地，加快构建高精尖经济结构，推动电子信息产业消费升级，将北京建设成为超高清产业融合发展新高地，特制定行动计划。

一、原则和目标

坚持国家战略指导，按照“4K先行，兼顾8K”

的总体技术路线，立足自主创新、开放协作、强化科技与文化融合、示范应用引领的基本原则，推动北京超高清视频关键核心技术取得突破、产品创新自主可控、内容制作水平领先、场景应用融合发展、产业集聚规模效应，实现2022年北京冬奥会、冬残奥会4K超高清电视全程直播，8K超高清试验直播。

一是瞄准国家战略急需，自主创新与国际合作相结合，补齐前端设备、核心芯片等技术短板，实现产业链前端产品自主可控，终端产品技术领先；二是打造国家级内容生产基地，提高超高清内容拍摄和制作能力，丰富4K/8K超高清视频内容；三是构建创新平台，推动超高清视频采集、制作、传输、呈现、应用等系列标准国产化，加快三网融合协同发展创新应用；四是发挥北京资源优势，紧抓“5G+4K/8K”超高清示范应用，将“5G+4K/8K”打造成为传播北京文化的重要途径和窗口；五是打造产业集聚规模效应，支持核心企业发展，推动重大项目建设，推动4K/8K超高清技术在典型场景融合应用，打造水平领先的超高清视频产业集群。

二、主要任务

（一）突破关键核心技术，带动产品产业化应用

充分发挥北京创新资源优势，融合5G、人工智能、大数据、云计算等新一代信息技术。强化需求牵引，支持超高清视频领域信源编码、显示驱动芯片、高精密光学镜头、8K显示面板、新型显示器件等产品研发和产业化，支持4K/8K超高清视频摄录设备、编辑制作设备、编解码设备技术取得突破。积极研究8K超高清视频前端信号远程化制作技术、8K超高清视频人工智能和边缘计算制作技术，研制8K超高清特种拍摄设备，建立基于互联网应用的超高清视频公共信号制作标准，带动相关产品产业化应用。

（二）支持协同创新平台体系建设

支持超高清视频（北京）制作技术协同中心建设。联合国际、国内“5G+4K/8K”产业链各环节核心企业和创新资源，组建超高清视频制作技术协同中心，共同开展4K/8K超高清视频软、硬件集成创新。自主研制集成国内首辆4K/8K超高清转播车，建立4K/8K超高清电视节目实验性试播和视频节目网络化试播测试环境，实现国内自主产品与国外先进产品融合验证，引导视频采集、转播制作技术研发，开展8K超高清视频内容的标准化批量制作。

支持超高清电视应用创新实验室建设。相关单位与国家广播电视总局广科院、规划院合作建立北京超高清电视应用创新实验室，依托在京科研院所和相关企业成立4K/8K超高清电视应用科技创新联盟，开展4K超高清配套标准制定及8K技术标准研究，支持8K超高清拍摄、制作、存储、编码、播出、传输等环节关键技术研发，形成具有自主知识产权的战略性、引导性前沿技术成果，培育产业发展新动能。

（三）建成国内领先的播出平台和传输网络

打造领先的内容集成分发交易平台。推动北京广播电视台、歌华传媒集团、视频网站等开展深入合作，共同打造专业的超高清节目集成分发、内容共享交易平台；引导规范影视作品版权交易平台建设，加强超高清影视作品版权交易信息管理，进一步提高版权保护力度。

构建领先的播出平台和传输网络。支持北京电视台2020年申请开播4K超高清电视频道；开展新一代地面无线交互广播电视网4K超高清传输试验；鼓励有线电视高清交互数字平台和新媒体IPTV集成播控平台建设高质量4K超高清内容专区，不断丰富播出机构的4K超高清节目内容；鼓励有线电视和IPTV运营商开展网络基础设施改造并发展4K超高清用户，2020年完成有线电视光纤行政村全覆盖，IPTV光纤用户带宽普遍达到200M。2022年有线电视网络落地至少8套4K超高清频道，北京4K电视用户达到500万。

（四）打造国内领先的超高清视频产业集群

建设国家级超高清内容创作生产基地。对北京地区影视制作机构创作生产的超高清节目进行分类奖励，扶持超高清精品影视作品；以北京市各影视产业基地为依托，打造国内最大的超高清影视拍摄中心、影视后期制作中心、视听节目创作基地和影视制作机构集聚中心。2020年底，影视制作机构创作生产4K超高清节目累计达到6000小时，把北京建设成为水平领先的超高清影视制作基地。

建设领先的超高清视频产业集群。发挥北京在4K/8K超高清显示屏、摄像机、信源编码、编播设备以及内容生产制作、传输网络等优势，鼓励相关企业加大产品升级改造和科技创新投入，推动4K/8K超高清设备研发，强化京津冀广电科技装备制造领域协同发展。在超高清文化科技融合示范企业认定、文化领域超高清高新技术企业培育方面，支持超高清电视应用重点企业发展，支持超高清视频技术、装备和内容生产企业参与“走出去”工程，着力打造发展特色鲜明、聚集效应明显、产业链条完备的超高清视频产业园区和数字视听产业园区。创建8K超高清视频“制播云”系统，培育超高清视频“云上共享”等产业新业态、新模式，鼓励企事业单位开展跨屏幕、跨网络业务推

送服务，推动4K/8K超高清技术在智慧广电、智慧城市等领域示范应用，建设领先的超高清视频产业集群。

（五）开展典型试点示范

2019年完成国内首辆4K/8K超高清转播车集成工作，在北京世界园艺博览会期间充分开展“5G+4K/8K”技术路线验证实验，完成50小时以上超高清视频内容采编，验证不低于4小时超高清视频节目的直播技术；围绕重大国事庆典活动，应用最前沿8K视频技术，结合5G对活动实况进行小范围示范性定向播放。2020年高山滑雪世界杯，运用无人机、人工智能机器人、自动追踪高速摄像机、5G高速回传等先进技术解决高山速降运动超高清拍摄和回传技术难点，实现高山速降运动超高清直播。2021年冬奥系列测试赛，验证、完善8K超高清直播技术方案。同时，积极推动8K超高清示范应用，选取影院等场所试点8K超高清文化演出、体育活动直播等商业应用，选取住宅及特定公共场所试点布局8K超高清传输系统、机顶盒及显示终端，开展区域性示范直播、点播实验。

三、保障措施

（一）加强组织领导，建立协同工作机制

市经济和信息化局、市广播电视局要积极与科技部、工业和信息化部、国家广播电视总局、中央广播电视总台等国家部门，以及市发展改革委、市科委、中关村管委会、北京冬奥组委技术部、市文资中心等单位加强协调联动，发挥行业组织、创新平台作用，综合采取多种措施，形成工作合力，协调解决超高清视频产业发展重大事项；制定年度重点任务清单，推动重大项目实施，完善上下游产业链。加快构建超高清视频端到端技术标准体系，推动开通超高清电视频道；积极争取国家发展改革委、科技部、工业和信息化部、财政部等部门对超高清视频产业支持。

（二）加强政策引导，加大资金支持力度

统筹利用现有资金渠道，支持超高清视频技术研发、创新平台和产业化项目建设。采取政府购买服务方式，加大对超高清视频设备首台套采购、内容制作、试点示范、场景应用的支持力度。充分发挥市区财政资金和政府投资基金作用，积极引导社会资本参与，研究设立超高清视频产业发展基金，重点围绕超高清视频关键核心技术、超高清视频内容制作、做大做强产业规模、知识产权保护等方面开展投资合作。

（三）加大行业推广，以应用推动产业发展

实施超高清视频重大场景示范工程，在广播电视、文教娱乐、体育赛事、庆典活动、医疗健康、智能交通、安防监控、视频会议、工业制造、智慧城市等方面提出一批场景应用项目清单，合理布局规划场景落地路径，创新场景应用支持政策模式，打造一批可复制、可推广的场景应用典型，加快超高清视频产业迭代创新和融合发展。

（四）深化交流合作，加强产业人才培养

积极跟踪国际超高清技术发展趋势，坚持“引进来”和“走出去”发展相结合，实现合作共赢；完善创新人才培养机制，加快超高清产业高层次研发人才、产业技术人才引进和培育，为超高清视频产业发展构筑人才支撑体系。

北京市经济和信息化局关于印发《北京市中小企业公共服务示范平台评价管理办法》的通知

京经信发〔2019〕51号

各有关单位：

为深化“放管服”改革，贯彻落实《北京市促进中小企业发展条例》，引导中小企业公共服务平台提升服务能力和服务水平，支持中小企业公共服务体系建设，我局研究制定了《北京市中小企业公共服务示范平台评价管理办法》，现予印发，请遵照执行。

特此通知。

北京市经济和信息化局

2019年7月30日

北京市中小企业公共服务示范平台评价管理办法

第一章 总　则

第一条　为进一步落实《北京市促进中小企业发展条例》的有关要求，加快推进我市中小企业公共服务体系建设，切实推动大众创业、万众创新，培育一批空间布局合理、产业特色鲜明、服务功能完善、运营管理规范、带动效应突出的中小企业公共服务示范平台，促进中小企业健康发展，根据工信部《国家中小企业公共服务示范平台认定管理办法》（工信部企业〔2017〕156号），以及我市有关文件规定，制定本办法。

第二条　北京市中小企业公共服务示范平台（以下简称“示范平台”）一般是指由法人单位建设和运营，经北京市经济和信息化局（以下简称“市经济和信息化局”）评价确认，为中小企业提供信息、投融资、创业、技术创新、培训、管理咨询、市场开拓、法律等公共服务，业绩突出、公信度高、服务面广，具有示范带动作用的服务平台。

第三条　示范平台应具有公益性、公共性和开放性，要按照“政府引导，市场化运作，面向产业，服务企业，资源共享，注重实效”的原则运作，努力创新服务模式，提高服务质量，带动社会服务资源为中小企业发展服务。

第四条　市经济和信息化局负责示范平台的评价和管理工作。

第二章　申报条件

第五条　示范平台必须同时具备以下基本条件：

（一）一般应具有独立法人资格，注册地在本市且成立时间两年以上，资产总额不低于人民币200万元；经营和信用状况良好，具有良好的发展前景和可持续发展能力。

（二）服务业绩突出。年服务京津冀中小企业不少于100家；近两年服务企业数量持续增长，在专业服务领域或区域内有一定的声誉和品牌影响力。

（三）有固定的经营服务场所和必要的服务设施、仪器设备等；有组织带动社会服务资源的能力，集聚社会化专业服务机构5家以上。

（四）具备信息化服务系统，具有信息展示、查询功能；及时发布、更新服务信息、产品信息、技术信息、活动信息等，实现信息资源共享；应够综合应用互联网、云计算、大数据等技术，基本达到运营管理智能化、信息收集分析数字化。

（五）有良好的商业信誉，健全的管理制度，规范的服务流程，合理的收费标准和完善的服务质量保证措施；有明确的发展规划、年度服务目标。

（六）有健全的管理团队和人才队伍。单位和企业法人要诚信、守法，无不良信用记录；从事为中小企业服务的人员不少于10人，其中本科及以上学历和中级及以上技术职称专业人员的比例占80%以上。

（七）企业用户满意度不低于90%；平台提供的公益性服务或低收费服务不少于总服务量的20%。

由机关事业单位、社团法人主办，服务业绩突出、示范带动作用明显的平台，上述（一）（六）项的条件可适度放宽。

第六条　示范平台应至少具备以下服务功能中的三项：

（一）信息服务。充分利用信息网络技术手段，形成便于中小企业查询的、开放的信息服务系统；具有在线服务、线上线下联动功能，并组织开展相关的服务活动。

（二）融资服务。组织开展融资产品咨询、企业融资策划、融资代理、信用评价等服务；并组织融资对接、路演，融资知识培训等活动。

（三）技术创新服务。具有组织创新技术服务资源的能力，能够提供技术诊断、检验检测、产学研对接等高端服务；具有专家库和新产品、新技术项目库等；具备条件的应开放大型、精密仪器设备与中小企业共享；并开展节能环保、技术转移、知识产权等服务活动。

（四）创业服务。具有较强的创业辅导能力，有系统的创业指导方案；开展工商、财税、人力等相关政务、商事代理服务；并开展创业项目洽谈、路演推介活动。

（五）培训服务。具有培训资质或在中小企业主管部门备案，具有远程培训能力，并开展相关培训活动。

（六）管理咨询服务。提供发展战略、财务管理、人力资源、市场营销等咨询诊断，并开展相关服务活动。

（七）市场开拓。组织开展各类展览展示、商务洽谈、产品推介、国内外经济技术交流与合作，并开展相关服务活动。

（八）法律服务。具有法律法规、法律案例等信息查询功能，提供法律咨询、文书审核、合同文书范本下载等服务，并开展相关服务活动。

第七条 鼓励具备下列特征的平台发展：

（一）平台经营地址位于北京郊区；

（二）立足本市企业，面向符合首都功能定位和高精尖产业要求的中小企业提供创新创业服务；

（三）服务范围辐射京津冀地区，开展跨区域合作，有效整合创新资源。

第八条 单位、企业或法人代表在申请受理截止日期前三年内，不得存在下列情况：

（一）因违反有关法规，受到刑事及严重行政处罚；

（二）司法、行政机关认定的严重失信行为。

第三章 申报和评价

第九条 示范平台的评价工作遵循公平、公开、公正的原则，实行告知承诺制，原则上每年进行一次。

第十条 市经济和信息化局原则上每年发布申报通知，申请单位按照要求，登录北京市政务服务网提出申请，并提交相关申报材料。

第十一条 市经济和信息化局委托专业机构对单位申请材料进行初审，材料齐全的予以受理。市经济和信息化局对受理的申请材料进行评价，评价确认合格的服务平台在市经济和信息化局网站公示 7 日，接受社会监督。

第十二条 对经评价确认合格并公示无异议的服务平台，市经济和信息化局授予“北京市中小企业公共服务示范平台”称号。

第四章 监督和管理

第十三条 被授予“示范平台”称号的有效期为三年，在有效期满当年可再次申报。

第十四条 有下列情况之一的，三年内不得再次申请。已授予的示范平台称号将被撤销。

（一）提供虚假材料和数据；

（二）有效期内违反有关法规，受到刑事及严重行政处罚；

（三）有效期内司法、行政机关认定的严重失信行为。

第十五条 市经济和信息化局将委托第三方机构每年对示范平台的主要条件指标和服务情况进行复评，复评不合格的将取消其示范平台称号，一年内不得再次申报。

第十六条 示范平台应积极配合北京市中小企业公共服务平台网络市级枢纽平台的统筹协调，按期报送相关运营数据信息，接受其管理和绩效评价，落实其安排的各项工作。

第十七条 示范平台或其运营管理机构遇有更改名称、地址、法定代表人、主营业务等重大变更事项的，应在发生变更后 30 个工作日内报市经济和信息化局备案。

第十八条 市经济和信息化局对服务业绩突出、社会反映良好、符合要求的示范平台，优先予以政策支持。

第五章 附 则

第十九条 本办法自发布之日起施行，《北京市中小企业公共服务示范平台管理办法》（京经信委发〔2017〕24 号）同时废止。已认定的示范平台的有效期及管理按本办法执行。

第二十条 本办法由市经济和信息化局负责解释。

北京市经济和信息化局关于印发《北京市机器人产业创新发展行动方案（2019—2022年）》的通知

各有关单位：

为贯彻《北京市加快科技创新发展智能装备产业的指导意见》，推动北京市机器人产业高质量发展，现将《北京市机器人产业创新发展行动方案（2019—2022年）》印发给你们，请认真贯彻落实。

北京市经济和信息化局

2019年12月18日

北京市机器人产业创新发展行动方案（2019—2022年）

为贯彻《北京市加快科技创新发展智能装备产业的指导意见》，推动北京市机器人产业高质量发展，特制定本方案，期限2019至2022年。

一、基本思路

紧抓全国科技创新中心建设的重大机遇，依托一批创新实力强、产业基础好、市场成长快的骨干企业，培育形成以医疗健康机器人、特种机器人、协作机器人、仓储物流机器人四大整机加关键零部件为主导的“4+1”发展格局，重点推广四大产业创新模式，激活三大应用服务市场，破解两大产业协同路径，构建具有北京乃至京津冀特色的机器人产业发展生态，打造具有全球影响力的机器人产业创新策源地和应用示范高地。

二、主要目标

到2022年，我市机器人创新能力和产业实力明显增强，示范应用成效显著，在全国形成重要影响力。

创新地位国内突出。机器人关键核心和前沿技术实现突破，在机器人新型传动、人机交互、仿生等领域涌现一批标志性创新成果。围绕医疗健康机器人、特种机器人、协作机器人等细分领域，培育形成3个以上在国内有影响力的协同创新平台。

产业实力稳步提升。机器人产业配套体系逐步完善，形成机器人产业链分工合作的发展生态。医疗健康、特种、协作、仓储物流机器人等领域培育2−3家国际领先企业、10家国内细分领域领军企业，打造1−2个特色产业基地。全市机器人产业收入超过120亿元。

示范应用成效显著。遴选一批机器人创新应用示范场景，推动工业机器人在数字化车间、智能工厂等场景落地并发挥更大作用，服务、特种机器人创新成果在民生、安全、应急、物流等领域应用取得新进展，带动我市产业转型升级和经济社会高质量发展。

三、重点工作

实施“五四三二”工程。“五”，即培育发展“4+1”重点产业方向——医疗健康、特种、协作、仓储物流机器人以及机器人关键零部件；“四”，即推广四大产业创新模式——产学研用协同、央地协同、创新创业孵化、跨界融合创新模式；“三”，即激活三大应用服务市场——加大机器人在工业领域推广应用力度、开展服务民生领域示范应用和推动公共安全领域示范应用；“二”，即破解两大产业协同路径——完善机器人产业配套体系、推动京津冀机器人产业协同发展。

（一）培育发展“4+1”产业格局

医疗健康机器人。加快骨科手术机器人、神经外科手术机器人、纳米机器人等医疗机器人技术和产业布局，推动机器人临床应用研究，开展下一代手术机器人远程手术、安全操控等核心技术研发及产业化。面向养老、健康服务领域，布局机器学习、触觉反馈、增强现实、脑机接口等关键技术，推动多功能手臂、外骨骼机器人等康复机器人以及智能护理机器人的研发生产。

特种机器人。满足公共安全需求，加快发展侦查安检、安保巡逻、排爆销毁、破障处置等警用机器人。满足恶性事故、自然灾害以及高温高压、有毒有害等特殊环境需求，发展侦查、灭火、排烟等消防机器人和应急救援保障机器人。面向航天、航空、核工程及水面特殊作业等需求，发展空间机器人、无人机、水面/水下机器人等。

协作机器人。面向电子信息、汽车零部件、装备制造等领域，发展大负载、视觉/触觉识别、快速编程和智能示教等协作机器人，以及轻量化、关节力感知、关节/空间柔顺控制、无控制柜、智能工艺学习等柔性力感知协作机器人。面向科研教育、医疗、商业服务等领域，发展7轴冗余自由度、仿生柔性交互、高安全性的柔性协作机器人。

仓储物流机器人。面向智能制造、仓储物流等领域，发展拣选、搬运、货箱到人、复合型机器人，以及物流无人机、无人车、无人仓储、无人叉车等智能仓储物流技术产品。面向智慧城市，发展智能停车AGV、立体车库等产品和解决方案。

机器人关键零部件。发展高性能机器人专用伺服电机和驱动器、高精密减速器、编码器、智能型机器人控制器和操作系统、多自由度灵巧手、末端执行器，以及关节位置、力矩、视觉、触觉传感器等机器人关键零部件，提升产业支撑能力。

（二）推广四大产业创新模式

产学研用协同创新模式。聚焦医疗健康机器人、特种机器人、协作机器人等领域，整合细分领域优势资源，围绕产业共性技术等重大需求，推动市级产业创新中心建设。支持有能力有条件的企业与高校、科研院所共建研发机构、搭建技术研发和工程化平台，突破关键共性技术及关键核心部件瓶颈，提升关键技术及产品自主化供给能力。支持企业和用户以上下游需求和供给能力为依据、以应用为导向，协同开展机器人创新应用，建立产业链上下游互融共生、分工合作、利益共享的一体化组织新模式。

央地协同创新模式。支持中央企业、单位与本市企业搭建技术转移转化平台，建立创新成果产业化合作模式。组织本市企业与中央企业、单位进行对接和联合开展机器人研发、产业化和示范应用项目。

创新创业孵化模式。组织机器人创新创业大赛、项目路演等活动，邀请行业专家、企业家、投资人等担任创新创业导师，培育推荐创新型企业和重点项目。支持领军企业采取新型研发创新组织模式，孵化科技型小微企业。发挥产业基金作用，引导社会资本投资机器人创新创业活动。

跨界融合创新模式。支持有条件的传统制造业企业拓展业务领域，开展机器人研发生产和集成应用，培育机器人系统解决方案。支持新一代信息技术、互联网、人工智能等创新型企业结合应用场景，开发机器人产品、开展技术和模式创新、拓展市场应用空间，培育形成国内领先的机器人产业融合创新生态圈。

（三）激活三大应用服务市场

加大工业领域推广应用力度。支持电子、汽车、装备等行业推广应用工业机器人、仓储物流机器人和系统解决方案。以小米5G智能工厂等重大项目为示范带动，鼓励机器人企业积极参与数字化车间、智能工厂等项目建设，融合5G等新一代信息技术，在实现生产线智能化、柔性化等方面发挥更大成效。

开展服务民生领域示范应用。继续推动骨科手术机器人应用中心建设，推广医疗健康机器人在医院、养老机构等领域应用，拓展5G远程操控手术机器人实时手术应用场景。支持企业积极参与国家先进医疗装备应用示范、智慧健康养老应用试点示范等项目。开展以场景应用为主的机器人测评比选大赛，支持仓储物流等服务机器人、安全应急等特种机器人在城市副中心、大兴机场等重点区域及北京冬奥会等重大活动率先示范应用，拓展产品市场空间。

推动公共安全领域示范应用。面向警用、消防、应急救援机器人领域，搭建形成高效产需对接平台，推动一批警用、消防及应急救援机器人进入作业现场实现示范应用。

（四）破解两大产业协同路径

完善机器人产业配套体系。支持企业、园区建设机器人公共加工服务平台，满足机器人研发中试和产业化配套需求。支持机器人系统集成商与本体企业、本体企业与零部件企业开展对接合作，建立上下游协作体系。支持机器人零部件生产企业加快伺服驱动及电机、减速器等关键零部件产业化进程。支持机器人关键零部件、本体企业对接检验检测平台，开展国产机器人核心零部件关键技术对标验证。

推动京津冀产业协同发展。整合京津冀机器人产业资源，强化产业链协作，支持企业通过网络协同制造等模式，引导供应链企业在京津冀合理布局，形成产业链互融共生、分工合作、利益共享的发展模式，辐射带动全国发展。

四、保障措施

（一）做好统筹组织保障

建立市经济和信息化局、市科委、中关村管委会等部门以及北京经济技术开发区等重点区分工协作的工作统筹机制，协同推进全市机器人研发及创新成果转化、产业化及产品示范应用等工作。支持中关村科学城巩固提升机器人原始创新、科技成果转化辐射能力，引导机器人产业化项目向北京经济技术开发区重点布局，拓展布局房山、顺义、大兴、门头沟等区，加快推动一批重点项目落地。对接河北省和天津市主管部门和企业，推动形成京津冀机器人创新链、产业链协同发展体系。

（二）加大政策支持力度

支持优势企业、创投机构、科研院所等筹建机器人产业创新基金或产业创投基金。鼓励推动创新型企业在科创板上市。支持机器人企业通过融资租赁、信用贷款、知识产权质押贷款、信保融资等方式融资发展。落实首台（套）重大技术装备示范应用政策，加大对机器人首台（套）产品研制和应用的支持力度。

（三）引进培养产业人才

统筹用好国家、市级及中关村示范区人才政策，吸引国内外机器人领军人才在京发展。支持企业引进和培养机器人高端人才及核心团队，支持通过校企合作等方式开展人才培训，支持建立产业技术应用培训中心，形成多层次产业人才梯队。

（四）开展国际交流合作

依托世界机器人大会、中关村论坛、科博会等重要活动，打造国际一流的机器人产业交流合作平台，吸引聚集全球高端要素资源，加大对北京机器人产业政策的宣传力度，积极推动国际组织、企业和机构在京落户。支持企业在海外设立研发中心、参与国际间合作项目。

北京市经济和信息化局关于印发《北京市促进大中小企业融通发展2019—2021年行动计划》的通知

京经信发〔2019〕84号

各有关单位：

为贯彻落实《国务院关于推动创新创业高质量发展打造“双创”升级版的意见》（国发〔2018〕32号）相关文件精神，按照工业和信息化部、国家发展改革委、财政部、国资委印发的《促进大中小企业融通发展三年行动计划》（工信部联企业〔2018〕248号）等有关规定，结合我市实际，我局会同市发展和改革委员会、市财政局、市国有资产管理委员会研究制定了《北京市促进大中小企业融通发展2019—2021年行动计划》，现予印发，请遵照执行。

特此通知。

北京市经济和信息化局

2019年12月30日

北京市促进大中小企业融通发展2019—2021年行动计划

为贯彻落实《国务院关于推动创新创业高质量发展打造“双创”升级版的意见》（国发〔2018〕32号）相关文件精神，按照工业和信息化部、国家发展改革委、财政部、国资委印发的《促进大中小企业融通发展三年行动计划》（工信部联企业〔2018〕248号）等有关规定，结合我市实际，制定本行动计划。

一、总体要求

以习近平新时代中国特色社会主义思想为指导，全面贯彻党的十九大精神，统筹推进“五位一体”总体布局和协调推进“四个全面”战略布局，结合北京市十大高精尖产业发展方向，以构建大企业与中小企业协同创新、资源共享、融合发展的产业生态为目标，着力挖掘和推广融通发展模式。通过夯实融通载体、完善融通环境，发挥大企业引领支撑作用，提高中小企业专业化水平，培育经济增长新动能，支撑制造业创新，助力实体经济发展。

到 2021 年，在支持中关村科技园区昌平园和北京经济技术开发区打造大中小企业融通发展特色载体的基础上，总结具有推广意义的发展经验和模式，进一步推动我市更多的实体园区打造大中小企业融通发展特色载体；培育一批制造业“双创”平台试点示范项目；构建工业互联网网络、平台、安全三大功能体系；建立北京市“专精特新”中小企业培育库，认定一批北京市“专精特新”中小企业，打造一批专精特新“小巨人”企业和制造业单项冠军企业；培育一批小型微型企业创业创新示范基地和中小企业公共服务示范平台。在全市形成大企业带动中小企业发展，中小企业为大企业注入活力的融通发展新格局。

二、主要行动

（一）发挥大企业引领支撑作用

发挥中央企业集团、市属国有企业、市场知名企业等大企业在资本、品牌和产供销体系等方面的优势，利用“互联网 +”等手段，搭建线上线下相结合的大中小企业创新协同、产能共享、供应链互通的新型产业创新生态，促进大中小企业深度融合、相互嵌入式合作，促进生产制造领域共享经济新模式新业态发展，重构产业组织模式，从而推动中小企业在细分领域精准布局，实现我市中小企业高质量发展。

鼓励我市大企业为中小企业开放空间载体，开放场景应用，开放共享资源，为中小企业提供“双创”服务平台、中试平台等共性需求支持；有效对接大企业闲置资源和中小企业闲置产能，推动资源优化配置；鼓励市属国有企业探索以子公司的形式设立创新创业平台，促进混合所有制改革与创新创业深度融合。

鼓励我市供应链核心企业在商业可持续前提下依法合规发展供应链金融，开展订单和应收账款融资、仓储金融等服务；依托应收账款融资服务平台，推动供应链核心企业与平台对接，帮助上下游中小供应商提高融资效率、降低融资成本。推动大企业以股权投资、债权投资等形式向中小企业提供专业金融服务。推动大企业与中小企业通过建立人才工作站、合作开发项目等方式开展人才培养使用的全方位合作。（责任部门：市经济和信息化局、市国资委、市金融局、市银保监局、市证监局、人民银行营业管理部）

（二）提升中小企业专业化能力

以我市十大高精尖产业发展方向为重点，制定和实施北京市“专精特新”中小企业培育计划。计划 3 年内认定和扶持一批在细分行业内技术实力强、产品质量好、服务水平优、市场份额高、品牌影响大、发展前景广的“专精特新”中小企业，建立“专精特新”中小企业培育库。依托“专精特新”中小企业培育库，重点打造一批主营业务突出、质量效益优、竞争力强、成长性好的专精特新“小巨人”企业和一批制造业单项冠军企业，推动我市中小企业不断做优做强。

开展中小企业信息化推进工程，推动大型信息化服务商提供基于互联网的信息技术应用；通过指导性目录范围内的购买服务等方式，支持中小企业业务系统向云端迁移，依托云平台构建多层次中小企业服务体系，提高我市中小企业信息化应用水平。（责任部门：市经济和信息化局、市财政局）

（三）建设融通发展平台载体

大力支持我市相关实体园区打造大中小企业融通发展特色载体，结合区域发展定位，深入挖掘区域内具有引领作用的行业龙头企业、科研院所、专业资本、高端人才和在产业链关键环节起支撑作用的中小企业，通过政策引导和资金支持，促使园区内各类资源集聚，促进大中小企业协同发展，依托特色载体打造我市大中小企业融通发展的新型产业创新生态。

鼓励制造企业、信息技术企业、科研院所等为中小企业提供制造业“双创”服务平台；推进北京市小型微型企业创业创新示范基地建设，为小微企业创业创新提供孵化空间和服务空间场所；推进北京市中小企业公共服务示范平台建设，为中小企业提供信息、投融资、创业、技术创新、培训、管理咨询、市场开拓、法律等公共服务；依托全国信用信息共享平台，为中小企业提供创新信用产品和服务。（责任部门：市经济和信息化局、市国资委、市科委、中关村管委会、经济技术开发区管委会）

（四）优化融通发展环境

发挥互联网对融通发展的支撑作用。积极落实提升网络速率、降低资费水平的相关政策，继续推进连接中小企业的专线建设。通过夯实网络基础，为实现产业链各环节的互联与数据顺畅流通提供保障；依托大数据分析、信息资源整合等，加快构建工业互联网网络、平台、安全三大功能体系。

建立融通发展重点企业和重点项目的融资信息对接机制，鼓励金融机构增加融资供给。鼓励设立各类创业投资引导基金、风险投资基金，引导股权投资机构加大支持。开展小微企业应收账款融资专项行动，充分发挥应收账款融资服务平台等金融基础设施作用，推动供应链核心企业支持小微企业供应商开展应收账款融资。

发挥知识产权制度对企业创新的引导作用，强化知识产权保护，促进知识产权质押融资发展，推动建立大中小企业共创、共有、共享知识产权激励机制，提升知识产权转化运用效率，不断完善我市知识产权管理服务体系。

落实政府采购支持中小企业发展，应当预留本部门年度采购预算总额30%以上面向中小企业，其中预留给小型和微型企业的比例不低于60%（中小企业无法提供的商品和服务除外）。鼓励大型企业与中小企业组成联合体共同参加政府采购，联合体中约定小型、微型企业的协议合同金额占到联合体协议合同总金额30%以上的，可给予子联合体2%–3%的价格扣除。

鼓励我市中小企业积极参加国际中小企业博览会、APEC国际中小企业技术交流暨展览会等国际展会，促进“一带一路”国际投资贸易合作，在大型跨境电商的带动下充分利用跨境网络交易平台进行跨境产品交易、技术交流、人才流动，融入大型跨国公司的产业供应和产业创新体系。围绕绿色制造、生物医药、新材料等重点领域开展国际经济技术交流和跨境撮合，吸引高端制造业、境外原创技术孵化落地，推动龙头企业延伸产业链，带动北京市“专精特新”中小企业融入全球价值链，促进制造业单项冠军企业迈向全球价值链中高端，积极参与国际产业竞争。（责任部门：市经济和信息化局、市发改委、人行营管部、市知识产权局、市商务局、市通信管理局）

三、保障措施

（一）强化组织保障

建立市经济和信息化局、市发展改革委、市财政局、市国资委等跨部门协调联动工作机制，统筹协调大中小企业融通发展中的重大问题、重大政策和重大工程，动态跟踪、总结经验、宣传推广融通发展新模式。各部门要结合工作实际，按照各自职责，制定具体实施方案，保障任务顺利实施。

（二）营造公平市场环境

进一步深入推进简政放权、放管结合、优化服务改革，加快政府职能转变，落实中小企业与大型企业平等市场主体地位。清理制约人才、资本、技术、数据等要素自由流动的制度障碍。规范市场主体交易行为，推动开展大企业拖欠中小企业资金调查工作，并清理以政府、大企业为源头的资金拖欠。推进政府采购信用担保试点，鼓励为小型微型企业参与政府采购提供履约担保和融资担保等服务，营造融通发展良好外部环境。

（三）充分发挥财政资金的引导带动作用

结合中央财政资金支持，充分利用我市现有资金基金政策，通过北京市支持中小企业发展资金、北京市中小企业发展基金、新兴产业创业投资引导基金等，拉动各类产业基金、社会资本，以基金投资、政府采购、项目补助及奖励等多种方式支持实体园区打造大中小企业融通型特色载体，引导融资担保和再担保机构支持大中小企业融通发展。

（四）加强宣传推广

组织宣传大中小企业融通发展典型案例，加大对各类融通发展模式、北京市“专精特新”中小企业和平台载体等的宣传力度。举办大中小企业融通发展模式交流活动，引导企业树立融通发展观念。

2020

北京工业年鉴

BEIJING GONGYE NIANJIAN

附　录

本栏目采用表格形式，收录第三十四届北京市企业管理现代化创新成果获一、二等奖名单，2019年北京市企业管理现代化创新成果优秀组织单位名单，2019年度第22批北京市企业技术中心名单、2019年北京软件和信息服务业综合实力百强企业名单，2017年至2019年北京市工业企业部分发明授权专利一览表，以及北京市政府相关部门通信指南和北京市辖区内国有控股工业企业通信指南。

第三十四届北京市企业管理现代化创新成果（一、二等奖名单）

序号	成果名称	企业名称
一等奖名单		
1	打造基于海量用户和大数据驱动的电信运营商“五全五化”用户运营体系	中国联通网络通信有限公司北京市分公司
2	高质量发展导向下的国际一流会展服务场馆“标准化+”体系的创建与实践	北京北辰实业股份有限公司国家会议中心
3	依托互联网平台的阳光采购管理	北京市首都公路发展集团有限公司京沈高速公路管理分公司
4	首都高速公路收费运营企业廉洁文化建设创新与实践	北京市首都公路发展集团有限公司（京开高速公路管理分公司京沈高速公路管理分公司八达岭高速公路管理分公司）
5	高速公路运营管理人员激励约束机制的构建与实施	北京市首都公路发展集团有限公司京开高速公路管理分公司
6	基于数字化管理的高速公路运营工作建设	北京市首都公路发展集团有限公司八达岭高速公路管理分公司
7	高速公路运营企业不动产管理探索	北京市首都公路发展集团有限公司安畅高速公路管理分公司
8	高速公路养护信息数据标准化建设的探索和实践	北京首发公路养护工程有限公司
9	高速公路检测企业经营管理体系的构建与应用	北京奥科瑞检测技术开发有限公司
10	以城市公路绿色廊道为目标的“路长制”管理	北京市首发天人生态景观有限公司
11	公共服务类企业党组织“一统四化”决策模式的构建与实施	北京市首都公路发展集团有限公司
12	关于国有企业职工创新工作室的应用实践	北京市首都公路发展集团有限公司
13	建筑企业集成式科研管理体系的构建与实施	北京建工四建工程建设有限公司
14	房地产开发企业全成本精细化管理创新实践	北京建工地产有限责任公司
15	提升养老普惠金融服务质效打造基于精益化管理的特色银行	北京农村商业银行股份有限公司
16	国有投资建设重大项目法律风险防控体系建设	北京城市副中心投资建设集团有限公司
17	以主体责任落实为基础的企业安全稳定管理体系的创建与实施	北京城市副中心投资建设集团有限公司
18	建设企业项目管理数字化体系创新研究	北京城市副中心投资建设集团有限公司
19	大型棚户区改造项目信息化集成型管理的创新实践	北京城市副中心投资建设集团有限公司通州分公司
20	北京轨道交通建设期“项目标准化资产管理平台”建设	北京市轨道交通建设管理有限公司
21	轨道交通建设工程绿色文明施工管理体系建设与实施	北京市轨道交通建设管理有限公司
22	构建国际标准“研创示编”新模式，引领国际电网发展新趋势	国网冀北电力有限公司
23	电力央企以高质高效为目标的“三供一业”分离移交改革实践	国网冀北电力有限公司
24	供电公司交直流柔性配电网建设与管理全过程创新与实践	国网冀北电力有限公司张家口供电公司
25	适应智慧工业城市发展需要的配电网管理体系构建与实施	国网冀北电力有限公司唐山供电公司
26	国家风光储输示范工程“科研+科普”双轮驱动的科技创新平台建设与实践	国网冀北电力有限公司
27	基于大数据的电力企业职责履行监测预警体系的创建及应用	国网冀北电力有限公司
28	“光伏扶贫”重大民生工程物资供应新模式的构建与实施	国网冀北电力有限公司物资分公司
29	以“三化”引领企业网络安全管理，构建大型电网企业网络安全防线	国网冀北电力有限公司信息通信分公司
30	构建电网企业“电代煤”工程精准管理模式	国网冀北电力有限公司廊坊供电公司

（续表）

序号	成果名称	企业名称
31	构建实施设备运行监控管理数据诊疗模式	国网冀北电力有限公司秦皇岛供电公司
32	以推动铁路运输企业高质量发展为导向的劳动组织优化	中国铁路北京局集团有限公司劳动工资部
33	城市轨道交通网络化客流管理的创新实践	北京市地铁运营有限公司运营二分公司
34	城市轨道交通信号设备故障风险智能化管理体系建设与实施	北京市地铁运营有限公司通信信号分公司
35	企业集团审计共享中心的构建与实施	北京首都创业集团有限公司
36	餐饮食材企业数字化转型的探索与实践	北京市农业投资有限公司
37	大型国有电子信息企业面向数字经济的转型实践	北京牡丹电子集团有限责任公司
38	践行以人民为中心思想实施老旧小区综合整治工程中的创新与实践	北京住总集团有限责任公司工程总承包二部
39	以开放创新思维推进企业人才队伍建设	北京住总集团有限责任公司轨道交通市政工程总承包部
40	打造数据驱动的内外双闭环客户体验管理体系	中国移动通信集团北京有限公司
41	构建高效汇聚机房管理体系的创新实践	中国移动通信集团北京有限公司
42	基于普遍服务的邮政便民服务转型升级	中国邮政集团公司北京市邮政电子商务局
43	纵横结合的分权管控技术管理体系	北控水务集团有限公司
44	实施绿色工厂创建筑牢绿色制造根基	北京燕京啤酒股份有限公司
45	与管控深度融合的集团企业内控体系建设探索与实践	北京北燃实业集团有限公司
46	企业发展方式为导向的科技创新管理体系	北京市市政工程设计研究总院有限公司
47	四维项目管理助力企业延伸产业链进军新领域	北京北控能源投资有限公司
48	基于系统管理理论的全面战略管理体系实践	华夏银行股份有限公司
49	电网企业提升“获得电力”水平创新与实践	国网北京市电力公司
50	基于移动互联技术的安全管理创新实践	国网北京市电力公司
51	大型城市核心区架空线入地工程创新实践	国网北京市电力公司城区供电公司
52	以提升绩效为导向的电网企业资产管理创新与实践	国网北京市电力公司
53	北京城市副中心高可靠性供电保障创新与实践	国网北京市电力公司通州供电公司
54	首都供电保障安保防恐“5+1”标准化管理的创新实践	国网北京市电力公司检修分公司
55	基于物联网云平台系统的“智慧能源管家”业务创新实践	国网北京市电力公司
56	输变电工程安全责任量化考核管理的创新实践	国网北京市电力公司
57	电网企业数据管理体系构建创新与实践	国网北京市电力公司
58	首都电网民生工程物资内控审计创新与实践	国网北京市电力公司
59	首都输电设备反外力破坏管控体系构建实践	国网北京市电力公司
60	电网企业内部创新实践项目创新管理	国网北京市电力公司
61	新总规下电网规划业务四维度创新管理机制	北京电力经济技术研究院有限公司
62	以客户为中心的供电业务流程再造建设	国网北京市电力公司朝阳供电公司
63	城市公交车运营中公共安全管理的创新与实践	北京公共交通控股（集团）有限公司
64	大型汽车集团“全面新能源化”战略的管理实践	北京汽车集团有限公司
65	大型国有企业集团化运营模式的发展	北京汽车集团有限公司
66	“三六一”审计模式的管理实践	北京汽车集团有限公司
67	国有大型汽车企业集团混合所有制改革创新与实践	北京汽车集团有限公司
68	以培育“可持续生态圈”为导向的战略型企业社会责任管理创新	北京汽车集团有限公司
69	大型汽车集团“五维度”全面新能源化管理实践	北京汽车集团有限公司
70	新能源汽车研发整车材料成本管控体系构建与实施	北京新能源汽车股份有限公司
71	新能源汽车社区化充电服务管理	北京新能源汽车股份有限公司

（续表）

序号	成果名称	企业名称
72	知识服务型社团组织软实力平台管理机制实践	北汽集团经济研究会
73	大型汽车企业构建科创企业全生命周期服务培育系统的创新与实践	北京汽车集团产业投资有限公司
74	大型汽车零部件集团驱动型大运营体系创新与实践	北京海纳川汽车部件股份有限公司
75	大型汽车集团智能绿色共享出行业务运营管理模式的创新与实践	华夏出行有限公司
76	北京奔驰基于方法时间评价（MTM）的工艺规划检查体系的建立	北京奔驰汽车有限公司
77	城市综合管廊运维管理体系创建与实施	北京京投城市管廊投资有限公司
78	北京轨道交通自动售检票系统联合指挥运维管理的创新与实践	北京轨道交通路网管理有限公司
79	面向高密度任务的事业部制科研生产管理体系的构建与实施	北京卫星制造厂有限公司
80	传统百货业态转型升级—自主文化创意品牌创新实践	王府井集团股份有限公司
81	传统百货店业务重构与商业模式创新	王府井集团股份有限公司百货大楼
82	基于精益理念的壳体标准工艺体系构建	中国航发北京航科发动机控制系统科技有限公司
83	“互联网 +”检测系统管理平台构建与实施	中铁六局集团太原铁路建设有限公司
84	基于“互联网 +”建筑施工企业安全管理体系创新实践	中电建建筑集团有限公司
85	高速铁路电力及牵引供电工程工艺质量标准	中铁电气化局集团有限公司
86	基于五维管理机制的综合建筑企业集团战略管控体系建设与实践	中铁建工集团有限公司
87	基于互联网技术的智慧工地项目管理体系构建与实施	中铁建工集团有限公司
88	大型工程项目以投资控制为核心的全过程工程咨询流程创新	北京求实工程管理有限公司
89	工程造价咨询服务的智能化应用	青矩技术股份有限公司
90	汽车经销商集团售后业务一次修复承诺体系建设与实施	北京祥龙博瑞汽车服务（集团）有限公司
91	大型国企法律、合规、风险、内控一体化管理体系的构建与实施	北京京城机电控股有限责任公司
92	成品油销售企业“一键加油”智能营销管理	中国石化销售股份有限公司北京石油分公司
93	国有科技型企业混合所有制员工持股试点改革的创新与实践	北京市政路桥正达道路科技有限公司
94	“城市复兴官”使命下“尚责文化”创新实践	北京首都开发控股（集团）有限公司
95	集团型国有企业民主管理创新实践	北京首都开发控股（集团）有限公司
96	以飞灰处置为特色、绿色发展为底色、文化产业为靓色的绿色低碳循环的发展之路	北京金隅琉水环保科技有限公司
97	积极涉足社区经济，推动品牌模式创新——“京工 1961”社区服务项目	北京京工服装集团有限公司
98	城区老工业区转型发展路径构建与实施	北京首钢建设投资有限公司
99	大型国有钢铁集团外汇风险管理体系的构建与实施	首钢集团有限公司
100	综合性大型企业集团年度经营管理体系创新与实践	首钢集团有限公司
101	大型企业集团内控体系建设的创新实践	首钢集团有限公司、京冀曹妃甸协同发展示范区建设投资有限公司
102	基于区域市场的企业集团碳排放管控体系建设实践	首钢集团有限公司
103	大型火电基建项目造价双向管控体系的构建与实施	河北涿州京源热电有限责任公司
104	大型供热企业大数据智能化运营管控体系的构建与实施	北京市热力集团有限责任公司
105	“1+6”岗位培训管理体系构建与实施	北京京能高安屯燃气热电有限责任公司
106	燃气发电企业中层管理人员能力素质模型的构建与实施	北京京桥热电有限责任公司
107	大型国有企业重组融合过程中企业中高层管理人员管理实践创新	北京能源集团有限责任公司
108	“互联网 +”患者用药服务全覆盖系统的研发与应用	北京京煤集团总医院
109	大型企业集团财务公司信用导向型产业链金融服务创新与实践	京能集团财务有限公司
110	基于提升内生动力的国有大型企业融合改革发展实践	北京能源集团有限责任公司
111	以价值为核心的连锁酒店综合管理提升	北京华利佳合实业有限公司

（续表）

序号	成果名称	企业名称
112	房地产企业大运营体系构建与运行管理实践	金融街控股股份有限公司
113	通过信息技术手段实现集团公司多业态客户满意度调查与反馈全周期管理	北京金融街投资（集团）有限公司
二等奖名单		
1	划小综合网格“五”协同营销服务体系	中国联通网络通信有限公司北京市分公司
2	构建创新工作室的管理与实践	中国联通网络通信有限公司北京市分公司
3	合作模式下高速公路收费运营管理	北京市首都公路发展集团有限公司京沈高速公路管理分公司
4	“多位一体”监控服务体系的构建与实施	北京市首都公路发展集团有限公司京沈高速公路管理分公司
5	高速公路企业员工“六维管理体系”的构建与实施	北京市首都公路发展集团有限公司京沈高速公路管理分公司
6	高速公路特殊事件管理系统建设	北京市首都公路发展集团有限公司京沈高速公路管理分公司
7	“立体式”投诉处理机制的建立与实施	北京市首都公路发展集团有限公司京开高速公路管理分公司
8	运用大数据分析服务高速公路运营管理工作	北京市首都公路发展集团有限公司京开高速公路管理分公司
9	媒体融合环境下高速公路行业服务品牌宣传的创新实践	北京市首都公路发展集团有限公司京开高速公路管理分公司
10	高速公路运营企业内部审计监督管理	北京市首都公路发展集团有限公司八达岭高速公路管理分公司
11	首都高速公路工匠服务示范标准应用与实践	北京市首都公路发展集团有限公司八达岭高速公路管理分公司
12	新时代下高速公路运营企业劳动关系管理的创新	北京市首都公路发展集团有限公司八达岭高速公路管理分公司
13	高速公路隧道多维应急管理的研究与实践	北京市首都公路发展集团有限公司八达岭高速公路管理分公司
14	高速公路不动产信息化建设研究	北京市首都公路发展集团有限公司安畅高速公路管理分公司
15	北京市高速公路不动产登记与资产管理疑难问题研究——以批供用补查等环节的土地管理为视角	北京市首都公路发展集团有限公司安畅高速公路管理分公司
16	高速公路涉路工程全生命周期管理的实践	北京市首都公路发展集团有限公司安畅高速公路管理分公司
17	多元化投资业务下公司全面风险管理体系建设实践	北京首发投资控股有限公司
18	公路项目代建企业打造绿色公路的管理创新与实践	北京市首发高速公路建设管理有限责任公司
19	首都重交通压力下的通道桥加固施工工艺创新及应用	北京首发公路养护工程有限公司
20	首都高速公路品质工程体系的构建与实施	北京奥科瑞检测技术开发有限公司
21	高速公路养护“PDCA 体系”的构建与实施	北京市高速公路交通工程有限公司
22	以信息化为支持的企业改革	北京市高速公路交通工程有限公司
23	首都高速公路污水处理站运维管理体系的构建	北京市高速公路交通工程有限公司
24	安全生产标准化在高速公路基层单位的构建与实施	北京市首都公路发展集团有限公司
25	高速公路运行监测管控平台的建设与管理	北京市首都公路发展集团有限公司
26	施工企业项目管理标准化、信息化的实践	北京国际建设集团有限公司
27	合理应用信息技术，强化企业提质增效主体作用	北京建工博海建设有限公司
28	建筑类企业组织架构及职位体系设计管理	北京建工四建工程建设有限公司

（续表）

序号	成果名称	企业名称
29	塑造一流国有企业环境修复品牌形象的管理创新与实践	北京建工环境修复股份有限公司
30	北京农商银行软件研发管理模式的探索与实践	北京农村商业银行股份有限公司
31	集体资产经营权质押的创新实践	北京农村商业银行股份有限公司
32	小微信贷创新实践报告——首都职工小额创业贷款	北京农村商业银行股份有限公司
33	基于机器学习技术的大数据现金管理模型项目应用	北京农村商业银行股份有限公司
34	战略引领规划先行集团级智慧型管理平台的创新实践	北京城市副中心投资建设集团有限公司
35	城市副中心地下综合管廊全生命周期智能安全管控平台	北京北投城市运营管理有限公司
36	基于“一核四新”的大型棚改管理探索实践	北京城市副中心投资建设集团有限公司通州分公司
37	智能项目建设管控平台的建设与应用	北京丽泽金都置业有限公司
38	园区建设中集中临建示范园区的创新建设与管理实践	北京丽泽金都置业有限公司
39	轨道交通建设项目合同全生命周期的信息化管理	北京市轨道交通建设管理有限公司
40	轨道交通运营企业以建设精细化管理标准体系为目标的流程优化再造	北京市轨道交通运营管理有限公司
41	全自动运行城市轨道交通线路运营安全生产风险管理探索与实践	北京市轨道交通运营管理有限公司
42	基于“四轮驱动”的精准督察体系构建与实施	国网冀北电力有限公司
43	电力公司资产投入产出分析模型构建应用	国网冀北电力有限公司
44	“两驱三维”立体协同业扩受限监控体系构建	国网冀北电力有限公司承德供电公司
45	基于需求侧管理的供电企业技能人员菜单式模块化培训实践	国网冀北电力有限公司
46	基于认知学习理论的团干部一体四翼培养体系构建与应用	国网冀北电力有限公司
47	电网企业合规体系建设与实践	国网冀北电力有限公司
48	新能源场站电力监控系统安全防护并网验收管理体系的构建	国网冀北电力有限公司
49	构建敏捷型电能替代推进体系，助力打赢京津冀蓝天保卫战	国网冀北电力有限公司
50	新能源虚拟同步机重大科技示范工程管理创新与实践	国网冀北电力有限公司
51	基于全能型供电所的新型电力营销业务质量管控体系创建与实施	国网冀北电力有限公司
52	数字化建模技术在交叉跨越施工中的应用	国网冀北电力有限公司唐山供电公司
53	电力工程标准化审计模式的构建与实施	国网冀北电力有限公司
54	基于标准化理念电网建设工程初设技经评审创新研究与实践	国网冀北电力有限公司
55	“一基础七维度”调控机构安全生产保障体系的构建与应用	国网冀北电力有限公司承德供电公司
56	基于安全管控“十步走”的精准管控体系构建	国网冀北电力有限公司检修分公司
57	电网设备“双轨制”状态管控机制	国网冀北电力有限公司
58	落实规划引领配电网发展，构建规划评审“五大工作平台”联动式管理体系的研究与实践	国网冀北电力有限公司秦皇岛供电公司
59	打造绿电交易模式，实现社企多方共赢	冀北电力交易中心有限公司
60	“前策化、后评估”全新构建“两供一业”分离移交项目评审管理机制	国网冀北电力有限公司经济技术研究院
61	探索党团群三级联动机制，打造党群工作价值链条	国网冀北电力有限公司廊坊供电公司
62	市级供电企业以“三堂一室”为手段的基层全面创新平台创建与实践	国网冀北电力有限公司唐山供电公司
63	基于“价值导向、权益分置”的专利成果转化机制构建与实施	国网冀北电力有限公司张家口供电公司
64	“政企联合，警企联动”供电应急体系的构建与实施	国网冀北电力有限公司秦皇岛供电公司
65	冬奥运维保障智慧指挥平台创新助力张家口冬奥保电服务	国网冀北电力有限公司
66	新形势下供电企业组织机构创新探索与实践	国网冀北电力有限公司
67	电网企业涉网大数据安全管控体系构建	国网冀北电力有限公司

（续表）

序号	成果名称	企业名称
68	输电线路智能巡检系统的构建与实施	国网冀北电力有限公司承德供电公司
69	基于安全风险分析的作业现场全覆盖稽查机制的构建及应用	国网冀北电力有限公司廊坊供电公司
70	大型电网企业信息通信备用调度的构建与实施	国网冀北电力有限公司信息通信分公司
71	服务"绿色奥运"的清洁能源创新体系建设与实践	国网冀北电力有限公司张家口供电公司
72	基于"四驱三维三支撑"的综合计划全过程精益管理的创新实践	国网冀北电力有限公司电力科学研究院
73	电网企业基于精益思维的物资质量监督管理	国网冀北电力有限公司物资分公司
74	供电企业"三创五型"干部轮岗交流科学化机制的研究与实践	国网冀北电力有限公司唐山供电公司
75	以"三全五定"新机制推动党风廉政建设工作新提升的探索与实践	北京送变电有限公司
76	基于"互联网+"的智慧培训创新实践	国网冀北电力有限公司管理培训中心
77	构建以"互联网+"为基础的营销抄核收管理体系创新与实践	国网冀北电力有限公司唐山市丰南区供电分公司
78	基于"三项制度"改革的多元化精准激励创新与实践	国网冀北电力有限公司廊坊供电公司
79	创新轨道交通社会治理体制提升首都地铁安全运营水平	北京市地铁运营有限公司
80	"法治型地铁"建设实践与创新	北京市地铁运营有限公司
81	构建集团化财务管控模式和机制以提升公司效率和效益	北京市地铁运营有限公司
82	城市轨道交通运营企业资金集中管理的创新实践	北京市地铁运营有限公司
83	基于精准定位系统的城市轨道交通车站导向标志故障维修管理体系构建与实施	北京市地铁运营有限公司运营四分公司
84	多元化企业集团战略性人力资本管控体系的构建与实施	北京首都创业集团有限公司
85	以能力建设为核心的集团化战略管理闭环体系构建与实施	北京首创股份有限公司
86	文创园区管理：虚实结合、共享发展的运营实践	北京首创郎园文化发展有限公司
87	基于"政府—担保—银行—保险"合作的外经贸企业担保服务平台建设与运营	北京首创融资担保有限公司
88	打造大型房地产企业主动防控的法治安全网	首创置业股份有限公司
89	数据治理促进证券公司高效管理运营	首创证券有限责任公司
90	多法人并存集中管理模式下全面预算管控体系创新与实践	北京易亨电子集团有限责任公司
91	老工业园区能源精细化管理的创新与实践	北京易亨电子集团有限责任公司
92	打造国际化开放创新合作平台，推进企业经营管理模式创新	北京北广电子集团有限责任公司
93	传统产业转型升级为创新型科技服务平台的实践	北京大华无线电仪器有限责任公司
94	以助力城市更新和产业升级为愿景的国有企业自持资产经营管理创新和实践	北京住总房地产开发有限责任公司
95	房地产开发企业融资管理模式创新和实践	北京住总房地产开发有限责任公司
96	人力资源共享平台 SaaS 模式在大型建筑企业的实践与应用	北京天功科技投资有限公司
97	北京移动财务智慧交资的创新实践	中国移动通信集团北京有限公司
98	基于聚合融通的党建生产协同提升管理系	中国移动通信集团北京有限公司
99	国际漫游营销管理的创新实践	中国移动通信集团北京有限公司
100	运营商业务管理 IT 协同推进网络运维转型提效的管理创新实践	中国移动通信集团北京有限公司
101	新时代军工勘察设计企业工程建设领域廉洁风险防控机制构建与实施	中国五洲工程设计集团有限公司
102	勘察设计企业推动新时代内部审计高质量发展实践	中国五洲工程设计集团有限公司
103	特大城市排水管道检测及评估管理创新	北京城市排水集团有限责任公司第三管网分公司
104	以提升邮政服务品牌为目标的主题邮局建设与实践	中国邮政集团公司北京市分公司
105	清洁供热项目投资管控体系的构建与实施	北京北燃实业集团有限公司

（续表）

序号	成果名称	企业名称
106	清洁能源服务集团深化企业改革背景下薪酬管理体系模型的创新与实践	北京北燃实业集团有限公司
107	基于微服务及业务标准化的移动协同办公优化升级	北京市煤气热力工程设计院有限公司
108	新时期国企“双创”孵化器建设的实践探索	北京京仪科技孵化器有限公司
109	智慧党建平台助力党组织建设	北京北控智慧城市科技发展有限公司
110	北京燃气集团职能部室述职测评考核方式的构建	北京市燃气集团有限责任公司企管计划部
111	大型国有控股企业统一身份认证系统建设与实践	北京市燃气机集团有限责任公司信息档案中心
112	基于微服务及业务标准化的移动协同办公优化升级	北京市燃气机集团有限责任公司信息档案中心
113	燃气 7×24 小时便民售气服务解决方案的创新与实践	北京市燃气机集团有限责任公司信息档案中心
114	在燃气接入营商环境改善背景下优化用户发展管理体系	北京市燃气机集团有限责任公司规划发展部
115	建立纪检监察与财务、审计联动机制的创新实践	北京市燃气集团有限责任公司纪委监察室
116	基于市场化改革的城镇燃气调度优化管理	北京市燃气集团有限责任公司运营调度中心
117	商业银行全面风险绩效评价体系的构建与实施	华夏银行股份有限公司
118	实现一流党建引领一流企业发展的“五维嵌入”体系构建	国网北京市电力公司
119	首都科技创新区配电网灾害应急管理	国网北京市电力公司海淀供电公司
120	优化营商环境背景下的电网企业品牌传播创新与实践	国网北京市电力公司
121	以项目化协同监督推动重点领域关键环节风险管控	国网北京市电力公司
122	基于重大项目建设及核心区供电保障需求保密管理创新与实践	国网北京市电力公司
123	大型供电企业卓越绩效创新管理模式	国网北京市电力公司城区供电公司
124	95598“三减一提升”客户诉求定向支撑体系构建与实践	国网北京市电力公司客户服务中心
125	非工程服务类项目招标分析与管理实践	国网北京市电力公司电力科学研究院
126	物资采购计划过程管理的提升与实践	国网北京市电力公司物资分公司
127	青年员工现场实练培训管理	国网北京市电力公司
128	新形势下后勤保障管理模式实践	国网北京市电力公司
129	结合新总规创新地区网格化电网规划理念实践	国网北京市电力公司门头沟供电公司
130	供电企业“三减一提升”业扩报装创新实践	国网北京市电力公司丰台供电公司
131	变电站全过程机械化施工建设管理创新与实践	国网北京市电力公司
132	基于数字化手段持续审计监督创新实践	国网北京市电力公司
133	基于新首钢园区规划建设的特色园区供电服务模式创建	国网北京市电力公司石景山供电公司
134	电网企业综合计划管理升级的创新与实践	国网北京市电力公司
135	基于业财融合的资金全过程管理体系	国网北京市电力公司
136	省级电网企业基于社会责任视角的品牌建设创新实践	国网北京市电力公司
137	“煤改电”客户综合能源设备信息服务平台构建与应用	国网北京市电力公司密云供电公司
138	大数据背景下“煤改电”故障快速处置	国网北京市电力公司昌平供电公司
139	集约化配电带电作业管理创新与实践	国网北京市电力公司
140	集约化智能仓储物流管理平台建设实践	国网北京市电力公司
141	工程投资预算精益化管理实践	国网北京市电力公司
142	智能化配网运维管理创新与实践	国网北京市电力公司
143	停电通知到户的智能供用电服务创新管理	国网北京市电力公司亦庄供电公司
144	基于新技术的新能源充电运营服务管理体系的构建与实施	隆瑞三优新能源汽车科技有限公司
145	差异化综合绩效考核制度建设与实施	北京公共交通控股（集团）有限公司
146	构建实施应审尽审、凡审必严、严肃问责的监督体系	北京公共交通控股（集团）有限公司

（续表）

序号	成果名称	企业名称
147	汽车行业工厂安全环境五个维度创新实践管理体	北京奔驰汽车有限公司
148	一二四十模式下的大型企业集团纠纷管理体系建设与实施	北京汽车集团有限公司
149	基于互联网大数据的智能消费者研究体系的建设与实践	北京汽车集团有限公司
150	大型汽车企业模具全生命周期管理的构建与实施	北京汽车股份有限公司
151	大型企业工会开展“拜客赢”职工劳动竞赛的有效探索	北京汽车股份有限公司
152	车身全要素成本分析与降本管理	北京汽车股份有限公司汽车研究院
153	大型自主品牌整车企业综合能力提升	北京汽车股份有限公司
154	新时代国有企业基层组织管理方法创新	北京新能源汽车股份有限公司
155	中国汽车新零售模式下客户体验探索实践	北京梅赛德斯－奔驰销售服务有限公司
156	全业务场景与精准利润中心匹配，打造集团化企业管理核心竞争力	北京北汽鹏龙汽车服务贸易股份有限公司
157	汽车经销商集团“风险控制大数据管理体系”的搭建与应用	北京北汽鹏龙汽车服务贸易股份有限公司
158	银企多渠道整合全面提升资金管控能力	北京汽车集团财务有限公司
159	基于大数据智能分析的整车开发流程体系的创新与实践	北京汽车集团越野车有限公司
160	多元化经营企业安全生产管理的创新与实施	北京市基础设施投资有限公司
161	信息化背景的人力资源工作模式与集团管控模式转型	北京市基础设施投资有限公司
162	以资本为龙头打造工程建设和装备产业的京外蓝海	北京市基础设施投资有限公司
163	做有价值的生活方式服务业终端提供商	北京燕莎友谊商城有限公司
164	数据驱动赋能智慧商业	北京新燕莎商业有限公司
165	科技引领酒店高端教育培训品牌创新与实践	北京市香山饭店有限责任公司
166	美食节 Plus——打造引领生活方式新体验的酒店餐饮运营模式	北京首旅酒店（集团）股份有限公司北京市民族饭店
167	大型施工企业区域经营管理的构建与实施	中铁六局集团有限公司
168	打造优秀企业文化引领企业高质量发展实践	中铁六局集团有限公司
169	施工企业以劳产率为核心的员工总量和工资总额联动管理机制建立	中铁六局集团有限公司
170	施工企业基于生产要素集中优化的核心区域建设	中铁六局集团太原铁路建设有限公司
171	高速铁路接触网自动化装配生产线科研管理	中铁电气化局集团有限公司电气化公司
172	实施设备集中管理提升电化装备保障能力	中铁电气化局集团有限公司石家庄机械装备分公司
173	责任矩阵在企业管理中的作用和应用	中铁电气化局集团有限公司铁路工程公司
174	轨道交通工业企业集团化战略管理的探索	中铁电气工业有限公司
175	国际工程总承包项目管理控制机制建立与实践	中铁建工集团有限公司
176	基于建筑信息模型的集成管理创新与实践	中铁建工集团有限公司
177	建筑信息模型管理在房地产开发项目全生命周期的应用实践	北京中铁诺德房地产开发有限公司
178	京水百十年文化内涵的丰富与传承	北京市自来水集团有限责任公司
179	管网抢修和供水服务业务管理体系的构建和创新	北京市自来水集团有限责任公司
180	全面建立“战略文化风险”与“营销研发生产”相融合的海外企业协同管理体系	北京京城重工机械有限责任公司
181	以实现精益管理为目标的经络管理的创建与实施	中国石化销售股份有限公司北京石油分公司
182	共有产权房开发模式创新	北京兆福房地产开发有限公司
183	基于住宅全产业链平台一体化绿色发展的管理实践	北京市住宅产业化集团股份有限公司
184	大城市建筑垃圾资源化综合利用创新与实践	北京都市绿源环保科技有限公司
185	着力构建“一平台三体系”，数据化管理赋能国有 IT 企业人力资源管理模式加速升级	首都信息发展股份有限公司

（续表）

序号	成果名称	企业名称
186	基于全流程无纸化的业务运营流程再造	北京数字认证股份有限公司
187	通过管理创新引领新方向探索项目实施管理实施新思路	北京天恒房地产股份有限公司百万庄分公司
188	什刹海老城区腾退空间合理修缮与传承保护	北京天恒正宇投资发展有限公司
189	房地产开发企业招标采购电子化管理体系的提升与创新	北京首都开发股份有限公司
190	基于节能新技术的供热管网调控管理与实践	北京京海人机电泵控制设备有限公司
191	推进专题科研项目管理提升工程质量、降低工程成本见成效	北京市建筑装饰设计工程有限公司
192	新时代下存量工业厂房“疏整促”的发展与实践	北京金隅文化科技发展有限公司
193	产学研用合作管理的创新和举措	北京建筑材料科学研究总院有限公司
194	特大型国有企业创建政企“三方服务平台”的创新与实践	首钢集团有限公司
195	大型国有企业青年干部培养的创新与实践	首钢集团有限公司
196	大型国有企业推行职业经理人工作机制的创新实践	首钢集团有限公司
197	大型钢铁企业设备运行基本条件保障体系的构建与实施	北京首钢股份有限公司
198	大型冶金矿山企业基于战略导向的构建班组建设“654”管理体系的实践	首钢集团有限公司矿业公司
199	企业新型学徒制培养技能人才的创新与实践	首钢集团有限公司
200	大型国有企业内部监事会“监督＋服务”运行模式的创新与实践	首钢集团有限公司
201	知识产权预警分析体系的构建与实施	首钢集团有限公司
202	新形势下医养结合服务模式和体系的构建与实施	北京首钢医疗健康产业投资有限公司、北京大学首钢医院
203	基于战略导向的全面预算管理在股权平台的创新与应用	北京首钢股权投资管理有限公司
204	特大型国有企业人事档案数字化管理体系的创建与实践	首钢集团有限公司
205	建筑企业多层级全覆盖采购集中管理体系的创新与实践	北京首钢建设集团有限公司
206	特大型国有企业差旅管理系统的构建与实施	首钢集团有限公司
207	特大型国有企业法律纠纷案件管理的创新与实践	首钢集团有限公司
208	城区老工业区物业服务模式的创新与实践	北京首钢园区综合服务有限公司
209	新形势下通过战略退出实现企业结构优化的实践	中国首钢国际贸易工程有限公司
210	钢铁企业能源系统“三位一体”管控体系构建与实施	北京首钢股份有限公司
211	基层创新工作“343”管理体系的构建与实践	首钢集团有限公司矿业公司
212	大型钢铁企业以智能化为引领的人才培养实训体系的构建与实施	首钢京唐钢铁联合有限责任公司
213	西部钢铁企业以打造精品长材基地为目标的品牌培育与管理	首钢水城钢铁（集团）有限责任公司
214	火力发电企业运行“一部三中心”管理的构建与实施	宁夏京能宁东发电有限责任公司
215	全生命周期管理平台在发电企业标准化管理中的创新与实践	内蒙古京宁热电有限责任公司
216	燃煤火力发电集约化生产	京能（锡林郭勒）发电有限公司
217	燃气－蒸汽联合循环机组智能供热管理模式的创新与实践	北京京西燃气热电有限公司
218	基于数据应用的热电厂能效管理的探索	北京太阳宫燃气热电有限公司
219	实施“四统一”模式助推企业集团化管控	北京京煤化工有限公司
220	智能停车设备研发制造企业创新激励体制机制的实践	北京鑫华源机械制造有限责任公司
221	煤电企业党支部规范化精细化管理实践	内蒙古京宁热电有限责任公司
222	发电企业定期检修信息终端管理创新和实施	内蒙古京宁热电有限责任公司
223	以信息化推进燃煤火力发电厂基建生产一体建设	河北涿州京源热电有限责任公司
224	围绕工程“五精管理”构建实物与税票管控平台	京能秦皇岛热电有限公司
225	推进“五精管理”在生产作业上的应用	北京市热力集团有限责任公司西城分公司
226	融资租赁业务管理信息系统的建设与应用	北京京能源深融资租赁有限公司

（续表）

序号	成果名称	企业名称
227	“提质增效”背景下的发电企业质量管理创新实践	北京京丰燃气发电有限责任公司
228	推进机组节能降耗精细化管理的创新与探索	北京京桥热电有限责任公司
229	首都燃气电厂企业文化体系建设的探索与实践	北京京西燃气热电有限公司
230	党建工作清单化在国有企业中的应用与实践	北京上庄燃气热电有限公司
231	“五精管理”在电力市场营销中的创新应用	深圳钰湖电力有限公司
232	小水电企业科技创新管理体系的构建与实施	四川大川电力有限公司、四川众能电力有限公司、黑水县三联水电开发有限责任公司
233	新能源发电企业意识形态宣传工作新模式的建立与实施	北京京能新能源有限公司
234	光伏发电企业创新运维模式的建立与实施	北京京能新能源有限公司—徐闻京能新能源有限公司
235	新能源发电企业风机常用轮换备件网络采购平台的建立与实施	北京京能新能源有限公司
236	多措并举平稳实现煤炭过剩产能有序化解	北京昊华能源股份有限公司
237	大型企业集团财务公司外汇财务管理体系的创新与实践	京能集团财务有限公司
238	大型能源集团财务有限公司合规风险管控体系的构建和实施	京能集团财务有限公司
239	大型能源投资集团财务公司司库管理的构建与实施	京能集团财务有限公司
240	科研单位人才培养知识技能体系建设实践	中国石化石油勘探开发研究
241	大型集团化企业基于法律风险防控在线平台的法律风险管理实践	北京金融街投资（集团）有限公司
242	以“疏解整治促提升”为导向的经营性资产租赁管理实践	北京华利佳合实业有限公司
243	“科技赋能智慧运营”——保险公司运营服务全流程自动化智能化管理方案	长城人寿保险股份有限公司
244	全国商务地产首单供应链金融产品	金融街控股股份有限公司
245	“life金融街·悦生活”产品价值服务体系的创新与实践	金融街控股股份有限公司
246	构建多点互动、分层授权、闭环管理的保障房运营管理后平台体系	北京市西城区保障性住房运营管理有限公司
247	大型国有资本运营平台投资项目信息管理系统的建设与实施	北京金融街资本运营中心
248	北京正兴德茶叶有限公司传承老字号传统创新特色品牌建设	北京金源投资管理有限公司
附注：以上排名不分先后		

2019年北京市企业管理现代化创新成果
优秀组织单位名单

序号	企业名称	序号	企业名称
1	北京汽车集团有限公司	6	北京首都创业集团有限公司
2	国网北京市电力公司	7	北京城市副中心投资建设集团有限公司
3	国网冀北电力有限公司	8	北京能源集团
4	首钢集团有限公司	9	北京金融街投资（集团）有限公司
5	北京市首都公路发展集团有限公司		
附注：以上排名不分先后			

2019年度第22批北京市企业技术中心名单

为贯彻落实“放管服”改革精神，进一步优化营商环境，培育与壮大创新能力强、创新机制好、引领示范作用大的创新型企业队伍，北京市经济和信息化局依据《北京市企业技术中心建设管理办法》和《北京市企业技术中心建设管理告知承诺制实施细则（试行）》的有关规定，组织了2019年度第22批北京市企业技术中心的创建评价工作，前期已将拟通过名单予以公示，其间未收到异议，通过资格核查的名单公布如下（排名不分先后）。

序号	企业名称	序号	企业名称
1	北京世纪金光半导体有限公司	24	北京万里红科技股份有限公司
2	北京必创科技股份有限公司	25	北京集奥聚合科技有限公司
3	北京盈和瑞环境科技股份有限公司	26	纳恩博（北京）科技有限公司
4	北京建工新型建材有限责任公司	27	中国民航信息网络股份有限公司
5	北京首钢股份有限公司	28	随锐科技股份有限公司
6	北京环卫集团环卫装备有限公司	29	北京首信科技股份有限公司
7	北京天宜上佳高新材料股份有限公司	30	中联云港数据科技股份有限公司
8	北京伏尔特技术有限公司	31	北京金山云网络技术有限公司
9	北京泛生子基因科技有限公司	32	中煤建工集团有限公司
10	北京市富乐科技开发有限公司	33	中国城市建设研究院有限公司
11	北京市春立正达医疗器械股份有限公司	34	中国核工业二三建设有限公司
12	国信优易数据有限公司	35	中交一公局海威工程建设有限公司
13	北京五八信息技术有限公司	36	国家电投集团科学技术研究院有限公司
14	艾体威尔电子技术（北京）有限公司	37	北京城建勘测设计研究院有限责任公司
15	北京华电天仁电力控制技术有限公司	38	中建水务环保有限公司
16	北京达佳互联信息技术有限公司	39	北京城建五建设集团有限公司
17	北京皮尔布莱尼软件有限公司	40	中国核工业中原建设有限公司
18	北京嘉和美康信息技术有限公司	41	北京盈科瑞创新医药股份有限公司
19	北京宇信科技集团股份有限公司	42	北京东方锐镭科技有限公司
20	第四范式（北京）技术有限公司	43	中交四公局第一工程有限公司
21	畅捷通信息技术股份有限公司	44	中铁二十二局集团第二工程有限公司
22	北京航天智造科技发展有限公司	45	北京中铁建建筑科技有限公司
23	北京思特奇信息技术股份有限公司		

2019年北京软件和信息服务业综合实力百强企业名单

序号	企业名称	序号	企业名称
1	北京百度网讯科技有限公司	40	北京四方继保自动化股份有限公司
2	京东集团	41	博彦科技股份有限公司
3	腾讯科技（北京）有限公司	42	东方网力科技股份有限公司
4	北京小米移动软件有限公司	43	北京神州泰岳软件股份有限公司
5	航天信息股份有限公司	44	北京中电普华信息技术有限公司
6	亚信科技（中国）有限公司	45	北京金山办公软件股份有限公司
7	北京车之家信息技术有限公司	46	北京友信科技有限公司
8	东华软件股份公司	47	北京超图软件股份有限公司
9	中软国际有限公司	48	北京比特易湃信息技术有限公司
10	利亚德光电股份有限公司	49	北京宇信科技集团股份有限公司
11	软通动力信息技术（集团）有限公司	50	京北方信息技术股份有限公司
12	北京搜狗科技发展有限公司	51	九次方大数据信息集团有限公司
13	北京全路通信信号研究设计院集团有限公司	52	同方知网（北京）技术有限公司
14	北京昆仑万维科技股份有限公司	53	拓尔思信息技术股份有限公司
15	北京千方科技股份有限公司	54	长城计算机软件与系统有限公司
16	北京智明星通科技股份有限公司	55	联动优势科技有限公司
17	神州数码信息服务股份有限公司	56	中科创达软件股份有限公司
18	用友网络科技股份有限公司	57	北京先进数通信息技术股份公司
19	北京和利时系统工程有限公司	58	大唐移动通信设备有限公司
20	中国软件与技术服务股份有限公司	59	麒麟合盛网络技术股份有限公司
21	文思海辉技术有限公司	60	北京恒华伟业科技股份有限公司
22	广联达科技股份有限公司	61	北京久其软件股份有限公司
23	北京猎豹移动科技有限公司	62	飞天诚信科技股份有限公司
24	太极计算机股份有限公司	63	北京旷视科技有限公司
25	宜人恒业科技发展（北京）有限公司	64	首都信息发展股份有限公司
26	中科软科技股份有限公司	65	二六三网络通信股份有限公司
27	高德信息技术有限公司	66	北京思特奇信息技术股份有限公司
28	北京四维图新科技股份有限公司	67	北京北信源软件股份有限公司
29	启明星辰信息技术集团股份有限公司	68	安世亚太科技股份有限公司
30	北京旋极信息技术股份有限公司	69	北京瑞友科技股份有限公司
31	联通系统集成有限公司	70	北京创世漫道科技有限公司
32	北京华宇软件股份有限公司	71	北京致远互联软件股份有限公司
33	贝壳找房（北京）科技有限公司	72	方正国际软件（北京）有限公司
34	北京华胜天成科技股份有限公司	73	北京睿至大数据有限公司
35	完美世界（北京）软件科技发展有限公司	74	畅捷通信息技术股份有限公司
36	北京易华录信息技术股份有限公司	75	北京数字政通科技股份有限公司
37	北京天融信科技有限公司	76	苍穹数码技术股份有限公司
38	北京东方国信科技股份有限公司	77	金航数码科技有限责任公司
39	石化盈科信息技术有限责任公司	78	北京用友政务软件股份有限公司

（续表）

序号	企业名称	序号	企业名称
79	北京银信长远科技股份有限公司	90	北京世纪瑞尔技术股份有限公司
80	北京东方通科技股份有限公司	91	北京优炫软件股份有限公司
81	北京直真科技股份有限公司	92	北京方正数码有限公司
82	博韩伟业（北京）科技有限公司	93	北京中科金财科技股份有限公司
83	北京慧点科技有限公司	94	北京中亦安图科技股份有限公司
84	北京握奇数据股份有限公司	95	北京理工雷科电子信息技术有限公司
85	北京康邦科技有限公司	96	百融云创科技股份有限公司
86	北京南天软件有限公司	97	北京淳中科技股份有限公司
87	博康智能信息技术有限公司	98	同方鼎欣科技股份有限公司
88	恒安嘉新（北京）科技股份公司	99	北京恒泰实达科技股份有限公司
89	北京巴别时代科技股份有限公司	100	北京鼎兴达信息科技股份有限公司

2017年至2019年北京市工业企业部分发明授权专利一览表

申请号	WIPO分类标引	专利权人名称	专利权人地址
CN2017218420069	化学工程	北京当升材料科技股份有限公司	丰台区南四环西路188号总部基地18区21号
CN2017218095999	其他特殊机械	瑞泰科技股份有限公司	朝阳区五里桥一街一号院27#楼
CN2017211471479	医学技术	美茵（北京）医疗器械研发有限公司	北京经济技术开发区荣华北路2号院6号楼407室
CN2017210940915	医学技术	北京迪玛克医药科技有限公司	通州区中关村科技园区通州园金桥科技产业基地景盛南四街甲13号7号厂房
CN2017209936162	医学技术	北京仁和惠康科技有限公司	丰台区程庄子56号7–10幢、14–18幢
CN2017209881066	家具、游戏	小狗电器互联网科技（北京）股份有限公司	朝阳区北苑路169号1号楼6层
CN2017209125285	电机、电气装置、电能	北京昌日新能源科技有限公司	昌平区科技园区中兴路10号A座217室
CN201711384130X	生物技术	德诺杰亿（北京）生物科技有限公司	北京经济技术开发区科创十四街99号5号楼2层
CN2017106410145	电机、电气装置、电能	北京三快在线科技有限公司	海淀区北四环西路9号2106–030
CN2017105956015	机器零件	北京半导体专用设备研究所（中国电子科技集团公司第四十五研究所）	北京经济技术开发区泰河三街1号
CN2017103756508	材料、冶金	首钢集团有限公司	石景山区石景山路68号
CN201710358687X	机器工具	东旭科技集团有限公司	丰台区科学城海鹰路9号2号楼266室（园区）
CN2017103474427	机器工具	北京京诚之星科技开发有限公司	北京经济技术开发区建安街7号
CN2017103360498	半导体	京东方科技集团股份有限公司	朝阳区酒仙桥路10号
CN2017102630019	材料、冶金	华能国际电力股份有限公司	西城区复兴门南大街丙2号
CN2017102574235	药品（含中药）	北京市永康年健康科技有限责任公司	丰台区刘家窑南里5号2号1289室1289
CN2017101981272	机器零件	中国石油天然气集团公司	西城区六铺炕

（续表）

申请号	WIPO 分类标引	专利权人名称	专利权人地址
CN201710157814X	发动机、泵、涡轮机	晟源高科（北京）科技有限公司	海淀区高梁桥斜街 44 号一区 89 号楼 13B-15
CN2017101445684	材料、冶金	中国恩菲工程技术有限公司	海淀区复兴路 12 号
CN2017101141621	数字通信	百度在线网络技术（北京）有限公司	海淀区上地十街 10 号百度大厦三层
CN2017100062213	机器零件	北京埃德尔黛威新技术有限公司	海淀区中关村南大街甲 6 号铸诚大厦 2208A
CN2018217027274	化学工程	北京海泰食品有限公司	平谷区平谷镇洵河西路南 77 号
CN2018214160476	电机、电气装置、电能	北京华科讯达科技有限公司	昌平区回龙观镇立业路 13 号 1 幢 1 至 3 层 101-3019
CN2018213690475	基础通信程序	北京国科欣翼科技有限公司	海淀区中关村南大街 5 号 1 区 689 楼 3 层 302 室
CN2018212710382	电机、电气装置、电能	北京北元电器有限公司	通州区聚富南路 8 号 1 幢 1 层 01
CN201821264782X	电机、电气装置、电能	国家电网有限公司	西城区西长安街 86 号
CN2018212376940	半导体	北京京东方光电科技有限公司	北京经济技术开发区西环中路 8 号
CN2018211843620	电机、电气装置、电能	国家电网公司	西城区长安街 86 号
CN2018211728675	电机、电气装置、电能	中铁电气化局集团有限公司	丰台区丰台路口 139 号 202 室
CN2018211311525	半导体	中芯国际集成电路制造（北京）有限公司	北京经济技术开发区文昌大道 18 号
CN2018211311116	电机、电气装置、电能	东亚智星（北京）科技有限公司	海淀区大柳树富海中心 3 号楼 1903
CN2018211132027	光学	北京奇峰蓝达光学科技发展有限公司	顺义区李桥镇沮沟村
CN2018211108210	电机、电气装置、电能	北京动力京工科技有限公司	丰台区丰桥路 7 号院 9 号楼 4-203
CN2018211083016	电机、电气装置、电能	北京格润海泰科技有限公司	朝阳区利泽东街 5 号院 1 号楼 3 层 A306
CN2018211064706	电机、电气装置、电能	北京源数科技有限公司	平谷县滨河工业区零号区 22 号
CN2018210749570	音像技术	京东方科技集团股份有限公司	朝阳区酒仙桥路 10 号
CN2018210749227	发动机、泵、涡轮机	北京京城新能源有限公司	石景山区八大处高科技园区西井路 3 号 3 号楼 5755 房间
CN2018210726494	计算机技术	鹍骐科技（北京）股份有限公司	丰台区南四环西路 128 号院 2 号楼 2501（园区）
CN2018210699745	测量	国家电网有限公司	西城区西长安街 86 号
CN2018210682176	运输	至玥腾风科技投资集团有限公司	西城区新风街 2 号 301-1 室（德胜园区）
CN2018210665503	化学工程	依科瑞德（北京）能源科技有限公司	昌平区科技园区超前路 37 号 1 幢三层
CN2018210629333	音像技术	北京分享时代科技股份有限公司	朝阳区广渠东路唐家村 47 幢 53-B4
CN2018210627569	电机、电气装置、电能	国家电网有限公司	西城区西长安街 86 号
CN2018210566480	测量	北京车和家信息技术有限公司	朝阳区望京街 10 号院 3 号楼 8 层 801 室
CN2018210564663	运输	北京汽车研究总院有限公司	顺义区仁和镇双河大街 99 号
CN2018210391382	音像技术	百度在线网络技术（北京）有限公司	海淀区上地十街 10 号百度大厦三层
CN2018210345219	其他特殊机械	中博农畜牧科技股份有限公司	海淀区上地信息路 1 号 7 层 A 栋
CN2018210095961	电机、电气装置、电能	北京新能源汽车股份有限公司	大兴区采育经济开发区采和路 1 号
CN2018209871355	电机、电气装置、电能	国家电网公司	西城区西长安街 86 号
CN2018209682438	电机、电气装置、电能	中国三峡建设管理有限公司	海淀区玉渊潭南路 1 号 B 座 5 层

（续表）

申请号	WIPO 分类标引	专利权人名称	专利权人地址
CN2018209548072	热工过程和器具	中国石油工程建设有限公司	西城区六铺炕街 6 号
CN2018209506987	测量	北京大恒图像视觉有限公司	海淀区上地七街 1 号汇众大厦 1 号楼三层大恒图像
CN2018209451787	机器零件	北京公共交通控股（集团）有限公司	丰台区莲花池西里 29 号
CN2018209087339	电机、电气装置、电能	北京中科遥数信息技术有限公司	朝阳区安翔北里甲 11 号北京创业大厦 B 座 13 层
CN2018208934978	发动机、泵、涡轮机	仟亿达集团股份有限公司	顺义区高丽营镇金马工业区 94 号
CN2018208922557	发动机、泵、涡轮机	仟亿达集团股份有限公司	顺义区高丽营镇金马工业区 94 号
CN2018208922059	发动机、泵、涡轮机	仟亿达集团股份有限公司	顺义区高丽营镇金马工业区 94 号
CN2018208892956	电机、电气装置、电能	国家电网公司	西城区西长安街 86 号
CN201820879397X	机器零件	北京天仁道和新材料有限公司	房山区窦店镇迎宾南街 1 号院
CN2018208771468	基础材料化学	北京华泰焦化工程技术有限公司	北京经济技术开发区科创十三街 31 号院二区 15 号楼 5 层 501
CN2018208481959	电机、电气装置、电能	德益创新（北京）科技有限公司	丰台区科兴路 7 号国际企业孵化中心 7 号楼 302 室
CN2018208185809	机器工具	国家电网公司	西城区西长安街 86 号
CN201820799081X	机器零件	中国石油天然气集团有限公司	东城区东直门北大街 9 号
CN2018207982391	材料、冶金	中冶京诚工程技术有限公司	北京经济技术开发区建安街 7 号
CN2018207811699	电机、电气装置、电能	中信国安盟固利动力科技有限公司	昌平区白浮泉路 18 号
CN2018207808291	电机、电气装置、电能	北京华电中试电力工程有限责任公司	昌平区沙河镇昌平路 99 号 A053（路庄桥西）
CN2018207788673	环境技术	北京万义节能环保科技有限公司	顺义区高丽营镇金马工业区
CN2018207727487	机器工具	北京顺恒达汽车电子股份有限公司	通州区宋庄小堡南工业大院
CN2018207714133	计算机技术	北京智芯微电子科技有限公司	海淀区西小口路 66 号中关村东升科技园 A 区 3 号楼
CN2018207622042	电机、电气装置、电能	北京汽车集团有限公司	顺义区双河大街 99 号
CN2018207620850	纺织和造纸机器	北京大豪科技股份有限公司	朝阳区酒仙桥东路 1 号
CN201820753373X	电机、电气装置、电能	北京汽车股份有限公司	顺义区双河大街 99 号院 1 幢五层 101 内 A5-061
CN2018207519234	机器零件	中建二局第一建筑工程有限公司	丰台区永定门外海户屯 165 号
CN2018207519164	其他特殊机械	北京尚方达科技发展有限公司	延庆区八达岭经济开发区康西路 1903 号（中关村延庆园）
CN2018207425843	其他特殊机械	北京瑞恒昌达科技研发有限公司	昌平区沙河镇白各庄村南 3 号院
CN2018207408994	发动机、泵、涡轮机	三一重能有限公司	昌平区北清路三一产业园
CN2018207296594	电机、电气装置、电能	北京汉能光伏投资有限公司	怀柔区杨宋镇凤翔东大街 5 号
CN2018206902968	热工过程和器具	中国华能集团清洁能源技术研究院有限公司	昌平区北七家镇未来科技城华能创新基地实验楼 A 楼
CN2018206899626	其他特殊机械	北京东方英宝联合技术有限公司	通州区张家湾镇里二泗工业区 18 号
CN2018206750838	运输	北京汽车研究总院有限公司	顺义区仁和镇双河大街 99 号
CN2018206709763	表面加工技术、涂层	鑫精合激光科技发展（北京）有限公司	昌平区沙河镇昌平路 97 号 5 幢 101、204、205
CN2018206676079	运输	北京京东尚科信息技术有限公司	海淀区杏石口路 65 号西杉创意园四区 11 号楼东段 1-4 层西段 1-4 层
CN2018206479973	电机、电气装置、电能	北京佩特来电器有限公司	通州区宋庄镇小堡村南

（续表）

申请号	WIPO分类标引	专利权人名称	专利权人地址
CN2018206477747	装卸	北京环磁伟业科技有限公司	顺义区牛栏山镇腾仁路22号院2号楼3层
CN2018206397140	发动机、泵、涡轮机	中国石油天然气股份有限公司	东城区东直门北大街9号中国石油大厦
CN2018206391498	其他特殊机械	北京清谱科技有限公司	海淀区双清路学研大厦B座1005
CN2018206226490	环境技术	国核电力规划设计研究院有限公司	海淀区地锦路6号院3号楼
CN2018206185043	电机、电气装置、电能	国家电网公司	西城区西长安街86号
CN2018206019768	其他特殊机械	北京天立成信机械电子设备有限公司	延庆区八达岭经济开发区康西路1435号
CN2018205963216	其他特殊机械	北京市汇龙新技术有限公司	北京经济技术开发区科创十四街20号院10号楼5单元1层101
CN2018205782901	环境技术	北京长兴泰华科技发展有限公司	丰台区海鹰路8号院3号楼3层311号（园区）
CN2018205655944	机器工具	北京市燃气集团有限责任公司	西城区西直门南小街22号
CN2018205596787	纺织和造纸机器	新华社印务有限责任公司	西城区宣武门西大街97号
CN2018205491747	测量	北京云海大业电力高科技有限公司	海淀区北坞村路甲25号静芯园F座二层
CN2018205304971	机器零件	北京特睿夫科技有限公司	朝阳区金盏乡皮村村西5号厂房（谷仓科技孵化器3216号）
CN2018205167103	装卸	北京辛峰共赢物流有限责任公司	通州区聚富苑民族产业发展基地聚和六街2号
CN2018204937765	纺织和造纸机器	北京鑫海金澳胶印有限公司	密云区巨各庄镇良种场院内
CN2018204723639	环境技术	北京兴晟科技有限公司	丰台区科学城海鹰路8号院3号楼3层307
CN2018204679617	机器零件	中国建筑第二工程局有限公司	通州区梨园镇北杨洼251号
CN2018204568370	控制	北京智行鸿远汽车有限公司	昌平区南口镇南七路二号
CN2018204315733	电机、电气装置、电能	北京小米移动软件有限公司	海淀区清河中街68号华润五彩城购物中心二期9层01房间
CN2018203918413	纺织和造纸机器	北京金添仕制衣有限公司	通州区西集镇张各庄村委会西1000米
CN2018203467832	机器工具	北京汽车研究总院有限公司	顺义区仁和镇双河大街99号
CN2018202626136	化学工程	中国恩菲工程技术有限公司	海淀区复兴路12号
CN2018201307881	电机、电气装置、电能	国家电网公司	西城区西长安街86号
CN2018201167918	机器零件	北京拓普天品科技有限公司	通州区漷县工业开发区二街2号
CN2018201122669	基础材料化学	北京澳柯清洁煤气工程技术有限公司	昌平区科技园区超前路37号院16号楼2层C2229
CN201820091027X	机器工具	中电智能卡有限责任公司	昌平区昌盛路26号
CN2018200369876	机器零件	北京拓普天品科技有限公司	通州区漷县工业开发区二街2号
CN2019224951878	机器工具	北京市新发京建工贸有限公司	大兴区104国道瀛海段22号2幢7层8729室
CN2019224951628	机器零件	北京科旭威尔科技股份有限公司	海淀区紫竹院路81号院3号楼13层12A05
CN2019224950790	电机、电气装置、电能	全球能源互联网研究院有限公司	昌平区未来科技城滨河大道18号
CN2019224949168	机器零件	北京怡和嘉业医疗科技股份有限公司	石景山区苹果园路28号院1号楼9层901
CN2019224946314	医学技术	北京杰西慧中科技有限公司	海淀区永丰路5号院4号楼5层501-20室
CN2019224945650	机器工具	北京中联合超高清协同技术中心有限公司	海淀区学院路30号科大天工大厦AB座1层01室

（续表）

申请号	WIPO 分类标引	专利权人名称	专利权人地址
CN201922494422X	电机、电气装置、电能	北京动力源新能源科技有限责任公司	丰台区科学城 11B2 号楼六层
CN2019224943871	机器零件	北京富华鑫标准件有限公司	密云区西田各庄镇西田各庄村东（田庄畜牧场院内 8 号平房）
CN2019224942949	其他特殊机械	北京星际荣耀空间科技有限公司	北京经济技术开发区地盛南街 9 号 1 幢 3 层 329
CN2019224942830	发动机、泵、涡轮机	三一石油智能装备有限公司	昌平区科技园区南口李流路三一北京制造中心
CN2019224942012	机器零件	中国石油天然气集团有限公司	东城区东直门北大街 9 号
CN2019224941560	电机、电气装置、电能	国网北京市电力公司	西城区前门西大街 41 号
CN201922493972X	医学技术	北京怡和嘉业医疗科技股份有限公司	石景山区苹果园路 28 号院 1 号楼 9 层 901
CN2019224939486	光学	中影光峰激光影院技术（北京）有限公司	顺义区顺通路 25 号 5 幢
CN2019224932256	机器零件	北京泰德市政工程有限公司	平谷区平谷镇文化南街 3 号（粮食局招待所院内）
CN2019224930886	电机、电气装置、电能	中铁第五勘察设计院集团有限公司	大兴区黄村镇康庄路 9 号
CN2019224930693	测量	瑞斯康达科技发展股份有限公司	海淀区西北旺东路 10 号院东区 11 号楼一至五层
CN2019224930053	医学技术	北京三角洲机器人科技有限公司	海淀区清河西三旗东新都东站南 30 幢平房 01
CN2019224929501	纺织和造纸机器	北京卓文时尚纺织股份有限公司	延庆区迎泉街 3 号
CN2019224927864	电机、电气装置、电能	北京东方华脉工程设计有限公司	海淀区中关村南大街甲 56 号 14 层 1401、1404—1410
CN2019224925604	机器零件	北京新能源汽车股份有限公司	大兴区采育经济开发区采和路 1 号
CN2019224922659	机器零件	三一石油智能装备有限公司	昌平区科技园区南口李流路三一北京制造中心
CN2019224922019	医学技术	汇方达（北京）科技有限公司	房山区城关街道农林路 1 号 4–A003
CN2019224921868	电机、电气装置、电能	北京琦安电气技术有限公司	昌平区科技园区七北路 42 号院（TBD 云集中心）3 号楼 C 座 906–907
CN2019224920282	医学技术	北京美丽年华文化有限公司	朝阳区三里屯路甲 3 号 5 号楼 2 层 202
CN2019224919800	机器工具	北京机电研究所有限公司	海淀区学清路 18 号
CN2019224919567	医学技术	北京蹒蹒信息科技有限公司	朝阳区酒仙桥东路 18 号 1 号楼三层 3103
CN2019224918719	电机、电气装置、电能	北京能高自动化技术股份有限公司	海淀区上园村 3 号知行大厦六层
CN2019224917947	发动机、泵、涡轮机	三一石油智能装备有限公司	昌平区科技园区南口李流路三一北京制造中心
CN2019224914277	基础材料化学	华泰永创（北京）科技股份有限公司	北京经济技术开发区科创十三街 31 号院二区 15 号楼 5 层 501
CN2019224914192	电机、电气装置、电能	北京永列科技有限公司	丰台区南三环西路 16 号 3 号楼 16 层 1911
CN2019224909974	发动机、泵、涡轮机	中核控制系统工程有限公司	北京经济技术开发区宏达南路 3 号
CN2019224909090	机器零件	北京富华鑫标准件有限公司	密云区西田各庄镇西田各庄村东（田庄畜牧场院内 8 号平房）
CN2019224904453	电机、电气装置、电能	北京华胜信安电子科技发展有限公司	海淀区清华东路 25 号 1 号楼 413 室
CN201922490442X	电机、电气装置、电能	北京华胜信安电子科技发展有限公司	海淀区清华东路 25 号 1 号楼 413 室
CN2019224904025	机器工具	北京华予人防设备有限公司	密云区经济开发区翔云街 6 号 –1

（续表）

申请号	WIPO 分类标引	专利权人名称	专利权人地址
CN2019224903291	机器零件	三一石油智能装备有限公司	昌平区科技园区南口李流路三一北京制造中心
CN2019224897093	发动机、泵、涡轮机	船舶信息研究中心（中国船舶重工集团公司第七一四研究所）	朝阳区德外双泉堡甲2号
CN2019224896781	发动机、泵、涡轮机	合肥威尔燃油系统股份有限公司北京分公司	通州区中关村科技园区通州园光机电一体化产业基地科创东五街2号光联工业园6号厂房一层
CN2019224894860	电机、电气装置、电能	国网北京市电力公司	西城区前门西大街41号
CN201922489456X	纺织和造纸机器	北京卓文时尚纺织股份有限公司	延庆区迎泉街3号
CN2019224890357	医学技术	北京东华原医疗设备有限责任公司	昌平区科技园区振超路1号
CN2019224888164	机器零件	中国石油天然气股份有限公司	东城区东直门北大街9号中国石油大厦
CN201922488646X	光学	北京索斯克科技开发有限公司	丰台区科技园富丰路4号楼7层07B01
CN2019224884286	电机、电气装置、电能	北京巨成科技有限公司	西城区教场口街1号24幢422室
CN2019224883866	机器零件	北京洋生科技有限公司	东城区东长安街1号东方广场尊萃公寓301
CN2019224883353	纺织和造纸机器	北京天品艺轩文化艺术有限公司	通州区梨园镇九棵树东路68号
CN2019224883334	基础材料化学	北京克林泰尔环保科技有限公司	海淀区魏公村街1号韦伯豪家园7号楼2层7-4-420
CN201922488332X	纺织和造纸机器	北京天品艺轩文化艺术有限公司	通州区梨园镇九棵树东路68号
CN2019224875268	发动机、泵、涡轮机	中工国际工程股份有限公司	海淀区丹棱街3号
CN2019224872147	机器零件	北京远度互联科技有限公司	延庆区中关村延庆园风谷四路8号院27号楼1916
CN201922486952X	半导体	北京燕东微电子科技有限公司	北京经济技术开发区文昌大道8号1幢4层4D15
CN2019224869411	其他特殊机械	北京路德永泰环保科技有限公司	顺义区马坡镇聚源西路26号1幢2层2225室
CN2019224869214	半导体	北京燕东微电子科技有限公司	北京经济技术开发区文昌大道8号1幢4层4D15
CN2019224868989	半导体	北京燕东微电子科技有限公司	北京经济技术开发区文昌大道8号1幢4层4D15
CN2019224861655	纺织和造纸机器	北京卓文时尚纺织股份有限公司	延庆区迎泉街3号
CN201922486159X	电机、电气装置、电能	北京博瑞莱智能科技集团有限公司	海淀区高里掌路1号院15号楼1层2单元101
CN2019224861392	电机、电气装置、电能	北京博瑞莱智能科技集团有限公司	海淀区高里掌路1号院15号楼1层2单元101
CN2019224861049	发动机、泵、涡轮机	三一石油智能装备有限公司	昌平区科技园区南口李流路三一北京制造中心
CN2019224860597	电机、电气装置、电能	中国石油天然气股份有限公司	东城区东直门北大街9号中国石油大厦
CN2019224858046	医学技术	北京怡和嘉业医疗科技股份有限公司	石景山区苹果园路28号院1号楼9层901
CN2019224855902	发动机、泵、涡轮机	北汽福田汽车股份有限公司	昌平区沙河镇沙阳路老牛湾村北
CN2019224850932	生物材料分析	国科创（北京）信息技术有限公司	丰台区南四环西路188号总部基地十二区12号楼201
CN2019224848612	纺织和造纸机器	中国石油天然气股份有限公司	东城区东直门北大街9号中国石油大厦
CN2019224843695	电机、电气装置、电能	北京京燕水务有限公司	房山区城关镇丁家洼村西

（续表）

申请号	WIPO 分类标引	专利权人名称	专利权人地址
CN2019224843676	机器零件	北京京燕水务有限公司	房山区城关镇丁家洼村西
CN2019224834037	机器工具	北京华予人防设备有限公司	密云区经济开发区翔云街6号－1
CN2019224834018	机器零件	北京富华鑫标准件有限公司	密云区西田各庄镇西田各庄村东（田庄畜牧场院内8号平房）
CN2019224824571	机器工具	中航天建设工程集团有限公司	丰台区看丹路4号院甲6号
CN2019224823348	发动机、泵、涡轮机	北京宝沃汽车股份有限公司	密云区西统路188号
CN2019224809976	发动机、泵、涡轮机	赫普能源环境科技有限公司	北京经济技术开发区科创十三街18号院12号楼
CN2019224809410	表面加工技术、涂层	北京中科科美科技股份有限公司	昌平区回龙观镇国际信息产业基地高新二街2号
CN2019224809143	发动机、泵、涡轮机	华克医疗科技（北京）股份公司	大兴区中关村科技园区大兴生物医药产业基地天富街9号6幢东侧
CN2019224805335	机器零件	旭孚（北京）新能源科技有限公司	北京经济技术开发区荣华南路15号院7号楼10层1002A室
CN2019224803950	机器工具	鑫精合激光科技发展（北京）有限公司	昌平区沙河镇能源东路1号院1号楼5层1单元513–4
CN2019224797907	医学技术	北京华创互联科技股份有限公司	丰台区南四环西路128号院2号楼21层2507
CN2019224797682	发动机、泵、涡轮机	北京高鑫伟业滤清器有限责任公司	大兴区大兴工业开发区金苑路36号
CN2019224796622	纺织和造纸机器	北京硕方电子科技有限公司	昌平区回龙观高新三街1号1幢一层1001室
CN2019224795600	发动机、泵、涡轮机	北京高鑫伟业滤清器有限责任公司	大兴区大兴工业开发区金苑路36号
CN2019224793658	环境技术	北京高能时代环境技术股份有限公司	海淀区地锦路9号院13号楼－1至4层101内一层
CN2019224790325	光学	北京科旭威尔科技股份有限公司	海淀区紫竹院路81号院3号楼13层12A05
CN201922479019X	医学技术	北京爱康宜诚医疗器材有限公司	昌平区科技园区白浮泉路10号兴业大厦二层
CN2019224789169	电机、电气装置、电能	中国石油天然气集团有限公司	东城区东直门北大街9号
CN2019224778022	半导体	北京动力源新能源科技有限责任公司	丰台区科学城11B2号楼六层
CN2019224777354	发动机、泵、涡轮机	北新集团建材股份有限公司	昌平区未来科学城南区七北路9号北新中心A座1601室
CN2019224776900	音像技术	联想（北京）有限公司	海淀区上地信息产业基地创业路6号
CN2019224770798	电机、电气装置、电能	北京信达电通科技发展有限公司	通州区中关村科技园区通州园金桥科技产业基地环科中路16号42幢三层304
CN2019224770707	基础通信程序	北京信达电通科技发展有限公司	通州区中关村科技园区通州园金桥科技产业基地环科中路16号42幢三层304
CN2019224761680	机器零件	北京瑞拓电子技术发展有限公司	丰台区西四环南路19号9号楼110室
CN201922475913X	医学技术	华科精准（北京）医疗科技有限公司	大兴区中关村科技园大兴生物医药产业基地永旺西路26号院12–1号楼四层401室
CN2019224758724	电机、电气装置、电能	北京东明电力工程有限公司	昌平区十三陵镇北京金定陵果脯厂
CN2019224748722	生物材料分析	北京铭道众缘生物科技有限公司	大兴区北京经济技术开发区科创六街88号院6号楼1单元703
CN2019224746784	医学技术	北京术锐技术有限公司	海淀区永泰庄北路1号天地邻枫2号楼106

（续表）

申请号	WIPO 分类标引	专利权人名称	专利权人地址
CN2019224745457	化学工程	北京拜波赫光电科技有限公司	北京经济技术开发区荣华南路 7 号院 6 号楼 1102 室
CN2019224741884	计算机技术	航天信息股份有限公司	海淀区杏石口路甲 18 号
CN2019224738631	环境技术	中科鼎实环境工程有限公司	密云区经济开发区科技路 46 号
CN2019224737910	机器工具	北汽泰普越野车科技有限公司	顺义区赵全营镇昌金路赵全营段 167 号院 3 幢
CN2019224736833	热工过程和器具	北京瑞绮宏业机电设备有限公司	房山区阎村镇阎富路 1 号 –A327
CN2019224735239	化学工程	北京首农未来生物科技有限公司	西城区冰窖口胡同 75 号
CN2019224734240	医学技术	北京张菡丽格医疗美容诊所有限公司	朝阳区建国路 98 号院 5 号楼 –1 至 3 层 101 内一层 106 房间
CN2019224733267	医学技术	汇方达（北京）科技有限公司	房山区城关街道农林路 1 号 4–A003
CN2019224732546	光学	北京君立康生物科技有限公司	大兴区海鑫路 8 号 1 栋西侧 3 层
CN2019224732230	电机、电气装置、电能	国家电网有限公司	西城区西长安街 86 号
CN2019224732137	医学技术	汇方达（北京）科技有限公司	房山区城关街道农林路 1 号 4–A003
CN2019224724747	环境技术	世纪九如（北京）环境科技股份有限公司	通州区中关村科技园区通州园金桥科技产业基地景盛南四街 13 号 9A
CN2019224716083	机器工具	北京奥普科星技术有限公司	门头沟区石龙工业开发区龙园路 8 号 F3–10A 号
CN201922471404X	热工过程和器具	北京京仪自动化装备技术有限公司	北京经济技术开发区凉水河二街 8 号院 14 楼 A 座
CN2019224713920	测量	北京京仪自动化装备技术有限公司	北京经济技术开发区凉水河二街 8 号院 14 楼 A 座
CN2019224713795	其他特殊机械	北京城建轨道交通建设工程有限公司	通州区新华西街 60 号院 4 号楼 16 层 1603 室
CN2019224702254	材料、冶金	北京星和众工设备技术股份有限公司	北京经济技术开发区荣昌东街 6 号亦创智能机器人创新园 4 楼
CN2019224700973	环境技术	斯普莱斯科技（北京）有限公司	海淀区高里掌路 3 号院 17 号楼 1 单元 301–B163 号
CN2019224700367	光学	北京灵犀微光科技有限公司	海淀区花园路甲 13 号院 7 号楼 12 层 1206–3
CN2019224700193	光学	北京灵犀微光科技有限公司	海淀区花园路甲 13 号院 7 号楼 12 层 1206–3
CN2019224695316	音像技术	北京茵沃汽车科技有限公司	海淀区西小口路 66 号 7 幢二层 211B 室
CN2019224694169	电机、电气装置、电能	国电龙源电力技术工程有限责任公司	海淀区西四环中路 16 号院 1 号楼 12 层 1201 室
CN2019224692055	基础材料化学	北京航天迈未科技有限公司	通州区经济技术开发区科创十三街 18 号院 1 号楼 10 层 1005
CN2019224690079	材料、冶金	有研工程技术研究院有限公司	怀柔区雁栖经济开发区兴科东大街 11 号
CN2019224688115	纺织和造纸机器	北京华美丽服饰有限公司	顺义区马坡镇聚源工业区聚源西路 18 号
CN201922468611X	发动机、泵、涡轮机	北京高鑫伟业滤清器有限责任公司	大兴区大兴工业开发区金苑路 36 号
CN2019224684415	发动机、泵、涡轮机	北京高鑫伟业滤清器有限责任公司	大兴区大兴工业开发区金苑路 36 号
CN2019224680255	生物材料分析	北京铭道众缘生物科技有限公司	北京经济技术开发区科创六街 88 号院 6 号楼 1 单元 703
CN2019224680005	生物技术	北京铭道众缘生物科技有限公司	北京经济技术开发区科创六街 88 号院 6 号楼 1 单元 703
CN2019224678908	材料、冶金	有研亿金新材料有限公司	昌平区超前路 33 号

（续表）

申请号	WIPO 分类标引	专利权人名称	专利权人地址
CN2019224676014	环境技术	弘大科技（北京）股份公司	海淀区昆明湖南路 51 号 A 座二层 201 号
CN2019224675628	机器工具	北京南通大地电气有限公司	怀柔区雁栖经济开发区南三街三号
CN2019224675524	电机、电气装置、电能	美芯晟科技（北京）有限公司	海淀区学院路 30 号科大天工大厦 A 座 10 层
CN201922467424X	医学技术	北京永益润成科技有限公司	昌平区科技园区创新路 11 号 2 号楼创业大厦一层 102 室
CN2019224670925	光学	北京星光影视设备科技股份有限公司	大兴区北京生物工程与医药产业基地天富大街 9 号
CN2019224670234	音像技术	北京昭宝广告有限公司	朝阳区呼家楼北里 10 号楼南侧 1 幢光华染织厂小庄宾馆内 9 号
CN201922466766X	材料、冶金	清大国华环境集团股份有限公司	海淀区上地三街 9 号嘉华大厦 C 幢 C404
CN2019224661201	电机、电气装置、电能	北京信达电通科技发展有限公司	通州区中关村科技园区通州园金桥科技产业基地环科中路 16 号 42 幢三层 304（门牌号）
CN201922465988X	其他特殊机械	北京顺景园林股份有限公司	朝阳区紫月路 18 号院 14 号楼 1–6 层
CN2019224654424	机器零件	北京瑞拓电子技术发展有限公司	丰台区西四环南路 19 号 9 号楼 110 室
CN2019224652522	家具、游戏	北京朱大状科技有限公司	通州区经济开发区聚富苑产业园区聚和六街 1 号 –1431
CN2019224650404	机器零件	北京凯盛建材工程有限公司	朝阳区管庄东里 1 号院主楼三层
CN2019224648194	电机、电气装置、电能	北京星光影视设备科技股份有限公司	大兴区北京生物工程与医药产业基地天富大街 9 号
CN201922464656X	机器零件	北京中交桥宇科技有限公司	朝阳区望京西园二区 221 号楼 5 层 602 室
CN2019224645317	生物材料分析	北京铭道众缘生物科技有限公司	北京经济技术开发区科创六街 88 号院 6 号楼 1 单元 703
CN201922464504X	其他特殊机械	塑成科技（北京）有限责任公司	朝阳区将台路 5 号院内 12 号楼一层 1005 室
CN2019224644390	机器零件	北京凯盛建材工程有限公司	朝阳区管庄东里 1 号院主楼三层
CN2019224641602	医学技术	北京怡和嘉业医疗科技股份有限公司	石景山区古城西街 19 号主楼五层
CN2019224641509	机器零件	北京骑胜科技有限公司	海淀区东北旺西路 8 号院 34 号楼二层 203 号
CN2019224641284	其他特殊机械	北京晶品特装科技有限责任公司	昌平区超前路甲一号宏创科技园 5 号楼 6 层
CN2019224640262	环境技术	北京科太亚洲生态科技股份有限公司	朝阳区东三环南路 1 号院佳龙大厦 1301
CN2019224640065	机器工具	北京中科科美科技股份有限公司	昌平区回龙观镇国际信息产业基地高新二街 2 号
CN2019224634115	医学技术	汇方达（北京）科技有限公司	房山区城关街道农林路 1 号 4–A003
CN2019224633447	机器零件	中交一公局集团有限公司	朝阳区管庄周家井
CN2019224632196	环境技术	北京国环莱茵环保科技股份有限公司	朝阳区安慧里四区 16 号中国化工大厦 1008 室
CN2019224619346	电机、电气装置、电能	中航天建设工程集团有限公司	丰台区看丹路 4 号院甲 6 号
CN2019224609293	医学技术	北京国康联科技有限公司	朝阳区博大路 3 号院 2 号楼 3 层 313
CN2019224601605	生物技术	北京美正生物科技有限公司	延庆区风谷四路 8 号院 2 号楼一层（中关村延庆园）
CN201922459400X	生物技术	北京铭道众缘生物科技有限公司	北京经济技术开发区科创六街 88 号院 6 号楼 1 单元 703

（续表）

申请号	WIPO 分类标引	专利权人名称	专利权人地址
CN2019224585284	机器零件	北京市国瑞智新技术有限公司	海淀区清河小营桥东北角 1 号 -2 二层 2026
CN2019224585142	生物材料分析	芯视界（北京）科技有限公司	海淀区成府路 45 号中关村智造大街 A303
CN2019224578115	发动机、泵、涡轮机	有研工程技术研究院有限公司	怀柔区雁栖经济开发区兴科东大街 11 号
CN2019224574966	环境技术	弗瑞尔（北京）科技有限公司	通州区胡家垡村甲 8 号院 6 号楼 14 层 1418
CN201922457474X	环境技术	弗瑞尔（北京）科技有限公司	通州区胡家垡村甲 8 号院 6 号楼 14 层 1418
CN2019224572848	电机、电气装置、电能	弗瑞尔（北京）科技有限公司	通州区胡家垡村甲 8 号院 6 号楼 14 层 1418
CN2019224565083	其他特殊机械	北京路德永泰环保科技有限公司	顺义区马坡镇聚源西路 26 号 1 幢 2 层 2225 室
CN2019224564729	电机、电气装置、电能	国网北京市电力公司	西城区前门西大街 41 号
CN2019224561928	电机、电气装置、电能	北京博瑞莱智能科技集团有限公司	海淀区高里掌路 1 号院 15 号楼 1 层 2 单元 101
CN2019224559970	电机、电气装置、电能	北京有感科技有限责任公司	海淀区上地三街 9 号 D 座 412 室
CN2019224559186	其他特殊机械	中交一公局集团有限公司	朝阳区管庄周家井
CN2019224559171	机器零件	三一石油智能装备有限公司	昌平区科技园区南口李流路三一北京制造中心
CN2019224558770	机器工具	航天信息股份有限公司	海淀区杏石口路甲 18 号
CN2019224558658	电机、电气装置、电能	国电博纳（北京）电力设备有限公司	昌平区回龙观镇二拨子村北 1 号楼 1 至 4 层全部等 3 套 1 层 103
CN2019224558554	环境技术	北汽福田汽车股份有限公司	昌平区沙河镇沙阳路老牛湾村北
CN2019224558446	环境技术	北汽福田汽车股份有限公司	昌平区沙河镇沙阳路老牛湾村北
CN2019224558412	半导体	联想（北京）有限公司	海淀区上地西路 6 号 2 幢 2 层 201-H2-6
CN2019224558183	电机、电气装置、电能	国电博纳（北京）电力设备有限公司	昌平区回龙观镇二拨子村北 1 号楼 1 至 4 层全部等 3 套 1 层 103
CN2019224557782	食品化学	北京兴乐食品有限公司	平谷区峪口经济开发区峪达街 3 号
CN2019224557509	其他特殊机械	北京兴乐食品有限公司	平谷区峪口经济开发区峪达街 3 号
CN2019224552149	机器工具	中国石油天然气股份有限公司	东城区东直门北大街 9 号中国石油大厦
CN201922455195X	电机、电气装置、电能	北京云水浩瑞环境科技有限公司	海淀区西杉创意园四区 10 号楼三层
CN2019224550779	机器零件	中国石油天然气集团有限公司	东城区东直门北大街 9 号
CN201922454184X	医学技术	盈甲医疗科技（北京）有限公司	昌平区回龙观镇生命园路 4 号院 6 号楼 9 层 901
CN2019224540368	发动机、泵、涡轮机	北京中科科美科技股份有限公司	昌平区回龙观镇国际信息产业基地高新二街 2 号
CN2019224536790	电机、电气装置、电能	联想（北京）有限公司	海淀区上地西路 6 号 2 幢 2 层 201-H2-6
CN2019224532592	电机、电气装置、电能	中国电力科学研究院有限公司	海淀区清河小营东路 15 号
CN2019224527170	医学技术	北京市春立正达医疗器械股份有限公司	通州区通州经济开发区南区鑫觅西二路 10 号
CN2019224525616	电机、电气装置、电能	北京双杰电气股份有限公司	海淀区上地三街 9 号 D 座 1111
CN2019224525156	电机、电气装置、电能	北京双杰电气股份有限公司	海淀区上地三街 9 号 D 座 1111
CN2019224524952	表面加工技术、涂层	中诺新材（北京）科技有限公司	海淀区上地东路 25 号 3 层 8 单元 319

（续表）

申请号	WIPO 分类标引	专利权人名称	专利权人地址
CN2019224523822	机器工具	北京东明电力工程有限公司	昌平区十三陵镇北京金定陵果脯厂
CN2019224520580	电机、电气装置、电能	中国石油天然气集团有限公司	东城区东直门北大街9号
CN2019224520364	其他特殊机械	瀚德（中国）汽车密封系统有限公司	北京经济技术开发区经海二路28号5号楼
CN2019224520241	机器零件	中国石油天然气股份有限公司	东城区东直门北大街9号中国石油大厦
CN201922451666X	电机、电气装置、电能	北京新能源汽车股份有限公司	大兴区采育经济开发区采和路1号
CN2019224515883	发动机、泵、涡轮机	北京中海沃邦能源投资有限公司	西城区白广路4、6号31幢02号
CN2019224513426	材料、冶金	北京天朗致达节能环保股份有限公司	北京经济技术开发区荣华南路10号荣华国际大厦5号楼
CN2019224509539	纺织和造纸机器	北京爱创科技股份有限公司	朝阳区阜通东大街12号宝能中心A座12层
CN2019224509083	发动机、泵、涡轮机	诺文科风机（北京）有限公司	平谷区中关村科技园区平谷园马坊工业园2区1号
CN2019224508771	发动机、泵、涡轮机	诺文科风机（北京）有限公司	平谷区中关村科技园区平谷园马坊工业园2区1号
CN2019224502807	电机、电气装置、电能	国家电网有限公司	西城区西长安街86号
CN2019224502756	生物技术	北京金崇光药业有限公司	顺义区大孙各庄镇府前街14号
CN2019224501556	电机、电气装置、电能	中国石油天然气股份有限公司	东城区东直门北大街9号中国石油大厦
CN2019224491906	电机、电气装置、电能	北京柴发动力技术有限公司	通州区漷县镇漷兴二街2号
CN2019224491874	发动机、泵、涡轮机	北京柴发动力技术有限公司	通州区漷县镇漷兴二街2号
CN2019224491658	机器工具	北京柴发动力技术有限公司	通州区漷县镇漷兴二街2号
CN2019224491643	发动机、泵、涡轮机	北京柴发动力技术有限公司	通州区漷县镇漷兴二街2号
CN2019224491361	电机、电气装置、电能	北京帝格线束有限责任公司	怀柔区三公里铁路桥北
CN2019224491304	机器工具	北京柴发动力技术有限公司	通州区漷县镇漷兴二街2号
CN2019224491107	机器零件	北京柴发动力技术有限公司	通州区漷县镇漷兴二街2号
CN201922449108X	机器工具	北京柴发动力技术有限公司	通州区漷县镇漷兴二街2号
CN2019224491060	机器工具	北京柴发动力技术有限公司	通州区漷县镇漷兴二街2号
CN2019224490852	机器工具	北京柴发动力技术有限公司	通州区漷县镇漷兴二街2号
CN2019224484160	医学技术	北京金崇光药业有限公司	顺义区大孙各庄镇府前街14号
CN2019224483859	化学工程	北京金崇光药业有限公司	顺义区大孙各庄镇府前街14号
CN2019224483825	医学技术	北京金崇光药业有限公司	顺义区大孙各庄镇府前街14号
CN2019224483168	装卸	北京京兰非织造布有限公司	平谷区马坊工业园区西区191号
CN2019224482752	环境技术	北京京阳环保工程有限公司	朝阳区将台路5号院5号楼2层2083室
CN2019224482131	纺织和造纸机器	北京恒润塑料制品有限公司	怀柔区庙城镇霍各庄村东200米
CN201922448062X	电机、电气装置、电能	中国移动通信集团终端有限公司	昌平区沙河镇马满路甲一号
CN201922447816X	音像技术	中国联合网络通信集团有限公司	西城区金融大街21号
CN2019224474563	电机、电气装置、电能	北京华电北燃能源有限公司	通州区潞城镇三元村临20号
CN2019224474065	基础材料化学	科林未来能源技术（北京）有限公司	朝阳区新源南路6号京城大厦3807室
CN2019224473857	机器工具	中国石油天然气股份有限公司	东城区东直门北大街9号中国石油大厦
CN2019224472873	机器零件	北汽福田汽车股份有限公司	昌平区沙河镇沙阳路

（续表）

申请号	WIPO 分类标引	专利权人名称	专利权人地址
CN2019224472657	电机、电气装置、电能	美能雷尼（北京）科技有限公司	海淀区厢黄旗 2 号楼 2 层 X06–381 室
CN2019224454748	发动机、泵、涡轮机	北京星际荣耀空间科技有限公司	北京经济技术开发区地盛南街 9 号 1 幢 3 层 329
CN2019224451059	其他特殊机械	北京星际荣耀空间科技有限公司	北京经济技术开发区地盛南街 9 号 1 幢 3 层 329
CN201922445086X	机器工具	中国石油天然气股份有限公司	东城区东直门北大街 9 号中国石油大厦
CN2019224450855	测量	中国石油天然气股份有限公司	东城区东直门北大街 9 号中国石油大厦
CN2019224450639	电机、电气装置、电能	北京天诚同创电气有限公司	北京经济技术开发区博兴一路 8 号 1 幢
CN2019224450075	化学工程	北京新龙立自动化设备有限公司	大兴区中关村科技园区大兴生物医药产业基地天荣街 11 号 1 幢 3 层
CN2019224431411	电机、电气装置、电能	中铁第五勘察设计院集团有限公司	大兴区黄村镇康庄路 9 号
CN201922443096X	测量	北京大凤太好环保工程有限公司	大兴区西红门镇鸿坤金融谷 6 号楼 3 层
CN2019224427596	医学技术	北京爱康宜诚医疗器材有限公司	昌平区科技园区白浮泉路 10 号兴业大厦二层
CN2019224416642	机器工具	北京赛科希德科技股份有限公司	昌平区科学园路 7 号院 1 号楼 8 层（博雅 CC–11 号楼）
CN2019224403727	半导体	北京中科飞鸿科技股份有限公司	海淀区上地信息路 2 号国际创业园 1 号楼 19C
CN2019224401350	生物材料分析	北京英斯派克科技有限公司	海淀区复兴路乙 12 号 918 室
CN2019224401115	半导体	北京东方兴航机电科技有限公司	大兴区长子营镇留民营村留民营路 10 号
CN2019224397088	电机、电气装置、电能	北京百通加成技术有限公司	朝阳区安慧里四区 16 号楼 14 层 1415
CN2019224394817	发动机、泵、涡轮机	北京协同创新食品科技有限公司	海淀区苏家坨镇翠湖南环路 13 号院 1 号楼 601 室

北京市政府相关部门通信指南

单位名称	地　址	网址或电子邮箱	邮　编	电　话
北京市经济和信息化局	通州区运河东大街57号院5号楼	jxj.beijing.gov.cn	101117	55578300
北京市发展和改革委员会	通州区运河东大街55号院	fgw.beijing.gov.cn	101160	55590088
北京市科学技术委员会	通州区运河东大街57号院1号楼	kw.beijing.gov.cn	100744	55577777
北京市财政局	通州区承安路3号院	czj.beijing.gov.cn	101160	55591724
北京市规划和自然资源委员会	通州区承安路1号院	ghzrzyw.beijing.gov.cn	101160	80858586
北京市城市管理委员会	西城区西单北大街80号	csglw.beijing.gov.cn	100032	66011988
北京市生态环境局	海淀区车公庄西路14号	sthjj.beijing.gov.cn	100048	68461267
北京市交通委员会	丰台区六里桥南里甲9号首发大厦B座	jtw.beijing.gov.cn	100073	12328
北京市商务局	通州区运河东大街57号院5号楼	sw.beijing.gov.cn	101117	55579777
北京市卫生健康委员会	西城区枣林前街70号	wjw.beijing.gov.cn	100053	12320
北京市应急管理局	通州区运河东大街57号院4号楼	yjglj.beijing.gov.cn	101117	12350
北京市人民政府国有资产监督管理委员会	西城区枣林前街70号	gzw.beijing.gov.cn	100053	83970512
北京市统计局	西城区广安门南街36号	tjj.beijing.gov.cn	100054	83172556
北京市知识产权局	西城区德胜门东大街8号东联大厦2层	zscqj.beijing.gov.cn	100009	84080086
北京市东城区产业和投资促进局	东城区金宝街52号	www.bjdch.gov.cn	100005	65259078
北京市西城区发展和改革委员会	西直门内大街275号	www.bjxch.gov.cn	100035	82141179
北京市朝阳区发展和改革委员会	朝阳区百子湾西里303号	www.bjchy.gov.cn	100124	65090600
北京市海淀区科学技术和经济信息化局	海淀区四季青路6号海淀招商大厦	www.bjhd.gov.cn	100195	88499599
北京市丰台区发展和改革委员会	丰台区丰台镇文体路2号	www.bjft.gov.cn	100071	83656305
北京市石景山区经济和信息化局	石景山区石景山路18号	www.bjsjs.gov.cn	100043	88699890
北京市门头沟区科学技术和信息化局	门头沟区新桥大街40号	www.bjmtg.gov.cn	102300	69864977
北京市房山区经济和信息化局	房山区长阳镇昊天北大街38号	www.bjfsh.gov.cn	102445	81312717
北京市通州区经济和信息化局	通州区张家湾镇开发区东二街1号楼（吉林森工金桥大厦东50米）	www.bjtzh.gov.cn	101100	69546276
北京市顺义区经济和信息化局	顺义区复兴东街3号院	www.bjshy.gov.cn	101300	69441064
北京市大兴区经济和信息化局	大兴区兴丰南大街三段138号	www.bjdx.gov.cn	102600	89292025
北京市昌平区经济和信息化局	昌平区西环路15号	www.bjchp.gov.cn	102200	69742365
北京市平谷区经济和信息化局	平谷区府前西街17号社会服务中心15层	www.bjpg.gov.cn	101200	69988495
北京市怀柔区经济和信息化局	怀柔区青春路42号	www.bjhr.gov.cn	101400	69644413
北京市密云区经济和信息化局	密云区鼓楼东大街8号	www.bjmy.gov.cn	101500	69043060
北京市延庆区经济和信息化局	延庆区东外大街建业胡同2号	www.bjyq.gov.cn	102100	69103310
中关村科技园区管理委员会	海淀区阜成路73号裕惠大厦	zgcgw.beijing.gov.cn	100142	88828800
北京经济技术开发区管理委员会	北京经济技术开发区荣华中路15号博大大厦	kfqgw.beijing.gov.cn	100176	67881478

（续表）

单位名称	地 址	网址或电子邮箱	邮 编	电 话
北京市民政工业总公司	朝阳区华严北里2号	—	100029	62012857
北京市工商业联合会	东城区广渠门内白桥大街22号	www.bjgsl.org.cn	100062	67123591
北京校办产业管理中心	朝阳区安华西里一区13号楼	xc.bjedu.cn	100011	64206229
北京市产业经济研究中心	朝阳区工体北路6号凯富大厦5层	jxj.beijing.gov.cn	100027	85235624

北京市辖区内国有控股工业企业通信指南

单位名称	地 址	网址或电子邮箱	邮 编	电 话
北京电子控股有限责任公司	朝阳区三里屯西六街6号乾坤大厦	www.behc.com.cn	100027	84545438
北京汽车集团有限公司	顺义区仁和镇双河大街99号	www.baicgroup.com.cn	101300	87664009
中车北京二七车辆有限公司	丰台区张郭庄甲1号	www.crrcjc.cc	100072	83804106
中车北京南口机械有限公司	昌平区南口镇道北	www.crrcnk.cc	102202	81905580
北京京城机电控股有限责任公司	朝阳区东三环中路59号京城机电大厦18层	www.jcmeh.com	100022	87707100
北京京仪集团有限责任公司	朝阳区建国路93号院9号楼16—19层	www.biichg.com	100022	58204466
中国北京同仁堂集团有限责任公司	东城区东兴隆街52号	www.tongrentang.com	100062	67015895
北京一轻控股集团有限责任公司	朝阳区广渠路38号	www.bjyq.com.cn	100022	87529807
北京时尚控股有限责任公司	东城区东单三条33号	www.bfhc.com.cn	100005	65127929
北京工美集团有限责任公司	东城区王府井大街200号	www.gongmeigroup.com.cn	100005	65288866
中国石化集团北京燕山石油化工有限公司	房山区燕山岗南路1号	bypc.sinopec.com	102500	69346978
北京化学工业集团有限责任公司	北京经济技术开发区西环北路23号华腾发展大厦	www.bjhgjt.com.cn	100176	67864201
首钢总公司	石景山区石景山路厂东门	www.shougang.com.cn	100041	88291114
北京金隅集团有限责任公司	东城区北三环东路36号北京环球贸易中心D座	www.bbmg.com.cn	100013	66411587
国网北京市电力公司	西城区前门西大街41号	www.bj.sgcc.com.cn	100031	63128201

2020 索 引

北京工业年鉴
BEIJING GONGYE NIANJIAN

本索引采取主题词索引（也称内容分析索引）。主题词（标目）主要以《北京工业年鉴（2020）》正文中出现的专业名词、名词性词组、机构名、人名为主。

总述、特载与专文、大事记、工业数据、法规政策文件、附录栏目内容不在标引范围内。

本索引基本按汉语拼音音序排列，汉字打头的标目按首字的音序、音调依次排列，首字相同时则以第二字排序，依次类推。以阿拉伯数字开头的标目，排在最前面；以英文字母开头的标目，列于其后。

本索引的文字部分为标目，标目之后的阿拉伯数字表示该标目所在正文中的页码（地址页），其后的小写英文字母（a、b）表示正文中的栏别（a 为左栏，b 为右栏）。部分标目后面有若干个页码或栏别，则表示该标目均在这些地方出现。

A

B

C

D

F

G

H

J

K

L

M

N

P

Q

R

S

T

W

X

Y

Z